Abhandlungen der Sächsischen Akademie der Wissenschaften zu Leipzig · Philologisch-historische Klasse · Band 78 · Heft 4

Zwischen Lexikon und Text

Lexikalische, stilistische und textlinguistische Aspekte

Herausgegeben von
Ulla Fix, Gotthard Lerchner, Marianne Schröder und Hans Wellmann

Verlag der Sächsischen Akademie der Wissenschaften zu Leipzig · In Kommission bei S. Hirzel Stuttgart/Leipzig

Gedruckt mit Unterstützung des Freistaates Sachsen
(Sächsisches Staatsministerium für Wissenschaft und Kunst)

Herausgeber:
Prof. Dr. Ulla Fix
Universität Leipzig, Institut für Germanistik, Beethoven-Straße 15, D-04107 Leipzig
Prof. Dr. Gotthard Lerchner
Sächsiche Akademie der Wissenschaften zu Leipzig, Karl-Tauchnitz-Str. 1, D-04107 Leipzig
Dr. Marianne Schröder
Universität Leipzig, Institut für Germanistik, Beethoven-Straße 15, D-04107 Leipzig
Prof. Dr. Hans Wellmann
Universität Augsburg, Lehrstuhl für deutsche Sprachwissenschaften, Universitätsstr. 10, D-86159 Augsburg

Manuskript eingereicht am 3. November 2004
Druckfertig erklärt am 19. September 2005

Mit 51 Abbildungen und 25 Tabellen

Bibliographische Information der Deutschen Bibliothek

Die Deutsche Bibliothek verzeichnet diese Publikation in der Deutschen Nationalbibliographie; detaillierte bibliographische Daten sind im Internet über <http://dnb.ddb.de> abrufbar.

ISBN 3-7776-1403-3

Jede Verwertung dieses Werkes außerhalb der Grenzen des Urheberrechtsgesetzes ist unzulässig und strafbar. Dies gilt insbesondere für Übersetzung, Nachdruck, Mikroverfilmung oder vergleichbare Verfahren sowie für die Speicherung in Datenverarbeitungsanlagen. © 2005 Sächsische Akademie der Wissenschaften zu Leipzig. Vertrieb: S. Hirzel Verlag Stuttgart/Leipzig.

Gesamtherstellung: druckhaus köthen GmbH

Printed in Germany

Inhalt

Vorwort 7

Text und Stil 9

JOHANNES ERBEN
Althochdeutsche, mundartliche oder fremdsprachliche Verszeilen in
moderner Lyrik (R. Gernhardt). „Kode-Wechsel" im Text? 11

CHRISTIAN FANDRYCH
Räume und Wege der Wissenschaft. Einige zentrale Konzeptualisierungen
von wissenschaftlichem Schreiben im Deutschen und Englischen 20

ULLA FIX
Metaphorisch-assoziative Themenentfaltung im Text 34

REGINA HESSKY
Das metaphorische Spielfeld Text 47

GOTTHARD LERCHNER
Wie werden Lexeme zu Schlag-, Mode- oder Leitwörtern? Zu lexikalischen
Ergebnissen textgeleiteter semiotischer Prozesse 57

HARTMUT STÖCKL
Anschauungsorientierung im Text. Zwischen Sprache und Bild 64

MARIA THURMAIR
Wörter im Text. Textsortenspezifische Referenzketten 80

GABRIELE YOS
Wiederholungen im Gespräch – ihre textkonstitutiven und stilistischen
Potenzen. Dargestellt an einem Streitgespräch zwischen Hermann Kant
und Gerhard Zwerenz.. 95

Wortbildung und Text/Wörterbuch 109

GERHARD AUGST
Die Wortfamilie als Ordnungskriterium in elementaren Lernerwörterbüchern .. 111

HENNING BERGENHOLTZ
Wortbildungen im Text und im Wörterbuch 125

STOJAN BRAČIČ
Zur textkohäsiven Rolle von Lexemen mit usueller und übertragener
Bedeutung und von Historismen 144

LUDWIG M. EICHINGER
Das rechte Wort am rechten Platz – und wie die Wortbildung dabei hilft 154

IRMA HYVÄRINEN
Adjektivische Zusammenbildungen im finnisch-deutschen Vergleich 168

ELENA KAN
Die pragmatikorientierten Funktionen der Wortbildung in fachbezogenen
Vermittlungstexten 185

LARISSA KULPINA
Privileg der Phantasie und Härte der Realität. Überlegungen zu linguostilistischen Besonderheiten der Literaturrezension 200

LORELIES ORTNER
„Wasser" in Wort, Text und Bild. Firmeninserate im Internet-Branchen-
verzeichnis „Gelbe Seiten" 209

HANNELORE POETHE
Die neuen Medien im Spiegel des Wortschatzes 231

MARIANNE SCHRÖDER
Wortbildung in der Hörfunknachricht 247

ANJA SEIFFERT
Fremdwortbildung und Text 263

ALENA ŠIMEČKOVÁ †
Zu einigen Kombinationen der Wortschatzelemente mit Richtungsmerkmal
im Text und ihrer Verzeichnung im Wörterbuch 276

IRINA SNJESCHKOWA
Zu den Wortbildungen in literarischen Texten von Thomas Mann 285

NORBERT RICHARD WOLF
Über einige Textfunktionen von Wortbildung und Wortbildungen 293

Phraseologie und Text/Stil/Wörterbuch 305

DMITRIJ DOBROVOL'SKIJ
Zur Dynamik lexikalischer Kookkurrenzen. Studien am parallelen Corpus
zu Dostoevskijs „Idiot" im AAC 307

ERLA HALLSTEINSDÓTTIR
Vom Wörterbuch zum Text zum Lexikon 325

CHRISTINE PALM MEISTER
Phraseologie und Erzähltheorie in „Berlin Alexanderplatz" von Alfred Döblin 338

GEORG SCHUPPENER
„Aller guten Dinge sind drei." Die Zahl Drei in Phraseologismen 348

PETER PORSCH
Frau im Wörterbuch. Das DUDEN-Universalwörterbuch 2003 als
Fortsetzung eines Trivialromans 358

HANS WELLMANN
Wortbildung und Text. Ein germanistisches Projekt der Universitäten
Chabarowsk und Augsburg 366

MARIANNE SCHRÖDER/BRIGITTE UHLIG
Wortbildung und Lexikologie in der Leipziger Lehre. Zum 60. Geburtstag
von Irmhild Barz 372

Vorwort

Der vorliegende Band enthält eine Reihe von Abhandlungen, die sich unter dieser Themenstellung einer ebenso aktuellen wie komplexen germanistisch-sprachwissenschaftlichen Problematik zuwenden. Sie wurden zum überwiegenden Teil auf einem Kolloquium vorgetragen und diskutiert, das vom 8. bis 10. Oktober 2003 gemeinsam vom Germanistischen Institut der Universität Leipzig, der Sächsischen Akademie der Wissenschaften und dem Lehrstuhl für deutsche Sprachwissenschaft der Universität Augsburg zu Ehren des 60. Geburtstages von Irmhild Barz, Ordentliches Mitglied der Akademie und Professorin am Institut für Germanistik der Universität Leipzig, veranstaltet wurde.

Die drei Institutionen setzten damit eine langjährige Tradition erfolgreicher Zusammenarbeit fort, die sich grenzüberschreitende Erforschung und Beschreibung gegenwartssprachlicher Problemstellungen im Überlappungsbereich von Lexikologie, Wortbildung, Phraseologie, Stilistik, Textlinguistik und Semiotik zur gemeinsamen Aufgabe gestellt hat. Im Zentrum des Interesses standen diesmal dezidiert interdisziplinär bestimmte theoretische und methodologische Beschreibungszugriffe auf das *Wort*, zusammengefaßt unter den Schwerpunkten *Text und Stil, Wortbildung und Text/ Wörterbuch* sowie *Phraseologie und Text/Stil/Wörterbuch*. Dargestellt und diskutiert wurden einerseits die vielschichtigen strukturellen und inhaltlichen Bezüge zwischen lexikalischer Einheit (ob Wort oder Phraseologismus) und Text; auch bildliche Textelemente wurden dabei ausdrücklich als Funktionselemente in die Beschreibung einbezogen. Andererseits konnte die textbestimmte Entfaltung von Wortbedeutungen unter stilistischen, textlinguistischen und semiotischen Aspekten – insbesondere literarischen Texten – verdeutlicht werden. Nicht zuletzt bestimmten auch Fragen der Wörterbucharbeit unter korpuslinguistischen und interkulturellen Aspekten auf anregende Weise die – erfreulich lebhafte und ertragreiche – wissenschaftliche Diskussion. Da ein wichtiger Teil der wissenschaftlichen Forschungsvorhaben an der Akademie im Bereich lexikographischer – und damit natürlich genuin lexikologischer – Projekte betrieben wird, an denen Irmhild Barz maßgeblich beteiligt ist, verbanden sich das Anliegen der Ehrung für ein verdientes Akademiemitglied mit dem nicht unbedeutenden Aspekt unmittelbaren Nutzens für die Arbeitsaufgaben der Gelehrtengesellschaft.

Mit der Wahl des Konferenzthemas sollten nach dem Willen der Veranstalter also vorwiegend Bezüge hergestellt werden auf Forschungsinteressen, die Irmhild Barz seit Beginn ihrer wissenschaftlichen Tätigkeit sowohl an der Universität wie an der Akademie ebenso intensiv wie ertragreich verfolgt hat, wobei sich der Radius ihrer Arbeitsbereiche, von lexikologischen Fragestellungen ausgehend, folgerichtig auf lexikographische, phraseologische und Probleme der Wortbildung erweitert hat. Dieser Entwicklungsstrang verdeutlicht sich eindrücklich am bisher vorliegenden Werk der Jubilarin, ausgehend von der Dissertation mit einem Thema ihres Lehrers Wolfgang Fleischer, das sich Fragen der Semantik des Adverbs widmete, über die Habilitationsschrift zu Problemen der Wortbildung des Deutschen und über das gemeinsam mit ihrem akademischen Lehrer verfaßte, von der Fachwelt hochgelobte, international weitverbreitete Hochschullehrbuch „Wortbildung der deutschen Gegenwartssprache" bis hin zu hier im einzelnen nicht aufzuführenden Abhandlungen zu lexikologischen, phraseologischen und nominationstheoretischen Problemen – wobei die Gesichtspunkte von Textbezug, wissenschaftlicher Aktualität und, dies besonders hervorhebenswert, von Klarheit der Darstellung und Lehrbarkeit immer eine dominante Rolle spielten und spielen. Diesen Maximen ist auch ihre umfangreiche Herausgebertätigkeit verpflichtet – genannt seien hier nur die Publikationsreihen „Sprache – Literatur und Geschichte. Studien zur Linguistik/Germanistik" (herausgegeben mit Hans Wellmann) und „Leipziger Skripten. Einführungs- und Übungsbücher" (herausgegeben mit Ulla Fix und Marianne Schröder). Die Tatsache, daß sie an dem internationalen Projekt „Deutsch-finnische Lexikographie" mitarbeitet, zeigt u. a. ihren über die Grenzen reichenden wissenschaftlichen Ruf. Irmhild Barz gehört zu den prominenten Vertretern ihrer Disziplin – was sich im vorliegenden konkreten Fall auch daran verdeutlichte, daß Teilnehmerinnen und Teilnehmer aus nicht weniger als zehn Ländern der Einladung zu dem Ehrenkolloquium gefolgt waren.

Die Herausgeber haben zu danken der Deutschen Forschungsgemeinschaft und der Universität Leipzig für die freundliche Förderung des Symposiums sowie der SAW für die Gewährung des Gastrechts in ihrem Sitzungssaal und für die Aufnahme der Beiträge in ihre „Abhandlungen". Annelie Deutscher danken wir für Entwurf und Ausführung eines Plakats, das das Thema des Symposions in gelungener Weise verdeutlicht. Friederike Gerlach gilt unser besonderer Dank für die sorgfältige und durchdachte Herstellung der mit großem Arbeitsaufwand verbundenen Druckvorlage.

Die Herausgeber haben keine Veranlassung gesehen, in die Entscheidung der Autoren zwischen herkömmlicher und neuer Regelung der Rechtschreibung verändernd einzugreifen.

Ulla Fix, Marianne Schröder, Gotthard Lerchner, Hans Wellmann

Leipzig, im Oktober 2004

Text und Stil

JOHANNES ERBEN

Althochdeutsche, mundartliche oder fremdsprachliche Verszeilen in moderner Lyrik (R. Gernhardt)

„Kode-Wechsel" im Text?

Sprache und Text scheinen ebenso wie Sprache und Wirklichkeit in einer einfachen Beziehung zu stehen. Nach gängiger Meinung sind Texte gleichsam eine Sprache „in actu", d. h. Sprechhandlungen der Verständigung über das, was als Wirklichkeit gelten soll. Texte entstehen durch Aktualisierung und Kombination ausgewählter sprachlicher (eventuell auch bildlicher) Zeichen, wobei für die Textbildung situativ angemessene Muster und Textsortenkonventionen wirksam werden können. Aber die kommunikative und poetische Praxis „des symbolischen Handelns" (Burke zit. v. Fauser 2003, 67) ist oft komplizierter. Texte können auf die stilisierte Wirklichkeit anderer Texte verweisen – selbst über nationalsprachliche Grenzen hinweg – und solche Rückbezüge oder Rückgriffe auf schon Gesagtes können auch Mittel verschiedener sprachlicher „Potentiale" nutzen. Dies soll hier etwas näher betrachtet und annäherungsweise erörtert werden. Texte sind

„nicht Repräsentationen des Sprachsystems, sondern der Verwendung von Sprachsystemen"
(Hartmann 1971, 17).

Es verwundert daher eigentlich nicht, „dass verschiedene Einzelsprachen im Text ... vermischt" erscheinen können, dass es „m e h r s p r a c h i g e Texte" (Coseriu 1981, 37) gibt, obwohl oder gerade weil dies der normalen Erwartung des Lesers (Hörers) nicht entspricht. Das Verstehen solch anspruchsvoller Texte setzt dann – wie das Schaffen – mehr Kompetenz voraus, sprachliche und literarische. Coseriu nennt in diesem Zusammenhang als Beispiel den 1939 in London erschienenen Roman „Finnegans Wake" von James Joyce (hierzu Schmitz-Emans 1997, 65–69 sowie Senn 1999, 29 u. 191). Wir könnten aber natürlich ebenso an Romane Thomas Manns denken. Auch in der Lyrik gibt es offensichtlich „hybride Gebilde", d. h. Texte von Gedichten, deren Strophen oder Verszeilen einen Wechsel zwischen verschiedenen Sprachen oder Varietäten eines Sprachsystems zeigen, die also so etwas wie „Code-Switching" (Lewandowski [6]1994, 1078 f. und Bußmann [3]2002, 139) als „diskursive Strategie" erkennen lassen. Frühe Beispiele poetischer Sprachmischung, ja der Sprachenmontage zum Gedicht finden sich schon bei Oswald von Wolkenstein, der über den einfachen Wechsel lateinischer und deutscher Verse der Vagantendichtung weit hinausgeht, die Vielsprachigkeit sogar thematisiert und „sich selbst als welt- und spracherfahrenen Tausendsassa zu präsentieren" (Wachinger 1977, 295) sucht, in seinen Liedern nicht selten auch einer artistischen „Klangphantasie" (Moser 1969, 75 u. 92) Raum gibt. Intentionen, Verfahrensweisen, Mittel und ästhetische Wirkungen solcher Strategien der Textgestaltung können außerordentlich vielfältig sein. Wahrzunehmen ist dies auch und gerade wieder in der modernen Dichtung (s. Weinrich 1988, 298 ff.), die durch Aufbau multilingualer Strukturen „einen universalistischen Zug" gewinnt (Gauger 1995, 98). Ich verweise auf Gottfried Benns Gedicht „Lebe wohl". Es beginnt mit den Zeilen „*Lebe wohl, // farewell, // und nevermore*". Das Reimwort „nevermore" deutet auf endgültigen Abschied (s. Benn 1997, 518), wohl eine literarische Reminiszenz an Edgar Allan Poes Gedicht „The Raven" (1845). Diesem bilingualen Anfang fügt Benn in den nächsten Zeilen beinahe ein Bekenntnis zur poetischen Mehrsprachigkeit hinzu:

„aller Sprachen Schmerz- und Schattenlaut // sind dem Herzen, // sind dem Ohre // unaufhörlich // tief vertraut"   (Benn ^{2}1999, 143).

Auch in Ingeborg Bachmanns nachgelassener Lyrik heißt es:

„Weiß, daß man so nicht daherreden kann, // es muß würziger sein, eine gepfefferte Metapher// müsste einem einfallen...// *Parlo e tacio, parlo*, flüchte mich in ein Idiom, // in dem sogar Spanisches vorkommt, *los toros y // las planetas,* ..."   (hierzu Burdorf 2003, 80).

Es gibt natürlich in der Lyrik eine große Spannweite möglicher Textgestaltungen durch Sprachwechsel. Dies sollen zwei Gedichte Robert Gernhardts (s. Anhang) genauer verdeutlichen. Sie sind von verschiedener Länge. Auch unterscheiden sie sich erheblich in ihrer Struktur und künstlerischen Technik, nicht zuletzt durch die Art, in der fremd anmutende Zeichenkomplexe „als zusätzliche Strukturen" (Lotman ^{4}1993, 115) besonderer Bedeutung und Sprechhandlungswirkung eingegliedert sind, „Systemexternes im künstlerischen Text" (ebd. 92). Gemeinsam ist beiden Gedichten, dass sie aus Er-fahr-ungen im eigentlichen Sinne entstanden sind. Schon die Titel weisen auf das Unterwegssein in der Eisenbahn: „*An der Strecke Berlin–Weimar*" und „*ICE Kassel–Fulda*". Auch die Titel einiger anderer Gedichte Gernhardts weisen auf Eindrücke und Empfindungen während des Zugreisens, z. B. „*Vom Zug aus*" (Gernhardt 2002, 113) oder: „*Er überdenkt einen Satz, den er im Zug gehört hat*" (ebd. 229). Das Hören, auch das Vernehmen von Stimmen der Ferne und Vergangenheit, ist in Gernhardts Texten von besonderer Bedeutung. Text I Str. 1:

„*Auf einmal h e i ß t es: // Merseburg. // Und du, wie unter // Zauber // Siehst nicht die laubfroschgrüne // Lok // H ö r s t nur den alterswehen // Klang.*"

Der Name „*Merseburg*" – als rhythmische Einheit hervorgehoben und beinahe leitmotivisch als 2. Zeile fast aller Strophen wiederkehrend (vgl. Paul–Glier ^{6}1966,16) – ermöglicht Orientierung, nicht nur im Streckennetz der Bundesbahn, in der letzten Strophe abgelöst durch den Stationsnamen „*Großkorbetha*", sondern auch Orientierung im kulturellen und geschichtlichen Raum des deutschen Ostens. *Merseburg* weist, wie das Zweitglied des Namens deutlich ausprägt, auf eine alte Burgsiedlung im Bereich der mittleren Saale, seit dem 10. Jahrhundert auch Bischofssitz. Und in der Domstiftsbibliothek befindet sich eine frühmittelalterliche lateinische Sammelhandschrift, in die eine Hand des 10. Jahrhunderts zwei althochdeutsche Texte eingetragen hat, die den Namen *Merseburg* in der literarischen Welt aufleuchten ließen und ihm in der Literaturgeschichte einen festen Platz sicherten: Die so genannten „Merseburger Zaubersprüche". Es sind „Gedichte aus der Zeit des deutschen Heidenthums" (Jacob Grimm 1842), „heidnisches Traditionsgut", das „auf christliches Mönchspergament gelangte" (Haubrichs 1988, 430). Es geht in den archaischen Versen um einen Lösezauber zur Befreiung von Gefangenen und um magische Heilung. Während Günter Eich in einem Prosatext den zweiten Merseburger Zauberspruch nutzt, aber nur in Anspielungen „als Aufhänger und Anlaßfall für ein sprachkritisches Lehrstück" (Brandstetter 1985, 67), zitiert Robert Gernhardt in seinem Gedicht den a l t h o c h d e u t s c h e n Text, und zwar die beiden Anfangszeilen des ersten Merseburger Zauberspruchs. Er nutzt also für sein Gedicht einen Prätext der älteren Literatur in einer Art Collage- oder Montagetechnik, zitiert aber nicht die abschließende Zauberformel, den eigentlichen Zauberbefehl: „*insprínc háptbandun, inuár vígandun!*" 'Entspring den Haftbanden, entfahr den Feinden'. Gernhardt teilt die beiden zitierten Langzeilen auf und gebraucht die Teilverse jeweils als Schlusszeilen seiner vier Strophen, nutzt sie also zur Strophenbindung. Nur den Schluss der vierten Strophe bildet nicht ahd. *lezidun*, das der Präteritalform „*heptidun*" der dritten Strophe klanglich und grammatisch entspräche. Schluss-Signal ist stattdessen das volksliedhafte „*dideldum*", das wohl auf ein strophenschließendes Reimwort bzw. den Titel eines 1874 erschienenen Bändchens von Wilhelm Busch (Busch 2000, 13 u. 447) anspielt; also ein humorvolles Ausbrechen aus der feierlichen Ordnung der althochdeutschen Verszeile und ein Ausweichen scheinbar ins Heiter-Unverbindliche der Gegenwart. „*Dideldum*" ist abschließendes Zeichen dafür, dass die Wirkung des Namens *Merseburg* nunmehr aufgehoben ist: „*jetzt heißts Großkorbetha // Das endet jeden Zauber!*", der mit dem Namen „*Merseburg*" assoziiert wird. Der Ortsname *Merseburg* fungiert anfangs gleichsam als „Auslösewort" (Weinrich 1988, 292) für die Umschaltung ins Althochdeutsche, für die Erinnerung an althochdeutsche Verse. Bis auf „*dideldum*", das als 'Nachahmung lustiger Musik' (Sanders 1860, 292) empfunden werden kann, sind Gernhardts Strophenschlüsse dem nicht germanistisch geschulten Leser (Hörer) natürlich unverständlich. Sie erscheinen nicht weniger fremd als die exotischen Verse in Gernhardts Gedicht „Amok oder indonesisches Lied" (2002, 60). Dennoch haben die vokalreichen Strukturen unseres ältesten Deutsch eine Wirkung. Sie wirken – wie Morgensterns *Lalula* (s. Köhler 1989, 48 f. und Schmitz-Emans 1997, 137 f.) – als Klang, als Klang aus alter Zeit:

„*Und du, wie unter Zauber... hörst nur den alterswehen K l a n g*" (Str. 1).

Und dieser Klang – durch den Neologismus *altersweh* als kaum noch vernehmbare Stimme einer fernen Erinnerung an alte Zeiten charakterisiert und noch einmal in der Schlussstrophe genannt – braucht gar nicht dekodiert zu werden, da er in seiner Fremdheit als Sprachmagie eingeordnet und gedeutet wird. Denn die Mitte aller

Strophen – jeweils als eigene Zeile 4 abgehoben – bilden das Substantiv „Zauber" oder partizipiale Ableitungen wie „*bezaubert*" und „*entzaubert*". Es sind Glieder einer Isotopiekette, die eindeutig eine textsemantische Grundlinie ausprägen. Das Basissubstantiv „Zauber" findet sich am Anfang und am Schluss in der Bedeutung 'Zauberwirkung, Faszination, Bann', hat in der 2. Strophe jedoch die Bedeutung 'Zaubermittel, Zauberformel' (Str. 2,7). Dies wird in der 3. Strophe dann durch „Spruch" (Str. 3,7) verdeutlicht, sodass für den Kundigen auch die Quelle „Merseburger Zauberspruch" dekodiert worden ist. Alte geheimnisvoll klingende Zaubersprüche müssen nicht zur Alltagssprache stimmen. Sie dürfen außerhalb des magischen Kreises unverständlich sein (wie das Zauberwort *Abrakadabra*), wenn sie nur wahrnehmbar und wirksam sind. Doch wird das Wahrnehmen des Klangs und seine Faszination schwächer. Mit zunehmender Entfernung von Merseburg tritt das „*Hörst nur*" des Anfangs zurück vor dem

> „*Siehst nur Verwüstung und // Verfall // Weißt keinen Spruch, der hier noch // hilft*" (Str. 3),

anklingend beinahe an Max Webers These vom Ende der Magie und von der „Entzauberung der Welt" (Sprondel 1972, 564 f.). So fehlt der eigentliche schadenwendende Lösungsbefehl wohl nicht zufällig – die pragmatische Dimension des alten Spruchs ist geschwunden. Doch legt der Kodewechsel hier die Einsicht nahe, dass auch ein heutiges Dichterwort die Dinge nicht zu ändern vermag, dem althergebrachten Glauben an „die beschwörende Macht des Gesanges" (Rühmkorf 2001, 121) zum Trotz. Daher heißt es in der 4. Strophe resignativ: „*So nimm denn Leben deinen // Gang //*" (Str. 4,5 f.). Hervorzuheben ist vielleicht noch, dass in den ersten drei Strophen „*Du*" jeweils als Anrede im Sinne einer monologischen Selbstvergewisserung auftaucht (Str. 1,3; 2,3; 3,3), in der Schlussstrophe jedoch mit besonderer Betonung als Anrede an den Leser (Hörer) erscheint, in Opposition zu „*ich*": „*Ich hör ihn nicht, hörst Du den // Klang // ...?*" Am Ende ist also der Leser angesprochen und gefragt. Das heiter scheinende „*dideldum*" des Schlusses, das jedoch den Unterton von 'Sei's drum' hat, hebt also die Erinnerung an den „*alterswehen Klang*" nicht gänzlich auf. Vielmehr wird sie im Rückbezug mit dem bestimmten Artikel wieder aufgenommen, als ein für Sprecher und Hörer eigentlich Gegebenes hingestellt und außerdem durch das Stilmittel einer abschließenden Reimbindung (*Gang: Klang*) noch besonders gestützt.

Text II ist anderer Art. Hier ist Systemexternes im Rollenspiel eines Dialogs benutzt, und dies erst in der zweiten Hälfte des sechsstrophigen Gedichts (Str. 3–6). Die erste Hälfte gilt der Situation des Unterwegsseins, den Empfindungen, die sich bei einer Reise manchmal einstellen. Dabei sind Anklänge an Gottfried Benn nicht zu überhören, der ja im Untertitel genannt wird. So klingt schon die auffällige Schlusszeile der 1. Strophe an den Titel eines Bennschen Gedichts und Gedichtbandes an: „Trunkene Flut". Geradezu ein Schlüsselwort findet sich dann in der 3. Strophe, also in der Textmitte: „*Chiffren*" (Str. 3,1), wohl eine bewusste Erinnerung an

Benns vielzitierten Vers: „Ein Wort, ein Satz – aus Chiffren steigen // erkanntes Leben jäher Sinn" (Benn 1998, 198). Wie im ersten Gedicht öffnen Namen einen weiteren Horizont, hier jedoch Namen, wie sie uns – im „*ICE, Bordrestaurant*" sitzend – auf der Getränkekarte begegnen: „*Weißwein vom Gardasee ... Méditeranée*" (Str. 3). Diese Chiffren versetzen den Fröstelnden aus einer Situation „*tief unter Vogelflügen, // über verdämmerndem Land //*" (Str. 2,1 f.) in die ersehnte sonnige Welt des Südens und entfachen „*Süddurst*" (Str. 3,1). Dieser Wunsch führt zu einem ersten Verständigungsversuch in einer Mischsprache „der internationalen Konsumgesellschaft" (Ujma 2002, 124), die stimuliert vom Sprachstil der Getränke- oder Speisekarte französische, englische und italienische Elemente zu einer hochtönenden Bestellung verbindet: „*Garcon, bring me un vino!*" Der Kellner, von dieser seltsam gemischten Aufforderung peinlich berührt, weigert sich, zu verstehen:

> „*Herr, ich verstehe Sie nicht! // Hier ist nicht Portofino, // wo man in Vielsprachen spricht, // Hier, Herr, ist immer noch Hessen // Uraltes Deutschredeland, ...*"
> (Str. 4 und 5).

Statt *Deutschland* die nicht im Wörterbuch stehende Neubildung „*Deutschredeland*" 'Land, in dem man Deutsch redet', ein etwas penetrant-umständlicher Ausdruck, der mit seinem komplexen Erstglied (Verbstamm + Adverb) eher zum Funktionalstil der Verwaltung stimmt (man vgl. Bildungen wie *Freisprechanlage, Rechtschreibreform*). Eben dies lässt ihn als deutlichen Appell wirken, die vertraute Sprache des Landes zu sprechen, wobei das derbe Reimwort auf „*Hessen*" für zusätzliche Ernüchterung sorgt. Dieser Sprechakt und die eindringliche Nachfrage des Kellners, die „*mitten ins Sein*" zielt (Str. 6,1 f.), wie es – Heidegger persiflierend – heißt (eine philosophische Abwandlung der schlichten Kellnerfrage: „Was darf es denn da sein" [vgl. Gernhardt[8] 2001, 175]), hat Erfolg. Auf das Stichwort „*Hessen*" hin und die alltagssprachliche Nachfrageformel „*Ei wie dann?*" bemüht sich nun der Gast um eine wirklich partnergemäße, gelingende Antwort, die beinahe eine „solidarisierende" Funktion (Luckmann 1983, 1578) hat. Sie stellt im Gedicht zugleich die verständnissichernde Übersetzung der fremdsprachlich-gespreizten Verszeile dar sowie das unerwartete Schlusswort anderer Kodierung: „*Ei Gude, isch möchte e Wein!*" (Str. 6,4). Offensichtlich werden hier von dem in Frankfurt am Main lebenden Autor die Sprechweise der „*bringse Birra*-Touristen vom Gardasee" (Ujma 2002, 112 u. 109) oder auch die polyglotten Sprechversuche der touristischen Globalisierung mit der Sprache der regionalen heimatlichen Nähe kontrastiert und parodiert – wie in dem Gedicht „Beim Italiener" (Gernhardt 2002, 70) das Gastarbeiterdeutsch des Padrone oder aber das schlechte Englisch der beiden Weltläufigen in dem Gedicht „Als sich die Party auflöste" (Gernhardt [4]2000, 13). All dies, auch der „Idiomwechsel ... im Reim" vom Typus „Ravioli holi" (Arnet 1996, 77), erinnert beinah an sprachsatirische Texte der Barockzeit, die in unserer Zeit vor allem Günter Grass in seiner Erzählung „Das Treffen in Telgte" wieder aufleben lässt. Hier trägt z. B. Moscherosch ein „Spottliedchen" vor, das großen Beifall der in Telgte

versammelten Dichter findet: „Fast jeder Schneider will jetzund leyder // Der Sprachen erfahren sein vnd red Latein: // Wälsch vnd Frantzösisch halb Japonesisch //."
„Als von der Tür her die Wirtin Libuschka dazwischen rief, ob den Signores ein *Boccolino Rouge* pläsiere, antwortete man ihr in allen landläufigen Fremdsprachen. Jeder, sogar Gerhardt, bewies sich als Meister der Kauderwelsch-Parodie" (Grass 1979, 38). Unsere Barockliteratur bietet dafür eine Fülle weiterer Beispiele. Die Lustspiele des Andreas Gryphius', vor allem der „Horribilicribrifax" – nach dem einen, feige prahlerisch auftretenden Helden benannt –,

> „leben geradezu von der Entfaltung dieses Durcheinanders und Gegeneinanders der verschiedenen Sprachwelten und vom Stolz des Dichters, sie alle besser zu beherrschen als seine Figuren"
> (Wehrli 1976, 137).

Denn hier kann der fehlerhafte Gebrauch der Bildungssprachen oft Geistesart und soziale Stellung markieren. Mit der Sprachmengerei wird wohl zugleich die Hohlheit großsprecherischer Rhetorik satirisch bloßgestellt sowie das „Eloquentia- und Elegantiaideal" (Böckmann 1949, 444 f. und Arntzen 1989, 252 ff.) der Zeit. Dennoch darf man feststellen: Es gab damals so etwas wie eine „l i t e r a r i s c h e M e h r s p r a c h i g k e i t des gebildeten 17. Jahrhunderts" (Wehrli 1976, 137), eine meist „auf bestimmte Register beschränkte Mehrsprachigkeit" (v. Polenz 1994, 62) und eine „alamodische Vielsprachigkeits-Tendenz im 17./18. Jahrhundert" (ebd. 50 f.). „Deutsch/französische Zweisprachigkeit der adligen und bildungsbürgerlichen Oberschichten" sowie „intratextueller Sprachenwechsel (*code switching*)" sind z. B. noch in Briefen „des preußischen Reformers Karl Frhr. vom Stein" (ebd. 71) erkennbar. Die Lage heute scheint – angesichts des starken englisch/amerikanischen Einflusses – ähnlich. Aber sie ist nicht gleich. Denn nunmehr haben wir ja eine gefestigte, standardisierte L e i t v a r i e t ä t. Neben der Beherrschung der Standardsprache besteht im Sinne einer „binnensprachlichen Diglossie" (Besch 1983, 1399 ff.) vielleicht noch einige Vertrautheit mit einem Heimatdialekt. Aber höchst selten – etwa im Sonderfall der Mehrsprachigkeit in einer Familie oder Grenzregion – ist noch die Flexibilität einer vollen „codeswitching competence" (Dolitsky 2000, 1256) gegeben, eine multilinguale Sprachkompetenz größerer Reichweite hinsichtlich bestimmter Themen und Gesprächspartner. Bei Autoren und Publikum ist daher wohl die kommunikative Fähigkeit, im gesprochenen oder geschriebenen Text situationsentsprechende „Kode-Wechsel" vorzunehmen oder eine solche diskursive Strategie im vollen Sinne mit zu vollziehen, eingeschränkter als im 17./18. Jahrhundert. Da aber Sprachkontakte und Versuche interkultureller „Chats" zunehmen, fast jeder „an verschiedensten Sondersprachen, Stilebenen und Funktionen" (Forster zit. v. Wehrli 1976, 137) teilhat, und darüber hinaus sogar Rückgriffe auf ältere Traditionen des Sprechens und Dichtens grundsätzlich immer möglich sind, um Gegenwärtiges treffender zu kennzeichnen, kann auch noch von modernen Autoren intratextueller Sprachwechsel als S t i l i s t i k u m genutzt werden. Dies gilt nicht zuletzt für Robert Gernhardt, der Germanistik studiert hat und – ebenso kenntnisreich wie „virtuos" (Hinck 1997, 15

u. 193) – die produktive Rezeption, das zitierende oder parodierende Wiederverwenden des Gehörten oder Gelesenen, das heiter-ernste Weiterdichten von Prätexten unterschiedlicher Diskurstraditionen beinahe zum Programm seines Dichtens gemacht hat, in eigener Sicht ein „Gegensinger und Weiterverwender" (Gernhardt 1990/2002, 73). So scheint sein Schaffen weithin der These zu entsprechen, dass im literarischen Leben eine „produktive Offenheit des Werks" (Arndt 2002, 8 f.) anzunehmen und der Autor nur als „Funktion eines Diskurses" (ebd. 4) anzusehen sei. Selbst die Namen von 63 früh verstorbenen Dichterkollegen – von Wolfram von Eschenbach bis Ingeborg Bachmann und Rolf Dieter Brinkmann – nutzt er als poetische Elemente eines neuen Textes (2002, 170/173), verfasst am 13. Dezember 2000, d. h. als Reflexion über seinen 63. Geburtstag. Auch hier erzielt er stilistische Wirkungen durch Gegensatz und Wechsel: Von gemeinsprachlichen Wörtern und klangvollen Eigennamen, die geistige Horizonte und Textwelten eröffnen, aber nicht jedem sofort vertraut sind (vgl. auch 2002, 248). Wir dürfen daher mit der Vermutung schließen, dass Gernhardts Gedichte einen besonderen Reiz dadurch bekommen, dass sie als sprachspielerische Appelle an Kenner verstanden werden können, wie z. B. der Titel: „Auf der Fahrt von *Ringel* nach *Natz* notiert" (Gernhardt ^{8}2001, 161). „Anspielungen stiften eine Gemeinschaft der Wissenden" (Hagestedt 2002, 23) – solcher, die „kalkulierte Verlockung" (Gernhardt 1990/2002, 124), ja „Faszination" (Benn 1997, 516) durch das dichterische Wort spüren und ein Vergnügen daran haben, Texte trotz witzig-verfremdender Umgestaltung wieder zu erkennen, die auch „Fremdheit und Widerständigkeit von Poesie" (Killy 1982, 34), selbst multilingualer Texte, als stimulierende Erfahrung und geistige Herausforderung empfinden.

QUELLE

Gernhardt, Robert (2002): Im Glück und anderswo. Gedichte. Frankfurt a. M.

LITERATUR

Arndt, Andreas (2002): Subjektivität und Autorschaft. In: editio 16, S. 1–13.
Arnet, Daniel (1996): Der Anachronismus anarchischer Komik. Reime im Werk von Robert Gernhardt. Bern/Berlin u. a.
Arntzen, Helmut (1989): Satire in der deutschen Literatur. Bd. 1. Darmstadt.
Benn, Gottfried (1997): Essays und Reden. Frankfurt a. M.
Benn, Gottfried (^{2}1999): Sämtliche Gedichte. Stuttgart.
Besch, Werner (1983): Entstehung und Ausprägung der binnensprachlichen Diglossie im Deutschen. In: Besch, Werner u. a. (Hg.): Dialektologie. Berlin/New York, S. 1399–1411.
Böckmann, Paul (1949): Formgeschichte der deutschen Dichtung. Hamburg.
Brandstetter, Alois (1985): Sprachskepsis und Grammatik. In: Koller, Erwin/Moser, Hans (Hg.): Studien zur deutschen Grammatik. Innsbruck, S. 67–74.
Burdorf, Dieter (2003): „Alles verloren, die Gedichte zuerst". Ingeborg Bachmanns nachgelassene Lyrik. In: Mitteilungen des Deutschen Germanistenverbandes 50. Jg. Heft 1, S. 74–85.

Busch, Wilhelm (2000): Die Gedichte. Hg. v. Gerd Haffmans. Zürich.
Bußmann, Hadumod (^{3}2002): Lexikon der Sprachwissenschaft. Stuttgart.
Coseriu, Eugenio (^{2}1981): Textlinguistik. Tübingen.
Dolitsky, Marlene (2000): Codeswitching (Introduction). In: Journal of Pragmatics 32, S. 1255–1257.
Fauser, Markus (2003): Einführung in die Kulturwissenschaft. Darmstadt.
Gauger, Hans-Martin (1995): Über Sprache und Stil. München.
Gernhardt, Robert (1990/2002): Gedanken zum Gedicht. München/Zürich.
Gernhardt, Robert (^{4}2000): Körper in Cafés. Gedichte. Frankfurt a. M.
Gernhardt, Robert (^{8}2001): Wörtersee. Gedichte. Frankfurt a. M.
Grass, Günter (1979): Das Treffen in Telgte. Darmstadt/Neuwied.
Grimm, Jacob (1842): Über zwei entdeckte Gedichte aus der Zeit des deutschen Heidenthums. Philol.-hist. Abh. d. k. Akad. d. Wiss. Berlin.
Hagestedt, Lutz (2002): Viel Können. Viel Reife. Viel Glück. Konstanz und Varianz in Robert Gernhardts späten Gedichten. In.: Hagestedt, Lutz (Hg.): Alles über den Künstler. Zum Werk von Robert Gernhardt. Frankfurt a. M., S. 11–37.
Hartmann, Peter (1971): Texte als linguistisches Objekt. In: Stempel, Wolf-Dieter (Hg.): Beiträge zur Textlinguistik. München, S. 9–29.
Haubrichs, Wolfgang (1988): Versuche volkssprachiger Schriftlichkeit im frühen Mittelalter. Frankfurt a. M. (Gesch. d. dt. Lit., hg. v. Joachim Heinzle. Bd. 1).
Hinck, Walter (1997): „Närrische Vernunft". Zu Robert Gernhardts Gedicht *Der Zähe*. In: Hinck, Walter (Hg.): Gedichte und Interpretationen. Gegenwart II. Stuttgart, S. 15, 187–194.
Killy, Walther (1982): Schreibweisen – Leseweisen. München.
Köhler, Peter (1989): Nonsens. Theorie und Geschichte der literarischen Gattung. Heidelberg.
Lewandowski, Theodor (^{6}1994): Linguistisches Wörterbuch. Heidelberg/Wiesbaden.
Lotman, Jurij (^{4}1993): Die Struktur literarischer Texte. Übers. v. Rolf-Dietrich Keil. München.
Luckmann, Thomas (1983): Gesellschaft und Sprache. In: Besch, Werner u. a. (Hg.): Dialektologie. Berlin/New York, S. 1568–1579.
Moser, Hans (1969): Durch Barbarei, Arabia. Zur Klangphantasie Oswalds von Wolkenstein. In: Erben, Johannes/Thurnher, Eugen (Hg.): Germanistische Studien. Innsbruck, S. 75–92.
Paul, Otto/Glier, Ingeborg (^{6}1966): Deutsche Metrik. München.
Polenz, Peter v. (1994): Deutsche Sprachgeschichte. Bd. II. Berlin/New York.
Rühmkorf, Peter (2001): Schachtelhalme. Schriften zur Poetik und Literatur. Reinbek (Werke III, hg. v. Hartmut Steinecke).
Sanders, Daniel (1860): Wörterbuch der Deutschen Sprache. Bd. 1. Leipzig.
Schmitz-Emans, Monika (1997): Die Sprache der modernen Dichtung. München.
Senn, Fritz (1999): Nicht nur Nichts gegen Joyce. Zürich.
Sprondel, Walter M. (1972): Entzauberung. In: Historisches Wörterbuch der Philosophie. Bd. 2. Darmstadt.
Ujma, Christina (2002): Robert Gernhardt als ironischer Chronist der Toskana-Deutschen. In: Hagestedt, Lutz (Hg.): Alles über den Künstler. Zum Werk von Robert Gernhardt. Frankfurt a. M., S. 108–126.
Wachinger, Burkhart (1977): Sprachmischung bei Oswald von Wolkenstein. In: Zeitschrift für Deutsches Altertum und Deutsche Literatur 106, S. 277–296.
Wehrli, Max (1976): Latein und Deutsch in der Barockliteratur. In: Forster, Leonard/Roloff, Hans-Gert (Hg.): Akten des V. Internationalen Germanisten-Kongresses Cambridge 1975. Bern/Frankfurt a. M./München, S. 134–149.
Weinrich, Harald (1988): Wege der Sprachkultur. München.

ANHANG

Text I: (Robert Gernhardt: Im Glück und anderswo. Gedichte. Frankfurt a. M. 2002, S. 122)

AN DER STRECKE
BERLIN–WEIMAR

1. Auf einmal heißt es:
   Merseburg.
   Und du, wie unter
   Zauber
   Siehst nicht die laubfroschgrüne
   Lok
   Hörst nur den alterswehen
   Klang:
   Eiris sazun idisi

2. Schon heißt es nicht mehr
   Merseburg
   Doch du, noch ganz
   bezaubert
   Fährst hin durch plattgemachtes
   Land
   Denkst, daß hier wohl kein Zauber
   half:
   Sazun hera duoder

3. Schon weit zurück liegt
   Merseburg
   Du, nach und nach
   entzaubert
   Siehst nur Verwüstung und
   Verfall
   Weißt keinen Spruch, der hier noch
   hilft:
   Suma hapt heptidun

4. Schau an: jetzt heißts Groß-
   korbetha
   Das endet jeden
   Zauber
   So nimm denn Leben deinen
   Gang
   Ich hör ihn nicht, hörst du den
   Klang
   Suma heri dideldum ...?

Text II: (Robert Gernhardt: Im Glück und anderswo. Gedichte. Frankfurt a. M. 2002, S. 216)

ICE KASSEL–FULDA
Eine Gottfried-Benn-Phantasie

1. Manchmal an Ufern von Flüssen,
   wenn der Blick ihrem Lauf folgen tut,
   fällt von uns ab Zwang und Müssen,
   steigt jäh auf Sehnsucht nach Flut.

2. Tief unter Vogelflügen,
   über verdämmerndem Land,
   Sitzen wir fröstelnd in Zügen-
   ICE, Bordrestaurant –:

3. Chiffren! Und Süddurst entfacht sich.
   „Weißwein vom Gardasee
   1 Flasche 12.80".
   Preiswert: Méditerranée.

4. „Garcon, bring me un vino!"
   „Herr, ich verstehe Sie nicht!
   Hier ist nicht Portofino,
   wo man in Vielsprachen spricht,

5. Hier, Herr, ist immer noch Hessen.
   Uraltes Deutschredeland,
   seit sich einst halboffnen Fressen
   ein erstes ‚Ei wie dann?' entwand

6. Was also, Herr, darf ich bringen?"
   Die Frage zielt mitten ins Sein.
   Allez! Lass die Antwort gelingen:
   „Ei Gude, isch möchte e Wein!"

CHRISTIAN FANDRYCH

Räume und Wege der Wissenschaft

Einige zentrale Konzeptualisierungen von wissenschaftlichem Schreiben
im Deutschen und Englischen

0. EINLEITUNG

Wissenschaftliche Artikel enthalten nicht selten Passagen wie die folgende:

(1) *„Für eine systematische Analyse des Überganges von der Marktwirtschaft zur Planwirtschaft ist deshalb die zeitliche Abstufung der Reformschritte entscheidend. In diesem Beitrag s o l l e n deshalb besonders sensitive zeitliche Abhängigkeiten d i s k u t i e r t und eine für die behandelten Problemkreise optimale Reformsequenz h e r a u s g e a r b e i t e t   w e r d e n. Danach w i r d die aus Effizienzgesichtspunkten optimale Abfolge von Reformschritten mit den politisch-ökonomischen Gegebenheiten v e r g l i c h e n. Es w i r d   a u f g e z e i g t, wie die starke Verzögerung der Reformen e r k l ä r t   w e r d e n   k a n n und welche Aussichten sich für den Erfolg der Reformen daraus ergeben."* (REFO a3)[1]

Es handelt sich um den dritten Absatz eines wirtschaftswissenschaftlichen Artikels; er enthält eine Reihe von Textkommentierungen[2]: Mit ihnen kommentiert der Autor,[3] wie sein Text aufgebaut ist und qualifiziert gleichzeitig die Art der sprachlichen Handlungen, die ausgeführt werden sollen: Es wird etwas *diskutiert, herausgearbeitet, verglichen*; es wird *aufgezeigt*, wie etwas *erklärt* werden kann. Schon an solch einem kleinen Textausschnitt wird anschaulich, wie groß die Bandbreite der Verben ist, die wissenschaftliche Sprechhandlungen bezeichnen können. Neben einem Verb lateinischen Ursprungs (*diskutieren*), das ursprünglich einmal soviel wie *zerschlagen, zerteilen, zerlegen* bedeutete, heute im Deutschen aber ausschließlich auf die Bezeichnung von Sprechhandlungen festgelegt ist, finden sich mehr oder weniger durchsichtige Verben. *Erklären* ist heute ein reines Sprechhandlungsverb; Paul (2002, 290) beschreibt die Bedeutung mit 'verständlich machen'; 'öffentlich aussprechen'; diese ist aber eine Spezialisierung der früher üblichen allgemeineren Bedeutung 'klar machen' – das Verb ist also lexikalisiert, aber nicht vollständig undurchsichtig geworden. *Vergleichen* bezeichnet zunächst einmal eine physisch-kon-

---
[1] Sperrungen in Textbelegen stammen von mir, C. F. Zum Korpus siehe näher Fandrych 2002.
[2] Zu Definition und Bestimmung von Textkommentierungen vergleiche Fandrych/Graefen 2002.
[3] Maskuline Personenbezeichnungen sind generisch zu lesen.

krete Handlung ('prüfend nebeneinander halten', Duden 1989, 1643 f.), kann aber natürlich ebenso gut auf eine mentale oder sprachliche Handlung Bezug nehmen. *Aufzeigen* und *herausarbeiten* sind Partikel- bzw. Doppelpartikelverben; während *aufzeigen* wohl meist mit Sprechhandlungsbedeutung verwendet wird, ist eine konkret-physische Bedeutung bei *herausarbeiten* wohl noch üblicher.

Die letztgenannten Verben nun haben einen Raumbezug gemeinsam, der im Deutschen bei einer recht großen Zahl von Sprechhandlungsverben zu finden ist. Bei *aufzeigen* handelt es sich um eine spezifischere Bedeutung des prototypischen „Forschungsverbs" *zeigen* (vgl. Meyer, 1997), das eine reiche Bedeutungsbandbreite aufweist, häufig aber für das erfolgreiche Problemlösen in der Forschung an sich steht. Bei *herausarbeiten* verbindet sich ein Basisverb, das eine hohe Handlungsinvolvierung aufweist, mit einer zusammengesetzten, räumlich-deiktischen Verbpartikel und macht so den Forschungs- und Schreibprozess sehr plastisch. Bei etwas näherer Betrachtung sehen wir zudem, dass die beiden Partikelverben in Beleg (1) bei der Beschreibung der Ziele des Autors eine zentrale Position einnehmen: *Diskutieren* und *vergleichen* kann man vieles, es kommt aber darauf an, was dabei dann als Ergebnis herauskommt – und für den Ausdruck solcher Ergebnisorientierung eignen sich die Partikelverben anscheinend besonders gut.

Eine vergleichbare Passage eines englischsprachigen Artikels (ebenfalls aus den Wirtschaftswissenschaften) liest sich wie folgt:

(2) *"This paper will **concentrate** mainly on institutionally based trust. It will **explore** how trust and cooperation are influenced by systems of rules regulating social behaviour, and thereby enhancing stability, (…) Informed by the above **theoretical claims**, this paper attempts to **show** that different national systems of institutions result in different levels of trust and cooperation in supplier relations which, in turn, shape aspects of business performance. This will be done by **presenting data** from a comparative study…"* (MAR 1–3)

Auch hier haben wir es mit unterschiedlichen Verben mit Sprechhandlungsbedeutung zu tun – *concentrate, explore, theoretical claims, attempt to show, present data*. Während *concentrate* – eine mentale Handlung der Aufmerksamkeitsfokussierung – die Auswahl und Abgrenzung des Themas versprachlicht, wird mit *explore* eine recht allgemeine Handlung des Untersuchens/Erforschens bezeichnet. Mit *show* nun haben wir auch hier ein ergebnisorientiertes Verb (allerdings mit dem schützenden *attempt* versehen), das eine ähnliche Funktion einnimmt wie im Deutschen *herausarbeiten* und *aufzeigen*. *Present* wiederum versprachlicht eine Grundfunktion von Wissenschaftskommunikation – nämlich Forschungsergebnisse qua Publikation einer Wissenschaftlergemeinschaft vorzustellen. *Claims* passen in ein hypothesengeleitetes, empirisch-positivistisches Forschungsparadigma, das diese Hypothesen dann mit *data* verifizieren oder falsifizieren möchte. Es wird an diesen Beispielen deutlich, dass schon in solch funktional recht ähnlichen Abschnitten einige Ausdrücke schwer direkt übersetzbar zu sein scheinen: Dies betrifft die deutschen Verben *herausarbeiten* und *aufzeigen* einerseits, die ganze Wendung *informed by the above theoretical claims* andererseits. Bei einigen dieser Verben haben sich zudem bestimmte historische Konzeptualisierungen von Forschen und wissenschaftlichem Schreiben sedimentiert.[4] Dies ist etwa der Fall bei *show/zeigen* als Verb für ziel- und rezipientenorientiertes Forschungs- und Publikationshandeln im Kontext der Wissenschaftlergemeinschaft (sowie für viele seiner Teilschritte); beim deutschen Verb *herausarbeiten*, das eine Vorstellung von Forschung als handlungsintensiver und deiktisch-räumlich bestimmter Tätigkeit vermittelt. Zudem scheinen verschiedene Ausdrücke mehr oder weniger feste Bindungen einzugehen bzw. Kombinationsrestriktionen zu unterliegen: Was kann man in einem wissenschaftlichen Text *herausarbeiten*? Offenbar *Reformsequenzen*, in meinem Korpus etwa auch *praktische Konsequenzen, Hintergründe einer Entwicklung, Maßnahmen und Investitionen* u. ä. – also meist komplexere Zusammenhänge und – mit Ausnahmen – Dinge recht abstrakter Natur.

Im Folgenden möchte ich auf einige besonders interessante Konzeptualisierungen von wissenschaftlichem Schreiben im Deutschen und Englischen eingehen, um die Ziele und die Relevanz solch einer Untersuchung exemplarisch aufzuzeigen.

1. FUNKTION VON SPRECHHANDLUNGSVERBEN IN DER ALLGEMEINEN WISSENSCHAFTSSPRACHE

Bei den Verben, die zur Bezeichnung wissenschaftlicher Sprechhandlungen verwendet werden, handelt es sich um einen Teilbereich der allgemeinen Wissenschaftssprache (Ehlich 2001, 199); als Basiselemente der Wissenschaftskommunikation werden sie weitgehend transdisziplinär verwendet und stehen teilweise der Bildungssprache nahe. Sprechhandlungsverben spielen beim wissenschaftlichen Schreiben in zwei verschiedenen Arten von sprachlichen Handlungen eine Rolle: Zum einen muss man als Schreibender auf einen wichtigen Ausschnitt relevanter Literatur explizit aufbauen und auch darauf verweisen (hierzu dienen *Literaturverweise*).[5] Da-

---

[4] Dies hat Sweetser 1990 bereits für Verben der Wahrnehmung gezeigt; vgl. auch Meyer 1997. Schlosser 2003 gibt einen Überblick über einige zentrale sprachliche Konzeptualisierungen von „Wissen".

[5] Man kann die sprachliche Vermitteltheit der Forschungsergebnisse anderer mehr oder weniger deutlich thematisieren, die Art der Bezugnahme ist dabei keinesfalls immer dem einzelnen Autor überlassen; sie unterliegt häufig mehr oder weniger stark festgelegten Konventionen, vergleiche hierzu ausführlicher Jakobs 1999, 104, die feststellt, dass in „Disziplinen, die einen hohen Konsens aufweisen und nicht textbasiert arbeiten, wie z. B. viele natur- und humanwissenschaftliche Disziplinen", Verweise häufig lediglich aus einem Stichwort und der Angabe der Textquelle bestehen, in der die Methode bzw. das relevante Forschungsergebnis beschrieben wird. Vielfach wird hier das so genannte „Nummernsystem" benutzt, bei dem Fußnoten im eigentlichen Sinne entfallen und mit Nummern auf das Literaturverzeichnis am Ende des Artikels verwiesen wird.

bei bewerten und charakterisieren Autoren die Literatur häufig, nicht zuletzt, um ihre eigene Forschung adäquat zu positionieren und sich in bestimmte Forschungszusammenhänge zu stellen, vgl. (3) und (4):

(3) *„In seiner Dissertation b e s c h r e i b t R. Schmid einen zweiten Zugang, und zwar ausgehend von bicyclischen Aminalen..."* (CYCL 41)

(4) *„In such formulations, Young seems to r e j e c t any role of..."* (EMA 45)

Gleichzeitig erwartet man (oder hofft zumindest), dass auch die eigenen Erkenntnisse rezipiert werden und dass sie andere Wissenschaftler zu weiterer Forschung anregen. Nicht zuletzt deswegen versucht man, mit kompakten Orientierungen dem Leser die Rezeption des eigenen Textes zu erleichtern und gleichzeitig die wichtigsten eigenen sprachlichen Handlungen zu qualifizieren oder zu charakterisieren. Hierfür benutzt man t e x t k o m m e n t i e r e n d e S p r e c h h a n d l u n g e n.[6]

Zusammenfassend kann man sagen, dass mit den Sprechhandlungsausdrücken eine Verständigung oder aber auch Auseinandersetzung um den Stellenwert und die Bewertung bestimmter – eigener oder fremder – Forschungsleistungen hergestellt wird. Dazu stellt nun die allgemeine Wissenschaftssprache ein historisch erarbeitetes Ausdrucksinventar bereit; damit kann man s t a n d a r d i s i e r t e B e s t i m m u n g e n von eigenen oder fremden sprachlichen Handlungen geben.

2. RÄUME UND WEGE DER WISSENSCHAFT IM KONTRAST

Im Folgenden konzentriere ich mich auf einen Ausschnitt der Sprechhandlungsverben, die ich aus einem Korpus von insgesamt 824 Belegen aus 17 englischsprachigen und 19 deutschsprachigen Artikeln aus verschiedenen Disziplinen erstellt habe.[7] Die Sprechhandlungsverben habe ich zunächst nach der jeweils ausgedrückten Bedeutung und Funktion im Wissenschaftsdiskurs in semantische Gruppen eingeteilt, mit dem Ziel, brauchbare Vergleichsgruppen für die kontrastive Analyse zu erstellen.[8] Einige der so entstandenen Gruppen müssen noch weiter verfeinert und unterteilt werden (siehe Tabelle).[9]

---

[6] Auftreten, Häufigkeit und Art der Sprechhandlungsverben in wissenschaftlichen Aufsätzen hängen daneben noch von einer Reihe weiterer Faktoren ab; etwa vom Grad der Textbasiertheit der jeweiligen Disziplin (besonders ergiebig sind etwa philosophische Artikel), aber auch von der Ausrichtung des Artikels (in Forschungsüberblicken kann man naturgemäß einen großen Anteil von Sprechhandlungsverben erwarten). Dies kann hier nicht näher untersucht werden.

[7] Das Korpus wurde vollständig nach Textkommentierungen ausgewertet (183 deutsche und 157 englische Belege), daneben wurden jeweils 10 Texte auch nach Literaturverweisen ausgewertet (274 deutsche und 210 englische Belege).

[8] Eine ausführlichere Begründung dieser Gruppen muss hier aus Platzgründen unterbleiben. Einige Bemerkungen dazu finden sich aber in Fandrych (2002) und Fandrych 2004, die Vorstufen zu der hier präsentierten Klassifizierung darstellen.

[9] Die Belege sind nicht vollständig und dienen eher der Illustration.

Tabelle: Semantisch-funktionale Sprechhandlungsverben (Deutsch, Englisch)

Gruppe	deutsche Belege (Auswahl)	englische Belege (Auswahl)
1) DARSTELLEN	besprechen, beschreiben, darstellen	describe, expound
2) ERWÄHNEN	erwähnen, sprechen von, sagen	mention, note, state
3) SPRACHLICH FASSEN	bezeichnen, definieren, nennen	call, define, refer to s.th. as …
4) BERICHTEN (REZIPIENTENBEZUG)	berichten über, erzählen, etwas vorstellen	present, report
5) VORSCHLAGEN	empfehlen, suggerieren, vorschlagen	propose, suggest, recommend
6) KRITISCH AUSEINAN-DERSETZEN	argumentieren, behaupten, bewerten, diskutieren, kritisieren, meinen, als … sehen, verteidigen, eine Position vertreten, zustimmen	accuse, advocate, affirm, argue, claim, confirm, contend, defend, disagree, discuss, dismiss, endorse, insist, maintain, reject, review …
7) FRAGEN	eine Frage aufwerfen/beantworten/verfolgen; fragen	ask, raise a question, enquire into
8) ERLÄUTERN/BEGRÜNDEN	erläutern, begründen, erklären	explain
9) KONDENSIEREN	zusammenfassen	summarize
10) BESONDERS MARKIEREN	betonen, hervorheben	emphasize
11) WAHRNEHMEN/FOKUSSIEREN	betrachten, sich konzentrieren auf, sehen, zurückblicken auf	consider, observe, see
12) BESSER WAHR-NEHMBAR MACHEN	klären, verdeutlichen, deutlich machen, erhellen	clarify, shed light on s.th.
13) ZEIGEN	andeuten, aufzeigen, demonstrieren, zeigen, vor Augen führen	demonstrate, indicate, point out, show
14) GRAPHISCHE DARSTELLUNG	illustrieren, skizzieren	illustrate, outline, sketch
15) GEGENSTAND/FRAGESTELLUNG KONSTITUIEREN (innen → außen; unten → oben; hinten → vorne)	aufdecken, -werfen, heranziehen, herausarbeiten, -heben, -stellen, -streichen, nahe legen, offen legen	raise an issue, single out
16) GENAU ANALYSIEREN (außen → innen)	eingehen auf, vertiefen, untersuchen	analyse s.th. in depth, get to the core of s.th.
17) WISSENSRAUM/TEXT-RAUM GESTALTEN	abgrenzen, anfügen, -führen, aufführen, -greifen, einführen, -leiten, vorausschicken, zurückführen	extend, graft sth. onto an argument, deduct

Tabelle: (Fortsetzung)

18) TEXT-/ARGUMENTA-TIONSENTWICKLUNG BESCHREIBEN (Weg zurücklegen)	ausgehen von, zu … kommen, nachgehen, umgehen, verfolgen, zurückkommen, zuwenden; suchen, finden	arrive at, take the next step, lead to, return; find; begin with; conclude, start with, a discussion follows
19) DENK-/VERSTEHENS-PROZESSE, LOGISCHE OPERATIONEN	ableiten, annehmen, belegen, beweisen, erkennen, verstehen, sich etw. vorstellen, unterstellen	conclude that, extrapolate, identify, interpret, realize, recognize, speculate, understand
20) ERGEBNISSE SICHERN (fixieren)	festhalten, -stellen, genauer fassen, erfassen	document
21) THEORIE-/BEGRIFFS-ENTWICKLUNG BESCHREIBEN (bauen)	die Grundlagen beschreiben, rekonstruieren; entwickeln	frame an approach in …, construct a theory; develop a theory
22) SORTIEREN, KLASSIFIZIEREN	klassifizieren, vergleichen	catalogue, classify
23) HYPOTHESEN AUFSTELLEN/PRÜFEN	erproben	anticipate, test, predict
24) BEZUG NEHMEN	sich beziehen auf, an etwas erinnern, hinweisen auf	point to, refer to, remind …
25) TEXTTHEMA	sich befassen, behandeln, sich beschäftigen, sich widmen	include, address, be concerned with, treat
26) REZEPTION/ INTEGRATION	etwas aufgreifen, zitieren	adopt (an approach), assume (a model) quote, pay tribute

Einige Gruppen bestehen hauptsächlich aus klassischen Sprechhandlungsverben (v. a. die Gruppen 1–5, 7 und 8). Gruppe 6 weist eine besonders große Vielfalt auf: Viele Verben sind mehr oder weniger durchsichtig und entstammen unterschiedlichsten semantischen Feldern (Konflikt, Spiel, Subjektivität, räumliche Bewegung).[10] Wir finden dann drei große und fundamentale Konzeptualisierungen von wissenschaftlichem Schreiben bzw. Forschen: WAHRNEHMUNG/AUFMERKSAMKEIT (Gruppen 11 und 12), ZEIGEN/GRAPHISCHE DARSTELLUNG, (Gruppen 13 und 14) sowie RÄUMLICH-KÖRPERLICHES HANDELN (Gruppen 15–18, teilweise auch 19). Daran schließen im Deutschen noch die Verben der Gruppe 20 an (ERGEBNISSE SICHERN), die im Englischen so keine Entsprechung hat.

Die Aufstellung ist natürlich in gewissem Grad von den deutschen Befunden inspiriert. Im Sinne einer funktionalen Etymologie (Ehlich 1994) gehe ich davon aus, dass Verben aus unterschiedlichen Ausgangsbereichen zwar für ähnliche wissen-

---

[10] Schon Lakoff/Johnson (1980) zeigen, dass das lexikalische Feld „verbale Auseinandersetzung" Anleihen beim Bildbereich des Kampfes nimmt; Ritchie (2003) differenziert diese Analyse etwas.

schaftliche Bedeutungen verwendet werden können, dass ihnen aber immer auch ein wichtiger Anteil an überlieferter Bedeutung und damit auch Pragmatik anhaften bleibt, der es oft rechtfertigt, eigene Gruppen anzusetzen. Dies soll im Folgenden auch exemplarisch gezeigt werden. Dazu wähle ich die Gruppen aus, bei denen (im Deutschen) wissenschaftliches Schreiben als raumbezogene Handlung konzeptualisiert wird – insbesondere die Gruppen 15, 17 und 18.

2.1. Gegenstand/Fragestellung konstituieren
(innen → außen; unten → oben; hinten → vorne)

Die wichtige argumentative Funktion von Verben, die wissenschaftliches Schreiben als räumlich-physische Handlung konzeptualisieren, wird in Textausschnitt (5) deutlich, der einem politologischen Artikel entnommen ist:

> (5) „*Interessant sind die neueren Beiträge zur Korporatismusdebatte von Sone, Tsujinaka u. a., die politikfeldübergreifend die institutionellen Bedingungen von Interessenvermittlung beispielsweise in den angesprochenen administrativen Beratungsgremien diskutieren. Indem sie den engen, ‚klassischen' Korporatismusbegriff hinter sich lassen und die in allen Politikfeldern anwendbare institutionelle Einbindung unterschiedlicher gesellschaftlicher Interessengruppen in den politischen Prozeß herausstellen, ermöglichen sie eine Synthese von Pluralismus und Korporatismus.*" (JAP 42)

Der Autor geht bei dieser Literaturbesprechung in drei Schritten vor: Zunächst wird – positiv bewertend – eine Reihe von Studien von anderen Autoren herausgegriffen („*interessant sind die neueren Beiträge*") und kurz ihr Hauptthema genannt („*die ... diskutieren*"). Sodann wird eine Begründung für die eingangs gegebene Bewertung angefügt; sie besteht aus zwei Teilen: a) ein negativ bewerteter Ansatz wird von den „*neueren Beiträgen*" überwunden (sie lassen den „*engen ... Korporatismusbegriff hinter sich*"), b) stattdessen wird ein neuer, komplexer (und positiv bewerteter) Zusammenhang *herausgestellt*. Dies nun ermöglicht einen Fortschritt in der Analyse/der Erkenntnis auf dem Forschungsgebiet. Der entscheidende Schritt in dieser Forschungsdarstellung ist der Akt des *Herausstellens*. Hier wird Forschen als räumlich-dynamische Handlung konzeptualisiert, bei welcher der Autor/Forscher etwas von einem diffusen/unstrukturierten (und damit der Analyse und Erkenntnis nicht eigentlich zugänglichen) Hintergrund oder Innenraum in einen Vordergrund bzw. Außenraum transferiert, welcher dem Autor – und vermittelt durch seine Perspektive auch dem Leser bzw. der wissenschaftlichen Öffentlichkeit – „näher" liegt. Erst durch dieses „Herausstellen" erhält die „Einbindung", von der der Text spricht, den Status einer wissenschaftlichen Erkenntnis. Der Vorstellung implizit ist dabei aber, dass sie auch unabhängig von der Arbeit des Wissenschaftlers existiert – man muss sie allerdings zunächst – durch physische Arbeit – s i c h t b a r   m a c h e n, was durch die quasi-archäologische Arbeit des Forschers geschieht. Die Handlung operiert auf der kognitiven Ebene bzw. im Wissensraum (siehe Redder 1990) und ist ziel- bzw. ergebnisbezogen. Es charakterisiert ja die Partikel- und Doppelpartikelverben im Deutschen gerade besonders, dass sie das Erreichen eines funktional relevanten Endzustands bezeichnen (vgl. Eichinger 2000).[11] – Die Verben dieser Gruppe bezeichnen also eine ganz bestimmte Art des „Wahrnehmbar-Machens", die sich charakteristisch von Verben mit ähnlicher Zielsetzung unterscheidet: Dem Konzept des *Zeigens* etwa ist implizit, dass nur die Aufmerksamkeit des Lesers/der Wissenschaftlergemeinschaft auf etwas schon Vorhandenes gelenkt werden muss, beim *Illustrieren* oder *Skizzieren* kommt eine graphische Aktivität des Autors hinzu, während beim *Klären* die Wahrnehmung durch eine verbesserte Optik bzw. eine Verdeutlichung des Bildes unterstützt wird. In allen Fällen geht es also um Hilfsmittel für die Wahrnehmung und die Verarbeitung, jedoch – ausgehend von der Bedeutung der Verbbasis – um sehr verschiedene Tätigkeitsarten mit je unterschiedlicher Handlungsinvolvierung des Forschers/Autors.[12] Der Grad der konkret-physischen Handlungsinvolvierung in der Ausgangsbedeutung dieser Verben (der bei *arbeiten* etwa besonders hoch ist) wird im Wissenschaftsbereich nun in einen entsprechend hohen Grad an Handlungsinvolvierung auf Forschungsebene „übertragen"; der Forscher/Autor wird als jemand konzeptualisiert, der unter recht hohem geistigem und forschungspraktischem Aufwand etwas „herausbekommt", etwas „freilegt". Im Vergleich dazu beinhaltet *zeigen* eine geringe Handlungsinvolvierung, *illustrieren* ein wenig mehr (und ist im Deutschen auf die Bedeutung 'etwas plastisch machen' beschränkt, nicht so aber im Englischen, vgl. Fandrych 2002, 2f. und 19). In ähnlicher Weise sind auch die Verben *aufdecken, aufwerfen* und *offen legen* (Belege 6–8) durch hohe Handlungsinvolvierung, Zielgerichtetheit und Dynamik gekennzeichnet, vgl.:

(6) „*Es soll in dieser Arbeit nicht der Versuch gemacht werden, alle Reformschritte zu diskutieren (…), sondern es sollen besonders wichtige zeitliche Abhängigkeiten a u f g e d e c k t   w e r d e n.*" (REF a60)

(7) „*Auch Shindo (1983: 250) führt die Bedeutung der privaten Beratungsgremien für die Bürokratie auf (…) zurück. Er w i r f t   d i e   F r a g e   a u f, ob die allgemein akzeptierte Einflußnahme von (…) mit demokratischen Normen vereinbar sei (1983: 250).*" (JAP 33)

(8) „*Zunächst möchte ich die Ursachen für die äußerst geringe Anzahl der (…) interkulturellen Studien allgemein (…) o f f e n l e g e n.*" (ETH 7)

---

[11] Das Bedürfnis danach ist auch in der Gemeinsprache so groß, dass etwa vielen englischen Lehnwörtern eine „verdeutlichende" Partikel oder ein Präfix vorangestellt wird, wie Barz et al. 2002, 32 das bei *aufsprayen, andocken* und *verleasen* zeigen.

[12] Eine genauere Analyse müsste die symbolischen und deiktischen Anteile der Doppelpartikeln noch deutlicher zu beschreiben versuchen; vgl. dazu Eichinger 1997a und 1997b sowie Rehbein 1995.

Das Englische scheint – bis auf wenige Ausnahmen – an funktional ähnlichen Stellen kaum vergleichbare Verben zu verwenden; es finden sich stattdessen Verben aus den Bereichen WAHRNEHMUNG und ZEIGEN (Gruppen 11–14) sowie der Gruppe GENAU ANALYSIEREN, etwa *show, outline, illustrate, examine*, die zwar eine ähnliche Ergebnisorientierung ausdrücken, allerdings eine geringere Handlungsinvolvierung des Agens und keine Raumorientierung aufweisen. Diese Unterschiede in den Bedeutungskomponenten verhindern es darum häufig, dass man an entsprechenden Textstellen einfach das eine mit dem anderen übersetzen kann, wie es das folgende Beispiel zeigt:

(9) „*Die wirtschaftspolitischen und kommunalpolitischen Hintergründe einer Stadtentwicklung sind auch in jüngeren geographischen Arbeiten noch nicht hinreichend genug als oft wesentliche Steuerungsfaktoren h e r a n g e z o g e n und h e r a u s g e a r b e i t e t worden.*" (GEO 31)

Die den deutschen Partikelverben bis zu einem gewissen Grad vergleichbaren „phrasal verbs" sind in der englischen Wissenschaftssprache dagegen äußerst selten (in meinem Korpus finden sich lediglich *point out* und *single out*). Die Aufwärtsbewegung drückt *raise an issue* aus, *single out* ist (ähnlich wie *point out* und *outline* in den Gruppen ZEIGEN bzw. GRAPHISCHE GESTALTUNG) der Bewegung *innen → außen* zuzuordnen. Beide kommen jedoch nur einmal vor, und es ist in meinem Korpus sehr deutlich, dass das Englische gemeinhin an funktional ähnlichen Stellen auf Verben anderer semantischer Felder rekurriert als das Deutsche.

2.2. Wissensraum/Textraum gestalten

Hier handelt es sich im Deutschen um ein Feld, in dem die Grundverben *führen, schicken, leiten* und *schließen* eine wichtige Rolle spielen, allesamt jedoch spezifiziert durch trennbare Verbpartikeln, welche diesen elementaren Handlungen wiederum eine räumliche Dimension verleihen. Im Deutschen gliedern sich die Verben dieses Feldes in zwei Untergruppen: Die Verben können Handlungen auf der Ebene des T e x t r a u m s oder des W i s s e n s r a u m s bezeichnen.[13] Der erste Fall liegt bei den folgenden Beispielen vor; hier wird der Text als vom Autor gestalteter Prozess des Verbindens, Verknüpfens und Ordnens konzeptualisiert, vgl.:

(10) „*D e m V e r s u c h , dies deutlicher zu machen, s e i e i n e k n a p p e B e m e r k u n g zum Verständnis der Musikentwürfe des „Doktor Faustus" v o r a u s g e s c h i c k t .*" (MAN 21)

---

[13] Mit „Textraum" wird begrifflich gefasst, dass der lineare Text mental und sprachlich als Raum konzeptualisiert werden kann, auf den man mit räumlichen, temporalen oder objektbezogenen Ausdrücken verweisen kann (*hier, da, oben, jetzt, vorhin, später, unten, dies, nun, so*); auch das Wissen kann man in ähnlicher Weise als räumlich-zeitlich strukturierten Raum konzeptualisieren und mit deiktischen Mitteln auf bestimmte Elemente bzw. Nah- oder Fernräume verweisen; vgl. Redder 2000 für eine ausführlichere Diskussion.

(11) „*Neben dem Machtvakuum nach Kriegsende, f ü h r t er folgende Ursachen für die Machtposition der Bürokratie a n : ...*" (JAP 6)

(12) „*Ehe die vorgeschlagene neue Methode zur Berechnung ... erprobt wird, s e i e n noch einige theoretische B e m e r k u n g e n a n g e f ü g t.*" (REI s95)

Bei (10) wird in einem Textkommentar die Textstruktur vorausgreifend erläutert. Symbolisch benannt wird ein Textteil, den der Leser noch zu erwarten hat, mit „*Versuch, dies deutlicher zu machen*" (ein bemerkenswert bescheidenes Anliegen für einen wissenschaftlichen Text). Die „*knappe Bemerkung*" wird mit *vorausgeschickt* eingeordnet in Bezug auf den „*Versuch*": Sie kommt chronologisch zuerst, liegt im Nahbereich der aktuellen Textstelle. Dass sich beides auf die Textplanung des Autors bezieht, also auf den dem Leser vorliegenden Text, wird an dieser Stelle lediglich durch die Modalität *sei vorausgeschickt* verdeutlicht. Die verbale Basis – *schicken* lässt den Textraum als ein vom Autor aktiv gestaltetes räumliches Gebilde erscheinen, das von ihm geordnet und strukturiert wird. Auch *anführen* und *anschließen* machen die Ordnungs- und Verknüpfungsleistung des Autors deutlich.

Ohne hier auf die Details eingehen zu können, möchte ich zusammenfassend feststellen, dass all diesen Verben gemeinsam ist, dass sie einen bewusst planenden und den Text aktiv ordnenden, stark handlungsinvolvierten Autor implizieren. Der T e x t r a u m wird nicht so sehr als Produkt denn als etwas Prozessuales, in der Gestaltung Befindliches konzeptualisiert.[14]

In einer zweiten Gruppe von Beispielen operieren Verben dieser Gruppe hingegen deutlich in einem abstrakteren Wissensraum, vgl.:

(13) „*Auch Shindo (1983: 250) f ü h r t die Bedeutung der privaten Beratungsgremien für die Bürokratie auf deren Mangel an technischem und politischem know how z u r ü c k.*" (JAP 33)

(14) „*Tsujinaka (l985) sieht die Bedeutung der privaten Beratungsgremien unter Nakasone vor allem in ihrer strategischen Funktion (...). Tsujinaka (1985) g r e n z t hiervon außerordentliche Beratungsausschüsse der Bürokratie a b.*" (JAP 33)

Ich will den Unterschied nur kurz anhand von Beleg (13) erläutern: Anders als bei *etwas vorausschicken* (Beleg (10)) bezieht sich *zurückführen* auf eine mentale Operation. Sie besteht in der Suche nach der Ursache eines vorliegenden Befundes („die Bedeutung der privaten Beratungsgremien"). Diese Suche erfolgt derart, dass der Wissenschaftler den Befund zu seiner potentiellen Ursache „zurück"/„nach hinten" bewegt. Aus der retrograden Rekonstruktion einer Ursache-Folge-Beziehung wird also eine Bewegung im Raum. Der Forscher erhält so die Rolle eines Agenten zugewiesen, der solche Verbindungen durch sein tätiges Handeln für die Wissenschaftlergemeinschaft erst eigentlich herstellt.

---

[14] Dieses Ergebnis passt gut zu den Befunden zur Verwendung des Passivs und der Modalverben in deutschen Textkommentaren, vgl. Fandrych/Graefen 2002.

Bei *abgrenzen* erfolgt hingegen gerade das Gegenteil zum Verbindung-Schaffen: Es wird eine Grenze so gezogen, dass das Trennende scharf konturiert wird (*weg von/ab*), das (störende) Verbindende gerade entfernt wird. Wieder ist dies sprachlich als bewirkende Handlung eines Agens dargestellt: Eine bestehende Grenze wird nicht einfach nur nachgezeichnet oder gezeigt, sondern durch aktives Ordnen erst geschaffen. – Wiederum gibt es im Englischen praktisch keine äquivalenten Wendungen. Beim Textraum-Bezug wird mit Verben der zeitlichen Abfolge gearbeitet (*start, begin, follow s.th., conclude*[15]), im Wissensraum mit anderen Ausdrücken (wie etwa *the reason for ... is, the consequence of ...*).

2.3. Text-/Argumentationsentwicklung beschreiben (Weg zurücklegen)

In dieser Gruppe fasse ich Ausdrucksweisen zusammen, welche die wissenschaftliche Argumentation als 'Zurücklegen eines Weges' konzeptualisieren. Hierfür steht in der allgemeinen Wissenschaftssprache eine Reihe von Ausdrücken und Ausdrucksweisen bereit, die das Bearbeiten einer Fragestellung in einem wissenschaftlichen Text – und die zugrunde liegende Forschungsarbeit selbst – als Bewegung von einem Ausgangspunkt über verschiedene Stufen hin zu einen End- oder Zielpunkt konzeptualisieren, wie das an den folgenden Beispielen deutlich wird:

(15) „*Daß diese Produktion vom Produzenten selbst, also vom Staat konsumiert wird, ist eine buchungstechnische Konvention ... Sie soll an dieser Stelle nicht in Frage gestellt werden, s o n d e r n   e s   s e i   d a v o n   a u s g e g a n g e n , d a ß die gesamte staatliche Produktion ... echter Eigenverbrauch des Staates in dem Sinne ist, daß sie keinem anderen Verbraucher zugeordnet werden kann.*" (REI 6)

(16) „*A u f   m e t h o d i s c h e   F r a g e n   w e r d e n   w i r   n o c h   z u r ü c k k o m m e n . Es genügt hier festzustellen, daß ...*" (PER 3)

(17) „*D a m i t   s i n d   w i r   n u n   b e i   d e r   e r s t e n   e i n g a n g s   g e s t e l l t e n F r a g e . Woher soll man wissen, ob eine Person Selbstkenntnis besitzt oder nicht? ...*" (SEL 9)

(18) „*I undertook the development of the framework presented here ... This a r t i c l e   t a k e s   t h e   n e x t   s t e p   b y   applying the framework to the cultural insertions in the DSM-IV.*" (DSM 2)

(19) „*Of course, that recognition is only the beginning of a large and arduous process of political labour, t o   w h i c h   I   s h a l l   r e t u r n .*" (RAC 42)

Bei der Wegmetapher bewegt sich der Autor selbst (und mit ihm der Leser) von einem Ausgangspunkt über verschiedene Stationen zu einem Zielpunkt. In den Bei-

---

[15] *Conclude* ist in der lateinischen Ausgangssprache natürlich ähnlich durchsichtig wie die deutschen Verben.

spielen (15)–(18) verbinden sich diese Metaphern auf interessante Weise mit deiktischen oder quasi-deiktischen Ausdrücken, die auf bestimmte Objekte oder Nah-Fern-Orientierungen im Textraum verweisen (*an dieser Stelle, hier, damit ... nun; here ... this article*).

Beleg (20) macht deutlich, dass die Wegmetapher um eine spezifische Komponente erweitert sein kann: Man bewegt sich nicht nur von einem Ausgangspunkt über geordnete Stationen hin zu einem Zielpunkt, sondern man wird teilweise in eine V e r f o l g u n g   v o n   e t w a s   F l ü c h t i g e m / D y n a m i s c h e m verwickelt:

> (20) „*Dies wird auch deutlich in den jüngsten größeren monographischen Arbeiten, die Prozessen, Steuerungsfaktoren und anwendungsorientierten F r a - g e n   n a c h g e h e n, dabei jedoch explizit die Entwicklung vom Beginn oder der Mitte des 19. Jahrhunderts aus v e r f o l g e n, um damit die Prozesse auch b e g r ü n d e n   u n d   e r k l ä r e n   z u   k ö n n e n.*" (GEO 26)

Insgesamt wird das semantische Feld W e g   z u r ü c k l e g e n in beiden Sprachen gut genutzt; es ist also im Englischen keinesfalls so, dass generell Verben mit geringerer Handlungsinvolvierung bevorzugt würden. Dies würde auch eine nähere Untersuchung der Gruppe THEORIE-/BEGRIFFSENTWICKLUNG BESCHREIBEN ergeben, in welcher Verben und Kollokationen, die wissenschaftliches Schreiben als Konstruieren, Bauen und Entwickeln konzeptualisieren, eine wichtige Rolle spielen.

3. FAZIT

Wie hoffentlich deutlich geworden ist, unterscheiden sich das Deutsche und Englische an einigen interessanten Stellen bei der Konzeptualisierung von wissenschaftlichem Schreiben deutlich voneinander, an anderen Stellen gibt es aber auch große Gemeinsamkeiten. Neben einer genaueren und detaillierteren semantischen, textlinguistischen und historischen Beschreibung dieser Unterschiede müsste künftige Forschung auch fragen, welche Faktoren hierfür verantwortlich sind und wie sie je auf die beiden Wissenschaftssprachen eingewirkt haben. Mögliche und wahrscheinliche Gründe sind u. a.:

– Die allgemeinen sprachsoziologischen Entwicklungslinien im Deutschen und Englischen; während die englische Bildungssprache stark romanisch geprägt war und sich daraus offenbar der Bestand der allgemeinen Wissenschaftssprache gespeist hat, gab es im deutschen Sprachraum große Anstrengungen zur Schaffung einer leistungsfähigen deutschen Wissenschaftssprache. Dies wird beim hier untersuchten Ausschnitt der allgemeinen Wissenschaftssprache sehr deutlich.
– Die Rolle wissenschaftsphilosophischer Prägungen der Nationalwissenschaften (etwa Empirismus und Positivismus im Englischen), die teils einher gingen mit wissenschaftssprachlichen Stilidealen (w i n d o w   p a n e -Stil der Royal Academy,

vgl. Kretzenbacher 1992); ihr Einfluss könnte dazu geführt haben, dass sich englischer Gemeinwortschatz gerade bei den Verben des ZEIGENS, WAHRNEHMENS und GRAPHISCHEN DARSTELLENS in der allgemeinen Wissenschaftssprache durchsetzen konnte.
- Sprachtypologische Faktoren, etwa die Präferenz des Deutschen für Partikeln, die die Aktionsart verdeutlichen und das Handeln oft räumlich und deiktisch perspektivieren.

All dies muss an dieser Stelle Spekulation bleiben, zeigt aber, dass dieses Thema aus einer Vielzahl von Perspektiven spannend ist und eine nähere Untersuchung lohnt.

QUELLEN

Englische Artikel: AIDS (Laboratory Medicine), ARG (Journal of Language and Social Psychology), DSM (Psychiatry), EMA (Journal of Anthropological Research), EUK (Nature), FAU (American Literature), FISH (Ecology), FIS (American Journal of Science), GEN (American Sociological Review), HOB (History of Political Thought), INE (British Medical Journal), KIN (Nature), LAR (The Computer Journal), MAR (Cambridge Journal of Economics), NEU (Journal of Neuropathological and Experimental Neurology), PSY (Psychoanalysis), RAC (New Left Review).

Deutsche Artikel: ACU (Acustica), CYC (Angewandte Chemie), ETH (Sociologus), GEO (Die alte Stadt), HEF (Biologie unserer Zeit); IDE (Allgemeines Statistisches Archiv), JAP (Nachrichten der Gesellschaft für Natur- und Völkerkunde Ostasiens), KAN (Elektrophysik), KON (Klinische Psychologie), LOH (Kyklos), MAC (Analyse und Kritik), MAN (Deutsche Vierteljahresschrift für Literaturwissenschaft und Geistesgeschichte), MOL (Geologische Rundschau), OZO (Physikalische Blätter), PER (Gestalt Theory), REF (Außenwirtschaft), REI (IFO-Studien, Zeitschrift für empirische Wirtschaftsforschung), SEI (Gerlands Beiträge zur Geophysik), SEL (Archiv für Psychologie).

LITERATUR

Barz, Irmhild et al. (2002): Wortbildung – praktisch und integrativ. Leipziger Skripten 2. Frankfurt a. M.
Duden Deutsches Universalwörterbuch (1989). Mannheim.
Ehlich, Konrad (1993): Deutsch als fremde Wissenschaftssprache. In: Jahrbuch DaF 19, S. 13–42.
Ehlich, Konrad (1994): Funktionale Etymologie. In: Graefen, Gabriele/Brünner, Gisela (Hg.): Texte und Diskurse. Opladen, S. 68–82.
Eichinger, Ludwig M. (1997): Inszenierung auf verschiedenen Ebenen. Die Verwendung komplexer Verben. In: Barz, Irmhild/Schröder, Marianne (Hg.): Nominationsforschung im Deutschen. Festschrift für Wolfgang Fleischer. Frankfurt a. M. u. a., S. 361–374.
Eichinger, Ludwig M. (2000): Deutsche Wortbildung. Eine Einführung. Tübingen.
Fandrych, Christian (2002): *Herausarbeiten* vs. *illustrate*: Kontraste bei der Versprachlichung von Sprechhandlungen in der englischen und deutschen Wissenschaftssprache. In: Ehlich, Konrad (Hg.): Mehrsprachige Wissenschaft. http://www.euro-sprachenjahr.de/onlinepub.htm

Fandrych, Christian/Graefen, Gabriele (2002): Text commenting devices in German and English academic articles. In: Multilingua 21, S. 17–43.

Fandrych, Christian (2004): Bilder vom wissenschaftlichen Schreiben. Sprechhandlungsausdrücke im Wissenschaftsdeutschen: Linguistische und didaktische Überlegungen. In: Wolff, A. et al. (Hg.): Integration durch Sprache. Materialien Deutsch als Fremdsprache 73, S. 269–292.

Jakobs, Eva-Maria (1999): Textvernetzung in den Wissenschaften. Zitat und Verweis als Ergebnis rezeptiven, reproduktiven und produktiven Handelns. Tübingen.

Kretzenbacher, Heinz L. (1992): Zur Stilistik der Wissenschaftssprache im 18. Jahrhundert. In: Arbeitsgruppe Wissenschaftssprache (Hg.): Historische Wissenschaftssprachforschung. Berlin, S. 41–60.

Lakoff, George/Johnson, Mark (1980): Metaphors We Live By. Chicago.

Meyer, Paul G. (1997): Coming to know. Studies in lexical semantics and pragmatics of academic English. Tübingen.

Paul, Herrmann (2002): Deutsches Wörterbuch. 10. Aufl. bearb. v. H. Henne et al. Tübingen.

Redder, Angelika (2000): Textdeixis. In: Brinker, K. et al. (Hg.): Text- und Gesprächslinguistik. Ein internationales Handbuch, Bd. 1. Berlin u. a., S. 283–294.

Rehbein, Jochen (1995): Über zusammengesetzte Verweiswörter und ihre Rolle in argumentierender Rede. In: Wohlrapp, H. (Hg.): Wege der Argumentationsforschung. Stuttgart, S. 166–198.

Ritchie, David (2003): 'Argument is War' – Or is it a Game of Chess? Multiple Meanings in the Analysis of Implicit Metaphors. In: Metaphor and Symbol Vol. 18/2, S. 125–146.

Sweetser, Eve E. (1990): From Etymology to Pragmatics. Metaphorical and cultural aspects of semantic change. Cambridge.

Schlosser, Horst. D. (2003): Wenn wir Wissen nur noch *checken*. Vom Wandel der sprachlichen Bilder für intellektuelle Tätigkeiten. In: Der Sprachdienst 4/03, S. 129–137.

ULLA FIX

Metaphorisch-assoziative Themenentfaltung im Text

1. METAPHERN UND THEMENENTFALTUNG – THEORETISCHE VORBEMERKUNGEN

Der Beitrag soll sich – über die kognitive Leistung metaphorischer Konzeptualisierung und über den rhetorisch motivierten Gebrauch von Bildern hinaus – der textbildenden Funktion von Metaphern zuwenden. Damit soll, wenn aus Platzgründen auch nur skizzenhaft, auf das Interesse eingegangen werden, das Irmhild Barz den Beziehungen zwischen sprachlichen Einheiten und Textzusammenhängen widmet. Es soll im Kontext der allgemeinen Fragestellung, inwiefern und auf welche Weise durch den Gebrauch von Metaphern Textzusammenhänge hergestellt werden können, um eine speziellere Beobachtung gehen, nämlich um das Phänomen, dass entfaltete Metaphern und Metaphernfelder die thematische Strukturierung eines Textes unterstützen und markieren können, ja dass sie auf dem Wege des Assoziierens sogar selbst Themen herauszubilden und zu konstituieren in der Lage sind.

Im Kontext der Beschäftigung mit Bildern für das Erinnern stellt A. Assmann fest, dass 'Metaphorik' „den Gegenstand zuallererst erschließende, konstituierende Sprache" (1993, 13) sein kann. Sie fährt fort:

> „Die Frage nach den Gedächtnis-Bildern wird damit zugleich zur Frage nach unterschiedlichen Gedächtnismodellen, ihren Kontexten, Bedürfnissen, Sinnfigurationen." (ebd.)

Assmanns Interesse gilt – linguistisch gesprochen – den kognitiven Leistungen von Metaphernmodellen der Alltags- und Wissenschaftssprache,[1] die sie an konkreten Beispielen unter kulturwissenschaftlichem Aspekt auslotet. Zugleich aber hat sie mit ihrer lapidaren Feststellung, dass Bilder „konstituierende Sprache" (s. o.) sein können, doch entscheidend mehr im Blick. Hier wird schon angedeutet, was mittlerweile für die Betrachtung grundsätzlich wichtig geworden ist, nämlich die Einbeziehung der pragmatischen Funktion, die Metaphern ausüben können. Auf diesen Aspekt des Phänomens 'Metapher' macht Liebert (2002) nachdrücklich aufmerksam. Ohne den Erkenntniswert der kognitiv-linguistischen Untersuchung von Metaphern einschränken zu wollen, geht er doch einen Schritt weiter und fordert zur Betrachtung des Phänomens unter pragma-

---
[1] Zu diesen Leistungen vgl. die Überlegungen in: Fix (2002).

tischem Aspekt auf. Sein Argument ist, dass Ergebnisse kognitiv orientierter Untersuchungen, wenn es um die Betrachtung von Texten unter dem Handlungsaspekt geht – für Text- und Gesprächsanalysen also –, von geringer Aussagekraft sind. „Es zeigt sich", so Liebert, „dass der kognitiven Semantik eines fehlt: eine Handlungstheorie" (Liebert 2002, 65). Nun liegt die Lösung des von ihm angesprochenen Problems sicher nicht darin, dass man der kognitiven Semantik eine Handlungstheorie abfordert. Wohl aber kann sich die handlungstheoretisch orientierte Forschung mit dem Metapherngebrauch unter der Fragestellung beschäftigen, wie Metaphern unter sprachlich-kommunikativem Aspekt eingesetzt werden, d. h. zum Beispiel, wie sie dazu gebraucht werden, Situationen und Intentionen zu verdeutlichen, und wie sie in die Konstitution der thematischen Einheit und Struktur eines Textes einbezogen werden. Themenkonstituierung und -entfaltung hat ja immer etwas mit der Intentionalität und Situationalität von Texten zu tun. Die von Rückriem (1999) aus der praktischen Schreiberfahrung gewonnene – sicher eher als Anmutung denn als reflektierte Meinung geäußerte – Einsicht, dass einmal gewählte Metaphern in verschiedener Hinsicht, auch für die Themenkonstituierung, aktivierend wirken können, weist in dieselbe Richtung.

> „Der Gebrauch eines Aspekts einer Metapher kann ... zu weiteren Aspekten führen und die Benutzung einer Metapher eine ganze Theorie erschließen. So funktionieren Metaphern als ‚organisierende Ideen'. Sie organisieren einen bisher begrifflich unerschlossenen Gegenstandsbereich und erstrecken sich zugleich über ihn hinaus, vermitteln neue Einsichten und stellen neue Verbindungen her." (Rückriem 1999, 109)

Auch bei Rückriem scheint also die textkonstituierende Funktion der Metaphern im Blick zu sein. Die Vorstellung vom Organisieren eines Gegenstandsbereichs, wie er sie in seinem Aufsatz entwickelt, bezieht sich nicht allein auf den kognitiven Prozess, sondern auch auf das tatsächliche, vom Kognitiven ja ohnehin nicht zu trennende Formulieren als Textherstellen.[2]

Zu den Leistungen, die Metaphern für den Text erbringen können, gehört, wie schon angesprochen, ihre Beteiligung an der thematischen Gestaltung eines Textes. Diese Leistung kann verschieden aussehen. In den sicher häufigsten Fällen stützen, markieren, konturieren Metaphern das bereits gefundene Thema und die bereits herausgearbeitete gedankliche und sprachlich-formulative Struktur eines Textes. Sie unterstützen die thematische Entfaltung auf der sprachlichen Ebene, der Textoberfläche, und bilden so ein sekundäres Phänomen der Textkonstituierung. Wenn Metaphern aber – durch ihre assoziative Kraft – an der inhaltlichen Entwicklung eines Themas, an der Themenkonstituierung des Textes, beteiligt sind, ja wenn sie das Thema überhaupt erst herausbilden, müssen sie als ein primäres Element der Textkonstituierung betrachtet werden, als Phänomen der Tiefenstruktur. Diese primäre Rolle von Metaphern – die Herausbildung und Entfal-

---

[2] Vgl. den umfangreichen Band „Schreiben und Denken" (Tübingen 2000), in dem Ortner an schriftlichen Zeugnissen von Textherstellungserfahrungen und eigenen Überlegungen den Sachverhalt, dass Denken und Formulieren ineinander greifen, beschreibt und erörtert.

tung des Themas durch das Assoziationspotential der Metaphern³ – ist, soweit ich sehe, bisher noch nicht im Blick der Textlinguistik. Sie soll in diesem Beitrag an Textbeispielen betrachtet werden. In Abgrenzung dazu sollen auch die als sekundär betrachteten Leistungen von Metaphern an Textauszügen angesprochen werden.

In den Fällen, wo das Thema bereits vorgegeben ist, kann die Analyse und Beschreibung der Metaphern im Text mit Bezug auf die Arten der Themenentfaltung, wie Brinker (2001) sie vorstellt,⁴ vorgenommen werden. Entfaltete Metaphern sind erfahrungsgemäß ein sehr geeignetes Mittel für die deskriptive Themenentfaltung, d. h., kurz gesagt, für die Darstellung eines Sachverhaltes durch Zerlegung in seine Komponenten. Diese Leistung überrascht ebenso wenig wie die Tatsache, dass Metaphern auch für die argumentative Themenentfaltung von Bedeutung sein können. Sie werden dann z. B. zur Verdeutlichung und eventuellen Zuspitzung der verwendeten Argumente gebraucht. Ebenso können sie natürlich in explikativ entfalteten Texten, die einen Sachverhalt aus anderen Sachverhalten ableiten, eine Rolle spielen. Dass Metaphern der narrativen Themenentfaltung dienen können, ist ebenfalls gut vorstellbar und aus Lektüreerfahrung vertraut. Auf Metaphern, die diese Funktionen erfüllen, soll im zweiten Teil des Beitrags an Beispielen eingegangen werden.

Ihre Funktion für die thematische Entfaltung – die die Herstellung von Textkohärenz zur Voraussetzung hat – können Metaphern dann erfüllen, wenn die in einem Text verwendeten Bilder selbst in einem Zusammenhang stehen, d. h., wenn sie einen gemeinsamen 'Implikationshof'⁵ haben, wenn ihre Implikationshöfe sich berühren oder zumindest nicht ausschließen. Nun stößt man aber nicht selten auf Texte, die mehrere Metaphern für denselben Bezugsgegenstand enthalten, Metaphern, die zwar jeweils gut entschlüsselbar sein können, sich in ihren Implikationshöfen aber stark unterscheiden, so dass sich ein Zusammenhang zwischen den Bildvorstellungen der einzelnen Metaphern dem Rezipienten nicht zwingend nahe legt. Der Wechsel von der einen Metapher zur anderen und wieder zu einer nächsten und damit der Wechsel der Implikationshöfe geschieht demzufolge ohne Gewinn für den Leser und trägt eher zu seiner Verwirrung als zur Verstehensförderung bei. Auch auf diese aus pragmatischer Sicht nachteilige Art der Themenentfaltung mit Metaphern soll im zweiten Teil am Beispiel eingegangen werden.

---

³ Zum Assoziationsbegriff vgl. Blumenthal (1983).

⁴ Vgl. weiterführend auch die wesentlich differenzierteren Ausführungen zur Themenentfaltung in: Text- und Gesprächslinguistik. HSK Bd. 16, Halbbd. 1. Hg. v. Klaus Brinker et al. Berlin, 344 ff.

⁵ 'Implikationshof' nach Xiaohu Feng (2003, 168): „Wird in einem Text eine Implikation einer konzeptuellen Metapher aufgerufen, dann sind auch andere Präferenz-Implikationen mit aufgerufen. Die realisierte Implikation und die mit aufgerufenen Implikationen im konkret gegebenen Text bilden dann ein Implikationsbündel, das ich Implikationshof nennen möchte. Ein Implikationshof ist in einer Sprachgemeinschaft über einen gegebenen Zeitraum relativ stabil."

Schließlich geht es um die Art der Themenentfaltung, die nicht von bereits vorhandenen Inhalten und dem Bemühen um deren Verdeutlichung ausgeht, sondern die die Inhalte durch die Nutzung der Assoziationskraft von Metaphern erst schafft. Diese Art von Textkonstitution, an der Metaphern primär beteiligt sind und die ich 'metaphorisch-assoziativ' nennen möchte, findet sich in assoziationsreichen Texten, wie sie Gedichte und manchmal auch Erzähltexte darstellen und wie sie Gespräche sein können. Da die assoziativ motivierte Themenentfaltung nach meinem Überblick noch keine feste Größe in der Textlinguistik darstellt, soll im dritten Teil des Beitrags ihre text- und themenkonstituierende Leistung in Ausschnitten genauer betrachtet werden.

2. DIE SEKUNDÄRE FUNKTION VON METAPHERN BEI DER THEMENENTFALTUNG

Im Folgenden werden Ausschnitte aus einem Wissenschaftstext (1) präsentiert, dessen Bildlichkeit sowohl Beispiele für die deskriptive und narrative Themenentfaltung als auch für einen ausgeprägten und, wie es scheint, unmotivierten Metaphernwechsel bietet. Um dies alles am Beispiel vorführen zu können, ist ein Textausschnitt nötig, dessen Umfang über das gewöhnliche Maß hinausgeht.[6]

Dieses Beispiel wird durch einen Auszug aus einem zweiten Wissenschaftstext (2) ergänzt, in dem man das Prinzip argumentativer Themenentfaltung mithilfe von Metaphern gut nachvollziehen kann. Der Ausschnitt kann kürzer ausfallen, weil nur eine einzige Art der Themenentfaltung demonstriert werden muss. Den Texten werden die nötigen Erläuterungen vorangestellt.

Text (1) ist eine Auseinandersetzung mit der Interdisziplinaritätsauffassung von Jürgen Mittelstraß. Er ist durchsetzt von einer Vielzahl von Metaphern. Wir finden die Bildfelder 'Wunde'/'Krankheit', 'Bühne'/'Theater', 'Bahnfahrt'/'Zug', 'Krieger'/'Linien schleifen', 'Gras im Wind', 'Strümpfe stricken' (verbunden mit dem Bild des „Werbers", der „geschlichen kommt"), 'Hirten' (verknüpft mit der Vorstellung von der „frohen Botschaft").

Der Textausschnitt mit dem Bildfeld 'Bühne'/'Theater' (S. 131) ist ein Fall deskriptiver Themenentfaltung. Die Feststellung, dass Wissenschaftsdebatten nicht selten von Dramatik geprägt sind, wird in einzelne Komponenten zerlegt: Zunächst wird gesagt, welcher dramatische „Kunstgriff", welcher „Bühnentrick" in diesen Debatten eingesetzt wird, nämlich „*der mahnende Weckruf*", „*das stilisierte ‚Wachet auf'*", wobei auf den historischen Hintergrund des „Wachet auf", auf den „Opernmeister" Richard Wagner, verwiesen wird. Schließlich werden die offizielle und die inoffizielle Funktion dieses Kunstgriffs beschrieben, die vorgeschobene und die ei-

---

[6] Anmerkung zur Schreibweise der Texte: Die metaphorischen Stellen innerhalb der Texte werden in serifenloser Schrift gesetzt. Andere Hervorhebungen werden gesperrt gesetzt.

gentliche: „*vordergründig dazu erdacht ...*", „*seine heimliche Absicht ...*". Der Leser findet in diesem Textstück tatsächlich einen Wirklichkeitsbereich in einige seiner, natürlich subjektiv gesehenen, Komponenten zerlegt. Es ist ihm selbstverständlich überlassen, ob er diese Bildlichkeit für schlüssig hält und ihr folgen will. Nichts weiter als eine deskriptive Funktion haben auch die Bilder im Text, die die Geisteswissenschaften mit dem Gras, das sich „*im Wind der Zeitläufte ... fleißig hin- und herbiegt*" (S. 145), vergleichen, oder mit einem Zug, den man „*mit fertigem Fahrplan auf die Schienen gesetzt hat*" (S. 142), mit einem „*Krieger*", der „*die Linien schleift*" bzw. mit einer für jedermann sichtbaren „*klaffenden Wunde*" (S. 134) als Veranschaulichung der ungelösten Probleme der Wissenschaft.

An einer Stelle des Textes zeigen sich Ansätze zu narrativer Themenentfaltung mithilfe von Bildlichkeit. Das Bild, das Mittelstraß nach Meinung des Autors von der Wissenschaft entwirft, zeige

„*einen Troß alter und müder Ärzte, der unversehens an einen Unfallort gerät*".

Er fährt fort:

„*Die dort bereits versammelten Zeugen und Schaulustigen wissen, daß dem Unfallopfer, einem Schwerverletzten, schnell geholfen werden muß ...*".

Man findet in diesem Textausschnitt einige Elemente des Narrativen: zuerst das ungewöhnliche Ereignis, die 'Komplikation'. Hier ist es das Auftreten des Trosses der alten und müden Ärzte in einer besonderen Situation. Weiter wird als Reaktion auf die Komplikation, als 'Auflösung', der Fortgang des Geschehens bis zum Tod des Opfers beschrieben. Es ist direkt vom „*unglücklichen Ausgang des Geschehens*" die Rede. Und schließlich kann man aus der Perspektive der Darstellung durch den Autor auch eine 'Evaluation', eine Stellungnahme zum Erzählten, die als kritisch zu lesen ist, erkennen. Sicher kann man hier von dem – nicht völlig geglückten – Versuch einer gleichnishaften Erzählung sprechen.

Fasst man alle oben genannten Bilder dieses Textausschnitts zusammen, nimmt man sie, soweit das geht, auf einmal in den Blick, wird deutlich, dass die Vielfalt hier Verwirrung stiftet. Die Implikationshöfe von 'Wunde'/'Arzt', 'Theater', 'Zug', 'Krieger', 'Hirte', 'Gras' und 'Strümpfe stricken' liegen zu weit auseinander, als dass die Metaphern sich gegenseitig stützen und ergänzen und so zur Stringenz des Ganzen beitragen könnten. Während die einzelnen Metaphern des Textes für einzelne Partien der Themenentfaltung durchaus verstehensfördernd sind, lässt das Metaphernnetz insgesamt diese Leistung vermissen.

Text 1
Ausschnitte aus Hüffer, Wilm (2001): Eulen im Blindflug.
Der Ruf nach Interdisziplinarität und die Ohnmacht
der Geisteswissenschaften[7]

„Zu Recht weist Mittelstraß darauf hin, daß sich ‚bedeutende Forschung' ‚immer schon' über den kontingenten institutionellen Rahmen ihrer Gegenwart hinweggesetzt, ‚ihre Probleme disziplinenunabhängig definiert und disziplinenunabhängig' gelöst hat. Weshalb jedoch stellt er in Abrede, daß dies auch heute weithin geschieht? Woher nimmt er die Gewißheit, daß es aufgrund der ‚beklagenswerten Partikularisierungs- und Atomarisierungstendenz der Disziplinen' als nahezu unmöglich gelten müsse, für neue Probleme auch neue Disziplinen zu schaffen?

Der pessimistische Rigorismus, mit dem dieser Befund verkündet wird, beruht augenscheinlich auf einer fragwürdigen Voraussetzung: Daß die Wissenschaft unfähig sei, bestimmte Probleme zu lösen, läßt sich mit der Vehemenz von Mittelstraß nur behaupten, weil die Existenz dieser Probleme ebenso e v i d e n t zu sein scheint wie deren noch immer ausstehende Lösung. Ein Versagen der Wissenschaft, ihre disziplinäre Verkrustung, das Erfordernis ihrer institutionellen Reorganisation – all dies läßt sich nur attestieren, wo die Menge der ungelösten Probleme selbst auf der Hand zu liegen, **ihre klaffende Wunde** *für jedermann offensichtlich zu sein scheint, und zwar ohne daß die stockblinde Wissenschaft selbst die Probleme bereits erkannt geschweige denn Rezepte zu ihrer Lösung entwickelt hätte. ... Daß es in der Lebenswelt Probleme gibt, muß demnach nicht bedeuten, daß sie auch von der Wissenschaft als Probleme erkannt und erklärt werden können. ... Das Bild, das auf solche Weise von der Wissenschaft entsteht, verdient es, etwas konturierter ausgemalt zu werden.* **Es zeigt einen Troß alter und müder Ärzte, der unversehens an einen Unfallort gerät. Die dort bereits versammelten Zeugen und Schaulustigen wissen, daß dem Unfallopfer, einem Schwerverletzten, schnell geholfen werden muß. Die erforderliche Kompetenz der Beseitigung der Gefahr freilich schreiben sie den Ärzten zu – sprich: den Wissenschaftlern. Legt man nun die pessimistische Analyse von Mittelstraß zugrunde, dann wird das Unfallopfer gleichwohl seinen Verletzungen erliegen. Sein Fall wird sich als zu diffizil erweisen, als daß ihn einer der Ärzte allein richtig einzuschätzen und die erforderlichen Maßnahmen zu ergreifen in der Lage wäre. Zugleich werden es die müden Fachvertreter aber auch versäumen, ihr jeweiliges Spezialwissen auszutauschen und so die Chance auf eine plausible Diagnose und eine heilende Behandlung zu vergrößern. Die Beobachter selbst schließlich werden ob des unglücklichen Ausgangs des Geschehens fassungslos sein, fassungslos ob der Hilflosigkeit der**

---

[7] Die Textausschnitte werden nicht in der ursprünglichen Reihenfolge wiedergegeben, sondern nach Bildfeldern „sortiert". Das häufig vertretene Bild von Eule und Adler lasse ich weg, da es kein selbst gefundenes Bild ist, sondern von Mittelstraß übernommen wurde.

Ärzte. Sie werden zu dem Schluß kommen, daß die Adepten der medizinischen Wissenschaft nicht in der Lage sind, die Probleme der Lebenswelt zu lösen. Als mögliche Folge steht ein bedrohlicher Vertrauensverlust ins Haus, der scheinbar nur durch die institutionelle Reorganisation der Wissenschaft selbst verhindert werden kann oder aber mit dem Ende ihrer Vorreiterrolle in der modernen Gesellschaft bezahlt werden muß."
(S. 134 f.)

„Wissenschaftstheoretische Debatten sind nicht selten von einer **effektvoll in Szene gesetzten Dramatik**. *Ein beliebter und häufig wiederkehrender Kunstgriff ist der mahnende Weckruf, das stilisierte ‚Wachet auf', mit dem bereits ein sendungsbewußter Opernmeister aus Bayreuth nicht wenige seiner Werke eingeläutet hat – ein raffinierter Bühnentrick mit doppeltem Boden. Vordergründig dazu erdacht, die Helden der Handlung zum Leben zu erwecken, liegt seine heimliche Absicht vor allem darin, die Ohren des schläfrigen Publikums für die dräuende Heilsbotschaft zu öffnen."*
(S. 131)

„Ist womöglich gerade die Idee, die Legitimität der Geisteswissenschaften verteidigen zu wollen, selbst ein Symptom für die Krise in deren Selbstverständnis? Anlaß zu dieser Vermutung gibt genau jener funktionale Begriff von der Aufgabe der Geisteswissenschaften, den Mittelstraß zur Richtschnur für seine Verteidigungsstrategien macht. Wo die geisteswissenschaftlichen Disziplinen gleich einem **Zug mit fertigem Fahrplan auf die Schiene gesetzt** *und als Partizipanten des Fortschritts in den Dienst an der Moderne gestellt werden, wo Hilfsmittel zu einer entsprechenden institutionellen Reorganisation der Fächer und Disziplinen ausgeklügelt werden, dort ist es der* **bewehrte Krieger** *selbst, der die zu verteidigenden Linien schleift und zur Erosion des geisteswissenschaftlichen Selbstverständnisses beiträgt. Das* **große Rollenspiel** *nämlich, das jedem Wissenschaftler seinen* **Part als Vorreiter und Garanten des technisch-kulturellen Fortschritts** *anweist, – wen läßt es übrig, um sich über den Sinn dieses Rollenspiels selbst Gedanken zu machen? ... Der Ruf nach Interdisziplinarität* **ist die Medikation eines Arztes, der die Krankheit, welche er heilen will, unvermutet selbst mitbringt, – eine Krankheit, die er sogar durchaus bei ihrem Namen zu nennen weiß."**
(S. 142)

„/Diese Leistung[8]/ wird leichtfertig verspielt, wenn die Geisteswissenschaften im **Wind der Zeitläufte nur das Gras sein wollen, das sich zur Beförderung aktualer Geltungen fleißig hin- und herbiegt."**
(S. 145)

---

[8] Gemeint ist die Befähigung zum freien Urteil.

"Wo immer sich die geisteswissenschaftlichen Fachvertreter den Nutzen ihrer Arbeit neu zu erfinden mühen, **wo immer die bildungspolitischen Strümpfe gestrickt werden, auf denen der verschmähte Werber zur Öffentlichkeit geschlichen kommt,** *um sie von der Berechtigung seines Tuns zu überzeugen, ist es schon zu spät."*
(S. 145)

Ein aufschlussreiches Beispiel der Nutzung von Metaphern für die argumentative Themenentfaltung ist der Aufsatz von Aleida Assmann „Fest und flüssig: Anmerkungen zu einer Denkfigur" (1991). Schon der Titel zeigt, dass es um das Verhältnis von Bildlichkeit und Denkvorgängen geht. Metaphern werden als Denkfiguren bezeichnet, später ist auch die Rede von *„bildverankerter Begrifflichkeit"* (S. 181). Assmann braucht das Begriffspaar 'fest' und 'flüssig', um in ausgedehnter Argumentation das Spannungsfeld zu beschreiben und zu erörtern, in dem sich Kultur einerseits als das Vorhandene, Beständige, Traditionelle zeigt und andererseits als das in Entwicklung Befindliche, niemals völlig Feststehende, das auf den Horizont des Beständigen aber angewiesen ist. In ihrem Aufsatz werden die Metaphern folglich nicht deskriptiv, sondern argumentativ eingesetzt. Indem sie das eine Bild des Gegensatzpaares auslotet, zeigt sie dessen Erkenntnispotenz und zugleich aber auch dessen Grenzen. Und wo sie die Grenzen des einen Bildfeldes entdeckt, ist notwendigerweise sofort auf das Gegensatzbild mit seinen Bedeutungspotenzen hingewiesen. Wenn sie feststellt, dass uns die Festigkeit als *„geschlossener Horizont, der die Welterfahrung begrenzen kann"* (S. 186), einengt, wenn sie also ein Argument g e g e n die Festigkeit unseres Denkens und Wirklichkeitserlebens liefert, bringt sie damit sofort ein Argument f ü r das Flüssige in unserer Lebenswelt ins Gespräch. Das Offene im Denken und in der Wahrnehmung hat sie damit argumentativ-dialektisch dem Geschlossenen gegenübergestellt. Der Leser ist beim Verfolgen der Bildgegenüberstellungen, wie Assmann sie durch den ganzen Aufsatz hin vornimmt, ständig aufgefordert, die Vor- und Nachteile der beiden Kategorien und Denkfiguren gegeneinander abzuwägen. Es ist dies vergleichbar mit der Argumentationsstruktur, wie sie Brinker für seine Beschreibung der argumentativen Themenentfaltung entwickelt hat. These und Gegenthese werden, wenn auch in bildlicher Form und daher unscharf, aber höchst anregend artikuliert, gegeneinander gestellt, um eine Schlussfolgerung zu provozieren bzw. zu ermöglichen.

Die Zwischenüberschriften des Beitrags verdeutlichen das Gesagte noch einmal. Sie seien daher dem Textbeispiel vorangestellt.

Fest und flüssig: Bild oder Begriff? / Das Flüssige: die Lebenswelt / Verfestigung: Verdichten – Zerteilen – Symbolisieren / Verfestigung: Text – Monument – Objekt / Verflüssigung: Historisierung – Hermeneutik – Dekonstruktion.

Text 2
**Auszüge aus Assmann, Aleida (1991): Fest und flüssig:
Anmerkungen zu einer Denkfigur**

„Die Sprache und die Schrift markieren auf je eigene Weise kategorische Schwellen der Verfestigung: die Sprache **verfestigt im Bereich der flüssigen/flüchtigen Empfindungen und Erfahrungen,** *die Schrift im Bereich der* **flüssigen/flüchtigen Artikulationen.** *In jedem Falle bedeutet Verfestigung* **Zurichtung eines plastischen Materials** *durch Reduktion, Selektion, Abstraktion, Definition. Aber, und das ist entscheidend, es gibt grundsätzlich keine Verfestigung, die nicht wiederum zur Verflüssigung herausfordern könnte. Diese nimmt das Ergebnis aber nicht einfach wieder zurück, sondern setzt meist eine komplementäre Tätigkeit in Gang, die den erreichten Endpunkt zum neuen Anfangspunkt nimmt. Die niemals festzustellende Bewegung kultureller Arbeit hat ihren Grund in dieser Verschränkung der gegenläufigen Tendenzen; kein Fertiges, das nicht wiederum als unfertig, kein Abgeschlossenes, das nicht wieder als offen, kein Bestimmtes, das nicht erneut als unbekannt erscheinen könnte."*
(S. 182 f.)

„Was wir gemeinhin Wirklichkeit nennen und wozu wir eine apriorische Beziehung der Vertrautheit haben, ist somit eine Konstruktion, eine schematische Verfestigung, ‚geleitet vom Bedürfnis und von den Notwendigkeiten des praktischen Lebens'. Durch Praxis wird die soziale Wirklichkeit strukturiert und kontinuiert. ... Diese **Festigung** *durch ‚eingelebte Redundanz' ... mag freilich, zumal wenn man sie von außen betrachtet, leicht als zu ‚fest' erscheinen, nämlich* **als ein geschlossener Horizont, der die Welterfahrung begrenzt.**
... Wo es darum geht, **geschlossene Horizonte aufzubrechen,** *taucht mit großer Wahrscheinlichkeit die Metapher der* **Verflüssigung** *auf."*
(S. 186)

3. DIE PRIMÄRE FUNKTION VON METAPHERN BEI DER THEMENENTFALTUNG

Im Folgenden beziehe ich mich auf Ergebnisse der Untersuchungen von Pischel (2003) und Heß (2003), die beide das Gespräch zwischen Alexander Kluge und Heiner Müller „Mein Rendezvous mit dem Tod" aus dem Band „Ich bin ein Landvermesser" (1996) auf seine Struktur hin untersucht haben und sich dabei mit der Rolle der Metaphern in dem Text auseinander setzen mussten. Dieses Gespräch wurde wie alle anderen des Bandes als Fernsehaufzeichnung festgehalten und nachträglich in eine schriftlich fixierte (gekürzte) Form gebracht. Was bei der Lektüre des Interviews sofort die Aufmerksamkeit fesselt, ist das scheinbar unmotivierte Springen von Metapher zu Metapher und von Thema zu Thema. Es lässt sich auf den ersten Blick tatsächlich keine thematische Entwicklung finden, denn

„... keinerlei Hierarchie, Bevorzugung oder Reihenfolge ist ... zu erkennen" (Pischel, 4).

„Zwar lässt sich ein umgrenztes Reservoir an Themen ausmachen, doch im Vollzug des Gesprächs bilden sie keinerlei Muster, hören nie auf wirksam zu sein oder werden ‚erledigt' zur Seite gelegt. Vielmehr scheint zu jedem Zeitpunkt des Gesprächs die Möglichkeit geboten, zu jedem anderen Punkt zu gelangen und wieder zurück." (Pischel, 4)

Das Hauptthema, das den Horizont des gesamten Gesprächs bildet, ist die Speiseröhrenoperation, der sich Müller unterziehen musste. Die Gesprächspartner springen aber von diesem Ausgangspunkt ständig zu anderen Themen über. Sie sprechen über Gerichtsverfahren, über den Tod auf dem elektrischen Stuhl und über den ersten Weltkrieg. Sie erwähnen Sokrates' Hahnenopfer, vergleichen den Körper mit einem Schlachtfeld. Sie beziehen sich auf die Äußerung von Max Liebermann, dass Kunst Weglassen sei, und auf Klavierstücke von Beethoven. Sie denken an Russland 1812 und die Russen im Osten Deutschlands nach 1945 sowie an den *„Mongolenstoß"*[9]. Der Körper wird als Maschine betrachtet. Es geht um den Zusammenbruch eines Imperiums und um Ernst Jüngers Ausspruch über die Somme-Schlacht im ersten Weltkrieg. Vergleiche mit der Folter werden benutzt und auch solche, die sich auf die Kosmonauten und ihre Lebensweise beziehen.

Wenn man diese Aufzählung liest, fällt es sicher schwer, sich dieses Interview dennoch als kohärenten Text vorzustellen, der einen thematischen Zusammenhang aufweist.[10] Und tatsächlich ist ein Textthema im Sinne Brinkers, das sich in einer der geläufigen Weisen – deskriptiv, explikativ, argumentativ oder narrativ – entfaltet, nicht zu entdecken. Dennoch ist die Aussagenfolge dieses Interviews nicht zufällig, ein thematischer Zusammenhang ist zu erkennen. Dieser hängt ganz und gar ab von den verwendeten Bildern und von den Beziehungen, die die Gesprächspartner zwischen ihnen sehen. Diese Beziehungen können allerdings nur auf der Grundlage des gleichen Erfahrungshorizontes, des gleichen Stoffpotentials von den Beteiligten hergestellt werden. Wie das geschieht, soll am Beispiel gezeigt werden (s. u.). Der Interviewausschnitt beginnt mit dem Bild des Schlachtfeldes, gebraucht im medizinischen Kontext der Operation. 'Schlachten' wird mit 'schneiden' im chirurgischen Sinne und mit Todesgefahr assoziiert. Es wird ebenso in Verbindung gebracht mit 'Schlacht', mit Töten und Todesgefahr im militärischen Umfeld. Mit 'Schlachtfeld' kann der Raum des Krankenzimmers oder der Operationssaal wie der auf die Operation vorbereitete Körper oder der Ort der militärischen Auseinandersetzung gemeint sein. Damit werden sowohl die medizinische Bedeutung von 'Operation' ak-

---

[9] Es ist anzunehmen, dass die Eroberungen Dschingis-Khans gemeint sind, die zwischen 1219 und 1223 auch Russland betrafen.

[10] Bei Heß (2003, 15, 29) wird deutlich, dass die Kontraste zwischen den verwendeten Metaphern sehr groß sind. Auf den interessanten Ansatz von Heß, das Interview als ein Spiel der beiden Gesprächspartner anzusehen, kann ich aus Platzgründen nicht eingehen.

tualisiert als auch die militärische. 'Postoperatives Trauma' gehört in den Kontext des Medizinischen und wird zugleich, analog zur Doppeldeutigkeit von 'Operation', auf reale Geschichte, auf Krieg bezogen. Auf diese Weise kommt ein im Kontext neues Thema zur Sprache: die Reaktion Russlands auf den Angriff der napoleonischen Truppen 1812, die bis heute als postoperatives Trauma anhalte, und die Reaktion der Deutschen auf den Einmarsch der russischen Truppen in den Osten Deutschlands 1945. Anschließend an diese historisch-politische Passage geht das Gespräch über den hier wiedergegebenen Ausschnitt hinaus wieder auf die Krankheit Müllers über, ohne dass der Leser dies – wie auch bei anderen Themenwechseln des Interviews – als Bruch empfinden würde. Die Bildlichkeit legt die Themenwechsel nahe und stiftet einen Zusammenhang zwischen den sehr verschiedenen Themenbereichen.

Anders als im Text 1 mit seinem vorgegebenem Thema, dessen Verstehen durch die vielen Metaphern mit ihren sehr verschiedenen Implikationshöfen erschwert wird, haben wir es in diesem Gesprächstext mit einem thematischen Zusammenhang zu tun, der durch die Metaphern erst gefunden wird. Die Assoziationen, die durch die Metaphern ermöglicht werden, bilden unter dem Dach des Hauptgegenstandes – Müllers Operation – den thematischen Zusammenhang des Textes und ermöglichen das Erfassen des Textsinns. Das ist ein deutlicher Fall von assoziativ-metaphorischer Themenentfaltung, eine Kategorie, deren Diskussion mit dieser knappen Skizze angeregt werden soll.

Text 3
Auszüge aus „Mein Rendezvous mit dem Tod". Gespräch zwischen Alexander Kluge und Heiner Müller

Kluge:
„Und wie geht das jetzt am Morgen vor sich?[11] *Du wachst dann auf? Wie heißt es: ‚Jedes Schlachtfeld ist vermessen.'"*

Müller:
„Der ganze Körper ist rasiert worden. Für diese Operation wird der ganze Körper gebraucht, **die ganze vordere Fläche**. *Und dann bist du in Gefahr, natürlich.*
...

Man merkt es eigentlich erst hinterher. Es gibt so ein postoperatives Trauma. Das merkt man aber eigentlich hauptsächlich nachts. Beim Aufwachen ist das schlimm. Meinetwegen nach zwei Stunden, oder drei oder vier, dann wacht man auf..."

---

[11] Gemeint ist der Morgen nach der Operation.

Kluge:
"So ähnlich wie eine Narkose?"

Müller:
"... dann erinnert sich der Körper an die Schmerzen."

Kluge:
"Sozusagen als ob ein Körper weinen könnte, gibt es Flüssigkeit an den Stellen, wo der Körper am schärfsten malträtiert worden ist?"

Müller:
*"Ja, die Flüssigkeit ist hauptsächlich zwischen Lunge und Rippenfell. Und das ist eben eine Reizreaktion, das gehört wohl auch zu diesen Operationen. Wenn sie länger dauern, dann ist es, als ob der Körper kocht, also es wird heiß und da gibt's fast Verbrennungsprozesse, und dagegen produziert dann die Lunge Löschwasser.
..."*

Müller:
"Ich weiß nichts von der Operation, nichts von der Narkose."

Kluge:
"Du kannst nur in verspäteten Reaktionen des Körpers lesen, und die sind wirklich zuverlässig und sehr, sehr lang?"

Müller:
"Die sind langwierig, ja."

Kluge:
"Also, wenn du vergleichst, **Russland antwortet heute noch auf 1812.**"

Müller:
*"***Postoperatives Trauma.***"

Kluge:
*"***Postoperatives Trauma,*** *gibt's das bei Völkern?"*

Müller:
"Ja, klar. Ich will keine Abschweifung machen. Es interessiert mich jetzt, weil ich gerade mit einem Text laboriere. Der eigentliche Schock im Osten Deutschlands vor der russischen Besatzung oder der russischen Eroberung war die Erinnerung an den Mongolenstoß. Die wurde plötzlich wachgerufen."

QUELLEN

Assmann, Aleida (1991): Fest und flüssig: Anmerkungen zu einer Denkfigur. In: Assmann, Aleida/Harth, Dietrich (Hg.): Kultur als Lebenswelt und Monument. Frankfurt a. M., S. 181–199.

Assmann, Aleida (1993): Zur Metaphorik der Erinnerung. In: Assmann, Aleida/Harth, Dietrich (Hg.): Mnemosyne. Formen und Funktionen der kulturellen Erinnerung. Frankfurt a. M., S. 13–35.

Hüffer, Wilm (2001): Eulen im Blindflug. Der Ruf nach Interdisziplinarität und die Ohnmacht der Geisteswissenschaften. In: Käbisch, Markus/Maaß, Holger/Schmidt, Sarah (Hg.): Interdisziplinarität. Chancen, Grenzen, Konzepte. Leipzig, S. 131–146.

Kluge, Alexander/Müller, Heiner (1990): Mein Rendezvous mit dem Tod. In: Ich bin ein Landvermesser. Gespräche. Neue Folge. Hamburg 1996, S. 13–23.

LITERATUR

Blumenthal, Peter (1983): Semantische Dichte. Tübingen.

Brinker, Klaus (2001): Linguistische Textanalyse. Berlin.

Feng, Xiaohu (2003): Konzeptuelle Metaphern und Textkohärenz. Tübingen.

Fix, Ulla (2002): An-schauliche Wörter? Wörter im Dienste der ‚Bildhaftigkeit', ‚Bildlichkeit', ‚Bildkräftigkeit', ‚Sinnlichkeit', ‚Lebendigkeit', ‚Gegenständlichkeit' von Texten. In: Barz, Irmhild/Fix, Ulla/Lerchner, Gotthard (Hg.): Das Wort in Text und Wörterbuch. Leipzig, S. 9–22.

Heß, Johan (2003): (Müller vs. Kluge) vs. C: Doppeltes Spiel im Interview. Eine Analyse der Gesprächsstruktur in Interviews von Alexander Kluge mit Heiner Müller. Hausarbeit am Institut für Germanistik der Universität Leipzig.

Liebert, Wolf-Andreas (2002): Metaphorik und Wissenstransfer. In: Der Deutschunterricht 5/2002, S. 63–74.

Ortner, Hanspeter (2000): Schreiben und Denken. Tübingen.

Pischel, Christian (2003): Alexander Kluge im Gespräch mit Heiner Müller: Sabotage im Netzwerk. Hausarbeit am Institut für Germanistik der Universität Leipzig.

Rückriem, Georg (1999): „Es läuft". Über die Brauchbarkeit von Analogien und Metaphern. In: Narr, Wolf-Dieter/Stary, Joachim (Hg.): Lust und Last des wissenschaftlichen Schreibens. Frankfurt a. M., S. 105–127.

REGINA HESSKY

Das metaphorische Spielfeld Text

0. Vorbemerkungen:

0.1. Im einleitenden Text zum Konferenzband „Phraseme in Kontext und Kontrast" schreiben die Herausgeberinnen von einem neuen Umgang mit dem Phänomen (der) Phraseologie,

> „der sich zwar auch auf gesicherten Erkenntnispfaden traditioneller Phraseologieforschung bewegt, aber zusätzlich das Wagnis eingeht, von den Rändern aus Neuland zu erkunden"
> (Gréciano/Rothkegel 1997, 1).

Das vorliegende Referat lässt sich gewissermaßen in diese Kategorie einordnen, und als „Ränder" sind teils die textlinguistische Perspektive, teils die historische Phraseologieforschung und die Phraseografie angesprochen.

0.2. Bedingt durch die Grenzen des Umfangs und die mittlerweile recht umfangreich gewordene einschlägige Literatur beschränke ich mich bei den literarischen Hinweisen jeweils auf einige Titel, vor allem auf Arbeiten seit Anfang der neunziger Jahre und greife nur ausnahmsweise auf frühere Werke zurück. Aus dem gleichen Grund ist die Zahl der Textbelege und Beispiele eher bescheiden.

1. Den Ausgangspunkt für meine Überlegungen bilden drei miteinander zusammenhängende Feststellungen:

(1) Phraseme können okkasionell genauso metaphorisch verwendet werden wie Einwortlexeme, und diese können als Ausgangspunkt für semantische Prozesse dienen, die zu Veränderungen im phraseologischen System der Sprache führen.
(2) Auch phraseologische Modifikationen (zumindest bestimmte Typen der Modifikationen) können okkasionelle Metaphern (Mehr-Wort-Metaphern) sein.
(3) Sowohl metaphorisch verwendete Phraseme als auch (bestimmte) Typen phraseologischer Modifikation können als sekundäre Metaphorisierung aufgefasst werden.

Die metaphorisch verwendeten Phraseme sind das Ergebnis des kreativ-spielerischen Umgangs mit Sprache – im Sinne von bewussten und intendierten (sprachspielerischen) Abweichungen von der Norm. Bei diesen handelt es sich also nicht um versehentliche Normverstöße (Katachresen).

Das „Spiel" mit Phrasemen ist Sprachspiel – ein Begriff, den ich im Sinne von Gréciano gebrauche:

> „Unter Sprachspiel verstehen wir die von ‚bestimmten und bestimmbaren Regeln' abhängige spielerische Verwendung von Sprache." (Gréciano 1987, 195)

2. Dem lebhaften Forschungsinteresse an den Regeln, an dem Regelzusammenhang dieses Spiels mit Phrasemen verdanken wir einen reichen Fundus an Erfahrungen und Wissen. So wissen wir, dass die Mittel des Spiels mit Phrasemen vielfältiger Art sind, denen kaum Grenzen gesetzt sind und die zusammenfassend Modifikation(en) genannt werden. Dank der bereits ansehnlichen Literatur über phraseologische Modifikationen konnte in einigen, durchaus wesentlichen Fragen bereits Konsens erzielt werden.

So ist man sich einig, dass man unter

> „Modifikation die okkasionelle, für die Zwecke eines Textes hergestellte Abwandlung eines Phraseologismus"

versteht (Burger 1998, 27), die unter textlinguistischem Aspekt „als ein textbildendes Verfahren" aufzufassen ist,

> „das zwar auf immanenten semantischen Beispielen und Potenzen des Phraseologismus beruht, das sich aber nur in konkreten Kontexten manifestiert und nur kontextuell verstehbar wird"
> (Burger 1998, 150).

Dass dieses Spiel mit Phrasemen nur vor dem jeweils gegebenen textuellen Hintergrund (und in Wechselbeziehung damit) stattfinden kann, habe ich versucht, mit dem Titel des vorliegenden Referats bereits zu signalisieren: Der Text wird aufgefasst als Spielfeld, auf dem der Sprecher mit den Phrasemen nach bestimmten Regeln – diese manchmal missachtend, und mitunter zu geschickten Tricks greifend – spielt. Der Text selbst ist dabei mehr als nur Hintergrund, er steckt, wie das Spielfeld, den Rahmen ab, eröffnet Möglichkeiten und setzt Grenzen – sowohl inhaltlich als auch sprachlich.

Einhelligkeit besteht auch darüber, dass die Voraussetzung für Modifikationen in der spezifischen Beschaffenheit der Phraseme verankert ist – eine Erkenntnis, die zumeist auf das „klassische Konzept der textbildenden Potenzen" bei Černyševa zurückgeführt wird. Damit ist

> „die Realisierung linguistischer Eigenschaften dieser sekundären sprachlichen Zeichen im Text"

gemeint und als linguistische Eigenschaften bestimmt die Autorin die Semantik und die potentielle Variabilität des Konstituentenbestandes (Černyševa 1980, 94). Mit „Semantik" ist die vom Idiomatizitätsgrad unabhängige „Doppelbödigkeit" der jeweiligen phraseologischen Bedeutung angesprochen, und die potentielle Variabilität des Konstituentenbestandes ist aus der Stabilität, aus den in formaler Hinsicht selbständigen Konstituenten hergeleitet.

Letztere Eigenschaft, die Stabilität, wurde vor allem auf Grund der Ergebnisse auch empirisch untermauerter psycholinguistischer Untersuchungen in ein neues Licht gerückt. Diese haben nämlich erbracht, dass der Umgang des Sprechers mit Phrasemen sehr große Ähnlichkeit aufweist damit, wie dieser mit Einwortlexemen umgeht (u. a. Daniels bereits 1988, Ďurčo 1990, 1994, vor allem aber Häcki-Buhofer 1989, 1993, 1999). Wenn also der Sprecher – ganz simpel ausgedrückt – Einwortlexeme recht häufig metaphorisch verwendet, so dürften davon auch Phraseme keine Ausnahme bilden. Hinzuzufügen ist lediglich, dass dabei die „Doppelbödigkeit" – mit dem vagen/diffusen Charakter der Phrasembedeutung verbunden – die Möglichkeit verstärkt, Phraseme in ungewöhnlichen Kontexten zu verwenden oder einzelne Konstituenten aus ihrer phraseologischen Gebundenheit zu befreien.

3. Beim Durchforsten der einschlägigen Literatur gewinnt man den Eindruck, dass es zu einer einseitigen Darstellung führt, wenn Modifikation als textbildendes Verfahren lediglich allein auf die textbildende Potenz der Phraseme zurückgeführt und daraus erklärt wird. Dabei kommt nämlich die andere Seite, der Beitrag der textuellen Umgebung zur Entstehung von Modifikationen, m. E. zu kurz:

> „Die Modifikation wird hier als ein textbildendes Verfahren aufgefaßt, das zwar auf immanenten semantischen ‚Potenzen' des Phraseologismus beruht, das sich aber nur in konkreten Kontexten manifestiert und nur kontextuell verstehbar wird." (Burger 1998, 150)

Obwohl hier ein Aspekt der Kontextabhängigkeit phraseologischer Modifikation herausgestellt wird, entsteht der Eindruck der etwas einseitigen Fokussierung auf das Phrasem. Der Kontext ist nämlich mehr als eine Art Kulisse, die lediglich notwendig ist, damit sich die textbildende Potenz des Phrasems voll entfalten kann, und seine Rolle beschränkt sich nicht auf die einer Verstehenshilfe bei phraseologischen Modifikationen.

Im Weiteren soll die andere Seite der Problematik ins Auge gefasst werden, um die Aufmerksamkeit auf die Wechselbeziehung zwischen Text (im Sinne von textueller Umgebung als Ko- und Kontext) und Phrasem zu lenken. Die Textumgebung leistet hier wesentlich mehr als nur eine Hilfe beim Verstehen, sie ermöglicht vielmehr die spielerische Verwendung der Phraseme, sie trägt zur Entstehung von Modifikationen bei. Dies soll mit Hilfe von ausgewählten Beispielen aus einem belletristischen Text illustriert werden. Ich versuche somit zu zeigen, dass als Pendant zu den textbildenden Potenzen der Phraseme auf der anderen Seite – quasi komplementär zu diesen – die „modifikationsstiftenden Potenzen" der Textumgebung (auf der Ebene der Sprache und/oder des Sinns) stehen. Auch dieser Gedanke ist nicht neu: Grécianos Beitrag aus 1994 trägt den Titel „Vorsicht, Phraseoaktivität", womit sie

> „die Reaktion von Phrasemkonstituenten, -bildern und -begriffen auf bestimmte Verwendungssituationen"

meint und sich dabei

> „auf externe Auslöser von Aktivitätsveränderungen, nämlich auf Textthema und Textfunktion"
> konzentriert (Gréciano 1994, 203).

Burger behandelt ähnliche Fragen unter dem Stichwort „semantische Steuerung [der Modifikationen] durch den Kontext" (Burger 1998, 96). Die vorliegenden Überlegungen bewegen sich im gleichen Bereich.

3.1. Es erübrigt sich hier, die in der einschlägigen Literatur bereits gründlich erforschten und ausführlich beschriebenen Modifikationsverfahren und -typen differenziert zu behandeln (vgl. u. a. Burger et al. 1982, Wotjak 1992, Hemmi 1994). Was mit der Modifikation intendiert und/oder erzielt wird, also das Ergebnis einer Modifikation, fällt zumeist unter den Begriff der Remotivierung. Dabei lasse ich die Frage offen, ob sämtliche mögliche Modifikationsverfahren als Remotivierung aufgefasst werden können oder nicht.

Zur Remotivation liest man bei Burger Folgendes:

> „Mißverständlich ist der Begriff der Remotivierung. Damit ist meist das textlinguistische Phänomen gemeint, daß durch Modifikationen die wörtliche Ebene des Phraseologismus aktiviert wird. […] Bei diesen Prozessen semantischer Aktivierung geht es aber nicht um eine Re-motivierung (sozusagen als Umkehrung des genetischen Prozesses), sondern um eine Aktivierung nahezu beliebiger Aspekte einer möglichen wörtlichen Lesart einer oder mehrerer Komponenten des Phraseologismus. Es wäre daher besser, von Motivierung zu sprechen, oder von Aktualisierung der (bzw. einer) wörtlichen Lesart." (Burger 1998, 68)

Wenn auch der zitierten Argumentation von Burger durchaus zuzustimmen ist, möchte ich einstweilen bei dem eingespielten Terminus Remotivierung bleiben – nicht als „Umkehrung des genetischen Prozesses", sondern als erneute (zweite) Motivierung von Phrasemkonstituenten (einer oder mehrerer), oder als Remotivierung des ganzen Phrasems. In bestimmten Fällen kann es allerdings sehr wohl um eine Re-motivierung im Sinne von „Umkehrung des genetischen Prozesses" gehen, wie dies Beispiele nicht nur aus dem Bereich der Phraseologie, sondern auch der Wortbildung zeigen: *sich aufregen* vs. *sich abregen*; *Einsamkeit* vs. *Zweisamkeit*. Gewiss, Remotivierung in diesem Sinne vermag nicht den gesamten, vielfältigen Bereich der Modifikationen abzudecken, doch ohne ausgedehnte empirische Untersuchungen ist eine Grenzziehung eher problematisch.

3.2. Der Begriff der Remotivierung ist ein relationaler Begriff und muss in seinem Verhältnis einerseits zur Motivierung und andererseits zur Demotivierung/Idiomatisierung betrachtet werden, die uns wiederum zur Metaphorisierung und der Metapher führen. Wie die Metaphern funktionieren, wie der Metaphorisierungsprozess verläuft, darüber sind zahlreiche verschiedene Auffassungen bekannt, diverse linguistische Modelle entstanden. Wie z. B. Palm treffend formuliert hat, sind die Definitionsversuche der Metapher so alt wie unterschiedlich (Palm 1998, 620). Da der hier gegebene Rahmen mehr nicht ermöglicht, beschränke ich mich auf die folgende, recht grobmaschige Darstellung.

Aus linguistischer Sicht kann man im Sprachgebrauch alles als (im weiten Sinn) metaphorisch betrachten, was in einem gegebenen Ko- und Kontext nicht wörtlich gemeint – und folglich nicht wörtlich zu verstehen und zu interpretieren ist. In diesem Fall wird also Metapher im weitest möglichen Sinn, im Einklang mit der ursprünglichen Bedeutung des Wortes im Altgriechischen verwendet (griech. *metaphorá* zu *metaphérein* 'anderswohin tragen') – d. h., einen sprachlichen Ausdruck in einer Umgebung verwenden, in welcher er üblicherweise nicht vorkommt, sein Erscheinen in der gegebenen Umgebung also nicht zu erwarten ist. Dieser Bedingung genügen auch modifizierte Phraseme, zumal vor dem Hintergrund ihrer jeweiligen lexikalisierten Form.

Bezogen auf Phraseme ist diese Formulierung, infolge der prinzipiellen Doppelbödigkeit ihrer Bedeutung, des latenten Vorhandenseins der/einer literarischen Lesart, gewiss nicht unproblematisch. Damit die Formulierung sinnfällig bleibt, sollte sie dahin gehend präzisiert werden, dass mit im weitesten Sinn metaphorischer Verwendung – quasi natürlich – die Realisierung einer anderen als der phraseologischen, der ganzheitlichen Bedeutung gemeint ist. Dies ist aus der systemlinguistischen Perspektive und aus der Sicht der Speicherung von Phrasemen im mentalen Lexikon durchaus plausibel.

3.3. Da nun aber – wie oben darauf bereits hingewiesen wurde – die jüngsten Ergebnisse psycholinguistischer Untersuchungen eine weniger starre, weniger kategorische Auffassung von der Stabilität/Festgeprägtheit nahe legen, als man sie jahrzehntelang vertreten hat, dürften eine skalare Auffassung der Ausgeprägtheit dieses Merkmals und parallel damit eine schwächere Dominanz der phraseologischen Bedeutung der Sprachwirklichkeit eher entsprechen. Dem Sprachteilhaber bleibt infolge der Gegliedertheit des phraseologischen Ausdrucks ein gewisses Maß an formaler und auch semantischer Autonomie aller Konstituenten eines Phrasems latent präsent, selbst bei „normaler" Verwendung. Die textbildenden Potenzen der Phraseme wurzeln in dieser Januskröpfigkeit, die, gekoppelt mit der „modifikationsstiftenden Potenz" der jeweiligen textuellen Umgebung, dann den Ausgangspunkt für verschiedene Modifikationen bilden kann.

3.4. An einigen Textausschnitten soll nun gezeigt werden, zu welchem Ergebnis das skizzierte Zusammenwirken bestimmter Eigenschaften von Text und Phrasem führen kann.[1] Sie geben eine Kostprobe der vielfältigen Modifikationsverfahren und deren Ergebnisse. Ihre aufmerksame Betrachtung zeigt zugleich, dass Ko- und Kontext – in Wechselwirkung mit den im jeweiligen Phrasem verankerten textbildenden Potenzen – als Indikator bei der Entstehung von Modifikationen durchaus eine Rolle, und zuweilen eine konstitutive Rolle, spielen. Diese Rolle nenne ich die m o d i f i k a -
t i o n s s t i f t e n d e P o t e n z d e s T e x t e s :

---

[1] Die Belege stammen aus dem Roman von Péter Esterházy: Harmonia Cælestis. Berlin 2003.

„Das Schicksal der Ungarn nahm eine glückliche Wendung, der Fürst bot dem Kaiser Friedensbedingungen an und betraute meinen Vater mit den heiklen Verhandlungen, wobei er sagte, e r (m e i n V a t e r) w ü ß t e d a s W o r t g u t z u f ü h r e n , a l s o h e r a u s d a m i t (m i t d e m W o r t , d e m S c h w e r t) ! Maria, hilf!, selbst wenn es Fremde sind. Auf der Stelle wuchs er mehrsprachig auf, deutsches Fräulein, französische Mamsell, englische Miss (ungarisches Mädel? hoho!) und Italienisch kann man ja sowieso und dann kommt man auch mit dem Spanischen zurecht, und das Portugiesische ist ja gleich um die Ecke. Er fand, daß es einem als Ungarn nicht besonders schwer fiele, sich diesen fremden Sprachen anzunähern, oder daß e i n I n d o g e r m a n e d e m a n d e r e n n i c h t d i e A u g e n a u s h a c k e . Obwohl, pflegte er zu sagen, ich habe sie ja auch nicht gelernt. (Id est: Er lernte sie nicht, er konnte sie.) Er wußte zum Beispiel nicht, was starke und was schwache Konjugation ist, er konnte es nicht beschreiben oder definieren, er konnte lediglich konjugieren. Deswegen hatte er auch kein Sprachexamen. [...] Mißmutig verbesserte er alle. [...] Er war erschrocken. Der Gedanke, daß d i e s o g e n a n n t e n s c h l e c h t e n S ä t z e u n k o r r i g i e r t , s o z u s a g e n i n a l l e r R u h e i n d e r W e l t h e r u m l u n g e r t e n , a b h i n g e n , v o r s i c h d a h e r l e b t e n w i e G o t t i n F r a n k r e i c h , erfüllte ihn mit Schrecken, deswegen kannte er weder Gott noch Teufel und korrigierte flugs. ..."(S. 36)

In diesem Textabschnitt finden sich vier verschiedene Modifikationen bzw. okkasionelle Abwandlungen von Phrasemen. Beim ersten (hervorgehobenen) Beispiel begründet die thematische Einbettung – Friedensverhandlungen nach einigen Jahren Freiheitskampf der Ungarn gegen die Habsburger, an dem auch „*mein Vater*" (sprich: ein Esterházy) teilgenommen hat – die Verwendung der Phraseme *das Wort führen* und *mit der Sprache herausrücken*. Sie erscheinen als Kontamination bereits in modifizierter Form (auf Grund der einleuchtenden Analogie *Wort ≅ Sprache*). Diese innovative Verwendung der beiden Phraseme klingt ab mit dem Schwert, als welches das Wort/die Sprache auch verwendet werden kann. Auf diese Weise wird erst wirklich die inhaltliche Isotopie, die textuelle Kohärenz erzielt.

In der Fortsetzung des Berichts über die Ereignisse stößt dann der Leser auf ein besonders augenfälliges Beispiel einer Modifikation. Ein Phrasem *ein Indogermane hackt dem anderen nicht die Augen aus*, oder eines, als dessen Modifikation diese Formulierung angesehen werden könnte, gibt es im Deutschen nicht. Wenn die Textstelle dennoch verständlich ist, so ist dies wiederum der Vorbereitung durch die vorangehende Textpassage zu verdanken (nämlich die Darstellung der Mehrsprachigkeit des Esterházy durch Aufzählung aller indogermanischer Sprachen, die ihm geläufig waren), und erst in zweiter Linie ist sie zu erklären vor dem Hintergrund von *eine Krähe hackt der anderen kein Auge aus*.

Schließlich findet sich das Phrasem *wie Gott in Frankreich leben* bezogen auf Sätze, auf fehlerhafte, unkorrigierte Sätze, zwar ohne formale Modifikation, wohl aber in okkasioneller metaphorischer Verwendung. Die Weiterführung „*... kannte er we-*

der Gott noch Teufel ..." bewirkt dabei eine zusätzliche Re-Motivierung im engeren, Burgerschen Sinn.

Es lässt sich auch beobachten, dass sich der Beitrag der textuellen Umgebung entweder entfaltet, indem eine Modifikation inhaltlich und sprachlich vorbereitet, oder im Nachhinein eine Modifikation begründet, erläutert wird:

„*Nachdem Rákóczi in die Verbannung gegangen war und Károlyi die Waffen niedergelegt hatte, [...]. Sie einigten sich mit dem General, sich dem kaiserlichen Heer anzuschließen, den gelbverschnürten Tressenrock der Husaren anzuziehen und sich den breiten, hohen Tschako auf den Kopf zu setzen. M e i n V a t e r t a u s c h t e d i e K l e i d u n g , a b e r n i c h t d a s H e r z .*" (S. 35)

„*Meine Mutter verliebte sich (angeblich) in ihren zukünftigen Mann, einen faszinierenden persischen Philologen, der hier an der Budapester Uni unterrichtete, internationaler Austausch, und verließ meinen Vater v o n e i n e m T a g a u f d e n a n d e r e n , v o n D i e n s t a g a u f M i t t w o c h , n o c h n i c h t e i n m a l a n e i n e m W o c h e n e n d e . [...] Als er also Jahre später auf einem Empfang meiner Mutter über den Weg lief, begann sein Herz heftiger zu schlagen, e r s u c h t e d e n B l i c k m e i n e r M u t t e r , f a n d i h n a b e r n i c h t .*" (S. 378)

Dieses Beispiel zeigt, wie die literale Lesart der zwei Phraseme, *von einem Tag auf den anderen* bzw. *jmds. Blick suchen* durch ein nachfolgendes Wörtlich-Nehmen und Kommentieren dem Leser bewusst gemacht wird. Als Letztes soll eine „einfache" okkasionelle metaphorische Phrasemverwendung vorgestellt werden:

„*Meine Mutter jagte ihr ganzes Leben versteckten Parametern nach. Ich wird' schon noch d i e s e n P a r a m e t e r n a u f d e n B u s c h k l o p f e n , pflegte sie zu sagen. Aber, wie wir heute wissen, war das prinzipiell unmöglich.*" (S. 237)

3.5. Insgesamt illustrieren die Beispiele eine besondere Art okkasioneller Metaphern, nämlich okkasionelle Mehr-Wort-/Phrasemmetaphern (*das Wort gut führen; heraus damit [mit dem Wort, dem Schwert]; ein Indogermane hackt dem anderen nicht die Augen aus; schlechte Sätze leben daher wie Gott in Frankreich; jmds. Blick suchen, aber nicht finden; Parametern auf den Busch klopfen* usw.).

Für diese Art Phrasemverwendung findet sich bereits bei Černyševa der Terminus sekundäre Metaphorisierung (Stepanova/Černyševa 1975, 227), allerdings sind dort die Grenzen dieses Prozesses hervorgehoben. Daneben ist noch die zweite und die parallele Metaphorisierung erwähnt, letztere als verantwortlich für die Entstehung phraseologischer Homonyme (Stepanova/Černyševa 1975, 227 ff.). Im Weiteren tauchen diese Fragen in der Literatur zwar von Zeit zu Zeit auf, werden aber zumeist als marginale Erscheinung behandelt. So z. B. in Fleischer 1997[2], in Anlehnung an Černyševa und ebenfalls im Zusammenhang mit der phraseologischen Polysemie, wobei Fleischer allerdings meint, diese Erscheinung sei von größerer Bedeutung als in den Wörterbüchern meist deutlich wird (Fleischer 1997[2], 167). Es war Christine Palm, die in den 90er Jahren den beiden wesentlichen Aspekten dieser Problematik, nämlich der metaphorischen Verwendung von Phrasemen als Anfang und der Polysemie als Ergebnis, zwei Beiträge gewidmet hat (Palm 1992, 1994).

Burger setzt sich mit dieser Erscheinung ebenfalls auseinander und spricht im gleichen Zusammenhang von zwei Stufen der Metaphorisierung (Burger 1998, 98). Er beschränkt allerdings den Geltungsbereich der sekundären (tertiären usw.) Metaphorisierung auf metaphorische, d. h. synchronisch motivierte Phraseme. Meiner Ansicht nach wäre dies eine zu rigorose Auffassung (Burger 1998, 72), und mein Anliegen ist es gerade, darauf hinzuweisen, dass auch Modifikationen – nicht allein durch ihre textbildende Potenz, sondern durch das Zusammenspiel dieser und der modifikationsstiftenden Potenz der Textumgebung – als okkasionelle Metaphern funktionieren. Dieser Aspekt ist allerdings, soweit ich die einschlägige Literatur überblicke, noch weiniger untersucht, so dass hier ein deutlicher Nachholbedarf besteht.

4. Die Eckpunkte einer vorläufigen Bilanz könnten wie folgt lauten: Sekundäre Metaphorisierungsprozesse in der Phraseologie können verantwortlich sein für semantische Entwicklungsprozesse, die zum einen bei Phrasemen als etablierten sprachlichen Zeichen einsetzen, sich zum anderen aber auch aus der (sekundären) metaphorischen Verwendung, so auch aus Modifikationen herleiten lassen. Es geht hier wohl in erster Linie um semantische Entwicklungen wie Polysemierung der ganzen Verbindung (Bedeutungserweiterung) (z. B. *Feuer fangen: etw. fängt Feuer:* 'entflammt'; *jmd. fängt Feuer:* 1. 'wird von Begeisterung gepackt'; 2. 'beginnt, sich in jmdn. zu verlieben') oder auch Autonomisierung einer Konstituente, die als Lexem eine neue Bedeutung „entwickelt" (etwa *Theater* als '*Unruhe, Verwirrung, Aufregung, als unecht od. übertrieben empfundenes Tun*'), und um die phraseologische Derivation. Als weitere semantische Entwicklungen sind phraseologische Homonyme (*wie die Faust aufs Auge passen*) und Antonyme (*das schwache Geschlecht* vs. *das starke Geschlecht*) belegt, und schließlich kann es auch zur Entstehung neuer Phraseme kommen, wovon das Beispiel ung. *C'est la vie!* → *c'est/szela zsizny!* zeugt.

5. Ausblick: Wenn von der (kon)textuell bedingten, okkasionell als Stilistikum funktionierenden Verwendung phraseologischer Ausdrucksmittel neue Funktionen und Entwicklungen ausgehen können, so müssen Modifikationen als innovative Schöpfungen nicht immer nur „Eintagsfliegen" sein. Sie können vielmehr der Ausgangspunkt für vor allem semantische Prozesse sein, die nicht mit der Modifikation parallel verlaufen, sondern durch diese erst in Gang gesetzt werden. Somit sollte die Modifikation nicht als „Endstation", sondern als eine (mögliche) Phase im Leben eines Phrasems betrachtet werden.

An diesem Punkt lässt sich dann eine Brücke schlagen zu zwei weiteren, in der gegenwärtigen Forschung eher marginalen Bereichen, der historischen Phraseologieforschung und der Phraseografie: zur Ersteren als zuständig für die Aufzeichnung von Entwicklungen verschiedenster Art und deren Beweggründe über längere Zeiträume hinweg, zur Phraseografie mit der Aufgabe, die jeweils abgeschlossenen Entwicklungsetappen bzw. deren Ergebnisse (auch) im Wörterbuch festzuhalten.

In der Forschung sollte also außer der erschöpfenden Darstellung von Modifikationstypen und -verfahren auch deren möglichen Konsequenzen mehr Aufmerksamkeit geschenkt werden.

QUELLE

Esterházy, Péter (2003): Harmonia Cælestis. Berlin.

LITERATUR

Burger, Harald (1998): Phraseologie. Eine Einführung am Beispiel des Deutschen. Berlin.
Burger, Harald/Buhofer, Annelies/Sialm, Ambros (1982): Handbuch der Phraseologie. Berlin/New York.
Černyševa, Irina (1980): Feste Wortkomplexe des Deutschen in Sprache und Rede. Moskau.
Daniels, Karlheinz (1988): Aktuelles Verstehen und historisches Verständnis von Redensarten. Ergebnisse einer Befragung. In: Hessky, Regina (Hg.): Beiträge zur Phraseologie des Ungarischen und des Deutschen. Budapest, S. 98–121.
Ďurčo, Peter (1990): Die Interpretation der Phraseologismen aus psycholinguistischer Sicht. In: Folia Linguistica 24, 1, S. 1–22.
Ďurčo, Peter (1994): Das Wort als phraseologische Konstituente. Zur Beziehung der linguistischen und psycholinguistischen Standpunkte. In: Sandig, Barbara (Hg.): Europhras 92: Tendenzen der Phraseologieforschung. Bochum, S. 67–79.
Fleischer, Wolfgang (1997): Phraseologie der deutschen Gegenwartssprache. 2., durchges. und erg. Aufl. Tübingen.
Gréciano, Gertrud (1987): Idiom und sprachspielerische Textkonstitution. In: Korhonen, Jarmo (Hg.): Beiträge zur allgemeinen und germanistischen Phraseologieforschung. Oulu, S. 193–206.
Gréciano, Gertrud (1994): Vorsicht, Phraseoaktivität! In: Sandig, Barbara (Hg.): Europhras 92: Tendenzen der Phraseologieforschung. Bochum, S. 203–218.
Gréciano, Gertrud/Rothkegel, Annely (Hg.) (1997): Phraseme in Kontext und Kontrast. Bochum.
Häcki Buhofer, Annelies (1989): Psycholinguistische Aspekte in der Bildhaftigkeit von Phraseologismen. In: Gréciano, Gertrud (Hg.): Europhras 88. Phraséologie Contrastive. Actes du Colloque International 12–16 mai 1988. Strasbourg, S. 165–176.
Häcki Buhofer, Annelies (1993): Psycholinguistik der Phraseologie. Zum Stand der Forschung. In: Ďurčo, Peter et al. (Hg.): Papers for the 2nd International Conference on Phraseology „Phraseology in Education, Culture and Science". Nitra September 14–16, 1992, S. 148–160.
Häcki Buhofer, Annelies (1999): Psycholinguistik der Phraseologie. In: Fernandez Bravo, Nicole/Behr, Irmtraud/Rozier, Claire (Hg.): Phraseme und typisierte Rede. Tübingen, S. 63–75.
Hemmi, Andrea (1994): „Es muss wirksam werben, wer nicht will verderben". Kontrastive Analyse von Phraseologismen in Anzeigen-, Radio- und Fernsehwerbung. Bern/Berlin/Frankfurt a. M./New York/Paris/Wien.
Palm, Christine (1994): Habent sua fata idiomata. Beobachtungen zur Polysemie von Phraseologismen. In: Sandig, Barbara (Hg.): Europhras 92: Tendenzen der Phraseologieforschung. Bochum, S. 431–460.

Palm Meister, Christine (1998): „Unvorgreifliche Gedanken" zur Gelungenheit von lexikalisierten Metaphern. In: Eismann, Wolfgang (Hg.): Europhras 95 – Europäische Phraseologie im Vergleich: Gemeinsames Erbe und kulturelle Vielfalt. Bochum, S. 619–639.

Stepanova, M. D./Černyševa, I. I. (1975): Lexikologie der deutschen Gegenwartssprache. Moskau.

Wotjak, Barbara (1992): Verbale Phraseolexeme in System und Text. Tübingen.

GOTTHARD LERCHNER

Wie werden Lexeme zu Schlag-, Mode- oder Leitwörtern?

Zu lexikalischen Ergebnissen textgeleiteter semiotischer Prozesse

0.1. Schlägt man in gängigen linguistischen Hand- und Lehrbüchern unter den genannten Bezeichnungen bzw. Termini nach – zu denen sich unter funktionalem Gesichtspunkt, sozusagen an den Rändern des Gegenstandsbereiches durchaus auch noch die mehr oder weniger passend hierhergehörenden Begriffe Topos, Losung(swort) und vielleicht sogar das unsägliche Unwort stellen ließen –, so bekommt man eine Reihe sozial markierter Lexeme zu fassen, deren Spezifik wohl vor allem in folgenden Merkmalen besteht:

– unscharfe lexikalische Bedeutung
– unspezifische Verwendung
– starke emotionale Aufladung/hoher Gefühlswert
– große soziopolitische Aktualität und Allgemeingültigkeit
– (zeitweilig) hohe kommunikative Frequenz
– relativ schneller soziokommunikativer „Verschleiß"/Kurzlebigkeit der Geltung
– weitgehend appraisive Funktion
– Ideologieabhängigkeit („Zeitgeist"-Bezogenheit).

0.2. Mag diese – unbestritten strengeren Anforderungen lexikologischer Analyse gewiß nicht genügende, einfach aus den entsprechenden Angaben in der einschlägigen Handbuchliteratur zusammengestellte – Reihung auch durchaus kritikwürdig sein, so erfüllt sie doch ihre Funktion darin, daß sie die Aufmerksamkeit auf eine Reihe von weiterführenden Überlegungen lenkt:

(1) Es handelt sich bei dieser Sorte von Wörtern um andere Entitäten als die Lexeme des lexikalischen Systems einer Sprache. Darauf verweist nicht zuletzt ihre kurze „Halbwertszeit".
(2) Ihre semantische Struktur wird durchschnittlich durch einen signifikant erhöhten Anteil konnotativer Seme in offenbar dominanter Funktion bestimmt.
(3) Sie referieren (konkret gesellschaftsbezogen) in spezifischer Ausprägung auf „soziokulturelles Hintergrundwissen" (Hartung 1995), ohne dessen allgemeine Verfügbarkeit sie nicht dekodierbar sind.
(4) Damit signifizieren sie – neben einzel- bzw. muttersprachlichen und diesen annehmbar strukturell übergeordnet – kulturelle Codes.

(5) Sie avancieren demnach folgerichtig zum Gegenstand k u l t u r s e m i o t i s c h e r Aufmerksamkeit.

Letzterem Hinweis wollen die folgenden Ausführungen nachgehen.

1. Verfolgt wird gleichwohl zunächst eine deutlich analytisch-deskriptiv bestimmte, konkrete linguistische Aufgabenstellung insofern, als eine Zugangsmöglichkeit gesucht wird auf die Erfassung derjenigen Faktoren und interaktiven Prozesse, die zur Bildung von Schlag- und Modewörtern in einer natürlichen Sprache führen. Etwas konkreter gefaßt:

1.1. Es geht um die Suche nach einer Antwort darauf, wie durchschnittliche, formallexikologisch in der Regel kaum auffällige Lexeme einer natürlichen Sprache zu der beschriebenen markierten Funktion – eben Schlag-, Mode-, Leit- oder „Unwort" zu sein oder als solches zu gelten – gelangen, w i e deren kompakte Konzeptualisierungsleistung also eigentlich zustande kommt. Darüber hinaus aber werden mit der also angestrebten deskriptiven Modellierung der dabei ins Auge zu fassenden lexikologisch-semasiologischen Prozesse anhand eines konkreten Wortschatzsegments im Grunde nominationstheoretische Fragestellungen zumindest thematisiert – ohne daß damit freilich der Anspruch erhoben würde, diese etwa einer abschließenden Lösung zuzuführen.

1.2. Es geht mithin aber auch, alles in allem, um die Ansätze zur Beschreibung eines speziellen, zeichentheoretisch relevanten Prozesses, über den m. W. bislang in bezug auf den konkreten Beschreibungsgegenstand kaum Verwertbares bekannt ist.

2. Ausgangspunkt für die folgenden Erörterungen ist die Beobachtung, daß die prozessuale Beschreibung und Erklärung des Z u s t a n d e k o m m e n s von Schlag-, Modewörtern usw. zumindest in der germanistischen Fachliteratur – diejenige anderer Philologien überschaue ich nicht –, soweit ich sehe, kaum nennenswertes, über allgemeine Feststellungen hinausgehendes Interesse hervorgerufen hat. Gewiß finden sich ausführlich aufgelistete Beobachtungen von Ursachen sprachlicher und damit natürlich auch lexikalischer Veränderungen im hier interessierenden Zusammenhang (vgl. u. a. Schippan 1992, 240 ff.; Pohl/Ehrhardt 1995; Barz/Schröder 2001), die dann zu verallgemeinernden Feststellungen geführt werden etwa der Art:

> „Letztlich sind Veränderungen im Wortschatz durch das sprachlich-kommunikative Handeln bestimmt, durch kommunikative und kognitive Bedürfnisse, Entfaltung und Reduktion, Strukturveränderungen und Bedeutungswandel, die Aufnahme fremden Wortgutes und seine Bewertung ..." (Schippan 1992, 241)

Die Ursachen werden so z. B. in einem „Ensemble sprachspezifischer Widersprüche" gesehen (ebd., 242) – aber es sind eben immer nur die U r s a c h e n – nicht der innersprachliche P r o z e ß als solcher, die damit allenfalls eine Erklärung finden. Sollte Keller (1991, 131) also wirklich recht haben mit seiner These:

„Individuen handeln unter bestimmten (gesellschaftlichen, sprachlichen, materiellen, sozialen, politischen etc.) Rahmenbedingungen, die die Ökologie des Handelns darstellen. ... Gewisse gleichförmige Aspekte individueller intentionaler Handlungen kumulieren im sogenannten Invisiblehand-Prozeß und bringen als kausale Konsequenz die zu erklärende Struktur hervor."?

3. Die von mir dagegen zu setzende Behauptung besteht nun darin, daß die „black box" jener Invisiblehand-Prozesse – im konkreten Fall der Herausbildung von Schlag-, Mode-, Unwörtern usw. – geknackt werden kann, und zwar mit Hilfe ihrer R e f o r m u l i e r u n g   a l s   t e x t g e l e i t e t e r   k u l t u r s p e z i f i s c h e r   Z e i c h e n p r o z e s s e.

3.1. Dazu ist zunächst eine Reihe von theoretisch-deskriptiven Annahmen abzurufen bzw. auf ihre Verträglichkeit mit dem Beschreibungsgegenstand zu prüfen. Als die wesentlicheren stellen sich in diesem Zusammenhang dar:

3.1.1. **Die grundsätzliche Kulturbezogenheit oder -bedingtheit natürlicher Sprachen**. Diese gilt im Grundsatz, soweit ich sehe, unbestritten. Einzelheiten hinsichtlich bestimmter sprachwissenschaftlich-pragmatischer Richtungen oder Schulen mit ihren speziellen – dann oft nicht mehr in jedem Falle untereinander kompatiblen – methodologischen bzw. methodischen Ausprägungen dieses Theorems sollen hier unberücksichtigt bleiben. Immerhin könnte man im gegebenen Zusammenhang schon in Erwägung ziehen, Schlag- und Modewörter etwa als Ausdruck semantisch hochaggregierter Kultureme im Verständnis von Oksaar (1988) zu spezifizieren – es wäre damit freilich im Sinne der Fragestellung dieses Beitrages wenig gewonnen, insofern damit das hier im Zentrum des Interesses stehende Z u s t a n d e k o m m e n der entsprechenden Entitäten immer noch keine Erklärung fände. Wichtiger, weil im gegebenen Zusammenhang prinzipiell weiterführend, erscheint dagegen die kulturanthropologisch ausbuchstabierte These, daß die in unterschiedlichen Kulturen festzustellenden je unterschiedlichen Konzeptualisierungsvorgänge bzw. deren Ergebnisse verschiedene Formen von Welterfahrung reflektieren (vgl. Jackendoff 1983).

3.1.2. **Der Zeichencharakter von Kultur**. Es war bereits eine frühe Erkenntnis der Tartuer Schule – insbesondere verbunden mit dem Namen Juri Lotman –, daß K u l t u r ihrem Wesen nach ein Z e i c h e n s y s t e m sei, „das auf ganz bestimmte Weise organisiert ist" (Lotman 1981, 27), nämlich

„ein historisch entstandenes Bündel semiotischer Systeme (,Sprachen'), das zu einem einheitlichen Supersystem (,Supersprache') integriert sein kann, das aber auch eine Symbiose selbständiger Systeme darstellen kann" (ebd., 29).

Daraus ergibt sich methodologisch die vor dem hier gegebenen Interessenhorizont nachgerade fundamental zu nennende Schlußfolgerung, daß strukturell-semiotische Verfahren einerseits mit solchen der soziologischen und traditionell historisch-genetischen Erforschung des jeweiligen Gegenstandes, andererseits analysemethodisch grundsätzlich kompatibel sind (Städtke 1981, 430). Daß Kulturen grundsätzlich Zeichencharakter eignet, gilt in der neueren kultursemiotischen Forschung auch durchaus unterschiedlicher Richtungen als völlig unbestritten (vgl. u. a. Posner 1991).

3.1.3. Sprache als autonomes Subsystem des kognitiven Gesamtsystems von Sprechern. Dieser kultursemiotischen Grundthese kommt im gegebenen Beschreibungsinteresse besondere Bedeutsamkeit zu, begründet sie doch die prinzipielle Möglichkeit, daß Signifikanten kultureller Äußerungsformen (also Entitäten kulturspezifischer „Texte") als Signifikate von Sprachtexten (sprachlichen Formulierungen) fungieren können. Die Menschen ordnen Erfahrungen in und mit Welt innerhalb ihrer (historisch gewachsenen) „frames of acceptance" in „repeatable units" ein (Young/Becker/Pike 1970, 29; Burke 1984), die mit Lexemen ihrer natürlichen Sprache verbunden werden. Das ist dann beschreibungspraktisch umsetzbar, wenn man Kultur mit J. Lotman (1981, 26) „ihrem Wesen nach als Information bestimmt", d. h., daß sie denselben Konstruktionsgesetzen unterliegt wie die anderen semiotischen Systeme auch. Genauer gesagt, geht es im gegebenen Beschreibungszusammenhang dabei um den methodologisch sicherzustellenden Mechanismus, wie nonverbale Zeichensysteme mit Sprachzeichen bzw. Sprachzeichenkomplexen korrespondieren können. Damit sind Rahmenbedingungen der grundsätzlichen Kompatibilität von kulturellen Zeichen(komplexen) mit Sprachzeichen natürlicher Sprachen festgestellt und mögliche Mechanismen bzw. Organisationsformen ihrer Einflußnahme durch jene avisiert. Im gegebenen Zusammenhang heißt das: Der den hier interessierenden Schlag-, Mode-, Leit- und Unwörtern zugrundeliegende Nominationsprozeß kann demnach definiert werden als der sprachzeichenhaft konstituierte Bezug von Signifikaten aus kulturspezifisch konzeptualisierten Segmenten kommunikations-gemeinschaftsbedingter Lebenswelten auf muttersprachspezifische Signifikanten (vgl. Lerchner 1997, 147).

3.2. Zur jeweils konkreten muttersprachlichen Realisierung solcherart theoretisch-methodologisch explizierter Interferenzbeziehungen bedarf es, um sie als Prozeß in actu fassen zu können, eines funktionell-generativen Ortes ihrer Realisierung. Dieser gesuchte Ort ist der Text – hier zunächst verstanden als jede konkrete Form zeichenhaft repräsentierter, kommunikativ gezielter Auseinandersetzung des Menschen mit seiner vorfindlichen Umwelt. Gemeint ist also ausdrücklich nicht nur der (mutter)sprachlich ausformulierte Text, sondern Kultur als textliche Repräsentationsform generell, kurz: Kultur als Text.

Um zu verdeutlichen, wie das konkret verstanden sein will, sei ein m. E. hilfreicher Rückgriff auf das Konzept des „New Historicism" gestattet (vgl. HistWb.Rh 6, 2003, 252–258). Dieses untersucht, stark verkürzt dargestellt, Formations- und Repräsentationsregeln einer gegebenen Kultur und Modi ihrer Darstellung im Text als Austauschprozesse („negotiations") zwischen unterschiedlichen kulturellen Sphären und den Formen der Repräsentation von Diskursen. Kultur stellt sich so dar als synchrone Intertextualität. Oder, in der Formulierung R. Barthes (Barthes

1977, 142–148), als **virtuelles Netz eines „texte général"**, der Sprachtext dementsprechend als

> „Gewebe von Zitaten, die den unzähligen Bereichen der Kultur entstammen".

4. Damit werden die funktionalen Strukturen und Mechanismen faßbar, die die oben so genannte, faktisch jedoch, wie sich erweist, nur scheinbare „black box" des Zustandekommens von Schlag-, Mode, Unwörtern usw. durchsichtig zu machen vermögen. Sie sind, darstellbar als in sich homogener Prozeß, **lokalisiert im Text**.

5. Der Text, als sprachlich geformter Text, erhält hier aber eine vom linguistischen Textverständnis signifikant abweichende Funktionszuschreibung: Er fungiert, Lotman (1982) folgend, nicht einfach als Übermittler bzw. Verkörperung von Sinn – also in einer eher passiven Rolle – sondern **erzeugt** neue Sinngehalte, ist **Sinngenerator**, aufgefaßt als „semiotisches System in Aktion". Der Text dient demnach nicht nur der adäquaten Übermittlung von sprachlicher Bedeutung, sondern ist darüber hinaus der semiotische Ort, in dem qualitativ unterschiedliche Zeichensysteme interagieren,

> „miteinander interferieren und sich selbst hierarchisch organisieren".

Die dynamische Korrelation, in die sprachliche Elemente mit nonverbalen kulturellen Zeichengehalten treten, erzeugt – entsprechend der formalistischen Idee vom Selbstwert des Textes (samocennost' teksta) – neue Sinngehalte (Lotman 1981, 11 f.). Muttersprachlich organisierte Nominationseinheiten repräsentieren so konsequenterweise Weltwissen in einzelsprachlich-spezifischer Strukturiertheit (Kubrakova 1989, 10).

Es bleibt einzuräumen, daß Lotman den hier skizzenhaft bezeichneten Prozeß interagierender Zeichensysteme unterschiedlicher Qualität und Genese deutlich im Diskussionszusammenhang poetischer Kommunikation – also, wenn man so will, anhand eines Spezialfalls – entwickelt hat. Das prinzipielle semiologische Verständnis von Kultur als Text, auf das ausdrücklich hinzuweisen war, stellt jedoch m. E. die Lizenz für eine verallgemeinernde Anwendung auf nominationstheoretische Begründungszusammenhänge sicher.

6. Die Lösung des Ausgangsproblems dieses Beitrages – die Frage nach dem prozessualen Zustandekommen von Schlag-, Mode-, Leit- oder Unwörtern – kann, hält man die entwickelte Argumentation im Grundsatz für überzeugend, nunmehr relativ leicht ausformuliert werden: Der Bildungsprozeß dieser als sozial markiert eingeführten lexikologischen Entitäten läßt sich explanativ darstellen als komplexer **Semioseprozeß textgeleiteter interferentieller Sinngenerierung**, eingebettet in die umfassenden semiotischen Mechanismen des kommunikativ bedingten Austausches zwischen verschiedenen Zeichensystemen einer gegebenen

Kultur. Die entsprechenden lexikalischen Einheiten einer natürlichen Sprache – eben als Schlag-, Mode-, Leit- oder Unwörter – sind mithin das Produkt sprachtextvermittelter bzw. -geleiteter Interferenz sprachlicher mit heterogenen außersprachlich-kulturellen Zeichensystemen. Die entsprechenden lexikalischen Signifikanten sind an die nonverbalen kulturbedingten Signifikate funktional gebunden bzw. bilden mit diesen eine semiotische Entität. Infolgedessen erfahren die je sprachspezifisch denotativen Inhalte der entsprechenden Lexeme in diesem Prozeß eine mehr oder weniger starke Aufladung durch aktuelle Wert- und Gefühlsgehalte, die u. a. ihre eingangs festgestellte appraisive Funktion erzeugen. Denn Formen erwecken ihrerseits bestimmte Erwartungshaltungen und fungieren nach rhetorischer Erkenntnis somit als Identifikationsangebote (Burke 1969, 9f.). Und schließlich: Aktualität und Lebensdauer der entsprechenden Lexeme einer natürlichen Sprache (z. B. eben als Modewörter) sind folgerichtig bedingt durch die relative Kurzlebigkeit ihrer im gegebenen Fall in der Regel raschem Verschleiß unterliegenden Signifikate der sie bestimmenden kulturellen Kodes.

Alles in allem haben wir es zu tun mit einem kultursemiotisch-paradigmatisch darstellbaren speziellen Nominationsprozeß und seinen Ergebnissen. Das Spannungsverhältnis zwischen Lexikon und Text – Rahmenthema dieses Kolloquiums – kann, so meine ich, am konkreten Beispiel m. E. besonders überzeugend prozeßbezogen in seiner lexemformenden Produktivität veranschaulicht werden.

LITERATUR

Barthes, Roland (1977): The Death of the Author. In: Ders.: Image – Music – Text. London, p. 142–148.
Barz, Irmhild/Schröder, Marianne (2001): Grundzüge der Wortbildung. In: Fleischer, Wolfgang/Helbig, Gerhard/Lerchner, Gotthard (Hg.) (2001): KE Deutsche Sprache. Frankfurt a. M./Berlin/New York usw., S. 178–217.
Baßler, Moritz (1999): New Historicism und der Text der Kultur. Zum Problem synchroner Intertextualität. In: Csáky, Moritz/Reichensperger, Richard (Hg.): Literatur als Text der Kultur, S. 23–40.
Burke, Kenneth (1969): A Rhetoric of Motives. Los Angeles.
Burke, Kenneth (1984): Attitudes Towards History. 3rd ed. Berkeley/Los Angeles.
Hartung, Diana (1995): Zur semantiktheoretischen Beschreibung soziokulturellen Hintergrundwissens. In: Pohl/Ehrhardt (1995), S. 77–85.
Jackendorf, Ray S. (1983): Culture and Cognition. Cambridge/Mass.
Keller, Rudolf E. (1991): Erklärungsadäquatheit in Sprachtheorie und Sprachgeschichtsschreibung. In: Busse, Dietrich (Hg.): Diachrone Semantik und Pragmatik. Untersuchungen zur Erklärung und Beschreibung des Sprachwandels. Tübingen, S. 117–138.
Kubrakova, Elena (1989): The Parts of Speech in Word Formation Processes and in the Linguistic Model of the World. In: BES 9, S. 10–12.
Lerchner, Gotthard (1997): Nomination und Semiose. Zur Explikation ihrer kulturell-kommunikativen Geprägtheit. In: Nominationsforschung im Deutschen. Fs. f. Wolfgang Fleischer zum 75. Geb. Frankfurt a. M./Berlin/Bern usw., S. 147–155.

Lotman, Juri M. (1981): Kunst als Sprache. Untersuchungen zum Zeichencharakter von Literatur und Kunst. Leipzig.

Lotman, Juri M. (1982): Kultur und Text als Sinngenerator. In: Zs. f. Semiotik 4, S. 123–133.

Oksaar, Els (1988): Kulturemtheorie. Ein Beitrag zur Sprachverwendungsforschung. Hamburg.

Pohl, Inge/Ehrhardt, Horst (Hg.) (1995): Wort und Wortschatz. Beiträge zur Lexikologie. Tübingen.

Posner, Roland (1991): Kultur als Zeichensystem. Zur semiotischen Explikation kulturwissenschaftlicher Grundbegriffe. In: Assmann, Aleida/Harth, Dietrich (Hg.): Kultur als Lebenswelt und Dokument. Frankfurt a. M., S. 37–74.

Schippan, Thea (1992): Lexikologie der deutschen Gegenwartssprache. Tübingen.

Städtke, Klaus (1981): Kunst als Sprache – Juri Lotmans Beitrag zu einer Semiotik der Kultur. In: Lotman (1981), S. 403–432.

Ueding, Gert (Hg.) (1992 ff.): Historisches Wörterbuch der Rhetorik. Bd. 1 ff. Tübingen.

Young, Richard E./Becker, Alton L./Pike, Kenneth L. (1970): Discovery and Change. New York.

Hartmut Stöckl

Anschauungsorientierung im Text

Zwischen Sprache und Bild

1. BILDER ALS GEBRAUCHSKONTEXTE VON SPRACHE

Zwischen Lexikon und Text agieren Textproduzenten, die aus den vorhandenen Zeichen- und Regelressourcen entsprechend ihren Äußerungsabsichten in Situation und Kontext angemessene Bedeutungen konstruieren. Sie fügen Elemente aus paradigmatischen Sets zu Syntagmen und Textstrukturen, die dann von den Textrezipienten unter Rückgriff auf Wissen, Situation und mediale Spezifika interpretiert werden. Sprachliche Zeichen stehen jedoch in diesen Prozessen der Bedeutungskonstruktion und des Verstehens[1] nicht alleine – sie müssen im multimodalen Text mit anderen Zeichenarten (z. B. bildliche, typographische, musikalische/akustische [Geräusche], paraverbale und non-verbale) formal und inhaltlich kombiniert werden. In diesem Sinne ist es aus logozentrischer Sicht[2] richtig, nicht-sprachliche Zeichen als unmittelbare Gebrauchskontexte verbaler Zeichen aufzufassen. Ebenso folgerichtig scheint es dann zu fragen, in welcher Weise der Gebrauch von Sprache im multimodalen Text die Präsenz und Beschaffenheit der nicht-sprachlichen Textteile reflektiert und auf sie abgestimmt ist.[3]

Dieser Frage will ich in dem vorliegenden Beitrag unter ausschließlicher Berücksichtigung bildlicher Zeichen nachgehen. Materielle Bilder – hier allgemein definiert als Designobjekte aus graphischen Markierungen auf Oberflächen, die als ikonische Zeichen verstanden werden können – sind m. E. besonders interessante Gebrauchskontexte von Sprache. Dies rührt primär daher, dass Sprache selbst an-

---

[1] Das Verstehen von Sprache ist notorisch schwer zu fassen, obwohl es in Linguistik, Philosophie und den Kognitionswissenschaften nicht an Versuchen mangelt, diese Prozesse zu modellieren. Für einen gedrängten Überblick siehe z. B. Nothdurft 1998.

[2] Umgekehrt kann man Sprache als Gebrauchskontext nicht-sprachlicher Zeichen auffassen. Einige semiotische, kognitive und semantische Eigenschaften verbaler Zeichen (Stöckl 2004, 245 ff.) sprechen allerdings für die zentrale Stellung der Sprache im multimodalen Text und unserer Kommunikationskultur.

[3] Was für die Pragmatik das Wittgenstein'sche Diktum von der Bedeutungsaktualisierung im Gebrauch war, das ist für Textlinguistik und Stilistik die semiotisch beförderte Erkenntnis von der Multimodalität der Kommunikation. Beide sind m. E. Eckpfeiler in einer Theorie des Sprach- und Textverstehens.

schaulich oder bildlich sein kann, wenn sie von bestimmten Ressourcen (Lexemen, Metaphern etc.) auf bestimmte Weise (szenische Darstellung) Gebrauch macht. Andererseits weisen materielle Bilder oft eine Orientierung an sprachlichen Konzepten und Schablonen auf. Zur Beleuchtung dieser Interdependenzen zwischen materieller und sprachlicher Bildlichkeit, die auf gemeinsame kognitiv-konzeptuelle Grundlagen von Sprache und Bild verweisen, will ich wie folgt vorgehen: Zunächst diskutiere ich kurz, aus welchen Perspektiven man Bildlichkeit in der Sprache fassen kann und wie sie sich zu materieller Bildlichkeit verhält (2). Danach umreiße ich, was es heißt, Zeichen – ganz gleich welcher Modalität – bildlich zu verstehen (3) und welcher kognitiv-semantischen Schritte es generell bedarf, verbale und visuelle Textteile in der Bedeutungsinterpretation zu integrieren (4). Schließlich zeige ich an Beispielen, wie sich Lexeme, Phrasen und Idiome im Text zu anschauungsorientierten Formulierungsmustern, d.h. auf das materielle Bild abgestimmten Textstrukturen, formieren, und erläutere, welche Kriterien zu deren Analyse sinnvoll sind (5).

2. BILDLICHKEIT UND ANSCHAULICHKEIT IN DER SPRACHE?

Mit Blick auf Sprachliches von Bildlichkeit zu sprechen, macht zunächst die recht sinnvolle Erweiterung des Bildes über das rein optisch-visuelle Phänomen hinaus notwendig. Ganz im Sinne des Bildbegriffs der Psychologie können alle unmittelbaren Sinneswahrnehmungen (vom Hören über das Schmecken bis zum Tasten) als Bilder verstanden werden.[4] Sprachliche Formulierungen wären also dann bildlich zu nennen, wenn sie auf die Evozierung solcher aus der Umwelterfahrung bekannter Sinneseindrücke zielen. Eine solche Sicht würde aber voraussetzen, dass man Sprachverstehen nicht lediglich als Passung von Begriff und Begriffsinhalt konzipiert und sprachliche Semantik nicht in Merkmalen und Propositionen erschöpft sieht. Vielmehr gälte es dann zu reklamieren, dass Sprachbenutzer Zeichen nur dann mit Bedeutung füllen können, wenn sie die sensorischen Eigenschaften der bezeichneten Dinge zu Hilfe nehmen, also wenn sie sich das Objekt, den Sachverhalt etc. „vorstellen". So ist Kant zu verstehen, der das Bild pauschal als „die Erscheinung des im Wort benannten Gegenstandes" (zit. nach Schemann 2000, 95) bezeichnet. In Anlehnung daran meint z. B. Hegedüs-Lambert (1995, 222), dass „Begriffe ohne Anschauungen leer sind". Sprache wäre dann ein System, dessen Zeichen auf sensorische Wahrnehmungen und Erfahrungswissen verweisen – es regelt ein anschauliches, sensomotorisch basiertes und gestalthaftes Denken. Als bildliche oder anschauliche Formulierungen gälten dann solche Zeichenkombinationen, die Textinhalte sinnlich und

---

[4] Der breite psychologische Bildbegriff rührt von der Erkenntnis her, dass verschiedene sensorische Modalitäten wie Gehör, Geruch, Geschmack, Tastsinn und Bewegung in visuellen Erfahrungen resultieren können (Newton 1996, 28).

gegenständlich erfahrbar machen. So verstanden sind bestimmte Teile des Sprachsystems und bestimmte Formen des Sprachgebrauchs dazu geeignet, den symbolischen Charakter der Sprache in Richtung ikonische Zeichen aufzubrechen. Für die Sprachbenutzer hat Bildlichkeit zur Folge, dass die Distanz zwischen unmittelbarer Umwelterfahrung (Anschauung) und zeichenvermittelter Wahrnehmung schwindet.

Wenn der Mensch auch für ein solches bildliches Verstehen kognitiv ausgerüstet ist, scheint es dennoch wenig sinnvoll, jegliches Sprachverstehen so zu modellieren. Unaufwendiges, automatisiertes und ökonomisches Verstehen von Sprache z. B. lässt sich sicherlich mit dem einfachen Mechanismus der Symbolverarbeitung, d. h. Passung von Form und Inhalt (Abruf aus einem Lexikon), besser fassen. Andererseits gibt es m. E. Faktoren, die in bestimmten Kommunikationsereignissen und Texten einen bildlichen Verstehensmodus nahe legen. Dieser Verstehensmodus kann vom Textproduzenten, vom Textrezipienten oder von der Zeichenressource selbst initialisiert werden, wobei vielfältige Wechselbeziehungen bestehen.

I. **Produzentenseitige Initialisierung:** Der Produzent kann die Absicht verfolgen, den Rezipienten zu einer bildlichen Verstehensweise eines Textes anzuleiten. Hierfür wählt er bestimmte „auffällige Sprachgebrauchsmuster", zu denen vor allem die Integration materieller Bilder sowie die Kumulierung und systematische Vernetzung anschauungsorientierter Formulierungen (metaphorische Wendungen, assoziationsstarke Konkreta etc.) untereinander und mit dem materiellen Bild gehören (s. u.).

II. **Rezipientenseitige Initialisierung:** Dem Rezipienten steht es frei, jederzeit in den bildlichen Verstehensmodus zu wechseln. Die Gründe dafür können verschieden sein. Einerseits mögen Verständnisschwierigkeiten bei Mehrdeutigkeit/Vagheit und semantischer Über- oder Unterspezifizierung zu bildlichem Verstehen führen. Andererseits mögen bestimmte Denkstile von vornherein ein bildliches Sprachverstehen favorisieren.

III. **Ressourcenseitige Initialisierung:** Das Sprachsystem verfügt über Zeichenressourcen, die ein eher bildliches Verstehen nahe legen, so z. B. bei allen Lexemen und Formulierungen, die auf Sinneseindrücken und universell verfügbaren Umwelterfahrungen basieren, und insbesondere auch bei Phraseologismen mit bildlicher (im weiten Sinne, s. o.) Grundlage, die reaktiviert werden kann. Aber auch rhetorische Figuren oder ganze Textmuster (z. B. bestimmte journalistische Darstellungsformen wie Reportage oder Feature) können aufgrund ihrer Perspektivierung der Sachverhalte zu bildlichem Verstehen führen.

Interessant ist nun vor allem, welche Arten von Bildlichkeit die Zeichenressource Sprache und deren Gebrauch im Text zulässt. Dies ist zugleich die Frage nach möglichen Auffassungen vom Bild und nach den beim bildlichen Verstehen beteiligten Mechanismen. Mit Fix (2002, 18 ff.) lassen sich hier drei wesentliche Arten von Anschaulichkeit unterscheiden, wobei ich diese anders benennen will.

I. **Bildliche Vorstellungen:** Sprachliche Ausdrücke führen aufgrund von denotativem und konnotativem „Reichtum" zu dem oben bereits erwähnten „Vor-Augen-Führen" von Gegenständen (*Müllkippe* vs. *Deponie*) und dem Nachempfinden von Sinneserfahrungen (*plätschern, blubbern, gurgeln* vs. *fließen*). Hier könnte man von mentalen Bildern sprechen.

II. **Ikonisierungen/Ikonizität:** Sprachliche Ausdrücke werden so verwendet, dass die an sich symbolischen Zeichen entweder durch ihre stoffliche Qualität oder ihre Anordnung/Struktur Ähnlichkeiten mit einem Objekt erlangen, das sie bezeichnen. Dadurch werden sprachliche Formen teilweise ikonisiert. Ikonizität funktioniert auf allen Sprachebenen vom Laut über Syntax und Rhetorik bis zu Textstrukturen. Hier ließe sich von einer rudimentären bzw. partiellen materiellen Bildlichkeit sprechen.

III. **Metaphorische Übertragungen:** Semantische Merkmale eines sprachlichen Ausdrucks ('vehicle'/Bildspender) werden auf einen anderen Ausdruck ('topic'/ Bildempfänger) übertragen (*Unsere Ehe ist eine Achterbahnfahrt*). So können zumeist abstrakte Bedeutungen konkretisiert, d. h. sinnlich erfahrbar gemacht werden. Hier handelt es sich wiederum um mentale Bilder, allerdings um stark schematisierte und schablonisierte, d. h. Anschauungen oder Sinneserfahrungen, die verallgemeinert und als Symbole gesetzt werden können.

Diese Typologie ist nicht trennscharf, da Anschaulichkeit ein graduelles Phänomen ist und die einzelnen Arten von Anschaulichkeit miteinander verwoben sind. So dürfte der erste, lexikalische Anschaulichkeitstyp, der auf Konnotationsreichtum beruht, auch bei Metaphorisierungen beteiligt sein.[5] Die kognitiven Operationen, die die notwendigen Voraussetzungen für die klassifizierten Anschaulichkeitstypen bilden, sind Assoziieren, Analogisieren und Generalisieren – sie dürften Grundlagen des Sprachverstehens schlechthin bilden.

Neben dieser eher semantisch basierten Einteilung von Typen sprachlicher Bildlichkeit lohnt auch ein Blick auf die Formen, mit denen die Anschaulichkeitsphänomene realisiert werden. Hier schlage ich folgende Unterscheidung vor:

I. **Lexikalisch:** einzelne Wörter, Wortmetaphern oder Wortbildungsprodukte
II. **Phraseologisch:** Phraseologismen, Idiome, Wendungen, Schematismen
III. **Textuell:** Textstrukturen, Muster thematischer Entfaltung, rhetorische Figuren.

Wenn es richtig ist, dass durch Sprache Bildlichkeit vermittelt werden kann, so liegt es nahe, dass sie zumindest gewisse Parallelen zum Funktionieren materieller

---

[5] Burger (1998, 92 f.) fasst die Fähigkeit sprachlichen Ausdrucks, bildliche Vorstellungen zu generieren, als bildhaft und die Fähigkeit, metaphorische Übertragungen zu erlauben, als bildlich. Für sprachliche Ausdrücke, die sowohl vorstellungseffektiv als auch metaphorisch sind, prägt er den Begriff bildkräftig.

Bildlichkeit aufweist. Die zentrale Gemeinsamkeit liegt m. E. darin, dass sowohl sprachliche als auch materielle Bilder in Konstruktion und Verstehen auf die in der Umwelterfahrung aufgebauten mentalen Modelle zugreifen. Das heißt, sprachliche und bildliche Zeichen sind gleichermaßen Verweissysteme auf kognitive Invarianten, mit denen unser Denken arbeitet. Wichtige Unterschiede zwischen Sprache und Bild bleiben jedoch trotz der Möglichkeit sprachlicher Bildlichkeit bestehen. So sind graphisch-materielle Bilder vergleichsweise detailtiefe, d. h. informations- und konnotationsreiche Objekte mit haptischen Qualitäten, während es sich bei sprachlichen Bildern um virtuelle, d. h. mentale Phänomene handelt, die eher detailflach, schematisiert und generalisiert sind. Genau diese Tendenz des sprachlichen Bildes zu generischen Aussagen und dahinter liegenden abstrakten Bedeutungen wird dem materiellen Bild meist abgesprochen, weil es immer spezifisch und konkret sein muss. Sprachliche Bilder bleiben der Linearität symbolischer Zeichen eng verhaftet – demgegenüber ist die Wahrnehmung des materiellen Bildes ein ganzheitlich-simultaner Prozess. Der oben reklamierte weite Bildbegriff trifft hingegen stärker für die sprachlichen Bilder zu, weil sie mit Leichtigkeit alle Sinnesmodalitäten kommunizieren können. Materielle Bilder hingegen eignen sich primär für optisch-visuelle Informationen, wenngleich Synästhesien möglich sind. Schließlich ist es wichtig zu unterstreichen, dass die Unterscheidung zwischen sprachlicher und materieller Bildlichkeit in vielerlei Hinsicht eine Vereinfachung ist. Aufgrund der Wandelbarkeit und Vielschichtigkeit von Zeichenphänomenen sowie der massenmedialen Kopplung von Sprache und Bild fallen die beiden Bildmodalitäten in der kognitiven Verarbeitung von Texten eher zusammen und verschränken sich zu einem komplexen Mechanismus. Vor allem aber lassen sich – ähnlich wie wir dies bei den sprachlichen Bildern gesehen haben – auch bei materiellen Bildern verschiedene Typen unterscheiden (vgl. Stöckl 2000), deren Zeichenstruktur und Leistungen für Anschaulichkeit unterschiedlich ausfallen (s. Tab.). So sind Metaphern oft wenig(er) anschaulich. Sie gleichen eher kontextregulierten Bedeutungsmanipulationen, d. h. Übertragungen von semantischen Merkmalen, als ikonischen Bildern. In ähnlicher Weise nehmen Ikonizität und Anschaulichkeit materieller Bilder in Richtung Landkarte oder Diagramm ab, denn hier stehen eher symbolische Zeichenoperationen im Vordergrund.

Tabelle: **Sprachliche und materielle Bilder – heterogene Zeichenphänomene**

SPRACHLICHE BILDER	MATERIELLE BILDER
– Bildliche Vorstellungen – Ikonisierungen – Metaphorische Übertragungen – …	– Abbilder (Foto, Zeichnung, Skizze) – Piktogramme – Landkarten – Diagramme, logische Bilder, Infographiken – …

3. DAS VERSTEHEN SPRACHLICHER BILDER

Soll das anschauliche Verstehen von Sprache modelliert werden, so bedeutet dies, über die Struktur mentaler Bilder nachzudenken. Dabei geht es nicht um die naive Vorstellung von „Bildern im Kopf".[6] Vielmehr meint man mit mentalen Bildern allgemeine kognitive Mechanismen bzw. konzeptuell-semantische Basisgrößen, auf die sprachliche Formulierungen bezogen werden können, wenn sie bildlich oder anschaulich verstanden werden sollen. Drei solcher hypothetischen Konstrukte will ich im Folgenden kurz vorstellen und zeigen, dass mit ihrer Hilfe die Verstehensprozesse bei den drei oben erläuterten Arten sprachlicher Bildlichkeit näher erklärt werden können.

I. **Bildliche Vorstellungen – Sensomotorische Evozierung:** Sprachliche Zeichen wie Laut- und Graphemkombinationen sind aufgrund ihrer arbiträren Symbolik selbst kaum sinnlich oder anschaulich. Manche Theoretiker wie Ruthrof (2000) behaupten, dass es gerade diese Entleerung der Zeichenkörper (über Piktogramm zum Alphabet) ist, die dazu führt, dass wir Zeicheninhalte mit sensorischen Erfahrungen aufladen müssen, um sie zu verstehen.[7] Bildliche Vorstellungen bzw. das „Vor-Augen-Führen" würden also im Sprachverstehen dann auftreten, wenn die an die Zeichen gekoppelten Sinneswahrnehmungen – vom Tasten über das Schmecken und Hören bis zum Sehen – reaktiviert und nachvollzogen werden. Dazu sind Menschen kognitiv ausgerüstet und im Umgang mit der Sprache trainiert. Bildliche Phraseologismen belegen den Bedarf der Sprachbenutzer, das arbiträre Zeichenprinzip aufzubrechen und Wörter zu Bildern zu komponieren, die in sensomotorischer Erfahrung wurzeln und für eine andere Bedeutung stehen können (taktil: *etwas in die Hand nehmen*, visuell: *ein Brett vor dem Kopf haben*, olfaktorisch: *den Braten riechen*, gustativ: *die bittere Pille schlucken*, auditiv: *wer nicht hören will, muss fühlen*, motorisch: *festen Boden unter den Füßen haben*).[8]

II. **Metaphorische Übertragungen – Bildschemata:** Das Verstehen sprachlicher Metaphern wird heute entweder durch das Vorhandensein von Bildschemata oder

---

[6] Kognitionspsychologen sind sich über die Bedeutsamkeit mentaler Bilder für das Denken und v. a. über deren Repräsentationsformate uneinig. Propositionalisten akzeptieren sie bestenfalls als Epiphänomene (d. h. als subjektive Eindrücke), Befürworter der 'visual imagery' sehen mentale Bilder als wichtige Instrumente im anschaulich-bildlichen Denken. Für das Für und Wider mentaler Bilder siehe Kirby/Kosslyn (1992).

[7] Nach Ruthrof (2000, 34) geht Sprachverstehen nicht auf die Manipulation propositionaler Strukturen zurück, sondern auf evozierte Wahrnehmungen. Er meint: "... nonverbal signs are the deep structure of language". Nothdurft (1998, 136 ff.) zeigt, dass Karl Bühler in ähnlicher Weise von einer Parallele zwischen visuellem Wahrnehmen und sprachlichem Verstehen ausgegangen war. Jackendoff (1987, 201) sagt hierzu: "... knowing the meaning of a word that denotes a physical object involves in part knowing what such an object looks like".

[8] Makkai (1993, 309) bezeichnet diese Prozesse als 'imagopoetic', also bildschaffend.

durch die kontextgeleitete Übertragung von semantischen Merkmalen erklärt. Die kognitive Metapherntheorie (Johnson 1987, Lakoff/Johnson 1980, McGlone 2001) nimmt an, dass wir über elementare, räumlich-ganzheitliche Bildschemata verfügen, die wir in unserer sinnlichen Erfahrung mit Körper und Umwelt erwerben. Auf diese Art kognitive „Karten" (wie z. B. das bekannte Wegschema) greifen sprachliche Formulierungen dann zurück. So z. B. ließe sich die Aussage *Unsere Ehe ist eine Achterbahnfahrt* auf die schematische Vorstellung der Auf- und Abwärtsbewegung eines Körpers entlang einer Linie beziehen. Dieses einfache Bildschema kann dann in den Wissensbereich 'menschliche Beziehungen' projiziert werden und liefert die Basis für die konzeptuelle Metapher 'Liebe ist eine Reise'. Man geht also davon aus, dass Metaphern kognitiv-konzeptuell vorgeprägt sind und im Sprachgebrauch mehr oder weniger systematisch metaphorische Formulierungen generieren können.

Anders das so genannte Modell der 'interactive property attribution' (Glucksberg 2001): Hier ist die Metapher eher ein Phänomen der Manipulation semantischer Merkmale im Sprachgebrauch. Die Achterbahnfahrt stünde dann als prototypisches Bild für eine aufregende, angsteinflößende Situation des Auf und Ab. Die metaphorische Aussage ordnet die Ehe dieser semantischen Kategorie zu – und folglich werden deren semantische Merkmale (Angst, Aufregung, Auf und Ab) auf die Bedeutung von 'Ehe' übertragen. In dieser eher linguistischen Sicht hängt die Konstruierbarkeit einer Metapher von den attribuierbaren Merkmalen eines Bildspenders ('vehicle') und dem Attribuierungsrahmen eines Bildempfängers ('topic') ab – und diese wieder von Kontext und Situation.

Beide Erklärungen des Verstehens von Metaphern sind plausibel und können verbunden werden. Während der linguistisch-prototypensemantische Ansatz die Aktivität des Sprachbenutzers und die Rolle der Gebrauchsbedingungen unterstreicht, hebt der kognitive Ansatz die Vernetztheit von Metaphern aufgrund ihrer gemeinsamen sensorisch-bildlichen Grundlagen hervor.

III. Ikonisierungen/Ikonizität – Wissen und Deutungspotenziale: Im Umweltsehen und in der Alltagserfahrung erwerben wir vielfältiges Wissen über das Aussehen von Objekten, über deren Funktionsweise und Gebrauchspotenzial. Diese Wissensbestände sind Lexika kognitiver Invarianten – entweder in Form von semantischen Kategorien und Merkmalen (Begriffslexikon) oder in Form von analogen Vorstellungen oder motorischer Muster (Bildlexikon). Sie helfen uns, bestimmten Objekten oder Sachverhalten Deutungspotenziale zuzuordnen ('image affordances'). In sprachlichen Formulierungen „Bilder zu sehen", bedeutet auch, solches Wissen zu aktivieren. Einerseits haben wir es hier mit universell verfügbaren Wissensrahmen und Skripts zu tun, andererseits mit kulturspezifischen Wissensbeständen, wie z. B. die Kenntnis tradierter Bildsymbole.

Diese Konzeption mentaler Bildlichkeit besteht aus überlappenden und im Textverstehen interagierenden Komponenten. Sie kann auch für ein Verstehen materieller

Bilder nutzbar gemacht werden, denn auch Abbildungen greifen auf die erläuterten kognitiven Mechanismen zurück. In diesem Sinne sind Sprache und Bild f u n k t i o n s i s o m o r p h. Ein materielles Bild zu deuten bedarf neben vielfältigem Wissen (III.) und dem Nachempfinden der sinnlichen Grundlagen (I.) oft auch der metaphorischen Merkmalsübertragung bzw. der Nutzbarmachung von Bildschemata (II.). Dass wir Sprache und Bild mental in ähnlicher Weise bewältigen, liegt nahe, weil die beiden Zeichensysteme in unserem Alltag untrennbar verbunden sind. Daher scheint es zwingend, Textverstehen immer als integrative und interdependente Kopplung aus verbalen und visuellen Verstehensprozessen zu betrachten.

4. DER TEXT ALS SPRACHE-BILD-SPIEL

Nutzt ein Text zwei Zeichensysteme, so ist der Rezipient im Verstehen darauf angewiesen, die semiotischen Ressourcen reziprok miteinander zu verbinden. Bilder werden zum Gebrauchskontext von Sprache und umgekehrt. An der Schnittstelle der beiden Codes entsteht dabei ein semantischer „Spielraum", der vielfältige Möglichkeiten der Bedeutungskonstruktion eröffnet. Im Ergebnis kommt es zu Mehrdeutigkeiten, Bedeutungsverschiebungen und offenen Referenzbezügen. Insbesondere die Kopplung materieller mit sprachlichen Bildern führt zu bedeutungsdichten und in starkem Maße interpretationsbedürftigen Texten, deren Reiz darin zu liegen scheint, dass die beiden Bildlichkeitstypen ineinander verschwimmen. Das semantische Spiel mit den zwei Zeichenmodalitäten hat die Fokussierung des Lesers auf die Form und die Machart der Texte zur Folge – es wirkt metakommunikativ und sprach- bzw. bildreflexiv. Mit Fix (2001) kann man daher von ä s t h e t i s i e r e n d e n E f f e k t e n der Sprache-Bild-Kopplung sprechen (der Text macht seine Gestaltung sinnfällig) und in Anlehnung an Schifko (1987), der den Begriff des Kommunikationsspiels prägt, ließen sich solche Texte als i n t e r s e m i o t i s c h e B e d e u t u n g s s p i e l e fassen. Bildlichkeits- und Anschaulichkeitseffekte entstehen in diesen Texten dadurch, dass die materiellen Bilder den an sich unauffälligen sprachlichen Formulierungen zu einer auffälligen Verwendung verhelfen (vgl. die Sicht auf Wortbildungsspiele in Poethe 2002, 24). Dadurch werden die sprachlichen Bilder aktiviert und in Bezug zu den materiellen gesetzt. Nach Schifko (1987, 70f.) können solche Kommunikationsspiele in Abhängigkeit von der Textsorte verschiedenste Funktionen haben. Unter anderem dienen sie dem Amüsement, der Persuasion oder der Sprachkritik etc. Oft realisieren sie das Textmuster des „Witzig-Machens" und dienen der stilistischen Selbstdarstellung des Textproduzenten (Sandig 1986).

An einem Beispiel (s. Abb. 1) will ich aufzeigen, wie komplex die Deutung solcher Sprache-Bild-Spiele ist. Dabei rekonstruiere ich wohl eher die gedanklichen Prozesse und die konzeptuellen Muster der Textmacher als eine verbindliche Lesart des Textprodukts. In erster Linie liegt mir daran, zu zeigen, dass sich das Verstehen sprachlicher und materieller Bilder auf die gleichen kognitiven Mechanismen stützen kann und beide Zeichenmodalitäten eng verwoben sind.

Abb. 1: „Wäre Mitteldeutschland eine Dartscheibe ...": City Card culturtraeger 2003

Auffällig an diesem Werbetext für die Region Mitteldeutschland sind zunächst zwei Aspekte seiner Organisation. Zum einen formuliert die Überschrift explizit ein metaphorisches Gedankenexperiment, das die Lesart aller Textteile bestimmt. Die Eigenschaften einer (bestimmten) Dartscheibe (Bildspender) sollen hypothetisch auf Mitteldeutschland (Bildempfänger) übertragen werden. Zudem enthält die Überschrift einen pronominalen Verweis (*so*) auf die Abbildung, wodurch sprachliche und bildliche Textteile eng und ausdrücklich miteinander verbunden werden. Zum anderen – auch dies trägt zur Kohäsivität von Sprache und Bild bei – wird hier ein bekanntes t e x t u e l l e s M u s t e r d e s S p r a c h e - B i l d - G e b r a u c h s [9], die Bildlegende, adaptiert. Gepunktete Linien verbinden jeweils Teile der bildlichen Darstellung mit sprachlichen Benennungen. Dies leitet den Leser dazu an, einzelne Bildteile aufzusuchen und mit den sprachlichen Etiketten abzugleichen. Nun zu den konkreten Sprache-Bild-Bezügen.

I. **Metaphorische Übertragungen:** Das materielle Bild liefert zunächst visuelle Merkmale einer Dartscheibe, dies sind ihre Deutungspotenziale: rund, verfügt über Ringe als bewertete Zielbereiche und einen Mittelpunkt als lukrativstes Ziel. Konzeptuelle Gemeinsamkeiten zwischen Mitteldeutschland und der Dartscheibe, die eine Attribuierung von Merkmalen erlaubt, sind Flächigkeit und die Möglichkeit, sich auf diese Fläche hin zu bewegen. Die einzelnen Merkmalsübertragungen werden durch die sprachlichen Ausdrücke in den vier Kästchen reguliert. Auf die Dartscheibe ist allerdings noch ein weiteres Bildelement montiert, ein Trichter, dessen enges Ende im „Schwarzen" (hier Rot) steckt. Diese Konstellation erlaubt unter Rückgriff auf Alltagswissen über das Dartspiel die Konstruktion einer einfachen Handlung: Pfeile bewegen sich auf die Scheibe zu und passieren auf ihrem Weg den Trichter, wodurch sie ins Ziel gelenkt werden. Hier läge ein einfaches Wegschema vor, das durch den Trichter als Instrument der Bewegungskontrolle spezifiziert wird. Dieses Bildschema lässt sich nun auf Mitteldeutschland projizieren und führt dann zu einer Deutung, nach der Mitteldeutschland eine Region ist, bei dem wer und was auch immer zum Ziel, d. h. zum Erfolg führt. Diese metaphorische Projektion, die im Wesentlichen bildlich bewältigt wird, liegt der Textinterpretation in zentraler Weise zugrunde.

Nun zu einzelnen sprachlichen Ausdrücken: Die Metapher *Drehscheibe Ost-West* wird durch das Bild partiell literalisiert und bezieht sich direkt auf die Fläche der Scheibe, d. h. also auf die Region. Auf der Fläche interagieren Menschen aus Ost und West. Der Trichter ist mit *renommierte Universitäten und Hochschulen* beschriftet. Dies lässt die bildschematische Deutung zu, dass die Bildungseinrichtungen Mitteldeutschlands ein Instrument, ein Garant für Zielführung und Erfolg sind. Andererseits sehe ich bei Umkehrung der Bewegungsrichtung im Bildschema (aus dem Trichter heraus) auch die Lesart des S p r a c h r o h r s Mitteldeutschlands – dies wäre ein metaphorischer Ausdruck, den die Sprache-Bild-Kopplung hier evozieren kann und der mit der Merkmalszuweisung *renommiert* harmonieren würde. Die Ringe in *Fünf Ringe als gemeinsames Ziel* können neben der Dartscheibe – bei vorhandenem soziokulturellem Wissen (Leipzig hat sich für die Olympischen Spiele 2012 bewor-

---

[9] Eine umfangreiche Typologie solcher Muster ist in Stöckl (2004, 253 ff.) vorgestellt.

ben) – auch auf das Bildsymbol olympische Ringe referieren. Beide Referenzen hängen eng zusammen, da Dart als Sport verstanden werden kann, bei dem Ringe eine Rolle spielen.

II. **Bildliche Vorstellungen:** Abgesehen davon, dass die Abbildung in toto sinnliche Erfahrungen des Dartspielens evozieren könnte, scheint vor allem die Verbindung von *typische Anpack-Mentalität* mit dem Henkel des Trichters auf eine Aktivierung sensomotorischer Vorstellungen zu zielen. Damit ergibt sich der Gedanke, dass sich der Trichter greifen ließe, um die Zielgenauigkeit sich bewegender Objekte zu optimieren. Damit sind in diesem Vorstellungsbild sicherlich auch Gefahren und Risiken assoziierbar. Das Kompositum *Anpack-Mentalität* wird wiederum durch den Bildbezug literalisiert.

III. **Ikonisierungen:** Ähnlichkeiten zwischen der sprachlichen Form und deren Inhalt werden in dem logoartigen Schriftzug *mitte l deutschland* erkennbar. Der gewählte Schriftsatz verfügt über einen Buchstaben l, der einem Strich ähnelt. Damit und durch den größeren Zeichenabstand kann das l das Kompositum quasi in der Mitte typographisch teilen. Im Ergebnis wird nicht nur die Idee der Mitte visualisiert, auch die Wortbildungszusammenhänge (mitte – mittel) werden verdeutlicht. Hinzu kommt, dass die Städtenamen *Leipzig*, *Halle* und *Dessau* so untereinander gesetzt sind, dass sie aufgrund unterschiedlicher Wortlängen die graphische Umrissform eines E ergeben. Dies verweist in Kombination mit dem l auf die szenesprachliche Bezeichnung LE (analog und assoziativ zu LA) für Leipzig.

Die Beispieldiskussion sollte zeigen, dass Bild- und (bildliches) Sprachverstehen eng verwoben sind und die Sprache-Bild-Spiele eine e x p l o r a t i v e S e m i o s e in Gang setzen, in deren Ergebnis relativ offene Textinterpretationen stehen. Sensorische Evozierungen, das Assoziieren von Wissensbeständen sowie die generalisierende Analogisierung von Objekten und deren semantischen Merkmalen sind die Grundoperationen anschaulichen Textverstehens.

5. ANSCHAUUNGSORIENTIERTE FORMULIERUNGSMUSTER

Der Werbetext in Abbildung 1 stellt ein vergleichsweise einfaches Sprache-Bild-Spiel dar, weil der verbale Textteil lediglich über schwach metaphorische Komposita[10] (*Drehscheibe*, *Anpack-Mentalität*) verfügt und durch seine elliptisch-verblosen Sätze einer kohäsiven Textstruktur entbehrt. Das materielle Bild und die Überschrift

---

[10] Poethe (2002, 34) hebt die Rolle der Wortbildungsart Komposition für Wortspiele hervor. Als Gründe nennt sie „die Selbständigkeit der unmittelbaren Konstituenten und die relativ geringen Distributionsbeschränkungen". Diese Eigenschaften machen Komposita auch in Sprache-Bild-Spielen zu zentralen Elementen (neben Phraseologismen).

organisieren im Wesentlichen die metaphorischen Verstehensprozesse. Weitaus interessanter für die Illustration der kognitiven Raffinesse von Anschauungsorientierung sind Sprache-Bild-Texte, die vernetzte Häufungen sprachlicher Bildlichkeit aufweisen. Hier spielen u. a. metaphorische Phraseologismen eine zentrale Rolle, weil sie tradierte mentale Bilder verfügbar machen, die auf Abbildungen semantisch bezogen werden können. Gezielte Vernetzungen oder Cluster bildkräftiger sprachlicher Ausdrücke will ich als anschauungsorientierte Formulierungsmuster bezeichnen. Diese Textnetze etablieren Isotopieketten, die die anschaulich-sensorischen Grundlagen der enthaltenen Formulierungen fokussieren und somit wesentlich zur Textkonstitution beitragen. Sprachliche Bildlichkeit kann hier in den Vordergrund der Leser-Aufmerksamkeit gelangen, weil die Häufungen ähnlicher und semantisch interdependenter sprachlicher Bilder einen wahrnehmungsintensivierenden Effekt haben. Außerdem werden die sprachlich generierten Bilder dadurch hervorgehoben, dass sie auf ein passendes materielles Bild bezogen, d. h. projiziert werden können, das als semantische Klammer des Formulierungsmusters dient. In Stöckl (2004, 301 ff.) schlage ich eine Methodik für diese bisher wenig untersuchten Sprache-Bild-Texte vor, die vier Kriterien umfasst: Art der sprachlichen Bilder (Phraseologismen), semantische Brücke zwischen sprachlichen und materiellen Bildern, Struktur der Vernetzung, Designeigenschaften der materiellen Bilder. An einem Textbeispiel (s. Abb. 2) will ich die Erkenntnismöglichkeiten in den einzelnen Analyse-Dimensionen kurz aufzeigen.

Abb. 2: „Die Welt ist laut genug":
Mercedes Benz CDI (ADAC MOTORWELT 6/98: 22 f.)

Liebe Hörerinnen und Hörer! (1) Die Welt ist laut (2) genug. Was hat man heutzutage nicht alles um die Ohren! (3) Da hört man es doch gern (4), dass es jetzt einen Diesel gibt, der unglaublich leise (5) ist: den CDI *(steht für Common Rail Direct Injection). Möglich wurde dies durch einen kleinen Trick: die Piloteinspritzung, bei der nur eine winzige Menge Kraftstoff vor der Haupteinspritzung zugeführt wird, die so den Brennraum vorwärmt. Der Effekt: Das vertraute Dieselnageln (6) verschwindet, so dass man den CDI mit bloßen Ohren (7) kaum noch als Diesel wiedererkennt. Am besten wäre, Sie fahren ihn selbst einmal Probe – ganz in Ruhe (8). Ihre Ohren werden Augen machen. (9) Weitere Informationen unter ... Der CDI. Ein Diesel wie kein Diesel (10)...*

I. **Phraseologismus-Typ:** Generell besteht die Möglichkeit, bildlich-sensorische Phraseologismen entweder explizit oder latent auf eine Abbildung zu beziehen. In Abbildung 2 wird der Phraseologismus *viel um die Ohren haben* (3) explizit mit dem materiellen Bild verbunden, indem es die Phrase literalisiert. Latente Bezüge kämen dann zustande, wenn entweder ein bildlicher Phraseologismus ohne entsprechende Abbildung bliebe oder eine Abbildung einen im Text nicht präsenten Phraseologismus evoziert, der zum Verstehen des Bildes notwendig ist. In anschauungsorientierten Formulierungsmustern können außerdem mehrere bzw. alle sprachlichen Ausdrücke auf das Bild bezogen sein (vernetzter Bezug) oder nur ein besonders prägnanter (punktueller Bezug) – wie in unserem Beispiel.

Die zustande kommenden Bezüge zwischen sprachlichen und materiellen Bildern hängen zudem auch von der Art des gewählten Phraseologismus ab. Hier ist neben der Unterscheidung referentiell/kommunikativ vor allem der Idiomatizitätsgrad ausschlaggebend. Stark idiomatische, opake Phraseologismen blockieren häufig ein Bild und können unter Umständen nicht direkt visualisiert werden. Schwach idiomatische Phraseologismen hingegen sind weniger attraktiv für Sprache-Bild-Bezüge, weil sie in der Regel nicht über zwei Lesarten (phraseologisch/literal) verfügen und daher kein Bedeutungsspiel ermöglichen. Optimal geeignet sind jedoch metaphorische Idiome, weil sie semantische „Mehrebnigkeit" (Ewald 1998, 323) besitzen und die zugrunde liegenden metonymischen Prozesse transparent genug sind, um im Sprache-Bild-Bezug nutzbar gemacht zu werden (*viel um die Ohren haben*). In unserem Beispiel ist auffällig, dass Phraseologismen okkasionell modifiziert werden (*mit bloßen Ohren, Ohren werden Augen machen*), um eine semantische Beziehung zur Abbildung herzustellen.

II. **Semantische Brücke Sprache–Bild:** Hier ist bereits das Wörtlich-Nehmen, d. h. die Literalisierung eines Phraseologismus (*viel um die Ohren haben*), im materiellen Bild erwähnt worden. Näher betrachtet erweisen sich Fokussierungen der wörtlichen Bedeutung durch eine Abbildung eher als Kippfiguren, denn oft ist auch die phraseologische Bedeutung im materiellen Bild präsent. Die Darstellung der Großstadtszene z. B. bedient letztlich auch die Lesart 'viel zu tun haben'. Neben der wahlweisen oder simultanen Aktivierung von literalen und phraseologischen Lesarten können zwischen Phraseologismus und Bild auch metakommunikative Bezüge etabliert werden. Davon kann dann die Rede sein, wenn Phraseologismen nicht auf Textinhalte, sondern auf formale, mediale und gestalterische Eigenschaften einer Abbildung verweisen. Zum Beispiel kann die Phrase *wie sie es auch drehen und wenden* auf ein drehbares Medium bzw. eine spiegelbildliche Dopplung eines Bildes anspielen. Sonderfälle sind auch die bereits erwähnten latenten Bezüge, bei denen ein im Text nicht präsenter Phraseologismus durch ein Bild gedanklich evoziert wird. Eine kleine Chilischote inmitten vieler großer Rettiche evoziert z. B. im Zusammenhang mit der Aussage *Rempen & Partner jetzt auch in München* die auf die Werbeagentur bezogene Phrase *klein, aber fein (oho)*.

III. **Vernetzungsstrukturen:** Die Vernetzung verschiedener bildkräftiger Formulierungen zielt darauf ab, semantische Bezüge herzustellen, die ein mentales Bild aufbauen und differenzieren, das auf die Abbildung rekurriert. Dabei sind vor allem in Abhängigkeit von der Textsorte verschiedene Strukturbildungen möglich. In unserem Beispiel wird zum einen deutlich, dass sich die einzelnen anschauungsorientierten Formulierungen (im Text nummeriert) aufgrund ihrer paradigmatischen Sinnrelationen zu einer klaren konzeptuellen Struktur fügen, die aus den Konzepten 'Lärm', 'Ruhe', 'Wahrnehmungsfähigkeit' und 'Sinnesorganen' besteht (s. Abb. 3).

WAHRNEHMUNG 1: LÄRM/laut	WAHRNEHMUNG 2: RUHE/leise
laut	unglaublich leise
Was hat man heutzutage nicht alles um die Ohren	ganz in Ruhe
das vertraute Dieselnageln	
WAHRNEHMUNGSFÄHIGKEIT: HÖREN	
Liebe Hörerinnen und Hörer!	
man hört es gerne	
WAHRNEHMUNGSINSTRUMENTE: SINNESORGANE	
mit bloßen Ohren	
Ohren werden Augen machen (synästhetisch)	

Abb. 3: Konzeptuelle Bezüge im anschauungsorientierten Formulierungsmuster

Zum anderen besetzen die auf die Abbildung beziehbaren sprachlichen Ausdrücke im Netz wichtige Positionen in der werbetexttypischen Handlungsstruktur. So dienen (2), (3) und (6) der Darstellung des vom Produkt zu lösenden Problems, (4), (5), (7) und (8) beschreiben und bewerten die Produktqualität, während (9) das Werbeversprechen abgibt und (1) den Leser adressiert. In diesem Sinne sind die Sprache-Bild-Spiele im Formulierungsmuster textkonstitutiv und textsortendifferenzierend.

Sonderfälle der Vernetzung liegen vor, wenn die Bezüge strikt nach einem metaphorischen Modell organisiert werden oder wenn sie eher formaler (kohäsiv wirksamer) und weniger inhaltlicher (also bedeutungsspielerischer) Natur sind.

IV. **Designeigenschaften der Abbildungen:** In einer Analyse von Sprache-Bild-Spielen kann man auch fragen, welche inhaltlich-gestalterischen Eigenschaften die materiellen Bilder haben müssen, um effektiv mit den sprachlichen Ausdrücken zu interagieren. Hier ist es mit Blick auf Werbebilder von Vorteil, wenn die abgebildeten Objekte möglichst klar zu identifizieren sind. Dazu verhelfen zum einen neutrale Hintergründe, auf die die bildlichen Zeichen oft kontextfrei montiert werden (s. Abb. 1), zum anderen die Reduktion der Bilder auf eine geringe Anzahl von Objekten (s. Abb. 2). Durch Aspekte der Bildgestaltung lassen sich die visuellen Aussagen fokussieren: So betonen die starke Untersicht, die verzerrte Perspektive (verursacht durch die langen Fluchtlinien und den übergroßen Neigungswinkel der Hochhäuser) sowie die „speed lines" in Abbildung 2 die Intensität des Lärms und das Ausmaß der Hektik. Die Signalfarbe Rot wirkt dazu unterstützend. Zudem verfügt der Schriftzug der Überschrift über eine Ikonisierung: Die Buchstaben wirken wie vom Schall in Wellenform versetzt. Materielle Bilder, die sprachliche bzw. mentale Bilder bewusst machen sollen, haben also das, was man eine f u n k t i o n a l e P e r s p e k t i v e nennen könnte. Sie stehen im Dienste der Sprache.

6. FAZIT

Anschaulichkeit kann mit jeweils unterschiedlichen Akzentuierungen sowohl durch das sprachliche als auch das bildliche Zeichensystem bewirkt werden, denn beide vermögen in der Wahrnehmung kommunikativer Artefakte mentale Bilder zu generieren. Bei der breiten Variabilität sprachlicher und materieller Bildlichkeitsphänomene und ihrer inhärenten Deutungsoffenheit ist es zwangsläufig, dass auch und vor allem Kombinationen von Abbildungen und Formen sprachlicher Bilder eine immense Bandbreite semantischer Bezüge aufweisen. Die Verbindbarkeit von Sprachbild und materiellem Bild ist immer dann gegeben, wenn sich ihre pragmatischen Deutungspotenziale – die 'image affordances' – im Rahmen des Textes kompatibel machen lassen. Dabei gilt aufgrund der Verquickung der semiotischen Ressourcen Sprache und Bild in Zeichenevolution und Kommunikationspraxis die Bildlichkeit der Sprache in gleichem Maße wie die Sprachlichkeit des Bildes.

LITERATUR

Burger, Harald (1998): Phraseologie. Eine Einführung am Beispiel des Deutschen. Berlin (Grundlagen der Germanistik 36).

Ewald, Petra (1998): Zu den persuasiven Potenzen der Verwendung komplexer Lexeme in Texten der Produktwerbung. In: Hoffmann, Michael/Kessler, Christine (Hg.): Beiträge zur Persuasionsforschung. Unter besonderer Berücksichtigung textlinguistischer und stilistischer Aspekte. Frankfurt a. M., S. 323–350.

Fix, Ulla (2001): Die Ästhetisierung des Alltags – am Beispiel seiner Texte. In: Zeitschrift für Germanistik, Neue Folge XI–1/2001, S. 36–53.

Fix, Ulla (2002): An-schauliche Wörter? Wörter im Dienste der ‚Bildhaftigkeit', ‚Bildlichkeit', ‚Bildkräftigkeit', ‚Sinnlichkeit', ‚Lebendigkeit', ‚Gegenständlichkeit' von Texten. In: Barz, Irmhild/Fix, Ulla/Lerchner, Gotthard (Hg.): Das Wort in Text und Wörterbuch. Stuttgart/Leipzig, S. 9–22.

Glucksberg, Sam (2001): Understanding figurative language. From metaphors to idioms. Oxford (Oxford psychology series Number 36).

Hegedüs-Lambert, Claudia (1995): Leitbegriffe und Leitbilder in der Werbung. In: Baur, Rupprecht S./Chlosta, Christoph (Hg.): Von der Einwortmetapher zur Satzmetapher. Akten des Westfälischen Arbeitskreises Phraseologie/Parömiologie. Bochum, S. 219–227.

Jackendoff, Ray (1987): Consciousness and the computational mind. Cambridge.

Johnson, Mark (1987): The body in the mind: the bodily basis of meaning, imagination, and reason. Chicago.

Kirby, Kris N./Kosslyn, Stephen M. (1992): Thinking visually In: Humphreys, Glyn W. (ed.): Understanding vision. Cambridge, Mass./Oxford UK, S. 71–86.

Lakoff, George/Johnson, Mark (1980): Metaphors we live by. Chicago.

Makkai, Adam (1993): Idiomaticity as a reaction to l'arbitraire du signe in the universal process of semeio-genesis. In: Cacciari, Cristina/Tabossi, Patrizia (eds.): Idioms: processing, structure, and interpretation, Hillsdale, S. 297–324.

McGlone, Matthew S. (2001): Concepts as metaphors. In: Glucksberg, Sam: Understanding figurative language. From metaphors to idioms. Oxford, 90–107.

Newton, Natika (1996): Foundations of understanding. Amsterdam.

Nothdurft, Werner (1998): Eine kurze Geschichte der langen Suche nach dem Verstehen. In: Borsche, Tilman (Hg.): Blick und Bild im Spannungsfeld von Sehen, Metaphern und Verstehen. München, S. 131–147 (Schriften der Académie du Midi Bd. 3).

Poethe, Hannelore (2002): Wortbildungsspiele. In: Barz, Irmhild/Fix, Ulla/Lerchner, Gotthard (Hg.): Das Wort in Text und Wörterbuch. Stuttgart/Leipzig, S. 23–40.

Ruthrof, Horst (2000): The body in language. London/New York.

Sandig, Barbara (1986): Stilistik der deutschen Sprache. Berlin/New York.

Schemann, Hans (2000): Idiomatik und Anthropologie. „Bild" und „Bedeutung" in linguistischer, sprachgenetischer und philosophischer Perspektive. Hildesheim (Germanistische Linguistik Monographien 4).

Schifko, Peter (1987): Sprachspiel und Didaktik der Linguistik. In: Zeitschrift für Romanische Philologie, Bd. 103, H. 1/2, S. 68–87.

Stöckl, Hartmut (2000): Bilder – stereotype Muster oder kreatives Chaos? Konstitutive Elemente von Bildtypen in der visuellen Kommunikation. In: Fix, Ulla/Wellmann, Hans (Hg.): Bild im Text – Text und Bild. Heidelberg, S. 325–341 (SLG – Sprache, Literatur und Geschichte 20).

Stöckl, Hartmut (2004): Die Sprache im Bild – Das Bild in der Sprache. Zur Verknüpfung von Sprache und Bild im massenmedialen Text: Konzepte, Theorien, Analysemethoden. Berlin (Linguistik – Impulse und Tendenzen 3).

MARIA THURMAIR

Wörter im Text

Textsortenspezifische Referenzketten

1. REFERENZKETTEN

Wörter treten in Texten auf und verschiedenartige Beziehungen zwischen Wörtern dienen der Textkohärenz und der Kohäsion. Ein wesentliches Mittel dabei ist die Rekurrenz von sprachlichen Ausdrücken. Rekurrenz kann mit Linke/Nussbaumer (2000, 306 f.) nicht nur als Wiederholung verstanden werden, sondern auch als Wiederaufnahme, Rückverweisen oder Ersetzen bei rekurrenten sprachlichen Einheiten mit gleicher (außersprachlicher oder kontextueller) Referenz; Brinker (⁴1997, 27) spricht hier von (expliziter und impliziter) Wiederaufnahme. Diese kann mit verschiedenen nominalen und pronominalen Mitteln erreicht werden, im einfachsten Fall, der Wiederaufnahme einer nominalen Gruppe, kann dies geschehen erstens durch die (identische) wörtliche Wiederholung, wie z. B.: *die Frau – die Frau* (bzw. bei Erst-Erwähnung mit veränderter Phorik, also *eine Frau – die Frau*); dann kann zweitens durch eine Variation der nominalen Gruppe bei Referenzidentität Rekurrenz hergestellt werden, wie z. B. *die Frau – die dreißigjährige Angestellte*, und dann kann drittens natürlich Wiederaufnahme durch ein Pronomen erfolgen, wie z. B. *die Frau – sie*. Genau diese drei Formen werden auch bei Brinker (2000, 166) als Möglichkeiten der expliziten Wiederaufnahme angeführt. Diese strukturellen Möglichkeiten sind in der Literatur immer wieder diskutiert worden (vgl. etwa schon Harweg 1968, Steinitz 1968/1974, Brinker ⁴1997, 27 ff., Kallmeyer et al. ⁴1986, 177 ff., Zifonun/Hoffmann/Strecker 1997, 535 ff.), insbesondere die Wiederaufnahme durch eine variierende nominale Gruppe, für die es ein ganzes Bündel von Möglichkeiten gibt (Wiederaufnahme durch Synonyme, durch Hyperonyme u. ä., daneben auch die „Paraphrase" bzw. das „Labelling" nach Linke/Nussbaumer 2000, 309)
 genauso wie die relativ komplexe Form der „impliziten Wiederaufnahme" (Brinker ⁴1997, 35 ff.) bzw. der indirekten Anaphern (ausführlich dazu Schwarz 2000).
 In der Literatur wird aber nun meistens nur über die Abfolge zweier Ausdrücke gesprochen, weniger Beachtung findet die Struktur längerer Referenzketten, also die wiederholte Wiederaufnahme und die Bedingungen, denen das mehr als zweimalige Auftreten eines Referenten und des Bezugs auf ihn gehorcht. (Die oben genannten Möglichkeiten beschreiben ja nicht wirklich textuelle Bedingungen, sondern lediglich die Abfolge zweier Elemente mit gleicher Referenz.)

Im Folgenden möchte ich längere Referenzketten untersuchen, dabei werde ich mich vor allem auf die verschiedenen Formen der nominalen Rekurrenz bzw. Wiederaufnahme konzentrieren und ich möchte zeigen, dass die Struktur längerer Referenzketten im Hinblick auf die genannten verschiedenen Formen textsortenspezifisch ist. Da die von mir untersuchten Referenzketten länger sind, handelt es sich bei den Referenten zwangsläufig meist um das oder mindestens ein Textthema. Allerdings möchte ich hier keine Analyse der Text- oder Thematisierungsstruktur vornehmen, sondern mich auf den textgrammatischen Aspekt der Gestaltung von längeren Referenzketten konzentrieren.

Die wenigen Aussagen zur Struktur längerer Referenzketten gehen von einer so genannten unmarkierten neutralen Referenzkette aus, einer „normalen thematischen Referenz" (Weinrich 1993, 440), die etwa folgendermaßen aussieht: kataphorische Vollform – anaphorische Vollform – Pronomen – Pronomen – Pronomen ...; also z.B.: *eine Frau – die Frau – sie – sie – sie* ... Dabei unterliegt der Textanfang spezifischen Bedingungen – hier in der „neutralen" Referenzkette erkennbar an der kataphorischen Vollform (vgl. dazu genauer Weinrich 1993, 410 ff.). In längeren Referenzketten ist ganz generell die Verwendung von Pronomen anstelle von nominalen Vollformen ökonomischer und stellt die unauffällige, unmarkierte referentielle Verweisung dar. Das gilt – vorausgesetzt, der Rezipient kann einen eindeutigen Referenzbezug herstellen – in jedem Fall für so genannte Kontaktanaphern (nach Schecker 1996, 167 das Auftreten in zwei unmittelbar aufeinander folgenden Sätzen), aber auch für aufeinander folgende Anaphern, wie im unten angeführten Beispiel (2), wo durchaus auch Sätze zwischen den pronominalen Referenzformen stehen.[1] Die Verwendung nominaler Vollformen an Stellen, an denen auch eine pronominale Form möglich wäre, unterliegt dann bestimmten Bedingungen und trägt bestimmte Funktionen (vgl. die Analyse von Renominalisierung bei Thurmair 2003, 212 ff.); außerdem ist sie – wie ich zeigen möchte – textsortenabhängig.

Im Folgenden sollen drei Fälle von Referenzketten behandelt werden, nämlich die rekurrente Wiederholung nominaler Gruppen (immer verbunden mit einer auffallenden Nicht-Pronominalisierung), die Verwendung von Synonymen und die Variationen nominaler Gruppen, und es soll gezeigt werden, dass jede dieser speziellen Referenzketten typisch ist für bestimmte Textsorten bzw. bestimmte Texttypen.[2]

---

[1] Dazu ausführlich Schecker 1996 und Thurmair 2003; vgl. auch Zifonun/Hoffmann/Strecker (1997, 540), die der „Präferenz für Anaphern, wo immer sie möglich sind", lediglich das Bedürfnis nach „stilistischer Variation" besonders in literarischen und journalistischen Texten gegenüberstellen.

[2] Im Hinblick auf die Klassifikation von Textsorten gehe ich davon aus, dass es Texttypen gibt, die sich bezüglich ihrer dominierenden Textfunktion bestimmen lassen (etwa als deskriptiv, instruktiv, narrativ, explikativ und argumentativ), und dass man innerhalb der Texttypen je konkrete Textsorten annehmen kann.

2. WIEDERHOLUNG NOMINALER GRUPPEN: INSTRUKTIVE TEXTE

Die erste Regel für (längere) Referenzketten, die in der Literatur zu finden ist, ist die, dass in kontaktanaphorischer Position oder auch allgemeiner bei Folgeanaphern (wenn dem nicht etwa mögliche Ambiguität entgegensteht) bei bereits eingeführten Referenten Pronomen verwendet werden (müssen); dies ergibt eine unmarkierte, stilistisch neutrale Form. Als ein Beispiel für eine solche „unmarkierte Form" zunächst ein bei Brinker angeführter literarischer Text (1) und ein längeres Beispiel von L. Feuchtwanger (2):

(1) „*Ein Mann* (M1) *war zu Rad unterwegs und wollte auf einen Berg steigen; er* (m2) *sah ein Anwesen liegen und stellte dort ein. Der Mann* (M3) *hieß Oberstlehn und hielt von sich nicht mehr viel; er* (m4) *konnte auch mit seinem Namen nicht Staat machen...*"[3]
(G. Gaiser; übernommen von Brinker [4]1997, 28)

(2) „*Als Dr. Gustav Oppermann* (G1) *an diesem 16. November, seinem fünfzigsten Geburtstag erwachte, war es lange vor Sonnenaufgang. Das war ihm* (g2) *unangenehm. Denn der Tag wird anstrengend werden, und er* (g3) *hatte sich vorgenommen, gut auszuschlafen.*
Von seinem Bett aus unterschied er (g4) *ein paar karge Baumwipfel und ein Stück Himmel. Der Himmel war hoch und klar, kein Nebel war da wie sonst oft im November.*
Er (g5) *streckte und dehnte sich, gähnte. Riß, nun er* (g6) *einmal wach war, mit Entschluß die Decke des breiten, niedrigen Bettes zurück, schwang elastisch beide Beine heraus, stieg aus der Wärme der Laken und Decken in den kalten Morgen, ging hinaus auf den Balkon.*
Vor ihm (g7) *senkte sich sein kleiner Garten in drei Terrassen hinunter in den Wald, rechts und links hoben sich waldige Hügel, auch jenseits des ferneren, baumverdeckten Grundes stieg es nochmals hügelig und waldig an. Von dem kleinen See, der unsichtbar links unten lag, von den Kiefern des Grunewalds wehte es angenehm kühl herauf. Tief und mit Genuß, in der großen Stille vor dem Morgen, atmete er* (g8) *die Waldluft.*"
(Feuchtwanger 1991, 7)

Die Regularitäten für Pronominalisierung und Nicht-Pronominalisierung sind natürlich nicht ganz fest, so könnte in Beispiel (1) die Form M3 auch pronominal sein. Dann entstünde eine lange Pronominalisierungskette, vergleichbar der in Beispiel (2). In jedem Fall aber muss pronominalisiert werden, eine reine Wiederholung nominaler

---

[3] Bei den im Folgenden analysierten Textexemplaren stammen die Hervorhebungen – wenn nicht anders vermerkt – von mir. Gekennzeichnet werden die relevanten Referenzketten; wenn nötig, werden die einzelnen Referenzformen mit dem Anfangsbuchstaben des entsprechenden Nomens durchnummeriert, wobei Majuskeln für die nominale Vollform und Minuskeln für die pronominale Form stehen. In ihrer Akzeptabilität fragliche Beispiele werden mit ?? gekennzeichnet.

Formen wäre hier abweichend. Dies soll Beispiel (3) zeigen, eine entsprechende Veränderung von (1).

(3) ?? *Ein Mann war zu Rad unterwegs und wollte auf einen Berg steigen. Der Mann sah ein Anwesen liegen und stellte dort ein. Der Mann hieß Oberstelehn und hielt von sich nicht mehr viel; der Mann konnte auch mit seinem Namen nicht Staat machen ...*

Eine auffallende Abweichung von dieser Regularität, dergestalt, dass Pronomen nicht oder nur ganz marginal verwendet werden, die nominalen Vollformen aber wiederholt werden, lässt sich nun an bestimmten Textsorten des instruktiven Texttyps zeigen.

2.1. Bedienungsanleitungen

Die Textsorte „Bedienungsanleitung" gehört zum Texttyp der instruktiven Texte; diese geben Handlungsanweisungen oder sind als solche intendiert, insofern sie die Leser und damit Benutzer eines Gerätes über Handlungsschritte und Handlungsmöglichkeiten informieren. Im Mittelpunkt einer Bedienungsanleitung steht natürlich das zu bedienende Gerät (und seine Teile); sprachlich bilden demnach die Bezeichnungen für das Gerät die dominanten und längsten Referenzketten.

(4) Aus einer Bedienungsanleitung für einen Haartrockner:
„*SICHERHEITSHINWEISE*
[...]
Benutzen Sie das Gerät (G1) *nicht während eines Gewitters. Sollte der Blitz einschlagen, besteht die Gefahr eines elektrischen Schlages.*
Kinder erkennen nicht die Gefahren, die bei unsachgemäßem Umgang mit Elektrogeräten entstehen können. Das Gerät (G2) *gehört deshalb nicht in Kinderhände.*
Schließen Sie das Gerät (G3) *nur an eine vorschriftsmäßig installierte Steckdose an, deren Netzspannung und Absicherung mit den technischen Daten übereinstimmt.*
Benutzen Sie das Gerät (G4) *ausschließlich zum Trocknen und Frisieren der Haare, keinesfalls für andere Zwecke. Kunsthaar darf mit dem Gerät* (G5) *nicht behandelt werden. [...]"*
(TCM Haartrockner, Bedienungsanleitung und Garantie, Breisach, o. J.)

Die Referenzkette in Beispiel (4) besteht nur aus nominalen Vollformen, auch in echter kontaktanaphorischer Position (G2/G3 und G4/G5).[4] Dass hier keinerlei pro-

---
[4] Inwieweit die Möglichkeit der ständigen Rekurrenz nominaler Vollformen von der Semantik der Nomina abhängt, also z. B. nur bei Nomina mit relativ weitem Bedeutungsinhalt möglich ist (in

nominale Formen verwendet werden, lässt sich meiner Ansicht nach mit der Funktion eines Pronomens wie *er/sie/es* erklären: Durch diese Pronomen würde der Referent thematisch unauffällig und unmarkiert im Hintergrund gehalten; die nominale Form dagegen fungiert als Aufmerksamkeitssignal, indem sie den Referenten im Aufmerksamkeitsfokus belässt. Dies ist insbesondere dann relevant, wenn – wie in einer Bedienungsanleitung – einzelne Handlungsschritte oder -möglichkeiten beschrieben werden: Der Referent wird bei jedem Arbeitsschritt wieder fokussiert und kann nicht als thematisches, bekanntes und unauffälliges Element pronominal in den Hintergrund treten. Diese Strukturierungsfunktion der nominalen Vollform lässt sich in (4) bei allen Verwendungen außer bei G5 feststellen, durch das ja kein neuer Handlungsschritt eingeleitet wird. In G5 muss man aufgrund der Sprecherintention, nämlich eine Warnung auszusprechen, eine besondere Fokussierung auf das Gerät annehmen. Eine genauere textstrukturelle Analyse von Bedienungsanleitungen zeigt auch, dass nominale Vollformen gerade im Bereich der „Allgemeinen Hinweise" und „Sicherheitshinweise" fast ausschließlich vorkommen, bei den konkreten Arbeitsanweisungen dagegen wird innerhalb eines Arbeitsschrittes auch vereinzelt pronominalisiert (s. dazu genauer Thurmair 2003, 202 ff.).

In der Textsorte „Bedienungsanleitung" gelten also die oben angeführten Regularitäten der Pronominalisierung bei Kontakt- und auch bei Folgeanaphern nicht immer: der Grund liegt – wie gezeigt – darin, dass die bei Bedienungsanleitungen grundlegende Strukturierung in einzelne Handlungsschritte auch dadurch gestützt wird, dass eine permanente Fokussierung des Referenten erfolgt. Ein weiterer Grund für die Nicht-Verwendung pronominaler Formen in den Bedienungsanleitungen ist wohl in juristischen Erwägungen zu suchen: Nominale Vollformen sind eindeutig, Pronomen nicht immer. Dass dies für die Ausformung von Referenzketten eine Rolle spielt, erklärt dann auch, warum die Wiederholung nominaler Vollformen bei Bedienungsanleitungen besonders evident im Teiltext „Allgemeine Hinweise" bzw. „Sicherheitshinweise" auftritt.

2.2. Packungsbeilagen

Eine weitere Textsorte des instruktiven Texttyps, bei der sich auffallende Nicht-Pronominalisierungen nachweisen lassen, ist die Packungsbeilage; z. B.:

(5) „[…] **Dosierungsanleitung, Art und Dauer der Anwendung**
Die folgenden Angaben gelten, soweit Ihnen <u>Voltaren Schmerzgel</u> (VS1) nicht anders verordnet wurde. Bitte halten Sie sich an die Anwendungsvorschriften, da <u>Voltaren Schmerzgel</u> (VS2) sonst nicht richtig wirken kann!

---

(4) lautet die nominale Vollform *das Gerät* und eben nicht [spezifischer] *der Haartrockner*), müsste noch genauer untersucht werden.

Wie viel von Voltaren Schmerzgel (VS3) **und wie oft sollten Sie** *Voltaren Schmerzgel* (VS4) **anwenden?**
Voltaren Schmerzgel (VS5) 3- bis 4-mal täglich auf die betroffene Körperregion auftragen.
Je nach Größe der zu behandelnden schmerzhaften Stelle sind 1–4 g Voltaren Schmerzgel (VS6) erforderlich. (Dies entspricht einer kirsch- bis walnussgroßen Menge.)

Wie sollten Sie Voltaren Schmerzgel (VS7) **anwenden?**
Voltaren Schmerzgel (VS8) auf die betroffene Körperregion auftragen und gegebenenfalls leicht einreiben.
Es empfiehlt sich, vor Anlegen saugfähiger Verbände oder Bekleidung Voltaren Schmerzgel (VS9) einige Minuten in die Haut einziehen zu lassen.
[...]
Wurde einmal die Anwendung von Voltaren Schmerzgel (VS18) vergessen, wenden Sie Voltaren Schmerzgel (VS19) entweder sofort an oder warten Sie bis zum gewohnten Zeitpunkt entsprechend der vorgegebenen Dosierung."
(Novartis, Gebrauchsinformation Voltaren Schmerzgel, o. O., 2002)
[Fett- und Kursivdruck im Original, Hervorhebung durch Unterstreichung von mir; M. T.]

Die zentrale Referenzkette dieser Packungsbeilage enthält bei 43 Formen 40-mal die gleiche nominale Vollform (Eigenname und Appellativum *Voltaren Schmerzgel*), 2-mal die nominale Variante *das Arzneimittel* und (nur) einmal das Pronomen *es*. Diese hochgradig markierte Rekurrenz der nominalen Vollform lässt sich auch in anderen Packungsbeilagen nachweisen. Sie lässt sich zum einen natürlich zurückführen auf die adressatenbezogene Funktion der ständigen Fokussierung des Referenten, also des Medikaments, das ja in bestimmte Handlungen eingebunden ist und mit dem bestimmte Handlungen vollzogen werden sollen – das erklärt z. B. die Formen VS2, VS6 und VS9. Eine weitere, eher strukturelle Erklärung für die auffallende Nicht-Pronominalisierung ist die Tatsache, dass in Überschriften nicht (vgl. VS3 und VS4) und auch zwischen Überschrift und erstem Vorkommen im Text (z. B. VS4/VS5 und VS7/VS8) nicht pronominalisiert wird. Allerdings sind damit noch nicht alle Rekurrenzen der nominalen Vollform erklärt (etwa VS19 nach VS18). Ganz wesentlich ist hier eine weitere Funktion, die auf die spezifische Textsorte „Packungsbeilage" zurückzuführen ist, nämlich die werbende Intention, die natürlich durch eine ständige Wiederholung des Markennamens betont wird; der Leser soll den Medikamentennamen ständig im Aufmerksamkeitsfokus behalten. Aus diesem Grunde erfolgt auch keine Wiederaufnahme mit variierenden Ausdrücken wie *das Gel*, etwa bei VS2 oder VS19. Schließlich erklärt auch das für diese Textsorte aufgrund der juristischen Anforderungen typische Streben nach absoluter Eineindeutigkeit die notorische Rekurrenz des Markennamens.

2.3. Kochrezepte

Kochrezepte als ebenfalls instruktive Texte informieren den Leser über Handlungsmöglichkeiten und einzelne Handlungsschritte; sie sind im Regelfall stark strukturiert: Neben einem rein deskriptiven Teil, der Zutatenliste, bestimmen im Hauptteil die einzelnen Schritte in der Handlungsabfolge auch die Struktur des Kochrezepts. Die rekurrenten außersprachlichen Referenten sind im Wesentlichen die einzelnen Zutaten, die verarbeitet werden (sollen). Sie bilden die hier interessierenden Referenzketten. Auch bei den Kochrezepten fällt auf, dass keine pronominalen Formen auftreten, was ebenfalls damit begründet werden könnte, dass hier mit Hilfe der nominalen Vollform der Fokus beständig auf den nominalen Referenten gerichtet ist, mit dem ja gehandelt werden soll bzw. muss.

(6) Kochrezept: „Kaiserschmarrn"
„*Drei Eigelb mit drei Eßlöffeln Mehl, einem Eßlöffel Zucker, 50 g Butter, einer Prise Salz 10 Minuten rühren. Zwei Eßlöffel Sultaninen untermischen, <u>den Teig</u> (T1) 15 Minuten ruhen lassen. Den steifen Schnee von drei Eiweiß unter <u>den Teig</u> (T2) ziehen. Eine eiserne Stielpfanne sehr heiß werden lassen, 50 g Butter darin schmelzen, <u>den Teig</u> (T3) einfüllen. <u>Den Schmarren</u> (T4) auf einer Seite knusprig backen, beim Wenden mit zwei Gabeln in größere Stücke zerreißen, goldgelb backen. Das <u>Schmarrenbacken</u> (T5) muß sehr schnell gehen, sonst wird <u>der zarte Teig</u> (T6) ledern. Mit Puderzucker bestäuben, zu Kompott servieren oder zu Kopfsalat, der mit Nüssen und Rahm angemacht wurde."*
(L. Aureden: *Was Männern so gut schmeckt*; übernommen von Weinrich 1993, 281)

In Beispiel (6) zeigt sich, dass die Bezugnahme auf „den Teig" an keiner Stelle pronominal erfolgt, sondern immer rekurrent durch die nominale Form *der Teig* (einmal attribuiert) bzw. in Variation *der Schmarren*. Nun hat das hier aber verschiedene Gründe, bei T2 könnte zwar eine Pronominalform, nämlich *darunter* stehen; bei T3 allerdings ist aufgrund der Infinitivstruktur die Verwendung einer pronominalen Form nicht möglich (vgl.: *50 g Butter darin schmelzen, *ihn einfüllen*). Hier – wie auch an anderen Stellen (z. B. ∅ *beim Wenden ... zerreißen,* ∅ *mit Puderzucker bestäuben*) – treten systematisch Nullanaphern statt Pronomen auf. In Kochrezepten zeigt sich also die Strategie, entweder durch eine nominale Form oder durch Nullanaphern auf einen Referenten zu verweisen, was zur Textfunktion in jedem Fall gut passt: Entweder liegt der Fokus auf dem Referenten, dann wird eine nominale Vollform verwendet, oder auf der auszuführenden Handlung, dann wird eine Nullanapher verwendet.

Die textsortenspezifische, auffallend hohe Rekurrenz nominaler Vollformen und auffallend geringe Verwendung von Pronomen lässt sich also in vielen Textsorten des Typs „instruktive Texte" nachweisen (wobei beim Kochrezept auch übergeordnete formalstrukturelle Gründe für die Nicht-Pronominalisierung verantwortlich sind). Die Funktion ist überall die gleiche, nämlich eine beständige Fokussierung des Referenten, mit dem gehandelt werden soll; bei Bedienungsanleitungen und Packungsbeilagen ist auch das Bestreben nach Eineindeutigkeit aus juristischen Gründen ein Motiv und bei Packungsbeilagen kommt noch die werbende Intention dazu.

Nun wird die sparsame Verwendung von Pronomen allgemein als ein spezifisches Merkmal von Fachsprachen und fachsprachlichen Texten genannt, allerdings gilt sie nicht für alle Texttypen gleichermaßen – in deskriptiven (oder auch explikativen) Texten etwa wird mehr pronominalisiert.[5]

3. VERWENDUNG VON SYNONYMEN: EXPLIKATIVE TEXTE

Eine weitere Möglichkeit, Referenzketten durch nominale Formen aufzubauen, besteht neben der reinen Wiederholung in der Verwendung von nominalen Formen, die bereits lexikalisch in Beziehung zu einer nominalen Vorgängerform stehen; gemeint ist hier die Verwendung von Synonymen. Nun ist in der Semantik seit langem umstritten, ob es totale Synonymie, d. h. die absolute Bedeutungsgleichheit und damit Austauschbarkeit in allen Kontexten, überhaupt gibt – vermutlich eher nicht –; wenn überhaupt, scheint sie nur in der Fachsprache möglich zu sein, was sicher auch damit zusammenhängt, dass die Fach- und Wissenschaftssprache anderen Gebrauchsbedingungen unterliegt als die Gemeinsprache und nicht wie diese so streng dem Ökonomieprinzip folgt. Unbestritten aber ist die Existenz von partieller Synonymie, verstanden als starke Ähnlichkeit von Bedeutungen, und daraus folgend die Vertauschbarkeit in zumindest vielen Kontexten. In diesem Sinne soll Synonymie im Folgenden verstanden werden. Nun können sich (partielle) Synonyme etwa durch ihre regionale (bzw. nationale) Verwendung (klassische Beispiele *Semmel* und *Brötchen*, *Tischler* und *Schreiner*) oder durch ihre Registerzugehörigkeit (*ins Gras beißen* und *sterben*, *kotzen* und *sich übergeben*) oder durch unterschiedliche Konnotationen unterscheiden. Diese Art von Synonymen tritt im Allgemeinen genau nicht im gleichen Text auf, so dass sie nicht unbedingt dazu verwendet werden können, der textuellen Rekurrenz zu dienen und Referenzketten auszubilden. Vgl. das konstruierte und in seiner Akzeptabilität sicher problematische Beispiel (7):

(7) *?? Am Morgen verwöhnen wir Sie mit frischen <u>Semmeln</u>. Die <u>Brötchen</u> werden vom ersten Bäcker am Platz extra für Sie gebacken. Auch am Sonntag.*

---

[5] Dieser Aspekt scheint auch in der Fachsprachenlinguistik noch kaum erforscht zu sein; weder wird in Analysen spezifischer fachsprachlicher Textsorten auf diese textuellen Aspekte eingegangen (vgl. exemplarisch etwa Schuldt 1992 oder Schmidt 1996) noch werden generelle textuelle Charakteristika fachsprachlicher Texte eingehend analysiert; vgl. dazu z. B. Roelcke (1999, 97 ff.), der die einzelnen Verfahren fachsprachlicher Rekurrenz (wie Wiederholung, Pronominalisierung, Paraphrasierung etc.) lediglich nennt und darauf verweist, dass deren „Verwendungshäufigkeit" „fachsprachencharakteristisch" sei, ohne dies jedoch zu spezifizieren.

Unsere Semmeln werden aus Bio-Mehl hergestellt und ihre Produktion wird ständig von einem vereidigten Lebensmittelhändler überwacht. Genießen Sie die frischen Brötchen. Es sind schließlich Ihre kostbarsten Wochen im Jahr.

Im Bereich der fachsprachlichen Texte allerdings gibt es eine spezifische Art von Synonymie, die ich als Doppelterminologie bezeichne (s. dazu ausführlich Thurmair 1995). Gemeint ist damit die Existenz zweier (manchmal auch mehrerer) Termini für ein Referenzobjekt oder einen Sachverhalt, die in den meisten Fällen auf die vertikale Schichtung (vgl. Fluck 1985, 16 f.) der Fachsprachen zurückzuführen ist. Hier kann man von einer Skala der Fachlichkeit mit graduellen Übergängen ausgehen, so dass Termini existieren, die einem höher liegenden fachsprachlichen Register angehören, und andere, die weniger fachsprachlich sind (z. B. *Appendizitis* und *Blinddarmentzündung*). Die konkrete Wahl eines fachsprachlichen Registers und damit eines oder beider Termini hängt im Wesentlichen vom Kontext und den situativen Faktoren der Kommunikation ab: etwa von Sprecher, Adressat, Thema oder Funktion der Kommunikation. Diese Dubletten bzw. Synonyme treten nun durchaus im gleichen Text auf – je nach Fachlichkeitsgrad sowohl in Texten der fachinternen Kommunikation als auch in fachexternen Texten der Fachleute-Laien-Kommunikation.

Als ein Beispiel seien explikative Texte aus dem populärwissenschaftlichen Bereich angeführt; hier zeigt sich wiederum eine textsortenspezifische Form der Referenzkette, nämlich eine, die vor allem von diesen Synonymen Gebrauch macht. Auch hier – wie generell häufig in fachsprachlichen Texten – kommen pronominale Formen wenig vor. Allerdings sind in den folgenden Texten pronominale Formen ohnehin nicht immer möglich.

Nun können die synonymen Termini in einer Referenzkette verwendet werden ohne explizit auf ihre Synonymität einzugehen (wie in (8)); das würde am ehesten einer alltagssprachlichen, nicht fachsprachlichen Verwendung nahe kommen (vgl. aber den nicht geglückten Versuch in Beispiel (7)).

(8) *„Ihr [Natürliche Killerzellen; M. T.] großer Auftritt kommt, wenn es darum geht, die Bildung von Metastasen (M1) zu verhindern. Die Tochtergeschwülste (M2) führen bei Krebskranken weit häufiger zum Tod als der Tumor selbst. Der Immunologe Raz Yirmiya von der Psychologischen Fakultät an der Universität von Kalifornien, Los Angeles, bestätigte im Tiermodell eindeutig den Zusammenhang von Streß, NK-Zellen und Metastasenbildung (M3). In dem von ihm untersuchten Rattenstamm kontrollieren die natürlichen Killerzellen die Bildung von Tochtergeschwülsten (M4) in der Lunge, wenn den Nagern bestimmte Zellen eines Brust-Tumors injiziert werden.*
[1 Absatz ausgelassen]
Die gestreßten Tiere bekamen doppelt so viele Tochtergeschwülste (M5) auf der Lungenoberfläche wie ihre „entspannten" Artgenossen. Raz Yirmiya konnte den ursächlichen Zusammenhang zwischen der Aktivität natürlicher

Killerzellen und der Metastasenbildung *(M6) mit Zahlen belegen. Besonders viele* Tochtergeschwülste *(M7) bildeten sich immer dann, wenn die Krebszellen eine Stunde nach dem Streß injiziert wurden.*
[1 Absatz ausgelassen]
*Nachdem Yirmiya seine Versuchsratten auf ein Morphium-High geschickt hatte, sank die Aktivität der NK-Zellen in „ausgeruhten" Ratten deutlich ab, gleichzeitig stieg die Zahl der Lungen*metastasen *(M8) nach Injektion von Brust-Tumor-Zellen an." (SZ 1990/134/30)*

Im ganzen Artikel, der drei Spalten umfasst, werden die Termini *Tochtergeschwulst* und *Metastase* synonym verwendet – ohne direkte Hinweise auf ihre Synonymität (dass hier keine Pronomen verwendet werden, hat wohl etwas mit der Thematisierungsstruktur zu tun und mit den größeren Abständen zwischen den einzelnen Referenzformen). Als indirekter Hinweis auf die Synonymität dient hier der anaphorische Artikel bei der ersten Nennung des Synonyms (M2), allerdings ist dieser ein wesentlich schwächeres Aufmerksamkeitssignal als der auch sehr häufig eingesetzte Artikel *dieser*. Das Beispiel (8) zeigt auch, dass nicht nur Abwechslung in der Ausgestaltung der Referenzkette die Verwendung eines der beiden Termini bewirkt, sondern dass auch rein formale Gründe dafür verantwortlich sein können (darauf hat ja auch Barz 1997 hingewiesen): In Komposita wird im Beispiel (8) immer der (kürzere) Terminus *Metastase* verwendet (s. M3, M6, M8), nicht der seinerseits schon zusammengesetzte Begriff *Tochtergeschwulst*.

Daneben können die fachsprachlichen Synonyme auch mit expliziten Indikatoren ihrer Synonymität eingesetzt werden – das ist dann wohl nur noch typisch für fachsprachliche Referenzketten und auch vor allem typisch für explikative Texte –, hier kommen Klammern, Anführungszeichen oder auch bestimmte lexikalische Ausdrücke in Frage (s. (9) und (10)). Dabei lassen sich je nach Autorintention verschiedene Formen der Verwendung der Synonyme unterscheiden: Einmal soll ein Terminus den anderen erklären: In diesem Fall kommt zunächst der fachsprachlichere Begriff, dann der weniger fachsprachliche zur Erklärung (wie in (9)); zum anderen soll ein neuer Terminus gelernt werden, also metasprachliche Information geliefert werden wie in Beispiel (10).[6] Eine derartige Synonymen-Einführung wäre in gemein- bzw. alltagssprachlichen Texten kaum möglich.

(9) *„Der Forscher fand heraus, daß sich die Wirkung bestimmter Arzneimittel gegen* Herzinsuffizienz *(*Herzmuskelschwäche*) aus Tierversuchen nur äußerst unzuverlässig ablesen läßt." (SZ 1990/87/13)*

(10) *„Bei der dritten Nationalen Blutdruck-Konferenz in Heidelberg stellten Wissenschaftler eine Studie vor, nach der Bluthochdruck und der Konsum von*

---

[6] Ähnliches lässt sich im Übrigen für einen fach- und wissenschaftssprachlichen speziellen Typus der Doppelterminologie nachweisen, nämlich der Verwendung von Abkürzung und Langform, auf die ich hier aus Platzgründen nicht weiter eingehen kann.

Kochsalz, fachsprachlich Natriumchlorid, nicht so eng miteinander verknüpft seien wie bisher angenommen." (SZ 1990/111/2)

Im folgenden Text werden dann in der Regel beide Synonyme verwendet, ohne weiteren Hinweis auf ihre Synonymität und auch ohne Distanzsignale.

In den wissenschaftlichen bzw. populärwissenschaftlichen Texten, die dem explikativen Typ zuzuordnen sind, sind also Referenzketten typischerweise dadurch gekennzeichnet, dass wenig Pronomen und systematisch Synonyme verwendet werden, wobei diese nicht nur der Abwechslung im Ausdruck des Referenzbezugs dienen – wie dies vielleicht in gemeinsprachlichen Texten denkbar wäre –, sondern auch dem Terminologielernen. Ein Nachteil dieser Art der Ausgestaltung von Referenzketten besteht darin, dass die Synonymie als solche nicht von jedem Rezipienten erkannt wird (insbesondere wenn sie nicht explizit eingeführt wird wie in Beispiel (8)). Ein Vorteil dagegen ist in dem intendierten Terminologielernen zu sehen, wodurch Nicht-Fachleute mit dem fachsprachlicheren Register bekannt gemacht werden.

4. VARIATIONEN NOMINALER GRUPPEN: NARRATIVE TEXTE

Die in der Literatur anzutreffenden Regularitäten für längere neutrale Referenzketten, die ich ja eingangs schon zitiert hatte, sahen vor, dass in kontaktanaphorischer Position und bei Folgeanaphern für bereits eingeführte Referenten Pronomen verwendet werden sollen bzw. müssen. Eine reine Wiederholung nominaler Formen wäre abweichend (siehe Beispiel (3)) und ist eben nur in bestimmten Textsorten zulässig bzw. für bestimmte Textsorten charakteristisch. Echte Synonyme sind selten und treten nur in fach- und wissenschaftssprachlichen Referenzketten gehäuft auf. Aber auch eine Verwendung variierender nominaler Vollformen, was ja die oben zitierte dritte Möglichkeit der expliziten Wiederaufnahme betrifft, ist im Prinzip hochgradig markiert. Vgl. Beispiel (11) – wiederum eine Abwandlung des Brinker-Beispiels (1):

(11) *?? Ein 38jähriger Lehrer war zu Rad unterwegs und wollte auf einen Berg steigen. Der Mann sah ein Anwesen liegen und stellte dort ein. Der Beamte hieß Oberstelehn und hielt von sich nicht mehr viel; der Enddreißiger konnte auch mit seinem Namen nicht Staat machen ...*

4.1. Kurznachrichten

Nun gibt es aber Textsorten, bei denen Referenzketten wie in (11), also solche mit permanent variierenden nominalen Vollformen, offensichtlich üblich sind.

Einmal handelt es sich dabei um die journalistische Textsorte „Kurznachricht", also Meldungen über spektakuläre Ereignisse, vor allem Unfälle, Gewaltverbrechen oder Skandale. Für diese Textsorte (die ich zum narrativen Texttyp rechnen würde) ist die Vermeidung von, ja der weitgehende Verzicht auf Personalpronomen (deren Einsatz hier fast überall möglich wäre) offensichtlich und stattdessen die Verwendung von variierenden nominalen Formen typisch; z. B.:

(12) *„Hindelang (dpa) – Beim Bergsteigen am Großen Daumen bei Hindelang in den Allgäuer Alpen ist am Sonntag <u>ein 43jähriger Postbeamter</u>* (P1) *aus Sonthofen zu Tode gestürzt. Nach Angaben der Grenzpolizei war <u>der Mann</u>* (P2) *mit zwei erfahrenen Bergkameraden unterwegs. In 2280 Meter Höhe brach ein Felsbrocken aus, an dem sich <u>das Opfer</u>* (P3) *festhielt. <u>Der Beamte</u>* (P4) *fiel rückwärts in steiles Gelände und blieb 50 Meter tiefer liegen."* (SZ 7/1997)

(13) *„Auf ungewöhnliche Weise wollte <u>ein 43 Jahre alter Mann aus Pforzheim</u>* (M1) *in der Nacht zum Donnerstag Selbstmord begehen. Wie die Polizei mitteilte, war <u>der Facharbeiter</u>* (M2) *nach Streitigkeiten in seiner Wohnung in Notarrest gebracht worden. Dort leerten die Beamten <u>dem Betrunkenen</u>* (M3) *vorschriftsmäßig die Taschen, um ‚Dummheiten' <u>des Gefangenen</u>* (M4) *zu verhindern. Eine halbe Stunde später fanden die Beamten <u>den Mann</u>* (M5) *mit aufgeschnittenen Pulsadern in seiner Zelle vor."* (Die Welt; übernommen von Brinker [4]1997, 28)

Beispiel (13) ist wiederum von Brinker übernommen, der interessanterweise dieses Beispiel wählt, um die Möglichkeiten der variierenden Wiederaufnahme zu demonstrieren (ähnlich geht auch Schecker 1996 vor); allerdings ist diese permanente Variation eben nur in bestimmten Textsorten adäquat.

Nun gibt es verschiedene mögliche Gründe für diese auffälligen Variationen: Der einfachste ist sicher, davon auszugehen, dass hier der stilistische Grundsatz „variatio delectat" befolgt wurde und versucht wurde, Abwechslung in die Ausgestaltung der Referenzkette zu bringen. Dass dieser stilistische Grundsatz aber nicht allgemeingültig ist und Variationen nicht immer funktional sind, zeigte sich ja schon an den fachsprachlichen Texten.

In der IDS-Grammatik (Zifonun/Hoffmann/Strecker 1997, 540) wird eine weitere Erklärung für die Variationen angeführt: Sie kämen daher, dass in diesen journalistischen Meldungen auf kleinem Raum viel Information untergebracht werden müsse. Allerdings kann dies nur bis zu einem gewissen Grad über die Referenzformen erfolgen, da eine nachstehende Referenzform nicht informationsreicher sein darf als die vorhergehende. (Deshalb ist in (13) mindestens M3 relativ merkwürdig.[7])

---

[7] An dieser Stelle müssten noch genauere Analysen erfolgen: Inwieweit kann über eine Referenzform neue Information eingebracht werden (in (13) mit M2 der Beruf und mit M3 der Alkoholisierungsgrad)? Welche Rolle spielt dabei die Struktur der Referenzform (wäre M3 weniger markiert, wenn die neue Information über ein Attribut erfolgte [*der betrunkene Mann*]) und welche Attribute sind zulässig? Andererseits dürfen Referenzformen auch nicht immer nur bekannte Information aufgreifen – das könnte ein weiterer Grund für die mangelnde Akzeptabilität von (11) sein.

Meines Erachtens soll diese Art der permanenten oder zumindest auffällig häufigen Bezugnahme durch variierende nominale Formen eine Art der Fokussierung darstellen – Pronomen wie *er/sie/es* halten ihren Referenten thematisch unauffällig und unmarkiert im Hintergrund, die nominale Form fungiert demgegenüber als Aufmerksamkeitssignal, indem sie den Referenten im Aufmerksamkeitsfokus belässt. (Es ist ja kein Zufall, dass sich dies gerade bei schriftlichen Texten findet, die von der Gestaltung des Informationsprofils durch unterschiedliche Pronomen – nämlich *er/sie/es* vs. *der/die/das* – wenig Gebrauch machen.) Diese Art der Fokussierung durch nominale Vollformen passt dann gerade zu der journalistischen Textsorte „Kurznachricht" gut, die ja Aufmerksamkeit erregen und erhalten soll.

4.2. Trivialromane

Eine zweite Textsorte, bei der meines Erachtens die Ausbildung von Referenzketten mit vielen variierenden nominalen Vollformen auffallend ist, stellen trivialliterarische Erzählungen und Romane dar. Zwei Beispiele aus dem gleichen Text:

(14) *„Die Nacht der Entscheidung*
   ‚Beeil dich, Peter (P1), sonst kommen wir zu spät!' Tatjana Mangold trat zu ihrem Freund (P2) und band ihm (p3) schnell die Smokingschleife. Sie war vor einer Stunde in die Wohnung des jungen Arztes (P4) gekommen, doch Peter, der engagierte Notfallchirurg der Sauerbruch-Klinik (P5), war noch nicht daheim gewesen. So hatte sie sich eine Weile mit seiner Nachbarin unterhalten, einer reizenden älteren Dame, die seit Jahren an Arthrose litt und froh und dankbar war, wenn Dr. Kersten (P6) ihr hin und wieder ein neues Präparat empfahl.
   ‚Ich kam einfach nicht schneller weg.' Dr. Peter Kersten (P7) zuckte bedauernd mit den Schultern." (die aktuelle Nr. 34/18.8.2003, Roman extra, S. V)

(15) *„Als der Star des Abends, die Sopranistin Nadja Wegener (N1), ihre erste Arie gesungen hatte, brandete Beifall auf, den die zierliche junge Frau (N2) mit einer leichten Verbeugung entgegennahm. Niemand in der Staatsoper ahnte es, welche Kraft es Nadja (N3) kostete, heute aufzutreten. Seit Wochen quälten sie (n4) entsetzliche Magenschmerzen."* (die aktuelle Nr. 34/18. 8. 2003, Roman extra, S. VI)

Bei diesen trivialliterarischen narrativen Texten ist ein wesentliches Motiv für die häufige Verwendung der variierenden nominalen Vollformen sicher die Intention, möglichst viel Information verschiedenster Art über die handelnden Personen explizit unterzubringen; das zeigt sich auch an der intensiven Verwendung von Attributen und Appositionen.

Unter dem Aspekt der Gestaltung des Informationsprofils ist meines Erachtens aber die Referenzkette mit permanent wechselnden nominalen Vollformen sicherlich nicht die beste Form: Die Referenten werden ständig fokussiert, was an sich schon nicht sehr geschickt ist – eine Abstufung des Informationsprofils durch Verwendung von pronominalen Formen und die Möglichkeit der funktional eingesetzten Fokussierung etwa durch Renominalisierung (s. dazu Thurmair 2003, 212 ff.) ist damit nicht mehr gegeben.

Zusammenfassend lässt sich bezogen auf die Ausgestaltung von Referenzketten in Verbindung mit verschiedenen Textsorten festhalten:

- die auffallende (identische) Wiederholung nominaler Formen ist typisch für mindestens einige Textsorten des instruktiven Typs;
- die Verwendung von synonymen Begriffen – zum Teil mit expliziter Einführung – ist typisch für explikative Texte eines gewissen, eher niedrigen fachsprachlichen Niveaus; und
- die auffällige Variation nominaler Formen mit weitgehendem Verzicht auf pronominale Formen ist typisch für narrative Texte bestimmter Typen: Kurznachrichten und Trivialromane.

LITERATUR

Barz, Irmhild (1997): Die Ökonomie des Lexikons. Zum Kompositionsverhalten von Synonymen. In: Barz, Irmhild/Schröder, Marianne (Hg.): Nominationsforschung im Deutschen. Frankfurt a. M., S. 265–276.

Brinker, Klaus (⁴1997): Linguistische Textanalyse. Eine Einführung in Grundbegriffe und Methoden. Berlin.

Brinker, Klaus (2000): Textstrukturanalyse. In: Brinker, Klaus et al. (Hg.): Text- und Gesprächslinguistik. 1. Halbb. (= HSK 16.1). Berlin/New York, S. 164–175.

Fluck, Hans-Rüdiger (1985): Fachsprachen. 3., akt. u. erw. Aufl., Tübingen.

Harweg, Roland (1968): Pronomina und Textkonstitution. München.

Kallmeyer, Werner et al. (⁴1986): Lektürekolleg zur Textlinguistik. Bd. 1: Einführung. Königstein/Ts.

Linke, Angelika/Nussbaumer, Markus (2000): Rekurrenz. In: Brinker, Klaus et al. (Hg.): Text- und Gesprächslinguistik. 1. Halbb. (= HSK 16.1). Berlin/New York, S. 305–315.

Roelcke, Thorsten (1999): Fachsprachen. Berlin.

Schecker, Michael (1996): ‚Kontakt' vs. ‚Distanz': Systematik und Funktionsweise von Pronominalisierungen im Text. In: Pérennec, Marie-Hélène (Hg.): Pro-Formen des Deutschen. Tübingen, S. 161–177.

Schmidt, Ute (1996): Gebrauchsanweisungen – Form und Struktur. Eine textsortenlinguistische Untersuchung. Diss. Bonn.

Schuldt, Janina (1992): Den Patienten informieren. Beipackzettel von Medikamenten. Tübingen.

Schwarz, Monika (2000): Indirekte Anaphern in Texten. Tübingen.

Steinitz, Renate (1968/1974): Nominale Pro-Formen. In: Kallmeyer, Werner u. a. (Hg.) (1974): Lektürekolleg zur Textlinguistik. Bd. 2. Frankfurt a. M.

Thurmair, Maria (2003): Referenzketten im Text: Pronominalisierungen, Nicht-Pronominalisierungen und Renominalisierungen. In: Thurmair, Maria/Willkop, Eva-Maria (Hg.): Am Anfang war der Text. 10 Jahre „Textgrammatik der deutschen Sprache". München, S. 197–219.

Thurmair, Maria (1995): Doppelterminologie im Text oder: hydrophob ist wasserscheu. In: Kretzenbacher, Heinz-Leonhard/Weinrich, Harald (Hg.): Linguistik der Wissenschaftssprache. Berlin/New York, S. 247–280.

Weinrich, Harald (1993): Textgrammatik der deutschen Sprache. Unter Mitarbeit von Maria Thurmair, Eva Breindl, Eva-Maria Willkop. Mannheim. Neu aufgelegt 2003. Hildesheim.

Zifonun, Gisela/Hoffmann, Ludger/Strecker, Bruno (1997): Grammatik der deutschen Sprache. Berlin/New York.

GABRIELE YOS

Wiederholungen im Gespräch – ihre textkonstitutiven und stilistischen Potenzen

Dargestellt an einem Streitgespräch zwischen Hermann Kant und Gerhard Zwerenz

1. WIEDERHOLUNG UND TEXTKONSTITUTION

Wiederholung oder Repetition ist die „Rekurrenz von Identischem oder Ähnlichem in der Umgebung von Verschiedenem", so Plett in seiner „einführung in die rhetorische textanalyse" (1975, 33). Dabei kann sowohl das Wiederholte, das Konstante, als auch das Neue den Informations- und Wirkungsschwerpunkt bilden. Verschiedene Figuren der Wiederholung haben ihren festen Platz schon in der antiken Rhetorik. Die Repetition diente seit dieser Zeit als Mittel zur poetischen Eindringlichkeit und graduellen Steigerung (Hoffmann 2000, 296).

In Anbetracht dessen, dass sich wiederholende lexikalische Elemente zwar in hohem Grade textkonstitutiv sind, aber deshalb auch in Texten als Selbstverständlichkeit gelten können, sind sie von der Textlinguistik nicht sonderlich mit Aufmerksamkeit bedacht worden. De Beaugrande/Dressler verweisen darauf, dass sie in schriftlichen Texten, wenn sie häufig vorkommen, die Informativität vermindern (1981, 58). Wohl aus diesem Grunde und wegen ihrer monotonen Wirkung werden sie in schriftlichen Texten – einer tradierten stilistischen Norm folgend – eher als fehlerhaft angesehen. Andererseits können sie aber auch im Dienste spezifischer kommunikativ-stilistischer Funktionen stehen (vgl. Sowinski 1978, 57/58). Klaus Brinker wendet sich in der Darstellung der „expliziten Wiederaufnahme" besonders den referenzidentischen Benennungen zu und sieht ab von der „unproblematischen Wiederaufnahme durch dasselbe Wort, der sog. Repetition" (1992, 30). Jedoch im Zusammenhang mit der Beschreibung von Textmustern in bestimmten Kommunikationsbereichen (etwa bei wissenschaftlichen und institutionellen Texten) hebt die Textlinguistik das Stilmittel wörtliche Wiederholung als musterprägend hervor, da es im Sinne der von diesen Texten geforderten Eindeutigkeit notwendigerweise eingesetzt werden muss (vgl. z. B. Heinemann/Heinemann 2002, 231 und Maria Thurmair in diesem Band). Während sich in der Textlinguistik vielfach ein weitgefasster Rekurrenzbegriff mit Koreferenz berührt (vgl. Linke/Nussbaumer 2000, 306), möchte ich hier unter Rekurrenz (auch in Anlehnung an de Beaugrande/Dressler 1981, 57) lediglich „Ausdrucksseitiges", das gleichermaßen mit „Inhaltsseitigem" verbunden ist, verstehen (Linke/Nussbaumer 2000, 307). Die Wiederholung soll hier also als Spezialfall der Substitution gelten.

In der Erforschung der mündlichen Kommunikation hat dieses Phänomen der ausdrucksseitigen Wiederaufnahme einen weit höheren Stellenwert, man könnte es als medial determiniertes Stilmittel bezeichnen. Die Frequenz von Wiederholungen ist hier einfach höher und die Funktionen eines bewussten – aber auch unbewussten, automatischen – Einsatzes sind deutlich vielfältiger. Schwitallas Funktionsbeschreibung zur Wiederholung in der gesprochenen Sprache heute konzentriert sich auf das bewusste Moment der sprachlichen Gestaltung unter monologischem Gesichtspunkt. Er nennt als Funktionen Bekräftigung, ikonische Abbildung, genussvolle Verlängerung (des Erzählens), Verständnissicherung und Aufmerksamkeit herstellen. Unter Einbeziehung des dialogischen Moments, das sich in den o. g. Funktionen schon andeutet, kommen dann hinzu: Hörerbestätigung, ironische Bestätigung, Echofrage und „Retourkutsche", bei der sich die kommunikative Qualität ändert (Schwitalla 1997, 120–125).

In Schlobinskis „Syntax des gesprochenen Deutsch" konzentriert sich Scheutz stärker auf die Besonderheiten des spontanen Formulierens durch e i n e n Gesprächspartner in der Interaktion und folgert daraus, dass Wiederholungen im Zusammenhang mit Konstruktionsbrüchen und Voranstellungen oft auftreten und so bis zu einem gewissen Grade Momente des Prozesses der Formulierungsplanung (das ins Unreine Gesprochene) erkennen lassen (Scheutz 1997, 45). Andererseits steht dies aber auch im Zusammenhang mit dem dialogischen Moment der Erlangung und des Beibehaltens des Rederechts (floor-holding) oder mit der Einführung von zusätzlichen Informationen in Parenthesen für eine bessere Orientierung des Hörers (ders., 46). Oft sind es vor allem die wörtlichen Wiederaufnahmen, die das Gespräch an der Oberfläche zu e i n e m Text machen, die Textkohäsion bewirken. Diese kohäsive Funktion geht nach meiner Auffassung allen anderen kommunikativ-stilistischen Funktionen voraus.

Rekurrenzen von Basismorphemen („partielle Rekurrenz" nach de Beaugrande/ Dressler) erfuhren in der Textlinguistik etwas mehr Aufmerksamkeit als die Wiederholung von lexikalischen Einheiten. So genannte Wortbildungsnester sind es, die im Zentrum der in den letzten Jahren relativ häufig betrachteten Thematik Wortbildung und Text/textkonstitutive Potenzen der Wortbildung stehen (z. B. Schröder 1984; Fleischer/Barz 1995; Wolf 1996; Erben 2000; Peschel 2002).

2. WÖRTLICHE WIEDERHOLUNG IN E I N E M REDEBEITRAG

Setzen wir also den textlinguistischen Aspekt, das textkonstitutive Moment, in der wörtlichen Wiederholung voraus, drängen sich die stilistisch-funktionalen Gesichtspunkte in den Vordergrund. Diesen möchte ich mich im Folgenden mit der Untersuchung des genannten Textkorpus' besonders zuwenden, wenngleich auch hierbei dieses textlinguistische Moment textkonstitutiver Mechanismen eine wichtige Rolle spielt, denn die „über weite Entfernung eingesetzten Mechanismen" tragen zur Effizienz des Textes bei (de Beaugrande/Dressler 1981, 57). Wenn wir also die Art und Weise der Herstellung von Kohäsion in einem konkreten Text betrachten, so bewegen wir uns auf stilistischem Terrain und können damit die enge Verwobenheit von Textlinguistik und Stilistik deutlich machen.

2.1. Wörtliche Wiederholung zur Wiederaufnahme des Gedankens bei Einschüben

Solche Wiederholungen werden aus kommunikativen Gründen der Verständnissicherung vorgenommen. Es kann dabei der begonnene Satz parenthetisch unterbrochen werden wie in (1). Doch auch längeres Abschweifen mit recht klaren syntaktischen Fügungen möchte ich hier einordnen. Der Gedankenfluss schließt Assoziationen ein, die vom Sprecher explizit gemacht werden, und dadurch ergibt sich die Notwendigkeit, an den ursprünglichen Gedanken wieder anzuknüpfen, was gleichzeitig zum Selbstverständnis für den Sprecher wichtig ist, für ihn eine Stütze in der Fortführung gedanklicher und syntaktischer Strukturen darstellt. Dabei kann *also* als solch ein Anknüpfungssignal stehen wie in (2). Anne Betten hat in ihren Untersuchungen festgestellt, dass dieses resümierend eingesetzte *also* gleichfalls auf den Einschub Bezug nimmt (1980, 194), jedoch geschieht dies meist in der Art, dass die gelieferten Hintergrundinformationen mehr oder weniger präsent bleiben über eine längere Strecke.

(1) „*Wir sind* wohl – da gehe ich sicher, daß wir da übereinstimmen, nach wie vor –, *wir sind* mit der festen Meinung zurückgekommen, daß sich in Deutschland sehr viel, möglichst alles ändern solle [...]" (G. Z., S. 9)

(2) „Ich habe eine *Presseerklärung* herausgegeben, die natürlich wie üblich in der Presse nur verstümmelt wiedergegeben wird, wenn überhaupt, und Sie haben's ja in Ihren sibirischen Landschaften hier besonders schwer: Da gibt es ja ganze Gegenden, wo immer nur eine Monopolzeitung erscheint, und wenn die eben nicht wollen oder anders wollen, na ja, dann haben Sie daran zu tragen. Also die *Presseerklärung* hat besagt, daß ich sehe [...] eine gewisse Parallele zwischen Hermann Kant und mir [...]" (G. Z., S. 8)

(3) „*Können wir*, die wir geteilt waren und uns bekämpft haben, *können wir* da so etwas wie ein *Zweckbündnis*, ein *relatives Zweckbündnis*, bilden?" (G. Z., S. 40)

Im letzten Beispiel wird hingegen explizit mit der Deixis *da* auf den Einschub Bezug genommen.

In (2) wird ein textlinguistischer Befund deutlich, den Weinrich schon in den Anfängen der textlinguistischen Diskussion thematisiert hat (vgl. Weinrich 1969). So kommt dem bestimmten Artikel eine wichtige anaphorische Funktion zu. Die Rekurrenz von Substantiven ist demzufolge häufig mit dem Auftreten des bestimmten Artikels oder des noch stärker verweisenden Determinativs *diese* verbunden:

> (4) „*[...] und dann kommt ein ungeheuerlicher U m b r u c h, aber in der Zwischenzeit sind Vorbereitungen auf d i e s e n U m b r u c h im Gange [...]*" (G. Z., S. 62)
>
> (5) „*Und lassen Sie mich dies beschließen mit einer P a r a l l e l e – d i e s e P a r a l l e l e ist schief und gefährlich [...]*" (G. Z., S. 43)

Stilistisch-funktional betrachtet ist diese wörtliche Wiederaufnahme als eine Intensivierung des Ausdrucks zu sehen, denn statt der Wiederholung hätte ebenso ein Pro-Element eingesetzt werden können (*darauf* oder *sie*). In (5) könnte man von einer Anlehnung an die Stilfigur der Anadiplose sprechen, durch die die Intensivierung des Ausdrucks erreicht wird.

2.2. Wiederholung als Ausdruck spontanen Sprechens und sukzessiver Gedankenfolge

Dass sich die Gedanken beim spontanen Formulieren allmählich profilieren, ist schon seit Kleist allgemein bekannt. Lediglich „Bruchstücke von Makropropositionen" stehen zu Beginn des Formulierungsprozesses bereit (v. Dijk 1980, 207; Antos 1982, 153) und das Formulieren geht dann „schritt- und versuchsweise" vor sich, wobei die Formulierungsziele ständig variieren (Antos 1982, 187). Unter diesen Bedingungen kommt es zu den bekannten Erscheinungen der spontan gesprochenen Sprache: Abbrüche, Neuansätze, Nachträge, Korrekturen und Paraphrasen. In diesem ständig anhaltenden Suchen nach dem passenden Ausdruck für die Spezifik des Gedankens und die im Kommunikationsprozess damit verbundene Intention ist eine wörtliche Wiederholung keine Seltenheit. Diese geht einher mit einer attributiven Erweiterung, mit der das bereits Geäußerte präzisiert wird (wie in (3) und in (6), (8)), oder auch einem „Heckenausdruck" als Vagheitsindikator (9).

> (6) „*Zu meiner Bestürzung erlebe ich aber, daß jetzt d i e r e c h t e S e i t e, und zwar auch d i e i n t e l l e k t u e l l e r e c h t e S e i t e, d i e s t a r k e i n t e l l e k t u e l l e r e c h t e S e i t e, fortwährend auf ihre Weise ideologisiert [...]*" (G. Z., S. 94)
>
> (7) „*Aber natürlich sind da B e s i t z e r, g r o ß e B e s i t z e r, dabei, noch g r ö ß e r und mächtiger zu werden [...]*" (G. Z., S. 49)
>
> (8) *Sie haben mir I h r e B o t s c h a f t e n n a c h g e s c h i c k t i n d e n W e s t e n [...] Sie haben mir I h r e p o l e m i s c h e n B o t s c h a f t e n i n d e n W e s t e n n a c h g e s c h i c k t!*" (G. Z., S. 28)
>
> (9) „*[...] und daß da [...] e i n e A r t K l a s s e n k a m p f weitergeführt wird – es ist nicht K l a s s e n k a m p f, es ist sehr viel schlimmer, sehr viel komplizierter [...]*" (G. Z., S. 49)

Die verbleibende Vagheit in der Ausdrucksform machen die sich in (9) anschließenden Wertungen des Phänomens, das benannt werden soll, deutlich. Beispiel (8) ist ein Beleg dafür, wie im zweiten Ansatz zur Formulierung syntaktische Normen (Rahmenstruktur) stärker berücksichtigt werden und das Moment der Spontaneität verdrängen.

Mittels metakommunikativer Zusätze verweisen die beiden Gesprächspartner gelegentlich auf ihr besonders auf Reflexion bedachtes Verhältnis zur Sprache, wobei das für den Sprecher bestehende Benennungsproblem mittels Wiederholung thematisiert wird, und am Ende steht ein referenzidentischer Ausdruck (oder auch „inhaltsseitige" Rekurrenz) wie in (10).

(10) „*Und wenn ich jetzt nun in – ich sage nicht ‚A k t e n‘, das kann ich nicht mehr hören, obwohl ich ja nun in Bonn jeden Tag damit zu tun kriege, aber ‚A k t e n‘ hat ja eine ganz verzweifelte Unterbedeutung, also ‚A k t e n‘ sage ich nun nicht mehr – wenn ich jetzt die Papiere nachlese [...]*" (G. Z., S. 16)

(11) „*Ja [...] immer in einem K a m p f e – ich will's nicht kleiner machen, ich sage nicht ‚A u s e i n a n d e r s e t z u n g‘: Auseinandersetzung hat man jeden Tag, nein, in einem K a m p f e – begriffen [...]*" (H. K., S. 18)

Damit veranschaulichen uns die Sprecher ihr Ringen um die den Sachverhalten adäquaten Ausdrücke, teilweise auch mit einem Schuss von Ironie wie im folgenden Beispiel:

(12) „*Und unter ‚I n t e l l e k t u e l l e‘ verstehe ich jetzt wirklich alle – die A k a d e m i k e r sind ja oft keine I n t e l l e k t u e l l e n, sonst wär'n sie nicht A k a d e m i k e r geworden.*" (G. Z., S. 41)

Die angeführten Wiederholungen beinhalten jeweils eine Gegenüberstellung, an der die Sprachreflexion explizit gemacht wird. Das geht bis zum Spiel mit der Antonymie, wie wir es bei Kant finden:

(13) „*Hermlin war wirklich so ein F r e u n d, wie ich jedem, der einen F r e u n d sucht, einen wünsche, und auch so ein F e i n d meiner Feinde, wie ich Entsprechendes jedem wünsche.*" (H. K., S. 31)

Als Gegenüberstellungen kann man auch die besondere Weise der Wiederholung in Form einer sich anschließenden Negation sehen. Das Beispiel (15) aus dem verbalen Bereich eröffnet dem Gesprächspartner (und Leser) breite Deutungsspielräume, die in erster Linie schon durch die Verbsemantik bedingt sind.

(14) „*Ihre Partei hatte dabei e i n M o n o p o l! Diese Regierung und diese Regierungskoalition jeweils, also diese Bonner Macht, hat k e i n M o n o p o l.*" (G. Z., S. 68)

(15) „*[...] daß da möglichst v i e l d r a u s [aus den Verfassungen; G. Y.] g e m a c h t o d e r n i c h t g e m a c h t w e r d e n k a n n.*" (H. K., S. 73)

Hier werden Übergangszonen zwischen Spontaneität und bewusster Gestaltung ersichtlich, was schließlich den routinierten Sprecher auszeichnet. Sobald Reflexion an den Formulierungen erkennbar wird, ist das spontane Moment in der gesprochenen Sprache stärker in den Hintergrund gerückt, wie die letzten Beispiele zeigen. Der Eindruck einer bewussten sprachlichen Gestaltung und damit auch der gezielten, auf Intensivierung des Ausdrucks gerichteten Wiederholung tritt an vielen Stellen des Gesprächs deutlich hervor, sowohl bei H. Kant als auch bei G. Zwerenz.

(16) „*Ich äußere schon jetzt eine Furcht vor bestimmten Punkten solchen Gesprächs, wo man wie ein Alter klingt – man ist ein Alter, möchte aber nicht immer unbedingt so klingen [...]*" (H. K., S. 10)

(17) „*[...] auch wenn es nun sein [Kants; G. Y.] Schicksal ist, jetzt eine Niederlage erlitten zu haben! Ich würde auch sagen, ich habe eine Niederlage erlitten, und die Westdeutschen, die nicht begriffen haben, daß sie 1989 bis heute auch eine Niederlage erleiden, die tun mir in tiefster Seele leid.*" (G. Z., S. 25)

Die Intensivierung des Ausdrucks wird zusätzlich markiert durch ein (partikelhaft) hinzutretendes Adjektiv:

(18) „*Ich fürchte, wir haben falsche Gesellschaftsbilder, grundsätzlich falsche Gesellschaftsbilder.*" (G. Z., S. 83)

Verstärkende Adjektive finden wir aber auch in der Wiederholung zur besonderen Hervorhebung des Aussagefokus:

(19) „*[...] drei gewaltige Bände, ein ungeheures Werk, das auch ungeheuren Ärger hervorruft [...]*" (H. K., S. 99/100)

2.3. Rhetorische Figuren der Wiederholung

Dass das spontane Moment in der Rede der Gesprächspartner oft hinter eine auf Wirkung abzielende sprachliche Gestaltung zurücktritt, lässt sich vor allem auch an rhetorischen Figuren nachweisen (s. o. (5) Anadiplose). So ist auch der Parallelismus in der Textvorlage zumeist an Wiederholung von lexikalischen Elementen gebunden, auch wenn diese wiederholten Elemente nur Funktionswörter sind (wie in (20) und (21)):

(20) „*Ohne Institutionen zu haben, ohne in sie eingeknüpft zu sein, ohne ihre Unterstützung zu erfahren, [...]*" (H. K., S. 66)

(21) „*[...] aber es wird noch wenn nicht gestorben, so doch diffamiert, so doch gejagt, so doch verdächtigt et cetera [...]*" (H. K., S. 44)

(22) „*Wir werden den Staat dazu benötigen, wir werden die Unternehmer dazu benötigen, und wir werden die Gewerkschaften dazu benötigen, [...]*" (G. Z., S. 82)

Das letzte Beispiel stellt eine Kombination von Anapher und Epipher dar, sodass schließlich nur die Position und Funktion des Objekts variiert wird und das Ganze lediglich als nachdrückliche Aufzählung von Objekten zu sehen ist. Jeweils das Nichtwiederholte, das Neue, steht in (21) und (22) im Aussagefokus und wird durch die stereotype Wiederholung mit besonderem Nachdruck versehen.

Weniger als rhetorische Figur, sondern wieder stärker als Charakteristikum von Gesprochenem sind die identischen Satzwiederholungen anzusehen (Epizeuxis):

(23) „*Darum bitte ich, darum bitte ich.*" (S. 52, als Einwurf von G. Z.)
(24) „*[...] Aber dies ist es nicht, dies ist es nicht!*" (innerhalb eines längeren Redebeitrags von G. Z., S. 54)

3. GESPRÄCH ALS TEXT

Zu der Frage, ob ein Gespräch als Text angesehen werden sollte, gibt es teilweise unterschiedliche Auffassungen in der Linguistik. So verstehen z. B. Zifonun u. a. (1997, Bd. 1, 249) unter Text nur das schriftlich fixierte und in der mündlichen Kommunikation wieder verwendbare sprachliche Produkt. Durch die Verschriftlichung hat unser Analysebeispiel jedoch auch nach dieser Auffassung den Status des wieder verwendbaren Produkts sprachlichen Handelns erhalten. Im textlinguistischen Bereich hat sich hingegen eine weite Textauffassung durchgesetzt, die Gespräche als dialogische oder polylogische Texte ansieht, da auch hier die Textualitätskriterien zum Tragen kommen und besonders eben auch die textzentrierten Kriterien wie Kohäsion und Kohärenz. Wörtliche und alle an der Oberfläche erkennbaren Wiederholungen bzw. Rekurrenzen oder „Rephrasierungen" (nach Gülich/Kotschi 1996) werden

„zu einer besonders deutlichen Manifestation der interaktiv vollzogenen Textproduktion ..." (S. 59).

3.1. Textsorte „Streitgespräch"?

Bevor ich auf die Wiederholungen im Gespräch eingehe, möchte ich kurz ein paar Bemerkungen zur Textsortenproblematik machen. Auf dem Cover ist unter dem Titel „Unendliche Wende" die Textsortenangabe „Ein Streitgespräch" zu finden.

Handelt es sich beim vorliegenden Text tatsächlich um ein Streitgespräch?

Aus der Vorgeschichte heraus könnte man das annehmen, denn: Gerhard Zwerenz ist in den 50er Jahren wegen politischer Differenzen mit der Macht aus Leipzig in den Westen gegangen. Hermann Kant dagegen hatte seine Konflikte gezähmt, immer geglaubt, er „kriege das repariert" (S. 12), wohl so lange, bis er in der Wendezeit als Präsident des Schriftstellerverbandes der DDR zurückgetreten war (S. 59). Beider ähnlicher Ausgangspunkt mit Krieg und Gefangenschaft sowie den ersten Jahren in der DDR (Berlin und Leipzig) führt zu einer grundsätzlich unterschiedlichen Vorgeschichte zweier linker deutscher Schriftsteller, die sich aber Ende der 90er Jahre, nicht zuletzt auch mit diesem öffentlichen Gespräch vom 27. März 1997 in Leipzig, wieder deutlich aufeinander zu bewegen. Vor allem geschieht das auch aus der Verantwortung heraus, die besonders die Kriegsgeneration in Deutschland für die heutige Entwicklung empfindet.

So weisen eben die Sprecherwechsel nicht die bei einem Streitgespräch zu erwartenden sprachlichen Entgegensetzungen auf, bei denen die explizite Wiederaufnahme auch ihren Platz haben könnte, sondern es dominieren zustimmende Äußerungen:

H. K.: „*Damit bin ich sehr einverstanden [...]*" (S. 44) „*Sie haben völlig recht, ich stimme Ihnen zu [...]*" (S. 52) „*So ist es. Aber darum geht es mir ja gerade.*" (S. 72) „*Natürlich ...*" (S. 82) G. Z.: „*Das ist so schön plausibel, daß ich nur zustimmen kann, – aber es geht nicht ganz ohne Widerhaken.*" (S. 47) „*Ich kann nur zustimmen.*" (S. 74) „*Ja. Ja. Diese Sorge teile ich und teile sie zugleich nicht.*" (S. 86/87)

Diese Zustimmungen lassen obendrein ein gemeinsames Ringen um eine differenziertere Sicht der Dinge erkennen. Solch eine kooperative Haltung signalisieren die beiden Partner schon zu Beginn des Gesprächs:

G. Z.: „*Wer hat uns denn eigentlich geheißen, daß wir uns jetzt streiten sollen? Also, das haben wir gar nicht vor [...]*" H. K.: „*Es könnte höchstens unterlaufen [...]*" (S. 7)

3.2. Thematisch bedingte Wiederholungen

In Gesprächen geht es in der Regel um ein bestimmtes Thema oder auch um mehrere Themen, die jedoch bei solch einem öffentlichen Gespräch in gewisser Weise vorgeplant sind.

Aufgrund der Situation, dass die beiden Autoren in der Vergangenheit in zwei sich gegenüberstehenden Lagern mehr oder weniger eingebunden waren, dreht sich ihr Gespräch – ihr erstes persönliches Gespräch – über weite Strecken um die Zeit des „kalten Krieges" und deren Auswirkungen. Das heißt, *kalter Krieg* wiederholt sich 13-mal von S. 15 bis S. 48. So ist das Gespräch mit den Worten von G. Zwerenz ein „*Versuch, den kalten Krieg zwischen uns zu beenden*" (S. 27).

Durch Ketten von solchen expliziten Wiederaufnahmen (als Elementen von Topikketten) lassen sich dann Subtexte innerhalb des Gesamttextes ausmachen.

In einem einleitenden Statement beider Gesprächsteilnehmer wird die „*Ausgangsposition*" beschrieben (G. Z., S. 8). H. Kant will dann noch etwas sagen zu „diesem *Ausgangspunkt*" (S. 10). Er betont,

„*daß die Dinge, wie sie jetzt liegen, V o r g e s c h i c h t e n haben, V o r g e s c h i c h t e n von Gesellschaften, aber eben von Personen auch*" (S. 11).

Einige Gesprächsschritte weiter knüpft G. Zwerenz explizit daran an:

„*Ich will vielleicht noch eins sagen zu dem, was Sie vorher gesagt haben, zur V o r g e s c h i c h t e*" (S. 24).

In einem nächsten Abschnitt sprechen sie über die Probleme in einer „*intellektuellen Gesellschaft*" in Deutschland, in der der *kalte Krieg* offenbar noch nicht ganz vorbei ist (S. 44). H. Kant erregt sich über eine „*ganz verheuchelt neue Form einer anderen Art von k a l t e m K r i e g*" (S. 45).

Im letzten Drittel des Gesprächs bringt Kant ein Thema ein: „*Verfassungstreue*".

„*Ich möchte das gern einmal loswerden: Ich hab' mir jetzt vor'n paar Wochen [...] den Text noch mal vorgeholt. Ich hatte das mal [...]*" Zwerenz unterbricht: „*[...] das G r u n d g e s e t z , den G r u n d g e s e t z t e x t ?*" (S. 71)

mit der offensichtlichen Intention einer Bestätigung erheischenden Nachfrage, an der die besondere deutsche Problematik des synonymischen Gebrauchs der Bezeichnungen deutlich wird. Kant nimmt die offizielle Bezeichnung wieder auf: „*Ich lese dieses G r u n d g e s e t z*", und wählt dann zur generalisierenden Einschätzung das hier als Hyperonym fungierende Wort: „*V e r f a s s u n g e n sind nun mal so [...]*" (S. 73). Es schließt sich dann eine partielle Rekurrenz mit antithetischem Moment an:

„*[...] wenn man mich observieren wollte, dürfte man mich eigentlich nicht als V e r f a s s u n g s f e i n d , sondern als V e r f a s s u n g s f r e u n d observieren, als einen, der auf der V e r f a s s u n g besteht [...]*" (S. 73).

In einem weiteren Redebeitrag nimmt Zwerenz *dieses Grundgesetz* dreimal wieder auf (S. 77) und variiert *grundgesetztreu* (S. 75) und *verfassungstreu* (S. 76). Im Schlussteil schließt sich mit der Thematisierung der *Wehrmachtsausstellung* und deren Funktion in der *Aufklärung* (S. 87, 89, 90) der Ring zum Beginn des Gesprächs.

Dieser letzte Teil wird explizit vom Initiator des Gesprächs, Gerhard Zwerenz, eingeleitet:

G. Z.: „*Noch'n S c h l u ß w o r t ? H. K.: Bitte? G. Z.: Woll'n wir S c h l u ß machen?*"
H. K.: „*Wenn Sie das jetzt als eine S c h l u ß e m p f e h l u n g betrachten, dann [...]*"
G. Z.: „*Ich wollte Ihnen das S c h l u ß w o r t überlassen [...]*" (S. 85)

An diesem kurzen Dialogstück wird ersichtlich, welch entscheidende Rolle partielle Rekurrenzen für die Textkonstitution spielen (s. dazu unter 4.).

3.3. Unmittelbare Wiederaufnahme im reaktiven Gesprächsschritt – Konstruktionsübernahmen

Wie oben schon angedeutet sind explizite Wiederaufnahmen Ausdruck der interaktiv vollzogenen Textproduktion. Brinker/Sager (1989) verweisen darauf, dass solche Formen der Wiederaufnahme, in denen der „Folgeschritt die syntaktische Struktur des Vorgängerschrittes ganz oder teilweise bewahrt", gesprächsspezifisch sind (S. 74). Auf einen Einwurf von Zwerenz, den Kant zuerst nicht versteht, nimmt dieser dann in der Weiterführung seines Redebeitrags explizit Bezug und weitet damit seinen Gedankengang aus, wenngleich dieser Gedankengang spontan und recht fragmentarisch entsteht, was sich an den Satzabbrüchen erkennen lässt.

(25) G. Z.: *„Stört mich aber auch nicht [...]"* H. K.: „Bitte?" G. Z.: *„Stört mich auch nicht [...]"* H. K.: „Nee, das soll Sie auch nicht *stören*, und das ist auch insofern [...], das kann auch zum Beispiel nicht mehr *verstören*, weil [...] Ach, der Westen wär' ganz fein dran, wenn ich jetzt sein Beauftragter wäre, ich könnte ihm dann [...]" (Rest geht in Lachen unter.) (S. 30)

Der negierenden Darstellung Kants setzt Zwerenz die Position in Form einer Epizeuxis – und damit besonders intensivierend – entgegen (s. auch (23) und (24)):

(26) „[...] Wie soll man damit klarkommen? – *Ich versteh's nicht."* G. Z.: *„Ich verstehe's. Ich verstehe's*, weil es auch meinen Empfindungen, meinen Gedankengängen *entspricht und entsprochen hat."* (S. 22)

Der kausale Zusatz erklärt, dass es sich nicht um eine eigentliche Entgegensetzung handelt, sondern schließlich um Verständnis der Probleme, mit denen Kant sich auseinandersetzt.

Einvernehmen in Bezug auf den weiteren thematischen Gesprächsverlauf drückt sich explizit im folgenden Beleg aus:

(27) G. Z.: *„[...] – Und jetzt zu uns beiden zurück."* H. K.: *„Ja, jetzt zu uns beiden zurück und zu Kantorowicz – [...]"* (S. 33)

Auch im Anschluss an Beispiel (9)

„[...] es ist sehr viel schlimmer, sehr viel komplizierter [...]" fragt H. K.: *„Was ist es dann?"*

Und Zwerenz rekapituliert die Frage und deutet auf allgemeine Probleme der Erklärung des Phänomens „in der Art des Klassenkampfes": *„Was ist es dann?"* (S. 49)

Auf eine Bestätigung erheischende Äußerung von Zwerenz reagiert Kant mit den gleichen propositionalen Elementen zuzüglich einer Intensivierung der Negation:

(28) G. Z.: *„Aber das wundert Sie doch nicht, Herr Kant!"* H. K.: *„Das wundert mich nicht im allergeringsten!"* (S. 51)

Lediglich die Passivform ist es, die durch Wiederholung deutlich die drei folgenden Gesprächsbeiträge an der Oberfläche miteinander verbindet:

(29) G. Z.: *„[...] und wir haben versucht, das aufzubrechen und sind dafür b e s t r a f t   w o r d e n."* H. K.: *„Aber Sie werden ja jetzt n i c h t   b e s t r a f t [...]"* G. Z.: *„In der jetzigen Bundesrepublik w i r d   m a n   n i c h t   b e s t r a f t, sondern man wird zur N i c h t p e r s o n gemacht [...]"* (S. 80)

4. WORTBILDUNGSPRODUKTE UND TEXTKOHÄSION

Aus den Belegbeispielen unter 3.2. lässt sich die textkonstitutive Funktion von Wortbildung schon deutlich erkennen. Die Rekurrenz von Basismorphemen bzw. unmittelbaren Konstituenten des Wortbildungsproduktes als Träger von Semantik stellt in diesem Fall wesentlich den kohäsiven und thematischen Zusammenhang zwischen verschiedenen Gesprächsbeiträgen her.

In den meisten Fällen handelt es sich bei solcher partiellen Rekurrenz aber um mehr oder weniger eng beieinander stehende Morpheme in einem Gesprächsbeitrag. Es treten Wiederholungsformen auf wie

– Einzelwort + 1. unmittelbare Konstituente (UK) im Wortbildungsprodukt:
  H. K.: *„Also, ohne eine bestimmte Art von Zusammenhalt, die auch [...] D i s z i p l i n heißt, ist gar nichts zu machen. Der Nutznießer jeden D i s z i p l i n bruchs, das sind immer die anderen."* (S. 19)
– Wiederholung der 1. UK:
  G. Z.: *„[...] noch bevor die ganze V e r n i c h t u n g s maschinerie des V e r n i c h t u n g s angriffs in Tätigkeit trat [...]"* (S. 97)
– Wiederholung und Entgegensetzung in der 1. UK bei gleichzeitiger Wiederholung der 2. UK:
  G. Z.: *„[...] mit all unseren S c h u l d konten und U n s c h u l d konten [...]"* (S. 38), G. Z.: *„[...] in einen Zustand der V o r w ä r t s bewegung kommt und nicht in dem Zustand der R ü c k w ä r t s bewegung bleibt [...]"* (S. 57).

Verallgemeinernd ließe sich dazu sagen, dass in diesen Belegen der Aussagefokus jeweils auf der 1. UK liegt, weil diese durch die Wiederholung eine Intensivierung des Ausdrucks bewirkt und die 2. UK hier Bedeutungsähnlichkeiten aufweist und weil bei Wiederholung der 2. UK der antonymische Charakter der 1. UK wiederum durch Wortbildung und gegensätzliche Morphembedeutung unterstrichen wird.

Es tritt aber auch der Fall auf, dass bei Wiederholung der 1. UK sich der semantisch-kommunikative Wert auf die 2. UK verlagert. Corinna Peschel (2002) konnte anhand von Sachtexten nachweisen, dass bei partiellen Wiederholungen im Textzusammenhang das ursprünglich

> „semantisch dominierende Grundwort [...] einen Teil seiner Rolle an das gleichbleibende und das zentrale Thema markierende Bestimmungswort" (S. 103)

abgibt. Diese semantische Verschiebung ist an den folgenden Konversionen zu beobachten, in denen die 1. UK des Adjektivs eine semantische Basis festlegt und die 2. UK den Aussagefokus bildet, was durch die adversative Konjunktion, die beide Konstruktionen voneinander abhebt, signalisiert wird:

> (30) H. K.: „*Ich bin hier als ein vielleicht nicht L e r nfähiger, aber L e r nbegieriger hergekommen.*" (S. 37)

Zur Morphemrekurrenz ist unbedingt auch die öfter im Text auftretende Figur des Polyptotons zu zählen (wie auch in Beispiel (17) und (26)):

> (31) G. Z.: „*[...] er war so u n g e b i l d e t, sein B i l d u n g s erlebnis [...] hat er vom Lager [...]*" (S. 41)

Diese hier genutzten Verfahren können wohl als Verfahren einer auf Wirkung ausgerichteten sprachlichen Gestaltung gelten. Dass dabei auch Okkasionalismen entstehen – was Marianne Schröder (1992, 97) für Familiengespräche nicht feststellen konnte – ist wohl bei diesen beiden Sprechern auch zu erwarten: z. B. *Unschuldkonten* (S. 38), *Konfliktvergangenheit* (S. 54).

5. WIEDERHOLUNG UND ANDERE MIT IHR VERBUNDENE TEXTKONSTITUTIVE VERFAHREN IM GESPRÄCH

Wenn auch die hier behandelten Formen der Wiederholung als charakteristisch für mündlich-dialogische Kommunikation angesehen werden können, so ist damit noch nicht alles erfasst, was in der mündlichen Kommunikation ebenso gleiche Referenz in effektivster Form ermöglicht: Deiktika und Ellipsen im Zusammenhang mit dem Sprecherwechsel. So kann die Ellipse, indem durch sie identische Teile in einer Äußerung eingespart werden, als „negative" Form der Wiederholung (vgl. Linke/Nussbaumer 2000, 308) betrachtet werden. Auch Margret Selting (1997, 145) sieht in der Ellipse ein „kohäsives Formulierungsverfahren". Dieses Problem muss hier leider unberücksichtigt bleiben, desgleichen auch die mögliche Diskrepanz zwischen dem originalen mündlichen Text und der hier zugrunde liegenden verschrifteten Form.

Die auffällige Dominanz der Wiederholung in e i n e m Redebeitrag mag dem individuellen Bewusstsein von Sprachwirkung, das beiden „Wortkünstlern" eigen ist, geschuldet sein. Beide Autoren sehen sich nicht nur in einer Sprecherrolle ihrem Kommunikationspartner gegenüber, mit dem sie den Stil ihres Gesprächs interaktiv herstellen, sondern es ist durchaus anzunehmen, dass sie sich auch im Situationskontext in ihrer Rolle als Autor gegenüber ihrem Publikum definieren. Der Beitrag von Zwerenz in (17) ist z. B. deutlich an das Publikum adressiert, erst in zweiter Linie an den Gesprächspartner. Aufgrund dieser Mehrfachadressiertheit der Gesprächsbeiträge kann die Untersuchung kaum für spontane Alltagskommunikation stehen.

Abschließend möchte ich diese auf Wirkung bedachte Komponente im sprachlichen Ausdruck an einem Gesprächsbeitrag von Gerhard Zwerenz illustrieren. Er markiert im Gesprächsverlauf einen vorläufigen Schlusspunkt und verleiht dieser Passage durch die Technik des Wiederholens ein beachtliches Maß an Eindringlichkeit. Der Ausschnitt weist fast alle der oben besprochenen Erscheinungen der Wiederholung in diesem Text auf: Wiederholung des Einzelwortes, Wiederholung einer Wortgruppe mit hervorhebender Erweiterung, Wiederholung syntaktischer Strukturen mit weitgehend identischem Wortlaut (auch in Zusammenhang mit Parenthesen) und Rekurrenz von Basismorphemen:

> *„Und ich will als letztes sagen: Ich fürchte, wir haben falsche Gesellschaftsbilder, grundsätzlich falsche Gesellschaftsbilder. Wir gehen zu sehr von den Kollektiven aus, wir lassen uns stets durch Kollektive zu sehr beeinträchtigen. Man sollte einmal nach anderen Dingen suchen, nach Möglichkeiten des Denkens der individuellen Revolte. Wenn ich mich fortwährend abhalten lasse, von dem, was ich als Gegner vor mir sehe, wenn ich fortwährend sehe, ich bin von Mauern umgeben und ich laufe nur gegen diese Mauern an, dann brummt mir natürlich der Schädel, und schließlich brech' ich mir den Schädel. Wenn ich anders denke – und Sie haben das eigentlich auch gelernt, nur sollten Sie da etwas konsequenter sein –, wenn ich anders denke, wenn ich weiß, daß es zuerst einmal auf mich selbst ankommt, lasse ich mir etwas Neues einfallen, versuche ich meine althergebrachte Sprache zu ändern, versuche ich, mit Sprache in mir selbst ein Denken und Fühlen zu verändern, versuche ich die Entriegelung meiner Gefühlswelt, scheue ich mich nicht mehr, etwas zu sagen, was meine Umgebung nicht akzeptieren kann, weil es ihren Vorurteilen widerspricht. [...]"* (S. 83/84)

QUELLE

Kant, Hermann/Zwerenz, Gerhard (1998): Unendliche Wende. Ein Streitgespräch, hg. v. Joachim Jahns. Querfurt.

LITERATUR

Antos, Gerd (1982): Grundlagen einer Theorie des Formulierens. Tübingen.
Bazzanella, Carla (Hg.) (1996): Repetition in Dialogue. Tübingen (Beiträge zur Dialogforschung 11).
Betten, Anne (1980): Fehler und Kommunikationsstrategien. In: Cherubim, Dieter (Hg.): Fehlerlinguistik. Beiträge zum Problem der sprachlichen Abweichung. Tübingen.

Brinker, Klaus (³1992): Linguistische Textanalyse. Eine Einführung in Grundbegriffe und Methoden. Berlin.
Brinker, Klaus/Sager, Sven F. (1989): Linguistische Gesprächsanalyse. Berlin.
de Beaugrande, Robert-Alain/Dressler, Wolfgang Ulrich (1981): Einführung in die Textlinguistik. Tübingen.
Erben, Johannes (2000): Wortbildungsstrukturen und Textverständlichkeit. In: Barz, Irmhild/Schröder, Marianne/Fix, Ulla (Hg.): Praxis- und Integrationsfelder der Wortbildungsforschung. Heidelberg, S. 159–166.
Fleischer, Wolfgang/Barz, Irmhild (²1995): Wortbildung der deutschen Gegenwartssprache. Tübingen.
Gruber, Helmut (1996): Streitgespräche. Zur Pragmatik einer Diskussionsform. Opladen.
Gülich, Elisabeth/Kotschi, Thomas (1996): Textherstellungsverfahren in mündlicher Kommunikation. Ein Beitrag am Beispiel des Französischen. In: Motsch, Wolfgang (Hg.): Ebenen der Textstruktur. Sprachliche und kommunikative Prinzipien. Tübingen.
Heinemann, Margot/Heinemann, Wolfgang (2002): Grundlagen der Textlinguistik. Interaktion – Text – Diskurs. Tübingen.
Hoffmann, Ludger (2000): 31. Anapher im Text. In: Brinker, Klaus/Antos, Gerd/Heinemann, Wolfgang/Sager, Sven F. (Hg.): Text- und Gesprächslinguistik. Berlin/New York (HSK 16.1), S. 295–304.
Kleist, Heinrich von (1980): Über die allmähliche Verfertigung der Gedanken beim Reden. In: Kleine Schriften. Kleists Werke in zwei Bänden. Bd. 1. Berlin und Weimar, S. 307–313.
Linke, Angelika/Nussbaumer, Markus (2003): 32. Rekurrenz. In: Brinker, Klaus/Antos, Gerd/Heinemann, Wolfgang/Sager, Sven F. (Hg.): Text- und Gesprächslinguistik. Berlin/New York (HSK 16.1), S. 305–315.
Peschel, Corinna (2002): Zum Zusammenhang von Wortneubildung und Textkonstitution. Tübingen.
Plett, Heinrich (³1975): einführung in die rhetorische textanalyse. hamburg.
Scheutz, Hannes (1997): Satzinitiale Voranstellungen im gesprochenen Deutsch als Mittel der Themensteuerung und Referenzkonstitution. In: Schlobinski, Peter (Hg.): Syntax des gesprochenen Deutsch. Opladen, S. 27–54.
Schröder, Marianne (1984): Wortbildungskonstruktionen im Text. In: Wissenschaftliche Zeitschrift der KMU Leipzig (GSR) 33, S. 514–519.
Schröder, Marianne (1992): Wortbildung in Familiengesprächen. In: Große, Rudolf/Lerchner, Gotthard/Schröder, Marianne (Hg.): Beiträge zur Phraseologie, Wortbildung, Lexikologie (FS für Wolfgang Fleischer zum 70. Geburtstag). Frankfurt a. M. u. a., S. 93–99.
Schwitalla, Johannes (1997): Gesprochenes Deutsch. Berlin.
Selting, Margret (1997a): Interaktionale Stilistik: Methodische Aspekte der Analyse von Sprechstilen. In: Selting, Margret (Hg.): Sprech- und Gesprächsstile. Berlin/New York.
Selting, Margret (1997b): Sogenannte ‚Ellipsen' als interaktiv relevante Konstruktionen? Ein neuer Versuch über die Reichweite und Grenzen des Ellipsenbegriffs für die Analyse gesprochener Sprache in der konversationellen Interaktion. In: Schlobinski, Peter (Hg.): Syntax des gesprochenen Deutsch. Opladen, S. 117–155.
Sowinski, Bernhard (1978): Deutsche Stilistik. Frankfurt a. M.
Thurmair, Maria (in diesem Band): Textsortenspezifische Referenzketten.
van Dijk, Teun A. (1980): Textwissenschaft. Eine interdisziplinäre Einführung. München.
Weinrich, Harald (1969): Textlinguistik. Zur Syntax des Artikels in der deutschen Sprache. In: Jahrbuch für internationale Germanistik 1, S. 61–74.
Wolf, Norbert Richard (1996): Wortbildung und Text. In: Sprachwissenschaft. Bd. 21, S. 241–261.
Zifonun, Gisela/Hoffmann, Ludger/Strecker, Bruno (1997): Grammatik der deutschen Sprache. 3 Bde. Berlin/New York.

Wortbildung und Text/Wörterbuch

GERHARD AUGST

Die Wortfamilie als Ordnungskriterium in elementaren Lernerwörterbüchern

1. PROBLEMSTELLUNGEN

Jedes alphabetisch-semasiologische Wörterbuch ist zur Hälfte ein Wortfamilienwörterbuch (WFW).[1] Die beiden neuen Lernerwörterbücher bei Langenscheidt und de Gruyter[2] berücksichtigen darüber hinausgehend das Ordnungskriterium Wortfamilie (Wf./Wfen). Einige Rezensenten zum WFW gehen noch einen Schritt weiter: Sie fordern die Wf. als makrostrukturelles Ordnungsprinzip des Lernerwörterbuchs. Hier soll die Frage für elementare Lernerwörterbücher untersucht werden. Grundlage der Untersuchung sind die beiden Wörterbücher „Das Zertifikat – Deutsch als Fremdsprache" (= ZEWO) und „PONS Basiswörterbuch Deutsch als Fremdsprache" (= PONS).

Untersucht werden sollen:

1. die Stärke, Mächtigkeit der Wfen,
2. die Struktur komplexer Wörter, speziell die Verwendung produktiver Ableitungsmuster und
3. die Ausnutzung der relativen Motiviertheit in den semantischen Kommentaren.

Ich stelle die Befunde zunächst für den ZEWO dar und vergleiche dann mit dem PONS.

2. DER ZEWO-ELEMENTARWORTSCHATZ

2.1. Die Stärke der Wfen im ZEWO

Der ZEWO hat 2037 Wörter, die sich auf 1167 Wfen verteilen, das macht 1,75 Wörter pro Wf. im Schnitt. Da die Zusammensetzungen in mehreren Wfen auftreten, ergeben sich 2585 Lemmata; das erhöht die durchschnittliche Stärke der Wf. auf

---

[1] In Augst (1992) wurde die Wf. in normalen Wörterbüchern untersucht und festgestellt, dass diese Wörterbücher zur Hälfte immer Wf.wörterbücher sind.

[2] Müller (2002) hat die Wfen im de Gruyter-Wörterbuch untersucht.

2,22 Wörter. Das „magere" Ergebnis pro Wf. wird nun noch dadurch verstärkt, dass 558 dieser Wfen (= 47,8 %), also knapp die Hälfte, keine richtigen Wortfamilien sind, da sie aus einem einzigen Wort bestehen; man könnte sie – um im Metaphernfeld zu bleiben – als Singles bezeichnen. Bei der Hierarchie der Füllung der Wfen von 2 bis maximal 18 Wörtern ergibt sich wieder einmal die bekannte degressive Struktur, wie sie in der Wortschatzstatistik häufig auftritt: Viele „types" mit wenigen „tokens" und wenige „types" mit vielen „tokens", also hier viele Wfen mit wenigen Wörtern und wenige Wfen mit vielen Wörtern, mathematisch eine Hyperbel.[3]

Rein quantitativ ist also beim ZEWO nicht viel gewonnen, wenn man ihn makrostrukturell nach Wfen ordnet. Sprachtheoretisch betrachtet, scheint geradezu die umgekehrte Sehweise relevant. Dieser Grundwortschatz, der ja nicht unter Berücksichtigung der lexikologischen Ordnung Wortfamilie, sondern wegen seiner elementaren kommunikativen Bedeutsamkeit ermittelt und als Wortliste zusammengestellt wurde, fußt auf so vielen verschiedenen Wortfamilien, weil die kommunikativ elementaren, bedeutsamen Sachverhalte in hohem Maße durch je eigene Lexeme sprachlich gefasst werden. Wenn es nicht zu verwegen ist, möchte man dasselbe Motiv vermuten, wie es den Suppletivbildungen im Bereich der Morphologie zu Grunde liegt. Dieser vielleicht etwas spekulative Gedanke wird nun noch dadurch unterstützt, dass von den 1167 Wfen 1017 ein Kernwort haben, bezogen auf die Gesamtmenge der Wörter ist das mehr als die Hälfte (57,3 %). Nur in 150 Wfen (= 12,8 %) fehlt im ZEWO das Kernwort, z. B. *Bleistift*, aber weder *Blei* noch *Stift*; *bluten*, aber nicht *Blut*; *Forschung*, aber nicht *forschen*. In dem oben entwickelten Gedankengang bedeutet dies: Kernwörter sind nicht nur die oberste, motivational nicht hintergehbare Einheit, also Spitzenlemma einer Wf., sondern sie sind auch elementar kommunikativ die relevantesten Wörter.

2.2. Komplexe Wörter und produktive Muster im ZEWO

Für unsere Fragestellung sind die produktiven Mechanismen interessant. So gibt der ZEWO mit eigenem Lemma vier Affixe (*-bar*, Umlaut-*in*, *-los*, *un-*) als produktiv an, dazu 6 Verbzusätze (*fort-*, *mit-*, *wieder-*, *zurück-* und die Richtungsverbzusätze *hin-*, *her-* mit Weiterungen *hinein…*, *herein…*). Von den 17 im WFW als produktiv angegebenen Suffixen sind 13 in Wörtern des ZEWO belegt.

	produktiv		nicht produktiv	
-ung	53	Änderung	12	Wohnung
-er	25	Absender	12	Ober
-heit/-keit	17	Freiheit	–	–
-ig	17	durstig	26	tätig

---

[3] In Augst (2000) ist gezeigt, dass die Hyperbel für das WFW ebenso aussieht.

	produktiv		nicht produktiv	
-lich	16	*beruflich*	35	*freundlich*
-isch	7	*politisch*	4	*praktisch*
-chen	2	*Brötchen*	1	*bisschen*
-erei	2	*Bäckerei*	–	–
-los	2	*kostenlos*	–	–
-bar	1	*haltbar*	4	*wunderbar*
-ist	–	–	3	*Polizist*
-istisch	1	*sozialistisch*	–	–
-lein	–	–	1	*Fräulein*

Natürlich haben diese Suffixe neben den produktiven oft auch unproduktive Bildungen, z. B. gehören neben den 53 Bildungen zu *-ung* in dem Muster Nomen actionis/acti *(Beschreibung)* auch 12 metonymisch verschobene wie *Regierung, Bevölkerung, Heizung, Kreuzung, Wohnung*; hingegen hat z. B. *-heit* keine unproduktiven Bildungen.

Neben den 13 Suffixen, die auch ein produktives Baumuster haben, finden sich 40 weitere Suffixe, die zu 291 Wörtern gehören. Es ergibt sich also:

13 Suffixe	produktiv	143 Wörter	27,1 %
	unproduktiv	98 Wörter	18,2 %
40 weitere Suffixe	unproduktiv	291 Wörter	57,7 %
		532 Wörter	100,0 %

Damit können nur 27 % der suffigierten Wörter auf produktive Muster zurückgeführt werden. Dabei ist noch nicht der Umlaut berücksichtigt, der bei einigen Suffixen, wie *-ig* und *-lich*, nicht vorhersagbar auftritt, z. B. *nötig, gefährlich*.

Analoge Befunde ergeben sich aus den Wörtern mit Präfixen und Verbzusätzen. Wir beschränken die Untersuchung hier auf die im WFW angegebenen 23 Präfixe und Verbzusätze, die mindestens ein produktives Wortbildungsmuster haben. Dabei ergibt sich, dass vier gar nicht belegt sind: *durch-, los-, ur-* und *zer-*. Von den anderen nenne ich die häufigst belegten:

	produktiv		nicht produktiv	
aus-	16	*ausreisen*	9	*auszeichnen*
be-	14	*bedanken*	34	*besuchen*
ein-	13	*einschalten*	5	*einkaufen*
ver-	13	*verwechseln*	35	*vermieten*
an-	10	*ankommen*	11	*anzeigen*

Alles in allem erfassen die 19 auch produktiven Präfixe und Verbzusätze 109 Wörter mit einem produktiven Wortbildungsmuster, aber 182 sind ohne (heute noch) produktives Muster gebildet, d. h. fast zwei Drittel aller Wörter; dabei sind alle weiteren

Präfixe und Verbzusätze noch nicht berücksichtigt, die keine produktive Variante haben.

Um die überraschend große Zahl der Suffixe im ZEWO näher zu untersuchen, soll die Sehweise umgekehrt und onomasiologisch gefragt werden, wie Nomen actionis und Nomen essentiae gebildet sind. Unter den produktiven Suffixen ist für das Erstere schon *-ung* und für das Letztere *-heit* aufgetreten. Die Frage lautet also: Welche konkurrierenden synonymen Suffixe gibt es als Nomen actionis/acti zu *-ung* und als Nomen essentiae zu *-heit*?

Zunächst zum Nomen actionis/acti:

-ung	65	27,3 %	Entschuldigung
-∅	57		Verkauf
-e	31		Rede
innere Abl.	30		Aufgabe
-t	28		Abfahrt
Infinitiv	13		Misstrauen
-nis	7		Ergebnis
-ation	4		Demonstration
-enz	2		Konferenz
-de	1		Freude
Σ	239	100,0 %	

Es treten also sechs Suffixe auf, die Nullderivation, innere Ableitung und der substantivierte Infinitiv. Alles in allem sind 239 Wörter betroffen, das produktive Muster *-ung* erfasst unter den elementaren Wörtern 27,3 %, die heute nicht mehr produktive Null-Derivation ist fast genau so häufig belegt.

Das Suffix *-heit* als produktives Muster für das Nomen essentiae konkurriert nur mit dem heute nicht mehr produktiven *-e*:

-heit	17	68 %	Freiheit, Schwierigkeit
-e	8	32 %	Breite, Größe
	25	100 %	

Nehmen wir jetzt beide Befunde zusammen:

– produktive vs. unproduktive Muster der Suffixe und
– konkurrierende Suffixe zu einer Funktion,

so ergibt sich für die Ableitungen des ZEWO: Je kommunikativ relevanter der Wortschatz ist, umso idiosynkratischer ist die Wortbildungsstruktur der darin enthaltenen abgeleiteten Wörter. Eine damit einhergehende Beobachtung, die ich allerdings nicht systematisch quantitativ überprüft habe, ist, dass der kommunikativ hoch relevante Wortschatz ein im diachronen Aspekt zum Teil sehr alter Wortschatz ist, der, oft aufbauend auf den starken Verben, Wortbildungsmuster und Affixe zeigt, die heute nicht mehr produktiv sind. Das berührt jedoch nicht prinzipiell die Sinnhaftigkeit, den ZEWO zumindest sekundär nach Wortfamilien zu organisieren, da die relative Motiviertheit ja nicht von der Produzierbarkeit abhängt: *Kälte* ist in Bezug auf *kalt* ebenso motiviert wie *Feinheit* auf *fein*, ganz unabhängig davon, dass die Nominalisierung mit (Umlaut) -*e* heute nicht mehr möglich ist, wohl aber mit dem Suffix -*heit*, z. B. *Smartheit* von *smart*. In Bezug auf die Rezeption, z. B. die Bedeutungserschließung, hilft schon die relative Motiviertheit, aber in Bezug auf die Produktion helfen nur produktive Muster. Sie sind im ZEWO nur in nuce enthalten.

2.3. Relative Motiviertheit in semantischen Kommentaren

Da der ZEWO fast keine semantischen Kommentare benutzt, sondern die Bedeutungsaspekte eines Wortes meist durch Beispielsätze demonstriert, kann vorderhand dazu keine Aussage gemacht werden. Aber bei der Besprechung dieses Phänomens für den PONS wird sich dazu ein Ausweg ergeben. Wir wenden uns daher jetzt dem PONS zu.

3. DER PONS-BASISWORTSCHATZ

3.1. Die Stärke der Wfen im PONS

Der PONS-Wortschatz mit 8000 Wörtern verteilt sich auf 3400 Wfen mit 2,35 Wörtern pro Wf.; da die Komposita in mehreren Wfen auftreten – je nach der Zahl der Lexeme –, erhöht sich die Zahl der Lemmata insgesamt auf 9670 Wörter = 2,84 Wörter pro Wf. Das ist gegenüber dem ZEWO (2,22 %) ein sehr bescheidener Anstieg. Jedoch ist mit 1883 Singles = 27 % aller Wfen deren Zahl gegenüber dem ZEWO (57,3 %) deutlich gesunken, die größte Wf. verfügt jetzt immerhin über 66 (im ZEWO 18) Mitglieder. Hingegen gibt es 317 Wfen (= 9,3 %) ohne Kernwort. Der Anteil ist gegenüber dem ZEWO (12,8 %) ebenfalls gesunken.

Ein sehr interessantes Ergebnis stellt sich ein, wenn man das Anwachsen der Wfen getrennt untersucht, und zwar die Wfen, die schon im ZEWO vorhanden sind, im Verhältnis zu den neu hinzugekommen:

Wfen des ZEWO im PONS	1167 mit 6339 Wörtern = 5,43 im Durchschnitt
neue Wfen im PONS	2233 mit 3331 Wörtern = 1,49 im Durchschnitt
alle Wfen im PONS	3400 mit 9670 Wörtern = 2,84 im Durchschnitt

Selbst wenn man bei den Wfen des ZEWO im PONS deren Grundstock im ZEWO herausrechnet (6339−2585), liegt der Rest mit 3,22 Wörtern im Durchschnitt pro

Wf. immer noch über der Stärke der neuen Wfen (1,49 im Durchschnitt). Dieser Befund wird auch noch dadurch gestützt, dass einerseits unter den neuen Wfen des PONS keine ist, die zu den umfangreicheren gehört, dass aber andererseits alle mächtigen Wfen des ZEWO auch im PONS zu den mächtigsten gehören. In der folgenden Liste sind die 10 stärksten Wfen des PONS mit denen des ZEWO verglichen:

ZEWO	Wfen	PONS
18	*fahren*	66
17	*halten*	51
15	*sehen*	50
8	*gehen*	46
12	*binden*	45
18	*sitzen*	44
9	*ein*	42
9	*geben*	42
8	*kommen*	42
12	*ziehen*	38

Von diesen zehn stärksten Wfen des PONS gehören sechs auch zu den 10 häufigsten Wfen im ZEWO, die vier nächsten des ZEWO folgen im PONS auf den Rangstufen 11–20.

Bemerkenswert ist noch, dass neun dieser Wörter starke Verben sind mit einer diachron „ehrwürdigen" Reihe von Ableitungen und Komposita.

3.2. Komplexe Wörter und produktive Muster im PONS

Dies führt wieder zu den komplexen Wörtern. Hier habe ich keine Gesamtauswertung vorgenommen, sondern möchte exemplarisch an dem Präfix *be-*, dem Verbzusatz *an-* und dem Suffix *-ung* prüfen, ob die Zahl der Wörter im Verhältnis PONS/ZEWO stärker wachst, die nach einem produktiven Muster gebildet sind, als alle anderen Bildungen. Ferner sollen bei *-ung* wieder die konkurrierenden Suffixe mit einbezogen werden.

Wir unterscheiden bei *be-* Pseudopräfigierungen, z. B. *befehlen, Behörde*, von den relativ motivierten:

Ausnahmen, z. B. *bevor, besonders*;
nicht produktiv, z. B. *beobachten, befinden*;
produktiv[4] *be-$_1$*, z. B. *bevölkern, beurlauben*;
    be-$_2$, z. B. *bedanken, belügen*.

---

[4] Für die Einteilung nach produktiv/unproduktiv ist das WFW herangezogen, das sich seinerseits auf Wellmann (1973) stützt.

Zusammengenommen für *be-*, *an-* und *-ung* ergibt sich:

be-, *an-*, *-ung*	andere		produktiv		Σ	
PONS neu	117	34,5 %	222	65,5 %	339	100 %
ZEWO	72	48,3 %	77	51,7 %	149	100 %

Generell kann man davon ausgehen, dass der Wortschatz mit zunehmendem Umfang regelmäßiger wird.

Dies kann man noch sehr schön an der onomasiologischen Sehweise belegen. Wie sich beim ZEWO zeigte, sind bei der Wortbildung von Nomen actionis/acti die *ung*-Ableitungen zwar sehr oft belegt, aber gegenüber anderen Bildungsweisen in der Minderzahl. Dieser Anteil der *ung*-Ableitungen erhöht sich aber im PONS von 27,3 % auf 38,4 %.

Noch deutlicher zeigt sich diese Tendenz, wenn man die Wörter prüft, die die Autorinnen des PONS zu den 8000 Wörtern unter der Abkürzung WOBI als nackte Derivate noch zusätzlich hinzufügen, alles Wörter, die die nächste kommunikative Zone betreffen.[5] Alles in allem sind das 1038 Derivate, die sich auf 93 Affixe (bzw. Affixoide) verteilen. Exemplarisch möchte ich hier nur die „Erzeugung" der Nomen actionis/acti betrachten, und zwar im Vergleich ZEWO, PONS neue Wörter und PONS Zusätze:

	ZEWO		PONS neue Lemmata		PONS Zusätze	
-ung	65	27,3 %	131	38,4 %	185	71,4 %
innere Abl.	30		74		17	Abflug
-(at)ion	4		25		16	Dekoration
-∅	57		59		14	Spuk
-erei	–		2		8	Hexerei
Infinitiv	13		14		4	Erstaunen
-e	31		19		4	Durchreise
-nis	7		3		3	Wagnis
-tum	–		1		2	Wachstum
-ur	–		2		2	Rasur
-age	–		–		2	Blamage
-ing	–		2		1	Recycling
-ment	–		1		1	Engagement
-t	28		5		–	Fahrt
-de	1		–		–	Freude
-enz	2		1		–	Konkurrenz
-um	–		1		–	Studium
-is	–		1		–	Dosis
Σ	238		341		259	

---

[5] Briefliche Auskunft der Autorinnen.

Sind im ZEWO nur 27,3 % mit *-ung* gebildet, so sind es im PONS schon 38,4 % aller Neuaufnahmen der Nomen actionis/acti und in den Zusätzen des PONS sind es gar 71,4 %.

In der Dreistufung ZEWO, PONS neue Lemmata und PONS Zusätze wird klar erkennbar, dass die Zahl der produktiv mit *-ung* gebildeten Wörter bei umfangreicher werdendem Wortschatz zunimmt. Umgekehrt bestätigt sich aber dadurch auch, dass die Derivate umso unregelmäßiger gebildet sind, je zentraler, d. h. kommunikativ relevanter der Wortschatz ist.

3.3. Motivierungskommentare im PONS

Neben der Ordnung nach Wfen und dem Phänomen produktiver Affixe gibt es noch eine zweite Möglichkeit, die semantische Motiviertheit komplexer oder polysemer Wörter im Wörterbuch zu nützen. Dies sind die semantischen Kommentare. Man kann die Bedeutung komplexer Wörter mehr oder weniger treffend und mehr oder weniger einfach auf Grund der relativen Motiviertheit beschreiben unter Benutzung des zu Grunde liegenden Basis- bzw. Kernwortes (bzw. der Basis-/Kernwörter bei Komposita) und im Falle der Polysemie unter Verwendung der Kernbedeutung bei abgeleiteten Bedeutungen. So ist ein *Fischer* 'jmd., der Fische fängt' oder 'jmd., der fischt' und eine *elektrische Birne* ist metaphorisch 'eine Glühlampe in der Form einer Essbirne'. Allerdings haben im Gegensatz zu Augenblicksbildungen (Textwörter und Neologismen), die im Rahmen einer Prädikation einen Gegenstand oder Sachverhalt sprachlich erfassen, lexikalisierte Ableitungen, Zusammensetzungen und Polysemien eine Nominationsfunktion, die komplementär die Prädikation allmählich in den Hintergrund treten lässt (Knobloch 2000) und durch die Konventionalisierung eine idiomatische Prägung vornimmt, d. h. konkurrierende, prädikativ mögliche Bildungen ausschließt. Am Beispiel: Das *Brötchen* lässt sich zwar prädikativ auf Grund der relativen Motiviertheit als 'kleines Brot' herleiten, aber das Wort hat eine Nominationsfähigkeit, die nicht in 'kleines Brot' ausgeschöpft ist, und außerdem kann in allen Gegenden Deutschlands ein etwas zu minimal ausgefallenes Brot *ein kleines Brot* genannt werden, aber das *Brötchen* für ein spezielles Gebäckstück nur dort, wo diese Bezeichnung üblich ist, also z. B. nicht *Schrippe, Semmel, Brötlein*.

Der ZEWO bringt, wie oben bemerkt, keine semantischen Kommentare, sondern erfasst die Bedeutung(en) eines Wortes und dessen Polyseme durch markante Beispielsätze. Deshalb beschränkt sich die Untersuchung nur auf den PONS. Allerdings sind darin die Wörter des ZEWO markiert, so dass sie gesondert ausgewertet werden können. Nun ist es im Rahmen dieser Untersuchung nicht möglich, alle 8000 Wörter (minus Kernwörter bzw. Kernbedeutungen) auf die Verwendung der relativen Motiviertheit im semantischen Kommentar zu analysieren, deshalb beschränke ich mich auf die Wörterbuchstrecke des Buchstabens L und das oben schon behandelte Präfix *be-*, den Verbzusatz *an-* und das Suffix *-ung*.

Zunächst zu L:

	Abl.	Zus.	Abl. + Zus.	Polysemie
Gesamt	167	71	238	51
mit relat. Motiviertheit	42	28	70	9
%	25,1	35,4	29,4	17,6

Betrachtet man die 37 komplexen Wörter des ZEWO gesondert, so sind nur zwei(!) im PONS durch die Ausnützung der relativen Motiviertheit semantisch kommentiert.

Bei den Morphemen *be-* und *an-* können jetzt die Pseudo-Bildungen unberücksichtigt bleiben, es geht also – gemäß obiger Einteilung – nur um den Gegensatz von Bildungen nach produktivem Muster (*be-*$_1$, *be-*$_2$; *an-*$_1$, *an-*$_2$, *an-*$_3$; *-ung*) und anderen Bildungen (und Ausnahmen).

be-, an-, -ung	Ausn. + andere	produktiv	Σ
gesamt	172	310	482
mit relat. Motiviertheit	21	52	73
%	12,3	16,7	15,1

Einerseits ist die Gesamtausnützung bei den drei Affixen etwas geringer als bei allen Derivaten des Buchstabens L, andererseits zeigen die Affigierungen mit *be-*, *an-* und *-ung*, die einem produktiven Muster folgen, einen etwas höheren Anteil als die „anderen". Wertet man die Motivierungskommentare zu *be-*, *an-* und *-ung* für die schon im ZEWO enthaltenen Wörter getrennt aus, so zeigt sich auch hier, dass prozentual in weniger Fällen auf die relative Motiviertheit Bezug genommen wird.

4. SCHLUSSFOLGERUNGEN

Bisher wurde über das Ganze oder exemplarisch an Einzelphänomenen beschrieben, wie sich die relative Motiviertheit in zwei elementaren Wörterbüchern auswirkt. Das Ergebnis kann man in drei Fakten festhalten:

1. Der ZEWO-Elementarwortschatz mit rund 2000 Wörtern ist weitgehend auf Kernwörtern aufgebaut. Kernwörter bilden nicht nur den Kopf einer Wf., sie sind auch kommunikativ die relevantesten. Erst die Ausbaustufe des PONS mit rund 8000 Wörtern senkt prozentual den Anteil der Kernwörter und erhöht die Zahl der komplexen Wörter und damit auch die Stärke der Wfen, die nun im Durchschnitt von 2,23 auf 2,84 Wörter pro Wf. steigt. Die größte Wf. im ZEWO umfasst 18, im PONS 66 Wörter. Im ZEWO wie im PONS sind die Kernwörter großer Wfen meist die starken Verben. Je kommunikativ relevanter das zu Kommunizierende ist, umso eher werden je eigene Lexeme benutzt. Die Zahl der kernwortlosen Wfen geht leicht zurück.

2. Unterscheidet man bei den Derivaten nach produktiven Bildungsmustern und anderen, so stellt man fest, dass im ZEWO die unproduktiven Bildungsmuster des einzelnen Affixes überwiegen und dass bei konkurrierenden Affixen, z. B. beim Nomen actionis/acti, die heute nicht mehr produktiven oft die Überhand haben. Im PONS ändert sich die Sachlage, die konkurrierenden Muster treten zurück und die produktiven Bildungsmuster eines Affixes nehmen zu.
3. Die Ausnützung der relativen Motiviertheit beim semantischen Kommentar ist im ZEWO-Wortschatz geringer als im neuen PONS-Wortschatz, weil die Differenz zwischen Motiv- und Funktionsbedeutung umso größer ist, je kommunikativ relevanter der Wortschatz ist. Tendenziell zeigt sich im PONS, dass Derivate, die mit einer produktiven Variante eines Affixes gebildet sind, eher zur Ausnützung der relativen Motiviertheit im semantischen Kommentar neigen.

Alles in allem kann man feststellen, dass gerade der elementare Wortschatz der Kommunikation, wie er sich im ZEWO abbildet, hochgradig idiomatisch und idiosynkratisch ist. Im PONS (mit 8000 Wörtern) treten die regelmäßigen Strukturen stärker hervor. Hier scheint eine Schwelle zum regelmäßigen Ausbau erreicht, wie er sich in den zusätzlich aufgenommenen Wörtern des PONS zeigt, die den Wortschatz auf ca. 11 000 ausbauen.

Soweit die Fakten. Kehren wir nun zur eingangs gestellten Frage zurück: Sollen Lexikografen den Lernerwortschatz makrostrukturell nach Wortfamilien aufbauen? Ich möchte dies für die hier in Rede stehenden Aufbaustufen 2000 und 8000 Wörter verneinen. Die Zahl der Wörter ist insgesamt zu gering, als dass sich eine größere Fülle von großen Wfen ergibt. Außerdem sind die Derivate zu idiomatisch.[6] Möglicherweise ist es bei einem Wortschatz von 18 000 (de Gruyter) oder gar 30 000 Wörtern (Langenscheidt) anders zu entscheiden. Im PONS könnte ich mir jedoch eingeschobene Kästen oder einen Anhang vorstellen, in dem die ca. 20 größten Wfen im Zusammenhang zusätzlich vorgeführt würden.

Damit plädiere ich für eine alphabetische Makrostruktur, die allerdings – gleichsam subkutan – durch die relative Motiviertheit unterfüttert wird, denn für einen Fremdsprachenlerner – vor allem beim gelenkten Erwerb – ist das laienhafte Begleitbewusstsein wesentlich stärker ausgebildet als beim Muttersprachler. So kann ihm die relative Motiviertheit helfen, die Wortbedeutung komplexer und/oder polysemer Wörter zu verstehen und als Merkhilfe beim Einprägen dienen. Außerdem weiß der Lerner, dass der elementare Wortschatz von ca. 2000 Wörtern ausgebaut werden muss und dass dies – neben neuen Wfen – vor allem über den Ausbau bestehender Wfen durch Derivation, Komposition und Polysemie geschieht. Die produktiven Möglichkeiten sind, wie auch schon Schnörch (2002) festgestellt hat, selbst im elementaren Wortschatz des ZEWO in nuce angelegt. Der ZEWO hat neben der

---

[6] Nicht untersucht wurden die Komposita, bei denen sich neben der Differenz von Funktions- und Motivbedeutung auch das Problem des Fugenmorphems ergibt.

Wortliste auch einen Anhang zur Wortbildung. Das ist wichtig und richtig.[7] Da aber Wortbildung und Polysemie nicht nur nach abstrakten Mustern, sondern auch idiosynkratisch als Proportionsgleichung zu je einzelnen Wörtern verlaufen, sollte die Wortstruktur komplexer Wörter und die Bedeutungsentfaltung der einzelnen betroffenen Wörter innerhalb der Wortstrecke beim einzelnen Wort thematisiert werden. Nur wenn dies geschieht, ist es sinnvoll, nackte Lemmata zu ergänzen, denn dann kann der Benutzer die komplexen Formen analog deuten.[8]

Im Einzelnen möchte ich folgende Empfehlungen[9] geben:

– Gibt es ein Wort, das relativ motiviert ist, so sollte die Basis, wo immer möglich, auch lemmatisiert sein. Speziell für die unkommentierten Lemmata des PONS muss diese Forderung erhoben werden. Schon gar nicht sollte eine Wortbildung als Basiswort fungieren, z. B. *herrschsüchtig*, wenn dann das Basiswort *Herrschsucht* folgt. Zu *Eid Mein-* zu setzen hilft nicht weiter.

– Pseudopolysemien sollten vermieden werden. So hat *verschreiben* nicht zwei Bedeutungen 'falsch schreiben' und 'verordnen', sondern es gibt zwei Wörter *verschreiben*, die mit verschiedenen Funktionen des Präfixes *ver-* gebildet sind. Dasselbe trifft auf Komposita zu, z. B. *Filmrolle* 'Rolle mit aufgewickeltem Film' und *Filmrolle* 'schauspielerischer Part/Text in einem Film'. Auch zwischen *Ball* aus Leder und *Ball* als Fest gibt es keine Polysemie.

– Polysemien sollten gemäß der Ableitungsstruktur geordnet sein. So ist *ein Auto lenken* primär zu *eine Diskussion lenken* und nicht umgekehrt.

– Ableitungen und Zusammensetzungen sollten bei polysemen Basen dem jeweiligen Bedeutungsaspekt direkt zugeordnet werden; so ist

Hof 1. 'abgegrenzter Platz'
     2. 'Wohnsitz eines Königs, Fürsten'
dazu als Kom(posita): *Bauern-, Hinter-, Innen-, Königs-*

deshalb unterbestimmt, weil *Hinterhof* und *Innenhof* nur zu 1., *Königshof* nur zu 2. gehört und für *Bauernhof* sogar der Bedeutungsaspekt 3. 'Landwirtschaftliches Anwesen' fehlt (dabei sollten 2. und 3. die Plätze tauschen).

---

[7] Hingegen sollten die Wortgruppenlisten (z. B. Wochentage, Tageszeiten, Monatsnamen) aufgelöst oder zumindest auch in der Wörterbuchstrecke aufgenommen werden.

[8] Van der Colff (1998) hat sich sehr energisch gegen nackte Lemmata im Langenscheidt-Wörterbuch Deutsch als Fremdsprache ausgesprochen. Mir scheint dies doch empfehlenswert, wenn die Ableitung der entsprechenden Bedeutung der Basis zugeordnet wird und wenn die Auswahl auch onomasiologisch gesteuert wird, z. B.: Welche Bildungsweise des Nomen actionis oder essentiae ist konventionalisiert?

[9] Die Literatur zum Wortschatzlernen ist sehr reichhaltig. Meine Empfehlungen sind allein lexikologisch abgeleitet, ob sie psycholinguistisch und methodisch sinnvoll sind, müssen andere entscheiden.

– Bei der semantischen Kommentierung sollte die relative Motiviertheit so weit wie eben möglich genutzt werden.[10] Dies kann in zweierlei Weise geschehen: entweder durch Einbau in die/oder als Bedeutungsangabe oder durch einen Motivierungskommentar, z. B.:

Liebesbrief 'Brief an eine geliebte Person'
behände <schnell bei der Hand> 'flink'

Gerade für den zweiten Fall kann der Motivierungskommentar gelegentlich auch auf etymologische Zusammenhänge zurückgreifen, wenn es dem Lerner hilft, die Funktionsbedeutung zu verankern, z. B.

Zollstock <früher ein *Stock* mit *Zoll*-Einteilung> 'Gliedermessstab'
Fingerhut 1. <scherzh. bildl. *Hut* für den *Finger*> 'Schutzkappe über dem Mittelfinger zum Nähen'; 2. <bildl. nach der Form der Blüte> 'Digitalis'

Das zweite Beispiel soll auch deutlich machen, dass ein solches Vorgehen auch bei polysemen Wörtern angezeigt ist. Der Motivierungskommentar oder die Bedeutungsangabe soll offenlegen, wie man von der Kernbedeutung (1) zu den weiteren Bedeutungen (2–n) kommt.

– Zumindest die häufig auftretenden Affixe sollten mit einem eigenen Lemma aufgenommen und dabei sollten produktive Bildungsmuster besonders herausgestellt werden. Diese produktiven Muster können dann bei den einschlägigen Wörtern wiederholt werden, so dass sowohl die abstrakten Baumuster als auch individuelle Wortanalogien helfen, die Bedeutung unbekannter Wörter zu erschließen, z. B. (nach WFW):

ver- 1. <*ver-*[1]> vollständig, bis zu Ende *verklingen, verblühen, vernaschen*
2. <*ver-*[2]> etw. zu sehr, falsch tun *versalzen, vergreifen, verlegen*
3. <*ver-*[3]> weg, woandershin *verdrängen, verjagen, verreisen*
4. <*ver-*[4]> zu einem X werden, machen *versumpfen, verdeutlichen*

Beim einschlägigen Lemma könnte dann z. B. stehen:

verbluten <ver-[1]> 'sehr viel Blut verlieren und daran sterben' *Das Unfallopfer ist verblutet.*

Das trifft auch auf die reihenbildenden Affixoide, z. B. Augmentativbildungen, zu. ZEWO und PONS nennen hier schon einige; im Sinne von Poethe (1996) müsste dieses Inventar systematisch durchgearbeitet werden. Als Maßstab sollte gelten: Wenn es im elementaren Wortschatz Belege für die (produktive) Bildung eines Affixes oder eines reihenbildenden Lexems (Affixoids) gibt, dann sollte dieses Affix oder Affixoid

---

[10] Dies würde auch der Forderung an einsprachige Lernerwörterbücher nachkommen, einen möglichst bekannten Wortschatz bei der semantischen Kommentierung anzuwenden. Was liegt da näher als das direkt vorausgehende Kernwort oder die direkt vorausgehende Kernbedeutung, z. B. „*Zeichnung:* 'Bild, das man mit dem Stift gemalt hat'". Hier fände ich „gezeichnet" besser.

auch als je eigenes Lemma angesetzt werden. Das begrenzt deren Zahl je nach dem Wortschatzumfang (von 2000, 8000, 12 000, 18 000, 30 000) ganz erheblich.

Zum Schluss sei noch darauf verwiesen, dass der Lerner die relative Motiviertheit nicht nur bewusster in Bezug auf die Fremdsprache wahrnimmt, sondern dass hier auch eine Rückwirkung auf seine eigene Muttersprache einsetzt. Er wird dadurch zum Vergleichen gebracht. Sofern sich daher das Lernerwörterbuch an Lerner mit einer bestimmten Ausgangssprache wendet, sollten die möglichen relativen Motiviertheiten von L_1 und L_2 aufeinander bezogen werden. So ist für einen Deutsch lernenden Ungarn *Tollpatsch* anders motiviert als für den Deutsch sprechenden Muttersprachler (Gombocz 1999). Und sofern die L_1 des Lerners zur Romania gehört, wird er viele deutsche Fremdwörter als klar strukturiert erkennen. Die Verteilung von syntaktischen, morphologischen und semantischen Möglichkeiten im Vergleich von L_1 und L_2 kann im Einzelfall höchst aufschlussreich sein, z. B. (Scherfer 1997, 202):

kochen 1. 'garen'   *cook*   *faire bouillir*
         2. 'sieden'   *boil*   *bouillir*

Noch stärker sind die Differenzen und Gemeinsamkeiten in der Wortbildung. So sind eine Reihe von Affixen Internationalismen oder zumindest Europäismen oder es liegen onomasiologisch – sei es nun auf Grund von Bedeutungsentlehnung oder auf Grund des indoeuropäischen Erbes – ähnliche semantische Konzepte mit je typischen Affixen vor, so z. B.:

das Nomen actionis	*-ung*	*-ation*
das Nomen agentis	*-er*	*-er [e:]*
das Nomen essentiae	*-heit*	*-ität*
die Movierung	*-in*	*-esse*
das Diminutiv	*-chen*	*-ette*

Solche Parallelen springen ins Auge und werden durch die Fremdwörter unterstützt.
    Zum Schluss ein Bild: Der Gesamtwortschatz gleicht einer sehr alten großen Stadt. Dabei entspricht der Grundwortschatz dem mittelalterlichen Stadtkern. Damals wurde gebaut nach Baugesetzen und Funktionen, die teilweise heute nicht mehr gelten. In den Vorstädten sind die Straßen breiter und gerader; aber auch dort gilt: Einmal gebaut, ist alles weitere Bauen meist ein Umbauen auf der Basis des schon Gebauten. So wie das Gebaute einer Stadt daher immer letztendlich einmalig ist, so ist der konventionelle Wortschatz einer Sprache letztendlich immer idiomatisch. Aber es gilt auch: Eine Stadt ist mehr als „viele Häuser" und auch analog (mit einem Aufsatztitel von Haß-Zumkehr[11]): Ein „Wortschatz ist mehr als ‚viele Wörter'".

Ich danke Karin Müller und Elke Donalies für wertvolle Hinweise.

---
[11] Haß-Zumkehr (2000).

WÖRTERBÜCHER

de Gruyter Wörterbuch Deutsch als Fremdsprache von Günter Kempcke. Berlin/New York 2000.
Langenscheidts Großwörterbuch Deutsch als Fremdsprache. Hg. v. Dieter Götz, Günther Haensch, Hans Wellmann. Berlin u. a. 1. Aufl. 1993.
PONS: Basiswörterbuch Deutsch als Fremdsprache. Bearbeitet von Dörthe Hecht, Annette Schmollinger. Stuttgart 1999.
WFW: Gerhard Augst: Wortfamilienwörterbuch der deutschen Gegenwartssprache. Tübingen 1998.
ZEWO: Das Zertifikat Deutsch als Fremdsprache. Hg. vom Deutschen Volkshochschulverband e. V. und vom Goethe-Institut. 2. Aufl. 1977.

LITERATUR

Augst, Gerhard (1992): Das lexikologische Phänomen der Wortfamilie in alphabetisch-semasiologischen Wörterbüchern. In: ZGL 20.1, S. 24–36.
Ders. (2000): Die Mächtigkeit der Wortfamilien – Quantitative Auswertungen zum WFW. In: Barz, Irmhild/Schröder, Marianne/Fix, Ulla (Hg.): Praxis- und Integrationsfelder der Wortbildungsforschung. Heidelberg, S. 1–18.
Barz, Irmhild (2000): Rezension zum WFW. In: Deutsch als Fremdsprache H. 1, S. 49–51.
van der Colff, Adri (1998): Die Komposita in Langenscheidts Großwörterbuch Deutsch als Fremdsprache. In: Wiegand, Herbert Ernst: Perspektiven der pädagogischen Lexikographie des Deutschen. Tübingen (Lexicographica Series Maior, Bd. 86), S. 193–207.
Gombocz, Eszter (1999): Wortbildung und Lexikographie Hand in Hand. In: Info DaF 26, S. 601–608.
Haß-Zumkehr, Ulrike (2000): Ein Wortschatz ist mehr als „viele Wörter". In: Sprachreport 2, S. 2–7.
Knobloch, Clemens (2002): Zwischen Satz-Nominalisierung und Nennderivation: -ung-Nomina im Deutschen. In: Sprachwissenschaft 27, H. 3, S. 333–362.
Korhonen, Jarmo (1999): Rezension zum WFW. In: Germanistik 40, H. 2, S. 370–371.
Müller, Karin (2002): Wortfamilien im de Gruyter Wörterbuch Deutsch als Fremdsprache. In: Wiegand, Herbert Ernst: Perspektiven der pädagogischen Lexikographie II. Tübingen (Lexicographica Series Maior, Bd. 110), S. 245–256.
Poethe, Hannelore (1996): Wortbildung im Großwörterbuch Deutsch als Fremdsprache. In: Barz, Irmhild/Schröder, Marianne: Das Lernerwörterbuch Deutsch als Fremdsprache in der Diskussion. Heidelberg, S. 189–207.
Scherfer, Peter (1997): Überlegungen zu einer Theorie des Vokabellernens und -lehrens. In: Börner, Wolfgang/Vogel, Klaus (Hg.): Kognitive Linguistik und Fremdsprachenerwerb. 2. Aufl. Tübingen, S. 185–215.
Schnörch, Ulrich (2002): Der zentrale Wortschatz des Deutschen. Tübingen (Studien zur deutschen Sprache Bd. 26).
Stein, Gabriele (2002): Developing your English Vocabulary. Tübingen.
Wellmann, Hans/Kühnhold, Ingeborg (1973): Das Verb. Erster Hauptteil von: Deutsche Wortbildung. Düsseldorf.

Henning Bergenholtz

Wortbildungen im Text und im Wörterbuch

1. DIE FUNKTION VON WÖRTERBUCHANGABEN ZU WORTBILDUNGSZUSAMMENHÄNGEN

„Auf metalexikografischer Ebene hat man recht klare Vorstellungen über die Erfassung von Wortbildungszusammenhängen in Wörterbüchern."

So fasst Barz (2000, 308) den heutigen Stand der metalexikographischen Überlegungen zur Wortbildung zusammen. Das ist eine freundliche Beurteilung, m. E. zu freundlich. Viele Linguisten, die sich auch als Lexikographen verstehen, sehen Wörterbücher als Umschlagplatz für das eigene linguistische Wissen. Die Linguisten vergessen dabei, dass ein Wörterbuch ein Werkzeug ist, von dem man nur solche Informationen verlangen sollte, die vorgesehene Bedürfnisse für vorgesehene Benutzer befriedigen können:

„In alphabetischen geordneten Wörterbüchern gehen allzu leicht Wortbildungszusammenhänge verloren. Wortfamilien werden häufig willkürlich getrennt, was sich freilich auf die Präfix(oid)-Bildungen niederschlägt und erst bei einer rückläufig-alphabetischen Sortierung offenkundig wird."
(Schnörch 2002, 292)

In einem Rezeptionswörterbuch sind die hier geforderten Angaben allerdings nicht besonders wichtig, in einem Produktionswörterbuch oder einem Lernwörterbuch schon.

In meinen Augen ragt ein Beitrag zur metalexikographischen Wortbildung heraus: Mugdan (1984). Sein Beitrag berücksichtigt sowohl den Stand der damaligen Wortbildungsforschung wie auch den der Metalexikographie und gibt einen kritischen Gesamtüberblick über die Probleme verbunden mit konstruktiven Vorschlägen. Auch heute, gut zwanzig Jahre später, ist der Beitrag mit einer Einschränkung vorbildlich. Mugdan trennt zwar zwischen den kommunikationsbezogenen Wörterbuchfunktionen Rezeption und Textproduktion. Er geht aber nicht ausführlich ein auf wissensbezogene Wörterbuchfunktionen, d. h. auf Funktionen wie Sprachdokumentation oder Sprachlernen. Insbesondere letztere Funktion ist diejenige, welche viele lexikographische Wortbildungsforscher hervorheben:

„Die wichtige Aufgabe, dem Benutzer eine Vorstellung vom Begriff Wortbildungselement zu vermitteln, kommt offenbar dem Beispiel in dem oben zitierten Satz zu." (Barz 2003, 384)

Als Beispiel einer solchen Wissensvermittlung wird die Einfügung eines besonderen Umtextes gefordert:

> „Zusätzlich sollte eine Liste aller lemmatisierten Wortbildungselemente in die Außentexte eingefügt werden, denn sie könnte nicht nur den Begriffsumfang des Terminus Wortbildungselement verdeutlichen, sondern auch einen guten Überblick über Wortbildungsmöglichkeiten des Deutschen bieten, Hilfestellung bei der Wortsegmentierung geben und insbesondere die reihenbildenden Kompositionsglieder als etwas Besonderes ins Bewusstsein der Benutzer heben."
>
> (Barz 2003, 384)

Diese Aussage ist zutreffend – aber nur für ein Wörterbuch, für das eine wissensbezogene Funktion vorgesehen ist. Man sollte trennen zwischen monofunktionalen, bifunktionalen und polyfunktionalen Wörterbüchern, aber theoretisch ist es vorteilhaft, zunächst nur von einer Funktion auszugehen und Wörterbucheinträge für diese eine Funktion vorzuschlagen. Erst dann sollte man in einem zweiten Schritt für ein polyfunktionales Wörterbuch die verschiedenen Wörterbucheinträge in einem einzigen Wörterbuchartikel zusammenfassen. Dies kann u. U. dadurch geschehen, dass zwischen primären, sekundären und tertiären Funktionen getrennt wird. Nur so kann man sicherstellen, dass die primäre Funktion in jedem Fall berücksichtigt wird, und dafür argumentieren, dass mögliche Angaben, die für die sekundären oder tertiären Funktionen wichtig wären, dennoch nicht ins Wörterbuch aufgenommen werden (zu Wörterbuchfunktionen s. Bergenholtz 2000a, Bergenholtz/Tarp 2002, 2003).

2. WORTBILDUNG IN WÖRTERBÜCHERN

Informationen über Wortbildung kann der Wörterbuchbenutzer an folgenden Stellen finden:

1. im Umtext als Teil einer integrierten Wörterbuchgrammatik, so z. B. in Madagassisch-Deutsch (1991), oder im Umtext als Übersichtsliste über die lemmatisierten Wortbildungselemente, vgl. Barz (2003)
2. in der Lemmaliste als Verweisangabe, z. B. auf eine integrierte Wörterbuchgrammatik oder auf eine wörterbuchexterne Grammatik oder Wortbildungslehre
3. in der Lemmaliste durch die Lemmatisierung von ausgewählten Wortbildungen, vgl. Bergenholtz (2000a)
4. in der Lemmaliste durch die Selektion von Wortbildungselementen, vgl. Hyvärinen (2000)
5. in der Lemmaliste durch die lexikographischen Angaben zu lemmatisierten Wortbildungen
6. in der Lemmaliste durch die lexikographischen Angaben zu Wortbildungselementen.

Alle erwähnten Möglichkeiten sollten in einem guten Wörterbuch ausgenutzt werden. Dabei wird die Möglichkeit (1.) viel zu selten, (4.) viel zu unsystematisch und

(5.) und (6.) gar nicht oder viel zu ungenau ausgenutzt. Bei der Möglichkeit (5.) setzen die Lexikographen oft voraus, dass der Verweis auf ein anderes Lemma mit demselben Wortbildungsstamm ausreicht, z. B. von *einbeinig* auf *achtbeinig*. Dabei wird der Benutzer getäuscht, da der Lexikograph vollkommen übersehen hat, dass Bildungen mit demselben Wortbildungsstamm oft ganz unterschiedliche Verwendungen haben. Dies ist zwar besonders deutlich hier, vgl. *einarmiger Bandit* und *achtbeiniges Insekt*, aber auch in vielen anderen Fällen täuscht der Verweis. Es geht um ganz unterschiedliche Zusammenhänge, die zu unterschiedlichen Wörterbuchfunktionen unterschiedlich erklärt werden sollten, vgl. *einbeinige Statue, vierbeinige elektrische Anlage, zwölfbeiniges Männerballett*.

3. LEMMASELEKTION UND LEMMALÜCKEN

Hyvärinen (2000) stellt fest, dass „Langenscheidts Großwörterbuch Deutsch als Fremdsprache" (LGWDaF) die meisten Strichlemmata ihrer Untersuchung anführt. In diesem Beitrag wird deutlich, dass das LGWDaF doch wesentliche Lemmalücken hat, jedoch eine einigermaßen zutreffende Beschreibung dieser Wortbildungselemente, z. B. im Vergleich zu der vom Großen Wörterbuch der deutschen Sprache" (GWDS). In vielen Fällen haben kleine bilinguale Wörterbücher eine konsequentere Lemmaselektion, vor allem systematischer als große monolinguale Wörterbücher, s. Bergenholtz (2004). Was die Aufnahme von Strichlemmata und Komposita betrifft, ist ein Großwörterbuch wie GWDS[3] mit etwa 220 000 Lemmata natürlich umfassender. Es führt zwar weit mehr Derivativa und Komposita an, hält aber nicht – trotz der Einschränkung „wie möglich" – das im Vorwort gegebene Versprechen:

„Das große Wörterbuch der deutschen Sprache erfasst zum einen den Wortschatz der deutschen Gegenwartssprache mit a l l e n Ableitungen und Zusammensetzungen so v o l l s t ä n d i g wie möglich." (GWDS[1], 1; GWDS[2], 5; ähnlich GWDS[3], 5)

„So vollständig wie möglich" bedeutet keineswegs, dass die von GWDS versprochene authentische Dokumentation der deutschen Sprache geleistet wird.[1] Es gibt viele, auch viele schwerwiegende Lemmalücken, s. Bergenholtz (2003a) sowie die folgenden Tabellen dieses Beitrags. Lemmalücken festzustellen ist nicht schwer, normalerweise wird der Ausdruck für jedes in einem konkreten Wörterbuch nicht lemmatisierte Lexem verwendet, z. B. in allen folgenden Fällen, wo eines der untersuchten Wörterbücher einen Strich (–) für das Fehlen eines Lemmas erhalten hat (siehe Tabelle 1).

---

[1] In Bergenholtz (2003) wird die Entwicklung der Lemmaselektion in den drei Ausgaben von GWDS ausführlich dargestellt. Für die gewählten Beispiele dieses Beitrags gibt es keine Unterschiede zwischen der ersten und der dritten Auflage von GWDS.

Tabelle 1: Bildungen mit *-äugig*

	GWDS	LGWDaF
-äugig	+	+
einäugig	+	+
zweiäugig	+	−
dreiäugig	−	−
vieräugig	−	−
fünfäugig	−	−

Die Lemmalücken in den beiden Wörterbüchern sind jedoch unterschiedlich zu beurteilen, insbesondere geht es um verschiedene Typen von Lemmalücken: echten, nicht echten, systematischen, nicht systematischen, wesentlichen und nicht wesentlichen Lemmalücken (s. dazu Bergenholtz 2004).

Ich werde im Folgenden weitere Tabellen mit Adjektivkomposita des Typs Zahl + Körperteil + ig (z. B. *einäugig, zweiarmig, dreibeinig, vierfingrig* usw.) und ihre Aufnahme in die beiden Wörterbücher diskutieren, um einen tendenziellen Überblick über die systematische Selektion von Komposita zu gewinnen. Zusätzlich zu den Ergebnissen der Wörterbuchanalysen wird die Zahl der Belege angegeben, die im Internet mithilfe des Suchprogramms google.com gefunden wurden. Diese Zahlen gelten nicht als eindeutiges Plädoyer dafür, dass reine Häufigkeiten entscheidend für die Lemmaselektion sein sollen. Für ein wissensbezogenes Dokumentations- oder Lernwörterbuch wäre eine große Häufigkeit eines der wesentlichen Argumente für eine Selektion, für kommunikationsbezogene Wörterbücher können Häufigkeiten Hinweise auf Grenzen geben bei Zusammenstellung von Wortlisten, die ins Wörterbuch eingehen sollen. Die Suche mit google.com ist in der Zeit Mai 2002 bis Januar 2003 erfolgt. Es sind natürlich nur Augenblicksbilder, die allerdings nur bei geringen Häufigkeiten instabil erscheinen.

So würde die Häufigkeit dafür sprechen, dass das GWDS die systematischen Lücken bei *vier-* und *fünfköpfig* auffüllen sollte, und übrigens auch die bei *einköpfig*, so dass konsequent alle Bildungen von *ein-* bis *siebenköpfig*, evtl. bis *zehnköpfig* lemmatisiert werden (siehe Tabelle 2). Alternativ wäre das Vorgehen von LGWDaF zu empfehlen, das nur das Strichlemma anführt und erklärt, was bei einer zutreffenden lexikographischen Definition (ich komme darauf zurück) bei kommunikationsbezogenen Funktionen nötig ist, wenn die einzelnen Komposita mit *-köpfig* nicht lemmatisiert werden.

Das von Hyvärinen (2000) lobend erwähnte Lernwörterbuch schneidet hier gar nicht so gut ab, allerdings nicht viel schlechter als das große GWDS. Auch hier gilt, dass zumindest systematische Lemmalücken mit Strichlemmata des Typs Körperteil+*ig* in zukünftigen Ausgaben vermieden werden sollten. Dieses Argument gilt auch, wenn die Zahl von Belegen sehr klein ist. Bei einem konkreten Kommunikationsproblem wäre zumindest das Strichlemma wichtig, vgl. dazu folgenden Beleg, der aus einem Science-Fiction-Roman stammt und evtl. zu Rezeptionsschwierigkeiten (insbesondere für Ausländer) führen könnte (siehe auch Tabelle 3):

> „Meistens reicht es, Monster zu umgehen, aber sobald es kritisch wird, ist Angriff die beste Verteidigung gegen gesichtslose Krankenschwestern, *viermäulige Terror-Hunde* und Edward, dem Monster mit Scherenhänden."

Tabelle 2: Bildungen mit *-köpfig*

	GWDS	LGWDaF	google
-köpfig	+	+	
einköpfig	–	–	521
zweiköpfig	+	–	3 470
dreiköpfig	+	–	14 711
vierköpfig	–	–	18 319
fünfköpfig	–	–	17 397
sechsköpfig	+	–	9 893
siebenköpfig	+	–	9 502
achtköpfig	–	–	6 882
neunköpfig	–	–	6 079
zehnköpfig	–	–	5 322

Tabelle 3: Bildungen mit *-mäulig*

	GWDS	LGWDaF	google
-mäulig	+	–	
einmäulig	–	–	5
zweimäulig	–	–	1
dreimäulig	–	–	2
viermäulig	–	–	1
fünfmäulig	–	–	0
sechsmäulig	–	–	2

Aber meist ist die Zahl der Belege größer, nicht jedoch die Menge der aufgenommenen Lemmata, obwohl es *dreifingrige Blätter, dreifingrige Grüße, vierfingrig spielen, ein fünffingriges Fossil* gibt, und darüber hinaus Vergleiche mit Fingern und die Zusammenzählung aller Finger in einer Gruppe, was indirekt die Zahl der Pianisten angibt (siehe auch Tabelle 4):

"Wie eine d r e i f i n g r i g e Hand greift die Halbinsel Chalkidiki in die Ägäische See. Die Interpreten musizieren wie ein z w a n z i g f i n g r i g e s Wesen, und dennoch: nach dem ersten Staunen langweilt diese aberwitzige Grisaillekunst."

Tabelle 4: Bildungen mit *-fingrig*

	GWDS	LGWDaF	google
-fingrig	–	–	
einfingrig	–	–	49
zweifingrig	–	–	53
dreifingrig	–	–	225
vierfingrig	–	–	175
fünffingrig	–	–	201
sechsfingrig	–	–	114
siebenfingrig	–	–	56
achtfingrig	–	–	11

Was es nicht alles gibt. Das ist so der Eindruck, wenn man Texte daraufhin untersucht, wie viele Körperteile in der Wirklichkeit oder in der Phantasie vorkommen. Es gibt aber nicht alles: Ein *fünfbeiniges Monster* habe ich nicht angetroffen, wohl aber ein *fünfhändiges Monster*. Es gab mal *zwei- und dreizehige Pferde*, auch ein *siebenbeiniges Pferd* sowie eine *vierbrüstige Frau* hat es tatsächlich mal gegeben. Auch bei *-armig* gibt es in der Wirklichkeit und in der Götterwelt allerlei Gestalten, Tiere, Gegenstände und Abbildungsmöglichkeiten:

"Aber auch Newcomer wie die holländischen ‚8-Skins' oder die englische Gruppe ‚Krakdriver' sind hoch in der Gunst der 8 a r m i g e n Kahlköpfe."

"Am Ende der Dorfstraße treffen wir beim 1 2 a r m i g e n Wegweiser auf die Talvariante des Rothaarsteigs."

"Der 1 4 - a r m i g e Grill zieht die Tiere in die Richtung der Futterstelle und verhindert die Futterverschwendung."

"Es zeigt Vishnus Reittier, der Garuda, und die 1 6 a r m i g e Göttin Taleju Bhavani."

"Edelstahlsäulenbrunnen im schwarzen Sechs Eck Säulenhöhe 60, 70 und 80 cm. Keramikfontäne ‚Atlantis' mit 1 6 a r m i g e r Kreisdüse 46 cm ⌀."

"Im Kirchenschiff hängen zwei prächtige a c h t z e h n a r m i g e Kronleuchter aus den Jahren 1616 und 1641."

"Die Beleuchtung kam von einem stilgerechten 1 8 a r m i g e n Holzluster und einigen Wandleuchten, die mit echten Kerzen zu bestücken waren."

"Ravana gilt als Sohn des Vishravas und der Nikasa und ist ein Halbbruder des Kubera. Seine Gestalt ist zehnköpfig, z w a n z i g a r m i g und dunkelfarbig."

Die verschiedenen Gebrauchsmöglichkeiten kann man in folgenden Beleggruppen systematisieren:

1. Menschen
2. Götter und Statuen
3. Science-Fiction-Figuren
4. indirekte Aufzählung von teilnehmenden Personen
5. Tiere, Kopffüßler und Stachelhäuter
6. Lampen, Kerzen u. Ä.
7. Halter für verschiedene Gegenstände
8. besondere Geräte
9. Abbildungen mit Abzweigungen
10. Spielautomat

Vergleiche hierzu folgende Kollokationen:

1. einarmiger Mann
2. 6armige Buddha-Statue, 16 armige Göttin
3. zwölfarmiges Monster
4. 8armige Kahlköpfe, zwölfarmige Gruppe
5. fünfarmige Seesterne, zehnarmige Tintenfische, 10armige Tintenfische
6. zweiarmiger Messingleuchter, 5 armiger Leuchter, 18-armiger Weihnachtsleuchter, 18armiger Holzluster
7. 15armig gedrehter Stahlfuß
8. 14-armiger Grill, Keramikfontäne mit 16armiger Kreisdüse
9. 12armiger Wegweiser
10. 1-armiger Bandit

Bei den Belegen und angegebenen Kollokationen kann man sehen, dass die Anzahl teils mit Buchstaben, teils mit den betreffenden arabischen Zahlen geschrieben wird. In der folgenden Tabelle 5 wird deutlich, dass man um so eher die arabische Zahl verwendet, je größer die Zahl ist, bzw. um so eher Buchstaben schreibt, je kleiner die Zahl ist. Die arabischen Zahlen werden zu etwa 90 % mit einem Bindestrich geschrieben, z. B. *5-armig*, zu etwa 8 % direkt mit dem Wortstamm verbunden, z. B. *5armig*, und zu etwa 2 % mit einem Zwischenraum vor dem Wortstamm, der damit wie ein eigenes Wort auftritt, z. B. *5 armig*. Man bemerke die systematische Lemmalücke bei *fünfarmig* in GWDS.

Nun geht es natürlich nicht nur darum, ob die Wörterbücher nackte Wortlisten zusammenstellen, sondern ob die gewählten Lemmata mit den Angaben versehen werden, die für die vorgesehenen Funktionen vorteilhaft sind. Hier möchte ich gleich darauf aufmerksam machen, dass GWDS, das große zehnbändige Wörterbuch, nicht viel mehr als nackte Wortlisten bietet, insbesondere mit dem penetranten Verweis auf das im Alphabet zuerst vorkommende Lemma. In den meisten Fällen hat das zur Folge, dass man in einem anderen Band nachschlagen muss:

d r e i a r m i g <Adj.>: vgl. achtarmig

Tabelle 5: Bildungen mit -*armig*

	GWDS	LGWDaF	google ein-, …	google 1-, …
-armig	+	+		
einarmig	+	+	3143	410
zweiarmig	+	–	476	779
dreiarmig	+	–	374	907
vierarmig	+	–	352	463
fünfarmig	–	–	112	632
sechsarmig	+	–	119	269
siebenarmig	+	–	499	274
achtarmig	+	–	446	214
neunarmig	–	–	16	49
zehnarmig	–	–	65	285
elfarmig	–	–	1	4
zwölfarmig	–	–	17	77
dreizehnarmig	–	–	0	5
vierzehnarmig	–	–	1	10
fünfzehnarmig	–	–	0	11
sechzehnarmig	–	–	8	142
siebzehnarmig	–	–	0	7
achtzehnarmig	–	–	5	17
neunzehnarmig	–	–	0	0
zwanzigarmig	–	–	8	4
einundzwanzigarmig	–	–	0	1
zweiundzwanzigarmig	–	–	0	1
dreiundzwanzigarmig	–	–	0	0
vierundzwanzigarmig	–	–	2	6
fünfundzwanzigarmig	–	–	0	0
sechsundzwanzigarmig	–	–	0	2
siebenundzwanzigarmig	–	–	0	0
achtundzwanzigarmig	–	–	0	0

Auch die Erklärungen bei *achtarmig* oder bei dem Strichlemma in GWDS dokumentieren keineswegs die unterschiedlichen Verwendungsweisen, weder die Verwendung in unterschiedlichen Textsorten und mit doch recht unterschiedlichen Bedeutungen noch die alternative Schreibweise mit Ziffern:

a c h t a r m i g <Adj.>: 'mit acht Armen': *ein -er Leuchter*
- a r m i g : in Zusb., z. B. *acht-, mehrarmig*

Genau dasselbe Vorgehen zeigt das GWDS bei Bildungen mit *-beinig*, hier wird allerdings auf die Bildung mit *dreibeinig* verwiesen (auf die Angaben in LGWDaF komme ich noch zurück):

- b e i n i g : in Zusb., z. B. *zwei-, lang-, krumm-, vielbeinig*
z w e i b e i n i g <Adj.>: vgl. *dreibeinig*
d r e i b e i n i g <Adj.>: 'mit drei Beinen' [konstruiert]: *ein -er Tisch*

Diese Auskünfte sind recht dürftig, wenn man sie mit Textauszügen vergleicht:

„*Aus ihnen gingen später die anderen z w e i b e i n i g e n Arten und letztlich auch wir hervor.*"

„*Der menschliche Fuß, als an den z w e i b e i n i g e n Gang angepasste Stütze, weist kaum mehr den Charakter eines Greiffußes auf. In der embryonalen Entwicklungsphase stimmt die menschliche Fußform bis zu einem gewissen Grad noch mit derjenigen anderer Primaten überein; erst später erfolgt die Differenzierung. Im Zuge der Eigenentwicklung tritt die Großzehe in die Reihe der übrigen Zehen und verstärkt sich. Die Zehenglieder, insbesondere die der fünften Zehe, verkürzen sich auffallend. Im Zuge der Aufrichtung kommt es zur Ausbildung des Fußgewölbes. Die Wölbung, die sowohl längs als auch quer verläuft, gewährleistet die notwendige Elastizität beim z w e i b e i n i g e n Gehen, Laufen und Springen.*"

„*Für Ihre Sicherheit sorgt unsere 4 - b e i n i g e Alarmanlage.*"

„*Smörk horcht aufmerksam in das tiefe Unterholz. Ist da nicht ein leises Schlupfen, Grumschen und Sporkeln zu hören? Der Gemeine Unterholz-Geräuscherzeuger, ein s i e b e n b e i n i g e r Käfer, ist's, stellt Smörk erleichtert fest. Keine Gefahr! Und da: in der Ferne schon das flackernde Kerzenlicht, das die Wach-Orks von Oskar aufgestellt haben, um den Überblick über die freigerodete Fläche um Oskars Waldklause herum zu behalten.*"

„*Der T'ao t'ieh ist vielleicht der älteste Drache. Er hat nur einen Kopf und ein einziges Paar Vorderbeine. Jedoch zwei Körper, die beide mit einem Paar Hinterbeine und einem Schwanz ausgestattet sind. Im zweiten Jahrtausend vor Christus von Kaiser Shin in den äußersten Weltraum verbannt, verkörpert dieses s e c h s b e i n i g e Monster die Unersättlichkeit. Er wird oft auf Geschirr abgebildet, um die Gier zu schmälern.*"

„*Aluminiumwindharfen. Höhe: 2,50 m; auf 7 - b e i n i g e m kugelgelagertem Eisenfuß befestigt; drehbar in den Wind; spricht sehr leicht an, hat einen weichen Klang; wetterbeständig.*"

„*Der Satellit 700 kann mit EEPROMS erweitert werden, die 8 - b e i n i g e n Chips werden hinter einer Klappe an der unteren Seite der Frontplatte eingesteckt.*"

„*Nach ca. 5–7 Wochen häuten sich die Larven zur 8 - b e i n i g e n Nymphe und nach wiederum 10 bis 18 Wochen häutet sich die Nymphe zur erwachsenen (adulten) Zecke.*"

„Etwa drei Meter vom Fluss entfernt krabbelte ein *neunbeiniger* sternenartiger Fisch durch das Gras. Er war harmlos für sie, deshalb blieb Jomikel einfach liegen und sah ihm bei der Beutesuche zu. Ein Chromacule glich entfernt einem irdischen Seestern. Nur hatte dieser hier ein großes grünliches Auge in der Mitte seines Körpers. An den Enden seiner neun Beine leuchtete ein weißer Fleck auf. Mit ihnen lockte er seine Beute an, um sie mit seinen Beinen zu umschließen und sie zu verdauen."

„So war eine siebenköpfige – bzw. *vierzehnbeinige* – Wandertruppe im Mai im Tal der Valepp unterwegs."

„Die Entnahme des RX-Signals erfolgt am IC MC3372D (*16-beinig*) von Motorola (UHF-Demodulator). Das RX-Kabel ..."

„Die *16-beinige* Juniorengarde und die temperamentvollen Mädels der Seniorengarde marschierten ein, um traditionelle Gardetänze zu zeigen."

„Einen Drachen nach China in Marsch zu setzen gleicht zwar dem sprichwörtlichen „Eulen nach Athen tragen", doch über dieses Superexemplar aus Deutschland haben wir uns mächtig gefreut. Direkt aus München ist der attraktive Bursche gekommen, gerade rechtzeitig zum chinesischen „Jahr des Drachen". Der neunköpfige und *achtzehnbeinige* Feuerspucker überbrachte Grüße der Münchener Frauen-Computer-Schule, deren Führungsriege er symbolisiert."

„Icho Tolot und der vorübergehend des Mordes an Wayfar verdächtige Jacky Anderson kommen schließlich dem unheimlichen Gegner auf die Spur. Es handelt sich um mikroskopisch kleine, an *zwanzigbeinige* Arthropoden erinnernde robotische Gebilde aus der Technik der Cantaro, die sich zu größeren Modulen vereinigen und als solche Syntroniken beeinflussen können."

„Des Weiteren betrachten wir die Unterseite der entnommenen Platine. Die Entnahme des RX-Signals erfolgt am IC TK10930V (*24-beinig*, VHF-Demodulator)."

„Die Kinder kommen aus der Schule und dem Kindergarten, die Ranzen und Jacken fliegen in die Ecke und ab geht es ins Beardiekinderzimmer. Die Mitschüler und Freunde wurden schon ausführlichst über unseren *24beinigen* Familienzuwachs informiert. Sogar die Erzieherinnen im Kindergarten fragen am Morgen zuerst: ‚Was machen die Hundebabies?'"

Jeder Wortbildungstyp mit Zahl + Körperteil + *ig* ist anders. Einige Gemeinsamkeiten gibt es jedoch auch, u. a. die Zahl der Körperteile bei Lebewesen, mythologischen Figuren und Romanfiguren sowie die indirekte Aufzählung von teilnehmenden Personen oder Tieren. Bei *-beinig* kann man folgende Benutzungsfälle voneinander trennen:

1. Menschen
2. Science-Fiction-Figuren
3. indirekte Aufzählung von teilnehmenden Personen
4. Tiere, Fische und Insekten

5. Roboter und ähnliche Arbeitsgeräte
6. Art der Fortbewegung
7. Möbel
8. Halter für verschiedene Gegenstände
9. Ausgänge von oder Verbindungen zu elektronischen Geräten

Vergleiche hierzu folgende Kollokationen:

1. *unsere zweibeinigen Vorfahren, mein 2-beiniger Schmusekater*
2. *ein sechsbeiniges Monster*
3. *die 16-beinige Familie, die 16-beinige Juniorengarde, eine 22-beinige Abwehr*
4. *1-beinige Ratte, 2-beiniger Käfer, 3-beinige Katze, Hunde und andere 4-beinige Freunde, 7-beinige Spinne, 8-beinige erwachsene Zecke*
5. *ein 6-beiniger Roboter*
6. *an den zweibeinigen Gang angepasste Stütze*
7. *ein dreibeiniger Stuhl*
8. *auf 7-beinigem kugelgelagertem Eisenfuß befestigt*
9. *ein 14 beiniger Chip, Pinbelegung der 16-beinigen Decoderchips, 4-beinige Alarmanlage*

Die folgende Tabelle 6 zeigt, dass die systematische Lemmalücke mit *fünf-* in GWDS auch hier vorkommt. Sie durch die etwas geringere Häufigkeit zu erklären, wäre jedoch zu leicht, da GWDS viele Lemmata mit einer weit geringeren Häufigkeit anführt.

Tabelle 6: Bildungen mit *-beinig*

	GWDS	LGWDaF	google ein-, …	google 1-, …
-beinig	+	+		
einbeinig	+	+	2115	10
zweibeinig	+	–	2039	241
dreibeinig	+	–	1158	270
vierbeinig	+	–	6277	588
fünfbeinig	–	–	32	43
sechsbeinig	+	–	578	130
siebenbeinig	–	–	12	3
achtbeinig	–	–	421	96
neunbeinig	–	–	1	0
zehnbeinig	–	–	10	5
elfbeinig	–	–	0	0
zwölfbeinig	–	–	9	1

Tabelle 6: (Fortsetzung)

	GWDS	LGWDaF	google ein-, …	google 1-, …
dreizehnbeinig	-	-	0	0
vierzehnbeinig	-	-	1	2
fünfzehnbeinig	-	-	0	0
sechzehnbeinig	-	-	0	19
siebzehnbeinig	-	-	0	0
achtzehnbeinig	-	-	1	2
neunzehnbeinig	-	-	0	0
zwanzigbeinig	-	-	1	0
einundzwanzigbeinig	-	-	0	0
zweiundzwanzigbeinig	-	-	0	1
dreiundzwanzigbeinig	-	-	0	0
vierundzwanzigbeinig	-	-	0	2

4. VORSCHLÄGE FÜR EINE FUNKTIONSBEZOGENE LEXIKOGRAPHISCHE PRAXIS

Was es nicht alles gibt, mit einem oder vielen Armen oder Beinen. Wie werden diese vielschichtigen Sprachmöglichkeiten in den Wörterbüchern abgebildet? Man sollte dabei bedenken, dass es nur für ein wissensbezogenes Dokumentationswörterbuch wie das GWDS ein Argument sein muss, „möglichst alle Komposita" aufzunehmen, wie es das Wörterbuch im Vorwort verspricht. Bei einem Wörterbuch mit den kommunikationsbezogenen Funktionen Textrezeption und -produktion gilt, dass nur jene Textsorten berücksichtigt werden müssen, mit denen die vorgesehenen Benutzergruppen erwartungsgemäß zu tun bekommen. Dazu gehören heute in jedem Fall mythologische und abenteuerfiktionale Texte, die in den untersuchten Internettexten gut repräsentiert und nicht weniger wichtig sind als andere belletristische Texte. Die kommunikationsbezogene Funktion Übersetzung werde ich im Folgenden unberücksichtigt lassen, jedoch hinzufügen, dass es hier wie für die anderen kommunikationsbezogenen Funktionen vor allem darauf ankommt, ob die Strichlemmata lemmatisiert und benutzergerecht erklärt werden.

Wir haben schon gesehen, dass die lexikographischen Erklärungen in GWDS im besten Falle als dürftig zu charakterisieren sind. Wenn man gerecht sein soll, muss jedoch hinzugefügt werden, dass man in einigen Fällen geringfügig informationsreichere lexikographische Definitionen von Strichlemmata in GWDS findet. Man muss sich dabei fragen, worin der Unterschied zwischen „Zusb." (Zusammenbildung) und „Zus." (Zusammensetzung) besteht:

-armig: in Zusb., z. B. *acht-, mehrarmig*
-beinig: in Zusb., z. B. *zwei-, lang-, krumm-, vielbeinig*
-händig: in Zus., z. B. *eigenhändig* ('mit eigener Hand'), *vierhändig* ('mit vier Händen')

Für Hilfe bei kommunikationsbezogenen Funktionen sind die lexikographischen Erklärungen in LGWDaF weit überzeugender, wenn auch nicht überall, so entspricht der folgende Eintrag inhaltlich dem in GWDS bei *-händig*:

-armig im Adj., begrenzt produktiv; 'mit der genannten Zahl von Armen'; *einarmig, zweiarmig, dreiarmig, vierarmig usw.*

Es stimmt schon, dass das Strichlemma nicht mit allen möglichen Stämmen verbunden werden kann, aber mit jeder Zahl schon. Ich habe zwar keinen Beleg mit *66-beinig* gefunden, aber man kann dieses Wort und auch alle anderen Kombinationen leicht bilden und zumindest in einem Abenteuerroman verwenden. Es gibt gar keine Kollokationsangaben, nicht einmal die besonders typischen mit Lampen, Leuchten und Kerzen. Erheblich informationsreicher ist der LGWDaF-Eintrag mit *-beinig*:

-beinig im Adj., begrenzt produktiv; 1 'mit der genannten Zahl von Beinen': *einbeinig, zweibeinig, dreibeinig, mehrbeinig usw.* 2 'mit der genannten Art von Beinen': *krummbeinig, kurzbeinig, langbeinig*

Für ein Produktionswörterbuch für Ausländer wäre dies dann recht instruktiv, wenn man voraussetzen könnte, dass der Ausländer sich denken kann, dass nicht nur Menschen, Tintenfische, Insekten, Tische, Stühle, sondern auch elektronische Geräte und Computerchips Beine haben können. Das ist, denke ich, nicht selbstverständlich, und einige charakteristische Kollokationen hätten leicht Platz gefunden, um diese Informationslücke zu beheben. Aber was ganz fehlt, ist die Auskunft, die LGWDaF unter *-köpfig* hat: 'mit der genannten Zahl von Personen, Mitgliedern'. Genau dieselbe Funktion kann Bildungen mit *-beinig* erfüllen, der Benutzer erfährt es nicht. Was darüber hinaus völlig fehlt, sind die Hinweise darauf, dass dieser Wortbildungstyp auch mit Ziffern geschrieben werden kann – eine Information, die für ein (kommunikationsbezogenes) Produktionswörterbuch oder ein (wissensbezogenes) Dokumentationswörterbuch wichtig wäre.

Nun ist es leicht, Unstimmigkeiten und Ungenauigkeiten bei einigen wenigen ausgewählten Worttypen anzuprangern. Wenn man bedenkt, dass auch bei einem relativ kleinen Wörterbuch wie dem LGWDaF Lexikographen während der Ausarbeitung des Wörterbuches viele Millionen Entscheidungen zu treffen haben, kann dies in kleinkarierter und destruktiver Kritik ausarten. Es gibt reichlich Beispiele für solch ein Vorgehen. Das Ziel dieses Beitrags ist es nicht, eine destruktive Besserwisserei vorzuführen, sondern konstruktive Vorschläge zu machen, die zu einer zügigeren und zugleich benutzungsrelevanteren kommerziellen und nicht-kommerziellen praktischen Lexikographie führen können:

– Festlegung der primären, sekundären und evtl. tertiären Wörterbuchfunktionen soll die Voraussetzung für die gesamte lexikographische Arbeit an jedem einzelnen Wörterbuch bilden. Diese Festlegung soll weiterhin Voraussetzung für alle anderen lexikographischen Entscheidungen sein.

– Ausarbeitung von genauen lexikographischen Instruktionen ist eine unabdingbare Voraussetzung für eine konsequente und auch praxisrelevante Lexikographie. Für die Lemmaselektion bedeutet dies auch, dass eine Reihe von systematischen Entscheidungen festgehalten werden müssen. Als Folge dieser Entscheidungen ist eine Reihe von Wortlisten zusammenzustellen, die ohne Einschränkung in die Lemmaliste aufzunehmen sind.

– Lexikographische Beschreibung von Wortbildungszusammenhängen ist in besonderem Maße von der systematischen lexikographischen Arbeit abhängig, da jede Forderung, alle bisher verwendeten und in der Zukunft zu verwendenden Derivativa und Komposita einzeln zu beschreiben, theoretisch wie praktisch unmöglich ist. Stattdessen muss auf eine solche Beschreibung Wert gelegt werden, die nach Analyse einer ausreichend umfassenden empirischen Basis zu einem funktionsbezogenen Ergebnis führt. Hierzu gehört für die kommunikationsbezogene Funktion Textproduktion insbesondere die Lemmatisierung und Beschreibung von Wortstämmen, den so genannten Strichlemmata. Die von GWDS (GWDS[1], 1; GWDS[2], 5; GWDS[3], 5) versprochene möglichst vollständige Aufnahme von „allen Ableitungen und Zusammensetzungen" sollte zumindest für die Wortstämme gelten, die systematisch mit anderen Wortstämmen oder Affixen verbunden werden können. Nur so kann der Benutzer Hilfe zur Bildung oder zum Verständnis von Wortbildungen erhalten, die er nicht im Wörterbuch findet. Und er sollte eine nach eindeutigen Prinzipien durchgeführte Lemmatisierung von Wortbildungen vorfinden. Dies kann im Vortext erklärt werden und bei regelmäßigem Gebrauch des Wörterbuches erlernt werden, jedoch nur, wenn die Selektion systematisch erfolgt ist, z. B. *-armig* und alle Bildungen mit *armig* von *ein-* bis *zwölfarmig*.

– Mit „umfassender empirischer Basis" ist eine für die vorgesehene Wörterbuchfunktion ausreichende Basis gemeint, insbesondere ein entsprechend zusammengestelltes Textkorpus. Das hier verwendete Korpus, das Internet, hat eine große Menge von Science-Fiction-Texten. Ich finde das passend für ein modernes allgemeinsprachliches Wörterbuch, genauso wie ich die Einbeziehung von anderen belletristischen Texten und auch Sachtexten für relevant halte.

Ich werde im Folgenden keine Vorschläge für übersetzungsbezogene Wörterbücher machen, sondern lediglich auf Bergenholtz (2000a) und Hyvärinen (2000) verweisen. Für die wissensbezogene Funktion Dokumentation habe ich im Prinzip den Inhalt von den Strichartikeln mit *-armig* und *-beinig* im vorigen Kapitel vorgeführt. In beiden Fällen ist auf die Relation zwischen der Schreibweise der Anzahl mit Buchstaben und Ziffern aufmerksam zu machen, bei *-armig* sind zehn, bei *-beinig* neun Polyseme zu beschreiben. Bei *-armig* schlage ich vor, alle Bildungen von *einarmig* bis *zehnarmig*, bei *-beinig* alle von *einbeinig* bis *achtbeinig* einzubeziehen. Bei den einzelnen Lemmata ist nicht auf *achtarmig* bzw. *achtbeinig*, sondern auf das Strichlemma zu verweisen. Die lexikographische Beschreibung bei den einzelnen Lemmata des Typs Zahl + Körperteil + *ig* wird verschieden sein, da es je nach Zahl unterschiedliche typische Verwendungen gibt, vgl. hierzu folgenden Musterartikel eines Dokumentationswörterbuches:

a c h t b e i n i g <Adj., nicht Adv.> wird auch mit Ziffern geschrieben: *8-beinig* oder *8beinig*, manchmal auch *8 beinig* in zwei Wörtern, Schreibweise mit Buchstaben ist etwa viermal so häufig wie mit Ziffern, die Schreibweisen ohne Bindestrich und in zwei Wörtern gelten nach der amtlichen Rechtschreibung als nicht korrekt (§ 40)

1 von Lebewesen mit acht Beinen, insbesondere Insekten, Milben, Zecken
▲ *-e Larven, -e Milben, der -e Skorpion, -e Spinnen, 8-beinige Zecken*
● *Die aus dem Ei schlüpfende grünliche, rotäugige Larve ist sechsbeinig, die folgenden Stadien achtbeinig.* ● *In einem Labor in Paris werden achtbeinige Frösche gezüchtet.*

2 von mythologischen Figuren und Science-Fiction-Figuren mit acht Beinen
▲ *ein achtbeiniges Riesenmonster* ● *Der Sage nach hinterließ hier das achtbeinige Pferd Sleipnir des Gottes Odin seinen Hufabdruck.* ● *Achtbeinige Pferde haben eine schamanische Bedeutung und sind z. B. in Sibirien als Zauberpferde bekannt, auf denen die Schamanen zwischen den Welten reiten.* ● *Seit zwei Wochen ziert die achtbeinige Sau den Platz vor dem Bayreuther Rathaus.*

3 von Robotern und anderen Arbeitsgeräten mit acht Beinen ▲ *der -e Roboter* ● *Der Rohrkrabbler ist eine achtbeinige Laufmaschine, die sich durch Rohre beliebiger Neigung und durch Rohrkrümmungen bewegt.*

4 indirekte Aufzählung von teilnehmenden Personen oder anwesenden Tieren ▲ *eine -e Familie, die -e Tanznummer, meine -e Begleitung*

5 Art der Fortbewegung ▲ *achtbeiniges Laufen*

6 von Ausgängen von oder Verbindungen zu elektronischen Geräten ▲ *der kleine -e Baustein in der Platinenecke, ein -er Speicherchip*

→ -beinig

Dieser Musterartikel ist ein schwach deskriptiver Artikel, ein stark deskriptiver Artikel hätte genaue Angaben zur Häufigkeit des Vorkommens in verschiedenen Textsorten, in geschriebenen wie in gesprochenen Texten (Bergenholtz 2003b) und auch Angaben aus linguistischen Surveys, u. a. zur Wahl zwischen der Schreibweise mit Buchstaben oder mit Ziffern, anführen müssen (Bergenholtz 2000b).

Für die kommunikationsbezogene Funktion Textproduktion von Ausländern gilt es nicht, jede Gebrauchsmöglichkeit jedes Wortes zu demonstrieren, sondern den vorliegenden Sprachgebrauch so zu beschreiben, dass die Wörterbuchartikel als Gebrauchsempfehlungen gelesen werden können. Ich nenne Artikel dieser Art proskriptive Wörterbuchartikel, sie sind nicht präskriptiv, aber auch nicht deskriptiv, da sie die deskriptiven Analyseergebnisse selektiv so anführen, dass der Benutzer konkrete Hilfe erhalten kann (Bergenholtz 2001) und nicht etwa selber zwischen mehreren Varianten wählen muss.

Der Strichartikel -armig kann in einem Produktionswörterbuch für fortgeschrittene ausländische Deutschlerner wie folgt aussehen (die ersten Punkte stehen für den Teil des Artikels, der andere Wortbildungen mit -armig beschreibt):

-armig adj. Wortteil, nicht adv., keine Komparation
    1   ...
    4   in Zusammensetzungen, wo die Anzahl der Arme den ersten Teil bildet, kann man diese Anzahl mit Buchstaben oder mit Ziffern schreiben, z. B. *achtarmig* oder *8-armig*, nicht erlaubt ist der Gebrauch ohne Bindestrich oder in mehreren Wörtern, d. h. n i c h t *8armig* oder *8 armig*. Je größer die Anzahl ist, um so eher ist zu empfehlen, mit Ziffern zu schreiben, ab 10 ist das üblich (*10-armig*).
    4.1 von Menschen mit der genannten Anzahl von Armen, normalerweise nur *einarmig* ▲ *ein einarmiger Mann*
    4.2 von Göttern und Phantasiefiguren mit der genannten Anzahl von Armen ▲ *6-armige Buddha-Statue, 16-armige Göttin, zwölfarmiges Monster*
    4.3 von Tieren und Fischen mit der genannten Anzahl von Armen ▲ *fünfarmige Seesterne, 10-armige Tintenfische*
    4.4 von Lampen, Leuchtern, Kerzen mit der genannten Anzahl von Armen ▲ *zweiarmiger Messingleuchter, fünfarmiger Leuchter, 18-armiger Kerzenhalter*
    4.5 aus der genannten Anzahl von Armen wird die Anzahl der Personen indirekt ersichtlich ▲ *achtarmige Gruppe* (d. h. vier Personen)
    5   ...

a c h t a r m i g Adj., nicht Adv., keine Komparation
man kann die „Acht" mit Buchstaben oder mit Ziffern schreiben, z. B. *achtarmig* oder *8-armig*, zu empfehlen ist *achtarmig*, nach den amtlichen Rechtschreiberegeln ist der Gebrauch ohne Bindestrich oder in mehreren Wörtern nicht erlaubt, d. h. n i c h t *8armig* oder *8 armig*
    1 mit acht Armen (von Menschen, Göttern, Phantasiefiguren in Science-Fiction-Romanen)
    2 mit acht Armen (von Tieren und Fischen, insbesondere Tintenfische)
    3 mit acht Abzweigungen (insbesondere von Leuchtern, Kerzenhaltern, Geräten und elektronischen Teilen)
    4 aus vier Personen bestehend, d. h. vier Personen mit je zwei Armen

Insgesamt nähert sich ein Rezeptionswörterbuch konzeptuell einem Dokumentationswörterbuch, wenn es um die Menge der Gebrauchsmöglichkeiten geht. Im Prinzip können Muttersprachler dieselben Verständnisprobleme haben wie Ausländer. Der größte Unterschied zwischen einem Produktionswörterbuch für Muttersprachler und Nicht-Muttersprachler wird die lexikographische Erklärungssprache sein, die für Ausländer leichter verständlich sein muss, d. h. z. B. mit einer geringeren Kondensierung. Wichtig ist dabei auch eine systematische Lemmatisierung von Zahlen, z. B. alle bis 20 (*ein-*, *zwei-*, *drei-* usw.) und dazu alle durch *und* erweiterten Stämme (*einund-*, *zweiund-*, *dreiund-* usw.) In diesen Artikeln soll insbesondere auf die Bildungsmöglichkeit mit den relevanten Typen von Stämmen hingewiesen werden. Musterartikel können wie folgt aussehen:

a c h t - adj. und subst. Wortteil
    1   ...
    4   in adjektivischen Zusammensetzungen nach dem Typ Zahl + Körperteil + ig wird diese Anzahl mit Buchstaben oder Ziffern geschrieben, z. B. *achtarmig* oder *8-armig*, *8armig*, *8 armig*. Typische dahinter folgende Stämme sind: *-armig*, *-äugig*, *-beinig*, *-brüstig*, *-fingrig*, *-füßig*, *-händig*, *-köpfig*, *-mäulig*, *-ohrig*, *-zehig*
    5   ...

- a r m i g adj. Wortteil
    1   ...
    4   in Zusammensetzungen, wo die Anzahl der Arme den ersten Teil bildet, kann man diese Anzahl mit Buchstaben oder mit Ziffern schreiben, z. B. *achtarmig* oder *8-armig*, *8armig* oder *8 armig*. Bei der Verwendung von Ziffern verlangt die amtliche Rechtschreibung den Gebrauch eines Bindestrichs wie in *8-armig*; andere Möglichkeiten (*8armig* und *8 armig*) gelten daher als falsch.
    4.1 von Menschen mit der genannten Anzahl von Armen, normalerweise nur *einarmig* ▲ *ein einarmiger Mann*
    4.2 von Göttern und Phantasiefiguren mit der genannten Anzahl von Armen ▲ *6-armige Buddha-Statue, 16-armige Göttin, zwölfarmiges Monster*
    4.3 von Tieren und Fischen mit der genannten Anzahl von Armen ▲ *fünfarmige Seesterne, achtarmige Tintenfische, 10-armige Tintenfische*
    4.4 von Lampen, Leuchtern, Kerzenhaltern mit der genannten Anzahl von Armen ▲ *zweiarmiger Messingleuchter, fünfarmiger Leuchter, 18-armiger Kerzenhalter*
    4.5 aus der genannten Anzahl von Armen wird die Anzahl der Personen indirekt ersichtlich ▲ *achtarmige Gruppe* (d. h. vier Personen)
    4.6 *einarmiger Bandit* = ein Spielautomat, der meist in besonderen Spielhallen steht
    5   ...

Nun sind Wörterbücher traditionell polyfunktional (vgl. Bergenholtz 1997). Das ist zweifellos für kleinere Sprachen auch nötig, weil man sonst keine kommerziellen Wörterbücher für solche Sprachen ausarbeiten könnte. Polyfunktionale Wörterbücher lassen sich dabei am ehesten funktionsgerecht erstellen, wenn man zunächst getrennte Einträge für die einzelnen Wörterbuchfunktionen ausarbeitet. Darauf aufbauend kann man dann polyfunktionale Musterartikel konzipieren, um genauer, sicherer und auch schneller ein funktionales Werkzeug, genannt Wörterbuch, zu erstellen.

LITERATUR

Barz, Irmhild (2000): Zum heutigen Erkenntnisinteresse germanistischer Wortbildungsforschung. Ein exemplarischer Bericht. In: Barz, Irmhild/Schröder, Marianne/Fix, Ulla (Hg.): Praxis- und Integrationsfelder der Wortbildungsforschung. Heidelberg, S. 299–316.

Barz, Irmhild (2003): Affixe im GWDS. Die Entwicklung der Lemmaselektion. In: Wiegand, Herbert Ernst (Hg.): Untersuchungen zur kommerziellen Lexikographie der deutschen Gegenwartssprache I. „Duden. Das große Wörterbuch der deutschen Sprache in zehn Bänden". Tübingen, S. 383–393.

Bergenholtz, Henning (1997): Polyfunktionale ordbøger. In: LexicoNordica 4, S. 15–29.

Bergenholtz, Henning (2000a): Lexikographie und Wortbildungsforschung. In: Barz, Irmhild/Schröder, Marianne/Fix, Ulla (Hg.): Praxis- und Integrationsfelder der Wortbildungsforschung. Heidelberg, S. 19–30.

Bergenholtz, Henning (2000b): Informantenbefragungen zur Auffindung von grammatischen Regeln für Textproduktion, für Textrezeption und für die Erlernung einer Sprache. Reflexionen zu: Bengt Sandberg: Zum e s bei transitiven Verben vor satzförmigem Akkusativobjekt. Tübingen 1998. In: Hermes 25, S. 143–158.

Bergenholtz, Henning (2001): Proskription, oder: So kann man dem Wörterbuchbenutzer bei Textproduktionsschwierigkeiten am ehesten helfen. In: Lehr, Andrea/Kammerer, Matthias/Konderding, Klaus-Peter/Storrer, Angelika/Thimm, Caja/Wolski, Werner (Hg.): Sprache im Alltag. Beiträge zu neuen Perspektiven in der Linguistik. Herbert Ernst Wiegand zum 65. Geburtstag gewidmet. Berlin/New York, S. 499–520.

Bergenholtz, Henning (2003a): Die Entwicklung der Lemmaselektion. In: Wiegand, Herbert Ernst (Hg.): Untersuchungen zur kommerziellen Lexikographie der deutschen Gegenwartssprache I. „Duden. Das große Wörterbuch der deutschen Sprache in zehn Bänden". Tübingen, S. 83–98.

Bergenholtz, Henning (2003b): User oriented understanding of descriptive, proscriptive and prescriptive lexicography. In: Lexikos 13 (im Druck).

Bergenholtz, Henning (2004): Lemmaselektion. In: Barz, Irmhild/Bergenholtz, Henning/Korhonen, Jarmo (Hg.): (Lerner-)Lexikografie: ein- und zweisprachig für Deutsch und Finnisch. Frankfurt a. M./Bern/New York/Paris (im Druck).

Bergenholtz, Henning/Tarp, Sven (2002): Die moderne lexikographische Funktionslehre. Diskussionsbeitrag zu neuen und alten Paradigmen, die Wörterbücher als Gebrauchsgegenstände verstehen. In: Lexicographica 18, S. 253–263.

Bergenholtz, Henning/Tarp, Sven (2003): Two opposing theories: On H. E. Wiegand's recent discovery of lexicographic functions. In: Hermes 31, S. 171–196.

GWDS[1] (1976–1981) = Duden. Das große Wörterbuch der deutschen Sprache in sechs Bänden. Hg. u. bearb. v. Wissenschaftlichen Rat und den Mitarbeitern der Dudenredaktion unter Leitung von Günther Drosdowski. Mannheim/Wien/Zürich.

GWDS² (1993–1995) = Duden. Das große Wörterbuch der deutschen Sprache in acht Bänden. 2., völlig neu bearb. und stark erw. Aufl. Hg. u. bearb. v. Wissenschaftlichen Rat und den Mitarbeitern der Dudenredaktion unter Leitung von Günther Drosdowski. Mannheim/Wien/Zürich.

GWDS³ (1999) = Duden. Das große Wörterbuch der deutschen Sprache in zehn Bänden. 3., völlig neu bearb. und erw. Aufl. Hg. v. Wissenschaftlichen Rat der Dudenredaktion. Mannheim/Leipzig/Wien/Zürich.

Hyvärinen, Irma (2000): Zur Wortbildung in einem deutsch-finnischen Großwörterbuch im Werden – Probleme der Lemmatisierung von Wortbildungselementen. In: Barz, Irmhild/Schröder, Marianne/Fix, Ulla (Hg.): Praxis- und Integrationsfelder der Wortbildungsforschung. Heidelberg, S. 31–54.

LGWDaF (1993) = Langenscheidts Großwörterbuch Deutsch als Fremdsprache. Das neue einsprachige Wörterbuch für Deutschlernende. Hg. Götz, Dieter/Haensch, Günther/Wellmann, Hans. In Zusammenarbeit mit Dochertz, Vincent J.<Dochertz, Vincent J.>/Jehle, Günther. Berlin u. a.

Madagassisch-Deutsch (1991) = Bergenholtz, Henning in Zusammenarbeit mit Rajaonarivo, Suzy/Ramasomanana, Rolande/Radanielina, Baovola sowie Richter-Johanningmeier, Jürgen/Olszowski, Eckehart/Zeiss, Volker unter Mitarbeit von Ranaivoson, Hantanirina/Rasoarimanana, Nicole/Ravololomboahangy, Raymonde und Razafiarivony, Mavotiana: Rakibolana Malagasy-Alema/Madagassisch-Deutsches Wörterbuch. Antananarivo/Moers.

Mugdan, Joachim (1984): Grammatik im Wörterbuch: Wortbildung. In: Wiegand, Herbert Ernst (Hg.): Studien zur neuhochdeutschen Lexikographie IV. Hildesheim/Zürich/New York (Germanistische Linguistik 1–3/83), S. 237–308.

Schnörch, Ulrich (2002): Der zentrale Wortschatz des Deutschen. Strategien zu seiner Ermittlung, Analyse und lexikografischen Aufarbeitung. Tübingen.

STOJAN BRAČIČ

Zur textkohäsiven Rolle von Lexemen mit usueller und übertragener Bedeutung und von Historismen

1. EINLEITUNG

In diesem Beitrag sollen einige Lexeme und Syntagmen unter dem textkohäsiven Gesichtspunkt analysiert werden. Unter Kohäsion verstehe ich dabei explizite und implizite Verknüpfungen von sprachlichen Elementen an der Textoberfläche, die zur Textkohärenz beitragen. Diese Analysen werden versuchsweise unter einem rezeptionspsychologisierenden Gesichtspunkt vorgenommen, der auf zwei Fragen zurückgeht: Wie viel von der im Lexikon verankerten Semantik von Lexemen wirkt bei der Rezeption durch den Empfänger autonom? Inwiefern ist die vom Rezipienten identifizierte Semantik von Lexemen und Syntagmen Ergebnis des Zusammenspiels, das aus der Integration von Lexemen und Syntagmen im Text hervorgeht? Zu diesem Zweck werden lexische Belege unter die Lupe genommen, die in ihrer usuellen, verblassten und übertragenen Bedeutung in Sachtexten und in einem literarischen Text zur Verwendung kommen.

2. ANALYSEN

2.1. Die Textkohäsion durch eine Ableitung mit usueller Bedeutung

Analysetext: Spiegel-Gespräch: „Wir dürfen uns nicht wegducken". Ausschnitt aus einem Interview mit der Politikerin Angela Merkel im Spiegel vom 25.8.2003 (Der Spiegel 35/2003, S. 26).

> ...
> *Spiegel: „Kleinigkeiten und Detailverbesserungen beiseite: Was stört Sie am meisten?"*
> *Merkel: „Mir fehlt inmitten des ganzen Treibens der entscheidende Grundgedanke: Wie entsteht in Deutschland wieder Wachstum? Womit kann ich unsere Volkswirtschaft stimulieren? Die Regierung macht sich stattdessen komplizierteste Gedanken über die Frage, was als Nächstes umverteilt werden kann: Wer bekommt Arbeitslosengeld, wer Sozialhilfe? Wer muss noch alles Gewerbesteuer zahlen?*

Wie viel Umsatzsteuer gehört den Ländern? Wie viel steht den Pendlern mit Auto zu, wie viel bekommt der Pendler, der das Fahrrad benutzt? Mental hat es der Bundeskanzler mit dieser Politik nicht geschafft, den Leuten Zutrauen zu vermitteln. Es herrscht überall im Land ein Zustand totaler V e r w i r r u n g ."
Spiegel: „Was meinen Sie mit V e r w i r r u n g ?"
Merkel: „Die Menschen halten heute alles für möglich. Sie halten für möglich, dass sie morgen fürs Fahrradfahren die doppelte Pendlerpauschale bekommen wie fürs Autofahren. Sie halten für möglich, dass ihre Rente willkürlich gekürzt wird. Es gibt keine Verlässlichkeit und kein Ziel in der Politik von Rot-Grün. D a s ist es, was mich am meisten stört."
...

Im ersten Analysetext wird auf die textkohäsive Leistung der Ableitung *Verwirrung* eingegangen. Anhand des vorliegenden Analysetextes ist evident, dass sich der semantische Einfluss dieses Lexems über eine umfangreiche Textpassage erstreckt.

Die Interviewenden formulieren die Frage *„Was stört Sie am meisten?"* Das Fragepronomen *Was* ist hier ein kataphorisches kohäsives Mittel und zugleich das Rhema des Fragesatzes (formales Substitut dessen, worauf es ankommt). In ihm wird die potentielle Kritik der Politikerin an den aktuellen Missständen vorausweisend exponiert. Die gesamte folgende komplexe Antwort von A. Merkel, ihr ganzer Redebeitrag ist ein referenzidentifizierendes semantisches Äquivalent von diesem *Was*: Es werden jene Punkte aufgeführt, die die Politikerin *stören*. Diese Ausführungen kulminieren in einer zweistufigen Zusammenfassung: In der ersten Stufe („*Mental hat es der Bundeskanzler mit dieser Politik nicht geschafft, den Leuten Zutrauen zu vermitteln.*") geht es um eine Vor-Zusammenfassung, die noch spezifisch genug und relativ objektiv ist. Die zweite Stufe der Zusammenfassung („*Es herrscht überall im Land ein Zustand totaler Verwirrung.*") ist allgemeiner, abstrakter und subjektiver. Der gesamte Redebeitrag von A. Merkel (ihre gesamte Antwort) ist auf einer übergeordneten Ebene ein komplexes Rhema, es ist eine Expandierung und eine inhaltliche Auffüllung des rhematischen Fragepronomens *Was* in dem vorausgehenden Turn. Die Rhematizität dieses Textsegments ist auch formal erkennbar, indem darin viele Fragen stehen, die naturgemäß Problem eröffnend geprägt sind. Dessen ungeachtet gibt es auch auf der Ebene der einzelnen Sätze funktionale Perspektivierungen. Und im letzten Satz dieses Turns ist auf der Mikroebene auch *die totale Verwirrung* rhematisch. Wir haben es also mit einer doppelten Rhematizität zu tun: Auf der Absatzebene und auf der Satzebene. Diese *Verwirrung* ist ein strukturelles und semantisches Substituens des Fragepronomens *Was* in der einleitenden Frage des Journalisten („*Was stört Sie am meisten?*"), sie ist aber zugleich auch ein zusammenfassender Abschluss, der sich auf den gesamten vorausgehenden Absatz bezieht, ihn wertend wieder aufnimmt und eine Brücke zum kataphorischen *Was* (aus dem 1. Absatz) schlägt.

Schematisch könnte dies folgendermaßen skizziert werden: Rh = Rhema, Th = Thema (siehe Abbildung).

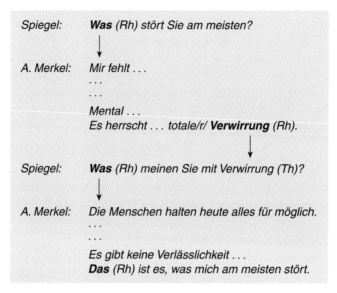

Abbildung: Schematische Darstellung der Rhema-Thema-Beziehung

Diesem Schema kann man leicht entnehmen, dass die das Rhema tragende Ableitung *Verwirrung* in der ersten Antwort von A. Merkel nicht nur anaphorisch in den Text eingebunden ist, sondern auch kataphorisch.[1]

Die Interviewer nehmen nämlich diese Wertung auf und setzen sie in einer neuen Frage ein, die ebenfalls mit *Was* beginnt: „*Was meinen Sie mit Verwirrung?*" Diese *Verwirrung* ist nun thematisch, die Rhematizität verlagert sich auf das Fragepronomen. Das erneut rhematische *Was* hat einen kataphorischen Anreiz und fordert die Politikerin heraus, zur Untermauerung ihrer Behauptungen neue Fakten (als Rhemata) anzuführen. Dies geschieht in den sich parallel wiederholenden und dadurch rhythmisch wirksamen Konstruktionen mit *(alles) für möglich halten* in der zweiten Antwort von A. Merkel („*Die Menschen halten heute alles für möglich. Sie halten für möglich, dass sie morgen fürs Fahrradfahren die doppelte Pendlerpauschale bekommen wie fürs Autofahren. Sie halten für möglich, dass ihre Rente willkürlich gekürzt wird.*"). Auch hier ist der Redebeitrag von A. Merkel ein komplexes Rhema, das die einzelnen Rhemata auf der Mikroebene (= Satzebene) der Äußerungen überlagert. Auch diese Ausführungen klingen in zwei Stufen retardierend aus (Rolle des Rhythmus): Der vorletzte Satz in diesem Absatz („*Es gibt keine Verlässlichkeit und kein Ziel in der Politik von Rot-Grün.*") ist eine noch relativ spezifische,

---

[1] Solche Beziehungen haben u. a. Erben (1995), Weinrich (1993, 919 ff.) und Wellmann (1997) erörtert.

tatsachenbezogene Wiederaufnahme des Gesagten, während der letzte Satz in diesem Absatz („*Das ist es, was mich am meisten stört.*") subjektiv und allgemein formuliert ist. Es ist zugleich ein komplexer Abschluss einer rhematischen Textpassage, ein Schlusswort, das sich spiegelbildlich mit „*Was stört Sie am meisten?*" deckt. Das rhematische Pronomen *Das* im letzten Satz weist somit ein mehrfaches anaphorisches Verschränkungspotential auf, das sich auf den Inhalt der zweiten Antwort von A. Merkel, auf das *Was* in der zweiten Frage seitens des Spiegel, auf die erste Antwort von A. Merkel und symmetrisch-parallel auf das einleitende *Was* in der ersten Frage des Interviewers bezieht.

Bemerkenswert in diesem Zusammenhang ist:

a) Die Ableitung *Verwirrung* als zentraler, dominanter, wegweisender Thematräger in der ganzen Textpassage ist sowohl rückwärtsweisend als auch vorausweisend explizit, also in beiden möglichen Richtungen des linearen Schrifttextes. Es ist somit ein Bindeglied zwischen zwei Turns im Dialog. Die Rhematizität des Wortes im ersten Redebeitrag schlägt in die Thematizität derselben Ableitung im zweiten Redebeitrag (in der Frage) um.

b) Im zweiten Absatz gibt es kaum weitere wertende Bezeichnungen des Missstandes (*das Fehlende* – s. unten – ist allgemein und neutral), sondern es wird eher mit den Synsemantika *das* und *was* operiert.

Spiegel: „Und was bedeutet das für die Strategie der größten Oppositionspartei: Blockieren oder kooperieren?"
Merkel: „Wir können das, was ich als das Fehlende beschrieben habe, nicht ersetzen, weil Rot-Grün im Bund die Verantwortung trägt. Andererseits tun wir als Opposition exakt das, was der Bundeskanzler sich von uns gewünscht hat – Alternativen auf den Tisch legen."

Eine solche auf Synsemantika ausweichende Formulierungsweise ist in sprachproduktiver Hinsicht weniger anspruchsvoll, auch weil damit ein geringeres Risiko verbunden ist, dass unkontrollierte Etikettierungen entgleiten könnten.

2.2. Die textkohäsive Potenz von Lexemen mit verblasster Bedeutung: Historismen

Im Prinzip geht es bei Historismen um dieselbe Perzeptionsbarriere, die von den Rezipierenden zu überbrücken ist, wie bei Neologismen. Für die Lexikologie stellt sich eine adäquate Frage – mit umgekehrtem Vorzeichen: Was und wie lange soll im Wörterbuch noch vom veralteten Lexikon verzeichnet werden, damit auch die Lesbarkeit von älteren Texten möglich ist (s. auch Barz 2002, 102)?

In einem Text über Napoleon (aus der Zeitschrift „Das Beste", Juni 1983, S. 162) stößt man auf das Kompositum *Erbschaftspulver*. Das Lexem wird als Synonym für

Arsen(ik) verwendet, vor dem Hintergrund einer tiefgreifend angesetzten Untersuchung, der zufolge Napoleon auf der Insel St. Helena mit Arsenik vergiftet worden sein soll.

Unter dem kompositorischen und textkohäsiven Gesichtspunkt ist hervorzuheben, dass das Lexem *Erbschaftspulver* nicht im fließenden Text integriert vorkommt, sondern es ist in einer abgesonderten metasprachlichen Erklärung abgehoben:

„In Frankreich war Arsen – genauer Arsentrioxyd oder Arsenik – in den Jahrhunderten vor Napoleon besonders beliebt; man nannte es auch „Erbschaftspulver", weil es oft dazu benützt wurde, das Eintreten des Erbfalls zu beschleunigen. Geruchlos und praktisch ohne Geschmack, ließ es sich fast jeder Speise und jedem Getränk unauffällig beimischen. Es bot aber auch die Möglichkeit, das Opfer mit wiederholten kleinen Gaben im Verlauf von Monaten oder gar Jahren langsam zu töten." (Ibd.)

Die Autoren gehen wohl von der Annahme aus, dass das Wort (das in der Tat in keinem der konsultierten Wörterbücher auffindbar ist, auch nicht im GRIMM[2] oder in MEL) in seiner Motivationsbedeutung schon so weit untransparent geworden ist, dass es an eine Zumutung grenzen würde, wenn es unerklärt im Text verwendet würde (vgl. Barz/Schröder 2001, 191.).

Es handelt sich in diesem Fall um eine eindeutige Historisierung. Alle Bedingungen dafür sind erfüllt: Das Denotat existiert nicht mehr, von daher auch der Wortschwund aus allen verfügbaren Lexika. Eine kollektive Erinnerung ist nicht (mehr) vorhanden, auch kein „kommunikatives Gedächtnis" (Barz 2002, 99). Der Verlust an kommunikativer Relevanz geht mit einer untergegangenen historischen Epoche einher. Es gibt auch keine Sprecher mit einschlägiger Sacherfahrung und Wortkenntnis. (Ibd.)

Es drängt sich die Frage auf, zu welchem kommunikativen Zweck die Autoren in einem Text mit einem ansonsten gut aufgefächerten Wortbildungsnest (vgl. Barz/Schröder 2001, 203) (neben mehrfacher Verwendung von *Arsen* und *Arsenik* sind Komposita vorhanden wie z. B. *Arsenspuren, Arsentheorie, Arsenlösung, Arsenquelle, Arsenhöchstwerte, Arsengehalt, Arsenvergiftung, Gifttrunk, Giftschlag*) auf diesen Historismus zurückgreifen. Es liegt die Vermutung nahe, dass die Autoren, die vehement die These vertreten, dass Napoleon vergiftet worden war, mit der Beschreibung der Eigenschaften von Arsenik (strategisch) einen zusätzlichen Beweis für ihre Argumentation liefern wollen.

Der einzige Punkt, der die Beweiskraft einer solchen an sich plausiblen Interpretation der Hintergründe und Motive relativieren mag, ist der, dass das (in der Quelle, s. oben) in Anführungszeichen stehende Zitatwort *Erbschaftspulver* in einer Übersetzung aus dem Englischen ins Deutsche vorkommt, die über die Verhältnisse vor mehreren Jahrhunderten in Frankreich berichtet.

---

[2] S. Wörterbücher am Ende des Beitrags.

2.3. Die Textkohäsion von Lexemen und Syntagmen mit übertragener Sememkonfiguration

2.3.1. Im Sachtext

Der dritte zu analysierende Beleg kommt ebenfalls aus dem Funktionalstil der Politik. Es handelt sich um einen Spiegelbericht (Rubrik Ausland, Der Spiegel 35/2003 [25. 8. 03, S. 117]) über Bestrebungen des neuen brasilianischen Präsidenten Lula, die schwierige wirtschaftliche Situation im Land in den Griff zu bekommen. Eine längere Textpassage, in der einige anfängliche Erfolge von Lula dargestellt sind, geht in den Absatz über:

> *„An Konzepten mangelt es nicht, und die Regierung ist bemüht, tatkräftigen Optimismus zu verbreiten. „Das Schlimmste liegt hinter uns", beschwört der Präsident in den letzten Tagen bei jeder sich bietenden Gelegenheit. Und: „2003 wird in die Geschichte als das Jahr eingehen, in dem wir Brasilien repariert haben." Die ersten Wirkungen zeigen sich bereits. Die Arbeitslosigkeit ging leicht zurück. Dennoch wird der Silberstreif am Horizont verdunkelt von einer wirtschaftlichen Großwetterlage, wie sie düsterer nicht sein könnte."* (Ibd.)

In der darauf folgenden Textpassage sind Probleme angeführt, die sich noch anhäufen und fast unüberwindbar scheinen.

> *„Bisher konnte lediglich der Agrarsektor mit seinen riesigen, mechanisiert abgeernteten Sojabohnen im Süden des Landes die Exportbilanzen aufpolieren. Im Wesentlichen aber sind die Kassen leer. Brasilien steckt, wie die meisten Volkswirtschaften weltweit, in einer Rezession.*
> *Im Großraum São Paulo ist jeder Fünfte ohne Arbeit. ..."*

Diese Stelle im Text scheint ein Wendepunkt zu sein, an dem den Errungenschaften der neuen Politik die Niederlagen gegenübergestellt werden. Im letzten Satz des erstzitierten Textausschnittes sollen die Nominalphrasen *der Silberstreif am Horizont* und *die wirtschaftliche Großwetterlage* näher erläutert werden. Das erste Syntagma ist eine Wendung mit übertragener Bedeutung (s. DUW: „Silberstreif ... in der Fügung Silberstreif am Horizont: sich andeutungsweise abzeichnende positive Entwicklung; Anlass zur Hoffnung; nach einem Ausspruch des dt. Politikers G. Stresemann /1878–1929/"). Diese Wendung bezieht sich anaphorisch auf den Vorkontext und ist – wie *Verwirrung* im 1. Analysetext (s. 2.1.) – eine komprimierte bilanzierende Wiederaufnahme des Vorausgehenden. Informativ-kommunikativ gesehen, ist sie ein thematisches Element, weil sie Bekanntes vermittelt. Immerhin haftet dem Syntagma im Sinne von Schwarz (2000, 91 ff.) auch eine teilweise Rhematizität an, weil das bereits Gesagte in einem neuen Licht, unter einem spezifischen Gesichtspunkt in den Blick kommt (vgl. Fandrych 2003, 191). Dieselbe Funktion könnte an dieser Stelle – rein semantisch gesehen – ein anderes Idiom übernehmen, z. B. Licht am Ende des Tunnels sehen (ebenfalls DUW: „in schwieriger Lage Anzeichen für eine Besserung, einen Hoffnungsschimmer entdecken"). Textorganisatorisch und -kompositorisch gesehen wäre dies jedoch insuffizient, denn das Phrasem *der Silberstreif am Horizont* ermöglicht kontiguitiv einen Übergang zum nächsten sprachlichen Bild, zur metaphorischen Verwendung des Kompositums *Großwetterlage*.

Das Lexem *Großwetterlage* wird hauptsächlich fachsprachlich verwendet, meist in Wetterberichten; dessen potentielle Metaphorizität ist in den Wörterbüchern älteren Datums, aber auch in einigen neuen (noch) nicht aufgenommen.[3] Offenbar geht es um einen aktuellen Lexikalisierungsprozess, der erst allmählich in Wörterbüchern registriert wird. Vielleicht auch deshalb, weil es aus rezeptiver Sicht unproblematisch scheint: Wetterbedingungen finden häufig metaphorische Verwendung und werden auf unsere Empfindungen übertragen.[4] Diese allgemeinen Erfahrungen ermöglichen uns, den Zusammenhang zwischen *Silberstreif am Horizont* und *Großwetterlage* ohne Schwierigkeiten herzustellen.

Die Rezeption wird zusätzlich erleichtert durch das adjektivische Attribut *wirtschaftlich* (*wirtschaftliche Großwetterlage*), das die Gedanken in die erwünschte Richtung lenkt, und weitere Signale in diesem Satz wie das Adjektiv *verdunkelt* und der Relativsatz *wie sie düsterer nicht sein könnte* sorgen dafür, dass der kataphorische Charakter dieser Metapher erkannt wird. Wie oben gezeigt folgt darauf die Schilderung der miserablen wirtschaftlichen Lage, die kaum Hoffnung auf eine Besserung zulässt.

Bemerkenswert unter dem textkohäsiven Blickpunkt ist bei diesem Beleg: Ein metaphorisch verwendetes Syntagma (*Silberstreif am Horizont*) induziert beim Rezipienten Prozesse, die die womöglich noch nicht vollständig lexikalisierte Metaphorizität einer anderen zusammenhängenden Wortbildungskonstruktion (*Großwetterlage*) leichter erkennen lassen. Die Metaphorik des einen Lexems überträgt sich auf das Nachbarlexem und legt darin die plausible aktuelle Lesart nahe.

Gegenseitige Beeinflussung von Sprachelementen im Satz und Text kann mit ein Grund dafür sein, dass es zur Semmutation eines Lexems kommt: In einer spezifischen kontextuellen Umgebung werden unerwartete semantische Reflexe ausgelöst, die es bis dahin nicht gegeben hat. Dass dadurch Adhäsionskräfte zwischen diesen semantischen Trägern – auch über die Satzgrenze hinweg – freigesetzt werden, steht außer Zweifel.

2.3.2. Im literarischen Text

Extremfälle der Anpassung der Lesart von figurativ verwendeten Lexemen an kommunikative Bedürfnisse kann man in der Belletristik, insbesondere in der Poesie be-

---

[3] So z. B. in GRIMM, MEL, DUW, WAHRIG 1989, BROCKHAUS, WDG und HDG. Das Lexem ist aber zu finden in WAHRIG 2000, GDW und im KORPUS DEUTSCHER WORTSCHATZ.

[4] Man kann etwa von einem sonnigen Gemüt sprechen oder sagen, dass die Gefahr wie eine drohende Wolke über jmdm. schwebt.

trachten (vgl. Fix 2003). Als Demonstrationsbeispiel soll abschließend ein Gedicht von G. Grass aus seinem vor kurzem erschienenen Buch „Letzte Tänze" angesprochen werden.

„Zugabe

Nach langem Beifall – Handwerk knallhart –
greifen müde ergraut die Musikanten noch einmal
nach Holz und Blech.

Paare, wie sie gefügt und zufällig beieinander,
bewegen sich zwangsläufig, bleiben,
solange das dauert, im Takt.

Schon räumen die Kellner ab, Wir ahnen, dass demnächst,
wenn nicht sogleich, Schluss ist, hoffen aber
Auf Zugaben bis zuletzt.

So verzögert sich allgemein und speziell
unser Ende, das seit langem rot vordatiert
im Kalender steht.

Wer das Licht ausknipst endlich, bleibt im Dunkeln,
Hüstelt ein wenig und lacht sich ins Fäustchen,
Kehraus heißt die Polka."

Die präfigierte implizite Ableitung *Zugabe* wird hier in einer ganz neuen Bedeutungsvariante verwendet, die sich in keinem Wörterbuch belegen lässt. Es ist zu bezweifeln, ob jemals ein Wörterbuch diese Nebenbedeutung registrieren wird, etwa als Hoffnung eines Sterbenden, dass sein Leben über das „*im Kalender seit langem rot vordatierte Ende"* hinweg wie mit einer Zugabe nach einer musikalischen Darbietung verlängert wird. Die Erwartungen, die mit dem polysemen Wort *Zugabe* im Titel ausgelöst und mit dem Inhalt der ersten zwei Strophen (*Beifall, Musikanten, Paare bewegen sich im Takt*) durch Eliminierung anderer semi-aktivierter potentieller Konkurenzmöglichkeiten (vgl. etwa WUW, LWB, DUW) in unserem Langzeitgedächtnis (vgl. Schwarz 2000, 137 f.) monosemiert werden, gehen nicht in Erfüllung. Die dritte Strophe bringt erste Anzeichen eines quasi-inkohärenten Anschlusses (*ahnen, Schluss, hoffen*). Diese kataphorischen Vorboten gewinnen konkrete Gestalt in der 4. und 5. Strophe, in denen erst jetzt, im Nachhinein, die ersten drei Strophen sich als eine parabolische Ablenkung erweisen: Im Gedicht steht im Grunde genommen eine andere Pointe im Vordergrund, und zwar das Sinnieren über das Ende unserer Existenz. Das Lexem *Zugabe* löst sich in diesem Text in semantischer Hinsicht von seiner Eingebundenheit in das Sprachsystem (Lexikon) los. In solchen Fällen sind der Lexikographie offenbar Grenzen gesetzt, denn es ist unmöglich, alle erdenklichen Nuancen der Lesarten im Lexikon zu registrieren (vgl. Barz 2002, 103.).

Zur textkohäsiven Blickrichtung: Zwischen der okkasionellen Verwendung des Lexems *Zugabe* in seiner punktuellen Metaphorizität, zwischen der Parabel in den ersten drei Strophen als komplexer Metapher mitsamt den oben erwähnten Signalen (*ahnen, Schluss, hoffen*) aus der 3. Strophe, die auf der einen Seite allesamt kataphorisch wirken, und der anaphorisch ausgerichteten Interpretation aus Strophe 4 und 5 (Bedeutung des Adverbs *so* am Beginn der 4. Strophe!) auf der anderen Seite, besteht eine starke Abhängigkeitsrelation, eine besondere Form der impliziten Textkohäsion.

3. SCHLUSSWORT

Die auf ihrer Semantik beruhenden textkohäsiven Leistungen von Lexemen (und Syntagmen) zeigen sich offenbar – grob gesehen – aus zwei Perspektiven: Von den lexischen Einheiten hin zum Text als Ganzem und von dem Text als Ganzem in seiner Beziehung auf einzelne Lexeme. Nicht nur die Lexeme üben im Text durch ihre gegenseitigen Abhängigkeiten eine kohäsive Funktion aus, auch der Text als Ganzes wirkt zurück auf die Lexeme und erweist sich, besonders bei denjenigen, deren Lesart mit Rezeptionsschwierigkeiten verbunden ist, als eine kohärenzstiftende Monosemierungsinstanz.

Solche Analysen sind kein Selbstzweck von ambitionierten Linguisten. Ihr Anwendungsbereich ist weit. So können sie nützlich sein u. a.:

– in der Gestaltung und Analyse von Werbetexten,
– in der Gestaltung und Analyse von Texten mit manipulatorischem Einschlag (politischer Diskurs),
– in der Gestaltung und Analyse von wissenschaftlichen Texten (Stichwort Argumentationsstrategien),
– in psychoanalytischer Arbeit im medizinischen Tätigkeitsbereich, verbunden mit Diagnostik und Therapie,
– in polizeilichen und kriminalistischen Ermittlungen,
– in der Belletristik, und zwar in allen drei Gattungen:
  – in der Dramatik mit besonderem Akzent auf Stilisierung und u. U. auf humoristischer Wirkung,
  – in der Prosa im Aufbau spezifischer Textsorten (wie z. B. Kriminalgeschichten) oder in humoristischen Texten und Witzen,
  – in der Poesie (besonders in der Lyrik) in der Analyse ihrer ästhetischen Wirkung,
– im didaktischen Diskurs (Lehren und Lernen von verschiedenartigen Textkompetenzen bei Kindern und Erwachsenen) und nicht zuletzt
– bei der Konzipierung von Wörterbüchern, die sich aus ständiger Interaktion mit der Sprache in Verwendung (dem Text) speisen soll.

WÖRTERBÜCHER

BROCKHAUS = Brockhaus Wahrig (1980). Deutsches Wörterbuch in 6 Bänden. Hg. von Wahrig, Gerhard/Krämer, Hildegard/Zimmermann, Harald. Wiesbaden.
DUW = Deutsches Universalwörterbuch (2001). 4., neu bearb. und erw. Aufl. Hg. von der Dudenredaktion. Mannheim u. a.
GDW = DUDEN (1999). Das große Wörterbuch in 10 Bänden. 3, völlig neu bearb. und erw. Aufl. Hg. vom Wissenschaftlichen Rat der Dudenredaktion. Mannheim u. a.
GRIMM = Deutsches Wörterbuch von Jacob Grimm und Wilhelm Grimm in 16 Bänden (1854). Hg. von S. Hirzel. Leipzig.
HDG 1984 = Kempcke, Günter (Hg.): Handwörterbuch der deutschen Gegenwartssprache. 2 Bde. Berlin.
Korpus Deutscher Wortschatz: http://wortschatz.uni-leipzig.de/beta/
KÜPPER = Küpper, Heinz (1983): Illustriertes Lexikon der deutschen Umgangssprache in 8 Bänden. Stuttgart.
LWB = Langenscheidts Großwörterbuch Deutsch als Fremdsprache (1993). Hg. v. Götz, Dieter/Haensch, Günther/Wellmann, Hans. Berlin/München.
MEL = Meyers Enzyklopädisches Lexikon in 25 Bänden (1980). Hg. vom Bibliographischen Institut Mannheim u. a.
WAHRIG 1989 = Wahrig Deutsches Wörterbuch (1989). Hg. in Zusammenarbeit mit zahlreichen Wissenschaftlern und anderen Fachleuten. Völlig überarb. Neuaufl. München.
WAHRIG 2000 = Wahrig Deutsches Wörterbuch (2000). Hg. von Dr. Renate Wahrig-Burfeind. 7., vollst. neu bearb. und aktual. Aufl. Gütersloh/München.
WDG = Wörterbuch der deutschen Gegenwartssprache (1961–1977). Hg. von Klappenbach, Ruth/Steinitz, Wolfgang. Berlin.
WUW = Agricola, Erhard (Hg.) (1979): Wörter und Wendungen. Wörterbuch zum deutschen Sprachgebrauch. 9., unveränd. Aufl. Leipzig.

LITERATUR

Barz, Irmhild (2002): Was ist aus den Neologismen des WDG geworden? In: Barz, Irmhild/Fix, Ulla/Lerchner, Gotthard (Hg.): Das Wort in Text und Wörterbuch. Stuttgart/Leipzig, S. 93–104.
Barz, Irmhild/Schröder, Marianne (2001): Grundzüge der Wortbildung. In: Fleischer, Wolfgang/Helbig, Gerhard/Lerchner, Gotthard (Hrsg.): Kleine Enzyklopädie DEUTSCHE SPRACHE. Frankfurt a. M., S. 178–217.
Erben, Johannes (1995): Wortbildung und Textbildung. In: Popp, Heidrun: Deutsch als Fremdsprache. An den Quellen eines Faches. Festschrift für Gerhard Helbig zum 65. Geburtstag. München, S. 545–552.
Fandrych, Christian (2003): Zur Textlinguistik des Vorfelds. In: Thurmair, Maria/Willkop, Eva-Maria (Hg.): Am Anfang war der Text. München, S. 173–196.
Fix, Ulla (2003): Textstilistik. Manuskript.
Schwarz, Monika (2000): Indirekte Anaphern in Texten. Tübingen.
Weinrich, Harald (1993): Textgrammatik der deutschen Sprache. Mannheim u. a.
Wellmann, Hans (1997): Transformation, Nomination, Kondensation und Projektion durch Wortbildung. Der *Wenderoman* in der Literaturkritik. In: Barz, Irmhild/Schröder, Marianne (Hg.): Nominationsforschung im Deutschen. Festschrift für Wolfgang Fleischer zum 75. Geburtstag. Frankfurt a. M., S. 375–386.

Ludwig M. Eichinger

Das rechte Wort am rechten Platz – und wie die Wortbildung dabei hilft

1. WÖRTER ALS BILDTEILE IM WORTGEMÄLDE

1.1. Text

Vom Deutschen sagt man, es sei eine Wortbildungssprache. Manchmal finden sich Texte, die zeigen einem, was das heißen kann, was der Sinn dieser Eigenheit unserer Sprache ist. Ein solcher Text wird die Beispiele für die Fragen liefern, die im Folgenden besprochen werden sollen. Es handelt sich um Joseph Zoderers im Jahr 2002 erschienenen Roman „Der Schmerz der Gewöhnung". Auch in der fragmentarischen Kürze des linguistischen Zitierens wird der Leser sehen können, dass dieser Text als Fundgrube für sprachliche Probleme weit unter Wert geschlagen ist.

1.2. Erwartbarkeit

1.2.1. Inventar

Wörter, die wir verstehen, leben davon, dass wir entweder schon Erfahrungen mit ihnen gemacht haben oder dass wir sie in einem Kontext vorfinden, der sie für uns zum Leben erweckt.

Das heißt Verschiedenes: Manche komplexen Wörter sind fest im Lexikon verwurzelt; vor allem substantivische Komposita werfen so Ordnungsmuster über Ausschnitte einer differenzierteren Wirklichkeit. So kennen wir ohne weiteres verschiedene Wörter für Türen und Tore, die wir als klassenbildend akzeptieren:

(1) „[...] eigentlich mit dem Knarren des *Friedhofstors*" (Zoderer 2002, S. 7).[1]

(2) „[...] eine Art *Garagentor*" (S. 12).

---

[1] Die Belege aus Zoderers Roman werden in diesem Beitrag lediglich durch Angabe der Seitenzahl zitiert.

(3) „*Die hohe Flügeltür ließ sich nicht abschließen.*" (S. 11)
(4) „*[...] bis endlich im letzten Stock schon eine Wohnungstür offenstand.*" (S. 25)
(5) „*Er erinnert sich an das Gartentürchen.*" (S. 28)

Aber nicht nur in diesen, sondern in einer großen Menge von anderen Fällen, rufen bereits bekannte Bildungen entsprechende Szenen auf, ordnen sie hinreichend in unser Wissen ein; hier nur die entsprechenden Beispiele von den ersten drei Textseiten unseres Romans:

(6) *Kopfweh, Nachtluft, Armbanduhr, Spätsommertag, Kopfschmerzen, Nebelschwaden, Kirschbaum, Waldrand, Waldstück, Fußmarsch, Felswände, Fischerboot, Tritonschnecke, Windmühlen, Motorboote, Zitronenbäume, Granatäpfel, Straßenkneipe, Kneipenboden, Holunderbeeren, Hotelzimmer* (S. 7–9).

1.2.2. Erweiterungen

In anderen Fällen geben uns die Kontexte genügend Hinweise, dass wir die zwar unbekannten, aber doch nicht zu auffälligen – zu sinnvollen Klassen zu versammelnden – Bildungen adäquat interpretieren können:

(7) „*[...] vor dem Fenster flimmert heiß die Sonnenluft.*" (S. 9)
(8) „*Was für ein staubblauer Südhimmel, unter dem er an Orangenfeldern vorbei auf sanfte Hügelwellen zufuhr.*" (S. 14)

1.2.3. Überraschungen

Schwieriger, und im laufenden Text deutlich seltener, sind dann Bildungen, die Vorschläge des Erzählers für eine von den normalen Erwartungen abweichende Interpretation darstellen, wie das in den folgenden Beispielen der Fall ist:

(9) „*[...] er muß sich ja vor sich selbst hertreiben, er sieht, wie er (mit einer Filmpistole im Rücken) sich zur Tür hinaustreibt.*" (S. 11)
(10) „*Ein Familiengericht zum Nachmittagstee.*" (S. 28)
(11) „*Damals, in den frühen fünfziger Jahren, hatte er, der Meeresmensch, sogar die fixe Idee, sich – wenn schon nicht als Tiroler Bauer, so doch als eine Art Agrarunternehmer – eine zusätzliche Einkommensquelle zu schaffen.*" (S. 33)

Offenkundig gibt es auch hier noch Abstufungen, die von der Erwartbarkeit bzw. textuellen Einbindung der jeweiligen Wörter abhängen. So ist das folgende Beispiel zwar ungewöhnlich, aber nachvollziehbar; man fragt sich lediglich, ob man den

Schritt von der entsprechenden Genitivkonstruktion (*Tagen der Vertrautheit*) zum Kompositum wirklich versteht.

> (12) „[...] mitten in den V e r t r a u t h e i t s t a g e n zwischen Weihnachten und Neujahr." (S. 40)

Wesentlich schwerer sind die Komprimierungen des folgenden Beispiels in ihrem systematischen Wert zu bemessen, Bildungen, deren Bedeutungsindizierungen wir durchaus erfassen, auch wenn es uns schwer fiele, ihren Sinn präzise zu umschreiben[2]:

> (13) „*Und wie hätte er den Tod seiner noch nicht geborenen Natalie mit diesem milde lächelnden W e l t f r e u n d g e s i c h t Luca in irgendeine A h n u n g s - n ä h e bringen sollen.*" (S. 51)

Vom Satz als einem „Wortgemälde" spricht Wittgenstein (2001, 1061) in den „Philosophischen Untersuchungen" und könnte damit auch andeuten, dass die Wörter in unterschiedlicher Weise Tiefe und Farbe des Bildes bestimmten, so wie das die unterschiedlich „schwierigen" Komposita in den bisherigen Beispielen getan haben. Grammatische und lexikalische Regeln der Wortverbindung helfen uns, Platz und Perspektive von festen Bildelementen festzulegen.[3] Manche liegen auf der Tiefe einer normalen Fokussierung des sprachlichen Blicks, manche verlangen danach, die umgebende Welt plötzlich deutlich anders zu sehen, als wir das alltäglich gewohnt sind.[4]

Die Techniken der Wortbildung bieten unterschiedliche Möglichkeiten, die Regeln des Gebrauchs der beteiligten Bestandteile gleichsam anzudeuten. Wie selbstgenügsam dabei mit den Mitteln der Wortbildung operiert werden kann oder wie weit notwendig in die grammatische Umgebung ausgegriffen wird, hängt von zwei Punkten ab, einerseits von den Wortbildungsarten, andererseits von den Wortarten, die, um terminologisch bei Wittgenstein (2001, 220) zu bleiben, unterschiedlichen Werkzeugen in unseren standardisierten sprachlichen Handlungen entsprechen.

2. KOMPLEXE NOMINA IN TEXTUELLER AKTION

Die Arten der Wortbildung lassen sich danach befragen, wie geartet die Kontexte sind, in denen sie dargeboten werden, damit auch, inwieweit externe Kontexte essentiell, optional oder ausgeschlossen sind. Man kann dabei von den Bildungstypen ausgehen, die bei den verschiedenen Wortarten unter diesem Gesichtspunkt ins Auge fallen.

---

[2] Zu den verschiedenen Stufen der Deutung von Wortbildungen in literarischen Texten vgl. Handler (1993, 170 ff.).

[3] Zum generellen Verhältnis von Wortbildung und Text vgl. Barz/Schröder/Hämmer/Poethe (2002, 60/61).

[4] Eine ähnliche Abstufung findet sich auch schon bei Matussek (1994), allerdings in einer Weise erläutert, die doch sehr stark auf die Textoberfläche gerichtet erscheint.

2.1. Substantive: Komposita, Rektionskomposita

Das sind beim Substantiv die Bildungen, die der relativen Isoliertheit dieser Wortart Rechnung tragen: die der Modifikation dienenden Komposita. An ihnen soll im Folgenden etwas ausführlicher gezeigt werden, mit welchen Differenzierungen zu rechnen ist, auf die Adjektive soll dann nur kurz hingewiesen werden. Wir haben in den bisherigen Beispielen schon angedeutet, wie sie prinzipiell in die Netze des Welt-, Text- und Formwissens eingebunden sind.

Bei diesem Bildungstyp sollten Wörter entstehen, die ihren Zusammenhalt gegenüber grammatischen Fügungen akzentuierten und dazu aufforderten, ein neues Wort nach bestimmten Mustern des Wortschatzes zu lesen. Das erscheint unproblematisch, wenn die Wörter schon bekannt sind oder sich leicht einem Muster zuordnen lassen, wie im folgenden Beispiel alle Komposita bis auf das letzte, aber auch die *Schlafbilder* wird man nach Wörtern wie *Traumbilder* nach einer Art lokalen Musters deuten[5]:

(14) „[...] wenn er vor der verwitterten *Lattenwand* einer abgelegenen *Heuschupfe* stand und in die *Brennesseln* schaute, die unter dem *Holunderstrauch* wucherten, sogar die *Sandmulden* in den *Wegbiegungen* waren ihm wie *Schlafbilder* vertraut." (S. 32)

Auffälligere Bildungen behaupten Musterhaftigkeit in Fällen, wo wir das weder aus unserer Kenntnis der Teile noch aus einem vorgebildeten Muster her nachvollziehen können. Das wären Beispiele wie das folgende, das darum schon einen hohen textuellen Erklärungsaufwand leistet und uns dennoch nur bis zu einem gewissen Maß an die Bedeutung heranführen kann:

(15) „Laß ihnen dieses bißchen eingebildete Haut von Vergangenheit, diese nylondünne *Vergangenheitshaut*." (S. 169)

Häufig sind das metaphorische Komposita, die uns anweisen, das im Erstglied Benannte als etwas Anderes zu sehen.[6] Und sie haben auch eine andere Funktion. Während die unauffälligeren Komposita häufig mit gewohnten Bildern den Hintergrund der Handlung füllen, die einer glaubwürdigen und gängigen Konkretisierung von Szenen dienen, und daher häufig die Mitglieder der „natürlichsten" Benennungsebene sind, stellen die auffälligeren Bildungen Instruktionen des Sprechers dar, eine bestimmte Sicht einzunehmen. Durch ihre Form als Komposita werden sie in einer Weise eingeführt, als repräsentierten sie akzeptierte Deutungen der jeweiligen Weltausschnitte.[7] Das sieht man, wenn man den weiteren Kontext des Kompositums *Ver-*

---

[5] Zu den systematisch erwartbaren Relationen vgl. Eichinger (2000, 119/120, 182).

[6] Die Notwendigkeit einer textuellen Stützung hängt vom mehr oder minder prototypischen Charakter der gewählten Bilder ab; vgl. Fix (2002, 11/12).

[7] Hier wird Implizitheit an einer Stelle eingesetzt, von der wir eigentlich Explizitheit erwarten würden, um an unsere Verlässlichkeitserwartungen gegenüber dem Autor zu rekurrieren (vgl. Brandom [2001, 127 ff.]).

gangenheitshaut betrachtet:

> (16) *„Auch Jul verzog die Lippen oder schmunzelte, wenn der fettleibige Schützenhauptmann ‚Habt acht!' oder ‚Schützen ruht!' rief mit seiner fistelig dünnen Stimme – ein wenig schämte er sich sogar wegen dieses künstlichen Getues der rotznasigen M o t o r r a d f l i t z e r , B M W - B e s i t z e r   u n d C o m p u t e r f r i t z e n , und das alles in diesem seltsamen M a s k e n k o s t ü m ehemaligen Tirolerseins –, aber andererseits sagte er sich: Laß Ihnen dieses bißchen eingebildete Haut von Vergangenheit, diese nylondünne V e r g a n g e n h e i t s h a u t , harmloser allemal, dachte er, als die tätowierten, kahlrasierten Schlägertrupps der Neonazis. Oder war die nylondünne V e r g a n g e n h e i t s h a u t auch nichts anderes als eine Glatze von morgen?"* (S. 169)

In der Szenerie der auf dem Dorfplatz auftretenden Südtiroler Schützen wird die Künstlichkeit und Oberflächlichkeit im Verhältnis zum modernen Alltagsleben deutlich genug präformiert, um über verschiedene Umdeutungen in der Metapher einer *Haut von Vergangenheit* zu landen, die in dem Kompositum dann zu einer festen benambaren Entität geworden ist, die erinnernd auch noch die Oberflächlichkeit und Künstlichkeit in dem adjektivischen Attribut *nylondünn* an sich zu binden vermag. Auch das Kompositum sagt: Der Inhalt ist ausdiskutiert, seine Geltung wird gesetzt, als ein Tertium comparationis, das verschiedene Erscheinungen von entnormalisierter Verkleidung in den Blick zu nehmen erlaubt. Das ist auf dem Weg durch den Text schon vorbereitet, wenn das erläuternde und gleichsetzende Kompositum *Maskenkostüm* gewählt wird, das beim ersten Lesen eher irritiert als erläutert (vgl. Eichinger 2000, 186). Dieser Typ von Kompositum trägt eine Bewertung der im Text erzählten Dinge in sich, die von den Sicherheiten der Erzählerfigur – bzw. jedenfalls einer entsprechenden Behauptung – zeugt. Das Kompositum legt uns nahe, den Weltausschnitt mit den Augen der Erzählerfigur zu sehen. Das belegen auch die sicherheitshalber mit dem Adjektiv *rotznasig* eingeleiteten Qualifikationen *Motorradflitzer, BMW-Besitzer* (in Form von Rektionskomposita)[8] und (dem derivationsähnlichen) *Computerfritzen*, die alle miteinander nahe Verwandte des in letzter Zeit populär gewordenen (oder gewesenen) Typs *Warmduscher* oder *Frauenversteher* darstellen. Sie alle sind der Form nach scheinbar harmlose Beschreibungen, in Wirklichkeit aber Namen für ein gesellschaftliches Feindbild. Ihnen allen ist auch gemein, dass sie unser Wissen über Handlungszusammenhänge (mit Motorrädern, BMWs, Computern) dazu nutzen, explizite Benennungen der Nutzer solcher Objekte als charakterisierende Namen zu verwenden. Dabei sind die gewählten Bildungsmittel eigentlich in dieser Hinsicht neutral: Nur *-fritze* trägt eindeutig eine derogatorische Komponente in sich.

---

[8] Zu den Besonderheiten dieses Typs vgl. Eichinger (2000, 128 ff., bes. 130, 193).

2.2. Textuelle Techniken

2.2.1. Metaphorische Namen

Auch sie lehnen sich also an unser Musterwissen an, an Interpretationen von Bildungen, bei denen die Zentrierung deutlich auf dem Erstglied liegt. Das verbindet sie mit metaphorischen Bildungen wie *Hochnebelschleier* (S. 8; s. unten Beleg (30)). Es handelt sich hier allerdings um eine außerordentlich konventionelle Metapher, die daher keine besonderen Ansprüche an den Kontext stellt (vgl. Eichinger 2000, 186). Wie ein Schleier ist der Hochnebel, weil er eine Art durchscheinendes Tuch ist, das etwas verbirgt. Solche die Form wie die Funktion gleichermaßen indizierende Metaphern sind in unserem Wortschatz nicht selten, sind auch auf Objekte anwendbar, an die wir vielleicht nicht unmittelbar gedacht hätten:

(17) „*[...] rechts der Autobahn über weite Strecken Eukalyptusspaliere*" (S. 14),

z. T. mit komplexeren Metaphorisierungswegen:

(18) „*Ein dumpfes Drücken, von innen gegen sein Schädeldach.*" (S. 7)

Vielleicht häufiger ist allerdings der beiläufig den Text fortführende Typ, der das Zweitelement in mehr oder minder erwartbarer Weise textspezifisch modifiziert:

(19) „*Von den Birken und Kirschbäumen fliegen gelb und rot die Blätter auf die Herbstwiesen.*" (S. 9)

Die Farbe der Blätter, die genannt wird, bereitet die Deutung des Kompositums vor, es lehnt sich an ein gängiges Muster an, ist aber eigentlich nicht üblich. So bieten diese Komposita nicht eine Beschreibung („*fliegen gelb und rot die Blätter im Herbst auf die Wiesen*") und auch nicht nur die beiläufig im Hintergrund gegebene Information über eine jahreszeitliche Eigenschaft („*auf die herbstlichen Wiesen*"), sondern setzen einen Namen für ein Schema an (und ich nenne das „*Herbstwiese*"), so dass wir uns als Leser fragen, warum?

2.2.2. Informationsverschiebungen

In der leichten Widerständigkeit liegt ästhetischer Reiz, aber möglicherweise auch Grund zu ästhetischer Irritation. So vielleicht in folgendem Fall, wo in deutlich bewusster Weise von gängigen Formulierungstraditionen abgewichen wird:

(20) „*[...] mit dem Magnolienbaum, den Stechpalmen und Kakteen und all den anderen mediterranen dunkelgrünen Blätterbäumen.*" (S. 20)

Irritiert durch die Nähe von gängigem *Laubbaum*, das aber hier nicht gemeint ist, ist man auf die Interpretation mit dem so genannten schiefen Adjektivattribut verwiesen, das durch die Stellungseigentümlichkeiten der beteiligten Adjektive insgesamt terminologischen Charakter bekommt, während in Wirklichkeit doch eher Beschreibendes gemeint ist: die für den Mittelmeerraum typischen Bäume mit den dunkelgrünen (fetten) Blättern.

Auch weniger gängige Verbindungen sind wir in der Lage zu verstehen und möglicherweise adäquat zu finden, wenn sie in die Schilderung kultureller Schemata eingesetzt sind, die Kohärenz versprechen:

> (21) „[...] darunter Palazzi aus der Renaissance und aus dem Barock mit monumentalen, von Wind und Sandluft zerfressenen Portalen (und in den Stockwerken darüber nicht selten diese R o m e o - u n d - J u l i a - B a l k ö n c h e n mit Eisengeländer)." (S. 21)

Hier geht der Text zunächst beschreibend-klassifizierend durch die alte Stadt, nebenbei erläuternd, was in das Bild passt („von Wind und Sandluft zerfressen"), um uns dann einen Terminus vorzuwerfen, der uns vorschlägt, ein Shakespeare-und-Touristen-Verona hochzurechnen. Und so erlauben es Komposita, in verschiedener Weise auf unser Wissen und unsere kombinatorische Phantasie gestützt, Vorschläge für Namen von typischen Subklassen von Erscheinungen zu machen. Das zeigen die folgenden Beispiele in unterschiedlicher Art und Weise. Relativ gängig noch der *Parteibuchfaschist*, auf jeden Fall dem *Taufscheinchristen* verwandt, verständlich auch die *-welt*-Komposita des folgenden Beispiels (23), bei denen allenfalls der Wechsel der Erstglieder (v. a. *Freund*) irritiert.

2.2.3. Literarisierung

Im Beispiel (25) die formale Klimax (mit der sich steigernden Assonanz) mit kritischer Funktion, die einem vielleicht schon gewollt erscheinen mag. Die leicht dissonante Bildung *Bergspaziermarsch* in (24) letztlich bricht die Erwartungen, die wir mit dem gängigen und die Folie der Interpretation liefernden Kompositum *Spaziergang* verbinden, der Erzähler ist ja unruhig, so wird denn auch die daneben noch ausgestaltete idyllische „Polsterschnee"-Landschaft konterkariert von den etwas enigmatischen *Wurzel*-Komposita:

> (22) „[...] zumindest ein P a r t e i b u c h f a s c h i s t " (S. 108).
> (23) „Er hätte wohl nie die Welt von Maras Vater, seine I n t e r e s s e n w e l t , seine F r e u n d e s w e l t , seine Machtwelt mit einem Wimpernschlag gestreift." (S. 112)
> (24) „Auf seinen B e r g s p a z i e r m ä r s c h e n [...] Polsterschnee [...] und all seine bösen Erinnerungen, mit ihren S p a g h e t t i w u r z e l n , ihren K a k t u s s c h l u p f w i n k e l n ." (S. 141)
> (25) „Die Pferdemetzgerei ist nur eine Sparte dieser T i e r h a l t u n g s - und T i e r t ö t u n g s f a r m ." (S. 120)

Das Beispiel (25) *Tiertötungsfarm* mag auch als Beleg dafür gelten, dass die Möglichkeiten der deutschen Kompositabildung uns manchmal in die Lage bringen, dass wir Sachen erfahren, die wir eigentlich gar nicht so genau hätten wissen wollen. Das gilt auch für das markierte Kompositum in (26):

(26) *Exkrementengeruch, Kuhfladen-, Pferdeäpfelgeruch, Menschenschweiß-, Pferdeschweiß-, Angstschweißgeruch, Hoffnungsgeruch der schlafenden Zimmergenossen, M a s t u r b a t i o n s s p e r m i e n g e r u c h* (S. 122/123).

Bei dieser Bildung stellt sich zusätzlich der Effekt ein, dass wir trotz aller unserer Musterkenntnis nicht ganz so genau wissen, worauf sie hinaus will. Das gilt in vergleichbarem Ausmaß, aber unterschiedlicher Weise auch für die folgenden Bildungen, in der jeweils ein Element mehr auftaucht, als wir eigentlich erwartet hätten – die Beziehungen verschwimmen leicht. Am harmlosesten ist vermutlich noch die leicht überkreuzende Struktur in (27), da das Element {*spitzen*} eher eine Steigerungsfunktion hat, die sich so auch auf den ganzen Rest des komplexen Wortes beziehen kann. Dagegen stürzt uns die das Telefon überdachende Plastikhaube, die aussieht wie eine Nonnenhaube des Beispiels (28), in stärkere strukturelle Wirrnis, während wir bei dem Beispiel in (29) wohl eher generelle Probleme der semantischen Interpretation haben:

(27) „[...] *dein Vater als S p i t z e n p a r t e i f u n k t i o n ä r*" (S. 268).
(28) „[...] *an einer der zwei öffentlichen Telefonsäulen (diese orangeroten Apparatekästchen mit einer durchsichtigen N o n n e n p l a s t i k h a u b e).*" (S. 271)
(29) „*Wurzelgrafik im Stiegenaufgang – A l l e r w e l t w u r z e l g e f l e c h t, spinnenhaft auf der Fläche und dann doch wie eine wütend verknorpelte Faust.*" (S. 278)

2.2.4. Gegenstrategien

Erkennbar ist, dass der stilistische Wert der Komposition in der geordneten Zusammenarbeit mit den anderen Kodierungsmöglichkeiten in der Nominalgruppe liegt. Zu deuten ist damit andererseits auch die Vermeidung von Komposita bzw. die Wahl alternativer Formulierungen. So tritt unser Erzähler-Ego gegen vier Uhr morgens auf die Terrasse vor dem Schlafzimmer und schildert:

(30) „[...] *durch einen dichten Hochnebelschleier schimmerte ein h a l b e r M o n d. Es würde ein s o n n i g e r T a g werden, ein heißer S p ä t s o m m e r t a g.*" (S. 7)

Warum nicht der *Halbmond*: Abgesehen von der syntaktischen Einbindung sicher auch wegen der expliziteren Zuordnung im attributiven Adjektiv, die uns das Bild greifbarer erscheinen lässt. „*Seht ihr den Mond dort stehen, er ist nur halb zu sehen*

...", auch das ist ein Intertext. Zu dieser Ebene passt dann auch die Wahl der adjektivischen Fügung mit *sonnig* statt des Kompositums *Sonnentag*, den kategorialen Rahmen am Schluss setzt *Spätsommertag* (wegen der semantischen Kongruenz der beiden Teile unauffälliger als die oben schon besprochene *Herbstwiese*).

2.2.5. Schematräger

Gegenüber diesen Typen der simplen Setzung in Komposita mit zwei nominalen Elementen erscheinen die der syntaktischen Verbindung näher stehenden inkorporierenden Bildungen und analoge Fälle von Subjekts- und Objektsrelationen als andersartig.[9] Das sieht man bereits an den oben zitierten Fällen in Beispiel (16). Selbst die auffälligen unter ihnen tragen wesentliche Teile der Szene in sich, insofern sie den Relator nennen.[10] Dabei ist ein Wort wie *Hurengekeife* leicht mit gängigen stereotypen Feststellungen zu verbinden. Die übliche Bildung *Straßenbauer* stützt und relativiert gleichzeitig ironisch den quantitativ erfolgreichen *Denkmalerrichter*. Ein *Zeittöter* als jemand, der gekonnt die Zeit totschlägt, verwirrt im Wörtlichnehmen (*totschlagen*) und der formalen Modifikation (*Töter*) dieser uneigentlichen Redensart. Dass der *Totenflußbewacher*, der Charon der Geschichte, nicht bei seinem Namen genannt, sondern in dem Kompositum funktional umschrieben wird, erhöht den intertextuellen Aufwand eher.[11]

(31) „[...] besoffenes Gezänk, *H u r e n g e k e i f e* " (S. 25).
(32) „Mussolini war ein *S t r a ß e n b a u e r*, nicht nur ein *D e n k m a l e r r i c h t e r.*" (S. 107)
(33) „Nach Natalies Tod war er ein *Z e i t t ö t e r* geworden, langweilte sich nie." (S. 141)
(34) „[...] schob sich an dem weinduseligen Mario, dem *T o t e n f l u ß b e w a c h e r* dieses Hotels vorbei." (S. 278)

2.3. Adjektive: Derivation, Inkorporation, Komposition

2.3.1. Sprechende Eigenschaften

Beim Adjektiv sind Typen als zentral anzusehen, bei denen die junktionale Funktion deutlich dominiert, das sind im Kern an der Transposition orientierte Derivationen, und mehr noch jene Inkorporierungen, die eine „interessante" Information zu ver-

---

[9] Wir halten diesen Unterschied für so wesentlich, dass wir diese Bildungen („Rektionskomposita") von den eigentlichen Komposita trennen und als Inkorporation eher in den Kontext von Typen wie Zusammenbildung stellen wollen.

[10] Die unauffälligen wie *Schulbeginn*, *Pensionsinhaber* (beide S. 11) seien jetzt beiseite gelassen.

[11] Und lässt so manchen Intertext motivierend aus unseren Leseerfahrungen aufsteigen; in diesem speziellen Fall eines Tods in Italien Thomas Manns „Tod in Venedig".

dichten erlauben:

(34) „[...] *auf einem rotschotterigen Hirtenweg*" (S. 8)
(35) „[...] *die kurzstoppelige Wiese*" (S. 185).

Auch hier können zusätzliche Metaphorisierungen eintreten:

(37) „[...] *die weißseidigen Haare*" (S. 70).

Beziehungsweise auch metonymische Typen ähnlich den so genannten Possessivkomposita:

(38) „[...] *ihr hamsterbackiger Mann*" (S. 95).

2.3.2. Bezugsambivalenzen

Ist die Suffigierung als das zentrale Muster adjektivischer Derivation aber hauptsächlich Indiz für die Unterordnung der nominalen Gruppe, die in der Basis des Adjektivs aufscheint, so führt das bei komplexeren Junktoren, inkorporierenden Bildungen,[12] zu einer eigentümlich ambivalenten Bedeutungsverteilung zwischen den Konstituenten der Adjektive; die rechten Elemente explizieren mehr die Bedeutung der Erstelemente für das Bezugssubstantiv, als dass sie die eigentliche Benennungsbasis bilden würden:

(39) „[...] *von gelbblühendem Maiginster überwuchert*" (S. 8)
(40) „[...] *in dem schmalen, weißgetünchten Zimmer*" (S. 9).

Gelb ist der Ginster und weiß das Zimmer, aber welche Zusammenhänge damit gegeben sind, lässt sich in der adäquaten Genauigkeit erst durch die szenenbildende Kraft der verbalen Nominalformen andeuten.[13] Bei unseren beiden Beispielen sieht man auch, dass man hier an der Grenze zwischen Syntax und Wortbildung ist – nicht umsonst waren gerade diese Bildungen eines der Objekte der Rechtschreibreform. So tun wir uns wohl schwerer damit, im vorliegenden Kontext *gelbblühend* im selben Ausmaß als idiomatisiert zu verstehen wie *weißgetüncht* im anderen Beleg. Zwischen diesen Optionen scheint eine Bildung wie die folgende zu stehen:

(41) „[...] *mit einem oder zwei scharfgeschliffenen Messern*" (S. 120).

Offenkundig ist das ein Problem der Nähe zu den entsprechenden adverbialen Fügungen, und so z. B. bei substantivischen Erstgliedern weniger virulent[14]:

(42) „[...] *in kotbespritzten Schuhen*" (S. 128).

---

[12] Auch hier wird in den Bildungen mit grundsätzlich auf Relationalität verpflichteten Zweitelementen der eigene Typ der Inkorporation gesehen.

[13] Zu den stilistischen Möglichkeiten dieses Typs vgl. Eichinger (2001, 599–603).

[14] Wie hier die syntaktischen Beziehungen die Interpretation steuern, wird in Barz/Schröder (2001, 210) ausgeführt.

An diesen Beispielen kann man sehen, wie differenziert die Möglichkeiten sind, die Vorder- und Hintergrundakzente in Nominalgruppen zu setzen.

Das ist nicht zuletzt dadurch möglich, dass durch die rechten Elemente adjektivischer Wortbildungen verschiedene Ebenen der semantischen Differenzierung erreicht werden können. Und das gilt in gewissem Ausmaß sogar für jene Bildungen, die als Komposita daherkommen, die klassischerweise als „rechtszentriert" gelten:

(43) „[...] tagsüber dann der Himmel *wolkenschwer*" (S. 11).

Auch hier wird ja der Tatbestand, dass es sehr wolkig ist, durch das *-schwer* eher mit einer Bewertung versehen, als dass aus der Menge der Dinge, die schwer von etwas wären, die wolkenschweren aussortiert würden. Vielmehr zeigt die Abstraktheit des relationalen Kerns (*schwer von*), dass es für das Verständnis der Bildung auf die Bedeutung der ergänzenden Basis (*von Wolken*) ankommt. Wenn das so ist, folgt auch diese Struktur der normalen Informationsverteilung für komplexe Adjektive, so dass es unnötig ist, sie als einen Sonderfall auszuweisen. Das zeigen auch weitere Beispiele:

(44) „*Daß sie sich für dieses stadtfremde Leben auf dem Berg entschieden hatten [...]*" (S. 157)
(45) „*Am nächsten Morgen wacht er wieder auf der bodennahen Matratze im sechsten Stock auf.*" (S. 101)

2.3.3. Bilder der Genauigkeit

Allerdings gibt es durchaus auch adjektivische Komposita erwartbarer Struktur, häufig sind das welche, die einen Vergleich zur Differenzierung einer Adjektivbedeutung nutzen. Nicht zuletzt Farbadjektive werden in unserem Text häufig so modifiziert:

(46) „[...] *scharlachrot die Granatäpfel*" (S. 9)
(47) „[...] *sandgelbe und bräunlichrote Dünen*" (S. 14)
(48) „[...] *da die gelben Löwenzähne sich eben erst in greisenweiße Wegfliegköpfe verwandelt hatten.*" (S. 95)

Aber auch andere Vergleiche werden zu Eigenschaftsbildern umgedeutet:

(49) „[...] *starrte auf [...] die haardünnen Risse*" (S. 19).

Andere Typen sind eher seltener und daher auch im Prinzip stilistisch auffälliger; so die vereinzelt zu findenden kausalen Verbindungen:

(50) „[...] *ein wolkengrauer Nachmittag*" (S. 22)
(51) „[...] *ich rieche noch die lehmfeuchte Erde*" (S. 33)
(52) „[...] *unter zwei winterkahlen Straßenlinden [...] in den abgasgrauen Schnee*" (S. 58).

Das gilt mehr noch für die zwischen den Bildungstypen ohnehin schon schwebenden komplexen Wörter mit merkwürdig gebundenen, aber ebenso merkwürdig lexikalischen rechten Elementen. Sie stellen offenbar eine von der selbständigen Verwendung der entsprechenden Elemente, so weit es sie denn gibt, deutlich isolierte Wortbildungsoption dar – die Notwendigkeit der Inkorporation eines Erstelements macht aus den entsprechenden Elementen Relatoren, in denen die Modalität der Beziehung zwischen *streicheln* und *Kopf* bzw. *Wein* und *Maurer* klassifiziert wird:

(53) „[...] des Tieres [...], den s t r e i c h e l w ü r d i g e n *Kopf*" (S. 120)
(54) „Dem w e i n f r e u d i g e n *Maurer* [...]" (S. 156).

So findet sich in der adjektivischen Wortbildung ein Mittel, die Relationen zwischen Elementen anzudeuten, ohne sie zu behaupten, und diese Relationen in einer mehrstufigen Genauigkeit zu erfassen.

2.4. Kombination in der Nominalgruppe

Zumindest diese zentralen Mittel der nominalen Wortbildung sind eher ein Mittel, uns in Gewissheiten des Textes einzuführen, bzw. in den überraschenden Fällen von Dingen, die wir eigentlich explizit begründet sehen möchten, so zu sprechen, als gebe es eine Ebene des Verständnisses, die dieser Erklärung nicht bedürfe.

Die Mittel der adjektivischen und der substantivischen Wortbildung wirken zusammen beim Ausbau der Nominalgruppen. Auch hier wird in unserem Text zum Teil Bedeutsames wie die fremde Sprache, das Italienische der Städte, als vorausgesetztes Charakteristikum eingeführt:

(55) „[...] *auf f r e m d r e d e n d e n Stadtstraßen*" (S. 100).

Es wird mit vorhandenen Bildungen und ihrem Assoziationshof gespielt:

(56) „[...] *dieser k u l t u r s t u m p f s i n n i g e n Stadt*" (S. 103).

An anderer Stelle wird versucht, in einen Namen zu bannen und vielleicht zu ironisieren, was im Text selbst über die Person gesagt worden ist:

(57) „[...] *dann warf ihn Pater Elmar hinaus, ein Strahlemann von Intellekt und Physiognomie, ein d u r c h l e u c h t e t e s S k i f a h r e r g e s i c h t*" (S. 114).

Der immer idiomatisierende Charakter der Wortbildung und die Voraussetzungshaftigkeit des adjektivischen Attributs werden zu einer genauen Schilderung genutzt, die in der Lexem- oder der Musterwahl den Kern der Ironie schon in sich trägt. Und das auch in weiteren Beispielen: Zwar ist jemand, der seine Orden trägt, ein *Ordensträger*, aber *Lockenwickler* wie in (58)? Und *Wanst* ist an sich schon kein nettes Wort.

(58) „[...] ausgemergelte Frauchen und wanstige Lockenwicklerträgerinnen" (S. 131).

Erweiterungen hier wie dort spielen mit vorhandenen Mustern (*der gesenkte Blick*):

(59) „[...] mit gesenktem Lachgesicht" (S. 142).

Letztlich: Im Text wichtige Dinge – das in der zweiten Zeile des Textes auftauchende Knarren der Friedhofstore nach der Beerdigung der Tochter (s. oben Beleg (1)) – bekommen in der Größe und semantischen Undurchsichtigkeit der Bildungen, in denen sie uns im Text wieder begegnen, ein ikonisches Äquivalent zu ihrer bedrohenden Bedeutung.

(60) „Dennoch, er hatte das Knarren eines dieser beiden schmiedeschwarzen Flügelgattertüren im Ohr." (S. 146)

3. (WAS) HILFT DAS BEIM VERSTEHEN VON TEXTEN?

Bei guten Wortbildungen wenden sich die realisierten Bildungsmuster mit Erfolg an unser lexikalisches Gedächtnis, sei es als Erinnerung an das jeweilige Wort als Ganzes, sei es als Fundus für analogische Muster. Aus der funktionalen Erinnerung und der grammatischen Rekonstruktion ergeben sich Bedeutung und Sinn von Wortbildung.

Wortbildungslehre sollte zu etwas nütze sein. Wir sollten, wenn wir darüber nachdenken, warum an einer bestimmten Stelle in einem Text ein komplexes Wort gewählt wird, in der Lage sein dafür einen plausiblen Grund oder Zweck angeben zu können. Die komplexen Wörter können, wie die Analyse unseres Textes gezeigt hat, ein hilfreiches Mittel sein, um die Gedanken, die wir ausdrücken wollen, zu kondensieren und zu stufen, um Vorder- und Hintergrund einer Szene angemessen auszuleuchten, um klarer zu machen, was wir aktuell sagen wollen und was wir an Voraussetzungen machen und gemacht haben wollen.

So müssen wir ja immerhin auch agieren, wenn wir selbst Texte produzieren oder in ein Gespräch eintreten. Was immer die Funktionen sind, die wir den verschiedenen Arten von Wortbildungen zuschreiben, sie stehen in Zusammenhang, zum Teil in Konkurrenz mit anderen Ausdrucksmitteln. Diese Ausdrucksmittel sind manchmal ein anderes Wort – vielleicht ein einfaches Wort –, systematischer aber die Mittel syntaktischer Streckung und Verdichtung.

QUELLE

Zoderer, Joseph (2002): Der Schmerz der Gewöhnung. München.

LITERATUR

Barz, Irmhild/Schröder, Marianne (2001): Grundzüge der Wortbildung. In: Fleischer, Wolfgang/Helbig, Gerhard/Lerchner, Gotthard (Hg.) (2001): Kleine Enzyklopädie Deutsche Sprache. Frankfurt a. M. u. a., S. 178–217.

Barz, Irmhild/Schröder, Marianne/Hämmer, Karin/Poethe, Hannelore (2002): Wortbildung – praktisch und integrativ. Ein Arbeitsbuch. Frankfurt a. M. u. a. (Leipziger Skripten 2).

Brandom, Robert B. (2001): Begründen und Begreifen. Eine Einführung in den Inferentialismus. Frankfurt a. M.

Eichinger, Ludwig M. (2000): Deutsche Wortbildung. Eine Einführung. Tübingen (narr studienbücher).

Eichinger, Ludwig M. (2002): Adjektive postmodern: wo die Lebensstile blühen. In: Haß-Zumkehr, Ulrike/Kallmeyer, Werner/Zifonun, Gisela (Hg.) (2002): Ansichten der deutschen Sprache. Festschrift für Gerhard Stickel zum 65. Geburtstag. Tübingen (Studien zur Deutschen Sprache 25), S. 579–604.

Fix, Ulla (2002): An-schauliche Wörter? Wörter im Dienste der ‚Bildhaftigkeit', ‚Bildlichkeit', ‚Bildkräftigkeit', ‚Sinnlichkeit', ‚Lebendigkeit', ‚Gegenständlichkeit' von Texten. In: Barz, Irmhild/Fix, Ulla/Lerchner, Gotthard (Hg.) (2002): Das Wort in Text und Wörterbuch. Stuttgart/Leipzig (Abhandlungen der Sächsischen Akademie der Wissenschaften zu Leipzig, Philologisch historische Klasse, Band 76, Heft 4), S. 9–22.

Fleischer, Wolfgang/Michel, Georg/Starke, Günter (1993): Stilistik der deutschen Gegenwartssprache. Frankfurt a. M. u. a.

Handler, Peter (1993): Wortbildung und Literatur. Panorama einer Stilistik des komplexen Wortes. Frankfurt a. M. u. a.

Matussek, Magdalene (1994): Wortneubildung im Text. Hamburg (Beiträge zur germanistischen Sprachwissenschaft 7).

Wittgenstein, Ludwig (2001): Philosophische Untersuchungen. Kritisch-genetische Edition. Herausgegeben von Joachim Schulte in Zusammenarbeit mit Heikki Nyman, Eike von Savigny und Georg Henrik von Wright. Frankfurt a. M.

Wolf, Norbert Richard (1996): Wortbildung und Text. In: Sprachwissenschaft 21, S. 241–261.

Irma Hyvärinen

Adjektivische Zusammenbildungen im finnisch-deutschen Vergleich

1. EINLEITUNG

Der Wortbildungstyp *langbeinig – pitkäsäärinen* weist einen hybriden Charakter auf: Der linguistische Laie ordnet Wortbildungen dieser Art intuitiv als adjektivische Komposita ein und setzt die Hauptfuge zwischen *lang-/pitkä-* und *-beinig/-säärinen*, obwohl das so abgetrennte „Zweitglied" in den meisten Fällen als selbstständiges Wort gar nicht existiert. In der Wortbildungsliteratur wird der Ursprung dieser Bildungen als Derivate mit Wortgruppenbasis heute in der Regel erkannt und anerkannt. So erklären etwa Fleischer/Barz (1995, 46) das Wort *langbeinig* als Kombination aus (*lange Beine*) + *-ig*, und ähnlich kann man die finnische Wortbildungskonstruktion konstituieren: (*pitkät sääret*) + *-inen* > *pitkäsäärinen*.[1] Laut Bzdęga (1984, 33) wird hier „bei der Tendenz zur wortbildenden Synthese eine Phase der Wortkonstitution – die Komposition – übersprungen". Um die Eigenart dieses Typs hervorzuheben, wurde der Terminus Zusammenbildung geprägt (vgl. Wilmanns 1896, 512; Henzen 1965, 234)[2], der jedoch von manchen Forschern als überflüssig betrachtet wird. So haben sich z.B. Fleischer/Barz (vgl. oben) sowie Motsch (1999, 8) für Derivate entschieden, während sich z.B. Engel (1996, 522) und Eisenberg (1998, 222) dem linguistischen Laien anschließen und von Komposita sprechen. Die Uneinigkeit über die Benennung dieses Typs in der Fachliteratur mag darauf zurückgehen, dass für die Erstgenannten der derivationelle Prozess, für die

---

[1] Ob als semantische Basis eine singularische oder pluralische Größe anzunehmen ist, variiert von Fall zu Fall und entscheidet sich kontextuell-pragmatisch nach welt- und situationswissensbedingten Kriterien; morphologisch ist der Numerus der Basis neutralisiert und stellt den unmarkierten Singular dar, so etwa bei dem finnischen Adjektiv *runsasmuotoinen* 'formenreich' < Sg. *runsas muoto* (vgl. Pl. *runsaat muodot*) (Lepäsmaa et al. 1996, 84).

[2] Einen kompakten Überblick über die terminologische Diskussion gibt Donalies (2002, 93–96); vgl. auch Donalies (2001). Eine Typenübersicht mit einer ausführlicheren Diskussion über verschiedene Subklassen von Zusammenbildungen befindet sich z.B. bei Leser (1990, 4–36). Bußmann (2002, 765) definiert den Terminus wie folgt: „In der historischen Wortbildung Grenzfall zwischen Derivation und Komposition, dessen erste Konstituente nicht ein Wort, sondern eine Wortgruppe bildet [...]"; a.a.O. führt sie aber Beispiele nur für substantivische Bildungen an wie *Gesetzgebung, Gepäckträger, Dickhäuter*. Verschiedene Auffassungen von dem hier zu behandelnden adjektivischen Typ werden von Sugarewa (1972, 260–263) referiert.

Letztgenannten das kompositionell anmutende Resultat ausschlaggebend ist. Der in der finnischen Linguistik gängige Terminus versucht wiederum, den hybriden Charakter auch in der Benennung wiederzugeben: „johdetut yhdysadjektiivit" bedeutet 'abgeleitete Adjektivkomposita' (Vesikansa 1989, 237–238). Auf eine ähnliche Weise hat Bzdęga (1984) in dem ins Englische übersetzten Titel seines Beitrags zu deutschen und polnischen Zusammenbildungen den deutschen Terminus „Zusammenbildung" durch „compositional-derivational word-formation" wiedergegeben.

Bei diesem Wortbildungstyp handelt es sich einerseits um ein relativ produktives Derivationsmodell auf Wortgruppenbasis, andererseits tendiert der Typ aber zur Reihenbildung mit einer binären Kompositionsstruktur, die „Fertigteile" wiederverwendet:

(a) Als „Erstglieder" sind z. B. Zahlen und Farbbezeichnungen sowie die üblichsten Grundadjektive (*groß, klein; lang, kurz* u. a.) beliebt.
(b) Das ursprünglich nicht als selbstständiges Wort vorhandene „Zweitglied" verselbstständigt sich und nähert sich einem Konfix oder Suffix(oid) an.

In deutschen Wörterbüchern, die neben vollen Wörtern auch Wortbildungselemente lemmatisieren, begegnen mehrere so abgespaltene Elemente, u. a. *-armig, -äugig, -beinig, -händig, -nasig, -ohrig*.[3] Auch in den finnischen einsprachigen Wörterbüchern findet man entsprechende „Zweitglieder" als eigenständige Lemmata.[4]

Trotz ähnlicher Bildungsvoraussetzungen in den hier zu untersuchenden Sprachen scheint das Modell im Finnischen produktiver zu sein. Das Ziel dieses Beitrags ist es, anhand einer morphologischen Gegenüberstellung und eines Übersetzungsvergleichs mit sowohl finnischen als auch deutschen Originaltexten und deren Übersetzungen den wichtigsten Gründen für den Produktivitätsunterschied auf die Spur zu kommen.

---

[3] „Langenscheidts Großwörterbuch Deutsch als Fremdsprache" (LGDaF 2003) z. B. gibt für diese Elemente sowohl Bedeutungsparaphrasen als auch Beispiele mit typischen „Erstgliedern" an, vgl. etwa - ä u g i g *im Adj., begrenzt produktiv*; mit der genannten Art od. Zahl von Augen, mit der genannten Augenfarbe; *blauäugig, braunäugig, grünäugig, rotäugig usw.; großäugig, helläugig, scharfäugig, schlitzäugig, einäugig, kuhäugig, rehäugig* (LGDaF 2003, 94). „Duden Deutsches Universalwörterbuch" (DUW 2003) dagegen begnügt sich mit einer Wortbildungscharakterisierung und ein paar Beispielen, vgl. - ä u g i g : in Zusb., z. B. *bernstein-, mehr-, viel-, zweiäugig* (DUW 2003, 194). Dass entsprechende nicht zusammengebildete Adjektivderivate wie **äugig* nicht vorhanden sind, hat pragmatische Gründe, vgl. 2.4.

[4] „Nykysuomen sanakirja" (NS 1976) gibt etwa für - j a l k a i n e n '-füßig, -beinig' (NS 1976/II, 11) oder - s i l m ä i n e n '-äugig' (NS 1976/V, 182) keine weiteren Informationen als die Bedeutungsklasse des Adjektivs *poss. a.* („possessives Adjektiv") an und zählt übliche Erstglieder erst beim entsprechenden vom Adjektiv abgeleiteten Substantivabstraktum *-suus/-syys* auf. „Suomen kielen perussanakirja" (SKP 1990–1994) verweist bei abweichender morphophonologischer Repräsentation auf die Grundform des entsprechenden Substantivs und begnügt sich mit ein paar Beispielen, vgl. - k ä t i n e n < käsi. *vasenk., avok.* [die dt. Wiedergabe wäre: - h ä n d i g < Hand. *linksh., offenh.*]

Von Interesse sind vor allem die Wortbildungsbedeutung und die Produktivität von Bildungen wie fi. *pitkäsäärinen* – dt. *langbeinig*, denn sie bilden eine Grundlage für die Äquivalenzbeziehungen und somit für die (potenzielle) strukturell treue oder paraphrasierende Wiedergabe in der jeweils anderen Sprache. Bei einem Übersetzungsvergleich muss allerdings berücksichtigt werden, dass nicht immer Systemäquivalente verwendet werden, auch wenn sie bildbar sind. Wenn von freien Wiedergaben und idiosynkratischen Entsprechungen abgesehen wird, geben übersetzte Texte aber in der Regel Aufschluss darüber, welche Alternativen eine Sprache zum Ausdruck eines Inhalts zulässt bzw. welche sie präferiert. Sowohl im Finnischen als auch im Deutschen wird dieser Wortbildungstyp als hoch produktiv betrachtet, so dass neben usuellen bzw. lexikalisierten Bildungen Okkasionalismen häufig sind. Zum einen gibt es aber schon auf der Systemebene der Wortbildung teilweise unterschiedliche Restriktionen für Zusammenbildungen mit einer Substantivgruppe als Basis. Außerdem scheint zum anderen das Spektrum der wortbildungsmäßigen und syntaktischen Alternativkonstruktionen eine Rolle zu spielen, denn liegen systemhafte Alternativen vor, werden diese oft bewusst zur stilistischen Variation benutzt.

Im Folgenden wird zuerst auf die Bildungsbedingungen von Adjektivderivaten mit *-inen* bzw. *-ig* auf der Systemebene eingegangen (Kap. 2). Dann werde ich anhand eines vom Finnischen ausgehenden qualitativen Übersetzungsvergleichs zeigen, welche Übersetzungsäquivalenttypen für die finnischen Zusammenbildungen im Korpus wiederholt vorkommen (Kap. 3). Auch wenn Finnisch den Ausgangspunkt bildet, beobachte ich beide Übersetzungsrichtungen, d. h., neben Belegen in finnischen Originaltexten mit ihren deutschen Wiedergaben wird auch gefragt, auf welche Ausdrucksform im deutschsprachigen Originaltext eine in der finnischen Übersetzung vorkommende Zusammenbildung zurückgeht. Sowohl die System- als auch die Übersetzungsanalyse scheinen die Evidenz dafür zu liefern, dass das finnische Modell produktiver ist als das deutsche. Allerdings müssten die Ergebnisse auch noch mit deutschen Zusammenbildungen als Ausgangsbasis abgesichert werden.[5] – Auf die Abspaltung des „Quasi-Zweitglieds" zu einem suffixartigen Element, die u. a. lexikographische Konsequenzen für Wörterbücher hat, die auch Wortbildungselemente lemmatisieren, kann in diesem Zusammenhang nicht näher eingegangen werden.[6]

---

[5] Zum Beispiel könnte überprüft werden, inwieweit die von Sugarewa (1972) aufgelisteten Borchert- und Strittmatter-Belege dieses Typs in den finnischen Übersetzungen (soweit vorhanden) durch ähnliche Wortbildungskonstruktionen wiedergegeben werden.

[6] Eine Analyse solcher Elemente ist für eine spätere Phase der Untersuchung – im Rahmen des von meinem Kollegen Prof. Jarmo Korhonen geleiteten Lexikographieprojekts – vorgesehen, wobei auch anhand von rückläufigen Wörterbüchern und ein- und zweisprachigen Wörterbüchern den lemmatisierten (und somit lexikalisierten) Zusammenbildungen dieses Typs und ihren usuellen Entsprechungen in der jeweils anderen Sprache nachgegangen werden soll.

2. WORTBILDUNGSBEDEUTUNGEN, BILDUNGSREGELN UND -RESTRIKTIONEN DER DESUBSTANTIVISCHEN ADJEKTIVDERIVATE AUF *-INEN/-IG*

2.1. Wortbildungsbedeutungen der *-inen/-ig*-Adjektive

Während Karlsson (1983, 254 f.) die Wortbildungsbedeutung der finnischen desubstantivischen Adjektivderivate auf *-inen* pauschal als 'mit B (Basis) zusammenhängend' zusammenfasst, unterscheiden Lepäsmaa et al. (1996, 82–85) die folgenden Bedeutungsvarianten (a)–(c); hinzugefügt werden kann noch eine instrumentale Variante (d):

(a) 'wie B' (komparativ), etwa *mies* 'Mann' > *miehinen* 'männlich, mannhaft'
(b) räumliche oder zeitliche Einordnung: *aamu* 'Morgen' > *aamuinen* 'Morgen-; am/vom Morgen'
(c) '(viel) von B habend'; in der einschlägigen Literatur werden für diesen Typ die Termini „possessiv" (u. a. Vesikansa 1978, 72) bzw. „ornativ" (vgl. Fleischer/Barz 1995, 257) verwendet, z. B. *vesi* 'Wasser' > *vetinen* 'wäss(e)rig, nass, wasserhaltig'
(d) 'Mittel', vgl. *oma käsi* 'eigene Hand' > *omakätinen* 'eigenhändig'.

Viele Zusammenbildungen sind als isolierte Wörter vage bzw. mehrdeutig, es gibt aber auch Adjektive, die nur in einer Bedeutung lexikalisiert sind. Während bei (1)–(3) der Ko(n)text über die jeweilige Lesart entscheidet, ist (4) monosem:

(1) *joulu* 'Weihnachten' > *jouluinen* (a) 'weihnachtlich'/(b) 'von Weihnachten' (häufiger in der Bedeutung b ist allerdings *joulullinen*[7])
(2) *jää* 'Eis' > *jäinen* (a)/(c) 'eisig'
(3) *aurinko* 'Sonne' > *aurinkoinen* (a)/(c) 'sonnig'
(4) *kala* 'Fisch' > *kalainen* (c) 'fischreich'.

Die von Peschel (2002, 88–91) und Kühnhold et al. (1978, 265, 295, 297–300, 355 f., 361, 370, 378) angeführten Bedeutungserklärungen für deutsche Adjektive auf *-ig* sind zwar um einiges spezifischer als die obigen für die finnischen *-inen*-De-

---

[7] Vgl. Vesikansa (1978, 74): Er macht darauf aufmerksam, dass zur gleichen Basis gebildete Derivate auf *-inen* und *-llinen* oft synonym und stilistisch gleichwertig sind, etwa *kiire* 'Eile' > *kiireinen/kiireellinen* 'eilig'. Es gibt aber Ansätze zu einer semantischen und/oder stilistischen Differenzierung zwischen den beiden Suffixen. Vesikansa nennt drei Gruppen von Oppositionen: 1) Stilistisch ist das zu *rauha* 'Ruhe' gebildete Adjektiv *rauhainen* gehoben, während *rauhallinen* neutral ist; beide bedeuten 'ruhig'. 2) Bei den *-llinen*-Bildungen gilt die Basis semantisch als singularisch, während bei den *-inen*-Bildungen eine pluralische Basisgröße assoziiert wird, etwa *kivellinen oliivi* 'eine Olive mit Kern' – *kivinen tie* 'ein steiniger Weg'; Stoffadjektive enden jedoch immer auf *-inen*, vgl. *villainen* 'wollen'. 3) In einigen Fällen bestehen ähnliche Bedeutungsoppositionen wie zwischen den deutschen Suffixen *-ig* und *-lich*, vgl. *henkinen* 'geistig' – *hengellinen* 'geistlich', *lihainen* 'fleischig' – *lihallinen* 'fleischlich, sinnlich, körperlich'.

rivate, sie lassen sich aber so zusammenfassen, dass die Bedeutungsdomänen in den beiden Sprachen sich weitgehend decken. Auf der Systemebene kann das deutsche Adjektivsuffix *-ig* somit für ein strukturelles Äquivalent des finnischen *-inen* gehalten werden:

(a1) Vergleichsbildung 'wie B' (komparativ), etwa *Teig > teigig*
(a2) Zugehörigkeit bzw. Identitätsrelation, vgl. *Schlampe > schlampig*
(b) räumliche oder zeitliche Einordnung bzw. Bestimmung, etwa *ebene Erde > ebenerdig; Mittag > mittägig, letztes Jahr > letztjährig*
(c1) Besitz oder ornatives Merkmal, d. h. '(viel) von B habend': *Staub > staubig*
(c2) Vorhandensein eines Zustandes oder einer Eigenschaft: *Lang(e)weile > langweilig*
(d) Mittel: *eigene Hand > eigenhändig*.

Polysemie ist auch im Deutschen üblich, vgl. *sonnig* 1. 'von der Sonne beschienen', d. h., '(viel) von Sonne habend' (= c1), 2. 'von einer offenen, freundlichen Wesensart; heiter' (= a1 im übertragenen Sinne), vgl. DUW (2003, 1470).

2.2. Restriktionen für die Form des substantivischen Basisteils

Laut Lepäsmaa et al. (1996, 82–85) kann die substantivische Basis der finnischen Adjektivderivate auf *-inen* folgende Formen haben[8]:

– Simplex: *aurinko* 'Sonne' > *aurinkoinen* 'sonnig'
– Suffixderivat: *metsä* 'Wald' > *metsikkö* 'Waldung, Holzung, Gehölz' > *metsikköinen* 'mit (vielen) Waldungen'
– Kompositum: *itsetuho* 'Selbstzerstörung' > *itsetuhoinen* 'selbstzerstörerisch'
– Substantivische Wortgruppe[9]: *musta tukka* 'schwarzes Haar' > *mustatukkainen* 'schwarzhaarig'.

Die finnischen desubstantivischen Adjektivderivate auf *-inen* sind sehr produktiv (Vesikansa 1978, 11). Für simplizische Basissubstantive gibt es keine Restriktionen. Von etwaigen Restriktionen für derivierte Basen liegen meines Wissens keine detaillierten Forschungsergebnisse vor. Bildungen wie (5)–(7) sind ganz gängig. Von den von Karlsson (1983, 250–254) aufgezählten 28 finnischen Substantivsuffixen[10] zum

---

[8] Auch andere als substantivische Basen kommen vor. Beispiele für Post- bzw. Präpositionalgruppen als Basen sind z. B. die von Vesikansa (1989, 237) angeführten *sotaa vastaan* 'gegen den Krieg' > *sodanvastainen* 'Anti-Kriegs-'; *ennen aikaansa* 'vor seiner Zeit' > *ennenaikainen* 'vorzeitig'. – Zu morphophonologischen Änderungen vor dem Suffix *-inen* siehe Lepäsmaa et al. (1983, 82 f.).

[9] Zu den Beispielen vgl. auch Vesikansa (1989, 237).

[10] Laut Vesikansa gibt es im finnischen Derivationssystem insgesamt ca. 200 Suffixe, von denen 125–135 zur ad-nominalen Ableitung verwendet werden. Etwa zwei Drittel von diesen, d. h.

Beispiel sind – nach meinem Sprachgefühl – die meisten zumindest in Bildungen mit Wortgruppenbasis möglich,[11] vgl. (8)–(10). Hier einige Beispiele für -*inen*-Adjektive mit einem Substantivderivat als Basis:

(5) *vuori* 'Berg' > *vuoristo* 'Gebirge' > *vuoristoinen* 'gebirgig'
(6) *näppy* 'Pickel' > *näppylä* 'Pickel' (Dim.) > *näppyläinen* 'pickelig'
(7) *metsä* 'Wald' > *metsikkö* 'Waldung' > *metsikköinen* 'mit Waldungen'
(8) *rakentaa* 'bauen' > *rakenne* 'Bau, Struktur'; *kevyt rakenne* 'leichte Bauart' > *kevytrakenteinen* 'leicht gebaut'
(9) *levitä* 'sich verbreiten' > *levikki* 'Verbreitung, Auflage'; *laaja levikki* 'weite Verbreitung, hohe Auflage' > *laajalevikkinen* 'weitverbreitet, mit hoher Auflage'
(10) *potkia* 'stoßen, treten' > *potkuri* 'Propeller'; *kaksi potkuria* 'zwei Propeller' > *kaksipotkurinen* 'zweipropellerig'.

Als Basen ausgeschlossen scheinen allerdings substantivische Derivate auf -*llinen* und -*lainen*/-*läinen* zu sein, vgl. (11); auf jeden Fall waren in „Suomen kielen käänteissanakirja" (SKK 1980), d. h. dem finnischen rückläufigen Wörterbuch, keine solchen Beispiele zu finden. Für ein Substantivderivat auf -*nen* gab es dagegen ein paar Beispiele, u. a. das possessive Adjektiv -*neulasinen* (vgl. SKK 1980, 285 sowie NS 1975/III, 645), das nur als „Zweitglied" von Zusammenbildungen möglich ist, vgl. (12). Insgesamt lässt sich aber feststellen, dass die Restriktionen im Finnischen eher semantisch-pragmatischer Natur sind, siehe Kap. 2.4. Vergleiche:

(11) *koulu* 'Schule' > *koululainen* 'Schüler'; *sata koululaista* 'hundert Schüler' > ?**satakoululaisinen* 'mit hundert Schülern'
(12) *neula* 'Nadel' (= 'spitzer Gegenstand z. B. zum Nähen') > Dim. *neulanen* 'Nadel' (= 'nadelförmiges, meist immergrünes Blatt eines Nadelbaums', vgl. DUW 2003, 1122 s. v. *Nadel* 6.); *lyhyet neulaset* 'kurze Nadeln' > *lyhytneulasinen* 'mit kurzen Nadeln'.

Im Deutschen können die substantivischen Basen der Adjektivderivate auf -*ig* von folgender Art sein, vgl. Fleischer/Barz (1995, 256–258), Leser (1990, 84–86) sowie Peschel (2002, 185–202)[12]:

– Simplex: *Berg* > *bergig*. Basisauslaut mit betontem Langvokal oder Diphthong ist selten, folgende Wörter lassen sich aber belegen: *böig, geleeig, schneeig, reuig* (Fleischer/Barz 1995, 257); *spreuig* (Leser 1990, 84).

42–45, können zu einer substantivischen Basis treten. Vesikansa gibt keine gesonderten Zahlen für Substantivsuffixe an, denn es ist ein Wesenszug des Finnischen, dass mit dem gleichen Suffix oft sowohl Substantive als auch Adjektive gebildet werden können.

[11] Dass wortgruppenbasierte Derivate überwiegen, hat zumeist kommunikativ-pragmatische Gründe, vgl. Kap. 2.4.

[12] Zur Tilgung von -*e* und -*en* vor dem Suffix sowie zur Umlautbildung siehe Fleischer/Barz (1995, 257), zum Umlaut sowie zum Fugenelement Kühnhold et al. (1978, 54–6, 66).

- Suffixderivate sind – anders als im Finnischen – ausgeschlossen bzw. sehr beschränkt; u. a. „fehlen Derivate von Substantiven auf *-heit, -ling, -nis, -schaft, -tum, -ung*" (Fleischer/Barz 1995, 256): *Findling* (geol.) > **findlingig*.
- Kompositum[13]: *Brandfleck* > *brandfleckig* (vgl. Fleischer/Barz 1995, 256); *Mondnacht* > *mondnächtig* (Peschel 2002, 190); *Wurmstich* > *wurmstichig* (Leser 1990, 11); *Hochmut* > *hochmütig* (Leser 1990, 32).[14]
- Substantivische Wortgruppe: *dicke Wand* > *dickwandig* (Fleischer/Barz 1995, 257); *zwei Zimmer* > *zweizimmerig*; *ein Ei* > *eineiig* (Leser 1990, 84–85).

Gerade die Suffixderivatrestriktion im Deutschen führt dazu, dass viele finnische Zusammenbildungen kein strukturelles Äquivalent im Deutschen haben, vgl. (13):

(13) *helppo hoito* >   *leichte Pflege* >
      helppohoitoinen   **leichtpflegig* 'pflegeleicht'
      suuri merkitys >   *große Bedeutung* >
      suurimerkityksinen   **großbedeutungig* 'von großer B.'
      kaksi opettajaa >   *zwei Lehrer* > **zweilehrerig*
      kaksiopettajainen   'mit zwei Lehrern'.

Dass es sich z. B. bei den Nomina agentis auf *-er* um eine morphologische und keine phonologische Basisrestriktion handelt (vgl. **zweilehrerig*), wird durch die Tatsache bestätigt, dass nicht-suffigierte Substantive auf *-er* als Basen möglich sind, vgl. das Beispiel *zweizimmerig* oben. Als phonologische Restriktion lässt sich dagegen die Tatsache bezeichnen, dass (auch nicht-suffigierte) Basen auf *-ig* ausgeschlossen sind: **honigig*, **essigig*. Fremdwörter kommen nur selten als Basen vor, z. B. *viersemestrig*, *großvolumig*; Bildungen mit fremden Basen sind oft lexikalisch blockiert, da ein Derivat mit einem Fremdsuffix schon etabliert ist, vgl. **muskelig – muskulös* (Leser 1990, 85). Abgesehen von den erwähnten phonologischen, morphologischen und lexikalischen Sonderrestriktionen kann aber der Wortbildungstyp der *-ig*-Adjektive als sehr produktiv gelten.

2.3. Restriktionen für die Form des adjektivischen Basisteils

Der adjektivische Teil der Basiswortgruppe kann ein qualitatives Adjektiv, ein Zahladjektiv oder ein Partizip (PI, PII) sein. Parallele Bildungen mit einem qualitativen Adjektiv bzw. mit einem Zahladjektiv als Erstglied liegen in (14)–(15) vor:

---

[13] Allerdings sind aufgrund der obigen Derivatrestriktion solche Zusammensetzungen und -bildungen als Basis blockiert, deren Zweitglied ein Derivat ist, etwa *Scheinwerfer* > **scheinwerferig*, vgl. Leser (1990, 85).

[14] Der heutige Sprecher ist geneigt, *Leichtsinn* als Basis von *leichtsinnig* zu betrachten. Historisch geht es bei *Leichtsinn* aber um eine Rückbildung zu der Zusammenbildung *leichtsinnig*, vgl. Leser (1990, 35).

(14) *musta tukka* > *mustatukkainen*   *schwarzes Haar* > *schwarzhaarig*
    kova kallo > *kovakalloinen*   *harter Schädel* > *hartschäd(e)lig*
    vieras kieli > *vieraskielinen*   *fremde Sprache* > *fremdsprachig*
    suora selkä > *suoraselkäinen*   *gerader Rücken* > *geradrückig*
(15) *viisi osaa* > *viisiosainen*   *fünf Teile* > *fünfteilig*
    kaksitoista vuotta >   *zwölf Jahre* > *zwölfjährig*
    kaksitoista-vuotinen (Dauer)
    vgl. *kaksitoistavuotias (Alter)*
    275 sivua > *275-sivuinen*   *275 Seiten* > *275-seitig.*

Im Finnischen gibt es einige morphologische Sonderregeln für das „Erstglied" der Zusammenbildung. Der adjektivische Teil steht manchmal im Genitiv, ohne dass adjektivspezifische Regeln aufgestellt werden können. So weisen die synonymen Bildungen *huonotuulinen* und *pahantuulinen* 'schlecht gelaunt' jeweils eine andere Form des adjektivischen Glieds auf, und *paha* 'schlecht, übel' steht in einigen Bildungen im Genitiv, in anderen im Nominativ, vgl. (16):

(16) *huono tuuli* 'schlechte Laune'   >   *huonotuulinen* (*huono-* im Nom.)
                'schlecht gelaunt/gestimmt, missmutig, übellaunig'
    paha tuuli 'Missmut'   >   *pahantuulinen* (*pahan-* im Gen.)
    schlechte Laune'   'schlecht gelaunt/gestimmt, missmutig, übellaunig'
    paha maine 'schlechter Ruf'   >   *pahamaineinen* (*paha-* im Nom.)
                'berüchtigt'.

Außerdem erscheinen einige Adjektive und Zahlwörter gekürzt oder lautlich modifiziert (siehe Vesikansa 1989, 238):

(17) *sininen hohde* 'blauer Schimmer'   > *sinihohteinen* 'blauschimmernd'
    punainen nenä 'rote Nase'   > *punanenäinen* 'rotnasig'
    täysi järki 'voller Verstand'   > *täys(i)järkinen* 'bei vollem Verstand'
    toinen sija 'zweiter Rang'   > *toissijainen* 'zweitrangig'
    kolme haaraa 'drei Arme'   > *kolmihaarainen* 'dreiarmig'
    neljä kulmaa 'vier Ecken'   > *nelikulmainen* 'viereckig'
    seitsemän päivää 'sieben Tage'   > *seitsenpäiväinen* 'siebentägig'
    kymmenen kertaa 'zehn Mal'   > *kymmenkertainen* 'zehnmalig'.

In beiden Sprachen scheinen kurze Grundadjektive präferiert zu werden. Bildungen wie folgende begegneten weder in der Forschungsliteratur noch im Belegmaterial:

(18) *surullinen ääni* > **surullisääninen*   *traurige Stimme* > **traurigstimmig*.

Im Finnischen sind sowohl das Partizip I als auch das Partizip II als adjektivische Anfangskomponenten möglich, wenngleich selten, im Deutschen scheint das Partizip I dagegen ausgeschlossen zu sein, und auch für das Partizip II ließ sich nur ein Beispiel, *gemischtsprachig* (Leser 1990, 56, in Anlehnung an Muthmann 1988), finden:

(19) *miellyttävä ääni >*   *entzückende Stimme >*
    miellyttävä-ääninen   **entzückendstimmig*
    pysyvä arvo > pysyväarvoinen   *bleibender Wert > *bleibendwertig*
    hulmuavat hiukset >   *wallendes Haar >*
    hulmuavahiuksinen   **wallendhaarig*
    kauhtunut selkä >   *verblichener [Buch-]Rücken >*
    kauhtunutselkäinen   **verblichenrückig*
    pimennetty ikkuna >   *verdunkeltes Fenster >*
    pimennettyikkunainen   **verdunkeltfenstrig*
    vgl. jedoch: *gemischte Sprachen >*
                                gemischtsprachig.

2.4. Pragmatische Begründung für adjektivische Zusammenbildungen

Am Anfang dieses Beitrags wurde angemerkt, dass das „Zweitglied" eines zusammengebildeten Adjektivs wie etwa **säärinen* – **beinig* als Einzelwort oft gar nicht existiert. Dabei handelt es sich nicht um morphologische, sondern um kommunikativ-pragmatische Restriktionen:

„Possessive Adjektive mit solchen Basisnomina [, die unveräußerlichen Besitz im Sinne einer Teil-Ganzes-Relation bezeichnen,] können nur dann sinnvoll interpretiert werden, wenn die Bedeutung des Basisnomens weiter modifiziert wird"
(Leser 1990, 89, in Anlehnung an Ljung 1976).

Da Menschen normalerweise zwei Augen haben, hat das Adjektiv in (20a) keinen Informationswert. Erst eine Spezifizierung wie in (20b, c) macht den Ausdruck kommunikativ sinnvoll. Es kann damit gerechnet werden, dass die kommunikativ-pragmatischen Restriktionen im Finnischen und Deutschen weitgehend übereinstimmen:

(20a) **silmäinen nainen*   **eine äugige Frau*
(20b) *sinisilmäinen nainen*   *eine blauäugige Frau*
(20c) *yksisilmäinen nainen*   *eine einäugige Frau.*

Ein gutes Beispiel für den Einfluss von pragmatischen Faktoren auf die Wortbildung ist das – zumindest vom morphologischen Bau her – deadjektivische Substantiv *kätisyys – Händigkeit*, das als Abstraktsubstantiv existiert, auch wenn seine unmittelbare morphologische Basis *kätinen – händig* nicht als Einzelwort benutzt wird. Das Substantiv ist eine zusammenfassende Bezeichnung für die hemisphärenbedingte Rechts- oder Linkshändigkeit des Menschen. Somit handelt es sich nicht um Possessivität (etwa 'die Eigenschaft, Hände zu haben'), sondern die Bedeutung des Abstraktsubstantivs ist idiomatisiert. Im Finnischen gibt es dazu auch die weiterverschobene Verwendungsweise *oven kätisyys* 'Händigkeit der Tür': Ein Kunde, der z. B. eine Schranktür bestellt, hat die Wahlmöglichkeit, die *kätisyys* der Tür festzulegen, d. h. zu entscheiden, ob die Tür links oder rechts angeschlagen sein soll.

Beispiele wie die obigen liefern die Evidenz dafür, dass polymorphemische Wörter nicht unbedingt zyklisch-kumulativ abgeleitet werden, sondern auch direkt nach Analogiemustern etablierter Wortbildungskonstruktionen gebildet werden können.[15]

3. BEISPIELE AUS DEM FINDE-ÜBERSETZUNGSKORPUS

Im Folgenden soll anhand eines Übersetzungsvergleichs erörtert werden, welche Äquivalente finnische zusammengebildete Adjektive im Deutschen haben. Die Beispiele stammen aus dem zweisprachigen kontrastiven FINDE-Korpus, dessen erste Aufbauphase in den 1990er Jahren in Zusammenarbeit zwischen dem Institut für Deutsche Philologie der Universität Würzburg und dem Germanistischen Institut der Universität Jyväskylä realisiert wurde: Mit Hilfe des TUSTEP-Programms wurden u. a. drei finnische belletristische Werke mit ihren deutschen Übersetzungen und drei deutsche belletristische Werke mit ihren finnischen Übersetzungen in zweisprachig-synoptisierter Form digital erfasst.[16] Für die vorliegende Studie wurden zuerst finnische Adjektive auf das Suffix *-inen* (nebst seinen flexionsbedingten Allophonen) und deren deutsche Textäquivalente mittels der Suchfunktion des Programms ermittelt, wonach die Zusammenbildungen manuell ausgesondert wurden. – In den Beispielen unten wird immer der Originalbeleg vor dem Übersetzungsbeleg angeführt.

3.1. Zusammenbildung in beiden Sprachen

Belege, in denen sowohl das finnische als auch das deutsche Adjektiv (bzw. Adjektivadverb) Zusammenbildungen sind, gibt es viele. Die Zusammenbildungen bezeichnen in beiden Sprachen sowohl konkrete Merkmale als auch übertragene Eigenschaften der Bezugsgröße. Zum einen gibt es komponentenstrukturell und -semantisch völlig übereinstimmende Bildungen wie (21)–(24), zum anderen können kleine lexikalisch-semantische Unterschiede in den Komponenten auftreten, vgl.

---

[15] In der finnischen Wortbildungstheorie plädiert u. a. Räisänen (1983) gegen ein sukzessives Einbahnmodell und für ein mehrfach verzweigtes Vernetzungsmodell der Wortbildung, in dem mehrere Aufbau-, Abbau- und Analogiepfade ausgenutzt werden können.

[16] In diesem Zusammenhang sei dem Deutschen Akademischen Austauschdienst sowie der Akademie von Finnland gedankt, die das FINDE-Projekt in Form von Reisezuschüssen unterstützten. Momentan findet eine Erweiterung des Korpus statt, an der in Finnland die Universitäten Jyväskylä, Tampere und Helsinki und in Deutschland die Universität Würzburg beteiligt sind und die von den beiden oben genannten Institutionen unterstützt wird.

(25)–(27). Bei Letzteren werden nach den Beispielen in eckigen Klammern wörtliche Wiedergaben sowie Rückübersetzungen zum Vergleich herangezogen und kommentiert.

Lexikalisch-semantisch parallele Komponentenstruktur

(21) „*Esko, poikani, eikä mikään Nummisuutarien naurettava harjastukka Esko, vaan siilitukkainen, nopea, pelisilmäinen, n o p e a j a l k a i n e n pelimies [– –]*" (PHf 112)
→ „*Esko, mein Sohn, kein strohblonder Bürstenkopf aus irgendeinem Comic, sondern Igelschnitt, flink, mit einem Blick fürs Spiel, ein s c h n e l l - f ü ß i g e r Spieler [– –]*" (PHd 102)

(22) „*Überm Bett, genauer, überm ausladenden Kopfende des Bettgestells, hing v i e l f a r b i g ein Herz-Jesu-Bild [– –]*" (GGd 242)
→ „*Sängyn tai tarkemmin sanoen sen mahtavan päädyn yläpuolella riippui m o n i v ä r i n e n Jeesuksen sydämen kuva [– –]*" (GGf 206)

(23) „*[– –] luonne: ailahteleva mutta h y v ä s y d ä m i n e n.*" (AIf 40)
→ „*[– –] Charakter: unbeständig, aber g u t h e r z i g.*" (AId 46)

(24) „*K y l m ä v e r i s e s t i kähvelsin kauppojen hyllyiltä mitä ikinä pyydettiin [– –]*" (AIf 161)
→ „*K a l t b l ü t i g klaute ich von den Regalen, was immer er bestellte [– –]*" (AId 201)

Abweichungen im lexikalisch-semantischen Bestand der Komponenten

(25) „*Chatterjees s c h m a l g l i e d r i g e Hand wie mit dem Bierglas verwachsen.*" (GGd 48)
→ „*Chatterjeen k a p e a s o r m i n e n käsi oli kuin kasvanut olutlasiin kiinni.*" (GGf 43) [vgl. *schmalgliedrig* → *hoikka-, kapeajäseninen; kapeasorminen* → *schmalfing(e)rig*]

(26) „*Laakson lävitse kulki yhteinen mutta ei yleinen tie – näin olivat laakson erityisen lukuisat juristit kumma kyllä y k s i m i e l i s e s t i sen määrittäneet.*" (PHf 34)
→ „*Durch das Tal ging ein offener, aber nicht öffentlicher Weg – so haben ihn die ungewöhnlich vielen Juristen des Tals komischerweise e i n s t i m - m i g definiert.*" (PHd 28) [vgl. *yksimielinen* → *einmütig; einstimmig* → *auch yksiääninen* (Musik)]

(27) „*[– –] kyyneleet valuivat p a k s u s a n k a i s t e n silmälasien alta.*" (AIf 86)
→ „*Tränen rannen unter der d i c k r a n d i g e n Brille hervor.*" (AId 103) [vgl. *paksusankainen* → **dickfassungig; dickrandig* → *paksureunainen*]

Genau genommen ist *schmalgliedrig* in (25) von seiner Bedeutung her allgemeiner als die Wiedergabe *kapeasorminen* 'schmalfingrig'. Eine typische Kollokation von *schmalgliedrig* aber ist *Hand* (vgl. DUW 2003, 1389), wobei mit Gliedern eben die Finger gemeint sind. Somit können die Adjektive als kollokativ-kontextuelle Synonyme gelten. Im Finnischen ist ein Adjektiv wie *hoikkajäseninen* zwar möglich, als Bezugswort wird aber eher eine Personen- als eine Körperteilbezeichnung verwendet (vgl. NS 1976, 493). *Kapeasorminen* kann wiederum eine Person oder den Körperteil Hand charakterisieren und passt hier besser als die direkte Übersetzung.

Die wortwörtliche Entsprechung von *yksimielinen* in (26) ist *einmütig*; etwa viermal so häufig ist allerdings sein Synonym *einstimmig* (vgl. die Frequenzangaben im www.wortschatz.uni-leipzig.de), wobei die Bedeutung 'einig' eine Metaphorisierung von 'mit einer Stimme' (d. h. 'ohne Gegenstimme') darstellt. Während im Deutschen die übertragene Bedeutung 'einig' häufiger vorkommt als der Musikterminus 'unisono', wird das entsprechend gebildete finnische Wort *yksiääninen* zumeist nur als Musikterminus verwendet; der auch im NS (1976, 699) erwähnte metaphorische Gebrauch ist seltener (und dabei in seiner Bildhaftigkeit weniger abgegriffen als das deutsche Wort). – Aufgrund seiner Idiomatisierung und der großen Frequenz kann *einstimmig* folglich als optimales Übersetzungsäquivalent von *yksimielinen* gelten, auch wenn die Komponenten nicht voll übereinstimmen.

In (27) ist die Nachbildung der finnischen Komponentenstruktur nicht möglich, da *Fassung*, welches das direkte Äquivalent für *sanka* wäre, ein *-ung*-Derivat ist. Die Ersetzung durch *Rand* ermöglicht die Hinzufügung von *-ig* (vgl. Kap. 2.2.).

3.2. Wiedergabe der finnischen Zusammenbildung mit nur einem Äquivalent der adjektivischen Anfangskomponente

In einigen Fällen ist das „Zweitglied" der adjektivischen Zusammenbildung semantisch redundant, so etwa bei *suuri koko* > *suuri[kokoinen]* 'von großer Größe', bei dem es ohnehin um die Größe geht. Folglich vermittelt schon *groß* allein ausreichend Information. Ähnliche Fälle sind z. B. *klein[wüchsig]*, *bunt[farbig]*, *blond [haarig]*. Auch in den folgenden Fällen genügt das Äquivalent des adjektivischen Glieds der Basiswortgruppe allein als Übersetzung:

(28) „*Olen uskoutunut teille, opettaja Sivonen, äärimmäisen a r k a l u o n t o i -
s e s s a asiassa [– –]*" (AIf 83) [vgl. *arka luonto* 'prekäre/heikle Natur/Beschaffenheit']
→ „*Ich habe mich Ihnen, Frau Sivonen, in einer äußerst h e i k l e n Sache anvertraut [– –]*" (AId 99)

(29) „*Kaarinan kasvot olivat l ä m m i n h e n k i s e s s ä hymyssä [– –]*" (AIf) [vgl. *lämmin henki* = 'warme Atmosphäre, warmer Geist']
→ *Auf Kaarinas Gesicht lag ein w a r m e s Lächeln.* (AId)

3.3. Wiedergabe der finnischen Zusammenbildung mit einem Scheinpartizip

Mit adjektivischen Zusammenbildungen konkurriert im Deutschen ein anderer wortgruppenbasierter Wortbildungstyp, der laut Sugarewa (1972, 289 f.) sehr produktiv ist: Das mit einem Adjektiv spezifizierte Scheinpartizip. Im Finnischen fehlt ein entsprechender Wortbildungstyp.[17] Anders als adjektivische Zusammenbildungen, die konkret oder übertragen sein können, sind Quasi-Partizipien in der Regel nicht übertragen.

Während im Finnischen nur adjektivische Zusammenbildungen vorliegen, existieren im Deutschen oft zwei Wortbildungskonstruktionen nebeneinander (zu den deutschen Beispielen in (30) vgl. Sugarewa ebd.):

(30) *huonotuulinen*   *übellaunig – übelgelaunt*
     pitkähäntäinen   *langschwänzig – langgeschwänzt*
     korkeaotsainen   *hochstirnig – hochgestirnt.*

Insbesondere in der Belletristik kommen kreative Scheinpartizipien vor (vgl. Sugarewa 1972, 293). In den FINDE-Übersetzungen aus dem Finnischen ins Deutsche lassen sich allenfalls usuelle Scheinpartizipien wie *gutgelaunt* (AId 119 u. 203) für *hyväntuulinen* (AIf 98 u. 163) belegen. Im Korpusmaterial kamen aber erweiterte Scheinpartizipien vor allem bei Grass vor, und es überrascht nicht, dass die finnischen Wiedergaben adjektivische Zusammenbildungen waren. Okkasionelle Scheinpartizipien wie in (33) dürften Übersetzer aus dem Finnischen dagegen wohl vermeiden, denn sie sind stilistisch markierter als die finnischen *-inen*-Adjektive. Vergleiche:

(31) „Der vorher grämlich wirkende Ausdruck des blasenden, l a n g g e l o c k t e n
     [– –] Engels gewann jene herbe Anmut, die [– –]" (GGd 28) [< lange Locken]
     → „Torveen puhaltavan [– –] p i t k ä k u t r i s e n enkelin aiemmin nyrpeältä
     vaikuttanut ilme muuttui [– –]" (GGf 25) [< pitkät kutrit]

(32) „We i ß r o t g e s t r e i f t das Klappdach zum Schutz der Fahrgäste bei widrigem Wetter." (GGd) [< weißrote Streifen]
     → „Matkustajia huonolla säällä suojaava kuomu oli p u n a v a l k o r a i t a i -
     n e n." (GGf) [< punavalkoiset raidat]

(33) „Nur zögernd [– –] näherte sich die Servierern, w e i ß g e r ü s c h t." (GGd)
     [< weiße Rüsche]
     → „Vastahakoisesti [– –] lähestyi tarjoilija v a l k o r ö y h e l ö i s e n ä."
     (GGf) [< valkoinen röyhelö]

---

[17] Der Typ *kylmäsavustettu* 'kaltgeräuchert' kann entweder als Kompositum aus dem Adjektiv *kylmä* und dem echten Partizip II Passiv *savustettu* oder aber als partizipiale Rückbildung zu dem Substantivkompositum *kylmäsavustus* 'Kalträucherei' aufgefasst werden.

3.4. Präpositionalphrase als deutsche Wiedergabe der finnischen Zusammenbildung

In zahlreichen Fällen entspricht einem finnischen zusammengebildeten Adjektiv im deutschen Text eine Präpositionalphrase, die zumeist als nachgestelltes Attribut fungiert. Im Finnischen kommen nachgestellte Attribute zu Substantiven dagegen sehr restringiert vor: Entweder handelt es sich um von Verben oder Adjektiven vererbte Rektionsbeziehungen oder um finale oder lokale Beziehungen. Possessive Träger- oder Zugehörigkeitsrelationen müssen dagegen anders, z. B. mit vorangestellten Adjektivattributen oder mit nachgestellten Relativsätzen, ausgedrückt werden.

(34) „*Mustakaapuinen mies [– –]*" (AIfi 174) [< *musta kaapu* 'schwarze Kutte'; vgl. **mies mustassa kaavussa*]
→ „*Ein Mann in schwarzer Kutte [– –]*" (AIde 217)

(35) „*Ensin tuli mustatakkinen rouva [– –]*" (AIf 32) [*musta takki* 'schwarzer Mantel'; vgl. **rouva mustassa takissa*]
→ „*Zuerst kam eine Frau im schwarzen Mantel [– –]*" (AId 37)

(36) „*Istuin ja aloin piirtää erikokoisia kolmioita ruudulliselle paperille.*" (AIf 85) [*eri koko* 'verschiedene Größe'; vgl. **kolmioita eri ko'oissa*]
→ „*Ich setzte mich hin und malte Dreiecke in verschiedener Größe auf Karopapier.*" (AId 102)

(37) „*Hän ojensi minulle kirjan, kansi oli melkein irti, päälle oli tuherrettu isonenäisen miehen pää [– –]*" (AIf 59) [< *iso nenä* 'große Nase' vgl. **miehen isolla nenällä pää*]
→ „*Er reichte mir ein Buch. Der Einband war ziemlich lose, ein Männerkopf mit einer großen Nase war darauf gekritzelt [– –]*" (AId 70)

(38) „*Pöydällä oli nelikerroksinen suklaarouheella, mantelilastuilla, persikoilla ja kermavaahdolla täytetty kakku.*" (AIf 91) [< *neljä kerrosta* 'vier Schichten/Stockwerke'; vgl. **kakku neljällä kerroksella*]
→ „*Auf dem Tisch stand eine Torte mit vier Böden, gefüllt mit Schokoladenraspeln, Mandelsplittern, Pfirsichen und Schlagsahne.*" (AId109)

Zum einen begegnen im Deutschen Präpositionalgruppen, obwohl eine Zusammenbildung (und/oder ein Scheinpartizip) möglich wäre, vgl. eine *vierbödige Torte* – *eine Torte mit vier Böden*. Andererseits ist das Präpositionalattribut eine gute Aushilfe in Fällen, in denen eine Zusammenbildung blockiert ist, vgl. **verschiedengrößige Dreiecke* – *Dreiecke in verschiedenen Größen*.

4. ZUSAMMENFASSUNG UND AUSBLICK

Die systemlinguistische Gegenüberstellung von finnischen und deutschen adjektivischen Zusammenbildungen ergab, dass für diesen Typ im Finnischen kaum morphologische Restriktionen vorliegen. Im Deutschen dagegen darf das Substantiv der Basiswortgruppe kein Derivat und das Adjektivattribut der Basiswortgruppe kein Partizip I sein. Der Übersetzungsvergleich zeigte dann, dass im Deutschen erweiterte Scheinpartizipien und Präpositionalphrasen als Konkurrenzformen der zusammengebildeten Adjektive fungieren; durch sie können außerdem blockierte Bildungsweisen ersetzt werden. Im Finnischen fehlen entsprechende Strukturen.

So zeigt sich der Ausdrucksreichtum in den beiden Sprachen auf eine jeweils eigene Weise: Im Finnischen als Unrestringiertheit des Produktionsmodells der adjektivischen Zusammenbildungen, im Deutschen als Variation zwischen verschiedenen Ausdrucksweisen.

Für die Variation im Deutschen sei abschließend ein stilistisch kunstvolles Beispiel von Grass angeführt. In der Erzählung „Unkenrufe" thematisiert Grass wiederholt die Beziehung des Liebespaares Alexandra Piątkowska und Alexander Reschke, die sich in ihrer Gegensätzlichkeit ergänzen:

(39) *„Dennoch zeigt sich das Paar sommerlich gekleidet: er im seesandfarbenen Leinenanzug unter einem Strohhut mit schmaler Krempe; sie hatte sich zum weitkrempigen Hut ein knappsitzendes Kostüm schneidern lassen [– –]"* (GGd)

→ *„Pariskunta on kumminkin kesäisessä asussa: Reschkellä on hiekanvärinen pellavapuku ja kapealierinen olkihattu, Alexandralla leveälierinen hattu ja varta vasten teetetty tiukka jakkupuku [– –]"* (GGf)
[< *kapea/leveä lieri* 'schmale/breite Krempe']

Im deutschen Originaltext kommt das Antithetische zum einen durch die invertierte Wortstellung in den Teilsätzen mit *er* bzw. *sie* zum Vorschein (*Anzug – Hut* vs. *Hut – Kostüm*). Zum anderen wird die Antithese durch die Wortwahl (*schmal – breit*) und das Wechselspiel zwischen einer syntaktischen (*mit schmaler Krempe*) und einer Wortbildungsstruktur (*weitkrempig*) noch gesteigert. In der finnischen Übersetzung bleiben von diesen drei Gegensatzmarkern nur noch zwei übrig, da *kapealierinen* und *leveälierinen* denselben Strukturtyp vertreten.

ZITIERTES KORPUSMATERIAL

Finnisch-Deutsch

AIf = Idström, Annika (1991 [1985]): *Veljeni Sebastian*. 3. Painos. Porvoo/Helsinki/Juva.
AId = Idström, Annika (1993): *Mein Bruder Sebastian*. Aus dem Finnischen von Gabriele Schrey-Vasara. Reinbek b. Hamburg (rororo neue frau 13345).
PHf = Haavikko, Paavo (1992): Fleurin kouluvuosi. Romaani. Helsinki.
PHd = Haavikko, Paavo (1994): Fleurs mittlere Reife. Aus dem Finnischen von Gisbert Jänicke. Salzburg/Wien.

Deutsch-Finnisch

GGd = Grass, Günter (1994 [1992]): *Unkenrufe*. München (dtv 11864).
GGf = Grass, Günter (1992): Kellosammakon huuto. Suomentanut Oili Suominen. Helsinki/Hämeenlinna (Keltainen kirjasto 260).

LITERATUR IN AUSWAHL

Bußmann, Hadumod (2002): Lexikon der Sprachwissenschaft. 3., akt. und erw. Aufl. Stuttgart.
Bzdęga, Adrzej Z. (1984): Zusammenbildungen in der deutschen und polnischen Gegenwartssprache. In: Glottodidactica XVII, S. 31–38.
Donalies, Elke (2001): Zur Entrümpelung vorgeschlagen: Die Wortbildungsarten Rückbildung, Zusammenbildung, Zusammenrückung, Klammerform und Pseudomotivierung. In: Studia Germanica Universitatis Vesprimiensis 5, S. 129–145.
Donalies, Elke (2002): Die Wortbildung des Deutschen. Ein Überblick. Tübingen (Studien zur Deutschen Sprache. Forschungen des Instituts für deutsche Sprache 27).
DUW (2003) = Duden Deutsches Universalwörterbuch. 4., neu bearb. und erw. Aufl. Hg. v. der Dudenredaktion. Mannheim/Leipzig/Wien/Zürich.
Eisenberg, Peter (1998): Grundriß der deutschen Grammatik. Bd. 1: Das Wort. Stuttgart/Weimar.
Engel, Ulrich (1996): Deutsche Grammatik. 3., korr. Aufl. Heidelberg.
Erben, Johannes (2000): Einführung in die deutsche Wortbildungslehre. 4., akt. und erg. Aufl. Berlin (Grundlagen der Germanistik 17).
Fleischer, Wolfgang/Barz, Irmhild (1995): Wortbildung der deutschen Gegenwartssprache. 2., durchges. und erg. Aufl. Tübingen.
Henzen, Walter (1965): Deutsche Wortbildung. 3., durchges. und erg. Aufl. Tübingen.
Karlsson, Fred (1983): Suomen kielen äänne- ja muotorakenne. Porvoo/Helsinki/Juva.
Kühnhold, Ingeburg/Putzer, Oskar/Wellmann, Hans (1978): Deutsche Wortbildung. Typen und Tendenzen in der deutschen Gegenwartssprache. Dritter Hauptteil: Das Adjektiv. Düsseldorf (Sprache der Gegenwart 3).
Lepäsmaa, Anna-Liisa/Lieko, Anneli/Silfverberg, Leena (1996): Miten sanoja johdetaan. Suomen kielen johto-oppia. Helsinki.
Leser, Martin (1990): Das Problem der ‚Zusammenbildungen'. Eine lexikalistische Studie. Trier (FOKUS. Linguistisch-Philologische Studien 3).
LGDaF (2003) = Langenscheidts Großwörterbuch Deutsch als Fremdsprache. Neubearbeitung. Hg. von Dieter Götz, Günther Haensch und Hans Wellmann in Zusammenarbeit mit der Langenscheidt-Redaktion. Berlin/München.
Ljung, Magnus (1976): -ed adjectives revisited. In: Journal of Linguistics 12, S. 159–168.
Motsch, Wolfgang (1999): Deutsche Wortbildung in Grundzügen. Berlin/New York.
Muthmann, Gustav (1988): Rückläufiges deutsches Wörterbuch. Handbuch der Wortausgänge im Deutschen, mit Beachtung der Wort- und Lautstruktur. Tübingen (Reihe Germanistische Linguistik 78).
NS (1976) = Nykysuomen sanakirja. Lyhentämätön kansanpainos. Osat I–VI. Porvoo/Helsinki.
Ortner, Hanspeter/Ortner, Lorelies (1984): Zur Theorie und Praxis der Kompositaforschung. Tübingen.
Peschel, Corinna (2002): Zum Zusammenhang von Wortneubildung und Textkonstitution. Tübingen (Reihe Germanistische Linguistik 237).
Räisänen, Alpo (1983): Kantasanan ja johdoksen suhteesta. In: Hakulinen, Auli/Leino, Pentti (Hg.): Nykysuomen rakenne ja kehitys. Näkökulmia kielen rakenteisiin. Helsinki, S. 112–137 (Tietolipas 93).

Sugarewa, Tekla (1972): Zu den Wortbildungstypen *breitkrempig, zielstrebig, langgeschwänzt*. In: PBB 93 (Halle), S. 259–298.

SKK (1980) = Suomen kielen käänteissanakirja. Koostanut Tuomo Tuomi. Reverse Dictionary of Modern Standard Finnish. Compiled by Tuomo Tuomi. Hämeenlinna (Suomalaisen Kirjallisuuden Seuran Toimituksia 274).

SKP (1990–1994) = Suomen kielen perussanakirja. Osat I–III. Kotimaisten kielten tutkimuskeskus. Helsinki.

Vater, Heinz (1972): Zur Abgrenzung von Ableitung und Komposition. In: Haarmann, Harald/Studemund, Michael (Hg.): Festschrift Wilhelm Giese: Beiträge zur Romanistik und Allgemeinen Sprachwissenschaft. Hamburg, S. 241–249.

Vesikansa, Jouko (1978): Johdokset. Porvoo (Nykysuomen oppaita 2).

Vesikansa, Jouko (1989): Yhdyssanat. In: Ders. (Hg.): Nykysuomen sanavarat. Porvoo/Helsinki/Juva, S. 213–258.

Wellmann, Hans (1998): Die Wortbildung. In: Duden. Grammatik der deutschen Gegenwartssprache. 6., neu bearb. Aufl. Hg. von der Dudenredaktion. Bearb. v. Peter Eisenberg, Hermann Gelhaus, Helmut Henne, Horst Sitta und Hans Wellmann. Mannheim/Leipzig/Wien/Zürich, S. 408–557.

Wilmanns, Wilhelm (1896): Deutsche Grammatik. 2. Aufl. Straßburg.

ELENA KAN

Die pragmatikorientierten Funktionen der Wortbildung in fachbezogenen Vermittlungstexten

In der letzten Zeit hat sich die Auffassung vom Wort als einer kommunikativen Einheit durchgesetzt.

„Jede nicht entlehnte lexikalische Einheit entsteht im Sprechakt" (Rezanowa 1996, 41)

– und eine bedeutende Rolle für ihre Entstehung spielt die Wortbildung. Die pragmatische Funktion der Wortbildung tritt dann in ihrer Teilnahme an der Konstitution einer Äußerung zutage. Nach Z. Rezanowa (1996, 41) ist „sowohl die nominative, als auch die syntaktische Derivation" auf die Äußerungsgestaltung gerichtet.

1. PRAGMATISCHE MERKMALE DER TEXTE: KOCHREZEPT, PACKUNGSBEILAGE, GEBRAUCHSANLEITUNG

Von besonderem Interesse kann die Pragmatik der Wortbildung so genannter Fachvermittlungstexte sein, die

„Bestandteil des täglichen Sprachgebrauchs unserer Gesellschaft sind und oft entscheidend das Alltagsleben mitprägen" (Schuldt 1998, 583).

Sie können insoweit zu Recht als „pragmatische Texte" gelten. In diesen Texten treten die folgenden „pragmatischen" Merkmale besonders ausgeprägt zutage: „die kommunikative Zweckbestimmtheit und Handlungs(Verwendungs)orientierung" und „das Zusammenspiel von Textinterna und Textexterna" bei der Konstitution der Handlungsbedeutung.

Untersucht werden fachbezogene Vermittlungstexte, die z. B. im Alltagsleben Verwendung finden, wie die „Gebrauchsanleitung für elektrische Haushaltsgeräte", das „Kochrezept", die „Packungsbeilage". Sie werden als Anweisungstexte qualifiziert.

Anweisungstexte haben einen „starken Partnerbezug" (Kalverkämper 1983, 148). Für sie ist eine „Ein-Weg-Kommunikation", nämlich vom Sender zum Empfänger, charakteristisch. In Anweisungstexten geht es nach H. Kalverkämper stets um Steuerungen von Handlungen oder Teilhandlungen (Handlungssequenzen) mit dem Ziel, ein bestimmtes Ergebnis zu erlangen.

In Anlehnung an K. Brinker (1992, 110) kann man die kommunikative Funktion in Texten wie „Gebrauchsanleitung", „Kochrezept" und „Packungsbeilage" durch eine „wenn-dann-Relation" explizieren: Wenn das Produkt X benutzt werden soll, dann beachte man die beigefügten Hinweise.

Die Auswahl der L e x i k wird durch die Textexterna (Kommunikationsgegenstand, Textfunktion, Text- und Kommunikationsintention) determiniert.

2. WORTBILDUNGSPRAGMATIK

W. Fleischer (1979, 317) versteht unter der Wortbildungspragmatik die „Wirkungsbreite eines Modells", dessen „funktionale Charakteristik", das „Fungieren bei der Sprachverwendung im Sprechakt", das „Verhältnis von WBK und syntaktischer Wortgruppe im Text".

Eine ähnliche Qualifizierung für die Wortbildungspragmatik findet sich in Arbeiten von W. Wilss (1986) und W. Motsch (1995, 1999). W. Wilss (1986, 87) verbindet damit die „Vorkommenshäufigkeit bestimmter Wortbildungstypen und Wortbildungsmuster" in „einzelnen Texttypen (Textsorten)". Er meint, dass die „Verwendung von Wortbildungserscheinungen in erheblichem Umfange texttypgesteuert ist".

Nach W. Motsch (1999, 20 ff.) gehört zu den pragmatischen Aspekten die „Unterscheidung von Anlässen zur Verwendung von Wortbildungsmustern" wie „Erweiterung des Lexikons, syntaktische Umkategorisierung von Wörtern und stilistische Variation":

- **Die Erweiterung des Lexikons** ist durch die kommunikativen Bedürfnisse nach Benennungen für neue Gegenstände, Ereignisse und Eigenschaften bedingt.
- **Die syntaktische Umkategorisierung** ermöglicht es, durch die „Änderung der syntaktischen Wortkategorie einer Lexikoneinheit" eine „semantische Repräsentation" in „ganz verschiedenen syntaktischen Strukturen zu verwenden".
- **Die stilistische Variation:** Die Verwendung der Wortbildungsmuster ermöglicht es, „stilistische Prinzipien der Textgestaltung" zu realisieren. Dazu können auffällige Gelegenheitsbildungen, aber auch die „für einen aktuellen Text gebildeten Textwörter" dienen.

Als Grundlage des p r a g m a t i s c h e n Aspekts der Wortbildung betrachtet Motsch (1999, 25) die „Einbeziehung von Weltwissen". Relevant sind vor allem die folgenden „pragmatischen Prinzipien":

- **Das Prinzip des sinnvollen Wortes:** „In das Lexikon einer Sprache aufzunehmende Wörter müssen kommunikativ sinnvolle Konzepte bezeichnen". Bildungen wie *kopfig, *armig, *beinig, die „nach den semantischen und phonologischen Bedingungen eines Wortbildungsmusters möglich wären, können aus pragmatischen Gründen unakzeptabel sein".

- **Das Prinzip der Interpretierbarkeit von Wortbildungen:** Ein „für einen Text gebildetes Wort" soll von Kommunikationspartnern rezipiert werden können.
- **Das Prinzip der Knappheit von Wortbildungen:** Die „phonologische Form von Wortbildungen darf nicht beliebig umfangreich sein".

Für die Bestimmung der Wortbildungspragmatik können folgende Auffassungen relevant sein:

– Die Wortbildung wirkt „bei der Sprachverwendung im S p r e c h a k t" mit (Fleischer 1979, 317).

– Sprechakte („s p r a c h l i c h e H a n d l u n g e n") sind „F u n k t i o n e n von Sätzen in der menschlichen Verständigung" (Meibauer 1999, 2; Bublitz 2001, 12).

– Die „wörtliche Bedeutung eines geäußerten Satzes" (aufgrund „kontextunabhängiger" Bedeutungen semantischer Einheiten) gehört zum Untersuchungsbereich der Semantik. Dagegen sind „B e d e u t u n g s a s p e k t e , die nur aufgrund des Kontextes zustande kommen" („k o n t e x t a b h ä n g i g e " Bedeutungen oder Äußerungsbedeutungen der pragmatischen Einheiten), „Gegenstand der Pragmatik" (Meibauer 1999, 4; Bublitz 2001, 16).

– Als K o n t e x t wird bezeichnet „all das, was in einer Äußerungssituation für die menschliche Verständigung relevant ist". Dazu werden „im allgemeinen S p r e c h e r , H ö r e r , Z e i t p u n k t u n d O r t " gezählt (Meibauer 1999, 8; Bublitz 2001, 24).

– Bei den Sprachmitteln, „mit denen man sich auf Personen, auf Orte und Zeitpunkte oder -spannen beziehen kann", sind „kontextabhängige" und „kontextunabhängige" zu unterscheiden. Der „k o n t e x t a b h ä n g i g e B e z u g v o n W ö r t e r n " wird auch „D e i x i s " genannt (Meibauer 1999, 12).

– Die wichtigsten Typen der Deixis sind:

(a) Die P e r s o n a l d e i x i s betrifft die Identität der Gesprächspartner (*ich, du, er, sie, es* usw.).
(b) Die T e m p o r a l d e i x i s betrifft die zeitliche Orientierung (*heute, gestern, morgen* usw.).
(c) Die L o k a l d e i x i s betrifft die räumliche Orientierung der Gesprächspartner (*hier, da, dort, vor, hinter* usw.) (Meibauer 1999, 13; Bublitz 2001, 210–216).

– „Die sprachliche Bezugnahme auf Personen, Gegenstände oder Sachverhalte, ob sie nun kontextabhängig oder -unabhängig erfolgt, nennt man R e f e r e n z . (...)" „Deixis ist ein besonderer Fall von Referenz" (Meibauer 1999, 12).

– Als „a n a p h o r i s c h e R e f e r e n z " wird die „Rückbeziehung" bezeichnet, d. h., „Anaphern beziehen sich zurück auf andere Ausdrücke in dem gleichen Text" („Zurückverweisen"). Im Fall des „Vorverweisens" redet man von „Kataphern" (Meibauer 1999, 21).

– Die zusätzliche, aus dem Kontext erschlossene Bedeutung wird „konversationelle Implikatur der Äußerung" genannt (Meibauer 1999, 26).

– „Alte Informationseinheiten" in den Äußerungen werden als „Hintergrund" oder „Thema" bezeichnet, „neue Informationseinheiten als „Fokus" oder „Rhema". Der Fokus in den Äußerungen ist mit einem „starken Akzent gekennzeichnet". Der „Rest der Äußerungen gilt jeweils als Hintergrund" (Meibauer 1999, 149).

– Texte werden als „gelungen" betrachtet, wenn sie auch „kohärent" sind. Die „Kohärenz eines Textes" wird wesentlich durch die (lokale) Fokus-Hintergrund-Gliederung, die referentielle Bewegung und die Beachtung der Hauptstruktur (den „roten Faden") bestimmt.

Unter Berücksichtigung dieser Auffassungen sollen nun pragmatikorientierte Möglichkeiten von Wortbildung in fachbezogenen Vermittlungstexten bestimmt werden.

3. PRAGMATIKORIENTIERTE WORTBILDUNGSVERFAHREN IN FACHBEZOGENEN VERMITTLUNGSTEXTEN

3.1. Textwörter als Träger von Äußerungsbedeutungen

Wie oben gesagt, sind für die Äußerungsgestaltung neben den wörtlichen Bedeutungen auch die Äußerungsbedeutungen relevant. Für die Gestaltung von für Verständigung relevanten Äußerungen benötigt der Sprachbenutzer sowohl eine grammatische (die Fähigkeit, Sätze richtig bilden und verstehen zu können) als auch eine pragmatische Kompetenz, die es ermöglicht, „Äußerungen zu bestimmten Situationen passend zu gestalten", „pragmatische Schlüsse zu ziehen" und „missglückte Äußerungen zu erkennen und zu beurteilen" (Meibauer 1999, 8). Und es wundert nicht, dass der Sprachbenutzer bei der Äußerungsgestaltung auf das Wortbildungsverfahren zurückgreift, denn die Wortbildung kann situationsgemäße Äußerungsmittel zur Verfügung stellen, gerade in Form der Textwörter. Die Grundlage dieser Funktion liegt im Wesen der Textwörter, die qualifiziert werden als „sprachlich realisierte mögliche Wörter", die „nur in Texten vorkommen" (Motsch 1999, 17).

Textorientierte Nominationseinheiten (Textwörter) erscheinen „oft nur als ‚Zugriffsversuche', d. h., Versuche eines Sprechers (Textverfassers), Erfahrenes, Empfundenes, Geahntes oder Geplantes in Textwörtern zu fixieren" (Erben 1997, 399). Ihre Bedeutungen sind text-/kontextabhängig, d. h., sie sind durch den Text oder Kontext determiniert.

In der vorliegenden Arbeit werden als Determinationskontexte der Textwörter folgende Kontexttypen betrachtet: Vorkontext, Nachkontext und Gesamtkontext. Dabei können die „Determinationsbezüge/Determinanten" (Matussek 1994, 42), die die Textwörter bestimmen, explizit durch ihre in einem Determinationskontext enthaltenen Basiselemente zum Ausdruck kommen oder aber implizit, wenn die Textwörter durch den Inhalt des Kontextes determiniert werden. Im ersten Fall kann es sich um explizite Determinationsbezüge/Determinanten handeln und im zweiten Fall um implizite. Als implizite Determinationsbezüge sind auch „textübergreifende Determinanten" (Matussek 1994, 43) zu bezeichnen. Als „textübergreifende Determinanten" werden von M. Matussek diejenigen „Neubildungen" mit determinierenden Bezügen aufgefasst, die

> „über den vorliegenden Text hinausgehen. In diesen Fällen muss der Leser die Textgrenze überschreiten und Wissen aktivieren, das nicht im jeweiligen Text konkret vorliegt."

Determinations-Nachtext

Als Beispiel für den Determinations-Nachtext kann die Bildung „*Türtonwarner*" der Gebrauchsanleitung „*Gefrierschrank*" dienen.

Als Textwort kann das Wort *Türtonwarner* gelten, das durch die im nachfolgenden Kontext vorkommenden Bezugselemente determiniert wird:

> „*Der Warnton tönt wenn die Gerätetür offen steht und zwar:*
> – *sofort mit unterbrochenem Ton, wenn die Tür nicht richtig geschlossen, also noch einen Spalt offen ist.*
> – *Nach kurzer Zeit mit Dauerton, wenn die Tür geöffnet wird, wie z. B. zum Be- oder Entladen.*" (Gefrierschrank. Bosch)

Das Textwort *Türtonwarner* wird explizit durch die Elemente *Warnton, tönen, Gerätetür, Tür, Dauerton* determiniert.

Als anschauliche Beispiele für Textwörter können Benennungen der Gerichte in Kochrezepten dienen, wie z. B. „*Gefüllte Schmorgurke*".

Als Textwort tritt das Titelwort *Schmorgurke* auf. Seine Determinationsbezugselemente finden sich erst in den Sätzen (6) und (7) des Textes (insgesamt 11 Sätze):

> (6) „*Die Gurken herausnehmen, mit der Eisauce füllen, die Deckel aufsetzen und die Gurken in den Schmortopf zurückgeben.*"
> (7) „*Die heiße Bouillon um die Gurken gießen und diese zugedeckt bei milder Hitze 40 Minuten schmoren.*" (Krüger u. a. 1983, 271)

Bei der Nachkontext-Determination handelt es sich also um eine kataphorische Komposition.

Determinations-Vorkontext

Als Beispiel wird ein kurzer Ausschnitt aus der Gebrauchsanleitung „*Espresso Plus*" angeführt, und zwar der Abschnitt „*Espresso zubereiten*":

„Espresso zubereiten
1. Gerät einschalten, Betriebskontrollleuchte und Aufheizkontrollleuchte leuchten auf. 2. Sobald das Wasser im Boiler die erforderliche Temperatur erreicht hat, erlischt die Aufheizkontrollleuchte. 3. Gewünschtes Filtersieb (1 oder 2 Tassen) in den Filterträger einlegen. 4. Ein (bzw. 2) Messlöffel E s p r e s s o k a f f e e einfüllen. 5. Kaffee am E s p r e s s o s t o p f e r leicht andrücken. 6. Rand des Filters von Kaffeemehlresten säubern. 7. Filterträger am Brühkopf einsetzen und fest anziehen (so dass der Griff nach vorne zeigt). 8. Eine (bzw. 2) E s p r e s s o t a s s e (n) unter den Filterträger stellen. 9. Sobald die Aufheizkontrollleuchte erloschen ist, kann E s p r e s s o bereitet werden. 10. Mit dem Espressodosierhebel die gewünschte Menge E s p r e s s o in die Tasse(n) einlaufen lassen. 11. Mit der Menge kann die Stärke des E s p r e s s o bestimmt werden. 12. Es ist empfehlenswert, die E s p r e s s o t a s s e n vorher vorzuwärmen, z. B. indem man diese vor der E s p r e s s o z u b e r e i t u n g kurz mit dem Dampfstrahl anwärmt. 13. Nach der Espressozubereitung den Filterträger mit Filtersieb entnehmen. 14. Mit dem Siebhalter das Filtersieb festhalten den Kaffeerest auf dem Mittelsteg der Abfallbox ausschlagen. 15. Nach erneuter Aufheizphase kann der nächste Espresso bereitet werden." (Espresso Plus. Krups)

Das Textwort *Espressozubereitung* ist ein anaphorisches Kompositum. Es wird nicht nur durch den ganzen Kontext, sondern zunächst schon durch die vorgenannten Lexeme als explizite Determinanten bestimmt: *Espresso zubereiten* (Überschrift); *Espressokaffee* (4); *Espressostopfer* (5); *Espressotasse* (8); *Espresso bereitet werden* (9); *Espressodosierhebel, Espresso* (10); *Espresso* (11); *Espressotassen* (12).

Gesamtkontext als Determinationskontext

In vielen Fällen bereitet die Bildung eines Textwortes den Gesamttext auch durch implizite Determinationsbezüge vor, d. h. um Determinanten, die keine Basiselemente der Textwörter sind, sondern im Vorwissen der Leser vorausgesetzt werden.

Besonders ausgeprägt tritt dieses Phänomen in Kurztexten zutage wie Kochrezepten, TV-Film-Annotationen u. a.

Das können folgende Textbeispiele illustrieren:

„1. H e r r e n h ä p p c h e n
8 Scheiben Toastbrot, 50 g Butter, 400 g Rinderhackfleisch (Tatar), 2 Eigelbe, 1 Teel. S e n f, 1 Messerspitze Cayennepfeffer, ½ Teel. Salz, ½ Teel. Selleriesalz, 1 kleines Glas W e i n b r a n d (2 cl), 4 Essl. Geriebener M e e r r e t t i c h, 1 kleine Dose Sardellenringe, 4 Teel. Feine Kapern.
Die Brotscheiben mit der Butter bestreichen und jede Scheibe in Viertel schneiden. Das Fleisch mit den Eigelben, dem S e n f, den G e w ü r z e n und dem W e i n b r a n d vermischen. Die Masse mit einem Messer gleichmäßig auf die Bro-

te streichen, so dass in der Mitte jeweils ein kleiner Hügel entsteht. Auf die Spitze der Hügel 1 Teel. M e e r r e t t i c h setzen, darauf je einen Sardellenring und in die Mitte einige Kapern legen." (Krüger u. a. 1983, 17)

In diesem Text kann *Herrenhäppchen* (Texttitel und Benennung des Gerichts) als übergreifendes Textwort bezeichnet werden. Als Determinanten dieses Textwortes können neben dem Gesamtkontext auch „textübergreifende Determinanten" auftreten: d. h. das Wissen des Lesers über die Vorliebe der Männer für scharfes und kalorienreiches Essen. Das soll anhand eines weiteren Beispiels belegt werden:

P r i n z e n - S u p p e
„Die Prinzessinnen-Suppe wird zur Prinzen-Suppe, wenn Sie statt der Tomaten 1 kleine Dose Spargelspitzen und 1 Tasse tiefgefrorene Erbsen in der Suppe erhitzen. Am besten die Erbsen zuerst zugeben und bei milder Hitze 6 Minuten in der Suppe ziehen lassen und zuletzt erst die Spargelspitzen darin erwärmen." (Krüger u. a. 1983, 88)

Die *E r b s e n* und *S p a r g e l s p i t z e n* sind kalorienreicher als die *To m a t e n*.

3.2. Wortbildung als Referenzmittel

Die Pragmatiklehre unterscheidet eine „kontextabhängige" und „kontextunabhängige Referenz" von Wörtern. Der „kontextabhängige Bezug von Wörtern" wird Deixis genannt (J. Meibauer 1999, 12), als deren Haupttypen, wie die Analyse der linguistischen Literatur (J. Meibauer 1999, 12; W. Bublitz 2001, 201) zeigt, die Personaldeixis, die Temporaldeixis und die Lokaldeixis zu betrachten sind.

3.2.1. Deiktische Fähigkeit der Wortbildung

Der deiktische Charakter der Wortbildung in den untersuchten fachbezogenen Vermittlungstexten tritt besonders ausgeprägt als Mittel der Temporal- und Lokaldeixis durch präfixale Handlungsverben zutage. Auf die Möglichkeit, durch die Präfigierung nicht nur eine zeitliche und räumliche Bedeutung einzubringen, sondern auch deren semantische Differenzierungen (Beginn, Ende, Verlauf eines Vorgangs; „richtungsbezogene Bedingungen der bezeichneten Vorgänge und Handlungen"), hat H. Wellmann (1998, 456 f.) hingewiesen.

3.2.1.1. Die temporaldeiktische Fähigkeit der Wortbildung

„Die zeitliche Orientierung" (Meibauer 1999, 13) wird am deutlichsten durch die präfixalen Verben ausgedrückt. Die Verwendung der Präfigierung ermöglicht auch die Differenzierung der Ereigniszeit:

(a) Das Präfixverb kann sich auf einen Anfang der Ereigniszeit beziehen: *An*-Bildungen: *anbräunen, andünsten, antrocknen, anrösten; antauen, anschleudern, anschalten, anwärmen, andrücken; einschalten; Auf*-Bildungen: *aufwärmen, aufkochen, auftauen; aufleuchten.*

(b) Das Präfixverb kann sich auf ein Ende der Ereigniszeit beziehen: *Ab*-Bildungen: *abkühlen, ablöschen* (den Braten); *abschalten, abtauen; abklingen, absetzen* (Präparat), *abheilen, abstillen; Aus*-Bildungen: *ausbraten, ausbrennen, ausfetten; ausschalten, ausklappen; Ver*-Bildungen: *verdünnen, verdampfen, verquirlen, verdunsten; vereisen, verpacken, verwinden; verheilen.*

(c) Das Präfixverb kann sich auf das Ereignis beziehen, das nach der Referenzzeit[1] stattfinden soll, d. h. nach dem betreffenden Ereignis. Das signalisieren *Nach*-Bildungen: *nachziehen* (in der Sauce lassen), *nachdünsten, nachquellen* (Erbsen); *nachtrinken, nachbehandeln; nachlegen, nachschleifen, nachtrocknen, nachfüllen.*

(d) Das Präfix kann sich auf das Ereignis beziehen, das vor der Referenzzeit stattfinden soll, d. h. vor dem betreffenden Ereignis. Das sind *Vor*-Bildungen: *vorkochen* (*Ich koche für das Essen vor*), *vorheizen, vorbacken, vorwärmen, vorkühlen, vorquellen* (lassen); *vorbohren, vorspülen, vorschalten; vorschreiben, vorbeugen, vorbehandeln.*

3.2.1.2. Die lokaldeiktische Fähigkeit der Wortbildung

Durch die Wortbildung können auch räumliche (richtungsbezogene) Bedingungen[2] neben der „räumlichen Orientierung" (Meibauer 1999, 14) wiedergegeben werden. Die lokaldeiktische Funktion der Wortbildung in den untersuchten fachbezogenen Vermittlungstexten (Kochrezept, Gebrauchsanleitung, Packungsbeilage) signalisieren die Handlungsverben meist mit den Präfixen:

(a) Auf die „Aufwärts"-Richtung beziehen sich folgende Wortbildungen: Verben mit *auf*: *aufquellen* (Mehl), *aufgehen* (Brot, Kuchen), *auffangen, aufwischen; aus*-: *auspressen, ausnehmen; heraus*-: *herausschneiden, herauszupfen, herausfischen, herausstechen, herauskratzen, herausessen.*

(b) Auf die Richtung „über... hinweg, darüber" verweisen die Verben mit *über*-: *überfließen, überkrusten, überbrühen, überbacken, überstülpen, übergießen; auf*-: *auftragen; obenauf*-: *obenaufträufeln, -streuen, -legen, -setzen; darüber*-: *darüberstreuen, -decken, -sieben, -gießen; darauf*-: *daraufdrücken, -streuen, -legen, -decken, -spritzen, -streuen.*

---

[1] J. Meibauer (1999, 14) unterscheidet Ereigniszeit, Sprechzeit und Referenzzeit oder Zeitpunkt, zu dem das betreffende Ereignis stattfindet.

[2] Bei der Klärung dieser Frage wird auf die Auffassung der semantischen Muster von H. Wellmann (1998, 457) zurückgegriffen.

(c) Die „Abwärts"-Richtung: *u n t e r -*: *untermischen, untertauchen, unterlegen, unterrühren*.
(d) „In die Gegenrichtung" verweisen Bildungen mit *aus-*: *auskühlen, ausfetten, auswaschen, auspinseln, ausspülen*; *ab-*: *abreiben, abspülen, abpellen, abtropfen*.
(e) Die Handlung richtet sich „hinein": *ein-*: *einrühren, eindrücken, einfetten, einkochen, einpudern, einpinseln* u. a.: *hineinstreichen, hineinbröckeln, hineingießen, hineinschütten*.
(f) Die „Heran"-Richtung: *zu-*: *zugießen, zufügen, zugeben, zustreichen*.
(g) Die Richtung „davon, weg, hinaus": *ent-*: *enthäuten, entgräten, entkernen, entbeinen*; *ab-*: *abschneiden, abtropfen, abpellen, abschälen*; *heraus-*: *herausschneiden, herausfischen, herausessen, herauskratzen*.
(h) Die Richtung „auseinander": *z e r -*: *zerschneiden, zerreiben, zerkrümeln, zerbröseln, zerkleinern, zerzupfen, zerbröckeln*; *auf-*: *aufschneiden*.

3.2.2. Wortbildung als Mittel von anaphorischer und kataphorischer Referenz

3.2.2.1. Die anaphorische Referenz

Diese anaphorische Referenz besteht darin, dass sich Ausdrücke „zurück auf andere Ausdrücke in dem gleichen Text beziehen" können (Meibauer 1999, 20). Die anaphorische Referenz zeigt sich besonders deutlich an der anaphorischen Komposition. Das kann das Rezept *„Friesischer Fischsalat"* verdeutlichen:

„1. Die Z w i e b e l n schälen und h a l b i e r e n. 2. Die Fischstücke kalt abspülen und mit heißem Wasser bedeckt aufsetzen. 3. Das Salz zufügen. 4. Die Z w i e b e l h ä l f t e n auf der heißen Herdplatte oder in einer trockenen Pfanne an den Schnittflächen bräunen, zum Fisch geben und alles zusammen 20 Minuten kochen. 5. Das Wasser abgießen. 6. Die F i s c h f i l e t s in F l o c k e n zerzupfen und die Z w i e b e l h ä l f t e n in S c h e i b e n schneiden. 7. Die Gurken schälen, der Länge nach halbieren und in dünne S c h e i b e n schneiden. 8. Die Tomaten am stiellosen Ende einritzen, 2 Minuten in kochendheißes Wasser legen, dann die Haut abziehen und die T o m a t e n v i e r t e l n. 9. Die F i s c h f l o c k e n mit den Kapern, den T o m a t e n v i e r t e l n, den G u r k e n - u n d Z w i e b e l s c h e i b e n mischen. 10. Aus den restlichen Zutaten eine Sauce rühren und diese über den Salat träufeln." (Krüger u. a. 1983, 219)

In diesem kurzen Text kann man fünf Fälle der anaphorischen Referenz beobachten:

(a) *Zwiebelhälfte (4)* bezieht sich auf den vorangehenden Ausdruck *Zwiebeln halbieren (1)*;
(b) *Fischflocken (9)* – auf *Fischfilets* und *Flocken (5)*;

(c) *Tomatenviertel (9)* – auf *Tomaten vierteln (8)*;
(d) *Gurkenscheiben (9)* – auf *Gurken* und *Scheiben (7)*;
(e) *Zwiebelscheiben (9)* – auf *Zwiebelhälften* und *Scheiben (6)*.

3.2.2.2. Die kataphorische Referenz

Die kataphorische Referenz (Vorverweis-Beziehung) kann das folgende Textstück aus dem Kochrezept „Westerländer Fischrollen" zeigen, in dem wieder das Produkt zuerst genannt und dann über eine Themaspaltung entwickelt wird, wie es hergestellt wird:

„*Variante*
S c h o l l e n r ö l l c h e n
S c h o l l e n f i l e t s wie oben würzen, die Kräuter in die Filetscheiben einrollen und die R ö l l c h e n wie beschrieben in den Schinken einpacken.
Grillzeit etwa 12 Minuten." (Krüger u. a. 1983, 68)

Das kataphorische Kompositum *Schollenröllchen* bezieht sich so auch pragmatisch auf die folgenden Lexeme *Schollenfilets* und *Röllchen*.

3.2.3. Wortbildung als Mittel zur Schaffung der konversationellen Implikatur einer Äußerung

Die Äußerung kann, wie oben erwähnt, nicht nur eine wörtliche Bedeutung enthalten, sondern auch eine Bedeutung, die „aus dem Kontext erschlossen ist". Und diese „zusätzliche Bedeutung" wird in der Pragmatiklehre als „konversationelle Implikatur der Äußerung" bezeichnet (Meibauer 1999, 26).

Als Träger der konversationellen Implikaturen können die Textwörter betrachtet werden. Eine Grundlage dafür ist ihre Spezifik[3]: Die situationsgemäßen Textwörter entstehen im Text (in der Äußerung) nach den betreffenden Kommunikationsbedürfnissen, ihre Bedeutungen sind kontextabhängig und verdichten in der Regel Informationen aus ihrer Umgebung (ihrem Kontext). Neben diesen Textwörtern bietet die Wortbildung andere Möglichkeiten für das Implizieren von Bedeutungen. Zum Beispiel gibt es Wortbildungsmuster wie die mit *-bar, -ei, -isch* u. a., die einen Spielraum für die Bildung von impliziten „kontextabhängigen" Bedeutungen bieten.

Als Beleg für die konversationelle Implikatur kann das Textwort *Alle-Gurken-Salat*, der Titel des Kochrezeptes, dienen:

---

[3] Bei der Auffassung der Spezifik von Textwörtern wurde auch die Qualifizierung von W. Motsch (1999, 18) berücksichtigt.

„Alle-Gurken-Salat
Die Krevetten auftauen lassen. Die S a l a t g u r k e, die S a l z g u r k e und die
G e w ü r z g u r k e n schälen und in dünne Scheiben schneiden. Die Z u c k e r -
g u r k e n s t ü c k e ebenfalls in Scheiben schneiden. Alle G u r k e n s c h e i b e n mischen.
Die Dillblätter und die Krevetten zufügen. Den S a l a t auf Teller verteilen.
Die Erdbeeren verlesen, abbrausen, abtropfen lassen und halbieren. Die Erdbeerhälften über die S a l a t p o r t i o n e n verteilen und kurz vor dem Servieren die saure Sahne darübergießen." (Krüger u. a. 1983, 14)

Das Wort *Alle-Gurken-Salat* fasst die Komposita mit *-gurke* zusammen und kumuliert letztendlich den Inhalt des ganzen Textes.

3.2.4. Die Rolle der Wortbildung in der Fokus-Hintergrund-Gliederung

Die Pragmatiklehre unterscheidet „alte" und „neue Informationseinheiten". „Alte Informationseinheiten" werden als „Hintergrund" oder auch oft als „Thema" bezeichnet, „neue Informationseinheiten" als „Fokus" oder „Rhema".

Die Teilnahme der Wortbildung an der Fokus-Hintergrund-Gliederung kommt in den untersuchten Texten besonders deutlich zum Ausdruck.

Zur Illustration wird wieder ein Kochrezept herangezogen, weil es dem Umfang nach klein und dadurch überschaubar ist.

„M a i l ä n d e r L e b e r s p i t z e n[4]
1). Die Leber in zentimeterdicke Scheiben schneiden.
2). Diese mit Mehl und Salz bestreuen und auf jede Scheibe 1 Stück Lorbeerblatt, 1 Prise Majoran und Thymian geben.
3). Den Speck in Scheiben schneiden und die Leberscheiben mit den Speckscheiben umwickeln, so dass die Gewürze nicht herausfallen können.
4). Grillstäbe und Leberwickel mit dem Öl bestreichen und die Wickel bei milder Glut von jeder Seite 3 Minuten grillen.
5). Die Schalen der Tomaten und der Kartoffeln auf einer Seite kreuzweise einritzen und Tomaten und Kartoffeln ebenfalls auf den Grillrost legen." (Krüger u. a. 1983, 51).

Die Fokus-Hintergrund-Entfaltung tritt hier durch die anaphorische Komposition zutage:

Der Fokus im 1. Satz *Leber in (zentimeterdicke) Scheiben schneiden* tritt als der Hintergrund des 3. Satzes in Form des anaphorischen Kompositums *Leberscheiben* auf, der Fokus des 3. Satzes *die Leberscheiben (mit den Speckscheiben) umwickeln*

---
[4] Der Text wird ohne Zutaten angeführt.

als der Hintergrund des 4. Satzes in Form des anaphorischen Kompositums *Leberwickel*.

Die Spezifik besteht hier darin, dass die Basismorpheme in der Regel Fokusträger und die Komposita Hintergrundträger sind.

3.2.5. Wortbildung als kohärenzbildendes Verfahren

Die Kohärenz ist eines der Hauptkriterien des Textes (der Äußerung). Nur kohärente Texte können als „gelungene Texte" betrachtet werden (Meibauer 1999, 8). In jedem Text gibt es vom pragmatischen Standpunkt aus Äußerungen, die informationswichtig sind, die eine „Hauptstruktur" bilden, und Äußerungen, die „in gewissem Sinne nebensächlich" sind, die „Nebenstrukturen" bilden (Meibauer 1999, 157). Einen Zusammenhang zwischen diesen Strukturen soll die Kohärenz leisten.

Wie kann die Wortbildung die Kohärenz unterstützen? Dafür stellt die Wortbildung Verfahren bereit, die zur Wortbildungsgruppe, zum Wortbildungsnest (I. Barz), -feld, zur Wortbildungsreihe, -synonymie, -antonymie führen. Das illustriert eine Gebrauchsanleitung sehr anschaulich. Die Rangordnung der Themen in praxisbezogenen Texten wie Gebrauchsanleitungen ist durch ihre Aufgabe bedingt: „dem Leser eine schnelle und sichere Orientierung zu ermöglichen" (Zieten 1990, 24).

> „Der Text wird so angeordnet, dass die Leitinformationen hintereinanderweg gelesen werden können, ohne dass dabei andere Textpartien übersprungen werden müssen. Die Informationen werden in Informations- oder Arbeitsschritte unterteilt" (Zieten 1990, 24),

die thematisiert und als Teilthemen des Hauptthemas „Gebrauchsanleitung" aufzufassen sind, wie „Transport", „Lagerung", „Aufbau", „Anschluss", „Pflege", „Energiespartipps", „Behebung kleiner Störungen" usw. Die Zahl der Teilthemen ist von der Kompliziertheit des Geräts abhängig. Die Teilthemen sind inhaltlich relativ selbstständig voneinander, sie verfolgen meistenteils unterschiedliche Ziele. Trotz dieser „Selbstständigkeit" der Teilthemen bleibt der Text „Gebrauchsanleitung" ein kohärenter Text.

Das Textthema (als Inhaltskern) einer Gebrauchsanleitung ist in der Regel in der Überschrift realisiert. Die hier vorkommenden Lexeme (meistenteils Substantivkomposita) wie z. B. *Kühlmaschine*, *Wasserkocher*, *Waschmaschine*, *Dampfbügeleisen*, *Allesschneider*, *Wäschetrockner* sind Benennungen der Geräte und treten in einer „Gebrauchsanleitung" als Textthematräger (leitmotivisch) auf. Sie oder ihre Bestandteile dienen als Bezugselemente derivationell verwandter Wörter, die Wortbildungsgruppen und -felder bilden.

Eine Gebrauchsanleitung enthält in der Regel mehrere Wortbildungsfelder. Die Wortbildungsgruppe mit einem in der Titelüberschrift vorkommenden Lexem als Bezugselement ist als eine dominante Hauptwortbildungsgruppe aufzufassen. Die anderen, die in den Teiltexten themaanzeigend fungieren, sind als Nebenwortbildungsgruppen zu betrachten.

Die Wortbildungskonstruktionen (WBK) erfüllen im Text die Funktion semantischer Verweisformen und schaffen den thematischen Zusammenhalt des Textes.

Die Analyseergebnisse des Textes „Waschvollautomat" (Siemens. Gebrauchsanweisung. SIWAMAT 680) ermöglichen es, diese Auffassung wie folgt zu illustrieren.

Waschvollautomat: *wasch + vollautomat*. Ein themaanzeigendes Element ist hier *wasch*.

Wa s c h : *waschen, (das) Waschen, auswaschen, Waschmittel, Vollwaschmittel, Waschmittelmenge, Waschmittelspareinsatz, Hauptwaschkammer, Waschmaschine, Waschergebnis, Waschlauge, Waschtemperatur, Waschtemperaturwähler, Waschanweisung, maschinenwaschbar, waschmaschinenfest, Waschprogramm, Kochwaschprogramm, Waschzeit, Waschtrommel, Flüssigwaschmittel, Flüssigwaschmittel-Einsatz, Waschmittelverpackung, Waschmittelschublade, Waschmittelkammer, Waschvollautomat, Waschmittelrest, Trommelwaschmaschine; Wäsche, Wäschestück, Vorwäsche, Hauptwäsche, Wäschetrommel, Trikotwäsche, Baumwollwäsche, Kochwäsche, Buntwäsche.*

Dieses Wortbildungsfeld mit dem Bezugselement *wasch (wäsch)* ist als ein semantisches Gewebe aufzufassen, das über den ganzen Text *Waschmaschine* gelegt ist. Der Text besteht aus 21 Abschnitten (Teiltexten), d. h., ein Textthema ist in 21 Teilthemen untergliedert. Die WBK leisten den thematischen Zusammenhalt des Textes. Die sinnverwandten WBK mit *wasch* verknüpfen inhaltlich fast alle Textteile.

Schematisch ist die Themenhierarchie des Textes *Waschvollautomat* durch die Wortbildung so darzustellen:

1. Hauptthema: „*Wasch*"-Wortbildungsfeld;
   1.1. Teilthema: „*Programm*"-Wortbildungsgruppe: *Grundprogramm, Waschprogramm, Programmübersicht, Programmtabelle, Programmwähler, Programmzeiger, Programmablauf, Programmende, Programmgestaltung, Wollprogramm, Programmstop, Programmanzeige*;
   1.2. Teilthema: „*Taste*"-Wortbildungsgruppe: *Zusatztaste, Spartaste, Economictaste, Feingangtaste, Intervallschleudertaste, Schleuderdrehzahltaste, Tastenstellung, Öffnungstaste*;
   1.3. Teilthema: „*Spülen*"-Wortbildungsgruppe: *Spülgang, Spülstop, spülen, Spülen, Spülwasser, Spülergebnis, Spüllauge*;
   1.4. Teilthema: „*Schleuder*"-Wortbildungsgruppe: *Schleudern, (das) Schleudern, schleuderfest, Schleuderdrehzahl, Schleuderzeit, Endschleudern, Intervall-Schleudern, Kurzschleudern*;
   1.5. Teilthema: „*Wasser*"-Wortbildungsgruppe: *Wasser-Anschluss, Wasserzulauf, Warmwasseranschluss, Trinkwasserleitung, Wasserleitungsdruck, Wasserauslaufventil, Wasserstopschaltung, Wasserstand, Wasserhahn, Wasserablauf, Spülwasser*;

1.6. Teilthema: „*Schlauch*"-Wortbildungsgruppe: *Wasserzulaufschlauch, Wasserablaufschlauch, Schlauchverschraubung, Schlauchschelle, Entleerungsschlauch.*

Die WBK stehen innerhalb eines Wortbildungsfeldes in semantischen Relationen zueinander, die auch einen Beitrag zur Kohärenz leisten:

s y n o n y m i s c h e : *Spartaste – Economictaste*;
a n t o n y m i s c h e : *Ablaufschlauch – Zulaufschlauch*;
d i f f e r e n z i e r e n d e : *Waschmaschine – Trommelwaschmaschine*;
s y s t e m a t i s i e r e n d e : *Feingangtaste – Spartaste – Intervallschleudertaste – Schleuderdrehzahltaste*.

In den Gebrauchsanleitungstexten sind systematisierende und differenzierende Wortbildungen auffallend produktiv und können als ein Merkmal der Textsorte „Gebrauchsanleitung" dienen.

Als Grundlage für die kohärenzbildende Fähigkeit dient die Wortbildungsmöglichkeit, derivationell verwandte Wörter zu bilden, die sich nach verschiedenen Kriterien gruppieren lassen (Wortbildungsgruppe, -nest, -feld, synonymische und antonymische Gruppen). Für Kohärenz sorgt das Bezugselement derivationell verwandter WBK, die diese Gruppen bilden.

4. ZUSAMMENFASSUNG

Die pragmatikorientierte Wortbildungsfunktion in fachbezogenen Vermittlungstexten (Kochrezept, Gebrauchsanleitung, Packungsbeilage) erkennen wir darin, dass die WBK im Sprechakt als Mittel der Äußerungsgestaltung fungieren.

Die Wortbildungsverfahren ermöglichen dem Textproduzenten, seine Äußerung knapp und verständlich zu gestalten. Die WBK haben dabei eine besondere Funktion. Nach P. Hohenhaus (1996) ist diese Funktion deiktischer Natur: Die WBK (Textwörter) dienen hier nicht der Benennung (im eigentlichen Sinne) einer bestimmten Sache, sondern der „text-deiktischen Referenz". Die WBK werden als Referenzmittel verwendet, und zwar zur Temporal- und Lokaldeixis und als Mittel anaphorischer und kataphorischer Referenz. Die Spezifik der Textwörter (ihr Entstehen ist durch den Text bedingt) ermöglicht auch die Bildung der „konversationellen Implikaturen".

Die anaphorische Komposition wirkt aktiv an der Fokus-Hintergrund-Gliederung mit. Die Wortbildung stellt für die Gestaltung kohärenter Texte Mittel wie z. B. die Wortbildungsgruppe, -nest, -feld, -reihe, -synonymie, -antonymie zur Verfügung.

QUELLEN

Espresso Plus. Krups.
Gefrierschrank. Bosch.
Krüger, A./Wolter, A./Teubner, Ch. (1983): Kochvergnügen wie noch nie. München.
Waschvollautomat. Siemens. Gebrauchsanweisung. SIWAMAT 680.

LITERATUR

Brinker, Klaus (1992): Linguistische Textanalyse. Eine Einführung in Grundbegriffe und Methoden. Berlin.
Bublitz, Wolfram (2001): Englische Pragmatik. Eine Einführung. Berlin.
Erben, Johannes (1997): Zum Problem der Nominationsvarianten. Bemerkungen zu Benennungsversuchen in Theaterkritiken Alfred Kerrs. In: Barz, Irmhild/Schröder, Marianne (Hg.): Nominationsforschung im Deutschen. Festschrift für Wolfgang Fleischer zum 75. Geburtstag. Frankfurt a. M. [usw.], S. 399–406.
Fleischer, Wolfgang (1979): Kommunikativ-pragmatische Aspekte der Wortbildung. In: Rosengren, Inger (Hg.): Sprache und Pragmatik, S. 317–329.
Hohenhaus, Peter (1996): Ad-hoc-Wortbildung, Terminologie, Typologie und Theorie kreativer Wortbildung im Englischen. Frankfurt a. M.
Kalverkämper, Hartwig (1983): Textuelle Fachsprachen-Linguistik als Aufgabe. In: Literaturwissenschaft und Linguistik 51/52, S. 124–160.
Matussek, Magdalena (1994): Wortneubildung im Text. Hamburg.
Meibauer, Jörg (1999): Pragmatik: eine Einführung. Tübingen.
Motsch, Wolfgang (1995): Semantische und pragmatische Aspekte der Wortbildung. In: Popp, Heidrun (Hg.): Deutsch als Fremdsprache. Festschrift für Gerhard Helbig zum 65. Geburtstag. München, S. 513–532.
Motsch, Wolfgang (1999): Deutsche Wortbildung in Grundzügen. Berlin/New York.
Rezanowa/Резанова З. И. (1996): Функциональный аспект Словообразования. Томск.
Schuldt, Janina (1992): Gebrauchsinformationen für Medikamente: Patienten im sprachlichen Spannungsfeld zwischen Information und Risikoaufklärung. In: Zeitschrift für germanistische Linguistik 20, S. 1–23.
Wellmann, Hans (1998): Die Wortbildung. In: Duden. Grammatik, S. 408–609.
Wilss, Wolfram (1986): Wortbildungstendenzen in der deutschen Gegenwartssprache. Tübingen.
Zieten, Werner (1990): Gebrauchs- und Betriebsanleitungen direkt, wirksam, einfach und einleuchtend. Landsberg am Lech.

LARISSA KULPINA

Privileg der Phantasie und Härte der Realität
Überlegungen zu linguostilistischen Besonderheiten der Literaturrezension

Die Literaturrezension als publizistische Textsorte und journalistisches Kunstkritikgenre bietet einen Komplex von Untersuchungsaspekten. Barner definiert Literaturkritik

> „als paradigmatisches Teilfeld, auf dem eigenverantwortliche Vernunft sich analysierend und urteilend erprobt. Mit der Schönen Literatur bezieht sie sich auf einen Gegenstand, für dessen Eigenart und spezifische Entfaltung sie Unabhängigkeit von externer Reglementierung [...] beansprucht: >freies< Reden über >freie< Gegenstände." (Barner 1990, 2)

Ob diese „Freiheit" unbegrenzt ist bzw. an welche „Regeln" sich „die eigenverantwortliche Vernunft" des Kritikers hält, damit dieses „Feld" fruchtbar ist, war die Ausgangsfrage meiner Untersuchung. Als Korpus dienen die Rezensionen zu Tatjana Tolstajas[1] Prosaband „Und es fiel ein Feuer vom Himmel" in der deutschsprachigen Presse[2].

Die Besonderheit des rezensierten Buches besteht darin, dass es kein Einzelwerk ist, sondern ein Sammelband, der eine Reihe selbstständiger Erzählungen umfasst.[3] In diesem Zusammenhang ist die Frage relevant: Wie schafft es der Rezensent, die kritische Betrachtung der E i n z e l werke zum G a n z e n zusammenzufügen, einzelne Mosaikteilchen zu einem Gesamtbild zu clustern? Zu welchen Techniken greift der Kritiker, um durch die Analyse einzelner Erzählungen eine allgemeine Vorstellung vom Schaffen der Schriftstellerin zu ermöglichen? Unter dem textlinguistischen Aspekt soll also die Frage beantwortet werden: Wie wird die Textkohärenz erreicht und zu welchen Mitteln der Textkohäsion[4] greift der Rezensent? Gemäß dieser Fra-

---

[1] Tatjana Tolstaja, russische Schriftstellerin, 1951 in Leningrad (St. Peterburg) geboren, kommt aus der Schriftstellerfamilie der Tolstojs, studierte Altphilologie und war als Lektorin tätig. 1987 – erster Erzählungsband (Moskau). In deutscher Übersetzung sind u. a. die Prosabände „Stelldichein mit einem Vogel" (1989), „Sonja" (1991), „Und es fiel ein Feuer vom Himmel" (1992) erschienen.

[2] Die Rezensionen wurden mir vom Innsbrucker Zeitungsarchiv zur deutsch- und fremdsprachigen Literatur der Universität Innsbruck zur Verfügung gestellt, wofür ich mich bei Prof. Dr. Michael Klein und Monika Klein herzlich bedanken möchte.

[3] In den untersuchten Rezensionen werden sechs Erzählungen analysiert: „Der gelbe Mond", „Nacht", „Und es fiel ein Feuer vom Himmel", „Schlafwandler im Nebel", „Am meisten geliebt", „Serafim".

[4] Unter K o h ä r e n z wird hier allgemein die logisch-semantische Organisation eines Textes verstanden, seine Tiefenstruktur, unter K o h ä s i o n die semantisch-syntaktische Organisation des Textes in seiner „Oberflächenstruktur".

gestellung wird im Folgenden auf Besonderheiten im Aufbau der Rezensionen, auf das Hauptprinzip der Darstellung sowie auf einzelne Kohäsionsmittel exemplarisch eingegangen.

Bei der Aufbauanalyse der Rezensionen habe ich festgestellt, dass es zwei mögliche Wege gibt: die „lineare" und die „integrative" Vorgehensweise.

Nur selten wählen die Rezensenten den „linearen" Ansatz. Ein Beispiel dafür ist die Rezension „*An den Himmel stoßen, um tief zu fallen. Erzählungen von Viktorija Tokarewa, Tatjana Tolstaja und Ludmila Petruschewskaja*" (Freitag 08.05.1992). Einem kurzen Einleitungssatz folgt hier die Präsentation und Analyse der einzelnen Erzählungen „Und es fiel ein Feuer vom Himmel", „Nacht", „Schlafwandler im Nebel". Zum Schluss wird die zusammenfassende Einschätzung der Erzählungen gebracht, wobei die „*Metaphorik der Werke*" und die „*russische Erzähltradition*" hervorgehoben werden. Diese Art der Rezension folgt dem traditionellen Schema eines argumentativen Textaufbaus: Einleitung – Darlegung – Zusammenfassung und Urteil.

Anders die Rezension „*Tagträume; Albträume. Erzählungen von Tatjana Tolstaja*" (NZZ 25./26.12.1992): Sie beginnt mit den einführenden Bemerkungen bzw. Ausführungen über gemeinsame Züge der rezensierten Werke: Thematik/Leitmotiv, Helden, Sprache und Stil der Autorin (Absätze a, b). Die nächsten drei Absätze bieten eine eingehende exemplarische Betrachtung der ausgewählten Erzählungen nach Art einer Themaspaltung: c – „Nacht", d – „Schlafwandler im Nebel", e – „Der gelbe Mond". Der letzte Absatz enthält die zusammenfassende Bewertung des Bandes als „*sechs Variationen über das Thema der Illusion, die an der Realität zerbricht*". Diese Rezension kann als eine Übergangsform zwischen dem „linearen" und dem „integrativen" Ansatz betrachtet werden, die aber dem „integrativen Muster" näher steht.

Beim integrativen Ansatz werden Kommentare und (Teil-)Bewertungen der gemeinsamen Elemente in den Erzählungen durch Illustrationen aus diversen Erzählungen veranschaulicht bzw. bestätigt.

Die Rezensentin in der „Presse" („*Vom Glück, ein Träumer zu bleiben. Tatjana Tolstajas handfeste Erzählungen aus dem russischen Alltag*"/Presse 18.04.1992) beginnt mit dem Zitat aus „Nacht" als Illustration des Autorenstils und schließt im Absatz b biografische Daten von Tatjana Tolstaja an. In den nächsten drei Absätzen (c, d, e) wird die Thematik des Bandes bestimmt und die Figuren sowie T. Tolstajas positive Einstellung zu ihren „Helden" werden verallgemeinernd charakterisiert. Dies wird als gemeinsames Merkmal aller Erzählungen des Bandes postuliert. Im Weiteren geht Ilse Leitenberger auf das Milieu der Autorin sowie der Helden und auf die poetische Begabung der Autorin ein (Absätze f, g). In den nächsten Absätzen (h–o) werden ausgewählte Erzählungen vorgestellt. Dabei versucht die Rezensentin ständig, durch die Wiederaufnahme des Leitthemas, u. a. durch die Wortwahl, besonders durch die konkretisierenden Attribute den Leser unauffällig auf den Gedanken zu bringen, dass es sich in jedem konkreten Fall (in jeder konkreten Erzählung) um

Einzelteile des Ganzen handelt. Die Topikkette mit dem Stichwort „*Erzählung*" soll es veranschaulichen:

> „*Mit diesem Satz endet die Erzählung ‚Der gelbe Mond' – Die Titelgeschichte hingegen – die bezauberndsten Erzählungen sind* ... – *Erstere* [Erzählung] *handelt* ... – *Die einzige autobiographische Erzählung ist* ..."

So wird die Sinnkontinuität des Textes erreicht und damit der integrative Ansatz realisiert. Abschließend werden erneut Tatjana Tolstajas Sympathien für ihren Helden betont.

Anders geht Barbara Schmitz-Burkhardt vor in ihrer Rezension „*Nacht, Nacht, Nacht. Tatjana Tolstaja: ‚Und es fiel ein Feuer vom Himmel'*" (FR 09.07.1992). Im Absatz a erfolgt die Nennung der Titelerzählung, und es wird ein Bezug auf das frühere Schaffen von T. Tolstaja hergestellt. Nach der Vorstellung der Titelgeschichte „Und es fiel ein Feuer vom Himmel" (Absätze b, c) formuliert die Rezensentin im Absatz d das Leitmotiv der Erzählungen: „*Das Motiv der Schuld grundiert einige der sechs neuen Erzählungen Tatjana Tolstajas*", das am Beispiel der Geschichte „Am meisten geliebt" in den Absätzen d, e illustriert wird. In den folgenden Absätzen werden Thematik, literarische Begabung/Stil der Tolstaja und „*der Grundton der 6 Erzählungen*" (f, g) analysiert. Der letzte Aspekt wird wiederum an einer konkreten Geschichte veranschaulicht (Absätze g, h). Im letzten Absatz kann der Leser die zusammenfassende Charakteristik der Helden, bekräftigt durch Zitate, finden.

Auch Urs Heftrich in der FAZ beginnt mit allgemeinen Passagen: Tatjana Tolstaja wird als Literatin vorgestellt und in die russische literarische Tradition eingeordnet. Im folgenden Absatz wird das Leitmotiv des Sammelbandes formuliert: „*das Privileg der Phantasie*" vs. „*der Wahn am Wirklichen*". Die nächsten fünf Absätze behandeln die Erzählungen „Am meisten geliebt" und „Der Schlafwandler im Nebel", wohinein der Rezensent kunstvoll vergleichende und generalisierende Passagen einflicht. Dann wird die Problematik der „*übrigen Texte*" thematisiert: „*Macht und Ohnmacht von Fiktionen [wird] erprobt*". Alle sechs Erzählungen werden genannt und kurz charakterisiert. Als Resümee werden im letzten Absatz das Leitthema und die literarische Virtuosität der Dichterin wieder aufgegriffen:

> „*Sechs Variationen über das Thema von Schein und Sein, vorgetragen mit jenem Grad an Virtuosität, der den technischen Aufwand vergessen läßt.* [...] *Im Ohr bleibt ein Ganzes: sechs Stücke von hinreißend herber Musikalität.*"

Diese Analyse sollte zeigen, dass die meisten Rezensenten den integrativen Ansatz bevorzugen, indem sie danach streben, durch Wiederholungen und eine wechselnde Wiederaufnahme des Themas einzelne Textteile zu verbinden/zu verflechten und auf diese Weise einen einheitlichen Eindruck über das Buch und die Autorin zu vermitteln. Solch eine Vorgehensweise gibt dem Rezipienten die Möglichkeit, die Intention des Autors zu rekonstruieren und im Wesentlichen den sozial-kommunikativen Rahmen, die Logik des Gedankenstroms des Rezensenten zu verstehen und zu verfolgen. Dabei wählt der Rezipient referentielle Sachverhaltszusammenhänge in ein mentales Gesamtsystem ein, zu dem in unserem Fall gehören: Normalität – Abweichung von der Norm; die Welt der Phantasien – die Welt der Wirklichkeit; reale – fiktive Wirklichkeit (Identifikation von Tatjana Tolstaja und die Einschätzung ihres Schaffens). Auf Grund dieser und anderer kognitiver Schemata, die der Leser durch seine soziale Praxis erarbeitet (hat), kann er das vom Rezensenten Geschriebene wahrnehmen als einen Ganztext, dem Kohärenz eigen ist.

Wie bekannt, wird die Textkohärenz durch logisch-semantische Beziehungen hergestellt, und durch die organisierte Oberflächenform des Textes, also durch Mittel der Textkohäsion ergänzt. Eine wesentliche Rolle spielen dabei lexikalische Mittel: lexikalische Rekurrenzen, darunter partielle Rekurrenzen bzw. variierte lexikalische Wiederholungen (nach Beaugrande/Dressler 1981). Der folgende Absatz aus der Rezension in „Freitag" ist ein aussagekräftiges Beispiel für gezielten Gebrauch der lexikalischen Wiederholungen:

> „*T. Tolstajas* Erzählungen ... berichten von *Sonderlingen* im *n o r m a l e n*, *russischen Alltag*. *Die Sonderlinge schaffen sich ihre N o r m a l i t ä t am Rande der Häßlichkeit*. Für die *Sonderlinge* **der Tolstaja** scheint die **Häßlichkeit** *unwesentlich, sie sind der* **Häßlichkeit** *mit* **Spitzen und Schnörkeln** *entkommen*. **Spitzen und Schnörkel** *beleben die P h a n t a s i e kleiner Exzentriker ..."*

Wie man sieht, beschränkt sich der Rezensent nicht auf die wörtlichen Wiederholungen, sondern verwendet aktiv und bewusst partielle lexikalische Rekurrenzen (*T. Tolstaja – [der] Tolstaja; normal – Normalität*), koreferente synonymische Ausdrücke (*Normalität – Alltag; Sonderlinge – Exzentriker*) und kontextuelle Antonyme (*Häßlichkeit – mit Spitzen und Schnörkeln*). In ihrer Zusammenwirkung bilden diese Wiederholungen textspezifische Topikketten: *Sonderlinge – Häßlichkeit – Exzentriker – Spitzen und Schnörkel; Normalität – Rand (der Häßlichkeit) – Phantasie*, die die Thematik des Sammelbandes und die verallgemeinerte Charakteristik der Figuren auf den Punkt bringen.

Die thematischen Gruppen können sowohl das Thema einer Erzählung nominieren: *Wahnsinniger – Gehirn – schädliche Dünste; Kinder werden erwachsen – das ewige Kind – verlorenes Kindheitsparadies*, als auch den Hauptgedanken einiger Erzählungen zum Ausdruck bringen, z. B. das Thema der alternden Generation: *Generation, die ... herangewachsen und alt geworden ist – die alternde Lehrerin – der alte kranke Korobejnikow – der Alte*.

Neben den Topikketten, die das Mikrothema bzw. das Thema e i n e s Absatzes aufschlüsseln, finden sich in allen Rezensionen „Makro-Topikketten", die sich wie ein roter Faden durch den g a n z e n T e x t ziehen, wobei ihre lexikalische Füllung variiert und vom Individualstil sowie den Präferenzen der Rezensenten abhängig ist.

Allen Texten sind folgende Ketten der koreferentiellen Ausdrücke gemeinsam:

1. Bezeichnungen des Sammelbandes und der Erzählungen in diesem Sammelband: *neuer Prosaband – Tatjana Tolstajas Geschichten – der sarkastische Titel der Er-*

zählung – die Erzählung ist ... benannt – die Geschichte – die Erzählung – Texte – Titelerzählung – Gestalt des Buches – sechs Variationen – ein Ganzes: sechs Stücke (FAZ); *ihre Prosa – in ihrer Literatur – die Erzählung – in der Erzählung – sechs Variationen – diese gelungenen Skizzen – mit der Erzählung ... aus dem gleichnamigen Band von 1991* (NZZ).

Dabei wird ersichtlich, dass die Autoren neben den wörtlichen Rekurrenzen „*Erzählung(en)*" sehr gerne zu partiellen Wiederholungen greifen und dabei aktiv die Komposition als Verdichtungsmittel benutzen: *B a n d – P r o s a b a n d ; E r z ä h l u n g – E i n g a n g s e r z ä h l u n g* u. a. Oft sind synonymische koreferentielle Wiederholungen und Paraphrasen anzutreffen: *Erzählung(en) – sechs Variationen – sechs Stücke; diese gelungenen Skizzen – Tatjana Tolstajas Geschichten – die übrigen Texte – die bezauberndsten Erzählungen – die einzige autobiographische Erzählung*. Sie dienen dazu, das Genre und die Stellung der einzelnen Erzählungen bzw. des ganzen Buches zu bestimmen und die Bewertung der zu rezensierenden Texte zu explizieren. Um ihre Charakteristika zu präzisieren, gebrauchen die Rezensenten ziemlich oft Determinativkomposita: *Titelgeschichte, Titelerzählung, Eingangserzählung*. In bewertenden Abschnitten spielen charakterisierende und wertende attributive Gruppen eine besonders große Rolle: *diese gelungenen Skizzen, die bezauberndsten Erzählungen*.

2. Bezeichnungen der Autorin des rezensierten Buches: *Tatjana Tolstaja – die Schriftstellerin Tatjana Tolstaja – Tolstaja-gemäße Perspektive – die Tolstaja – Tatjana Tolstaja(s) – die Erzählerin – Tatjana Tolstaja – sie – (der) Tolstaja – (der) Tolstaja – (der) Tolstaja* (FR); *Erzählerin – Tatjana Tolstaja – Erzählerin – sie – (der) Tolstaja – Tatjana Tolstaja – (der) Tolstaja* (FAZ).

Zu bemerken ist, dass Rekurrenzen und Topikketten nicht unbedingt zusammenfallen. So sind „*Tatjana Tolstaja – die Schriftstellerin Tatjana Tolstaja – Tolstaja-gemäße Perspektive – die Tolstaja – Tatjana Tolstaja(s)*" partielle lexikalische Rekurrenzen, doch gehört „*Tolstaja-gemäße Perspektive*" zu einer ganz anderen Topikkette. „*Die Ich-Erzählerin*" bezieht sich auf ein anderes Denotat (eine andere Person), obwohl sie lexikalisch eine partielle Rekurrenz zu „*Erzählerin*" bildet. Gerade die (manchmal unerwartete) Verflechtung und das Zusammenwirken von verschiedenen Topikketten und lexikalischen Wiederholungen gewährleistet die semantischen Zusammenhänge im Text.

An dieser Stelle möchte ich kurz auf einen anderen Aspekt eingehen. Die koreferentiellen Bezeichnungen der Schriftstellerin zeugen davon, dass den deutschen Rezensenten neben der Bewertung des Schaffens von Tatjana Tolstaja (*die begabteste unter den russischen Autoren*) auch ihr sozialer Status, ihre Stellung in der russischen und in der Weltliteratur wichtig sind: *die 41-jährige Schriftstellerin, Altphilologin, die Urgroßnichte Leo Tolstojs und Enkelin Alexej Tolstojs*. Darum haben viele von ihnen einen aufklärerischen Charakter: Der Leser wird durch die literarische Rezension indirekt mit Traditionen und Realien der russischen Literatur vertraut gemacht.[5]

3. Die Bezeichnungen der handelnden Personen lassen sich einteilen in neutral-terminologische *(Figuren, Helden, Gestalten, die einzige Gestalt des Buches)* und identifizierend-bewertende *(Spinner, Träumer, Vergessene; die Käuze, die Außenseiter, Exzentriker, Sonderlinge)*, die eine sozial-psychologische Charakteristik der Figuren vermitteln. Zu den beliebtesten Techniken der Rezensenten gehören usuelle wie textuelle metaphorische Bezeichnungen *(Geisteskranker – Fehltritt der Natur, Spinner, Träumer, Vergessene)* und Paraphrasen *(Männer, Frauen und Kinder aus den Fernsehreportagen – Märchenfiguren für Erwachsene)*.
4. Zu den Makroketten gehören auch thematische Gruppen, welche die Gesamtproblematik des rezensierten Buches nominieren. Ein Beispiel dafür bietet die Rezension in „Freitag": das Leitthema des Bandes wird von der Rezensentin Karin Reschke als „Zwerge und Riesen" formuliert, in beiden Absätzen aufgenommen und auf lexikalischer Ebene variiert:
(die Phantasie) <u>kleiner</u> *Exzentriker – einbartstoppliger* <u>Zwerg</u> *– die a l l m ä c h t i g e M a m a –* <u>von unten nach oben schauen</u>*, um d i e n o r m a l e n R i e s e n in der Wohnung … nicht umzurennen – das Land* <u>der Zwerge</u> *und g r o ß e n D i c h t e r –* <u>Zwergentraum</u>*, G r ö ß e z u e r l a n g e n ; Nachleben zu sichern – U n t e r d e r L u p e wird* <u>jedes Lebewesen</u>*, ob es* <u>Denissow</u> *heißt oder* <u>Schlafwandler</u>*, zum u n h e i m l i c h e n E r d e n b e w o h n e r – „sie sind nicht untergegangen in dem R i e s e n reich der Gläubigen und Abergläubigen".*

Durch den konsequenten Kontrast und die Weiterentwicklung des Themas führt die Rezensentin den Leser zur Schlussfolgerung, dass die Autorin zwei Welten darstellt und das Problem der Grenze zwischen den beiden aufwirft. Damit provoziert sie die Leser zur aktiven Auseinandersetzung mit dem Buch und lädt sie zur Diskussion ein. Das Textwort „*Riesenreich*" bietet einige Interpretationsmöglichkeiten. Zum einen stellt es die partielle Rekurrenz zum Ausdruck „*die normalen Riesen*" im vorhergehenden Kontext dar. Es ist auch ein kontextuelles Antonym zur syntaktischen Gruppe „*das Land der Zwerge*". Die Komponente „*-Reich*" ist im Vergleich zu den neutralen Synonymen „*Land/ Welt*" kulturhistorisch und stilistisch aufgeladen (vgl. „Römisches Reich", „Drittes Reich") und weist gleichzeitig auf die Größe hin, wodurch der Gesamteffekt des Kompositums intensiviert wird. Zum anderen ist das Kompositum ambivalent und lässt die Doppeldeutigkeit der Interpretation zu: ist damit „das Reich der Riesen" oder „das riesengroße Reich" gemeint? Oder vielleicht beides? Allerdings thematisiert das Wort das Problem, welches der Rezensent als Hauptthema des Prosabandes von T. Tolstaja bestimmt hat.

---

[5] Diese Tendenz konnte ich auch in anderen Rezensionen über die Werke russischer Autoren beobachten. Das kann man also zu wichtigen rekurrenten Merkmalen der Rezension über die Auslandsliteratur zählen.

Die Analyse hat bestätigt, dass die Topikketten und verschiedene Rekurrenzarten eines der wichtigsten Mittel der Textkohäsion und -kohärenz sind, die es ermöglichen, einzelne Aspekte bzw. Mikrothemen zu einem Ganztext zu vereinen. Sie haben einen Irradiierungseffekt und sind gleichzeitig Marker der logisch-semantischen Einheit des Textes in seiner Tiefenstruktur.

Ferner ist bei der linguostilistischen Analyse der Texte auffallend, dass alle Rezensenten e i n Prinzip der Darstellung einhalten: Harmonie entsteht durch die Gegenüberstellung, dabei werden die Welten der Illusionen und der Realität, der „Schwachen" und der „Starken", der Außenseiter und der „Normalbürger" gegenübergestellt. Dieses Hauptprinzip ist m. E. durch den Inhalt und die Problematik des rezensierten Sammelbandes bedingt und spiegelt die poetische Funktion[6] der Literaturrezension wider, indem der Kritiker in seinem Text auf der Metaebene („Literatur über Literatur") das Darstellungsprinzip des Werkes schöpferisch benutzt. Um dieses Prinzip im Text sprachlich zu realisieren, greifen die Kritiker oft und gerne zu Kontrast und/oder Antithese. Dabei lassen sich einige Aspekte aussondern, die dann weiter differenziert werden können:

1. In Bezug auf Inhalt/Protagonisten des Bandes werden gegenübergestellt:
   - ✓ äußere – innere Welt des Menschen: „*Innen die heile Welt, die häßliche Welt da draußen*" (FR);
   - ✓ Schein und Sein; Phantasie – Realität/Traum – Wirklichkeit: „*Schein und Sein*" (FAZ), „*Männer, Frauen und Kinder aus den Fernsehreportagen*" – „*Märchenfiguren für Erwachsene*" (Presse), „*Bei Tatjana Tolstaja zerplatzen die Träume der Menschen wie Melonen auf dem Straßenpflaster*" (NZZ); „*zwischen der Zauberwelt der Phantasien ... und der beengenden Wirklichkeit*" (FR);
   - ✓ Wahn – Norm(alität): „*... daß sie die Normalen in einer verrückten Welt sind*" (Presse); „*... wo der Wahn am Wirklichen zersplittert*" (FAZ);
   - ✓ Außenseiter, Sonderlinge – „normale" Menschen: „*Die Käuze, die Außenseiter, die die ‚normale Welt' gar nicht wahrnimmt ...*" = „*die Normalen in der verrückten Welt*" (Presse);
   - ✓ Kindheit(sparadies) – Erwachsene(nwelt): „*eine alte Lehrerin, die jahrelang Kinder betreut hat*", „*Kinder werden erwachsen*", „*verlorenes Kindheitsparadies*" (Presse), „*diese komischen Greise und pummeligen Mädchen*" (NZZ), „*Allmacht der Kindheit*" – „*das abzulebende Leben*" (FR);
   - ✓ Liebe – Distanziertheit/Entfremdung, Abneigung: *freundlich aufgenommen/ Freundschaft – die Entfremdung* (Presse).

---

[6] Die poetische Funktion wird in der Textsorte Rezension als Wiedergabe des Autorenstils interpretiert. Ein mögliches Verfahren ist dabei das Zitieren des rezensierten Werkes, wodurch die gewünschte „Authentizität" erreicht wird. Außerdem zählen zu Mitteln der poetischen Funktion stilistische Figuren und der klare raffinierte Stil des Rezensenten.

2. In Bezug auf die Sprache und den Stil der Autorin werden gegenübergestellt:
- ✓ Tolstajas Spott, beinahe Zynismus beim Schildern ihrer Helden – ihre Sympathie für sie: *spöttisch beschreiben – die Sympathie zeigen* (Presse);
- ✓ Der Grundton: *höhnisch – zärtlich-melancholisch* (FR); „*Gedämpfte Töne ... wechseln mit dem tiefen symbolgesättigten Klang*" (FAZ);
- ✓ harter – zärtlicher Stil: „*artistisch so feste wie menschlich zarte Hand*" (FAZ); „*eine überaus poetische und dennoch handfeste Prosa*" (Presse);
- ✓ Tolstajas Schreibkunst: „*mit jenem Grad an Virtuosität, der den technischen Aufwand vergessen läßt*" (FAZ); „*sie will nicht moralisieren, sie bezaubert*" (FR).

Oft stößt man auf Antithesen, die auf Wortbildung bauen und erst im Kontext gegenüberstellend wirken; dabei enthalten sie nicht selten auch Autorenbildungen: „*in dem Riesenreich der Gläubigen und Abergläubigen*" (Freitag); „*Macht und Ohnmacht von Fiktionen*" (FAZ); „*Sonderlinge und Absonderlinge*" (Freitag); „*Illusion und Desillusionierung*" (FAZ); „*kleine Flucht aus der trostlosen Klinik*" – „*die Zuflucht*" (= Olgas gemütliche Datscha) (FR).

Auffallend sind kontextuelle Antonyme: „*Angst macht zwar erfinderisch, aber nicht kreativ* (Freitag); Zwerg – Dichter: „*Der Zwerg, der zu nichts taugt ... will Dichter werden ... Er ... dringt in die Außenwelt, ins feindliche Leben ... Die Angst raubt ihm die Ambition, ... das Blatt wendet sich, der Dichter wird wieder zum Zwerg*" (Freitag); Könige – Habenichts (FAZ).

Auch das Oxymoron als ein ausdrucksstarkes Stilmittel trägt dazu bei, die Intention des Rezensenten auszudrücken und dem Leser das Thema des Bandes zu vermitteln: „*die normalen Riesen*" (Freitag), „*Zwergentraum, Größe zu erlangen*" (Freitag), „*in ihrer zartmächtigen Prosa*" (FR).

Aus den Textbeispielen wird ersichtlich, dass das Leitthema, das sich in allen Rezensionen entfaltet, als Zusammenstoß der Phantasie mit der Realitätshärte formuliert werden kann. Der Konflikt zwischen einer schönen Traumwelt und der harten Wirklichkeit wird nicht nur in den Texten der Rezensionen thematisiert, er wird auch in allen Schlagzeilen der Rezensionen angesprochen bzw. angedeutet. Die Lexeme *Nacht* („*Nacht, Nacht, Nacht*". Tatjana Tolstaja: „*Und es fiel ein Feuer vom Himmel*"/FR), *Winterabend* („*Tagträume; Albträume. Erzählungen von Tatjana Tolstaja*"/NZZ) weisen auf die typische „romantische Traumzeit" hin, lösen aber gleichzeitig Assoziationen mit etwas Dunklem, (scheinbar?) Gefährlichem aus. Der innere Konflikt kann auch explizit ausgedrückt werden: „*Tagträume; Albträume*" (NZZ), „*An den Himmel stoßen, um tief zu fallen*" (Freitag). Den Wunsch, in der fiktiven Traumwelt zu bleiben und nicht mit der Realität konfrontiert werden zu müssen, enthält die Schlagzeile „*Vom Glück, ein Träumer zu bleiben*" (Presse). Dieser Gedanke kann weiter entwickelt werden: Rückkehr zur Realität bedeutet eine Tragödie.

Der in Rezensionen behandelte Konflikt betrifft nicht nur T. Tolstajas Helden bzw. ihre Erzählungen. Auch auf der Ebene der Metaliteratur steht jeder Rezensent vor der Aufgabe, seine Gedankenwelt mit einem realen Buch eines realen Autors und mit den Anforderungen an die Buchrezension als Textsorte in Einklang zu bringen. Dabei hat er das Privileg, seiner Phantasie und Kreativität freien Lauf zu lassen, muss aber auch mit der Realität des Buchmarktes rechnen, sich an die Gesetze des Genres halten, um sein Ziel zu erreichen und den Leser für die Rezeption und Auseinandersetzung mit dem rezensierten Buch zu sensibilisieren.

ABKÜRZUNGEN

NZZ = Neue Zürcher Zeitung (Fernausgabe)
FAZ = Frankfurter Allgemeine Zeitung
FR = Frankfurter Rundschau

QUELLEN

Tolstaja, Tatjana (1992): Und es fiel ein Feuer vom Himmel. Berlin.
An den Himmel stoßen, um tief zu fallen. Erzählungen von Viktorija Tokarewa, Tatjana Tolstaja und Ludmila Petruschewskaja. In: Freitag 8. 5. 1992.
Tagträume; Albträume. Erzählungen von Tatjana Tolstaja. In: NZZ 25./26. 12. 1992.
Heftrich, Urs: Winterabend mit Mamis Würstchen. Die Erzählerin Tatjana Tolstaja braucht kein Vorbild zu scheuen. In: FAZ 29. 8. 1992.
Leitenberger, Ilse: Vom Glück, ein Träumer zu bleiben. Tatjana Tolstajas handfeste Erzählungen aus dem russischen Alltag. In: Presse 18. 4. 1992.
Schmitz-Burkhardt, Barbara: Nacht, Nacht, Nacht. Tatjana Tolstaja: „Und es fiel ein Feuer vom Himmel". In: FR 9. 7. 1992.

LITERATUR

Adamzik, Kirsten (2001): Sprache: Wege zum Verstehen. Tübingen/Basel.
Barner, Wilfried (Hg.) (1990): Literaturkritik – Anspruch und Wirklichkeit. DFG-Symposium 1989. Stuttgart.
Brinker, Klaus (1992): Linguistische Textanalyse: eine Einführung in Grundbegriffe und Methoden. Berlin.
Beaugrande, Robert-Alain de/Dressler, Wolfgang Ulrich (1981): Einführung in die Textlinguistik. Tübingen.
Coseriu, Eugenio (1994): Textlinguistik: eine Einführung. Tübingen/Basel.
Engel, Christine (1994): Die Rezeption russischsprachiger Literatur in der österreichischen Tagespresse: (1980–1990). Innsbruck.
Klauser, Rita (1992): Die Fachsprache der Literaturkritik: dargestellt an den Textsorten Essay und Rezension. Frankfurt a. M./Bern/New York/Paris.
Wellmann, Hans (1997): Transformation, Nomination, Kondensation und Projektion durch Wortbildung. Der *Wenderoman* in der Literaturkritik. In: Nominationsforschung im Deutschen. Festschrift für Wolfgang Fleischer zum 75. Geburtstag. Hg. v. Irmhild Barz und Marianne Schröder. Frankfurt a. M. u. a., S. 375–386.

LORELIES ORTNER

„Wasser" in Wort, Text und Bild

Firmeninserate im Internet-Branchenverzeichnis „Gelbe Seiten"

0. EINLEITUNG

Wasser ist die Grundlage allen Lebens auf dem Planeten Erde. Wasser ist ein Stoff, mit dem wir täglich konfrontiert werden: etwa als Getränk, als Waschwasser, das aus Wasserleitungen fließt, oder als Badewasser in freier Natur. Wasser ist nicht zuletzt auch ein bedeutender Wirtschaftsfaktor.

Das Jahr 2003 ist von der UNO zum Jahr des Süßwassers deklariert worden. Aus diesem Anlass habe ich Inserate von Firmen untersucht, deren Produkte oder Dienstleistungen im weitesten Sinn mit Wasser zu tun haben. Solche Inserate finden sich in großer Anzahl im Branchenverzeichnis „Gelbe Seiten".

Zuerst werde ich die Textsorte „Firmeninserat im Branchenverzeichnis" kurz vorstellen (Abschn. 1.). Im Hauptteil meiner Ausführungen möchte ich zeigen, dass das Konzept „Wasser" in solchen Inseraten hoch verdichtet präsentiert wird (Abschn. 2. und 3.). Die Art der Realisierung dieses Konzepts im Kontext der Firmeninserate ist stark unterschiedlich – je nachdem, ob sie im verbalen oder im visuellen Code erfolgt. Der Kontrast der beiden Codes und das subtile Zusammenspiel der Text- und der Bild-Elemente erlauben es dann zum Abschluss, ansatzweise eine Semiotik des Wassers in Firmeninseraten zu skizzieren (Abschn. 4.).

1. DIE TEXTSORTE „FIRMENINSERAT" IN DEN „GELBEN SEITEN"

1.1. Das Branchenverzeichnis „Gelbe Seiten"

Der gelb gekennzeichnete Teil des Telefonbuchs, seit 2002 in Deutschland und in Österreich auch in der Online-Version zugreifbar, enthält die Adressen von Unternehmen, und zwar gelistet nach verschiedenen Branchen. Diese so genannten „Gelben Seiten" sind ein „ideales Langzeit-Werbemedium für Gewerbetreibende und Freiberufler", in Deutschland „mit einem Bekanntheitsgrad von rund 94 Prozent in der Gesamtbevölkerung".

„Ziel der ‚Gelben Seiten' ist es, durch vielfältige Informationen über die Gewerbetreibenden und Freiberufler eines jeweilligen Geltungsbereiches den Nutzern einen vollständigen und jährlich aktuellen Überblick über die Angebotspalette in den einzelnen Branchen zu ermöglichen"

(GelbeSeiten 2003).

In Deutschland sind ca. 3,5 Mill., in Österreich ca. 350 000 Unternehmen in den Gelben Seiten mit einem Eintrag vertreten (vgl. GelbeSeiten 2003 und SuperPages 2003).

Wie ist das elektronische Nachschlagewerk aufgebaut? Alle Einträge sind mindestens einer Branche zugeordnet. Prinzipiell kann zwischen redaktionellen Einträgen und Einträgen mit Information unterschieden werden. Redaktionelle Einträge sind vergleichbar mit der einfachsten Form einer Visitenkarte[1] (Abb. 1). Firmeninserate hingegen sind in typischer Anzeigenmanier durch einen Rahmen oder durch einen farbigen Hintergrund abgehoben. Meist zeigen sie das Firmenlogo, wie etwa das Inserat der kommunalen Wasserwerke Leipzig (Abb. 2). Die Inserate enthalten mehr Informationen als einfache Einträge, und gelegentlich werden auch charakteristische Werbebotschaften vermittelt.

Abb. 1: Eintrag   Abb. 2: Inserat

Neben einfachen Einträgen und Firmeninseraten gibt es auch die internetspezifische Möglichkeit, sich mit Webvideos, Bannern und Buttons zu präsentieren. Diese Multimedia-Nutzung hat im Wesentlichen die Funktion, sich von Mitbewerbern abzuheben, indem man sich als „modernes, innovatives und besonderes Unternehmen" präsentiert und „potentielle Kunden auf emotionaler Ebene" anspricht (SuperPages 2003).

---

[1] Für diesen Hinweis danke ich Werner Zillig.

1.2. Produktion von Firmeninseraten

In Deutschland wird „der Markenauftritt in den ‚Gelben Seiten'" von der GelbeSeiten Marketing Gesellschaft mbH (Hamburg) „entwickelt und koordiniert". Das Branchenverzeichnis wird in Zusammenarbeit mit der DeTeMedien GmbH und 16 verschiedenen Verlagen hergestellt und herausgegeben (GelbeSeiten 2003). In Österreich unterstehen das Management und die Herausgabe der „Gelben Seiten" dem Herold-Verlag in Zusammenarbeit mit der Telekom Austria AG.

Es werden mehr Inserate im Printmedium (Telefonbuch) platziert als im Internet. Die Laufzeit der Online-Inserate beträgt 12 Monate, dann muss der Vertrag verlängert werden. Die Inseratgestaltung ist in den Anzeigentarifen inkludiert, sie kann aber auch von einer Werbeagentur, die der Kunde beauftragt, übernommen werden, oder der Kunde erstellt die fertige Inseratvorlage selbst. Die Inserate aus den Gelben Seiten erscheinen oft auch in anderen „bedarfsweckenden und bedarfsdeckenden Medien", z. B. in Zeitungen.[2]

1.3. Wasser-Branchen und Wasser-Themen

Für meine Untersuchung habe ich 515 Firmeninserate analysiert – 290 aus Österreich und 225 aus Deutschland.[3] Auswahlkriterium war: „Das Inserat informiert über Produkte und Dienstleistungen, die im weitesten Sinn mit Wasser zu tun haben."

Ich habe dieses Kriterium aus konzeptuellen Gründen gewählt: „Wasser" ist das Konzept, das die Inserate verbindet. Trotz der Einschränkung auf Inserate, die spezifisch mit Wasser zu tun haben, enthält die Auswahl dennoch ein breites Spektrum von Inseraten sehr verschiedener Branchen. Daher kann an diesem Korpus nicht nur die verschiedenartige Realisierung des Konzepts „Wasser" gut veranschaulicht werden, sondern es wird auch die Unterschiedlichkeit der einzelnen Inserate des Branchenverzeichnisses „Gelbe Seiten" sichtbar.

Welche Branchen haben mit Wasser zu tun und welche Themen gibt es? Vorherrschend sind:

– Wassertechnik (z. B. Wasserreinigung)
– Bauwesen (z. B. Installation, Wasserschadensanierung)
– Wohnen (z. B. Badewannen, Wasserbetten)
– Schwimmbad- und Teichbau
– Getränke (Mineralwasser)

---

[2] Ich danke Herrn Christian Mühlbacher vom Herold-Verlag (Österreich), der mir außerordentlich freundlich und kompetent Auskunft über die Werbung im Online-Branchenverzeichnis gegeben hat.

[3] Es scheint, dass in den „Gelben Seiten" Deutschlands weitaus seltener Inserate platziert werden als im österreichischen Pendant. Um das Material zu begrenzen, wurde die Suche im deutschen Branchenverzeichnis weit gehend auf die fünf größten Städte beschränkt. Für die tatkräftige Hilfe bei der Erstellung der Materialsammlung danke ich Christine Tavernier.

- Sport/Gesundheit (z. B. Schwimmen, Heilbäder)
- Pflanzen (Hydrokultur)
- Tiere (Aquarien)

1.4. Funktion der Anzeigen: Anzeigentypen

Die Anzeige 3 (s. u.) kann als Normaltyp von Firmeninseraten bezeichnet werden, für den kennzeichnend ist, dass er eher informativ als werbend ist.[4] Solche Inserate unterscheiden sich in wesentlichen Punkten von der Standardwerbeanzeige (z. B. in Zeitschriften): Der Firmenname bzw. das Firmenlogo nehmen eine prominente Stellung ein, auch der Produktname oder die Nennung des Serviceangebots bilden konstitutive Inhaltselemente des Firmeninserats. Identifizierende Angaben wie die Telefonnummer oder die Postadresse sind obligatorisch. Und schließlich ist ein typisches Firmeninserat oft auch in mehr oder weniger ausgeprägter Form mit visuellen Elementen verbunden, wie z. B. mit dem Designelement der Badewanne (Abb. 3).

Mit Firmeninseraten im Internet wird also vor allem „Repräsentationswerbung" (Stöckl 1997, 97) betrieben. Im Gegensatz zur Standardwerbeanzeige werden sehr selten Schlagzeilen bzw. Slogans verwendet, und Fließtext fehlt weit gehend. Dementsprechend sind sprachliche Mittel, die direkt der Persuasion dienen, selten. So werden etwa Sprachspiele außer in Firmen- und Markennamen kaum genutzt, z. B. *Himmlische Bäder haben eine irdische Adresse* (www.gelbeseiten.de = de). Superlativische Mittel fehlen fast ganz: *Das wahrscheinlich weltbeste Wasserbett* (www.superpages.at = at). Schließlich werden auch werbetypische Sprechakte nur selten als Textstrategie eingesetzt, z. B. Appelle: *Ist Heizung oder Wasser leck, ruf an bei Szhukalek!* (at), Behauptungen: *Wir haben das Feeling ...* (Teichbau) (at); *Wir installieren Behaglichkeit* (Installation) (at) oder Versprechen: *Unsere Erfahrung garantiert Ihren Erfolg!* (Aquarien) (at). Eine untypische Anzeige mit mehreren persuasiven Sprachmitteln ist Abbildung 4.

Abb. 3: Anzeigen-Normaltyp: informativ

---

[4] Es bestehen leichte Unterschiede zu „Web-Präsenzen" von Unternehmen, die eher dem Kommunikationsstil des Infotainments folgen, vgl. Lehtovirta/Ylönen 2001, 78 f.

Abb. 4: Anzeige mit Appellcharakter (selten)

1.5. Die Rolle der Firmenlogos in den Inseraten

In der Repräsentationswerbung spielen Firmenlogos eine prominente Rolle. In den meisten Fällen werden Logos als Versatzstücke übernommen, als „Sprache-Bild-Texte, die als solche geronnen sind" (Sandig 2000, 6). Ein Vergleich der folgenden Anzeigen mit der Plakatwerbung oder mit Webseiten von Unternehmen hat bestätigt, dass Logos mehrfach verwendet werden (Abb. 5 und 6).

Abb. 5–6: Firmenlogos – identisch im Inserat und im Webauftritt von Unternehmen

2. VERBALER CODE: KONZEPT UND WORTNETZ „WASSER"

Es bietet sich an, den Wissensbereich „Wasser" sowohl als Konzept als auch als Schema anzusehen, je nachdem, welcher Aspekt hervorgehoben werden soll (vgl. Skemp, zit. nach Howard 1987, 52). Im Anschluss an kognitionswissenschaftliche Ansätze lassen sich Konzepte

> „als mentale Organisationseinheiten definieren, die die Funktion haben, Wissen über die Welt zu speichern" (Schwarz 1996, 87).

Die im Langzeitgedächtnis

> „repräsentierten Konzepte stellen die Grundeinheiten kognitiver Strukturen dar und werden in komplexen mentalen Schemata gespeichert" (ebd., 102 f.).

Der Bereich „Wasser" kann einerseits als Konzept verstanden werden, das im Wesentlichen nur e i n e mentale Kategorie mit mehreren Merkmalen repräsentiert, andererseits als Schema, das als „ein aus der Erfahrung abgeleiteter Wissenskomplex" (Ballstaedt u. a. 1981, 28) die mentale Repräsentation eines ganzen Sets von verwandten Kategorien leistet (vgl. Howard 1987, 30). Im Zusammenhang mit dem verbalen Code wird im Folgenden daher von Konzept gesprochen (vgl. Abschn. 2.), wenn es hingegen um den visuellen Code geht, verwende ich den Terminus Schema (vgl. Abschn. 3.).

2.1. Lexeme, die das Firmenangebot beschreiben

Firmen machen im Internetbranchenverzeichnis ihre Produkte und Serviceleistungen bekannt. Meist wird dieses Leistungsangebot im Aufzählungsstil präsentiert (vgl. Abb. 7).

Zahlreiche Substantive – seltener Verben – sind mit dem Konzept „Wasser" verbunden. Die „Wassersemantik" ist vielfältig: Wenige Substantive bezeichnen Was-

Abb. 7: Angebotsbeschreibung im Aufzählungsstil

ser direkt, das geschieht nur dann, wenn auf Wasser allgemein oder auf verschiedene Arten von Wasser referiert wird, z. B. *Trinkwasser, Heizungswasser* oder *Reinstwasser*. Weitaus häufiger wird auf Wasser indirekt Bezug genommen: die Bedeutung solcher Substantive hat „Wasser" zur Bedingung (vgl. Leisi 1971, 40), z. B. *Muschel, Badewanne, tauchen* und *Entfeuchtung*. In diesen Wörtern werden verschiedene Merkmale des Konzepts „Wasser" realisiert, vor allem instrumentale und lokale (vgl. Abb. 8: obere Hälfte), aber auch die Merkmale „ornativ", „privativ" und „affiziert" werden aktiviert (Abb. 8: Hinzufügung, Beseitigung und Behandlung von Wasser).

Wie durch die gezielte Auswahl der Inserate zu erwarten, kommt das Wort *Wasser* häufig vor, und zwar sowohl als Simplex als auch als Wortbildungselement. Der kleine Ausschnitt aus der Wortfamilie *Wasser* (s. u. Tab.) zeigt neben verschiedenen Bauformen von Wortbildungen auch verschiedene semantische Rollen:

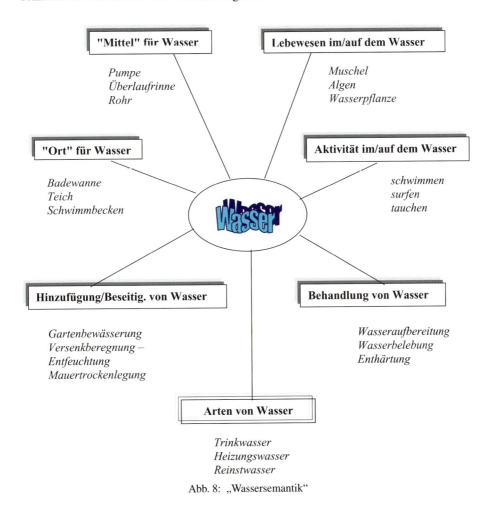

Abb. 8: „Wassersemantik"

Wasser nimmt vor allem die Rolle des affizierten Objekts ein, z. B. *Wasseraufbereitung*. Aber auch andere semantische Relationen sind möglich, z. B. finale (*Kühlwasser* 'Wasser zum Kühlen'), ornative (*Wasserbett* 'Bett mit Wassermatratze'), lokale (*Wasserpflanze* 'Pflanze, die auf dem Wasser lebt') und kausale Relationen (*Wasserschaden* 'Schaden, der durch Wasser entstanden ist').

Tab.: Wortfamilie *Wasser*

Kühl	wasser	
	Wasser	aufbereitung
Kessel	wasser	aufbereitung
	Wasser	aufbereitungstechnik
Ab	wasser	behandlung
Technische UV-Trink	wasser	entkeimung
	Wasser	installateur
	Wasser	beleber
	Wasser	vitalisierungsgeräte
Ent	wässer	ungsanlagen
	Wasser	bett
	Wasser	pflanzen
	Wasser	schäden

2.2. Firmen- bzw. Markennamen

Die in Abschnitt 2.1. erwähnten Wortbildungen mit *Wasser* und auch diejenigen Lexeme, deren Bedeutung „Wasser" impliziert – Typ *Badewanne* –, haben eines gemeinsam: Sie sind stilistisch weit gehend unmarkiert. Sie sind meist in mehrfacher Hinsicht usuell: Sie folgen bekannten, häufig genutzten Wortbildungsmodellen. Es werden bei der Auswahl der Konstituenten fast nie stilistisch markierte Elemente verwendet: kaum Kurzformen, keine Metaphern, selten Anglizismen, keine umgangssprachlichen Varianten. Das einzig Auffallende an vielen dieser hochverdichteten Komposita und Zusammenbildungen zur Beschreibung der Leistungen von Firmen ist der hohe Grad an Fachlichkeit. Das heißt, im Beschreibungsteil der Inserate werden häufig Fachtermini ohne stilistische Besonderheiten verwendet.

Der zweite verbale Teil der Inserate ist der Firmenname. Oft ist der Firmenname ein Personeneigenname, vor allem bei Anzeigen von Installationsunternehmen (vgl. o. Abb. 3).

Daneben stehen die eigentlichen Firmennamen, die vor allem aus Appellativen bestehen. Sie beruhen auf spezifischen Wortbildungs- und Phraseologiebildungstechniken sowie auf besonderen Entlehnungsstrategien.

Firmennamen sind den Markennamen ähnlich, zum Teil sogar mit ihnen identisch. Für Warennamen postuliert Gerhard Koß (1996, 1645) folgende Funktionen: „Vermittlung von Informationen", „Einprägsamkeit", „Assoziationsbildung" und „Identifikationsmöglichkeit mit einem Produkt" („Akzeptanz durch Zielgruppen").

Thea Schippan (1989, 51) nennt die „beiden wesentlichen Nominationsbedürfnisse" für Markennamen:

„Identifizierung und Standardisierung einerseits und Werbewirksamkeit und ästhetische Gestaltung andererseits".

Durch welche b e s o n d e r e n S t i l m i t t e l werden Werbewirksamkeit, ästhetische Gestaltung, Einprägsamkeit und Assoziationsbildung von Firmennamen erreicht? Es werden vor allem folgende Grundmuster genutzt:

– Phraseologismen – auffällig viele Phraseologismen sind parataktisch strukturiert: *Wärme & Wasser, Bad & Pool, pool & wellness, BAD+MEHR Saniermeister*
– Wortbildungen
  Kurzformen: *WAG Wasseraufbereitung GMBH*
  Bildungen mit lateinisch-griechischen Elementen, die eine „kompositionsspezifische Sonderexistenz" führen (Ortner u. a. 1991, 685): *aquapur, Aqua Treff, hydrotec Handels GesmbH* (s. u. 2.3.)
– Anglizismen: *Dive for Fun, PoolComfort*

Nicht selten werden spezifische wortspielerische Strategien eingesetzt, um Humoreffekte zu erzeugen. Zusätzlich werden durch saloppe oder vertraulich wirkende Stilmittel besondere Identifizierungsangebote erzielt:

– phonetisierende Schreibweise: *HA zwei OH* (s. u. Abb. 9)
– Abkürzungen mit neuem Sinn: *W. E. T. GmbH – Wasser.Energie.Technologie*
– Ablautbildungen: *Plitsch Platsch Sanitärtechnik GmbH*
– umgangssprachliche Ableitungen auf *-i*: *Robbi* Schwimmschule ('Robbe')
– saloppe Bildung von Firmennamen mit Hilfe von Vornamen als Grundwörtern: *Pumpenpauli*
– Kontaminationen: *Divetanic Tauchschule, hy-gro-pa* Waschmittel
– Homonymie durch besondere Schreibweise: *MARITEAM Tauchschule, „IN"STALLATEUR*
– Remotivierung: *Wassermann* ('Installateur')
– Reimbildungen: *Piss- und Schiss-Service* ('Installateur')
– Komposita mit aufwertenden Ortsbezeichnungen (vgl. Glück/Sauer 1997, 136): *Bäderparadies, Wasserbett-Welt*

Abb. 9: Phonetisierende Schreibweise: *H$_2$O*

- Hochwertwörter aus dem Kontext 'Wasser' wie *Atlantis* und *Oase*, die auch in Komposita vorkommen: *Atlantis-Fitness, Oase Bad*
- Metaphern: *Badewannendoktor* ('Installateur'), *Abflussblitz* ('Installateur')

2.3. Die Bildungselemente *Wasser – Water – Aqua – Hydro* in Firmennamen

Zahlreiche Firmennamen demonstrieren die Notwendigkeit, gerade durch den Namen aufzufallen, um sich von anderen Unternehmen abzugrenzen. Vergleicht man in dieser Hinsicht das Wort *Wasser* mit seinen Konkurrenzwörtern, so ergibt sich folgende Verteilung:

- Die Firmennamen mit *Wasser* können meist als stilistisch unmarkiert gelten (*Destilliertes Wasser Thomas Henschel*). Sie werden erst auffällig, wenn nicht-alltägliche Nominationsstrategien genutzt werden (z. B. parataktische Phraseologismen wie *Wärme & Wasser* oder Konfixbildungen wie *Eurawasser* [sic!]). Das Wort *Wasser* an sich hat keinen Signalwert.
- Das Lexem *Water* fällt hingegen durch den Fremdheitseffekt des Englischen auf (*Water Concept, Eurowater, Tauchschule Blue Water*).
- *Hydro-* ist ein Wortbildungselement, das außerhalb des Kontextes der Firmeninserate häufig vorkommt, aber fast nur in naturwissenschaftlichen, d. h. in fachsprachlichen Zusammenhängen. Im vorliegenden „Wasser"-Korpus sind nur wenige Firmennamen mit *Hydro-* belegt (*Hydrokulturen, hydro balance*).
- Unter den Lexemen, die direkt auf Wasser referieren, ist das Lexem *Aqua* weitaus beliebter als seine Konkurrenzwörter *Wasser*, *Water* und *Hydro-*. Die meisten Bildungen mit dem lateinischen Stamm *Aqua* sind Anglizismen oder Pseudoanglizismen. Das klangvolle, international gebräuchliche Lexem *Aqua* ist stark reihenbildend: *AQA total* [!] *Kalk- & Rostschutz, Aqua Power, Aqua-nautic, Aquatrend, AquaPoint, Aqua Treff*. Diese Verteilung – nämlich *Aqua* dominanter als *Wasser* – ist spezifisch für Firmennamen; in der Standardsprache ist es genau umgekehrt: Dort dominiert das Wortbildungselement *Wasser* mit Abstand.[5] Das Lexem *Aqua* wird außerhalb von Firmeninseraten unter anderem genutzt als Strategie der Nomination in den Bereichen Fitness und Wellness: *Aquafitness, Aquajogging, Aqua-Trimm, Aquabalance, Aquarobic, Aqua Gym, Aqua-Wellness* (vgl. Amthor 2002 und Rosenstein 2001).

Irmhild Barz hat sehr schön nachgewiesen, dass

„der Neuheitseffekt von Wortneubildungen ... in starkem Maße von den Merkmalen Serialität bzw. Singularität bestimmt"

---

[5] Eine Suche in der Datenbank Cosmas des IdS Mannheim (Cosmas 2002) ergab folgende Verteilung: 702 Wörter mit *hydro-*, 2037 mit *Aqua-* und 333 mit *Wasser-*, d. h., *Aqua-* ist nur mit 11 % vertreten, *Wasser-* hingegen mit 66 % und *hydro-* mit 23 %.

wird (Barz 1998, 26). Sie wies darauf hin, dass darüber hinaus die „Textbindung von Wortneubildungen", aber auch der „Einfluß sozialen und kulturellen Wissens auf deren Dekodierung" Faktoren sind, die den Neuheitseffekt abbauen können. Für die Inserate heißt das: Wer in der Aqua-Szene – im Funsport oder im Wellness-Bereich – zuhause ist, für den wird ein Firmenname mit *Aqua-* nicht gleich viel Neuheitswert besitzen wie für Aqua-Muffel, und dementsprechend könnte der Firmenname für den Aqua-Fan unter Umständen auch weniger werbewirksam sein.

3. VISUELLER CODE: SEMANTIK DER WASSER-„ICONS"

Zusammengefasst ergeben die Beobachtungen zum verbalen Code folgendes Bild: Die a n g e b o t s b e s c h r e i b e n d e n Wörter der Inserate vermitteln das Konzept „Wasser" meist referentiell, nach verschiedenen sachlogischen Beziehungen wie „lokal" oder „instrumental". F i r m e n n a m e n hingegen sind eher assoziativ mit dem Konzept Wasser verbunden. Man kann davon ausgehen, dass das Lexem *Aqua* nicht dieselben Konnotationen hat wie *Wasser* und dass Ersteres vor allem beim ungebildeten Adressaten vielleicht nur vage Klangassoziationen auslöst. Auch Hochwertwörter wie *Atlantis* und *Oase* stehen zum Konzept „Wasser" nur in einer Kontiguitätsbeziehung, nicht aber in einer sachlogischen Beziehung. Firmennamen sind im Vergleich zu den beschreibenden Lexemen des restlichen Inseratentextes also auch in Hinblick auf ihre Leistung zur Versprachlichung des Konzepts „Wasser" unterschiedlich zu bewerten.

F i r m e n l o g o s sind Wort-Bild-Texte. Als Verbindung zwischen verbalen und visuellen Elementen bieten sie die Schaltstelle zu rein piktorialen Elementen.

In den Inseraten werden verschiedene Bildtypen genutzt: F o t o s kommen sehr selten vor und sie sind auch nur für einige wenige Branchen typisch, vor allem für Schwimmbadbau und Wasserbetten (vgl. Abb. 10). S k i z z e n sind ebenfalls selten, sie sind kennzeichnend für die Badezimmerbranche (vgl. Abb. 11).

Schließlich seien noch die „hochgradig schematisierten" P i k t o g r a m m e erwähnt (Schmauks 1998, 83), die im vorliegenden Kontext nur einer einzigen Bran-

Abb. 10: Foto

che vorbehalten sind, nämlich dem Wassersport. Piktogramme haben internationale Geltung und geben eine „Orientierung im öffentlichen Raum" (Plümacher 1998, 54), z. B. den Hinweis, wo es zum Freibad geht (vgl. Abb. 12).

Abb. 11: Skizze   Abb. 12: Piktogramm

Den Piktogrammen im Abstraktionsgrad ähnlich ist eine andere Klasse von graphischen Designelementen, und nur mit diesen werde ich mich im Folgenden befassen.

Ich nenne solche Bildelemente – wegen ihrer Ähnlichkeit zu den graphischen Bildschirmsymbolen – vorsichtig „Icons", wobei ich den Computerfachterminus bewusst in seiner Geltung erweitere. Als I c o n s verstehe ich stark stilisierte, hoch schematisierte, z. T. abstrakte graphische Zeichen. Im Kontext der untersuchten Inserate haben diese „(informationsreduzierten) optischen Kürzel" (Schierl 2001, 220) die Funktion, Ausschnitte aus der Wasser-Wirklichkeit typisiert darzustellen.

Hartmut Stöckl nennt als e i n e n Aspekt von Bildern ihre „prototypische Anschlussfähigkeit an mentale Modelle" (Stöckl 2000, 327). Diese unterscheiden sich allerdings erheblich von den im verbalen Code realisierten.

Welche Kategorien des Schemas „Wasser" werden nun konkret ausgewählt? Wie wird der komplexe Weltausschnitt „Wasser" piktorial repräsentiert?[6]

3.1. Schema „Wasser": Wellen und Tropfen

Nach Putnam (1990, 94) gehören zur Bedeutung von *Wasser* stereotype Merkmale wie 'farblos', 'durchsichtig', 'ohne Geschmack', 'durstlöschend' etc.[7] Keines dieser fachsprachlichen stereotypen Merkmale wird im visuellen Code der vorliegenden Alltagstextsorte realisiert, auch schon deswegen, weil die Merkmale 'Farblosigkeit' oder 'ohne-Geschmack-sein' bildlich nur schwer dargestellt werden könnten.

---

[6] Aus Platzgründen sind im Folgenden nicht immer die vollständigen Inserate, sondern öfter nur die Icons oder nur das Firmenlogo abgebildet.

[7] Für diesen Hinweis danke ich Maria Pümpel-Mader.

Im Alltagswissen der Designer und der Wirtschaftstreibenden sind zwei andere Merkmale dominant: Wellen und Tropfen. In Inseraten sind „Wellen" und „Tropfen" die häufigsten Bildstereotype überhaupt. Sie gelten seit Urzeiten als archetypische Symbole (vgl. Schwarz-Winklhofer/Biedermann 1990, 14). Sie werden dem Schema „Wasser" vom Bildbetrachter aufgrund von Schemawissen zugeordnet: Wellen und Tropfen sind Teile bzw. Erscheinungsformen des Wassers (metonymische Beziehung). „Wellen" und „Tropfen" sind die einzige Möglichkeit, dem Wasser, das ja eine nicht-diskrete Masse darstellt,

> „eine Form zuzuschreiben und ihr durch das Prinzip der Individuierung Gegenstandscharakter zu verleihen" (Ortner u. a. 1991, 230).

Diese aussondernde Funktion wird nur vom visuellen, nicht aber vom verbalen Code übernommen. Dabei treten Icons, die Wellen oder Tropfen darstellen, in Firmenlogos entweder als eigenständige gestalterische Einheit auf (Abb. 7, 13, 14) oder als für die Typographie konstitutive Elemente bei der Schriftgestaltung des Firmennamens, z. B. der *i*-Punkt als Tropfen (Abb. 15), Buchstaben(teile) oder Produktnamen in Form von Wellen (Abb. 16–19). In den Firmenlogos dieser Inserate besteht eine besonders enge Beziehung zwischen Text und Bild, weil

> „die Schrift zunehmend Bildlichkeit erlangt und auf ihren Inhalt zurückverweist" (Stöckl 1998, 87).

Abb. 13: Wellen (blau und grün)   Abb. 14: Tropfen (auf blauem Hintergrund)

Abb. 15–16: Tropfen bzw. Wellen als Teile von Buchstaben typographisch realisiert

Abb. 17–18: Wellen im Firmennamen typographisch realisiert: Buchstaben als Wellen

3.2. Schema „Wasser": Die Farbe Blau

So wie Wellen und Tropfen ist auch die Farbe Blau im menschlichen Erfahrungswissen als stereotypes Merkmal von Wasser gespeichert. Die Farbe Blau spielt in fast allen farbigen Inseraten nicht einfach nur eine Rolle als ästhetisches Element, sondern Blau kann als d i e Signalfarbe für Wasser gelten.

So hebt sich eine erstaunliche Anzahl von Inseraten des Korpus durch den blauen Hintergrund von anderen, nicht-wasserbezogenen Inseraten ab (Abb. 3, 5, 14, an späterer Stelle 37). Auch ein blauer Rahmen kann „Wasser" signalisieren (Abb. 5, 6, 7, an späterer Stelle 27, 41). Am häufigsten wird die „Wasser"-Farbe Blau für die Schriftgestaltung verwendet (Abb. 5, 6, 15, 16, 19, an späterer Stelle 34, 41, 42) und für Symbole wie Wellen und Tropfen (z. B. Abb. 13–16, 19).

Ein klarer Hinweis auf das bewusste Aktivieren des Schemas „Wasser" im Betrachter liegt schließlich in Inseraten vor, in denen die Farbe Blau gezielt die Semantik von „Wasser"-Wörtern unterstützt („semantisch-grafische Verdichtung", Dittgen 1989, 72 ff.). So ist in Abbildung 20 nur der Wortteil *Wa* in GAWAHEI (= **GA**S – **WA**SSER – **HEI**ZUNG) blau geschrieben, für *GA* ist Gelb reserviert, für *HEI* Rot, die universale Signalfarbe des Feuers. In Abbildung 21 sind das Wort *Wasserbelebung* wie auch die Darstellung der Welle in Blau gehalten, der Ausdruck *Wellness & Gesundheit* hingegen in Rot und das Lexem *Umweltveredelung* in Grün, der internationalen Signalfarbe für Umwelt. Zudem ist auch der Rahmen in diesem Inserat in die Farben Blau, Rot und Grün gebrochen.

3.3. Schema „Wasser": Wasserhähne, Rohre und Behältnisse

„Wellen", „Tropfen" und „Farbe" stehen als stabile Kategorien im Zentrum des Schemas „Wasser". Eher an der Peripherie angesiedelt sind die Kategorien „Wasserhahn",

Abb. 19: Wellen im Firmenlogo typographisch realisiert: Produktname als blaue Welle

Abb. 20–21: Klare Verteilung der Wasserfarbe Blau in Schrift und Rahmen

„Rohr" und „Behältnis", im weitesten Sinn also „Orte" für das Wasser. Diese Kategorien zeigen, dass Schemata „situationsspezifisch flexibel" sind (Wilss 1992, 231), da „Wasserhahn", „Rohr" und „Behältnis" nur im Kontext der Firmeninserate prominent sind, nicht aber z. B. im Kontext einer Naturbeschreibung, wo eher Kategorien wie „Erscheinungsform" (z. B. „Fluss", „See", „Wasserfall") zu erwarten sind.

Wie die Darstellungen von Wellen und Tropfen können auch die Symbolzeichen von Wasserhähnen, Rohren und Behältnissen entweder als eigenständige Icons mit der Funktion der ästhetischen Gestaltung des Inserats auftreten (Abb. 22) oder sie können mit der Typographie oder dem Layout verschmelzen und dadurch semantisch verdichtend wirken (Abb. 23–28).

Abb. 22: Wasserhahn

Abb. 23: Wasserhahn typographisch realisiert (Teil des Buchstabens S)

Abb. 24: Wasserhahn (und Becken) im Firmenlogo typographisch realisiert (Buchstabe *f* als Wasserhahn, Buchstabe *u* als Becken, Schrift in Rot mit blauen Tropfen und Wellen)

Abb. 25: Becken im Firmenlogo typographisch realisiert

Abb. 26 (Installateur): Buchstabe *W* als Becken mit blauem Wasser, rote Flamme, gelber *i*-Punkt

Abb. 27–28: Rohr als Teil des Layouts realisiert: Anzeigen in Form eines Rohrs

3.4. Schema „Wasser": Baden, Schwimmen, Tauchen, Segeln …

Im Erfahrungswissen westlicher Kulturen sind auch Wissensbestände verankert, die Wasser als Medium voraussetzen, in dem Sport- und Wellness-Aktivitäten von Menschen stattfinden. Wieder aktivieren die Icons die konzeptuelle Kategorie entweder als eigenständiges Symbol (Abb. 29–31) oder als typographischen Bestandteil des Logos (Abb. 32).

Abb. 29: Baden   Abb. 30: Schwimmen   Abb. 31: Tauchen

Abb. 32: Segeln (im Buchstaben *G* typographisch realisiert)

3.5. Schema „Wasser": Symbolische Teilkonzepte

Zum Schema „Wasser" gehören nicht nur sachlogisch geordnete Wissensbestände, sondern auch symbolische. Bildsymbole im engsten Sinn

> „bilden die bezeichneten Gegenstände nicht mehr ab, sondern beziehen ihre Wirkung meist aus kulturellen Traditionen".

Durch sie wird eine besondere „Emotionalisierung der Betrachter" erreicht (Straßner 2002, 16). Symbolische Konzepte stehen in „szenischer Kontiguität" (vgl. Feilke zit. nach Bachmann 2002, 101 f.) zum Schema Wasser.

Vor allem beliebte Meeresschwimmer wie Robbe und Delphin – „Flipper"-Film-Nostalgie? – und niedliche Meeresbewohner wie Seepferdchen werden wegen der mit ihnen verbundenen positiven Assoziationen als Darstellungsobjekte für Icons gewählt – auch in Kontexten, in denen das Meer und Meerestiere kein Thema sind, wie in Inseraten für Schwimmschulen (Abb. 33), für die Wasserbettenbranche (Abb. 34), die Installationsbranche (s. o. Abb. 6) oder für den Schwimmbeckenbau (Abb. 35).

Abb. 33: Robbe   Abb. 34: Delphin

Abb. 35: Seepferd

Diesen Meeresschwimmern steht konzeptuell die Ente gegenüber (Abb. 36, 37). „Für eingefleischte Bade-Fans" ist die Ente „d a s Symbol ungetrübter Wannenfreuden" (Die Zeit 11. 9. 2003), ähnlich das Spielzeugschiff (Abb. 38).

Abb. 36–37: Spielzeugente

Abb. 38: Spielzeugschiff

Den höchsten Abstraktheitsgrad weisen Bildsymbole auf, die auf die abendländische Mythologie oder auf Märchentraditionen verweisen: die Nixe/der Nix (Abb. 39–41), der Meeresgott Neptun (Abb. 42–43) und der Froschkönig (Abb. 43). Während die Darstellung der zweigeschlechtigen Wasserwesen durch das Konzept

Abb. 39–41: Mythologische Symbole: Nix(e)

Abb. 42: Mythologische Symbole: Neptun im vollen Ornat (typographisch realisiert im Firmennamen mit Krone und Dreizack sowie als Bild)

Abb. 43: Neptuns und Froschkönigs Attribute

des Badens bzw. Schwimmens mit den Vorstellungen von heutigen Badebetrieben noch einigermaßen kompatibel ist (vgl. die Remotivierung des Wortes *Badenixe* auf piktorialer Ebene, Abb. 39), sind Icons von Nixen im Zusammenhang mit Installateurbetrieben (Abb. 40, 41) oder Icons des Meeresgottes Neptun im Kontext von Wasserbetten (Abb. 42) als reine Sinnbilder einzustufen. Diese Sinnbilder erfordern erheblichen mentalen Dekodieraufwand: Der Bildbetrachter muss über höheres kulturelles Wissen verfügen und weit auseinander liegende Kategorien des Schemas „Wasser" mit einander in Verbindung bringen. Durch den Verfremdungseffekt dürfte allerdings die „Behaltenswirksamkeit der visuellen Information" (Engelkamp 1998, 240) auch am höchsten sein.

4. SEMIOTIK DES WASSERS

Das Konzept „Wasser" ist in den Firmeninseraten multicodal verarbeitet. Es gibt fast so etwas wie eine verbale und eine piktoriale Wassersprache. Verschiedene Elemente des verbalen und des visuellen Codes übernehmen auch verschiedene Aufgaben in der Repräsentation des Konzepts „Wasser". Die häufigsten „Relationen zwischen verbaler Aussage und visueller Umsetzung" (Janich 2001, 193) sind die „visuelle Synekdoche" (Teil-Ganzes-Beziehung), z. B. Wort *Wasser* – Bild einer Welle, und die „visuelle Assoziation (Gedankenverknüpfung)", z. B. Wort *Wasser* – Bild eines Segelbootes. Auffällig und daher werbewirksam ist die Visualisierungsmethode der „Symbolisierung", z. B. Wort *Wasserbetten* – Bild eines Delphins. (Zu den vielfältigen Möglichkeiten von Visualisierungsmustern vgl. Gaede, zit. nach Janich 2001, 193 ff.)

Firmeninserate repräsentieren das Konzept „Wasser" in hochverdichteter Form, vor allem durch eine Häufung von Komposita und durch abstrahierende Bildelemente. Als generelle Tendenzen kann man festhalten:

(1) Die beschreibenden Produkt- und Servicebezeichnungen, häufig Wortbildungen, sind stilistisch neutral und übernehmen den nüchternen Part der intellektuellen Information.

(2) Firmennamen, oft werbewirksame Catchwords, sind im Allgemeinen stilistisch hochgradig markiert und dienen daher der Emotionalisierung.

(3) Die Bildelemente – als Teile von Firmenlogos oder als eigenständige textgestaltende Einheiten – sind „das ‚emotionale Eingangstor' für die Werbebotschaft" (Kroeber-Riel, zit. nach Schierl 2001, 247).

Das Konzept „Wasser" kann auf vielfältige Art intellektuell aktiviert werden – aber zu einem vollständigen „Wasserdesign" gehört selbst in der als gemeinhin nüchtern angesehenen Unternehmenskommunikation immer auch die assoziativ-emotionale Komponente.

In diesem Sinne wünsche ich Frau Irmhild Barz für die kommenden Jahre viele Stunden mit Happy-Aqua-Feeling und PoolComfort!

QUELLEN

Gelbe Seiten Deutschland: http://www.gelbeseiten.de <18. 9. 2003>, abgekürzt „de".
Gelbe Seiten Österreich: http://www.superpages.at <29. 8. 2003>, abgekürzt „at".
Cosmas (2002): http://www.ids-mannheim.de <14. 5. 2002>.

LITERATUR

Amthor, Silke (2002): Aquafitness. Waterpower für Körper und Seele. München.
Bachmann, Thomas (2002): Kohäsion und Kohärenz: Indikatoren für Schreibentwicklung. Zum Aufbau kohärenzstiftender Strukturen in instruktiven Texten von Kindern und Jugendlichen. Innsbruck/Wien/Munchen/Bozen (Forschungen zur Fachdidaktik 4).
Ballstaedt, Steffen/Mandl, Heinz/Schnotz, Wolfgang/Tergan, Sigmar-Olaf (1981): Texte verstehen, Texte gestalten. München/Wien/Baltimore (U-&-S-Psychologie).
Barz, Irmhild (1998): Neologie und Wortbildung. Zum Neuheitseffekt von Wortneubildungen. In: Teubert, Wolfgang (Hg.): Neologie und Korpus. Tübingen (Studien zur deutschen Sprache 11), S. 11–30.
Die Zeit. Zeitung. Wöchentlich. Hamburg. 11. 9. 2003.
Dittgen, Andrea Maria (1989): Regeln für Abweichungen. Funktionale sprachspielerische Abweichungen in Zeitungsüberschriften, Werbeschlagzeilen, Werbeslogans, Wandsprüchen und Titeln. Frankfurt a. M./Berlin/New York/Paris (Europäische Hochschulschriften Reihe 1: Deutsche Sprache und Literatur 1160).
Engelkamp, Johannes (1998): Gedächtnis für Bilder. In: Sachs-Hombach, Klaus/Rehkämper, Klaus (Hg.): Bild – Bildwahrnehmung – Bildverarbeitung. Interdisziplinäre Beiträge zur Bildwissenschaft. Wiesbaden (DUV Kognitionswissenschaft), S. 227–242.
GelbeSeiten (2003): http://www.gelbe-seiten-marketing.de <18. 9. 2003>.
Glück, Helmut/Sauer, Wolfgang Werner (1997): Gegenwartsdeutsch. 2. Aufl. Stuttgart/Weimar (Sammlung Metzler 252).
Howard, Robert W. (1987): Concepts and Schemata. An Introduction. London (Cassell education).
Janich, Nina (2001): Werbesprache. Ein Arbeitsbuch. 2. Aufl. Tübingen (Narr Studienbücher).
Koß, Gerhard (1996): Warennamen. In: Eichler, Ernst u. a. (Hg.): Namenforschung. Ein internationales Handbuch zur Onomastik. Teilbd. 2 (Handbücher zur Sprach- und Kommunikationswissenschaft 11), S. 1642–1648.
Lehtovirta, Marja-Maria/Ylönen, Sabine (2001): „Webvertising" am Beispiel von WWW-Präsenzen deutscher und finnischer Unternehmen. In: Hahn, Martin/Ylönen, Sabine (Hg.): Werbekommunikation im Wandel. Modernes Marketing in deutschen und finnischen Unternehmen. Frankfurt a. M./Berlin/Bern/Bruxelles/New York/Oxford/Wien, S. 75–134.
Leisi, Ernst (1971): Der Wortinhalt. Seine Struktur im Deutschen und Englischen. 4. Aufl. Heidelberg.
Ortner, Lorelies u. a. (1991): Deutsche Wortbildung. Typen und Tendenzen in der Gegenwartssprache. Vierter Hauptteil: Substantivkomposita (Komposita und kompositionsähnliche Strukturen 1). Berlin/New York (Sprache der Gegenwart 79).

Plümacher, Martina (1998): Sinn der Bilder. In: Sachs-Hombach, Klaus/Rehkämper, Klaus (Hg.): Bild – Bildwahrnehmung – Bildverarbeitung. Interdisziplinäre Beiträge zur Bildwissenschaft. Wiesbaden (DUV Kognitionswissenschaft), S. 49–58.

Putnam, Hilary (1990): Die Bedeutung von „Bedeutung". Hg. u. übers. v. Wolfgang Spohn. 2. Aufl. Frankfurt a. M. (Klostermann-Texte. Philosophie).

Rosenstein, Marcus (2001): Das Wassersport Lexikon. Die ganze Welt des Wassersports. Berlin.

Sandig, Barbara (2000): Textmerkmale und Sprache-Bild-Texte. In: Fix, Ulla/Wellmann, Hans (Hg.): Bild im Text – Text und Bild. Heidelberg (Sprache – Literatur und Geschichte 20), S. 3–30.

Schierl, Thomas (2001): Text und Bild in der Werbung. Bedingungen, Wirkungen und Anwendungen bei Anzeigen und Plakaten. Köln.

Schippan, Thea (1989): Markennamen – Linguistische Probleme und Entwicklungstendenzen. In: Beiträge zur Erforschung der deutschen Sprache 9, S. 48–55.

Schmauks, Dagmar (1998): Die Rolle von Bildern in der internationalen Kommunikation. In: Sachs-Hombach, Klaus/Rehkämper, Klaus (Hg.): Bild – Bildwahrnehmung – Bildverarbeitung. Interdisziplinäre Beiträge zur Bildwissenschaft. Wiesbaden (DUV Kognitionswissenschaft), S. 81–88.

Schwarz, Monika (1996): Einführung in die Kognitive Linguistik. 2. Aufl. Tübingen/Basel (UTB für Wissenschaft, Uni-Taschenbücher 1636).

Schwarz-Winklhofer, Inge/Biedermann, Hans (1990): Das Buch der Zeichen und Symbole. 3. Aufl. Graz.

Stöckl, Hartmut (1997): Werbung in Wort und Bild. Textstil und Semiotik englischsprachiger Anzeigenwerbung. Frankfurt a. M./Berlin/Bern/New York/Paris/Wien (Europäische Hochschulschriften, Reihe XIV: Angelsächsische Sprache und Literatur 336).

Stöckl, Hartmut (1998): Multimediale Diskurswelten zwischen Text und Bild. In: Kettemann, Bernhard/Stegu, Martin/Stöckl, Hartmut (Hg.): Mediendiskurse. Verbal Workshop Graz 1996. Frankfurt a. M./Berlin/Bern/ New York/Wien (sprache im kontext 5), S. 73–92.

Stöckl, Hartmut (2000): Bilder – stereotype Muster oder kreatives Chaos? Konstitutive Elemente von Bildtypen in der visuellen Kommunikation. In: Fix, Ulla/Wellmann, Hans (Hg.): Bild im Text – Text und Bild. Heidelberg (Sprache – Literatur und Geschichte 20), S. 325–341.

Straßner, Erich (2002): Text-Bild-Kommunikation. Bild-Text-Kommunikation. Tübingen (Grundlagen der Medienkommunikation 13).

SuperPages (2003): http://www.superpages.at <29. 8. 2003>.

Wilss, Wolfram (1992): Schematheorie und Wortbildung. In: Deutsch als Fremdsprache 29, S. 230–234.

HANNELORE POETHE

Die neuen Medien im Spiegel des Wortschatzes

Es wäre vermessen, ein so komplexes und innovatives Phänomen wie die neuen Medien und damit verbundene lexikalische Erscheinungen auch nur annäherungsweise erschöpfend in einem kurzen Beitrag behandeln zu wollen. Was hier vorgelegt werden soll, sind vor allem aktuelle Beobachtungen aus einem Bereich mit einerseits hoher fachlicher Gebundenheit und Spezialisierung, andererseits großer allgemeinsprachlicher Verbreitung, die für eine am Sprachgeschehen interessierte Lexikologin anregend sein könnten (ausführlicher und systematischer zum Thema „Computerdiskurs und Wortschatz" vgl. z. B. Busch/Wichter 2000). Für die in diesem Rahmen unerlässlichen Recherchen in einem elektronischen Korpus – auch das ist ein Aspekt zum Thema neue Medien und Wortschatz – lag es nahe, das an der Universität Leipzig entwickelte Projekt „Deutscher Wortschatz" (www.wortschatz.uni-leipzig.de) heranzuziehen. Jedem Interessierten steht hier online und ohne Zugangsbeschränkung eine Wortschatz-Datenbank zur Verfügung, die in ihrer aktualisierten Version ab 1. Juli 2003 eine Textmenge von 35 Millionen Sätzen mit 500 Millionen laufenden Wörtern bietet, die das Nachschlagen von mehr als 9 Millionen verschiedener Wörter und Wortgruppen erlaubt (vgl. Startseite).[1]

FACHSPRACHE UND ALLGEMEINSPRACHE

Mit zunehmender Technisierung und Verwissenschaftlichung des beruflichen und privaten Alltags ist immer schwerer zu bestimmen, was zur Allgemeinsprache gehört. Eine Erscheinung, die die Allgemeinsprache heute in starkem Maße prägt (vgl. dazu auch das Kapitel „Kommunikation im Computerzeitalter" in Glück/Sauer 1997, 148–153), ist die Entwicklung und massenhafte Nutzung neuer Technologien für Kommunikationsmittel und Verfahren der Informationsverarbeitung, -übertragung und -speicherung, etwa seit Beginn der 70er Jahre des 20. Jahrhunderts zusammenfassend als „neue Medien" bezeichnet.

---

[1] Das Wortschatzlexikon wird auch von der Dudenredaktion als Arbeitsmittel genutzt, vgl. den Werkstattbericht von Scholze-Stubenrecht 2001 mit Beispielen für die Recherche.

Die Sprache der EDV gehört zu den Fachsprachen, in denen zwischen Experten- und Laienwissen keine scharfen Grenzen gezogen werden können. Mit Klein (2003, 30), der das Thema aus didaktischer Sicht behandelt, können wir uns bei Wörtern aus der Computer- und Internetsprache verschiedene Stufen der Fachsprachlichkeit bzw. Allgemeinsprachlichkeit vorstellen:

– Sehr gemeinsprachnah, d. h. für fast alle Laien verständlich, sind z. B. *Bildschirm, CD-ROM, Computer, Fax, Internet, Kontrast, Netzstecker, Nutzer, Tastatur.*
– Gemeinsprachnah, d. h. für viele Laien verständlich, sind z. B. *Arbeitsspeicher, Chat, Desktop, Homepage, Maus, Megahertz, Programmabbruch, Seitenansicht, Website.*
– Gemeinsprachfern, d. h. für wenige Laien verständlich, sind z. B. *Datenabgleich, Eingabeaufforderung, Endlosschleife, Firewire-Schnittstelle, Gateway, Pfad, Postscript, Treiber, Videokarte.*
– Sehr gemeinsprachfern, d. h. fast nur für Experten verständlich, sind z. B. *Deadlock, Echtzeitverarbeitung, Kellerungsverfahren, Duplexplatte, Durchsatz, Doppelprotokollierung, Objektbibliothek, Rendering, Unterbrechungsregister.*[2]

Nach statistischen Angaben zur Ausstattung privater Haushalte mit Computern sowie zur beruflichen und privaten Nutzung des Internets[3] kann man von einer hohen Verbreitung auch des entsprechenden Vokabulars in der Allgemeinsprache ausgehen. Wie sich der Computerwortschatz im Zusammenhang mit der Ausbreitung der Sache phasenweise in die Gemeinsprache ausgebreitet hat, ist bei Wichter 1991 detailliert dargestellt.

Soziologische Untersuchungen geben Auskunft über soziale Merkmale der Nutzer: Vom Vorschulkind bis zu den Senioren sind alle Altersgruppen und alle sozialen Schichten vertreten, wobei nicht alle Medien von allen gleichermaßen genutzt werden. So haben an der Internet- und SMS-Kommunikation und den medienbedingten sprachlichen Entwicklungen besonders Kinder und Jugendliche einen hohen Anteil. Nach Wichter (1991, 2 u. 42 ff.) befinden wir uns etwa seit Ende der siebziger Jahre des 20. Jahrhunderts in der Publikumsphase, der dritten und letzten Hauptphase der Ausbreitung, in der im Gegensatz zur Anfangs- und Öffnungsphase das allgemeine Publikum „mit der Möglichkeit des Jedermann-Computers" nun schon über umfangreiche eigene Erfahrungen in der Lebenswelt und in der eigenen Anwendung verfügt. Einen Meilenstein in der Popularisierung des Sach- und Sprachwissens hat hier das Erscheinen des ersten Heftes der Computerzeitschrift CHIP im September/Oktober 1978 mit einem Editorial unter dem Titel „Jedem sein Computer" gesetzt (ebd., 29, 42 ff.).

---

[2] Die Beispiele sind von Klein aus Schulze 2000 entnommen. Die Skalierung entspricht einer entsprechenden Abstufung im Fachlichkeitsindex nach Wichter 1994.

[3] Vgl. Informationsgesellschaft Deutschland 2006: Aktionsprogramm der Bundesregierung; Daten zur Informationsgesellschaft: Status quo und Perspektiven Deutschlands im internationalen Vergleich.

Die Vermittlung des sprachlichen und des Handlungswissens für den Umgang mit den neuen Medien geschieht über eine Vielzahl von Textsorten, die aus beruflichen und privaten Notwendigkeiten und Interessen produktiv und rezeptiv genutzt werden. Roelcke (2001, 222) nennt Computerzeitschriften für eine breite Leserschaft, Handbücher (sog. Manuals) zu Programmen, Rechnern oder Druckern sowie die Beratung durch das Fachpersonal entsprechender Vertriebe oder Dienstleister. Ergänzend könnten solche Textsorten wie Werbeanzeigen und Werbeprospekte angeführt werden. Auch in Tageszeitungen und Illustrierten wird das Verständnis von Grundbegriffen aus der EDV in systematischer Weise gefördert, z. B. durch kleine Glossare oder Informationskästen. Natürlich kann sich der Medienversierte auch online informieren. Im praktischen Gebrauch vermittelt sich im Dialog mit dem Computer das nötige Vokabular, das oft mehr passiv als aktiv beherrscht werden muss. Angesichts der schnellen technischen Entwicklung verlaufen hier die von der Soziolinguistik angenommenen Phasen der Initiierung, der Verbreitung und der Approbation lexikalischer Neuerungen (Große/Neubert 1982) und ihre Übernahme in die Allgemeinsprache in besonders kurzen Zeiträumen.

BENENNUNGSBEDÜRFNISSE UND BENENNUNGSVERFAHREN

Die vielfältigen und sich schnell verändernden Benennungsbedürfnisse im Bereich der neuen Informations- und Kommunikationstechnologien werden – wie die anderer Sachbereiche auch – unter Ausnutzung aller Benennungsverfahren befriedigt: durch Benennungsbildung mittels Wortbildung und Phraseologisierung, durch Entlehnung und Bedeutungsbildung sowie durch Kombination dieser Möglichkeiten (vgl. ausführlicher dazu auch Grote/Schütte 2000). Sachbedingt haben zunächst direkte Entlehnungen aus dem Englischen den größten Anteil. Englischsprachige Wörter und Wortgruppen sowie Kurzformen werden zugleich mit der Erscheinung übernommen:

Browser, CD, Cursor, DVD, Flatrate, Floppydisk/Floppy Disk, Electronic Commerce, Hardware, Laptop, Scrollen, Software, Webmaster,

um nur einige Beispiele zu nennen. Auf Erscheinungsformen indirekter Entlehnungen gerade im Bereich der Computer- und Internetsprache macht Klein (2003, 31) aufmerksam und verweist auf entsprechendes Belegmaterial im Internet-Wörterbuch 2000. So erweisen sich zahlreiche Benennungen aus heimischem Material bei genauerer Betrachtung als Lehnbedeutungen, Lehnübersetzungen oder Lehnübertragungen:

Maus (nach engl. *mouse*), *Pfad* (nach engl. *path*), *Treiber* (nach engl. *driver*); *Datenverarbeitung* (nach engl. *data processing*), *Echtzeitverarbeitung* (nach engl. *realtime processing*).

Eine Scheinentlehnung stellt *Handy* dar; die entsprechende englische Benennung lautet *mobile (phone)*.

Außer an Lehnübersetzungen und -übertragungen ist die Wortbildung mit den Grundverfahren Modifikation und Transposition besonders am weiteren Ausbau begrifflicher Felder beteiligt. Einen hohen Anteil haben dabei Hybridbildungen:

bootbar, Dialogfeld, downloadbar, Grafikkarte, handyfrei, Internetzugang, onlinefeindlich.

Für Wörter wie *abmailen* (*News abmailen*), *ausprinten* (*Labels ausprinten*) hat Ludwig (2001, 393) von Lange die Bezeichnung „Germanglizismen" übernommen.

Die Wortbildung hält auch die Muster bereit, nach denen aus nominativen, textuellen und stilistischen Bedürfnissen Wörter produziert werden, die aus verschiedenen Gründen keine oder nur eingeschränkte Affinität zur Lexikalisierung zeigen. Für gesundheitliche Folgen der übermäßigen Nutzung neuer Medien wurden z. B. *SMS-Daumen* und *Mausarm* (analog zu *Tennisarm*, im Korpus „Deutscher Wortschatz" 5-mal belegt) geprägt. Das Institut für Deutsche Sprache bietet eine *Online-Grammatik* an, es gibt *Online-Apotheken, Online-Bahnschalter* und vieles mehr. Einen Eindruck von der Fülle okkasioneller Bildungen z. B. mit *Computer, Cyber, Handy, Internet, online* kann man sich über entsprechende Suchfunktionen im Korpus „Deutscher Wortschatz" verschaffen.

Mit analog-holistischen Bildungen lassen sich vor dem Hintergrund bekannter und vertrauter Erscheinungen neue Erscheinungen treffend und gut nachvollziehbar benennen, auch wenn sie vielleicht doch nur auf okkasionellen Gebrauch beschränkt bleiben. So verwendet Dieter E. Zimmer in seinem Buch „Deutsch und anders. Die Sprache im Modernisierungsfieber" (1997, 261) analog zu *Manuskript* und *Typoskript* für die elektronische Form der Texterstellung die Benennung *Compuskript*. Gegenüber dem *Manuskript*, das schon lange eine Bedeutungserweiterung erfahren hat und heute durchaus auch für computergeschriebene Texte gebraucht werden kann, ist *Compuskript* begrifflich genauer. Es vermittelt nicht nur die lexikalische Bedeutung 'mit dem Computer erstellter Text', sondern impliziert auch die durch das technische Medium bedingten Besonderheiten und Fehlerquellen. Eine weitere Verbreitung dieses Wortes wäre daher vorstellbar, hat aber bisher wohl kaum stattgefunden. Jedenfalls ist es weder in neueren Printwörterbüchern noch z. B. im elektronischen Korpus „Deutscher Wortschatz" zu finden. Beim Betrachten der Website des Instituts für Deutsche Sprache ist mir vor einiger Zeit die Bildung *Webliographie* für eine Art Bibliographie in elektronischer Form aufgefallen.[4] Auch hier wurde in singulärer Analogie (Motsch 1999, 23) an eine vorhandene Benennung angeknüpft, deren Bedeutung durch Merkmale wie 'elektronische Quelle', 'elektronische Fassung' und 'elektro-

---

[4] Kommentierte Webliographie Wirtschaftsdeutsch. Linksammlung zum Thema Wirtschaftsdeutsch. Institut für Internationale Kommunikation, in Zusammenarbeit mit der Universität Düsseldorf.

nische Vernetzung und Zugriffsmöglichkeit' erweitert ist. Das Konfixkompositum *Cybernaut* (gelesen bei Hildebrand 2000, 152) schließt an analoge Bildungen wie *Astronaut, Kosmonaut* an und benennt eine 'Person, die im virtuellen Raum, dem Cyberspace, navigiert'. Im Projekt „Deutscher Wortschatz" ist es immerhin mit 14 Belegen dokumentiert. Morphosemantisch erschließbar ist in entsprechenden Kontexten auch die Bildung *Dotcomler*.[5] Was zunächst recht ungewöhnlich anmutet, stellt sich bei näherer Betrachtung als Suffixderivat auf *-ler* mit der Wortbildungsbedeutung 'Personenbezeichnung' heraus. Ungewöhnlich ist allerdings die Derivationsbasis, die die lautliche Realisierung zweier typischer Elemente von Internet-Adressen darstellt: *.com* (dot = engl. 'Punkt'). Inwieweit das Wort gruppensprachlich geläufig ist, kann ich nicht beurteilen. In allgemeinsprachlichen Wörterbüchern sowie im Korpus „Deutscher Wortschatz" ist es bisher nicht belegt. Als verbale Bildung für 'eine SMS versenden' hat sich inzwischen *simsen*, das zu den Spitzenwörtern im Wettbewerb um das Wort des Jahres 2001 gehörte, eingebürgert (ein aktueller Beleg datiert vom 2. 9. 2003 in einem Beitrag der Leipziger Volkszeitung). Neben *simsen* begegnet gelegentlich auch die vom Initialwort durch Konversion gebildete Form *SMSen*. Beide Verben sind im Korpus des Projekts „Deutscher Wortschatz" mit der Häufigkeitsklasse 22, d. h. mit 3 bzw. 2 Belegen, enthalten.[6] Zwar ist bei *SMSen* das Kurzwort als Basis nicht systemgerecht, aber das wäre kein unüberwindliches Hindernis für eine Lexikalisierung. Inzwischen bin ich im Inhaltsverzeichnis der Jugendzeitschrift Young Lisa (Nr. 9/2003) auch auf eine Präfigierung gestoßen: „Flirtline. Zehn sexy Single-Männer zum *an-SMS-en*". (Vor allem an diesem Beleg werden orthographische Probleme der verbalen Kurzwort-Wortbildung deutlich.)

Benennungsbildung durch Phraseologisierung ist allgemein wesentlich schwächer ausgeprägt. Hier wären vor allem Nominationsstereotype aus Adjektiv + Substantiv zu nennen, die als ganzheitliche Benennungen fungieren:

> *elektronische Datenverarbeitung, elektronische Unterschrift, lokales Netz, neue Medien, virtuelle Realität.*

Grote/Schütte (2000, 29 f.) verweisen darauf, dass sich mit *elektronisch, digital* und *virtuell* als substantivspezifizierende Attribute jeder noch so konkret fassbare Gegenstand „in eine ungegenständliche, eben virtuelle Erscheinung verwandeln" lässt.[7] Phrasale Strukturen dienen auch als Muster für vor allem textuell bedingte weitere Bildungen, z. B. für die umgangssprachliche Umschreibung *globales Dorf* (für das WWW) oder für okkasionelle phraseologische Variationen wie *das Salz in der Internetsuppe*[8].

---

[5] „Cindy macht niemand mehr etwas vor, auch nicht die jungen Dotcomler, die sich heute im First-Class-Abteil ... verlieren.", Frankfurter Allgemeine Sonntagszeitung vom 24. 8. 2003.

[6] Häufigkeitsklasse 22 heißt, dass „der" (= Häufigkeitsklasse 0) ca. 2^{22} mal häufiger ist als das gesuchte Wort.

[7] Vgl. dazu auch die Übersicht über die Belege aus ihrem Korpus, ebd., 32 ff.; als aktueller Beleg aus der Leipziger Volkszeitung vom 30. 9. 2003 ließe sich *elektronischer Mülleimer* ergänzen.

[8] Von elektronischen Zeichentrickfilmen gesagt, Leipziger Volkszeitung vom 16. 9. 2003

Bedeutungsbildung vollzieht sich oft durch den Einfluss des Englischen. So haben zum Beispiel *brennen, Domäne, Favorit, Formular, Laufwerk, Maus, Menü, Pfad, Portal, Speicher* nach englischem Vorbild ihr Bedeutungspotential um ein fachsprachliches Semem erweitert. Dass Metaphorik eine neue Sicht auf Bekanntes und Vertrautheit mit Unbekanntem vermitteln kann, hat Irmhild Barz in ihrer Vorlesung „Grundlagen der Lexikologie" an Beispielen aus der Computersprache wie *Papierkorb, Fenster, Aktenkoffer, Briefkasten* illustriert (Vorlesung am 21. 1. 2003). In der E-Mail-Kommunikation bietet sich als Spenderbereich die traditionelle Bürokommunikation an, wie auch *Adresse, Adressbuch, Eingangsordner, Ordnerverwaltung, Posteingang, Postausgang, Zustellfehler* belegen. Auch für weitere neue Bildungen und Verwendungsweisen können vorhandene kognitiv-semantische Wortschatzstrukturen die Grundlage liefern: Man kann jemanden *anmailen, zumailen* ('mit Mails überhäufen'), *bis zum Wiedermailen* grüßen, jemandem etwas *zumailen* ('per E-Mail zusenden', im Korpus „Deutscher Wortschatz" 1 Beleg), unter Umständen auch jemandem *abmailen* ('per E-Mail absagen'). Wichter (1991, 90) führt die Wendung *man mailt sich* (nach *man sieht sich*) an. Bei metaphorischer Bedeutungsübertragung in der EDV-Sprache werden daneben Eigenschaften wie Schnelligkeit und Kapazität als Benennungsmotiv genutzt: *Datenautobahn, Maus, Speicher, surfen.* Die Vorstellung eines Organismus, der auch von Störungen und Krankheit betroffen werden kann, vermittelt die Bezeichnung *Virus* (in der EDV meist mit maskulinem Genus). Auf anthropomorphe Aspekte in der Benennungsbildung besonders in den Anfängen, wie bei *Elektronengehirn, (Arbeits-)Gedächtnis,* macht Wichter (1991, 9) aufmerksam. Eine ausführliche Darstellung der „tropischen Konstruktion von Wirklichkeit" als „gemeinsprachliches Veranschaulichungsgerüst des Computerdiskurses" sowie der entsprechenden Hintergrundschemata hat Busch unter Mitarbeit von Kämmerer (2000) vorgelegt. Am Beispiel von *Virus* wird deutlich, wie solche metaphorischen Felder weiter ausgebaut und wie auf diese Weise komplexe und komplizierte technische Erscheinungen auch kognitiv fassbar gemacht werden können. Wie die Metaphorik selbst wieder fachlich produktiv wird, lässt sich einem Text über *böse Computerviren,* die unsere *digitale Infrastruktur* bedrohen, entnehmen.[9] Da ist zunächst von *Internetwurm, digitalem Ungeziefer, Lovesan-verseucht, Epidemie, Netz-Wurm, befallenen Rechnern, Wurmprogramm, Angriffen, Abwehrmaßnahmen, Antiviren-Programmen, Infektionen abwehren* die Rede. In dem beschriebenen Projekt, einem *digitalen Äquivalent eines natürlichen Immunsystems,* wacht *ein künstliches Immunsystem über die Sicherheit des internen Computernetzes,* das System ist *lernfähig,* erkennt *eigene Substanzen* und betrachtet alle ungewöhnlichen Kontakte als *Antigene.*

In Texten wird zur anschaulichen Erklärung von Begriffen der neuen Medien an bekannte Sachverhalte aus dem Alltag angeknüpft, wenn z. B. *Newsgroups* mit *elektronischen Pinnwänden* verglichen werden.

---

[9] Frankfurter Allgemeine Sonntagszeitung vom 24. 8. 2003

Die durch vielfältige metaphorische Übertragungen gekennzeichnete Computersprache dient ihrerseits wieder als Bildspender. Begriffliche Konzepte der elektronischen Datenverarbeitung werden metaphorisch auf andere Sachverhalte übertragen, z. B. *Schnittstelle* allgemein für 'Anschlussstelle'. Auch die Kollokation *neu starten*, in anderen Kontexten verwendet, lässt Assoziationen zur Computersprache zu. Als Variation eines geläufigen Phraseologismus findet sich *nicht alle Daten im Speicher haben*. Und okkasionell kann in einem Zeitungsbeitrag auch schon mal der Finanzminister als *Spam* bezeichnet werden. Solche Übertragungen dokumentieren ebenfalls die weite Verbreitung und Bekanntheit des Computerwortschatzes in der Allgemeinsprache. Wie unser mentales Lexikon bereits durch den Computerdiskurs geprägt ist, mögen noch zwei aktuelle Beispiele belegen: Beim übertragenen Gebrauch der aus dem Flugwesen stammenden Wendung *etwas (nicht) auf dem Schirm haben* 'etwas (nicht) sehen/wissen können' denkt man heute schon eher an den Computerbildschirm als an den Radarschirm. Und eine Veranstaltung in einer ehemaligen Spinnerei wird mit der Bemerkung „Bei einer Webmaschine werden die meisten ans Internet denken." angekündigt.[10]

Hinsichtlich der Wortartspezifik bestehen zunächst vor allem nominative Bedürfnisse in Bezug auf gegenständliche und abstrakte Konzepte, die mit Wörtern der Wortart Substantiv befriedigt werden. In der Folge bilden sich aus textuellen, grammatischen und/oder nominativen Gründen Verben und Adjektive bzw. wiederum Substantive heraus, mit denen entsprechende Handlungen, Verfahren, Vorgänge und Eigenschaften benannt werden können:

Verben wie *computern, downloaden/herunterladen, einloggen, googeln*[11], *mailen/emailen/e-mailen, scannen, scrollen, taggen, updaten, upgraden, verlinken*;
Adjektive wie *anklickbar, benutzerdefiniert, bootbar, downloadbar/herunterladbar, SMS-typisch, WAP-fähig, wiederbeschreibbar*;
Substantive wie *Computerisierung, Verlinkung*.

Das Verwendungsbeispiel *ein Upgrade machen* im DUW (das entsprechende Verb ist dort noch nicht aufgenommen) zeigt die sprachlich vielleicht weniger elegante, aber in der Praxis durchaus ebenfalls geläufige Möglichkeit, den Vorgang verbal auszudrücken.

INTEGRATIONSPROZESSE

Die direkten Entlehnungen sind in Lautung, Schreibung und Formenbildung mehr oder weniger dem Deutschen angepasst (vgl. dazu auch Grote/Schütte 2000, 39 ff.). Bartsch/Siegrist (2002) weisen in ihren Untersuchungen anhand des Darmstädter Corpus Deutscher Fachsprachen fließende Übergänge zwischen „Adoptionen" (weit-

---

[10] Leipziger Volkszeitung vom 17. 10. 2003
[11] *Googeln* war das einzige Verb unter den 10 Wörtern des Jahres 2003.

gehend unverändert übernommenen Lexemen) und „Adaptionen" (morphologisch, phonologisch oder orthographisch angepassten) nach. Mit zunehmendem Gebrauch und neuen Benennungsbedürfnissen steigt die Wortbildungsaktivität, einschließlich der Bildung hybrider Formen.

In sprachkritischen Äußerungen hört man oft die Klage, dass das Deutsche durch eine Überfremdung durch das Englische gefährdet sei (Grote/Schütte 2000, 35 ff.). Verfolgt man den Weg weiter, den Entlehnungen aus dem Englischen im deutschen Sprachgebrauch nehmen, dann relativiert sich dieser Eindruck. Neue Erscheinungen müssen nicht nur benannt, sondern auch im Diskurs sprachlich behandelt werden. Und was sich aus nominativer Sicht als Benennung zunächst gut eignet, muss morphosyntaktisch nicht unbedingt gut handhabbar sein. Als Erstbenennung finden sich zugleich mit der sachlichen Übernahme häufig entlehnte Substantive bzw. Substantivierungen. Im Sprachgebrauch können diese, wenn sie sich als zu sperrig erweisen, durch heimische Entsprechungen (Lehnbedeutungen, -übersetzungen oder -übertragungen) ersetzt bzw. synonymisch ergänzt werden. Heimische Entsprechungen haben beispielsweise inzwischen die entlehnten Wörter *downloaden, User, Interface* bekommen: *herunterladen, Nutzer/Benutzer, Schnittstelle*. Häufigkeitsangaben in elektronischen Korpora bestätigen den zunächst intuitiven Eindruck, dass heimische Benennungen im Sprachgebrauch vorgezogen werden. So sind im Korpus „Deutscher Wortschatz" *downloaden* mit Häufigkeitsklasse 18 und *User* mit Häufigkeitsklasse 13 geringer frequentiert als *herunterladen* mit Häufigkeitsklasse 15 und *Nutzer* mit 11. Heimische Entsprechungen sind meist phonetisch, orthographisch und morphologisch-syntaktisch besser handhabbar. Sie sind auch hinsichtlich der Wortbildung problemloser kombinierbar, was ihre Aktivität deutlich erhöht.

Die Wortbildung mit heimischen Elementen stellt Benennungen für Sachverhalte, Eigenschaften, Vorgänge usw. zur Verfügung, die vom Laien oberflächlich als morphosemantisch motiviert empfunden werden und die sich gut in vorhandene synchrone Wortfamilien einfügen:

Benutzername, Benutzeroberfläche, benutzerdefiniert, benutzerfreundlich, anwenderfreundlich, Nutzerkennung.

(Dass daneben *User* durchaus noch als geläufig angenommen werden kann, zeigt das Initialwort *DAU*, das wortspielerisch in Anlehnung an *GAU* den „dümmsten anzunehmenden User" benennt.) Die vermeintliche morphosemantische Durchsichtigkeit darf aber nicht darüber hinwegtäuschen, dass auch hier fachlich definierte Benennungen vorliegen, für deren Verständnis fachliches Wissen vorauszusetzen ist (dazu Klein 2003, bes. 31; Wichter 1991, 97 ff., 114 ff., verweist auf eine vielfältig differenzierte vertikale Abstufung zwischen Experten- und Laienbedeutungen). Und auch „falsche Freunde" können sich einschleichen: *Webseite* ist nicht einfach die „heimischere" Entsprechung zu *Website*, sondern meint nur einen 'Bestandteil einer Website', die wiederum 'sämtliche hinter einer Adresse stehenden Seiten im World Wide Web' umfasst (nach Duden 2000 und DUW 2001).

Für die Scheinentlehnung *Handy* (in unserer Alltagssprache etwa seit Anfang 1993 belegt) besteht offensichtlich kein Bedürfnis nach Ersatz durch ein heimisches Wort. Die Bildung erfüllte bereits zum Zeitpunkt ihrer Prägung wichtige pragmatische Prinzipien (nach Motsch 1999, 25 f.), die zusammen mit der Verbreitung der Sache für eine rasche Verbreitung der Benennung förderlich waren: das Prinzip der begrifflichen Relevanz, der semantisch-begrifflichen Klarheit (wenn man 'handlich' oder 'bei der Hand' als Benennungsmotiv annimmt) und der morphologischen Knappheit. Auch die 1995 von der „Gesellschaft für deutsche Sprache" initiierte öffentliche Suche nach einem Ersatzwort hat hier nicht zum Erfolg geführt; unter 1195 verschiedenen Vorschlägen fand sich keine einzige praktikable Alternative (nach: Wörter, die Geschichte machten, 2001, 96). Hinsichtlich der Wortbildungsaktivität bestehen zudem bei *Handy* kaum Einschränkungen, wie zahlreiche Wortbildungen mit *Handy-* als Kompositionsglied oder Derivationsbasis belegen:

Handynummer, Handytasche, Handyverbot, handybewehrt, handyfrei, handygerecht, handygesteuert, handygestützt, handygroß, handytauglich, handyvernarrt, handyversessen, handyähnlich, Handy-Abhängige, Handylose.

Auch *Handyist, Handyli* und *Handyfonieren* sind im Wortschatz-Projekt mit wenigen Belegen aus publizistischen bzw. Werbetexten enthalten.

Ebenso gering dürfte die Wahrscheinlichkeit sein, dass sich die vom Verein für deutsche Sprache verwendete Eindeutschung *Klapprechner* für *Laptop* (so gelesen in einem Beitrag in der Leipziger Volkszeitung vom 15. 9. 2003) einbürgert. Interessant ist in diesem Zusammenhang, dass Leo Weisgerber Ende der 60er Jahre linguistische Bedenken gegen das seiner Meinung nach sperrige und als Ansatz „für das Tragen einer so weitreichenden Entwicklung" zu schwache Wort *Computer* angemeldet und dafür *Horter* oder *Verdater* vorgeschlagen hatte (nach Wichter 1991, 32 f.). Die „unsichtbare Hand" in der Sprachentwicklung hat sich auch hier gegen sprachplanerische Eingriffe durchgesetzt.

Einfachere Handhabung wird ebenso durch Kürzung erreicht: So wird *mailen* gegenüber *emailen/e-mailen* bevorzugt. Schreibung und Formenbildung sind erleichtert, z. B. die Bildung des im Satz häufig gebrauchten Partizips II *gemailt*. Wie sollte dagegen das Partizip von *emailen/e-mailen* lauten? Der Duden 2000 gibt hier die Form *geemailt* an, die man sich eher in der gesprochenen als in der geschriebenen Sprache vorstellen kann.

BEZIEHUNGEN IM WORTSCHATZ

Die Wörter aus der Computer- und Internetsprache stehen wie andere Benennungen auch in semantischen Beziehungen auf syntagmatischer und paradigmatischer Ebene. Als syntagmatische Relationen seien hier besonders die Kollokationen erwähnt. In neueren Darstellungen werden sie als relativ stabile und gespeicherte Fügungen mitunter auch schon zu den (nichtidiomatischen) Phraseologismen gerechnet (Römer/Matzke 2003, 187). Im Allgemeinen stellen sie aber keine Art der Benennungsbildung dar, sondern ergeben sich meist erst im Sprachgebrauch aus typischen syntaktischen Kontexten. Souveränität im Umgang mit der EDV-Terminologie zeigt sich u. a. auch in angemessenen Verknüpfungen wie

abstürzen (Computer); herunterfahren (Computer, Betriebssystem, Programm); Dateien öffnen, schließen, bearbeiten, kopieren, sichern, speichern; ins Netz stellen; CD lesen, bearbeiten, brennen; benutzerdefinierte Einstellungen.

Paradigmatische Vernetzungen als Ausdruck der Integration und des Ausbaus vorhandener Strukturen bilden sich in verschiedener Hinsicht: Durch das Nebeneinander von fremden und eindeutschenden Formen entsteht Synonymie, wie bei

Attachment/Anhang, Computer/Rechner, computergesteuert, -gestützt/rechnergesteuert, -gestützt, Datenautobahn/Datenhighway, Domain/Domäne, downloaden/herunterladen, Interface/Schnittstelle, Keyboard/Tastatur, Laserdrucker/Laserprinter, Mousepad/Mauspad, Mailbox/Briefkasten, Monitor/Bildschirm, Newsgroup/Newsgruppe, Touchscreen/Touchbildschirm, Transfer Protocol/Übertragungsprotokoll, User/Benutzer, Nutzer, Anwender.

Aus konkurrierenden Benennungsmotiven ergibt sich gelegentlich auch Wortbildungssynonymie, wie bei

E-Learning/Homelearning/Telelearning, Homeshopping/Teleshopping, Homebanking/Telebanking.

Schwächer ausgeprägt ist Antonymie wie bei *online/offline, Onlinebetrieb/Offlinebetrieb.* Begriffliche Differenzierung vor allem durch modifizierende Wortbildungsverfahren führt zu Hyperonymie, Hyponymie und Kohyponymie:

Datenträger – Quelldatenträger, Zieldatenträger; CD – CD-ROM; Drucker – Nadeldrucker, Tintenstrahldrucker, Laserdrucker; Software – Bildungssoftware – Unterrichts-, Lehrer-, Freiarbeitssoftware (im Bereich E-Learning), *Suchmaschine – Meta-Suchmaschine.*

Starke Wortbildungsaktivität begrifflich wichtiger Elemente hat die Ausprägung teils umfangreicher Wortbildungsnester zur Folge. Elektronische Korpora können weit mehr noch als die vom Umfang und von der Aktualität her begrenzten traditionellen Printwörterbücher die Wortbildungsaktivität belegen und vor allem ausdrucksseitige paradigmatische Vernetzungen zeigen. Starke Reihenbildung zeigen z. B.

Computer, Cyber-/cyber-, Handy, Internet, Online-, SMS, aber auch *E-* (für 'elektronisch') wie in *E-Commerce, E-Learning, E-Learning-Markt, E-Learning-Medien, E-Studium.*

Ludwig (2001, 395) meint, dass man bei *Cyber-/cyber-* sogar von einem Präfixoid sprechen könnte, und führt Wortbildungskonstruktionen wie

Cybersex, Cyberbrille, cyberdumm, Cyberdummheit, Cyberfeministin, Cyberkupplerin, Cyber-Politik, Cyber-Postille, Cyber-Publizist, Cyberwelt

an. Aus dem Korpus „Deutscher Wortschatz" ließen sich Bildungen wie *cyberartig, cyberbar* ergänzen, die (wie auch die Bildung *Cybernaut*) eher auf den Status als Konfix deuten. Für *Online-* als Erstglied dürfte die mit Hilfe des elektronischen Recherchesystems Cosmas des Instituts für Deutsche Sprache ermittelte Zahl von 182 verschiedenen Zusammensetzungen von *Online-Ableger* bis *Online-Zugang* (Haß-Zumkehr 2000, 6 f.) inzwischen weit übertroffen sein.

LEXIKOGRAPHISCHE ERFASSUNG IN ALLGEMEINSPRACHLICHEN WÖRTERBÜCHERN AM BEISPIEL DES RECHTSCHREIBDUDENS

Als Beispiel dafür, wie schnell Wörter aus der Fachsprache der EDV in die Allgemeinsprache eindringen, soll hier die Aufnahme in den Rechtschreibduden stehen. (Zu den Anfängen der Dokumentation der Computersprache in allgemeinsprachlichen Wörterbüchern vgl. Wichter 1991, 19 ff.) Dem erklärten Ziel der Verfasser allgemeinsprachlicher Wörterbücher, einen weitgefassten Benutzerkreis zu erreichen, kommt wohl der Rechtschreibduden am nächsten. Es ist sicher nicht übertrieben, ihn als allgemeinsprachliches Wörterbuch mit dem höchsten Bekanntheits- und Verbreitungsgrad zu betrachten. Seine normsetzende Rolle in der Orthographie hat ihm über diesen sprachlichen Teilbereich hinaus in der breiten Öffentlichkeit Geltung als allgemeine sprachkulturelle Instanz verschafft. Die Redaktion selbst bekennt sich im Vorwort zur 20. Auflage (Duden 1991) zu dem Anspruch, ein „Volkswörterbuch" zu sein. Auch in Bezug auf den Wortschatz wird ihm von Durchschnittssprechern eine große Kompetenz zugesprochen. Neubearbeitungen werden oft mit Wortschatzveränderungen begründet, ebenso wie die Berücksichtigung lexikalischer Neuerungen zu den Kriterien für die Bewertung von Neuauflagen gehört. Irmhild Barz hat gemeinsam mit Anja Neudeck in der 20. Auflage des Rechtschreibdudens die Neuaufnahmen unter dem Buchstaben A als Dokumentation der Wortschatzentwicklung untersucht (Barz/Neudeck 1997). Die Autorinnen begründen überzeugend, dass ungeachtet einer gewissen Relativierung der Befunde der Duden als Datenbasis für eine Betrachtung von Veränderungen im Wortbestand der deutschen Gegenwartssprache genutzt werden kann und dass mit den Neuauflagen jeweils auch lexikalische Entwicklungstendenzen dokumentiert sind (ebd., 105 u. 117). Als dominierende Tendenz in jüngster Zeit machen sie eine mehrschichtige intralinguale Varietätendiffusion aus, die sich u. a. in einer fortdauernden Verwissenschaftlichung und Technisierung des Wortschatzes zeigt (ebd., 115 ff.). Dass sich in dem von Barz/Neudeck untersuchten Ausschnitt keine Neuaufnahmen aus dem Bereich der neuen Medien finden (erst in der 21. Auflage wurden unter A nur die Verben *anfaxen* und *anklicken* neu aufgenommen), ist zwar auch durch die Wahl des Buchstaben A bedingt, zeigt aber ebenso, dass zu diesem Zeitpunkt die neuen Medien noch eine geringere Rolle spielten. *Medien* werden in der 20. Auflage nur als 'zusammenfassende Bez. für Film, Funk, Fernsehen, Presse' beschrieben. In der 22. Auflage erfährt man immerhin, dass es sich um 'Trägersysteme zur Informationsvermittlung [z. B. Presse, Hörfunk, Fernsehen]' handelt. Die Mehrwortbenennung *neue Medien* taucht allerdings auch in dieser Auflage nur innerhalb des Informationskästchens zum Adjektiv *neu* als Beispiel für die Kleinschreibung auf. Auch die fachliche Markierung *EDV* ist in der 20. und 21. Auflage noch nicht in der Liste der im Wörterverzeichnis verwendeten Abkürzungen enthalten (obwohl sie im Wörterverzeichnis beider Auflagen bereits verwendet wird, z. B. in der 20. bei *Floppy disk*, in der 21. bei *Sequenz*), erst in der 22. Auflage erscheint *EDV* dann in der Liste.

Ein Blick ins Wörterverzeichnis der 22. Auflage (Duden 2000) zeigt, dass bei dieser Neubearbeitung großer Wert auf aktuelle Wörter und Verwendungsweisen aus dem Bereich der neuen Informations- und Kommunikationstechnologien gelegt worden ist (in der 21. Auflage stand mehr die Einführung der neuen Rechtschreibung im Vordergrund). Die folgenden Belege für Neuaufnahmen gegenüber der 21. Auflage von 1996 zeugen sowohl von der Dynamik der Wortschatzentwicklung in diesem Bereich als auch von der schnellen allgemeinsprachlichen Verbreitung, die mit dem Wissenserwerb in diesem hochkomplexen Gebiet einhergeht. Die fachliche Zugehörigkeit wird allerdings nicht konsequent mit der Markierung *EDV* angezeigt. Zum Teil ist sie nur aus der Bedeutungsumschreibung ersichtlich (wie z. B. bei *Browser* aus 'Software zum Verwalten, Finden und Ansehen von Dateien' oder bei *Domain* aus 'Internetadresse'). Mitunter muss die fachliche Markierung *EDV* die Bedeutungsangabe ersetzen (wie bei *einloggen*). In wenigen Fällen fehlt die Bedeutungsangabe ganz (wie bei *Speicherkapazität*). Auch eine elektronische Recherche in der CD-ROM-Version würde daher nicht alle Stichwörter aus diesem fachlichen Bereich erfassen können. Insgesamt sind die Bedeutungsangaben entsprechend dem Benutzerprofil eher an Laien- als an Expertenbedürfnissen orientiert.

In der 22. Auflage neu aufgenommene Substantive:

Benutzeroberfläche, Bildschirmschoner, Browser, Chatgroup, Chatroom, Datenhighway, Datensalat (ugs.), Datenschatten, E-Commerce/Electronic Commerce, Domain, Download, DVD, Emoticon, Grafikkarte, Homebanking/Home-Banking, Homelearning/Home-Learning, Homepage, HTML, Hyperlink, Hypertext, Informationstechnologie, Internetadresse, Internetcafé, Internetnutzer, Internetshopping, Internetsurfen, Internetzugang, Intranet, IT = information technology, Link, Log-in, Mail (21. Aufl.: nur E-Mail), Mailingliste, Mausklick, Mauspad, Maustaste, Newsgroup, Netiquette, Onlinebanking, Onlinedienst, Onlineshopping, Onlinezeitung, Pentium®, Provider, Server, Screenshot, Smiley, SMS, SMS-Nachricht, Snailmail/Snail-Mail, Startseite, Suchmaschine, Telearbeit, Telearbeiter, Tele-

arbeitsplatz, Telelearning, Teleshopping, Touchscreen, Upgrade, URL, USB, WAP, WAP-Handy, Web (kurz für World Wide Web*), Webcam, Webseite, Website, Webspace, WWW.*

In der 22. Auflage neu aufgenommene Verben:

booten, chatten, downloaden, einloggen, einscannen, emailen, auch *e-mailen, formatieren, herunterladen, konfigurieren, mailen, updaten* (in der 21. Auflage nur *Update*)*, upgraden, verlinken.*

Die Verben sind häufig mit Hinweisen zur Flexion versehen, v. a. zur Bildung der Präsensform und des Partizips II, z. B. *ich boote, er updatet; sie hat upgedatet, ich habe downgeloadet, ich habe mich eingeloggt, geemailt.*

In der 22. Auflage neu aufgenommene Adjektive:

anwenderfreundlich (durch das Verwendungsbeispiel *ein anwenderfreundliches Computerprogramm* als fachliche Prägung ausgewiesen)*, datenbankgestützt, herunterladbar, netzwerkbasiert, papierlos* (mit dem Beispiel *papierloses Büro*)*, serverbasiert.*

Unter den Neuaufnahmen der 22. Auflage finden sich auch solche, die man vielleicht nicht erwartet hätte, wie *Screenshot* ('Abbildung einer Bildschirmanzeige')*, URL* (= Uniform Resource Locator) für 'Internetadresse' oder *Snailmail/Snail-Mail*, das mit der deutschen Entsprechung „Schneckenpost" und der Bedeutungsangabe '*EDV* Briefpost im Gegensatz zur elektronischen Post' aufgeführt ist (das DUW gibt hier als stilistische Markierung *oft scherzh.* an). Ins Wörterverzeichnis neu aufgenommen wurde ebenfalls das Zeichen @ mit Hinweisen zur Aussprache, zur Herkunft und zur Verwendung als Gliederungszeichen in E-Mail-Adressen.[12] Beim Stichwort *Klammeraffe* erscheint jetzt der Zusatz *auch für @*, allerdings ohne eine stilistische Markierung, wie sie z. B. das DUW mit *EDV Jargon* vornimmt. Als umgangssprachlich markierte Bildung wurde *Datensalat* aufgenommen, als eingetragener Markenname *Pentium*. Bereits in der 21. Auflage enthaltene Stichwörter wurden durch weitere Bildungen ergänzt, z. B. *E-Mail* durch *E-Mail-Adresse* und die gekürzte Form *Mail; Internet* durch die oben bereits angeführten Komposita; *ISDN* durch *ISDN-Anschluss, ISDN-Karte, ISDN-Netz; Software* durch *Softwareentwickler, Softwarefirma*. In einzelnen Fällen wurden Angaben ergänzt oder korrigiert. So findet sich in der 22. Auflage bei *E-Mail* als Genusangabe *auch (bes. südd. u. österr.) das*. Bei *Portal* ist die Neubedeutung mit '*auch EDV* Website, die als Einstieg ins Internet dient' vermerkt; auch *Konfiguration, Plattform, surfen* sind um die Angabe der Bedeutung in der EDV ergänzt worden, *virtuell* um die Kollokation *virtuelle Realität*. Neben dem als Lehnwort aus dem Lateinischen in der Bedeutung 'Hand-

---

[12] Ausführlicher zur Herkunft von @ vgl. auch Duden-Newsletter-Archiv vom 28. 7. 2000 unter www.duden.de.

buch, Tagebuch' als *veraltet* markierten *Manual* ist als Homonym das aus dem Englischen entlehnte *Manual* (mit englischer Aussprache) mit der Markierung *bes. EDV* Handbuch aufgenommen. Das Verb *computern* wurde erst in der 22. Auflage stilistisch als „umgangssprachlich" bewertet, nachdem es schon unmarkiert seit der 20. Auflage Eingang in den Duden gefunden hatte. Und bei *Handy* wurde die Herkunftsangabe von <engl.> zu <anglisierend> korrigiert.

Barz/Neudeck (1997, 116) betrachten die Kodifizierung der paradigmatischen Einbindungen von Wörtern und den entsprechenden Ausbau von Wortfamilien

> „als Reflex gewachsenen gesellschaftlichen Interesses an den jeweiligen Sachbereichen ..., was immer auch fachsprachlichen Einfluß auf das allgemeinsprachliche Vokabular bedeutet".

Die von ihnen getroffenen Schlussfolgerungen in Bezug auf die soziokulturelle Prägung der Wortschatzentwicklung haben sich in meiner stichprobenartigen Sichtung der 22. Auflage bestätigt: Zum Beispiel verweisen die Neuaufnahmen mit *Home-, Internet-, Online-, Tele-* und *Web-* als Konstituente auf begriffliche Ausfächerung und allgemeinere Verbreitung der bezeichneten Sachverhalte. Nicht erweitert wurde allerdings die Wortfamilie zu *Computer*, die mit den Bildungen

Computeranimation, Computerbild, Computerdiagnostik, Computergeneration, computergesteuert, computergestützt, computerisieren, Computerkriminalität, computern, Computerspiel, Computersprache, Computertomographie, Computervirus

bereits seit der 20. Auflage recht umfangreich vertreten ist. *Multimedia*, das Wort des Jahres 1995, war bereits in der 21. Auflage verzeichnet; vorausgegangen war in der 20. Auflage die Aufnahme von *multimedial* und *Multimediasystem*; in der 22. neu hinzugekommen ist lediglich *Multimediashow*.

AUSBLICK

In einem so innovativen Bereich kann auch mit dem schnelleren Veralten und Verschwinden von Fachwörtern gerechnet werden. Klein (2003, 29) verweist z. B. darauf, dass das Fachwort *Diskette* in der jüngeren Computersprache auf dem Rückzug sei, da der bezeichnete Gegenstand vermutlich leistungsfähigeren Speichermedien (*CD-ROM, DVD*) das Feld überlassen werde. Ebenso dürfte der *Nadeldrucker* zu den bereits technisch überholten Anschlussgeräten gehören. Bis diese und vergleichbare andere Wörter in Wörterbüchern als *veraltend* oder *veraltet* markiert werden, wird aber wohl doch noch einige Zeit vergehen. Aus der Datierung und dem Inhalt der Belege in elektronischen Korpora könnte sich aber der Rückgang im Gebrauch schon abzeichnen. So stammen die Belege zu *Nadeldrucker* im Korpus „Deutscher Wortschatz" fast alle aus den 90er Jahren (es sei denn, der Nadeldrucker wird als Musikinstrument umfunktioniert, wie aus den Belegen *Konzert für zwölf Nadeldru-*

cker von 1999 und *Symphonie für Nadeldrucker* von 2001 hervorgeht). Auch Kontexte wie *der gute alte Nadeldrucker* (1995), *älteste Generation* (1995) oder *gehört mittlerweile zum alten Eisen* (1997) verweisen auf schnelle technische Veränderungen und entsprechende sprachliche Folgen. Bei Wortschatzuntersuchungen gerade in diesem Bereich ist der Blick demnach nicht nur auf die sich schnell verbreitenden Neologismen, sondern nun auch schon auf die in kurzen Zeiträumen erfolgenden, aber weniger auffälligen Archaisierungsprozesse zu richten.

LITERATUR

Bartsch, Sabine/Siegrist, Leslie (2002): Anglizismen in Fachsprachen des Deutschen. Eine Untersuchung auf Basis des Darmstädter Corpus Deutscher Fachsprachen. In: Muttersprache 112, Heft 4, S. 309–323.

Barz, Irmhild/Neudeck, Anja (1997): Die Neuaufnahmen im Rechtschreibduden als Dokumentation der Wortschatzentwicklung. In: Muttersprache 107, Heft 2, S. 105–119.

Busch, Albert/Wichter, Sigurd (Hg.) (2000): Computerdiskurs und Wortschatz. Corpusanalysen und Auswahlbibliographie. Frankfurt a. M./Berlin/Bern/Bruxelles/New York/Oxford/Wien.

Busch, Albert (unter Mitarbeit von Kai Kämmerer) (2000): Die tropische Konstruktion von Wirklichkeit. Metaphern und Metonymien als gemeinsprachliches Veranschaulichungsgerüst des Computerdiskurses in Printmedien. In: Busch, Albert/Wichter, Sigurd (Hg.): Computerdiskurs und Wortschatz. Corpusanalysen und Auswahlbibliographie. Frankfurt a. M./Berlin/Bern/Bruxelles/New York/Oxford/Wien, S. 125–203.

Daten zur Informationsgesellschaft: Status quo und Perspektiven Deutschlands im internationalen Vergleich (2004). Hg. v. Bundesverband Informationswirtschaft, Telekommunikation und neue Medien e. V. Berlin.

Duden 1991 = Duden. Rechtschreibung der deutschen Sprache. 20., völlig neu bearbeitete und erweiterte Auflage. Herausgegeben von der Dudenredaktion. Auf der Grundlage der amtlichen Rechtschreibregeln. Mannheim/Leipzig/Wien/Zürich.

Duden 1996 = Duden. Rechtschreibung der deutschen Sprache. 21., völlig neu bearb. u. erw. Aufl. Hg. v. d. Dudenredaktion. Auf der Grundlage der neuen amtlichen Rechtschreibregeln. Mannheim/Leipzig/Wien/Zürich.

Duden 2000 = Duden. Die deutsche Rechtschreibung. 22., völlig neu bearb. u. erw. Aufl. Hg. v. d. Dudenredaktion. Auf der Grundlage der neuen amtlichen Rechtschreibregeln. Mannheim/Leipzig/Wien/Zürich.

DUW 2001 = Duden. Deutsches Universalwörterbuch. Hg. v. d. Dudenredaktion. 4., neu bearb. u. erw. Aufl. Mannheim/Leipzig/Wien/Zürich.

Glück, Helmut/Sauer, Wolfgang Werner (1997): Gegenwartsdeutsch. 2., überarb. u. erw. Aufl. Stuttgart/Weimar.

Große, Rudolf/Neubert, Albrecht (1982): Sprachwandel in soziolinguistischer Sicht. Thesen. In: Große, Rudolf/Neubert, Albrecht: Soziolinguistische Aspekte der Theorie des Sprachwandels. Berlin, S. 5–14.

Grote, Andrea/Schütte, Daniela (2000): Entlehnung und Wortbildung im Computerwortschatz – neue Wörter für eine neue Technologie. In: Busch, Albert/Wichter, Sigurd (Hg.): Computerdiskurs und Wortschatz. Corpusanalysen und Auswahlbibliographie. Frankfurt a. M./Berlin/Bern/Bruxelles/New York/Oxford/Wien, S. 27–124; Wortschatzverzeichnis S. 347–450.

Haß-Zumkehr, Ulrike (2000): Wortschatz ist mehr als „viele Wörter". Die Aufgaben der Abteilung Lexik des IDS. In: Sprachreport 2, S. 2–7.

Hildebrand, Jens (2000): Internet-Ratgeber für Lehrer. 6., akt. Aufl. 2000/2001. Köln.
Informationsgesellschaft Deutschland 2006: Aktionsprogramm der Bundesregierung (2003). Hg. v. Bundesministerium für Wirtschaft und Arbeit und Bundesministerium für Bildung und Forschung.
Internet-Wörterbuch 2000 = Langenscheidts Internet-Wörterbuch Englisch-Deutsch. Hg. v. der Langenscheidt-Redaktion. Völlige Neubearb. Berlin u. a.
Klein, Wolf Peter (2003): Die Spannung zwischen Fach- und Gemeinsprache als Anlass für Sprachreflexion. Beispiele aus der Computer- und Internetsprache. 11.–13. Jahrgangsstufe. In: Deutschunterricht, Heft 2, S. 28–32.
Ludwig, Klaus-Dieter (2001): Was (noch) nicht im Wörterbuch steht. Oder: Was ist Bimbes? In: Sprache im Alltag. Beiträge zu neuen Perspektiven in der Linguistik. Herbert Ernst Wiegand zum 65. Geburtstag gewidmet. Hg. v. Andrea Lehr, Matthias Kammerer, Klaus-Dieter Konerding, Angelika Storrer, Caja Timm, Werner Wolski. Berlin/New York, S. 389–408.
Motsch, Wolfgang (1999): Deutsche Wortbildung in Grundzügen. Berlin/New York.
Roelcke, Thorsten (2001): Fachsprachen im Alltag. Probleme und Perspektiven der Kommunikation zwischen Experten und Laien. In: Sprache im Alltag. Beiträge zu neuen Perspektiven in der Linguistik. Herbert Ernst Wiegand zum 65. Geburtstag gewidmet. Hg. v. Andrea Lehr, Matthias Kammerer, Klaus-Dieter Konerding, Angelika Storrer, Caja Timm, Werner Wolski. Berlin/New York, S. 219–231.
Römer, Christine/Matzke, Brigitte (2003): Lexikologie des Deutschen. Eine Einführung. Tübingen.
Scholze-Stubenrecht, Werner (2001): Das Internet und die korpusgestützte praktische Lexikographie. In: Korhonen, Jarmo (Hg.): Von der mono- zur bilingualen Lexikografie für das Deutsche. Frankfurt a. M./Berlin/Bern/Bruxelles/New York/Oxford/Wien, S. 43–64.
Schulze, H. H. (2000): Lexikon Computerwissen. Fachbegriffe schlüssig erklärt. Reinbek b. Hamburg.
Wichter, Sigurd (1991): Zur Computerwortschatz-Ausbreitung in die Gemeinsprache. Elemente der vertikalen Sprachgeschichte einer Sache. Frankfurt a. M./Bern/New York/Paris.
Wichter, Sigurd (1994): Experten- und Laienwortschätze. Umriß einer Lexikologie der Vertikalität. Tübingen.
Wörter, die Geschichte machten (2001). Herausgegeben von der Gesellschaft für deutsche Sprache. Gütersloh/München.
Zimmer, Dieter E. (1997): Deutsch und anders. Die Sprache im Modernisierungsfieber. Reinbek b. Hamburg.

Internet-Adressen

www.duden.de
www.ids-mannheim.de
www.wortschatz.uni-leipzig.de

MARIANNE SCHRÖDER

Wortbildung in der Hörfunknachricht

Angeregt durch sprachsystematisch und psycholinguistisch orientierte Arbeiten von Irmhild Barz zu Wortneubildungen aus kürzeren Zeitungstexten (1998 bzw. 1996) untersuche ich im Folgenden Vorkommen und Verwendung von Wortbildungsprodukten (=WBP) in der Hörfunknachricht (= HFN). Ziel ist es, für eine in der journalistischen Fach- und Ratgeberliteratur gut beschriebene, in der textorientierten Wortbildungsforschung bisher nicht gesondert behandelte Textsorte die linguistisch-lexikalischen Aspekte zu erweitern, und zwar um relevante Aspekte der Wortbildung. Die Untersuchung der hörfunktypischen Vorkommens- und Verwendungsweise von Wortbildung geschieht im Rahmen der pragmatischen Stilistik und beschäftigt sich mit dem Verhältnis zwischen sprachlichem Befund der gehörten Textexemplare und typischen Eigenschaften der Textsorte. Die Einbeziehung der Hörsituation passt in die Gegenstandsbestimmung gegenwärtiger Wortbildungsforschung, für die Irmhild Barz Ende der 90er Jahre postuliert:

> „Sie muss in bestimmten Fällen pragmatische Kategorien wie Sprecher, Hörer, deren Strategien und deren Sach- und Normwissen einschließlich der Erwartungen, Sprechakte, zeitliche und räumliche Situation sowie Sachverhaltsmerkmale einbeziehen."   (Barz 2000, 305 f.)

Der erste Teil des Beitrags ist eine systematisierende Bestandsaufnahme HFN-typischer WBP, im zweiten geht es um Prinzipien der Textgestaltung, die für die Verwendung HFN-typischer WBP relevant sind. Das Belegmaterial stammt aus den Hörfunk-Frühnachrichten des Programms „Das NachrichtenRadio MDR info", und zwar – bis auf wenige Ausnahmen – innerhalb des Zeitraums von April 2002 bis Februar 2003, in dem innenpolitische Themen wie Flutkatastrophe oder Bundestags- und Landtagswahlen dominierten. Die angeführten schriftlichen Textbelege entstammen dem Internet (www.mdrinfo.de) in der dort üblichen sprechgemäßen Schreibweise.

1. HÖRFUNKNACHRICHT UND HÖRSITUATION

Hörfunknachrichten bilden

> „nicht nur eine der am besten untersuchten, sondern auch eine der relativ klar abgrenzbaren Medien-Textsorten"   (Fluck 1993, 96).

Ihre besondere Stellung erwächst zudem einerseits aus ihrer historischen Stabilität als Textsorte, andererseits aus ihrer lexikalischen Flexibilität. Die Stabilität beruht auf der seit langem weitgehend gleich gebliebenen Hörsituation (v. Polenz 1998, 513; Burger 2000, 623). Die Flexibilität im lexikalischen Bereich entspringt der *ganzen Vielfalt der Nachrichten*, die ein Claim von NachrichtenRadio MDR info verspricht: Zwischen gut bekannten und gebräuchlichen Wörtern sind Wörter zu hören, die ganz neu gebildet (*Ich-AG* seit November 2002) oder wenig geläufig sind (fachsprachlich *Veräußerungserlös,* neu entlehnt *Job-Floater*), die stilistisch markiert (*Software-Piraten*) oder in anderer Bedeutung bekannt sind (*verlässlich*[*e Grundschule*]).

Die einzelne HFN ist Teil des Nachrichtenblocks bzw. der Nachrichtensendung, im NachrichtenRadio MDR info mit „News" getitelt. Das journalistische Credo:

„Eine Nachricht ist nur dann eine Nachricht, wenn sie etwas Neues enthält und wenn sie sich dabei auf das Wesentliche konzentriert" (Radionachrichten 1994, 11),

gilt über die einzelne HFN hinaus für den gesamten Nachrichtenblock. Bei aller inhaltlichen Inkohärenz zwischen den Einzelnachrichten (von der Pool-Affäre bis zur Flutkatastrophe) ist die Textualität im Nachrichtenblock durch diese Prämisse gesichert (Klemm 2002, 146 f.; Brinker 1992, 65). Die „News" sind in ein regelmäßig wiederkehrendes Programmformat eingebettet (Straßner 2000, 21; Burger 2000, 622), das sich bei NachrichtenRadio MDR info zusammensetzt aus: Aktuelle Berichte, Hintergründe, Interviews, Presseschau, Wetterbericht, Verkehr, Börse und Sport. Die viertelstündlich gesendeten Nachrichten zwingen zu ständiger Aktualisierung, die vor allem mit Agenturmeldungen vorgenommen wird:

„Nachrichtenagenturen liefern meistens die ersten Informationen über ein neues Ereignis und bieten damit für alle Medien die wichtigste Planungsgrundlage." (Schwiesau/Ohler 2003, 200)

Einer Textsortenbeschreibung im Rahmen der pragmatischen Stilistik entsprechend (Fix 2001, 491 f.), sind die News der propositionale Gehalt, dominierende Sprachhandlung ist das INFORMIEREN, ihr untergeordnet das AUFMERKSAMKEIT WECKEN. Wichtige Stilzüge sind ‚sachbetont', ‚knapp', ‚distanziert', ‚resultatsorientiert', ‚gegliedert' (Schönbach/Goertz 1995, 160; Fiukowski 1999, 147; Fix/Poethe/Yos 2002, 53). Zu den typischen stilistisch-formulativen Elementen gehören auf der lautlichen Ebene ein angemessenes Sprechtempo sowie den Inhalt gut portionierende Sprechpausen und verdeutlichende Satzakzente (Schwiesau/Ohler 2003, 257). Satzanordnungen und Satzgliedstellungen richten sich vor allem nach kommunikativen Gesichtspunkten. Im lexikalischen Bereich werden nach Kurz

„... – von gelegentlichen Abweichungen abgesehen – allgemein bekannte, übliche und lexikalisch sanktionierte, nicht individuelle Wörter verwendet" (Kurz u. a. 2000, 234).

Typisch sind Realienbezeichnungen für Personen, Orte, Ereignisse und Sachverhalte (Fix/Poethe/Yos 2002, 106).

Die **Hörsituation**, die dieser Analyse zugrunde liegt, konstituiert sich aus dem

Medium Radio, dem ausgestrahlten Programm Das NachrichtenRadio MDR info des Senders Mitteldeutscher Rundfunk (= MDR) sowie aus der HFN. Sie ist vor der Sendung schriftlich kodiert worden; ihr können Claims wie *Hören, was passiert* vorgeschaltet sein. Situationsspezifische Vorgänge sind Sprechen, Hören und Verstehen. Nachrichtenredakteur und Sprecher bleiben anonym. Als Hörer fungiert für diesen Beitrag die Autorin, eine Durchschnittshörerin mit besonderem Interesse für Wortbildung; sie testet ihr Hörverstehen an Wörtern, die ihr aus subjektiver Sicht auffallen, und beschreibt systematisierend den lexikalischen Befund. – Die Frühnachrichten sind deshalb als Untersuchungsgegenstand gewählt worden, weil ihre Lexik auffälligen Meldungen Rechnung tragen muss; denn nach dpa (1998, 101) bringen Frühnachrichten bevorzugt „exklusive Meldungen", einschließlich spätabendlicher Top-Meldungen des Vortages sowie herausragender Vorab-Meldungen (Zehrt 1996, 112; Schwiesau/Ohler 2003, 246). Außerdem wird die Aufmerksamkeit des Hörers morgens als besonders groß eingeschätzt (vgl. Hennig 2000, 875).

Nach Gutenberg (2000, 578) kann Hörverstehen dreigeteilt werden in auditive Perzeption, Verstehen des Gesagten, Verstehen des Gemeinten. Die auditive Perzeption verläuft linear, was auch weitgehend für kognitives Hörverstehen anzunehmen ist. Erfahrungsgemäß denkt man aber auch zurück, aktiviert vorausgegangene Passagen und Begriffe, hört sich die nicht gleich verstandene Nachricht „zurecht" (Wachtel 2000, 58; Peschel 2002, 48). Dass man bei ausbleibendem Hörverstehen schließlich „weghört", ist eine tägliche persönliche Erfahrung.

Kognitives Hörverstehen ist ein höchst komplexer, nach Hörergruppen graduierter Prozess, in dem sich der Hörer „auf seine Wissens- und Erfahrungsbestände" bezieht (Fix 2001, 493), in die Sprach-, Welt- und Textwissen integriert sind. Prototypische Konzepte wie „Die Flut" oder „Die Rente" begünstigen Assoziationswissen. Für eine theoretische Grundlegung des Hörverstehens im Rahmen des Hörfunks gibt es nach Straßner (2000, 14) und Herrmann (1999, 185) allerdings bisher noch kein befriedigendes Konzept. Die auf mentale Prozesse ausgerichtete Wortbildungsforschung liefert einen spezifischen Ansatz zum Hörverstehen. Danach ist die Rezeption von Wortbildungen Teil eines allgemeinen Textverstehens, bei der sich der Hörer das Prinzip der Motiviertheit und die „Semantisierung durch die Textumgebung" (Barz 1998, 13) zunutze macht.

2. HFN-TYPISCHE WORTBILDUNGSPRODUKTE

Medienspezifische Ausprägungen des Wortschatzes sind nach Bucher (1999, 220) „aus den journalistischen Aufgaben und dem behandelten Thema ableitbar". Im textlinguistischen Sinne definieren sich HFN-typische WBP aus dem Zusammenhang zwischen thematisch-propositionalen, handlungstypisch-illokutiven und stilistisch-formulativen Charakteristika der Textsorte HFN. Die News erfordern W o r t n e u -

bildungen als Benennungen neuer Begriffe. Das INFORMIEREN über Tagesereignisse und ein erwünschter Wissenstransfer bedingen die Verwendung besonderer Wörter, nicht nur neuer, sondern auch etablierter Wörter, die aber weniger geläufig sein können, wie fachsprachliche WBP, oder die unmotiviert sind, wie onymische Kurzwörter. Zur Auflockerung des sachbetonten, distanzierten Nachrichtentons eignen sich WBP, die AUFMERKSAMKEIT WECKEN und darüber hinaus Signalfunktion besitzen. Sie werden hier pragmatisch als auffällig modifizierte WBP zusammengefasst (zur terminologischen Verwendung von Modifikation vgl. Barz/Schröder 2001, 202 f.).

Die HFN-typischen WBP sind in dem Belegmaterial substantivische Komposita. Substantive erlauben es uns,

> „Inhalte relativ selbständig hinzustellen, zu ,setzen', um über sie etwas zu sagen"
> (Eichinger 2000, 177).

Die morphologisch-strukturelle Komplexität der Komposita macht sie potentiell semantisch durchschaubar und ermöglicht fachliche Differenzierung und textuelle Variation.

Wortneubildungen sind nach Barz sowohl begriffsbildende Benennungen wie auch „spontane Formulierungslösungen" (Barz 1996, 307).

> „Ein Teil der Okkasionalismen findet unter bestimmten Bedingungen Verbreitung und geht allmählich in den Wortschatz ein."
> (Barz 1998, 17)

Herberg (2002, 195) definiert Wortneubildungen als lexikalische Einheiten, die im gegenwärtigen Zeitabschnitt in der Kommunikationsgemeinschaft aufkommen, sich u. U. ausbreiten und in diesem Entwicklungsabschnitt von der Mehrheit der Sprachbenutzer über eine gewisse Zeit hin als neu empfunden werden. Diese vagen und unregelmäßigen Übergänge von der Ad-hoc-Bildung über eine beginnende Usualisierung bis hin zur Lexikalisierung kennzeichnen auch Wortneubildungen in Nachrichten. Wie diese sind sie oft „bunt und flüchtig" (Schönbach/Goertz 1995) und verschwinden so schnell, wie sie gekommen sind, z. B. *Superstellvertreter* (für Friedrich Merz) in Analogie zum *Superminister* (für Wolfgang Clement), andere tauchen ab und wieder auf wie die *Pool-Affäre* (mit Rudolf Scharping). Über einen längeren Zeitraum gehalten hat sich – entsprechend der anhaltenden Aktualität des Themas – die *Hartz-Kommission,* die man nach Herberg (2002) als „Kurzzeitwort" einstufen könnte. Einige werden schnell so populär, dass sie wie *Teuro* zum Wort des Jahres 2002 gekürt werden oder dass sie wie *Ich-AG* von heute auf morgen in den alltäglichen Wortgebrauch eingehen, auch wenn eine Jury dieses Kompositum zum Unwort des Jahres 2002 erklärt hat:

> *„... Bereits ab Januar wirksam werden unter anderem die neuen Zumutbarkeitsregeln für Arbeitslose und die Gründung von Ich-AGs sowie neue Rahmenbedingungen für Leih- und Zeitarbeit."* (15.11.02)

Mit der Etablierung der *Ich-AG* auf dem Arbeitsmarkt zeigt sich exemplarisch an dieser Wortneubildung eine der

> „leistungsbezogenen Bedingungen für den Lexikalisierungsprozeß"

erfüllt, nämlich

> „die Bedeutsamkeit des bezeichneten Sachverhalts für eine soziale Gruppe und die Aufnahme der lexikalischen Einheit durch andere Gruppen" (Barz 1998a, 59).

Der Hörer ist an Wortneubildungen gewöhnt und er akzeptiert sie wegen ihrer nominativen Funktionalität: Erstbenennungen benennen neu geschaffene Sachverhalte (*Euro-Raum*) oder Gegenstände (*Service-Hotline*), Zweitbenennungen signalisieren aktuelle Sichtweisen (*Super-Minister* für *Arbeits- und Wirtschaftsminister*) und Bewertungen (*Teuro* als Kontamination aus *teuer+Euro*).

Die Hörverständlichkeit erwächst aus der Motiviertheit der komplexen Wortneubildungen. Ihre Motivationsbedeutung, erschließbar aus der Bedeutung der Kompositionsglieder und ihrer semantischen Beziehung zueinander, erleichtert dem Hörer das Verstehen der lexikalischen Gesamtbedeutung einer Wortneubildung. Dem Hörer helfen neben seinem Musterwissen über Wortbildung

> „kontextuelle und intertextuelle Bezüge ..., den Sinn in den neuen Wörtern zu finden. Das ist es, was man die Motiviertheit der Wortbildungen nennt."
> (Eichinger 2000, 41; Erben 2000, 70; Peschel 2002, 50)

Die Alltäglichkeit dieses Vorgangs, sich als Hörer die Bedeutung von Wortneubildungen zu erschließen, grob zu verstehen, „zurechtzuhören", mag ein Grund dafür sein, dass die journalistische Fachliteratur der Wortneubildung bisher wenig Beachtung geschenkt hat. Vereinzelt wird auf ad-hoc-Bildungen, Eintagsfliegen oder auf Schlagwörter hingewiesen (vgl. Schwiesau/Ohler 2003, 150 bzw. 169 f.). Diese „Vernachlässigung" der Wortneubildung bekräftigt indirekt den Nachweis von Barz (1996, 308), der besagt, dass von den täglich rezipierten Wortneubildungen in erster Linie nur die Komposita als neu empfunden werden, die wie *Hanfpapst* eine „geringe Verbindungsaffinität der Konstituenten" aufweisen und auf auffälligen, unüblichen Kollokationen beruhen. Gerade die sind aber für die HFN untypisch.

Die Menge der nötigen Textinformation zum guten Hörverstehen richtet sich u. a. nach der Komplexität der Wortneubildung. Polymorphemische Wortneubildungen mit vier und mehr Grundmorphemen (Fleischer/Barz 1995, 97) überschreiten zwar die empfohlene „mittlere Silbenzahl" (Schwiesau/Ohler 2003, 132; Wachtel 2000, 54), ihre lexikalische Bedeutung ist aber leicht erschließbar, da sie mit der Motivationsbedeutung nahezu identisch ist. Im Belegmaterial referieren sie vor allem auf Gegenstände/Sachverhalte: *Arbeitsbeschaffungs- und Strukturmaßnahmen, Ost-Infra-Strukturmaßnahmen, Flutopfer-Solidaritätsgesetz;* Einrichtungen/Anlagen: *Wohnungsbauförderstelle, MDRinfo Hochwasserhotline.* Für die Erschließbarkeit der Bedeutung ist die Anzahl der Silben von untergeordneter Bedeutung. Wichtiger ist die Anzahl der Kompositionsglieder: Beispielsweise ist *MDRinfo Hochwasserhotline* aus sechs Kompositionsgliedern nicht so schnell erschließbar wie *Flutopfer-Solidaritätsgesetz* aus vier Kompositionsgliedern.

Für das Sprechen besonders langer Komposita gilt – bei aller Zeitknappheit im Nachrichtengeschäft – die über einhundert Jahre alte Forderung Mark Twains (2002, 76 f.):

> „Fünftens würde ich die ellenlangen zusammengesetzten Wörter abschaffen oder jedenfalls vom Sprecher verlangen, dass er sie in Abteilungen vorträgt – mit Erfrischungspausen dazwischen. ... Geistige Nahrung ist wie jede andere Nahrung. Es ist angenehmer und bekömmlicher, sie nicht mit der Schaufel, sondern mit dem Löffel zu sich zu nehmen."

Beim Hören von Komposita mit gelockerter Wortstruktur (Fleischer/Barz 1995, 92) kann es zu Missverständnissen kommen, weil man schriftliche Strukturierungsmerkmale wie den Ergänzungs(binde)strich nicht hört:

> „*...für die Menschen- und Grundrechte, ...*" (18.02.03)

Das zu ergänzende Kompositionsglied *Menschen-* könnte auch als einzelnes Wort in freier syntaktischer Fügung zu verstehen sein. Missverständlich, aber auch unüblich ist die Reduzierung eines Kurzwortes wie *CDU* auf *CD-* in der Aneinanderreihung *was CD und CSU beschlossen haben* (4.3.04). Missverständnisse sind weitgehend ausgeschlossen bei solchen Komposita mit Ergänzungsstrich, die ein Fugen-*s* haben (*EU-Staats- und Regierungschefs*) oder deren erste Konstituente ein Verbalstamm (*Wach- und Sicherheitsgewerbe*) oder ein unflektiertes Adjektiv (*mehr Klar- als Behördentext im Wetterbericht*) ist.

Für kürzere, zweigliedrige Komposita kann mehr Textinformation nötig sein als für polymorphemische. So bleibt z. B. bei isolierter Nennung von *Saddam-Zuschlag* oder *Irak-Zuschlag* (15.02.02) die lexikalische Bedeutung unklar, weil die Wortbildungsbedeutung nicht erkennbar und eine Paraphrasierung vage ist: *Zuschlag* 'von', 'für' oder 'auf'. Erst im Textzusammenhang wird klar, dass es ein Zuschlag auf Benzinpreise ist als Folge des Konflikts mit Saddam Hussein bzw. dem Irak. Auch bei Komposita, die nicht das Patiens zum deverbalen Grundwort enthalten wie in *Geheimentwicklung, Nordverlängerung*, ist Text vonnöten. Für ein kurzes Kompositum wie *Judenstern-Vergleich* findet sich zum besseren Verständnis die zweite Größe des *Vergleichs* im Text:

> „Hessens Ministerpräsident Koch bleibt wegen seines *Judenstern-Vergleichs* in der Kritik. ... Koch hatte ver.di-Chef Bsirske vorgeworfen, in der Vermögenssteuer-Debatte die Namen reicher Deutscher genannt zu haben. Dies sei ‚eine neue Form von Stern an der Brust' ..., so Koch ..." (13.12.02)

Aufgrund von Text- und Kontextwissen des Hörers sind Missverständnisse aber auch bei solchen kurzen Komposita selten (Peschel 2002, 127). Wenn beispielsweise in einer Frühnachricht (10.11.02) der *Fluthelferorden* zu *Flutorden* gekürzt worden war, wird sich der Hörer die Bedeutung sinngemäß über die Ergänzung 'Orden für die Helfer während der Flut' erschlossen, und nicht an einen 'Orden für die Flut' gedacht haben.

Fachsprachliche WBP benennen aktuelle Ereignisse und Entwicklungen in Fachgebieten, die im Alltag des Hörers eine wichtige Rolle spielen. Die entsprechenden Informationen können den Hörern „nützen oder sie vor Schaden bewahren" und haben in diesem Sinne einen besonderen „Gebrauchswert" (Schwiesau/Ohler 2003, 51 f.). Vorrangige Fachgebiete sind die Rechtswissenschaft: *Vorschaltgesetz, Ehegattensplitting, Veräußerungserlös, Raumordnungsverfahren*, die Wirtschaft: *Entgelt-Tarif-Vertrag*, das Bankwesen: *Premium-Segment*; die Politik: *Überhangmandat, Mehrstaaterabkommen*; der Sport: *Stallorder*. Kennt der Hörer diese Fachwörter nicht, gibt ihm der Kontext im Moment des Hörens eine leichte Orientierung auf das Fachgebiet. Das Grundwort des Kompositums zeigt den Oberbegriff an (Eichinger 2000, 177), das Bestimmungswort markiert u. U. das Thema (Peschel 2002, 106). Was für wissenschaftliche Texte angestrebt wird, nämlich „ihre Begriffe mit Hilfe der prozeduralen Wortbildung aus dem Kontext zu entwickeln" (Wolf 1996, 256), schließt die Kürze der HFN weitgehend aus. HFN-typisch sind Funktionsdefinitionen, die für den Hörer „Zurücknahmen und Vereinfachungen im Wissensstand" ermöglichen (nach Schlaefer 2002, 97) und gleichzeitig das Ende der HFN signalisieren (vgl. Püschel, 1992, 243):

„... *Die Grünen-Finanzexpertin Scheel bestätigte dem Berliner Tagesspiegel, man berate über eine Gewerbe-Steuer-Pflicht für V e r ä u ß e r u n g s e r l ö s e. So sollen auf Gewinne, die beim Kauf von Unternehmungs-Beteiligungen entstehen, Steuern erhoben werden."* (27. 09. 02)

Manchmal wird die Sensationslust des Hörers durch Fachjargonismen wie *Designer-Baby* (17. 04. 02) oder *Klon-Baby* (31. 12. 02) bedient.

Onymische Kurzwörter sind wie andere Eigennamen auch als Realienbezeichnungen typisch für die HFN (Fix/Poethe/Yos 2002, 106). Sie identifizieren vor allem Institutionen (*DIHT*), Vereine (*DFB*), seltener Veranstaltungen (*die EURO*, analog zu *die EXPO*). Appellativische Bezeichnungen (*PKW, DVD, ABM*) sind seltener als Eigennamen. Die meisten Vollformen sind Phrasen (*Deutscher Fußballbund > DFB*). Im Deutschen gebildete Kurzwörter (*ABM*) überwiegen gegenüber entlehnten Kurzwörtern (*ISS*).

Für buchstabiert gesprochene Initialkurzwörter wie *DVD, ISS, DFB, BKA, WAZ, SSS* besteht beim Hören sowohl auditiv als auch semantisch Verwechslungsgefahr (dpa 1998, 155), da das auffällige Schriftbild als Hilfe für die richtige Rezeption entfällt. Genau zuhören muss man auch, will man onymische Komposita oder appositionelle Syntagmen mit eingegliederten Kurzwörtern auditiv sofort als Benennungseinheit erfassen, beispielsweise *BW Fuhrparkservice GmbH* (zu onymischen diskontinuierlichen Komposita Barz 1999, 18 ff.) bzw. *NachrichtenRadio MDR info, US Fernsehsender ABC*. Orientierungshilfe leisten die integrierten, ungekürzten appellativischen Oberbegriffe *Fuhrparkservice, Fernsehsender*. Diese verdeutlichende

Funktion zeigt sich auch in *Dienstleistungsgewerkschaft ver.di*:

„In der Dienstleistungsgewerkschaft ver.di wächst der Widerstand gegen Kürzungen bei den Bezügen für Arbeitslose. ..." (29. 10. 02)

Die *Dienstleistungsgewerkschaft* nimmt tautologisch die Verkürzung zu *di* vorweg, disambiguiert die Homophone *ver.di/Verdi* und sichert das Hörverstehen der schriftlich auffälligen, mit dem Punkt auf eine Pseudo-Internetadresse anspielende Schreibweise (Eroms 2002, 27).

Es ist offensichtlich, dass das verbreitete Vorkommen von Kurzwörtern weniger der Kürze der HFN, sondern vielmehr ihrer Benennungsfunktion als Eigenname geschuldet ist. Die meisten onymischen Kurzwörter haben sich gegenüber ihrer Vollform verselbständigt und sind im Sprachgebrauch üblicher als diese.

Auffällig modifizierte WBP sind Komposita, die Stilzügen der HFN wie ‚sachbetont', ‚distanziert', ‚neutral' zwar scheinbar widersprechen, die aber doch in Übereinstimmung mit Textsortentypika und der Erwartungsnorm des Hörers stehen. Sie lockern die trockene Nachrichtensprache auf, WECKEN AUFMERKSAMKEIT und üben Signalfunktion aus.

Auffällig modifiziert sind Komposita mit taxierender Bewertung (Erben 2000, 86) aufgrund expressiver Übertreibungen wie in *Blut-, Schweiß- und Tränenrede* aus der politischen Rhetorik oder wie in *Totschlagargument*. Sie stehen vor allem in Meldungen, die durch einen O-Ton ergänzt werden (Schwiesau/Ohler 2003, 254). Innerhalb gesprochener Redewiedergabe signalisieren sie persönliche Stellungnahme der zitierten öffentlichen Person und verstärken den Eindruck von Authentizität der Meldung (Fix/Poethe/Yos 2002, 109):

„... Stolpe wies den Einwand zurück, für eine volle Lohnangleichung fehle das Geld. ‚Das ist ein Totschlagargument, das ich nicht gelten lasse.' ..." (16. 12. 02)

Aufmerksamkeit wecken Kompositionsmetaphern wie *Software-Riese, Softwarepiraten*, die mentale Bilder beim Hörer hervorrufen (Fix 2002, 21). Als besonders hörauffällig empfand ich *Hosenträger-Variante*, denn ich konnte mir beim ersten Hören die Bezeichnungsübertragung vom freien Wort *Hosenträger* auf das Kompositionsglied *Hosenträger-* nicht herleiten. Das gelang mir erst beim „Nachhören" mit Hilfe der Folgesätze:

„Sachsen-Anhalts Verkehrsminister Daehre hat die geplante Nordverlängerung der A 14 als optimal bezeichnet. ... Die so genannte Hosenträger-Variante sei die beste, was das Kosten-Nutzen-Verhältnis betreffe. ... Zwischen den Trassen sollen Querverbindungen entstehen. ..." (09. 07. 02)

Auffällig modifiziert sind auch einige Wortbildungssynonyme, die der gesprochenen Sprache entstammen: *Papst-Euro, Papst-Radio* anstelle der offiziell gebrauchten Synonyme mit *Vatikan-*, *Papst-Konterfei* ironisch-altertümelnd anstelle von *Papst-*

Bild(nis), alle drei in derselben HFN (12.09.02). Augmentative Modifikation steckt in *Superminister* für *Arbeits- und Wirtschaftsminister*, wobei *Super-* allerdings weniger den Minister, sondern mehr das umfangreiche Ministeriumsressort aufwertet. Diffamierende Synonyme sind *Lügen-* oder auch *Wahlbetrugsausschuss* für *Erster Untersuchungsausschuss der 15. Wahlperiode des Bundestages*. Im wahltaktischen Rede-Manöver sind sie vermischt worden, was zu einer irritierenden Formulierung geführt hat, besonders deshalb, weil man die Anführungszeichen nicht hört:

> „Bundeskanzler Schröder und Finanzminister Eichel müssen erst nach den Landtagswahlen am 2. Februar vor dem U n t e r s u c h u n g s a u s s c h u s s ‚W a h l b e t r u g' aussagen. ..." (20.01.03)

Die subjektive Auswahl der etwa 120 „herausgehörten" HFN-typischen WBP, die in diesem Beitrag auch angeführt sind, ist nachträglich an Wörterbuchangaben überprüft worden. Die Recherchen ergaben: Von den 120 WBP sind nur sieben im GWDS inventarisiert, und zwar die fachsprachlichen WBP *Ehegattensplitting, Überhangmandat, Vorschaltgesetz*, die onymischen Kurzwörter *DFB, DIHT, DVD*, die Wortneubildung *Euro-Land* – alles in allem nur 5,8 %. Auch wenn es erwiesen ist, dass Neubildungen schneller in Gebrauch kommen, „als Wörterbuchauflagen aufeinander folgen können" (Barz 2001, 205; Ludwig 2001, 406), objektiviert der lexikographische Befund in gewisser Weise die subjektive Auswahl.

3. WBP-RELEVANTE TEXTGESTALTUNG DER HFN

Die Textgestaltung der HFN bewegt sich zwischen der Erwartung des Hörers *(zu) Hören, was passiert* und der Absicht des Nachrichtenredakteurs *(zu) Schreiben fürs Hören*. Maßstab für eine gelungene Textgestaltung ist der beiderseitige Anspruch, dass der Hörer die Nachricht beim ersten Hören versteht. Dabei steht der Nachrichtenredakteur täglich mehrmals vor der Aufgabe,

> „aus umfangreichem, meist schriftlich konzipiertem Quellenmaterial eine möglichst kurze, zugleich aber verständliche und attraktive Informationseinheit zu schaffen"   (Fluck 1993, 96).

Von dieser Aufgabenstellung betroffen ist auch die Wortbildung, und zwar in Hinsicht auf P o s i t i o n und V a r i a t i o n der WBP, auf den W e c h s e l zwischen Kurzwort und Vollform sowie auf K o m p r i m i e r u n g e n syntaktischer Fügungen zu WBP.

Die Position HFN-typischer WBP lässt sich anhand des Nachrichtenaufbaus beschreiben. An der Spitze der HFN steht der Leadsatz, der als erster Satz den Kern der Nachricht enthält (Schwiesau/Ohler 2003, 88). Die Folgesätze enthalten Einzelheiten und Hintergründe. Für die Satzgliedstellung gilt: Die Neuigkeit gehört ans Ende des Satzes (Schwiesau/Ohler 2003, 128 ff.).

HFN-typische WBP, die wie *Stallorder* den Kern der Nachricht benennen, gehören in den Leadsatz:

„*In der Formel 1 ist künftig eine so genannte S t a l l o r d e r verboten. Das hat eine Kommission . . .*" (28. 10. 02)

Das mit *Formel 1* eingeführte Renngeschehen bereitet das Verständnis für den Fachjargonismus *Stallorder* vor. Als vorausgehendes Satzglied ruft er das entsprechende Assoziationsfeld beim Hörer auf.

HFN-typische WBP, die als erstes Satzglied im ersten Satz die Nachricht eröffnen, wecken Aufmerksamkeit und beanspruchen die sofortige Konzentration des Hörers:

„*Der S o f t w a r e - R i e s e Microsoft hat in dem gegen ihn laufenden Kartell-Verfahren einen wichtigen Sieg errungen. Ein US-Gericht . . .*" (02. 11. 02)

Diese Position schließt einerseits die Chance des Hörers ein, bei mangelndem Interesse (kurzfristig) wegzuhören, andrerseits besteht die Gefahr, den Einstieg verpasst zu haben:

„Es passiert Radiohörern immer wieder, daß sie den Anfang einer Meldung verpassen, weil sie erst nach einem Sekundenbruchteil mit voller Aufmerksamkeit zuhören."

(Radionachrichten 1994, 29)

Nicht im Leadsatz, sondern in Folgesätzen stehen weniger geläufige Fachwörter wie *Vorschaltgesetz* oder *Veräußerungserlös*, aber auch Wortneubildungen, die ad hoc gebildet sind wie *Nicht-Microsoft-Programm*. Die Vorgängersätze bereiten das Hörverstehen vor:

„*Bundesgesundheitsministerin Schmidt plant angeblich weitere drastische finanzielle Einschnitte. . . . Nullrunden bei Ärzten . . . Festschreiben von Ausgaben der Krankenkassen. Das Vorhaben ist den Berichten zufolge ein Bestandteil des angekündigten V o r s c h a l t g e s e t z e s, mit dem Schmidt die Kosten im Gesundheitsbereich deutlich senken will.*" (30. 10. 02)

Die unterschiedliche Position zweier Wortneubildungen mit gleichem Grundwort (*-test*) zeigt den Weg vom Besonderen zum Allgemeinen und umgekehrt (Schwiesau/Ohler 2003, 253 f.):

„*Die US-Gesundheits-Behörden haben einen neuen A i d s - S c h n e l l t e s t genehmigt. Den Angaben zufolge . . .*" (08. 11. 02)
„*Politiker von EU und Beitrittsländern haben die irische Entscheidung für den Nizza-Vertrag mit Erleichterung aufgenommen. . . . Nach Ansicht von Ungarns Außenminister Kovacs bestanden die Iren den V e r a n t w o r t u n g s t e s t . . .*" (21. 10. 02)

Der begrifflich genauer bestimmte *Aids-Schnell-Test* im Leadsatz ist für den Beginn der HFN gut geeignet, der allgemeinere *Verantwortungstest* steht besser nach textuellen Vorbereitung im Folgesatz.

Die ausdrucksseitige Variation wird in der textorientierten Wortbildungsforschung als mehrmalige Verwendung ein und desselben Grundmorphems in unterschiedlicher Wortbildungsumgebung definiert (im Überblick Peschel 2002, 58 ff.) und funktional der Textkonstitution zugeordnet (Barz/Schröder 2001, 184 f.). Wörter mit gleichem Grundmorphem erleichtern es dem Hörer,

> „etwas durch eine Neubildung Bezeichnetes mit etwas Ähnlichem, bereits Genanntem in Verbindung zu bringen. Dies hat sowohl positive Auswirkungen auf das Verstehen der Neubildung wie auf das Erinnern des vorausgegangenen Textes" (Peschel 2002, 271):

> „Zahlreiche *EU-Ausländer* können von heute an leichter die doppelte *Staatsbürgerschaft* bekommen. Die *Ausländerbeauftragte* der Bundesregierung, Beck, sagte, auch Italiener, Franzosen und Belgier dürfen ihre frühere *Staatsangehörigkeit* behalten, wenn sie in *Deutschland eingebürgert* werden. Grund ist die Aufkündigung des so genannten *Mehrstaaterabkommens*. Schon länger möglich war die doppelte *Staatsangehörigkeit* für Portugiesen, Griechen, Briten und Iren. – Voraussetzung für die *Einbürgerung* in *Deutschland* sind 8 Jahre Aufenthalt, ein gesichertes Einkommen und *Deutschkenntnisse*." (22.12.02)

In dieser HFN stehen *(aus)land, staat, bürg(er), deutsch* jeweils in unterschiedlicher Wortbildungsumgebung. Eine mehrfache textverflechtende Variation wie in diesem Beleg ist in den kurzen HFN allerdings selten.

Bei *Mehrstaaterabkommen* war ich unsicher, ob ich richtig gehört hatte: *Mehrstaater-* statt *Mehrstaaten-*. Aber der Bezug auf die gehörten Personenbezeichnungen, von denen mehrere ausdruckseitig durch das Suffix *-er* (*-Ausländer, Staatsbürger-, Italiener, Belgier*) gekennzeichnet sind (vgl. Wolf 1996, 249), führte zum richtigen Verständnis über die Motivationsbedeutung 'Abkommen für Personen (*-er*) mit mehrfacher Staatsangehörigkeit'.

Die Variation kann vom komplexeren Wort ausgehen oder zu ihm hinführen – beides Erscheinungen, die auch mit Fragen der Position verknüpft sind (s.o.). In den HFN-Belegen dominiert die Richtung vom komplexeren Wort zu weniger komplexen Wörtern:

> „Das Deutsche Institut für Weltwirtschaft hat die Änderung der *Euro-Stabilitätskriterien* begrüßt ... die Grundpfeiler des *Stabilitätspaktes* ... die *Maastricht-Kriterien* ... die *Stabilität* des *Euro* ... *Euro-Land*." (25.09.02)

Teile des sehr komplexen Kompositums *Euro-Stabilitätskriterien* im Leadsatz finden sich in WBP der Folgesätze wieder. Die ausdrucksseitig miteinander verknüpften Wörter *Stabilitätspakt, Maastricht-Kriterien, Stabilität, Euro, Euro-Land* in den Folgesätzen führen das Thema lexikalisch weiter.

Verständlichkeitsfördernd ist die Variation auch, wenn ein polymorphemisches, weniger geläufiges Kompositum wie *Beitragsicherungsgesetz* im zweiten Satz steht und durch einfachere, geläufige Wörter (*Beitrag, Rentenversicherung*) im vorausgehenden Leadsatz strukturell auf- und in den Folgesätzen abgebaut wird:

> *„Die B e i t r ä g e zur gesetzlichen R e n t e n v e r s i c h e r u n g werden ab Januar von 19,1 auf 19,5 Prozent steigen. Der Bundestag beschloss am Nachmittag das so genannte B e i t r a g s i c h e r u n g s g e s e t z. Neben der R e n t e n- betrifft es auch die K r a n k e n v e r s i c h e r u n g. ... B e i t r ä g e. P r i v a t v e r s i c h e r u n g , ... "* (15. 11. 02)

Für die Verwendung von Synonymen und damit auch von Wortbildungssynonymen wie *Euro-Stabilitätskriterien ~ Maastricht-Kriterien* geben Journalisten zu bedenken, dass sie aufgrund ihrer unterschiedlichen Motivationsbedeutungen den Hörer irritieren könnten (Wachtel 2000, 94). Sie räumen aber auch ein, dass mit Hilfe der variierten Motivationsbedeutungen zusätzliche Informationen auf knappe Weise unterzubringen sind (Schwiesau/Ohler 2003, 141; zu Variationen in Kurznachrichten s. auch Thurmair, in diesem Band).

Der Wechsel zwischen Kurzwort und seiner Vollform gehört zu den journalistischen Grundregeln:

> „Abkürzungen mindestens einmal vollständig aussprechen, in Zweifelsfällen erklären."
> (Wachtel 2000, 75; Zehrt 1996, 77)

Zugunsten des linearen Hörverstehens geht die Vollform dem Kurzwort voraus, beispielsweise bei *LIREX, DFB, BKA, Kadek, SSS*; häufig macht ein vorangestelltes *so genannt* die unhörbaren schriftlichen Signale, wie Anführungszeichen und Initialen, hörbar:

> *„Der verbotenen Neonazi-Gruppe ‚S k i n h e a d s S ä c h s i s c h e S c h w e i z' wird heute vor dem Landgericht erneut der Prozess gemacht. ... – Die so genannte ‚S S S' gilt mit etwa 125 Mitgliedern als zahlenmäßig stärkste Neonazi-Gruppe in Sachsen."*

Die Regel zum Wechsel von Kurzwort und Vollform ist in der Ratgeberliteratur oft sehr kategorisch definiert. Die Nachrichtenpraxis nutzt aber berechtigte Abweichungen von der Regel, vor allem bei der Verwendung onymischer Kurzwörter (s. o.). Um einer auditiven Verwechslung zwischen den Eigennamen *WAZ* und *FAZ* vorzubeugen, ist vielleicht im folgenden Beleg die *Frankfurter Allgemeine Zeitung* ungekürzt gebraucht:

> *„Der Einstieg der W A Z - M e d i e n g r u p p e in den Springer-Verlag ist offenbar endgültig gescheitert. Nach übereinstimmenden Zeitungsberichten haben sich mehrere Besitzer der WAZ ... Wie die F r a n k f u r t e r A l l g e m e i n e Z e i t u n g berichtet, ... "* (07. 09. 02)

Dass das gegenüber *WAZ* bekanntere Kurzwort *FAZ* für *Frankfurter Allgemeine Zeitung* in dieser HFN nicht verwendet wird, schließt eine auditive Verwechslung von *WAZ* mit *FAZ* aus.

Komprimierungen wie *Euro-Preistreiberei, Nicht-Microsoft-Programme* sind „spontane Formulierungslösungen" (Barz 1996, 307), die sich auf die Satzbildung auswirken:

> „... *Der Vergleich sieht vor, dass das Unternehmen den Computer-Herstellern größere Freiheiten im Bezug auf Nicht-Microsoft-Programme ermöglichen muss. So darf der Konzern keine Maßnahmen gegen Hersteller ergreifen, die keine Microsoft-Produkte nutzen. ...*" (02.11.02)

Als Alternativausdrücke gegenüber potentiellen syntaktischen Fügungen (*Preistreiberei seit Einführung des Euro; Programme, die nicht von Microsoft stammen*) sind diese Wortneubildungen ausdrucksseitig kürzer und bedienen den HFN-typischen Stilzug ‚knapp'. Komprimierungen sind zwar gegenüber den entsprechenden syntaktischen Fügungen „formal unterbestimmt" und semantisch „deutlich weniger explizit und direkt" (Peschel 2002, 124), sie lassen sich aber einfach erschließen, da sie in der Regel wie Phrasen rezipiert werden. Das gilt auch für Formulierungslösungen in offenen Reihen wie solchen mit *EU-* als Kompositionsglied:

> „*Die Staats- und Regierungschefs der Europäischen Union haben eine der letzten Hürden für die EU-Erweiterung beseitigt. ... EU-Länder ... EU-Budget ...*" (25.10.02)

Die semantische Beziehung zwischen den Kompositionsgliedern, die Wortbildungsbedeutung, muss der Hörer herausfinden: 'Patiens' in *EU-Erweiterung*, 'Ganzes/Teil' in *EU-Länder*, 'zugehörig' in *EU-Budget*.

Inwieweit der Nachrichtenredakteur die satzbildenden Komprimierungen selbst vorgenommen oder sie wie die begriffsbildenden Wortneubildungen von Nachrichtenagenturen übernommen hat, ist im Rahmen der vorgenommenen Analyse nicht festzustellen. Mit einiger Sicherheit ist jedoch anzunehmen, dass in HFN Komprimierungen am ehesten Wortneubildungen sind, die im Prozess der Textbildung entstehen.

ZUSAMMENFASSUNG UND AUSBLICK

Die Analyse von Wortbildung in authentischen Hörfunknachrichten des NachrichtenRadios MDR info aus dem Zeitraum April 2002 bis Februar 2003 verdeutlicht den Zusammenhang von sprachlichem Befund der untersuchten Textexemplare und typischen Eigenschaften einer Textsorte. Die Claims *Die ganze Vielfalt der Nachrichten* und *Die Welt – neuester Stand* finden ihren lexikalischen Ausdruck in HFN-typischen WBP. Ihre Systematisierung korrespondiert mit den verschiedenen Informationswerten einer Nachricht (Schwiesau/Ohler 2003, 51 f.): die substantivischen Wortneubildungen vor allem mit dem Wissens- und Orientierungswert, die fachsprachlichen Komposita und onymischen Kurzwörter mit dem Gebrauchswert, die auffällig modifizierten Komposita mit dem Gesprächs- und Unterhaltungswert. Geschickt gewählte Positionen und Variationen der WBP tragen zum Hörverstehen bei, Komprimierungen zur textsortentypischen Kürze der HFN.

Es hat sich gezeigt, dass sich nicht nur

> „in der Pressesprache Tendenzen der Gegenwartssprache und des Sprachwandels deutlich zeigen"
> (Bucher 1999, 220),

sondern ebenso in Hörfunktexten. Wortneubildungen sind für den Hörer ganz alltäglich, so dass es bei ihrer Verwendung in der HFN weniger um die Bevorzugung „verständlicher Neologismen" (Kurz u. a. 2000, 234) als vielmehr um eine Textgestaltung gehen kann, die die Wortneubildungen verständlich macht und ihrem Status „zwischen Text und Lexikon" Rechnung trägt. – Offen geblieben ist die Frage, wo die Wortneubildungen entstehen – im öffentlichen Sprachgebrauch, in den Agenturen oder erst in den Nachrichtenstudios, und wie sie sich durchsetzen – mit Hilfe senderinterner Empfehlungen, z. B. für die Bevorzugung von Synonymen bei *US-geführte Streitkräfte* gegenüber *Alliierte/Verbündete* (während des Irakkriegs 2003), oder durch senderübergreifende Vorgaben, z. B. für die phonetisch gebundene Aussprache von *SARS* (inzwischen auch *Sars* geschrieben), oder aufgrund staatlich verbindlicher Festlegungen per Definition wie für *Ich-AG*. Der textlinguistische Erklärungsansatz für Wortbildung in der HFN lässt sich ausbauen, indem über die HFN hinaus der Textkomplex, in den sie thematisch integriert ist, zum Untersuchungsgegenstand gemacht wird (Schröder 2002). Der Textkomplex besteht im Programmformat von NachrichtenRadio MDR info aus der jeweiligen HFN und den sie thematisch begleitenden Schlagzeilen, Berichten, Hintergründen, Interviews, Presseschaudetails, und er kann – je nach Hörerinteresse – um digitale Texte und Links erweitert werden. Ins Blickfeld der Forschung rücken damit Möglichkeiten der Wortbildung, einzelne Texte unterschiedlicher Textsorten im Textkomplex zu vernetzen, und Formen der modularen Informationsgestaltung, die das Hörverstehen von WBP mit bestimmen.

QUELLEN

Das NachrichtenRadio MDR info
www.mdr-info.de

LITERATUR

Barz, Irmhild (1996): Die Neuheit von Wörtern im Urteil der Sprecher. In: Hertel, Volker u. a. (Hg.): Sprache und Kommunikation im Kulturkontext. Beiträge zum Ehrenkolloquium aus Anlaß des 60. Geburtstages von G. Lerchner. Frankfurt a. M. usw. (LASK 4), S. 299–313.

Barz, Irmhild (1998): Neologie und Wortbildung. Zum Neuheitseffekt von Wortneubildungen. In: Teubert, Wolfgang (Hg.): Neologie und Korpus. Tübingen (Studien zur deutschen Sprache, Bd. 11), S. 11–30.

Barz, Irmhild (1998a): Zur Lexikalisierungspotenz nominalisierter Infinitive. In: Barz, Irmhild/Öhlschläger, Günther (Hg.): Zwischen Grammatik und Lexikon. Tübingen (Linguistische Arbeiten 390), S. 57–68.

Barz, Irmhild (1999): Kompositionsstrukturen. In: Skibitzki, Bernd/Wotjak, Barbara (Hg.): Linguistik und Deutsch als Fremdsprache. Festschrift für Gerhard Helbig zum 70. Geburtstag. Tübingen, S. 15–28.

Barz, Irmhild (2000): Zum heutigen Erkenntnisinteresse germanistischer Wortbildungsforschung. Ein exemplarischer Bericht. In: Barz, Irmhild/Schröder, Marianne/Fix, Ulla (Hg.): Praxis- und Integrationsfelder der Wortbildungsforschung. Heidelberg (Sprache – Literatur und Geschichte; 18), S. 299–316.

Barz, Irmhild (2001): Wörterbücher. In: Helbig, Gerhard/Götze, Lutz/Henrici, Gert/Krumm, Hans-Jürgen (Hg.): Deutsch als Fremdsprache. Ein internationales Handbuch. 1. Halbband. Berlin/New York (HSK 19.1), S. 204–214.

Barz, Irmhild/Schröder, Marianne (2001): Grundzüge der Wortbildung. In: Fleischer, Wolfgang/Helbig, Gerhard/Lerchner, Gotthard (Hg.): Kleine Enzyklopädie Deutsche Sprache. Frankfurt a. M. [usw.], S. 178–217.

Brinker, Klaus (1992): Linguistische Textanalyse. Eine Einführung in Grundbegriffe und Methoden. Berlin.

Bucher, Hans Jürgen (1999): Sprachwissenschaftliche Methoden der Medienforschung. In: Leonhardt, Joachim-Felix u. a. (Hg.): Medienwissenschaft. Ein Handbuch zur Entwicklung der Medien und Kommunikationsformen. Berlin/New York (HSK 15), S. 213–231.

Burger, Harald (2000): Textsorten in den Massenmedien. In: Antos, Gerd u. a. (Hg.): Text- und Gesprächslinguistik. Ein internationales Handbuch zeitgenössischer Forschung. Berlin/New York, S. 614–628.

dpa. Alles über die Nachricht. Das dpa-Handbuch (1998). Hg. v. d. Deutschen Presse-Agentur. Starnberg.

Eichinger, Ludwig M. (2000): Deutsche Wortbildung – eine Einführung. Tübingen.

Erben, Johannes (2000): Einführung in die deutsche Wortbildungslehre. 4., akt. u. erg. Aufl. Berlin.

Eroms, Hans-Werner (2002): Kurzwörter und Kunstwörter. In: Yoshito Takahashi (Hg.): Neue Beiträge zur Germanistik. Ikubundo, S. 20–36.

Fiukowski, Heinz (1999): Zur Präsentation von Nachrichten im Hörfunk. Ein Arbeits- und Erfahrungsbericht. In: Krech, Eva-Maria/Stock, Eberhard (Hg.): Sprechwissenschaft – Zu Geschichte und Gegenwart (HSSP, 3), S. 145–156.

Fix, Ulla (2001): Grundzüge der Textlinguistik. In: wie Barz/Schröder 2001, S. 470–511.

Fix, Ulla (2002): An-schauliche Wörter? Wörter im Dienste der ‚Bildhaftigkeit', ‚Bildlichkeit', ‚Bildkräftigkeit', ‚Sinnlichkeit', ‚Lebendigkeit', ‚Gegenständlichkeit' von Texten. In: Barz, Irmhild/Fix, Ulla/Lerchner, Gotthard: Das Wort in Text und Wörterbuch. Stuttgart/Leipzig (Abhandlungen der SAW zu Leipzig, Philologisch-historische Klasse; Bd. 76, H. 4), S. 9–22.

Fix, Ulla/Poethe, Hannelore/Yos, Gabriele (2002): Textlinguistik und Stilistik für Einsteiger. Ein Lehr- und Arbeitsbuch. Unter Mitarbeit v. Ruth Geier. Frankfurt a. M. usw. (Leipziger Skripten, Bd. 1).

Fleischer, Wolfgang/Barz, Irmhild (1995): Wortbildung der deutschen Gegenwartssprache. Unter Mitarbeit v. Marianne Schröder. Tübingen.

Fluck, Hans R. (1993): Zur Entwicklung von Rundfunk und Rundfunksprache in der Bundesrepublik Deutschland nach 1945. In: Biere, Bernd Ulrich/Henne, Helmut (Hg.): Sprache in den Medien nach 1945. Tübingen (Reihe Germanistische Linguistik, 135), S. 87–107.

Gutenberg, Norbert (2000): Mündlich realisierte schriftkonstituierte Texte. In: wie Burger 2000, S. 574–587.

GWDS = Duden. Das große Wörterbuch der deutschen Sprache in zehn Bänden. 3., völlig neu bearb. u. erw. Aufl. Hg. v. Wiss. Rat der Dudenredaktion. Mannheim [usw.] (1999).

Hennig, Jörg (2000): Der Einfluss der Textlinguistik auf den Journalismus. In: wie Gutenberg 2000, S. 870–877.

Herberg, Dieter (2002): Neologismen in der deutschen Gegenwartssprache. Probleme ihrer Erfassung und Beschreibung. In: DaF, H. 4, S. 195–200.

Herrmann, Friederike (1999): Theorien des Hörfunks. In: wie Bucher 1999a, S. 175–189.

Klemm, Michael (2002): Wie hältst Du's mit dem Textbegriff? Pragmatische Antworten auf eine Gretchenfrage der (Text-)Linguistik. In: Brauchen wir einen neuen Textbegriff? Antworten auf eine Preisfrage. Frankfurt a. M. usw. (*forum* Angewandte Linguistik, Bd. 40), S. 143–161.

Kurz, Josef/Müller, Daniel/Pötschke, Joachim/Pöttker, Horst (2000): Stilistik für Journalisten. Wiesbaden.

Ludwig, Klaus-Dieter (2001): Was (noch) nicht im Wörterbuch steht. Oder: Was ist Bimbes? In: Lehr, Andrea u. a. (Hg.): Sprache im Alltag. Beiträge zu neuen Perspektiven in der Linguistik. Herbert Ernst Wiegand zum 65. Geburtstag gewidmet. Berlin/New York, S. 389–408.

Mark Twain (2002): Es gehört viel Sinn dazu, guten Unsinn zu schreiben. Grawe, Ursula und Christina (Hg. u. Übersetzer), Stuttgart.

Peschel, Corinna (2002): Zum Zusammenhang von Wortneubildung und Textkonstitution. Tübingen (RGL 237).

v. Polenz, Peter (1998): Deutsche Sprachgeschichte vom Spätmittelalter bis zur Gegenwart, Bd. III. Berlin/New York.

Püschel, Ulrich (1992): Von der Pyramide zum Cluster. Textsorten und Textsortenmischung in Fernsehnachrichten. In: Hess-Lüttich, Ernest W. B. (Hg.): Medienkultur – Kulturkonflikt. Massenmedien in der interkulturellen und internationalen Kommunikation. Opladen.

Radionachrichten (1994). Horsch, Jürgen u. a. (Hg.). München/Leipzig.

Schlaefer, Michael (2002): Lexikologie und Lexikographie. Eine Einführung am Beispiel deutscher Wörterbücher. Berlin (Grundlagen der Germanistik 40).

Schönbach, Klaus/Goertz, Lutz (1995): Radionachrichten – bunt und flüchtig. Eine Untersuchung zu Präsentationsformen von Hörfunknachrichten und ihren Leistungen. Berlin (HAM).

Schröder, Marianne (2002): Brauchen wir in der Wortbildungslehre einen textlinguistischen Beschreibungsansatz, der sich an neuen Textphänomenen orientiert? In: wie Klemm 2002, S. 107–111.

Schwiesau, Dietz/Ohler, Josef (2003): Die Nachricht in Presse, Radio, Fernsehen, Nachrichtenagentur und Internet. Ein Handbuch für Ausbildung und Praxis. München.

Straßner, Erich (2000), Journalistische Texte. Tübingen (Grundlagen der Medienkommunikation, Bd. 10).

Wachtel, Stefan (2000): Schreiben fürs Hören. Trainingstexte, Regeln und Methoden. 2., überarb. Aufl. Konstanz.

Wolf, Norbert R. (1996): Wortbildung und Text. In: Sprachwissenschaft 21, S. 241–261.

Zehrt, Wolfgang (1996): Hörfunk-Nachrichten. Konstanz (Reihe praktischer Journalismus, Bd. 25).

ANJA SEIFFERT

Fremdwortbildung und Text

1. VORBEMERKUNGEN

Mit dem Thema des folgenden Beitrags – Fremdwortbildung und Text – wird ein linguistisch bisher kaum bearbeitetes Feld berührt. So gibt es – obgleich sich vor allem die Wortbildungsforschung seit den 70er Jahren des 20. Jahrhunderts um diese Thematik bemüht[1] – schon bezüglich des Verhältnisses von indigener Wortbildung und Textlinguistik unter intra- wie intertextueller Perspektive nach wie vor noch immensen Forschungsbedarf. Darauf weist nicht zuletzt die Jubilarin selbst in ihrem exemplarischen Bericht „Zum heutigen Erkenntnisinteresse germanistischer Wortbildungsforschung" hin (Barz 2000).[2]

In weitaus stärkerem Maße gilt dies jedoch für die Auseinandersetzung mit den textlinguistischen und stilistischen Funktionen der Fremdwortbildung, gehört diese doch ihrerseits noch zu den neueren Aufgabengebieten der Wortbildungsforschung (vgl. Barz 2000, 203 ff.). Im Vergleich zur indigenen Wortbildung weist die Fremdwortbildung auch unter dem Aspekt der Textlinguistik durchaus Besonderheiten auf. Diesen Besonderheiten genauer nachzugehen ist Anliegen des Beitrags. Anhand eines ausgewählten publizistischen Kurztextes soll das Verhältnis von Fremdwortbildung und Text analysiert werden. Dabei spielt sowohl die Perspektive von der Wortbildung hin zum Text als auch die umgekehrte Blickrichtung vom Text hin zur Wortbildung eine Rolle. Mit anderen Worten: Es geht einerseits um die Frage, welche textlinguistischen und stilistischen Funktionen Fremdwortbildungen im konkreten Text erfüllen. Zum anderen wird aber auch danach gefragt, welchen Einfluss der Text auf die Produktion und Rezeption von Fremdwortbildungen hat.[3]

---

[1] Vgl. u. a. Schröder (1978), Schröder (1985). Dort jeweils auch die Diskussion der bis dahin erschienenen Forschungsbeiträge.

[2] Zur Diskussion des Forschungsstandes vgl. zuletzt auch Wolf (1996), Naumann (2000, 60), Barz/Schröder (2001, 184 ff.), Schröder (2000).

[3] Unter Fremdwortbildungen verstehe ich im Folgenden alle komplexen fremden Wortbildungen, die innerhalb der deutschen Gegenwartssprache morphologisch und semantisch analysierbar sind. Auf eine Differenzierung zwischen komplexer Entlehnung und Fremdwortbildung wird hier verzichtet, da eine Abgrenzung ohnehin häufig kaum eindeutig vorgenommen werden kann. Der Untersuchung liegt demnach ein synchroner Fremdwortbildungsbegriff zugrunde. Vgl. dazu ausführlicher Müller (2000, 119); Seiffert (2002, 168 ff.).

2. FREMDWORTBILDUNG UND TEXT IN DER BISHERIGEN LINGUISTISCHEN FORSCHUNG

Dass sich Wortbildung einerseits auf der Grundlage des Lexikons vollzieht, andererseits Wortbildungen als Einheiten des Lexikons gleichzeitig immer auch potentielle Bestandteile von Texten sind, ist bekannt. Wortbildung ist demnach auch im textuellen Zusammenhang, d. h. unter syntaktischen und textlinguistischen Gesichtspunkten zu beschreiben (vgl. Erben 1995, 545). Dies gilt für die indigene Wortbildung ebenso wie für die Fremdwortbildung. Dennoch ist die Frage nach den textuellen Funktionen der Fremdwortbildung bislang kaum gestellt worden. In die textlinguistische Forschung hat die Wortbildung – und mithin auch die Fremdwortbildung – als relevanter Forschungsgegenstand ohnehin kaum Eingang gefunden (vgl. Wolf 1996, 242 sowie Barz/Schröder 2001, 185). Und auch die (Fremd-)Wortbildungsforschung hat den Zusammenhang von Fremdwortbildung und Text bisher weitgehend ignoriert. Dies liegt in allererster Linie daran, dass sich die überwiegende Zahl der Untersuchungen zur Fremdwortbildung statt auf Textkorpora auf Wörterbuchkorpora stützt, so dass eine Analyse unter textlinguistischen Gesichtspunkten von vornherein ausgeschlossen ist. Gleichwohl gibt es zumindest einzelne Ansätze, die textdistinktive Funktion von Fremdwortbildungen zu beschreiben. Ausgangspunkt ist dabei die Beobachtung,

> „dass der Anteil von Fremdwörtern [und mithin auch von Fremdwortbildungen; A. S.] nach Maßgabe der Textsorte erheblich variieren kann" (Munske 1988, 50).

Wellmann hat dies bereits 1969 am Beispiel der „Ismen" herausgearbeitet: Trotz der insgesamt großen Zahl der substantivischen Bildungen auf *-ismus* im Deutschen stellt er eine Beschränkung auf bestimmte Sprachschichten sowie auf bestimmte Textsorten fest. So finden sich kaum Bildungen innerhalb der gesprochenen Sprache, auch für poetische Texte und Gebrauchstexte wie Kochrezepte und Arbeitsordnungen hat der Bildungstyp keine Bedeutung. Anders dagegen in wissenschaftlichen und journalistischen Texten. Hier ist der Anteil an Bildungen auf *-ismus* teilweise so groß,

> „daß man das Morphem geradezu als für den Text konstitutiv ansehen muß" (Wellmann 1969, 121).

Am Beispiel der „Ismen" zeigt Wellmann bereits 1969, dass Fremdwortbildungen – wie indigene Wortbildungen auch – „als prototypische Textbereichsmerkmale" fungieren können (Barz/Schröder 2001, 185).[4]

Auch in den in den 70er Jahren erschienenen Bänden der „Deutschen Wortbildung" (1973 ff.) finden sich vereinzelt Hinweise auf die unterschiedliche quantitative Ausnutzung bestimmter Fremdwortbildungstypen und -mittel innerhalb bestimm-

---

[4] Zu den frühen Verdiensten Wellmanns um die Fremdwortbildung vgl. auch Barz (2000, 299).

ter Textsorten, so beispielsweise in Bezug auf das ausschließlich in publizistischen Texten vorkommende substantivische Präfix *Ex-* (Wellmann 1975, 201) oder in Bezug auf die vor allem in wissenschaftlichen und publizistischen Texten belegten Suffixe *-ität* (Wellmann 1975, 276), *-ismus* (Wellmann 1975, 279 f.), *-ik* (Wellmann 1975, 283), *-är* (Kühnhold/Putzer/Wellmann 1978, 307) und *-oid* (Kühnhold/Putzer/ Wellmann 1978, 337).

Im Unterschied zu den frühen Forschungsansätzen in den 60er und 70er Jahren spielt das Verhältnis von Fremdwortbildung und Text in dem in den 80er Jahren ins Leben gerufenen und für die Fremdwortbildung bis heute wegweisenden Projekt „Deutsche Lehnwortbildung" (vgl. Hoppe u. a. 1987) kaum noch eine Rolle. Einzelne funktionalstilistische Aspekte des Vorkommens untersucht Schmidt (1987) am Beispiel von *therm(o)*. Den kurzen Abschnitt „Zum Textsorten- und Varietätenbezug" schränkt er jedoch gleich zu Beginn mit der Feststellung ein:

„Da ich die meisten *therm(o)*-Bildungen nicht aus Texten, sondern aus Lexika, Wörterbüchern und Lexemlisten exzerpiert habe, kann ich über ihr Vorkommen in bestimmten Textsorten kaum etwas aussagen." (Schmidt 1987, 436)

Ähnliches gilt auch für Nortmeyer (1987). Zwar legt das Thema ihrer Studie – *-itis*-Kombinationen in der Fachsprache der Medizin – eine Auseinandersetzung mit dem Phänomen Fremdwortbildung und Text nahe, tatsächlich aber versteht die Autorin ihre überwiegend auf einem Wörterbuchkorpus basierende Analyse als eine

„wortbildungsstrukturelle Studie zum fachsprachlichen Wortbildungsmuster mit *-itis*, die in erster Linie versucht, seine Bildungsweise durchsichtig zu machen" (Nortmeyer 1987, 332).

Lediglich Hoppe (1999, 182 ff.) beschreibt am Beispiel von *ex-* in einem eigenständigen Kapitel ihrer Studie die „Entwicklung zu einer überaus starken Textsortenabhängigkeit". Für die Gegenwartssprache stellt sie dabei – wie schon Wellmann in der „Deutschen Wortbildung" (1975, 201) – eine Beschränkung des Bildungstyps auf Texte der Zeitungssprache fest, wobei Bildungen mit *ex-* mit der Konzentration auf journalistische Texte schließlich auch „in sich entwickelnden und gerade auch durch die Medien popularisierten neuen Bereichen", so v. a. in der Presseberichterstattung aus dem Bereich des Sports, auftreten (Hoppe 1999, 186). Die parallel zu dieser Studie zu *ex-* angelegten Arbeiten zu den Präfixen *inter-* und *trans-* (Nortmeyer 2000) sowie *post-*, *prä-* und *neo-* (Kinne 2000) behandeln das Verhältnis von Fremdwortbildung und Text nicht.

Die Frage nach der textkonstitutiven Funktion der Fremdwortbildung, d. h. nach dem Beitrag der Fremdwortbildung zur Realisierung der Textualitätskriterien (vgl. de Beaugrande/Dressler 1981), wird – soweit ich sehe – innerhalb der Fremdwortbildungsforschung nirgends gestellt. Lediglich in Bezug auf das Kriterium der Intertextualität wird in letzter Zeit vereinzelt die zusammenhangstiftende Funktion fremder Affixe wie *-em* und *-itis* innerhalb bestimmter Fachsprachen erwähnt (Poethe 2000, 215; Wellmann 1998, 444). Genauere Analysen hierzu liegen jedoch nicht vor.

Auch die umgekehrte Perspektive vom Text hin zur Wortbildung, die Frage nach der Funktion des Textes in Bezug auf die Produktion und Rezeption von Fremdwortbildungen, spielt in der Fremdwortbildungsforschung bislang keine Rolle. Damit bildet der Zusammenhang zwischen Wortbildung und Text für die Fremdwortbildung insgesamt ein kaum bearbeitetes Untersuchungsfeld. Angesichts dieser Tatsache lohnt es sich durchaus, das Verhältnis von Fremdwortbildung und Text anhand eines ausgewählten Kurztextes genauer zu untersuchen.

3. FREMDWORTBILDUNG UND TEXT. EINE EXEMPLARISCHE ANALYSE

In der „Süddeutschen Zeitung" vom 25. Februar 1995 fand sich unter der Überschrift *„Einzig und allein alles in mono"* folgender Text:

„Einzig und allein alles in mono

Was ist ‚Poetischer Futurismus' in Farbe? Unsere wöchentlichen Kunst-Tips wiesen unlängst darauf hin, wo so was momentan zu finden wäre: in einer Schwabinger Hinterhofgalerie. Einer der international erfolgreichsten Maler seiner Generation zeige dort frühe Arbeiten aus seinen Studienjahren an der hiesigen Akademie. Besonders bemerkenswert: ‚Ein neunteiliges Ensemble monochromer Malerei auf Alublech.'

Alublech? Mei, warum nicht: Farben kann man auf fast alles aufbringen. Aber der Plural Farben ist hier falsch. Denn was bitte heißt monochrom? Wer sich je durch ein Gymnasium gefrettet hat, erinnert sich dunkel: Die griechische Vorsilbe ‚mono' steht immer für das, was auf deutsch ‚ein' heißen würde. Oder auch ‚einzig und allein'. Opas Monokel beispielsweise: eine Ein-Aug-Brille. Der Mann, der's stets bei seiner einen und einzigen Lebensgefährtin aushält, ist monogam. Daß uns private Firmen noch immer nicht auf Draht bringen dürfen, liegt am Telekommonopol. In der Monarchie gab's lebenslänglich nur je einen Herrscher. Und der Monopteros im Englischen Garten heißt so, weil dieser Rundtempel rundumadum nur einen einzigen Flügel hat.

Ein monochromes Bild ist folglich ebenso als nur einfarbig zu verstehen wie monoton als eintönig (nicht verwechseln mit monophon im Gegensatz zu stereo!). Daß selbst berühmte Pinselkünstler manchmal offenbar nur ein einziges Farbhaferl zur Verfügung hatten, das kann man auch in der städtischen Lenbach-Galerie an etlichen Beispielen sehen: auf Flächen, fast so groß wie eine Zimmerwand, zum Beispiel nur rot – und sonst gar nix. Der Banause Franz Xaver Dimpfl – sofern der sich dorthin verirrte – würde glatt behaupten ‚Deskoniaa!' In der Tat, seine vier Wände daheim malert er absolut ansatzfrei monochrom. Aber da kann man keinen Rahmen drumrum machen. Schon deshalb ist diese Art keine Kunst und wäre in Museen und Galerien fehl am Platz.

Zum Auftakt von ‚München narrisch' hätten wir uns heute mal den Scherz erlauben dürfen, die SZ monochrom herauszubringen: nur jungfräulich weißes Papier ohne irgendwas Draufgedrucktes. Statt dessen stellen wir hier bildungsbeflissenen Lesern dyochrom (also schwarz auf weiß) die Aufgabe, sich an den tollen Tagen spaßeshalber selber mal in ein monochromes Gemälde zu vertiefen – allen Ernstes! Dabei könnte man vielleicht auch noch darüber nachgrübeln, was wohl Monokultur heißen mag, Monodie, Monohybride, Monolatrie und Monomanie sowie Monolog und Monokini. Um es vorweg zu sagen: Letzterer hat mit Alleinherrschern wie Ludwig II. nicht das geringste zu tun – dafür verbürgt sich mit seinem Monogramm   H.(elmut) S.(eitz)"

Dieser Text soll im Folgenden in Bezug auf das Verhältnis von Fremdwortbildung und Text analysiert werden. In Anlehnung an Schröder (1985) lassen sich dabei drei grundlegende Fragen formulieren:

(1) Was leisten Fremdwortbildungen hinsichtlich der Textkonstitution?
(2) Welche textdistinktiven Funktionen erfüllen Fremdwortbildungen?
(3) Welchen Einfluss hat der Text auf die Produktion und Rezeption von Fremdwortbildungen?

Tatsächlich sind diese drei Aspekte kaum voneinander zu trennen, sie durchdringen sich vielmehr gegenseitig auf vielfältige Art und Weise. Dennoch soll nachfolgend jeder Frage ein separater Abschnitt gewidmet werden.

3.1. Fremdwortbildung und Textkonstitution

Bereits die Überschrift des Textes enthält das fremde Morphem *mono*. Frei vorkommend handelt es sich dabei innerhalb der deutschen Gegenwartssprache um eine Kurzform des Adjektivs *monophon*, das seinerseits den Gegensatz zu *stereo(phon)* markiert.[5] Aller Wahrscheinlichkeit nach wird der Rezipient zunächst diese Bedeutung des Morphems aktualisieren. Andererseits erhält *mono* im Kontext der Überschrift – im Zusammenhang mit den Lexemen *einzig* und *allein* – eine weitere Bedeutung: Ursprünglich aus dem Griechischen ins Deutsche entlehnt bedeutet *mono*- soviel wie 'ein', 'einzig', 'allein'. In dieser Bedeutung kommt es im Deutschen jedoch nur gebunden, als Erstglied in substantivischen oder adjektivischen Komposita vor. Dennoch wird zumindest der (alt)philologisch gebildete Rezipient bereits aus dem Kontext der Überschrift auch auf diese Bedeutung schließen können. Insofern bewirkt der Text hier eine Ambiguierung des – in Bezug auf das freie Vorkommen – eigentlich monosemen Morphems. Offensichtlich dient die auffällige ambige Verwendung als Rezeptionsanreiz.

---

[5] Vgl. dazu Duden (1999).

Betrachtet man nun den gesamten Text, so findet sich *mono-* in Bildungen wie *monochrom, monogam, Monarchie, monoton, Monokultur, Monohybride, Monolog* u. ä. wieder. Im Hinblick auf solche Bildungen, insbesondere aber auch durch die explizite Erklärung:

> „Die griechische Vorsilbe ‚mono' steht immer für das, was auf deutsch ‚ein' heißen würde. Oder auch ‚einzig und allein'."

wird die Ambiguität der Überschrift aufgelöst. Auffällig ist jedoch v. a. die Häufigkeit des Morphems – insgesamt 23-mal taucht *mono-* im Text auf und legt – von der Überschrift bis hin zum letzten Wort – ein „lexikalisch-semantisches Netz über den ganzen Text" (Wolf 1996, 245). Im Hinblick auf die Textkonstitution leistet *mono-* damit einen wichtigen Beitrag zur Textkohäsion, sorgt also für die „Stabilität des Textes" (de Beaugrande/Dressler 1981, 50). Zu den textverflechtenden Wortbildungsmitteln – dies ist gerade in jüngster Zeit für die indigene Wortbildung festgestellt worden (vgl. Wolf 1996, 247 ff.) – gehören demnach nicht nur freie, sondern auch gebundene Morpheme wie Affixe und – so lässt sich in Bezug auf die Fremdwortbildung ergänzen – Konfixe. Im Unterschied zu den Affixen, deren Wirkung vor allem an Texte „mit besonderer stilistischer Gestaltung" (Wolf 1996, 248) gebunden ist, tritt die textverflechtende Rolle von Konfixen jedoch auch in nicht-expressiven Texten in Erscheinung.

Die ausdrucksseitige Verknüpfung in Form der Morphemrekurrenz ist freilich nicht die einzige Möglichkeit der Verknüpfung. Ebenso wie die freien Grundmorpheme verfügen Konfixe über eine lexikalisch-begriffliche Bedeutung. Insofern sorgen sie nicht nur für Textkohäsion, sondern auch für Kohärenz, d. h. für die „Sinnkontinuität innerhalb des Wissens" (de Beaugrande/Dressler 1981, 88). Eine besondere Rolle spielt dabei die für die deutsche Wortbildung immer wieder postulierte

> „zweifache Struktur aus ererbten indigenen und entlehnten lateinisch-griechisch-romanischen Elementen und Regeln" (Munske 1988, 69).

So korrespondiert die Fremdwortbildung *monochrom* im vorliegenden Text nicht nur mit anderen *mono*-Bildungen oder mit der kontrastiven Bildung *dyochrom*, mit der sie durch das gemeinsame Konfix *-chrom* verbunden ist, sondern auch mit indigenen Bildungen: *m o n o c h r o m – e i n f a r b i g – e i n t ö n i g – E i n - A u g - B r i l l e* ; *monochrom – einfarbig – Farbe – Farbhaferl*. Dies gilt um so mehr, da die Fremdwortbildungen des Textes häufig mit Hilfe indigener Wortbildungen erklärt werden:

> „Ein *m o n o c h r o m e s* Bild ist folglich ebenso als nur *e i n f a r b i g* zu verstehen wie *m o n o t o n* als *e i n t ö n i g.*"

Eine ähnlich verknüpfende Funktion erfüllen Expansion und Kondensation. Eine Fremdwortbildung kann mit Hilfe einer Paraphrase wieder aufgegriffen werden (Expansion) oder aus einer Paraphrase erwachsen (Kondensation):

"In der Monarchie gab's lebenslänglich nur je einen Herrscher. Und der Monopteros im Englischen Garten heißt so, weil dieser Rundtempel rundumadum nur einen einzigen Flügel hat." (Expansion)
"Der Mann, der's stets bei seiner einen und einzigen Lebensgefährtin aushält, ist monogam." (Kondensation)

Diese „zweifache Struktur" des Textes, das gemeinsame Vorkommen fremder und indigener Morpheme, sorgt demnach für besonders vielfältige und komplexe Kohäsions- und Kohärenzbeziehungen. Noch deutlicher würde die Textkohärenz, d. h. die Verknüpfung auf der Textoberfläche, durch die Verwendung von Hybridbildungen. Dass sie im vorliegenden Text fehlen, hängt – wie eigene Analysen gezeigt haben – vor allem damit zusammen, dass *mono-* innerhalb der deutschen Wortbildung weitgehend auf fremde Zweitglieder beschränkt ist.

Die Verknüpfung fremder und indigener Bildungen bzw. die Umschreibung fremder Bildungen mit Hilfe indigener syntaktischer Parallelkonstruktionen beeinflusst letztlich nicht nur die Textkohärenz, sie sichert vielmehr die Textrezeption, die Verständlichkeit des Textes, und trägt so zur Akzeptabilität des Textes bei. Unter Akzeptabilität versteht man die

„Einstellung des Textrezipienten, einen kohäsiven und kohärenten Text zu erwarten, der für ihn nützlich oder relevant ist" (de Beaugrande/Dressler 1981, 9).

Dass Wortbildung die Verständlichkeit von Texten zu erhöhen vermag, betonen – für die indigene Wortbildung – u. a. Eichinger (1995) und Erben (2000). In Bezug auf die Fremdwortbildung spielt für die Verständlichkeit des Textes vor allem das Verständnisniveau des Rezipienten eine entscheidende Rolle, denn die strukturelle und semantische Analysierbarkeit komplexer Fremdwörter hängt in starkem Maße von den individuellen Voraussetzungen des Rezipienten, von seinem Sprachwissen und insbesondere von seinen Fremdsprachenkenntnissen ab (Seiffert 2002, 170). Wellmann betont in Hinblick auf die Rezeption fachsprachlicher Texte:

„Die Kenntnis der häufigsten Prä- und Suffixe von Fremdwörtern z. B. erleichtert es, neue, vorher nicht bekannte Ausdrücke der Fachsprachen zu erschließen, zu behalten und wiederzugeben." (Wellmann 1998, 444)

In gleicher Weise gilt dies für die Fremdwortbildungen der Allgemeinsprache. Im vorliegenden Text wird das Verstehen nicht nur durch das Wissen um die Bedeutung des fremden Wortbildungselements („*Die griechische Vorsilbe ‚mono' steht immer für das, was auf deutsch ‚ein' heißen würde...*") gesteuert, sondern insbesondere auch durch den Bezug auf bestimmte Wortbildungsmuster (*monochrom – monoton – monophon*) sowie durch die als bekannt vorausgesetzten, durch intertextuelle Bezüge gefestigten indigenen Bildungen (*monochrom – einfarbig, monoton – eintönig*). Wortbildungen dienen demnach „als Wegweiser durch den Text", sie werden genutzt,

„uns auf verschiedenen Wegen durch den Text zu helfen" (Eichinger 1995, 180).

Auf diese Weise vermag der Rezipient auch Bildungen zu erschließen, die außerhalb des Textes als nicht analysierbar gelten dürften, vgl. *Monopteros, Monopol* etc.

Mit der Aufforderung darüber nachzudenken, „*was wohl Monokultur heißen mag, Monodie, Monohybride, Monolatrie und Monomanie sowie Monolog und Monokini*", wird schließlich die Analysierbarkeit von Fremdwortbildungen im Deutschen, das Spannungsverhältnis zwischen Motivation und Demotivation, direkt thematisiert. Der Zusammenhang verschiedener Textualitätskriterien wie Kohärenz, Akzeptabilität und Informativität, an deren Realisierung die Fremdwortbildungen des Textes wesentlichen Anteil haben, ist offensichtlich.

In der neueren Wortbildungsforschung ist – wie bereits erwähnt – darüber hinaus vereinzelt auch auf die Rolle fremder Morpheme bei der Herstellung intertextueller Beziehungen hingewiesen worden (Wellmann 1998, 444; Poethe 2000, 245). Für das Fremdmorphem *mono-* ergäbe sich eine zusammenhangstiftende Funktion vor allem für die Fachsprache der Chemie, wo *mono-*, allerdings mit eher multiplikativer Bedeutung, systematisch zur Benennung chemischer Verbindungen eingesetzt wird, vgl. *Monosaccharid, Monoxid* etc. Innerhalb des vorliegenden Textes spielt diese Art fachsprachlicher Benennungsbildung keine Rolle. Intertextuelle Bezüge ergeben sich dennoch, sie werden im Text sogar explizit benannt („*Unsere wöchentlichen Kunst-Tips wiesen unlängst darauf hin ...*"). Dreh- und Angelpunkt dieser Bezüge ist abermals die Fremdwortbildung *monochrom* („*Ein neunteiliges Ensemble m o - n o c h r o m e r Malerei auf Alublech.*"), die letztlich auch auf diese Weise zur Textsemantik und zur Textkohärenz beiträgt.

3.2. Fremdwortbildung und Textdistinktion

Wortbildungsphänomene dienen zum einen als Indikatoren für bestimmte Textsorten, sie „fungieren als prototypische Textbereichsmerkmale" (Barz/Schröder 2001, 185). So gelten bestimmte Fremdwortbildungen als textsortenindizierend für einen Fachtext (vgl. Poethe 2000, 215). Als textsortentypisch für den hier vorliegenden publizistischen Kurztext, bei dem es sich wohl um eine Glosse mit Zügen der Rezension handeln dürfte,[6] kann v. a. die auffällige Häufung bestimmter Wortbildungsmittel sowie der unterhaltsame, spielerische Umgang mit Wortbildung gelten. Die Fremdwortbildungen des Textes haben daran jeweils entscheidenden Anteil.

Zum anderen können Wortbildungen aber auch stilbildende Funktionen übernehmen:

---

[6] Für die Glosse spricht die zugespitzte Form der Argumentation, die Konzentration auf einen bestimmten Aspekt, die ausgeprägte feuilletonistische Sprache, das Humoristische, für die Rezension die Bezugnahme auf ein künstlerisches Ereignis, das beschrieben und bewertet wird. Vgl. dazu u. a. Fischer Lexikon Publizistik, Massenkommunikation (1987, 69 ff.).

„Innerhalb prototypischer Text- und Stilmuster bestehen Ermessensspielräume für den einzelnen Textproduzenten, wie er seinen unikalen Text über die individuelle Auswahl sprachlicher Mittel unverwechselbar gestaltet." (Barz/Schröder 2001, 185)

Über solche stilbildenden Eigenschaften verfügen Wortbildungen entweder per se, d. h. unabhängig vom jeweiligen Kontext (konventionelle Stilmittel), oder aber erst durch ihre spezifische Verwendung im Text (nicht-konventionelle Stilmittel) (Barz/Schröder 2001, 186).

Fremdwortbildungen sind zunächst konventionelle Stilmittel, sie sind in der Regel funktional markiert. Vor allem Bildungen mit lateinisch-griechischen Bestandteilen dienen in Fachtexten häufig zum systematischen Ausbau wissenschaftlicher Terminologien und damit letztlich zur

„Realisierung funktional bedingter Stilzüge wie Genauigkeit, Eindeutigkeit, Abstraktheit, Logik …" (Poethe 2000, 215).

Allgemeinsprachlichen Texten verleihen sie ein bildungssprachliches Gepräge. Im vorliegenden Text wird diese stilistische Eigenschaft fremder Bildungen ironisiert:

„*Statt dessen stellen wir hier bildungsbeflissenen Lesern dyochrom (also schwarz auf weiß) die Aufgabe, sich an den tollen Tagen spaßeshalber selber mal in ein monochromes Gemälde zu vertiefen – allen Ernstes!*"

Darüber hinaus können Fremdwortbildungen in gleicher Weise wie indigene Bildungen als nicht-konventionelle, textgebundene Stilmittel fungieren. Im Allgemeinen geschieht dies durch die auffällige Verwendung per se unauffälliger Wortbildungen. So gewinnt das Fremdelement *mono-* im vorliegenden Text aufgrund seiner auffälligen Häufigkeit den stilistischen Wert eines „leitmotivischen Kompositionsmittels" (Erben 1995, 548). Auffällig ist zudem das Spiel mit Motivation und Demotivation. Deutlich wird dies vor allem am Beispiel *Monokini*: Einerseits wird der Textrezipient aufgefordert, sich die Bedeutung der Bildung zu erschließen. Andererseits wird er durch die Gegenüberstellung mit der indigenen Bildung *Alleinherrscher*, mit der der Autor offensichtlich auf die dialektal bedingte Lautähnlichkeit zwischen den Lautfolgen *-kini* und *König* anspielt, bewusst in die Irre geleitet. Abermals spielt hier das Wortbildungswissen des Rezipienten eine entscheidende Rolle, denn eine Bildung wie **Monokönig* wird ja im Text nicht explizit genannt. Vielmehr muss sich der Textrezipient den vom Produzenten gesetzten Zusammenhang zwischen den Bildungen *Monokini* und *Alleinherrscher* erst erschließen, was letztlich nur mit Hilfe seines Wissens um die Bedeutungsähnlichkeit der Wortbildungsmittel *mono* und *allein* gelingen kann. Erst hieraus entsteht eigentlich der sprachliche Witz des entsprechenden Textabschnittes. Die Unikalität und Individualität seines Textes erreicht der Autor im vorliegenden Text demnach insbesondere durch die individuelle Nutzung stilbildender Eigenschaften fremder Wortbildungsmittel und -modelle.

3.3. Der Einfluss des Textes auf die Produktion und Rezeption von Fremdwortbildungen

Der Zusammenhang zwischen Wortbildung und Text darf nicht einseitig nur von der Wortbildung hin zum Text betrachtet werden. Es handelt sich vielmehr um ein komplexes, kaum auflösbares Zusammenspiel. Dass dies gerade auch auf das Verhältnis von Fremdwortbildung und Text zutrifft, ist in einzelnen Punkten bereits deutlich geworden. Dennoch soll hier der Einfluss des Textes auf die Produktion und Rezeption von Fremdwortbildungen nochmals zusammenhängend beschrieben werden.

Schon Schröder (1983, 1985) hebt hervor, dass textkonstitutive Eigenschaften wie Kohärenz oder Akzeptabilität nicht allein syntaktisch oder semantisch erklärt werden können, sondern der „kommunikativ-pragmatischen Fundierung" bedürfen (Schröder 1983, 116). Mit anderen Worten: Die textkonstitutive Funktion von Wortbildungsprodukten ist an die jeweiligen Kommunikationsbedingungen und Texteigenschaften gebunden. Dies hängt in erster Linie mit der Textrezeption, mit dem Verstehen zusammen. Fremdwortbildungen sind im Deutschen häufig nicht für jeden Rezipienten in gleicher Weise motiviert. Ihre morpho-semantische Durchsichtigkeit ist nicht nur abhängig von der Dauer und Häufigkeit des Gebrauchs und der damit einhergehenden Lexikalisierung, sondern insbesondere vom Sprachwissen des einzelnen Rezipienten. Die Rekurrenz eines fremden Wortbildungselements wie *mono-* bewirkt daher nicht automatisch Kohärenz. Seine textverflechtende Funktion kann jedoch durch den Text gestützt, ja sogar erst eigentlich bewirkt werden, indem der einzelne Rezipient befähigt wird, die Bedeutung der Fremdwortbildung aus der Bedeutung ihrer Bestandteile zu erschließen. Mit Hilfe des Textes kann eine Fremdwortbildung demnach innerhalb des Deutschen morphosemantisch motiviert werden. In der Regel geschieht dies durch Verfahren wie Expansion oder Kondensation, durch Paraphrasierung mit Hilfe indigener Entsprechungen oder durch definitionsartige Erklärungen. Für all dies wurden Beispiele genannt (vgl. 3.1.). Daneben kann auch die Expressivität eines Textes zur Motivation fremder Bildungen beitragen. Expressive Texte wie Werbetexte oder unterhaltende Zeitungstexte (Glossen, Reportagen etc.) erhöhen offenbar die Bereitschaft der Rezipienten, Motivationsbeziehungen bewusst herzustellen. So reicht im vorliegenden Text die auffällige Häufung des Morphems *mono-* im Prinzip aus, um Bildungen wie *Monopol*, *Monogramm* oder *Monokini* zu dekodieren. Der expliziten Aufforderung des Autors, über die Bedeutung der Bildungen nachzudenken, bedarf es demnach gar nicht. Der Rezipient wird ohnehin durch den Text dazu angeregt, sich die Motivationsbedeutung zu erschließen.

Texte beeinflussen somit in ganz wesentlichem Maße das Verstehen von Fremdwortbildungen. Einerseits schaffen sie damit erst die Bedingungen für deren textkonstitutive Funktion. Andererseits wirkt die Erhöhung der Rezeptionsfähigkeit auch auf die Produktion fremder Bildungen zurück. Motivierte Bildungen stehen potentiell als Muster für Neubildungen zur Verfügung.

4. ZUSAMMENFASSUNG

Kommen wir auf den Ausgangspunkt der Untersuchung zurück:
Fremdwortbildung vollzieht sich – wie indigene Wortbildung auch – nicht in isolierter Wortverwendung, sondern in Texten. Auch für die Phänomene der Fremdwortbildung sind Texte damit ein „unverzichtbarer Erklärungshintergrund" (Barz/ Schröder 2001, 184). Die textuellen Funktionen von Fremdwortbildungen sind in vielem mit denen indigener Bildungen vergleichbar. In einigen Punkten ergeben sich jedoch auch spezifische Besonderheiten.

In Bezug auf die Textkohärenz kann zunächst eine wichtige Beobachtung jüngster Untersuchungen zu Wortbildung und Text bekräftigt werden: Bei den textverflechtenden sprachlichen Zeichen geht es nicht nur um Wörter, sondern um Morpheme (vgl. Wolf 1996, 246). Konfixe können dabei die gleiche kohäsionsstiftende Wirkung entfalten wie freie Grundmorpheme. Aufgrund ihrer lexikalischen Bedeutung sorgen sie – wie freie Morpheme – zudem für Kohärenz und bestimmen damit in entscheidendem Maße auch über die Textsemantik. Inwiefern Fremdaffixe an Textkohärenz und -kohäsion beteiligt sind, bedarf genauerer Untersuchungen. Mit Blick auf Präfixe wie *prä-* und *post-*, *anti-*, *pro-* und *contra-* oder Suffixe wie *-itis* und *-em* lässt sich eine kohärenz- bzw. kohäsionsstiftende Funktion jedoch vermuten.

Eine besondere Rolle für die Textkohärenz spielt aus Sicht der Fremdwortbildung die zweifache Struktur der deutschen Wortbildung, d. h. das Zusammenspiel fremder und indigener Wortbildungsmittel. Die Untersuchung hat gezeigt, dass sich im vorliegenden Text auf diese Weise besonders vielfältige Isotopiebeziehungen ergeben. Generell gilt jedoch für die textkonstitutive Funktion der Fremdwortbildung eine Einschränkung: Ihre kohäsions- und kohärenzstiftende Wirkung können fremde Morpheme nur dann entfalten, wenn der Rezipient die Morpheme versteht und die entsprechenden Bildungen strukturell und semantisch analysieren kann. Bei Fremdwortbildungen ist dies in stärkerem Maße als bei indigenen Bildungen abhängig von den individuellen Voraussetzungen des Rezipienten. Eine entscheidende Rolle für das Verstehen fremder Bildungen spielt daher der Text. Mit anderen Worten: Das Verstehen von Fremdwortbildungen ist häufig an die konkreten Bedingungen des Textes, d. h. an Verfahren wie Kondensation und Expansion, an Paraphrasierungen und explizite Erklärungen, aber auch an Texteigenschaften wie Expressivität oder Funktionalität gebunden. Damit trägt der Text dazu bei, die Motivationsbedeutung fremder Bildungen zu erhellen. Auf diese Weise beeinflusst er letztlich auch die Produktion von Fremdwortbildungen.

In Bezug auf die Textdistinktion sind vor allem die stilbildenden Eigenschaften hervorzuheben, über die Fremdwortbildungen häufig aufgrund ihrer pragmatisch-funktionalen Markiertheit verfügen. Die textsortenindizierende Funktion fremder Bildungen bedarf jedoch noch genauerer empirischer Untersuchungen.

Generell scheint es nicht nur wünschenswert, sondern – angesichts aktueller Forschungsleitlinien der Wortbildungsforschung – sogar dringend geboten, das Zusammenspiel von Wortbildung und Text auch innerhalb der Fremdwortbildungsforschung stärker als bisher zu berücksichtigen. Dass die Auseinandersetzung mit dieser Problematik keinesfalls monoton, sondern eine lohnende Aufgabe ist, hat der vorliegende Beitrag zu zeigen versucht.

LITERATUR

Barz, Irmhild (2000): Zum heutigen Erkenntnisinteresse germanistischer Wortbildungsforschung. Ein exemplarischer Bericht. In: Barz/Schröder/Fix (Hg.), S. 299–316.

Barz, Irmhild/Schröder, Marianne/Fix, Ulla (Hg.) (2000): Praxis- und Integrationsfelder der Wortbildungsforschung. Heidelberg.

Barz, Irmhild/Schröder, Marianne (2001): Grundzüge der Wortbildung. In: Fleischer, Wolfgang/Helbig, Gerhard/Lerchner, Gotthard (Hg.): Kleine Enzyklopädie Deutsche Sprache. Frankfurt a. M., S. 178–217.

de Beaugrande, Robert-Alain/Dressler, Wolfgang Ulrich (1981): Einführung in die Textlinguistik. Tübingen.

Duden (1999). Das große Wörterbuch der deutschen Sprache in zehn Bänden. Mannheim u. a.

Eichinger, Ludwig M. (1995): Wegweiser durch Textwelten. Wozu komplexe Substantive gut sind. In: Métrich, René/Vuillaume, Marcel (Hg.): Rand und Band. Abgrenzung und Verknüpfung als Grundtendenzen des Deutschen. Festschrift für Eugène Faucher zum 60. Geburtstag. Tübingen, S. 169–182.

Erben, Johannes (1995): Wortbildung und Textbildung. In: Popp, Heidrun (Hg.): Deutsch als Fremdsprache. An den Quellen eines Faches. Festschrift für Gerhard Helbig zum 65. Geburtstag. München, S. 545–552.

Erben, Johannes (2000): Wortbildungsstrukturen und Textverständlichkeit. In: Barz/Schröder/Fix (Hg.), S. 159–166.

Fischer Lexikon Publizistik, Massenkommunikation (1987). Hg. von Elisabeth Noelle-Neumann, Winfried Schulz, Jürgen Wilke. Frankfurt a. M.

Hoppe, Gabriele (1999): Das Lehnpräfix *ex-*. Tübingen.

Hoppe, Gabriele/Kirkness, Alan/Link, Elisabeth u. a. (1987): Deutsche Lehnwortbildung. Beiträge zur Erforschung der Wortbildung mit entlehnten Wortbildungseinheiten im Deutschen. Tübingen.

Kinne, Michael (2000): Die Präfixe *post-*, *prä-* und *neo-*. Beiträge zur Lehnwortbildung. Tübingen.

Kühnhold, Ingeburg/Putzer, Oskar/Wellmann, Hans u. a. (Hg.) (1978): Deutsche Wortbildung. Typen und Tendenzen in der Gegenwartssprache. Bd. 3. Das Adjektiv. Düsseldorf.

Müller, Peter O. (2000): Deutsche Fremdwortbildung. Probleme der Analyse und der Kategorisierung. In: Habermann, Mechthild/Müller, Peter O./Naumann, Bernd (Hg.): Wortschatz und Orthographie in Geschichte und Gegenwart. Festschrift für Horst Haider Munske zum 65. Geburtstag. Tübingen, S. 115–134.

Munske, Horst Haider (1988): Ist das Deutsche eine Mischsprache? Zur Stellung der Fremdwörter im deutschen Sprachsystem. In: Munske, Horst Haider/von Polenz, Peter/Reichmann, Oskar/Hildebrandt, Reiner (Hg.): Deutscher Wortschatz. Lexikologische Studien. Berlin/New York, S. 46–74.

Naumann, Bernd (2000): Einführung in die Wortbildungslehre des Deutschen. 3., neubearb. Aufl. Tübingen.

Nortmeyer, Isolde (1987): Untersuchung eines fachsprachlichen Lehnwortbildungsmusters: *-itis-*Kombinatorik in der Fachsprache der Medizin. In: Hoppe/Kirkness/Link u. a., S. 331–408.

Nortmeyer, Isolde (2000): Die Präfixe *inter-* und *trans-*. Beiträge zur Lehnwortbildung. Tübingen.

Poethe, Hannelore (2000): Fachsprachliche Aspekte der Wortbildung. Die Leistung der Wortbildung für Fachsprache und Fachtext. In: Barz/Schröder/Fix (Hg.), S. 199–218.

Schmidt, Günter Dietrich (1987): *Therm(o)*. Untersuchungen zu Morphosyntax, Geschichte, Semantik und anderen Aspekten einer produktiven Lehnwortbildungseinheit im heutigen Deutsch. In: Hoppe/Kirkness/Link u. a., S. 409–440.

Schröder, Marianne (1978): Über textverflechtende Wortbildungselemente. In: DaF 15, S. 85–92.

Schröder, Marianne (1983): Zum Anteil von Wortbildungskonstruktionen an der Konstitution von Texten. In: Beiträge zur Erforschung der deutschen Sprache 3, S. 108–119.

Schröder, Marianne (1985): Überlegungen zur textorientierten Wortbildungsforschung. In: Fleischer, Wolfgang (Hg.): Textbezogene Nominationsforschung. Studien zur deutschen Gegenwartssprache (LS/ZISW, A, 123), S. 69–94.

Schröder, Marianne (2000): Wortbildung in Textkomplexen. In: Barz, Irmhild/Fix, Ulla/Schröder, Marianne/Schuppener, Georg (Hg.): Sprachgeschichte als Textsortengeschichte. Festschrift zum 65. Geburtstag von Gotthard Lerchner. Frankfurt a. M. u. a., S. 385–405.

Seiffert, Anja (2002): Probleme synchroner Fremdwortbildungsforschung. In: Neuphilologische Mitteilungen 2/C III, S. 161–178.

Wellmann, Hans (1969): Zur Problematik einer wissenschaftlichen Sprachpflege. Die „Ismen". In: Engel, Ulrich/Grebe, Paul (Hg.): Neue Beiträge zur deutschen Grammatik. Hugo Moser zum 60. Geburtstag gewidmet. Mannheim/Wien/Zürich, S. 113–128.

Wellmann, Hans (1975): Deutsche Wortbildung. Typen und Tendenzen in der Gegenwartssprache. Bd. 2. Das Substantiv. Düsseldorf.

Wellmann, Hans (1998): Die Wortbildung. In: Duden. Band 4. Grammatik der deutschen Gegenwartssprache. 6., neu bearbeitete Auflage. Mannheim u. a., S. 408–557.

Wolf, Norbert Richard (1996): Wortbildung und Text. In: Sprachwissenschaft 21/Heft 3, S. 241–261.

Alena Šimečková †

Zu einigen Kombinationen der Wortschatzelemente mit Richtungsmerkmal im Text und ihrer Verzeichnung im Wörterbuch

0. „Die Fensterscheiben in der Werkstatt flogen *aus/heraus."
„Die Frauen drängen immer mehr in öffentliche Ämter *ein/hinein."
„Dieser Verlag gibt gute Wörterbücher *aus/heraus."

Fremdsprachige (slawische, romanische, aber auch skandinavische) Deutschlerner bilden oft Sätze, in denen statt des Verbs mit einer „Doppelpartikel" ein Verb mit einfachem trennbarem Präverb gebraucht wird; solche Sätze findet der Muttersprachler manchmal „sehr störend, ja oft komisch" (Hinderling 1982, 97).

Es ist zu fragen, ob es sich in den oben angeführten Sätzen um zufällige Entgleisungen eines Nichtmuttersprachlers handelt oder ob hier tiefere Ursachen im Spiel sind, die systematisch untersucht werden sollten.

1. Die oben erwähnten Sätze erfassen diverse Richtungsmerkmale des Geschehens. Diese werden im Deutschen überwiegend von Adverbien getragen, andere Wortarten beteiligen sich am Richtungsausdruck relativ schwach. Durch die deutliche Neigung des Adverbs zum Zusammentritt mit dem determinierten Verb kommt es freilich zur spezifischen Gestaltung der Richtungserfassung, an der sich die Bestandteile des komplexen Verbs beteiligen. Im Folgenden befassen wir uns nur mit diesen Trägern des Richtungsausdrucks; auf andere Ausdrucksmittel sowie deren Kombinationen im Deutschen wird verzichtet.

1.1. Träger der primären Richtungsmerkmale (d. h. der Horizontalität, Vertikalität und anderer Arten des Geschehensverlaufs) ist bereits das einfache deutsche Verb. Durch die Verbindung mit weiteren Elementen können ihm auch sekundäre Richtungsmerkmale verliehen werden:

> „Mit Hilfe dieser Elemente ergibt sich die Möglichkeit, Verben eine Bedeutungskomponente der Richtung zu verleihen, die diese als Simplex nicht haben, vgl. *brüllen > heraus-, hinausbrüllen* …"
> (Fleischer 1983, 311)

Von den bisher in der Forschung ausgegliederten syntaktisch-semantischen Untergruppen der Grundverben wurde von Diersch (1972) das Merkmal der Horizontalität als Grundlage der Aussonderung der Fortbewegungsverben gewählt. J. Filipec (1976, 23 ff.) gliedert deutsche Verben (nicht nur Simplizia) danach, ob sie Richtung, Richtungsveränderung oder alle möglichen Richtungsarten erfassen; nach seiner Meinung gehört zu den letztgenannten z. B. *fliegen*. Die überwiegende Mehrheit der Verben, die Filipec anführt, sind freilich Präfix- und Partikelverben (Präfixverben = Verben mit untrennbaren Präfixen; Partikelverben = Verben mit trennbaren Präfixen); da sein Vergleich mit den Verhältnissen im Tschechischen nicht zwischen einfachen und komplexen Verben differenziert, ermöglichen es die von ihm aufgestellten Kriterien nicht, die Schwierigkeiten, denen ein tschechischer Muttersprachler in diesem Bereich begegnet, zu identifizieren.

1.2. In den deutschen Verben mit untrennbaren Präfixen[1] ist der Richtungsausdruck des Präfixes stark abgeschwächt zugunsten der dekonkretisierten Merkmale. So ist in *ent-* das Merkmal des Entfernens nur schwach vertreten („Richtung von etwas weg", dekonkretisiert: „beseitigen", „von etwas befreien"), und das Präfix *zer-* impliziert außer dem Richtungsausdruck „nach allen Seiten" auch das Merkmal der Teilung. Die deutschen Präfixverben entsprechen nicht den Präfixverben anderer (z. B. slawischer und romanischer) Sprachen, in denen Präfixe mit neu entwickelten dekonkretisierten Merkmalen ihre ursprünglichen konkreten Merkmale nicht aufgeben.

1.3. Auch deutsche Partikelverben sind (in stärkerem Maße als deutsche Präfixverben) Träger der Richtungsmerkmale (z. B. *an-, auf-, aus-* u. a. m.). Die präpositionaladverbialen „Partikeln" mit Richtungsmerkmal zeigen dabei eine deutliche Tendenz zum Zusammentritt mit dem Grundverb in eine (Wort)einheit, deren Status in der heutigen Forschung noch weitgehend ungeklärt ist. Die Stellung der trennbaren „Partikel" zwischen Wort und Wortteil ist ein ausgeprägtes Spezifikum des Deutschen. Hervorzuheben ist, dass die Affinität zum Zusammentritt mit dem Grundverb besonders stark bei den Direktionaladverbien zum Ausdruck kommt. In anderen Sprachen behalten die Direktionaladverbien ihre Selbstständigkeit bei.

1.4. Außer den Partikeln betrifft die Affinität zur Annäherung an das Grundverb auch die sprecherbezogenen Präverbien *her-* und *hin-*, denen in anderen Sprachen freie Adverbien entsprechen (im Tsch. *sem-tam*, im Engl. *here-there*, im Franz. *ici-la* usw.). Das Adverb *her-* wird herkömmlich als Träger der Richtungskomponente /+zum Sprecher/, /+in den Umkreis des Sprechers/, das Adverb *hin-* als Ausdruck der Richtung /+vom Sprecher weg/, /+aus dem Umkreis des Sprechers hinaus/ definiert.[2] W. Henzen (1969) spricht den *her/hin-* Elementen drei Komponenten zu: die Komponente der Richtung, die der Relation zum Sprecher und die der Situations-

---

[1] Mit den Bereichen der Präfix-, Partikel- und Doppelpartikelverben befasst sich eingehend Hinderling 1982, dem es gelingt, die Konkurrenz zwischen den Verben dieser Bereiche und dem unterschiedlichen, nicht voraussagbaren Lexikalisierungsgrad entsprechender Verbtypen, Verbuntergruppen oder auch einzelner Verben innerhalb dieser Untergruppen zu charakterisieren.

[2] Bereits J. Grimm verweist in seiner Grammatik (1819, 999 ff.) auf den Zusammenhang zwischen Sprecher und den im Raum befindlichen Gegenständen beim Richtungsausdruck.

bezogenheit (*die Sonne/die Saat/der Vorhang geht auf – Geh bitte hinauf!*). Die letzte Komponente wird leider oft vernachlässigt, obwohl sie in der Erklärung für den Nichtmuttersprachler des Deutschen starke Aussagekraft besitzt.

1.5. Die Adverbien *her* und *hin* können sich im Präbasisteil mit den Präpositionaladverbien als Trägern der sekundären Richtungsmerkmale (= Beziehung zu den im Raum befindlichen Gegenständen) kombinieren. Dadurch entsteht eine Sondergruppe innerhalb des Bereichs der trennbaren „Partikeln" (in den sog. „Doppelpartikelverben").[3] In diesen Verbindungen wird *her-* und *hin-* gelegentlich die Funktion der „Konkretisatoren" des Richtungsausdrucks zugesprochen, die den bereits teilweise oder völlig dekonkretisierten „Partikeln" konkrete Richtungsmerkmale verleihen.

herab-	*hinab-*
heran-	*hinan-*
herauf-	*hinauf-*
heraus-	*hinaus-*
herbei-	
	hindurch-
herein-	*hinein-*
herüber-	*hinüber-*
herum-	
herunter-	*hinunter-*
hervor-	
herzu-	*hinzu-*

Der agglutinative Ausbau des deutschen Präbasisteils, in anderen Sprachen nicht in entsprechendem Maße realisiert, bringt auch die Konzentration der Richtungsmerkmale in diesem Teil mit sich. Der Postbasisteil trägt keine sekundären Richtungsmerkmale.

1.6. Bei einigen „Doppelpartikeln" kommt es zu einer entgegengesetzten Tendenz: zur Kürzung der agglutinativ ausgebauten Präverbien mit *her-* und *hin-* zum mit *r-* beginnenden Element, das das Richtungsmerkmal übernimmt.

Zwischen der vollen und der verkürzten Form können sich semantische Unterschiede entwickeln (vgl. *herangehen* an etw. = sich einer Sache nähern, mit etw. beginnen; *rangehen* = 1. herangehen; 2. direkt auf ein Ziel zugehen).

Die Richtungsmerkmale sind in den erwähnten Präverbtypen sowie in einzelnen Verben und einzelnen Verbuntergruppen unterschiedlich stark vertreten, so dass es kaum voraussagbar ist, wo und in welcher Qualität sie vorkommen. Keine Voraus-

---

[3] Die Verben mit *her-* und *hin-* in Verbindung mit den Präpositionaladverbien werden von W. Fleischer (1983) als Zusammensetzungen verstanden. Als „Doppelpartikelverben" werden diese Verbindungen von K.-R. Harnisch (1983, 107 ff.), L. M. Eichinger (1983, 51 ff.) und R. Hinderling bezeichnet (1983, X; vgl. a. den Terminus „Partikelverben" bei demselben Autor).

sagbarkeit ist auch beim Vorkommen der konkreten und der dekonkretisierten Merkmale möglich. Es kann nur vorausgesetzt werden, dass der Anteil der Dekonkretisierung von 1.1. zu 1.6. abnimmt, besser gesagt, dass die später sich entwickelnden Elemente im Präbasisteil mehr konkrete Richtungsmerkmale tragen. Der Mangel an Systemhaftigkeit im ganzen Bereich benachteiligt den Nichtmuttersprachler im Erfassen der Verhältnisse.

2. Im Folgenden konzentrieren wir uns auf die Adverbien *her-* und *hin-*, die einerseits selbstständig oder in zusammengesetzten Adverbien vorkommen,[4] andererseits in so genannten „Doppelpartikeln" trennbare Verbindungen mit determinierten Verben eingehen. Im Verb wird diesen Adverbien die Richtungsopposition /+von irgendwo zum Sprecher oder Erzähler hin/ : /+auf ein bestimmtes Ziel zu, ... weg vom Sprecher, Erzähler oder Handelnden/ zugesprochen (vgl. LWB 463, 481).

2.1. In den Unterrichtsmaterialien für Deutschlerner wird die erwähnte Opposition meist als /+Richtung auf den Sprecher zu/ : /+Richtung vom Sprecher weg/vereinfacht angeführt. In Wirklichkeit sind die Verhältnisse wesentlich komplizierter (vgl. die Erfassung der Bedeutungsmerkmale von *her* und *hin* in selbstständiger Stellung sowie in komplexen Verben in den Wörterbüchern der Gegenwartssprache).

2.2. Außer der ausgeprägten Realisierung des Richtungsgegensatzes zwischen *her-* und *hin-* kann es zur Abschwächung der Opposition kommen: Im Falle von *her* wird der Sprecher als Ziel des Geschehens nicht erreicht, im Falle von *hin* herrscht der Ausdruck der unsicheren, unbestimmten Richtung mit unerreichbarem Ziel vor. Im Extremfall kann eines der Adverbien das andere ersetzen (besonders im regionalen Gebrauch).

2.3. Beide Adverbien weisen eine unterschiedliche Affinität zur Lexikalisierung auf. Von den beiden Oppositionsgliedern zeigt besonders *hin* eine größere Neigung zur Reihenbildung mit dekonkretisierten Merkmalen. In Verbindung mit den Fortbewegungsverben überwiegt darin das Merkmal des Entfernens mit unbestimmtem Ziel (*hingleiten*) oder sogar das Merkmal der Ziellosigkeit (*hinfristen*). In Verbindung mit den Verba dicendi bildet *hin-* eine Reihe mit dem Merkmal /+unüberlegt/ (*hinreden*), *her-* mit dem Merkmal /+eintönig/ (*herplappern*) usw.

> „Selbstverständlich gibt es auch hier stärkere Idiomatisierungen, so z. B. *hinrichten, sich hingeben, hervorbeschwören, etwas heraushaben, sich über etwas hermachen* u. a. Aber in der Mehrzahl der Fälle sind die Konstruktionen durch die Bedeutung der Richtungsangaben mit *her-* und *hin-* bzw. die entsprechenden Verbindungen mit *da* motiviert." (Fleischer 1983, 311)

---

[4] Fleischer (1983, 298) führt auch die Verbindungen mit *her-* und *hin-* als zweiter Konstituente an, z. B. *abher, abhin, anher, anhin, aufher, aufhin, beiher, beihin, zuher, zuhin*; andere Verbindungen dieses Typs, wie *nachher, vorhin, mithin, nebenhin, zwischenher, zwischenhin, bisher, ohnehin, dorthin, überallhin* sind auch belegt. In komplexen Verben kommen *hierher, umher, umhin, vorher, hinterher, nebenher* vor.

2.4. Das Präverb mit „r-" (ran-, rauf-, raus-, rein-, rüber-, runter-) kann sowohl für *her* als auch für *hin* stehen; die Möglichkeit des Ersatzes beider Elemente durch e i n e verkürzte Form ist in den Wörterbüchern der Gegenwartssprache (vgl. das WDG, den Rechtschreibduden, das HDG usw.) verzeichnet. Das LWB, S. 792 gibt eine sehr hohe Produktivität der Kurzformen an: raus Adv.; gespr. *heraus, hinaus*; raus- im Verb, sehr produktiv, gespr. *heraus-, hinaus-*.

3. Die Elemente *her* und *hin* werden herkömmlich überwiegend als umgangssprachliche oder gesprochene Mittel markiert.

Sie finden in der Gegenwart aber auch in geschriebene Texte informeller Art Eingang und sollten u. E. wahrscheinlich im Unterschied zu den geschriebenen formellen Mitteln eher als i n f o r m e l l e Mittel verstanden werden.

„Natürlich 3. Rang. Wie soll ich (mit meinem verletzten Bein) da 'rauf kommen?"
(Privatbrief)
„Dann gingen wir durch die Werkstatt, Treppen runter, rüber in den Flaschenkeller und ins Haus von Dr. Krause." (Kempowski, 44)

In den Wörterbüchern unterscheidet sich die mediolektale Markierung in Abhängigkeit davon, ob die Elemente *her* und *hin* als selbstständige Adverbien, als Bestandteile der Zusammensetzungen mit einem Präpositionaladverb oder als Präverbien komplexer Verben vorkommen.

Im WDG und im HDG werden sie z. B. zuerst als selbstständige Lemmata aufgenommen, meist mit der Markierung „umgangssprachlich" („umgangssprachlich-normalsprachlich" oder „umgangssprachlich-salopp", wie z. B. *ranklotzen, rankriegen* usw.). Verben mit den verkürzten Formen 'ran-, 'raus-, 'rein-, 'rauf-, 'rüber-, 'rum-, 'runter- sind in diesen Wörterbüchern „umgangssprachlich-gesprochen" markiert. Dabei ist nicht immer klar, welchen Anteil an dieser Markierung das Präverb bzw. welchen Anteil daran das Grundverb hat. Die Wahl des Beispiels scheint in manchen Wörterbüchern stark subjektiv und von der persönlichen Beurteilung des Grundverbs abhängig zu sein. Der Rechtschreibduden (2000) exemplifiziert z. B. die Verben mit *raus* (K 13, ugs. für *heraus*) durch *rausekeln, rausfeuern, rausfliegen, raushalten, rausholen, rauskommen, rauskriegen* usw. Zu den Grundverben, die sich am häufigsten mit den verkürzten *r*-Formen verbinden, gehören aber meist die mediolektal neutralen Fortbewegungs- und Modalverben, von den im selbstständigen Gebrauch „umgangssprachlich" oder „salopp" markierten Verben dann besonders solche, die eine intensive Tätigkeit ausdrücken. Die folgende Übersicht führt die im WDG und im LWB verzeichneten Grundverben an.

ran- umg. *heran-*
 fahren, gehen, halten, klotzen, kriegen, müssen, schmeißen („salopp abwertend"), *wollen* (LWB: *lassen, machen*)
rauf- umg. *herauf/hinauf*
 bringen, kommen, rasen

raus- umg. *heraus/hinaus*
  fliegen, futtern, sich halten, kommen, kriegen, rücken, schmeißen, werfen
rein- umg. *herein/heraus*
  bringen, fallen, fliegen, kommen (salopp: *in etw. reinkommen*), *schlittern* (LWB: *beißen, hängen, hauen, würgen, ziehen*)
rüber- umg. *herüber/hinüber*
  gehen, kommen, reichen, schicken, tragen, werfen (LWB: *bringen, machen*)
runter- umg. *herunter/hinunter*
  fallen, geben, gehen, hauen, kippen, kommen, kriegen, kullern, langen, laufen, putzen, reißen, rutschen, schlingen, schlucken, sein, spülen (LWB: *holen*)

4. Noch in den sechziger Jahren stellte E. Mater eine Vernachlässigung der Verben mit den so genannten „Doppelpartikeln" sowie den Verben mit verkürzten Formen in den von ihm in das Korpus der EDV-Bearbeitung aufgenommenen Wörterbüchern fest, wobei es sich sowohl um Wörterbücher für Muttersprachler als auch um Wörterbücher für Nichtmuttersprachler handelte:

> „Die Materialsammlungen des Bearbeiters (2) steuerten die Zusammensetzungen mit *hin-* (*hinauf-, hinunter-, hinaus-* usw.) bei, die in den anderen Wörterbüchern erstaunlich vernachlässigt wurden. Das gleiche gilt für die verkürzten Formen mit *ran-, rauf-, rein-* usw., die ja, abgesehen von ihrer Stilsphäre im semantischen Bereich, auch andere Elemente der Wortbildung benutzen."
> (Mater 1966, II)

Seit den sechziger Jahren hat sich die Lage deutlich verändert.

4.1. Die Verzeichnung der Elemente *her* und *hin* in den Wörterbüchern geschieht unterschiedlich je nachdem, ob das Element als selbstständiges Adverb oder als Bestandteil eines komplexen Verbs erfasst wird.

Das WDG verzeichnet z. B. *her* (1) als Adverb mit der Markierung „salopp" – „hierher, an diese Stelle", (2) als „adverbiale Vorsilbe" in *herab, heran* usw. und (3) als „trennbare, stets betonte verbale Vorsilbe (in *herbestellen, herbemühen* usw.)". Nur in der Funktion der „Vorsilbe" wird *her-* als Ausdruck der Richtung auf den Sprecher zu definiert. Das Adverb *hin* bezeichnet nach demselben Wörterbuch die Richtung vom Sprecher weg auf einen Zielpunkt zu; den gleichen Richtungsausdruck (vom Sprecher weg), aber auch als „Vorsilbe" in *hinab, hinan* usw. und bei den Fortbewegungsverben („die Richtung vom Sprecher weg auf ein Ziel zu"/dorthin/mit Verben der Bewegung ...). In Verbindung mit anderen als Fortbewegungsverben trägt *hin-* nach der Angabe dieses Wörterbuchs „gleichmäßige Bewegung ohne Richtungsangabe", „den Zustand als zeitlich unbegrenzt, einförmig", „das Verschwinden aus dem Kreis der Lebenden", „Unüberlegtheit", „Unkontrolliertheit" (WDG 1832–3), d. h., das Richtungsmerkmal wird dem Verb in diesem Fall abgesprochen. Die entsprechenden Verbindungen sind neutral oder sogar gehoben markiert, nur in der Verbindung mit *sein* (z. B. *hin sein*) wird *hin* für salopp gehalten.

4.2. Die Gestaltung des Lemmas einiger Verben mit trennbaren Präfixen in einigen Wörterbüchern ist für den Nichtmuttersprachler irreführend und zeugt davon, dass diese Wörterbücher in Wirklichkeit nur für Muttersprachler bestimmt sind, z. B. in WDG, Bd. 1, Berlin 1964, 393:

ausziehen   1. *h i n a u* ziehen, ausrücken, ausmarschieren
           2. etwas *h e r a u s* ziehen (hat)
                      a) jdm. ein Haar, einem Vogel eine
                         Feder ...
                 ...
           3. *h e r a u s* ziehen (ist)

Vergleiche auch Wahrig 1970, 1986/1991:

ausziehen (V. t. 287) *h e r a u s* ziehen (Nagel, Zahn), in die Länge, auseinanderziehen (Fernrohr, Stativ, Tisch); dehnen, spannen, straffziehen (Gummiband, Seil); ablegen, von sich ziehen (Kleidungsstück).

Bei dieser Art Definition entsteht der Eindruck, dass es sich zwischen den links und rechts stehenden Verben um Übereinstimmung handelt. Während ein Muttersprachler die Verben links und rechts im Text nicht verwechselt, versteht ein Nichtmuttersprachler die Definition so, dass beide Verben (z. B. *ausziehen* und *herausziehen*) austauschbar sind; da seine Muttersprache nur Verben mit einfachem Präfix kennt, gebraucht er auch im Deutschen nur diese (z. B. im Tschechischen: *v y trhnout vlas* [= ein Haar], *v ytrhnout pero* [= eine Feder]; *vytrhnout = ausziehen*).
In der Definition Pekruns (1933) wird der frühere Stand widergespiegelt:

ausziehen
    tr. rbz. entkleiden; tr. ziehend herausholen: einen Aufguß herstellen ...

herausziehen wird weder in dieser Definition noch als selbstständiges Lemma verzeichnet.
Im LWB werden die „Doppelpartikelverben" nicht zum Definieren der Verben mit einfacher Partikel benutzt:

ausziehen   1. etw. e–n Gegenstand, dadurch länger, breiter oder größer machen,
            dass man ineinander geschobene Teile ausklappt o. Ä. (e–e Antenne ...)
           2. j–n /sich a. j–m/sich etw. a. j–m/sich etw. vom Körper nehmen ×
             anziehen
           3. j–n/sich a. j–m/sich (alle) Kleidungsstücke vom Körper nehmen
             (*sich nackt a.*) × *anziehen*

4. j–m/sich etw. a. j–m/sich etw. aus dem Körper ziehen (e–n Dorn ...)
5. (aus etw.) a. (mit allen Möbeln usw. e–e Wohnung für immer verlassen ...)
...

5. Der Bereich des Richtungsausdrucks im Deutschen ist, wie aus dem Gesagten hervorgeht, sehr komplex gestaltet. Die Richtungsmerkmale, überwiegend von lexikalischen Mitteln getragen, erfassen hier primär die Beziehung zwischen Raum und Geschehen (v. a. Horizontalität oder Vertikalität des Geschehens), sekundär die Beziehung des Geschehens zu den im Raum[5] befindlichen Gegenständen. Ein weiterer Faktor der Raum- und Richtungserfassung im Deutschen ist die Berücksichtigung der Sprecherperspektive. Es wird zwischen dem im Umkreis des Sprechers sich befindenden oder auf ihn gerichteten Geschehen, zwischen dem aus seinem Umkreis herausgehenden Geschehen und dem außerhalb seines Umkreises verlaufenden Geschehen unterschieden. Analogisch werden Merkmale des Eindringens in einen Gegenstand, des Heraustretens, Durchdringens oder Passierens oben, unten, seitlich und im Kreis um den Gegenstand herum ausgedrückt und durch den Kontext präzisiert. Das Präbasisteil des deutschen komplexen Verbs erfasst die Richtungsmerkmale in einfachen Präfixen, Partikeln oder ihren Kombinationen. Das Vorkommen der Richtungsmerkmale in diesen Präbasisteilen ist bei einzelnen Präfixen, Partikeln und „Doppelpartikeln", in einzelnen Verben und Verbuntergruppen ungleichmäßig vertreten. Das Verhältnis zwischen der Anzahl von konkreten und dekonkretisierten (lexikalisierten) Verben ist nicht voraussagbar (vgl. dazu eingehender Hinderling 1982). In den Möglichkeiten des Richtungsausdrucks bzw. dessen Abschwächung im agglutinierenden Ausbau des Präbasisteils des deutschen komplexen Verbs kommen nur bestimmte Tendenzen zum Ausdruck, es wird keine Systematizität erreicht. Das ist wahrscheinlich eine der Ursachen dafür, dass ein Nichtmuttersprachler kaum fähig ist, die entsprechende Art des Richtungsausdrucks zu bestimmen und auszuwählen. Besonders die „Doppelpartikelverben" im informellen (gesprochenen sowie geschriebenen Gebrauch) bleiben für ihn auch nach sehr langer und intensiver Lernzeit ein Rätsel. Die Verben mit verkürzter *r*-Form werden wegen ihrer mediolektalen Ausgeprägtheit nicht zum Gegenstand des DaF-Unterrichts, die zweisprachigen Wörterbücher gehen auch sehr sparsam

---

[5] Die lexikographischen Definitionen des Raumes stimmen in verschiedenen Sprachen nicht überein; die Differenzen bleiben freilich auch für die Erfassung des Richtungsmerkmals nicht ohne Folgen, z. B. *Raum* (DUW 1989): 1. zum Wohnen, als Nutzraum o. ä. verwendeter, von Wänden, Boden u. Decke umschlossener Teil des Gebäudes; 2. in Länge, Breite u. Höhe nicht fest eingegrenzte Ausdehnung ...; 3. in Länge, Breite u. Höhe fest eingegrenzte Ausdehnung; 4. (o. Pl.) geh. für jdn., etw. zur Verfügung stehender Platz ... Im Wörterbuch der tschechischen Schriftsprache (Prag 1964) steht an erster Stelle die Definition 2. des DUW, wobei das Merkmal der Nicht-Eingegrenztheit hervorgehoben wird; es folgt die Definition 3. Als Wohnraum wird der Raum nicht verstanden.

damit um;[6] der Nichtmuttersprachler kann sie sich nur im aktuellen Kommunikationsprozess aneignen.

Im Bereich des Richtungsausdrucks bleiben daher – auch in Bezug auf den interlingualen Vergleich – noch viele Fragen offen.

LITERATUR

Diersch, Helga (1972): Verben der Fortbewegung in der deutschen Sprache der Gegenwart. Berlin.
DUW = Duden. Deutsches Universalwörterbuch A–Z (1989). Mannheim/Wien/Zürich.
Eichinger Ludwig M. (Hg.) (1982): Tendenzen verbaler Wortbildung in der deutschen Gegenwartssprache. Mit einer Einleitung von Robert Hinderling. Hamburg.
Eichinger, Ludwig M. (1982): Zum Ausdruck lokaler und temporaler Relationen in der verbalen Wortbildung. In: Ders. (Hg.): Tendenzen..., S. 51–79.
Filipec, Josef (1976): Zur Problematik der Konfrontation des Tschechischen und deutschen Wortschatzes. In: Beiträge zur konfrontierenden Sprachwissenschaft. Halle/Saale, S. 23–41.
Fleischer, Wolfgang (1983): Wortbildung der deutschen Gegenwartssprache. Leipzig.
Grimm, Jakob (1819): Deutsche Grammatik. Göttingen.
Harnisch, Karl-Rüdiger (1982): „Doppelpartikelverben" als Gegenstand der Wortbildungslehre und Richtungsadverbien als Präpositionen. Ein syntaktischer Versuch. In: Eichinger, Ludwig M. (Hg.): Tendenzen..., S. 107–133.
HDG = Handwörterbuch der deutschen Gegenwartssprache in zwei Bänden. Von einem Autorenkollektiv unter der Leitung von Günter Kempcke (1984). Berlin.
Henzen, Walter (1969): Die Bezeichnung der Richtung und Gegenrichtung im Deutschen. Tübingen, S. 279–285.
Hinderling, Robert (1982): Konkurrenz und Opposition in der verbalen Wortbildung. In: Eichinger, Ludwig M. (Hg.): Tendenzen..., S. 81–106.
Leden, Astrid (1982): Bedeutungen und Gebrauchsmöglichkeiten einiger Komposita: *ausgehen, herausgehen, hinausgehen* und *eingehen, hereingehen, hineingehen*. In: Eichinger, Ludwig M. (Hg.): Tendenzen..., S. 185–195.
LWB = Langenscheidts Großwörterbuch Deutsch als Fremdsprache (1998). Berlin etc.
Mater, Erich (1966): Deutsche Verben, Bd. 1, Gesamtverzeichnis. Leipzig.
Rechtschreibduden = Duden. Die deutsche Rechtschreibung (2000). Mannheim/Wien/Leipzig/Zürich.
Šimečková, Alena (1981). Zum Ausdruck der Richtung bei deutschen und tschechischen Präfixverben. In: Zeitschrift für Slawistik, Bd. 26, 1, S. 89–92.
Šimečková, Alena (1999): Die komplexen Verben mit *um-, herum-, rum-* und *umher-* und ihre lexikographische Erfassung. In: AUC Philologica 2, Germanistica Pragensia XV. Praha, S. 69–84.
WDG = Wörterbuch der deutschen Gegenwartssprache. 6 Bände, hg. von Ruth Klappenbach und Wolfgang Steinitz (1961–1977). Berlin.
Widimský, Frantisek (1970): Německo-český a česko-německý slovník. Německo-česká část. Praha.

---

[6] Die zweisprachigen deutsch-tschechischen Wörterbücher (vgl. Widimský 1970) verzeichnen die Elemente '*ran, 'rein, 'rauf, 'raus, 'rüber, 'runter* als gekürzte Formen von *heran, herein, herauf, heraus, herüber, herum, herunter* mit mediolektaler Charakteristik „gespr.". Die Verbindungen mit den determinierten Verben bleiben außer Betracht. Diese Verzeichnung erweckt den Eindruck, dass das deutsche Adverb dem tschechischen entspricht (z. B. *'rein* gespr. = *herein, sem dovnitř*).

Irina Snjeschkowa

Zu den Wortbildungen in literarischen Texten von Thomas Mann

Wortbildung und Textbildung haben viel Gemeinsames. Die Wortbildungskonstruktionen (WBK) können selbst und in Verbindung mit anderen sprachlichen Mitteln zur Entfaltung des Inhaltes, der Idee eines Werkes beitragen. Wie die Wörter gebildet werden, werden auch Gedanken, Ideen, Themen gebildet. Das – den Prozess dieser Bildung – kann man in Werken von Thomas Mann sehr gut beobachten und erkennen. Die Sprache von Thomas Mann, seine Darstellungsweise ist etwas ganz Besonderes. Wenn man anfängt, sein Werk zu lesen, ob eine Novelle oder einen Roman, so reißt es uns mit, da ist man gespannt, wie er beschreibt und darstellt, wie seine Sprache eine Situation weiter entwickelt. Oft ist es ein einziges Wort, das eine ganze Szene hervorhebt, denn solche Wörter sind bei Thomas Mann oft selbst ein Werk, ein Ergebnis seiner Denkweise, was nun seine Schreibweise widerspiegelt. Die Wortbildung spielt dabei eine ganz herausragende Rolle.

Ein besonderer Wert der WBK als Textwörter liegt darin, dass sie polyfunktional sind. Die verschiedenen Funktionen, die sie im Text realisieren können, sind: Nomination, Substitution, Verdichtung des Ausdrucks, Kohäsion, thematische Organisation des Textes, stilistische Funktion. Diese Funktionen überschneiden sich zum Teil oder sind voneinander abhängig. Bei Thomas Mann ist die Haupttechnik, die Hauptmethode, die das ermöglicht, das Spiel mit der totalen oder partiellen Rekurrenz und den Möglichkeiten der WBK, besonders der Komposita, die einen viel größeren lexisch-semantischen Umfang haben als die Gesamtheit der Bedeutungen ihrer unmittelbaren Konstituenten.

Romane bieten dem Autor mehr Platz, mehr Raum für seine Gedanken und deren Ausdruck. Hier ist er nicht gezwungen, den Inhalt so zu komprimieren wie in einer Novelle. Dadurch lässt sich vielleicht erklären, dass die raumsparenden „Wortschlangen", die WBK, die aus mehreren Komponenten bestehen, seltener sind. Aber sie sind doch anzutreffen, oft am Ende der Beschreibung einer Szene, einer Situation. Sie geben dort das Gemeinte expressiv und auffallend in einem Wort mit großem lexisch-semantischem Umfang und knapper Form wieder. Dazu einige Beispiele:

von-außen-her-Eintreffen (Mario)
eine Klein-Mädchen-Hand (Tonio)
die Sieben-Uhr-früh-Temperatur (Zauberberg)
das Sichherausstaffieren (Joseph)

Die meisten Komposita sind zweigliedrig. Oft werden sie im Vortext vorbereitet, oder ihre Komponenten erscheinen im Nachtext. Auf solche Weise wird das Gleiche „immer wieder neu und oft überraschend abgewandelt" (Weiss 1964, 74). Diese Technik gilt für viele WBK, die in Texten ganze Reihen bilden:

Liegen – Liegekur – Liegehallegenossin – Liegestuhltypus (Zauberberg)
die Schärpe reiner Humbug – Humbugsschärpe (Mario)
Beifallslust – lieben es, Beifall zu klatschen (Mario)
schöne Leute – Schönheit – Schönheitsruhm – Schönheit (Joseph)
die Flut-Überlieferung – die Sintflut – die Fluterzählung – das Fluterlebnis (Joseph)

Die Wiederaufnahme dieser Komponenten gewährleistet sowohl lokale Zusammenhänge der einzelnen Textteile als auch die globale Kohäsion des ganzen Werkes. Die WBK selbst und ihre Komponenten treten auch als äußere Signale, formale Zeichen dieser Verbindungen auf und verweisen darauf, dass sie Teile des Ganzen sind.

Die führende Rolle bei der Textverflechtung (Organisation der Kohäsion) bei Thomas Mann gehört also der lexischen Wiederholung, d. h. der Verwendung der gleichen Stämme und Affixe. Diese totale oder partielle Rekurrenz verbindet einerseits unmittelbar nahe benachbarte Textteile und gewährleistet damit die lineare Verbindung, andererseits verbinden diese Morpheme voneinander entfernte Texteinheiten und gewährleisten damit die radiale Verbindung, so dass die wiederholt gebrauchten Stämme und Affixe ein Netz bilden, als dessen Knotenpunkte sie auftreten, und auf solche Weise strukturell und semantisch Textteile miteinander verbinden. Was die lineare Verflechtung betrifft, so herrscht bei Thomas Mann ihr anaphorischer Typ vor, wo die – oft okkasionelle – WBK ganz oder teilweise den Inhalt des Vortextes wiederholen: Die anaphorische Verbindung ist einer der besonders charakteristischen Züge der künstlerischen Sprache Thomas Manns, in dessen Werken jeder nachfolgende Abschnitt sorgfältig im Vortext vorbereitet wird.

WBK, die nach derselben Technik in den Werken des Schriftstellers erscheinen, sind oft Kristallisationspunkte der Grundthematik. WBK mit thematragenden Komponenten wie *merkwürdig, Freiheit, vernünftig, Würde, Ehre, Mensch, human, Herz* trifft man in sonst ganz verschiedenen Werken von Thomas Mann an. In diesem Sinne sind sie intertextuell. Denn

„was ihn anzieht, ist das Ethische ... Er fühlt sich mehr als Moralist. Er spricht vom Pathos der Freiheit, Prinzip des Lebens, damit Humanität entsteht" (Erlacher 1931, 30),

und zwar im Stil der begrifflichen Variation durch Wortbildung:

Humanismus – Humanisten – humanistisch
etwas Merkwürdiges – Merkwürdigkeit – merkwürdig
das Menschliche – Menschen – menschlich – das Widermenschliche
Freiheit – Freiheitskämpfer – Freiheit – Gedankenfreiheit – Willensfreiheit

Herzenswärme – Herzensgüte – Herzensgenie – Herzensteilnahme
Würde – würdig – entwürdigend – etwas Entwürdigendes

Im Text zieht eine WBK eine andere nach sich, sie wird größer und verwandelt sich schrittweise – „mit Mühe und Treue" – in einen Gedanken, eine Idee. Auf solche Weise dient die Wiederaufnahme der einzelnen Komponenten in den oben genannten motivisch-thematischen Komplexen nicht nur der Kohäsion, sondern sie trägt – auf Grund der rekurrenten Ketten der häufig gebrauchten Stämme – auch dazu bei, semantische Paradigmen, Sinnkontinuität und Kohärenz zu entwickeln.

Für die Werke von Thomas Mann ist die antithetische Struktur der Grundthematik charakteristisch (Weiss 1964, 11). Der Leser hat in seinen Romanen und Novellen immer mit einem „Sowohl-Als-auch", mit einem „Einerseits-Andererseits" zu tun (Koopmann 1975, 360). Viele WBK unterstützen diesen Stilzug in der Weise, dass sie Antithesen erfassen: Das sind überwiegend Bindestrichkomposita mit antithetischen Komponenten oder solche, deren Komponenten semantisch unverträglich sind, aber natürlich auch die WBK mit dem Präfix *un-*, die eine negative Bedeutung haben. In den Werken von Thomas Mann sind folgende Arten der Antithese mittels WBK anzutreffen:

1) die WBK, die zu einem Wortbildungsmodell gehören, semantisch, aber antonymisch sind: *Vertikale – Horizontale* (Zauberberg);
2) die WBK mit antonymischen Stämmen: *Scherzhaftigkeit ... Ernsthaftigkeit* (Mario);
3) die WBK mit antonymischen Affixen: *f o r m l o s , aber... s a g e n h a f t* (Joseph);
4) die WBK mit dem Präfix *un-* als Komponente eines Wortpaars: *Möglichkeit – Unmöglichkeit* (Tonio), *Zeit oder Unzeit* (Mario), *vernünftig – unvernünftig, menschlich – unmenschlich*;
5) Bindestrichkomposita, deren Komponenten semantisch unverträglich sind: *körperlich-geistig, künstlich-natürlich, täppisch-ernst, stehend-wandernd*;
6) Komposita mit Komponenten, die gewöhnlich miteinander nicht zu verbinden sind: *Herzensgenie, Heldenjammergeschrei, Zappelkorps*.

Sehr auffallend ist in verschiedenen Texten die Gegenüberstellung der WBK *vernünftig – unvernünftig, menschlich – unmenschlich, möglich – unmöglich*. Sie erscheinen auf mehreren Seiten und sind dadurch thematisch zentral. Dieses dichterisch gestaltete Wechselspiel spiegelt eines der im Schaffen von Thomas Mann wichtigsten Themen wider, das dem „Geistig-Persönlichen" (Erlacher 1931, 30), dem „Seelisch-Menschlichen" (Weiss 1964, 50) zugehört.

Die oben angeführten WBK treten als präzisierende, emotional-wertende Nominationen auf, um das widersprüchliche Wesen der Dinge hervorzuheben, um

„die Wirklichkeit so darzustellen, wie sie ist, unter nuancierter Gestaltung des Details",

weil

„nur das Genaue und Gründliche wahrhaft unterhaltend sein könne" (Erlacher 1931, 18).

Sehr auffallend sind Konversionen, besonders substantivierte Adjektive, Partizipien und Infinitive. Es gibt ganze Reihen von ihnen:

„... *so was Ziviles, so was Komfortables, nichts so Waffenrasselndes*" (Zauberberg).

„... *an dem Neuen, Werdenden, im Geist seiner Nächsten leidenschaftlich Gehegten, Erörterten, Geförderten* ..." (Joseph)

„*Man gelangte dahin, indem man ... die Hauptstrasse des Ortes verfolgte, ... die gleichsam vom Feudalen über das Bürgerliche ins Volkstümliche führte* ..." (Mario)

Diese Reihen dienen der genauen charakterisierenden Nomination, der Variation und Komprimierung des Ausdrucks. Konversionen sind kürzer als Wortverbindungen, oft stellen sie knappe Wiederaufnahmen von früher im Text gebrauchten Sätzen und Wortverbindungen dar oder sind Varianten von ihnen.

Außerdem schafft die Aufeinanderfolge der Komponenten dieser Reihen substantivierter Adjektive, Partizipien und Infinitive, die in unmittelbarer Nähe zueinander liegen, einen eigenartigen Rhythmus – den Rhythmus der Prosa. Nach Girschman (1982, 75–79) kann dieser Rhythmus auf verschiedensten Niveaus eines literarischen Werkes hervortreten, zum Beispiel im Wechsel der mehr oder weniger bildhaften Textstücke, in Wiederholungen und Kontrasten von Themen, Motiven, Bildern und Situationen.

In der künstlerischen Prosa wird der Rhythmus durch die periodische Wiederholbarkeit der einzelnen Elemente aktualisiert. Sie erfüllt intonatorisch-ausdrückende, kompositorische und charakterisierende Funktionen, formt die spezifische künstlerische Zeit, verwandelt die einfache Aufeinanderfolge äußerlich sichtbarer und unmittelbar fühlbarer sprachlicher Elemente in bedeutsame Aufeinanderfolge (Girschman 1982, 75, 79).

Die Grundlage der rhythmischen Organisation der Prosa bilden neben den lautlichen Wiederholungen verschiedene Formen des grammatisch-syntaktischen Parallelismus (Shirmunski 1966, 107).

Die rhythmusbildende Einheit kann (nach Filimonow, Sokolskaja und Awtejewa [1988, 90]) durch folgende Merkmale charakterisiert werden: Ganzheit, Gesondertheit, Vergleichbarkeit, reguläre Wiederholbarkeit, Invarianz für verschiedene Sprachen. Die WBK können so als rhythmusbildend betrachtet werden.

Wichtige Elemente in den Werken von Thomas Mann sind: Wiederholungen und die Wiederkehr des Gleichen, der Wörter, Situationen, Motive und Themen. Typisch ist die Aufreihung und Anhäufung der rhythmischen Strukturen vom selben Typus, oft von Modellen der Ableitung mit Suffixen -*heit*, -*keit*, -*ung* und der Konversion, und zwar in Form der Substantivierung.

„*Sie werden pathetisch, Sie werden sentimental, etwas Schwerfälliges, Täppisch-Ernstes, Unbeherrschtes, Unironisches, Ungewürztes, Langweiliges, Banales entsteht unter ihren Händen* ..." (Tonio)

"Es ging hier geradeso merkwürdig und spannend, geradeso unbehaglich, kränkend und bedrückend zu wie in Torre überhaupt, ja, mehr als geradeso: Dieser Saal bildete den Sammelpunkt aller M e r k w ü r d i g k e i t, N i c h t g e h e u e r l i c h k e i t und G e s p a n n t h e i t, womit die Atmosphäre des Aufenthaltes geladen war" (Mario).

"I, Gott bewahre, – was? Ich habe doch gleich gesehen' – und er (Hofrat Behrens) sprach nun direkt zu Hans Castorp –, ,dass Sie so was Z i v i l e s haben, so was K o m f o r t a b l e s, – nichts so W a f f e n r a s s e l n d e s ..." (Zauberberg)

"... die auf dem Wege des Vater-Gedankens über den Bereich östlich-urheimatlicher G e s t i r n f r ö m m i g k e i t und der F a m i l i e n e r i n n e r u n g hinausgingen und sich an dem N e u e n, E r ö r t e r t e n, G e f ö r d e r t e n stammelnd versuchten ..." (Joseph)

Diese Beispiele illustrieren, wie

„die lineare Wiederkehr der gleichen oder leicht abgewandelten Wortklänge" (Weiss 1964, 52),

dieser intonatorisch-syntaktische Parallelismus die sprachliche Dynamik organisiert, materiell die emotionelle Spannung festigt, den Sinn mit Nachdruck betont. Der Rhythmus der Prosa wird damit zur Form der Verkörperung des künstlerischen Gedankens, zum „Träger" des Stils.

Der stilistisch markierte Rhythmus erscheint im Zusammenhang mit einer bestimmten Einstellung – dem Streben des Künstlers, die Wirksamkeit des Ausdrucks zu erhöhen und den Adressaten zu erreichen. Bei der Realisierung dieser Funktion wird der Rhythmus zum Träger der inhaltlichen Information, zu einer der Arten der Vermittlung des emotionell-expressiven Potentials.

Einen bedeutenden Platz räumt Thomas Mann in seiner Technik der Ironie ein. Das Werk und die Ironie von Thomas Mann können nicht voneinander getrennt werden, denn die Ironie ist seine „hervorstechendste Eigenschaft" (Hass/Mohrlüder 1973, 229). Für ihn ist sie, wie auch für Goethe, den er in seiner Arbeit „Humor und Ironie" zitiert,

„das Körnchen Salz, durch das das Aufgetischte überhaupt erst genießbar ist".

Ironie ist für Thomas Mann die Objektivität und

„der Kunstgeist, der dem Leser oder dem Lauscher ein Lächeln, ein intellektuelles Lächeln ...
entlockt"   (Mann 1960, 801).

Bekanntlich gilt die Ironie als „Verstellung", als „das Gegenteil von dem Gesagten", „Tadel durch falsches Lob, Lob durch vorgeblichen Tadel", „jede Art des Sichlustigmachens und Spottes" (Lapp 1992, 24, Gießmann 1977, 411). Die ironische Bedeutung einer Äußerung enthält ein M e h r an Bedeutung (Lewandowski 1985, 478). Zur Ironie gehört das Ironiesignal. Praktisch alles kann Ironie signalisieren:

„mimische, gestische und intonatorische Modulationen, Augenzwinkern, Räuspern, Kursivdruck und Anführungszeichen"   (Lapp 1992, 28–30).

Uns interessieren die sprachlichen Signale. Darunter nennen verschiedene Forscher Wiederholungen und Wiederkehr, antonyme Wortpaare, Anhäufungen bombastischer Ausdrücke, gewagte Metaphern, überlange Sätze u. a. (Hass/Mohrlüder, Allemann, Lapp). Es ist aber unmöglich, aus ihrem Gebrauch allein schon auf Ironie zu schließen (Hass/Mohrlüder 1973, 415). Viele Fälle der Ironie sind extrem kontextabhängig (sprachlich oder außersprachlich). Kennzeichen aller Ironie-Signale scheint eine semantische Unverträglichkeit oder Inkongruenz zu sein, z. B. zwischen Intonation und Wort oder auch zwischen einzelnen Wörtern (Löffler 1975, 126).

Da stoßen wir auf die Frage, welchen Beitrag die Wortbildung zum ironischen Stil des Schriftstellers leistet und ob Ironie mittels Wortbildung überhaupt möglich ist.

Die oben aufgezählten sprachlichen Signale der Ironie können auch die Wortbildung betreffen, denn die WBK oder ihre Komponenten können Wiederholungen und Wiederkehr des Gesagten, Antithesen und antonyme Wortpaare, Anhäufungen bilden. Folgende Beispiele der okkasionellen Wortbildungen sollten das illustrieren.

„Es war Mitte August, die italienische Saison stand in vollem Flor...
... das Grandhotel ... so sehr in den Händen der florentischen und römischen Gesellschaft ... Römischer Hochadel befand sich darunter...
... er (der Strand) befand sich in den Händen der inländischen Mittelklasse. Es gab eine grosse Abreise ... Der Strand entnationalisierte sich ..." (Mario)

Die WBK *sich entnationalisieren* wird in der Novelle „Mario und der Zauberer" in der okkasionellen Bedeutung 'Abreise der *florentischen und römischen Gesellschaft*, des *römischen Hochadels*, der *inländischen Mittelklasse* mit ihren *patriotischen Kindern, die nationalfaschistisch denkt und sich verhält*', verwendet. Aus diesem Okkasionalismus spritzt Spott und Hohn bezüglich des italienischen Publikums.

„Dies Publikum ‚hielt auf sich' ..., es prästabilierte Würde, stellte voreinander und vor dem Fremden Ernst und Haltung, wach aufgerichtete Ehrliebe zur Schau –, wieso? Man verstand bald, dass Politisches umging, die Idee der Nation im Spiele war." (Mario)

„Früher aber ... war unsere neue Wirtin Gesellschaftlerin, Reisebegleiterin, Garderobiere, ja Freundin der Duse gewesen, eine Epoche, die sie als die grosse, die glückliche ihres Lebens betrachtete ..."

Die Anhäufung der movierten Feminina ist in diesem Kontext ein Marker für die feine sympathisierende Ironie des Erzählers bezüglich der „sehr sympathischen" Signora Angiolieri, die aus ihrer Vergangenheit einen Kult gemacht hat.

Ironie ist bei Thomas Mann die „Einheit des Doppelten", der „Austausch des Gesetzten mit dem Entgegengesetzten" (Weiss 1964, 65). Die ironische Doppelsicht bildet eine geistige Grundlage von Thomas Manns Dichtung. Seine Sprache wird durch antithetische Thematik geprägt, denn er stellt These und Antithese, Pol und Gegenpol in seinen Werken einander gegenüber.

„Diese Einbeziehung der Gegenperspektive, diese Einmischung der Gegenstimme ist ein, wenn nicht *das* Hauptmerkmal von Thomas Manns ironischem Stil." (Weiss 1964, 66)

Das Letzte scheint besonders wichtig zu sein, denn die WBK können aus Komponenten bestehen, deren Inhalt semantisch unverträglich ist, oder die polare Bedeutungen haben.

„Poveretto!' ‚Armer Kerl!' riefen gutmütige Stimmen. ‚Poveretto!' höhnte Cipolla erbittert. ‚Das ist falsch adressiert, meine Herrschaften! ... Ich bin es, der das alles d u l d e t' ... Mein Kopf ist noch heute voll von Erinnerungen an des Cavaliere D u l d e r t a t e n ..." (Mario)

Das Ironiesignal liegt in diesem Beispiel in der Unverträglichkeit innerhalb der okkasionellen WBK *Duldertaten*. Der Hypnotiseur Cipolla nennt sich *Dulder* und nicht die Zuschauer im Saal, die er erniedrigt.

Beispiele der semantischen Inkongruenz sind auch schon genannte okkasionelle Komposita wie *Herzensgenie* und *Zappelkorps*. Man spricht gewöhnlich von Genie im Zusammenhang mit Verstand und nicht mit Herz; ein Korps kann nicht zappeln.

„Wir müssen liegen, immer liegen ... Settembrini sagt immer, wir lebten horizontal, – wir seien H o r i z o n t a l e."

Das Ironiesignal entsteht hier durch die Antithese *Horizontale* zu *Vertikale*. So wird die Welt der vollwertigen, gesunden Menschen (Vertikale) der Lebensweise der Menschen gegenübergestellt, die sich ihrer Krankheit, ihrer horizontalen Lebenslage hingeben und sie die ihnen „entsprechendste" Lage nennen.

Die oben angeführten Beispiele der usuellen und okkasionellen WBK illustrieren also ihren ästhetischen und kommunikativen Wert für einen Text. Besonders auffallend sind die Neubildungen: die speziell für und in Texten gebildeten begrifflichen und bildhaften, emotionell-wertenden, expressiven Benennungseinheiten, die Atmosphäre und Stimmung schaffen. Mit ihrer auffallenden Form, in der oft das nicht zu Verbindende verbunden wird, schaffen sie einen Überraschungs- oder Verblüffungseffekt. Sie verbinden die einzelnen Textteile zu einem Ganzen und gewährleisten die Textstabilität, seine Entfaltung von links nach rechts, und bilden auf solche Weise ein konstitutives Prinzip der Textkohäsion. Sie bilden Variationen zu syntaktischen Konstruktionen und sind damit ihre aktuellen Ersetzungen, die die Sprache ausdrucksvoller machen. Ein solches Wort kann ganze Gedankengänge vermitteln und treffend und einleuchtend Themen benennen. Was die Art und Weise der Verwendung der WBK anbetrifft, so widerspiegelt sie die individuellen Besonderheiten des Stils des Schriftstellers, seine Liebe zur Genauigkeit, zum Ausführlichen, scharfe Beobachtung und eine große Kunst der treffenden Charakteristik.

QUELLEN

Mann, Thomas (1960): Humor und Ironie. In: Gesammelte Werke in 13 Bänden. Band 12. Reden und Aufsätze. Frankfurt a. M.
Mann, Thomas (1991): Der Zauberberg. Frankfurt a. M.
Mann, Thomas (1997): Tonio Kröger. Mario und der Zauberer. Frankfurt a. M.
Mann, Thomas (2002): Joseph und seine Brüder. Die Geschichten Jaakobs. Frankfurt a. M.

LITERATUR

Erlacher, L. (1931): Untersuchungen zur Romantechnik Thomas Manns. Basel.
Filimonow O./Sokolskaja T./Awtejewa A. (1988): Kommunikatiwnaja znatschimost ritmisirujuchego powtora w chudozestwennom tekste. In: Kommunikatiwnaja naprawlennost teksta i jego perewod. Kiew, S. 89–96.
Girschmann, M (1982): Ritm chudožstwennoj prozy. Moskau.
Gießmann, Ulrike (1977): Ironie in sprachwissenschaftlicher Sicht. In: Sprachwissenschaft, S. 411–421.
Hass, Hans-Egon/Mohrlüder, Gustav-Adolf (1973): Ironie als literarisches Phänomen. Köln.
Koopmann, Helmut (1975): Thomas Mann. Theorie und Praxis der epischen Ironie. In: Ders. (Hg.): Thomas Mann. Darmstadt.
Lapp, Edgar (1992): Linguistik der Ironie. Tübingen.
Lewandowski, Theodor (1985): Linguistisches Wörterbuch. Heidelberg/Wiesbaden.
Löffler, Heinrich (1975): Die sprachliche Ironie – ein Problem der pragmatischen Textanalyse. In: Deutsche Sprache, Heft 2, S. 120–130.
Weiss, Walter (1964): Thomas Manns Kunst der sprachlichen und thematischen Integration. Düsseldorf.
Žirmunski, W. M. (1966): O ritmičeskoj proze // Rus. lit., № 4, S. 107.

NORBERT RICHARD WOLF

Über einige Textfunktionen von Wortbildung und Wortbildungen

Wir sind hier in Leipzig zusammengekommen, um zu *barzeln*.

Diese Äußerung klingt wohlgeformt, dennoch könnte sie Verständnisschwierigkeiten bereiten. Denn das sinnwichtige Verbum *barzeln* ist – noch? – nicht allgemein bekannt. Das zehnbändige Duden-Wörterbuch bucht es nicht. Wohl aber finden wir das Verb in Wortbildungslehren. Das erste Mal ist es mir in Erbens „Einführung in die deutsche Wortbildungslehre" begegnet, wo es in einem Zitat aus Günter Grass' Roman „Aus dem Tagebuch einer Schnecke" steht:

> „Sein Verhalten hat seinen Namen gebräuchlich gemacht: *jemand barzelt, benimmt sich barzelhaft, gehört zur Barzelei.*"

Das Verbum *barzeln* klassifiziert Erben dabei als eine „satirisch-agitatorische Ableitung [...] von Eigennamen" (Erben 2000, 56). Es leuchtet ein, dass ich mit meiner einleitenden Feststellung nichts Derartiges gemeint oder gar intendiert habe.

Auch Wolfgang Motsch (1999, 61) bucht dieses Verb mit einer Reihe ähnlicher Verben: *rilken, hegeln, beckmessern, barzeln, heideggern, gaucken, röntgen, kneippen, lumbecken*.

Motsch (1999, 60) bucht diese Verben unter das Muster „Wie ein N tätig sein" und vermerkt dann:

> „Eine weitere Möglichkeit bieten Eigennamen. In diesem Fall werden Tätigkeiten, Verhaltensweisen und Erfindungen, die für Individuen charakteristisch sind, herangezogen. Die detaillierte Interpretation solcher Verben setzt z. T. sehr spezielle Sachkenntnisse voraus"

(Motsch 1999, 61).

Dieser Kommentar ist indes nicht sehr hilfreich. Wenn unter die Paraphrase 'wie ein N tätig sein' „Tätigkeiten, Verhaltensweisen und Erfindungen" subsumiert werden, dann bedarf es sehr unterschiedlicher Sachkenntnisse. Sicherlich, *rilken* kann mit 'wie Rilke tätig sein, wie Rilke schreiben/dichten' paraphrasiert werden; man sollte zudem wissen, wer Rilke und wie er tätig war. Doch ob jemand, der *kneippt*, wie Kneipp tätig ist, ist zweifelhaft; man kann zudem *kneippen*, ohne zu wissen, wer Pfarrer Kneipp war. *lumbecken* ist nur durch eine Sacherklärung verständlich, ein Hinweis auf eine Person ist indes ebenfalls nicht nötig und zum Verständnis auch nicht hilfreich. Welches Verhalten man mit *gaucken* bezeichnet, weiß ich nicht, obwohl ich Informationen über die Person Joachim Gauck habe.[1] Und auch *barzeln* ist zwar paraphrasierbar, ich weiß auch, auf welche Person sich dieses Verb bezieht, aber worauf *barzeln* wirklich referiert, ist mir nicht klar. Auf alle Fälle habe ich mit meinem einleitenden Satz auch etwas anderes als Grass oder Motsch gemeint.

Eine Recherche in Cosmas II des Mannheimer Instituts für deutsche Sprache hat ergeben: *barzeln* kein Treffer, die Form *b/Barzelt* 40 Treffer und *b/Barzelte* 1 Treffer, wobei es sich dann in allen Fällen nicht um ein Verb, sondern um das Substantiv *Barzelt*, ein Determinativkompositum, handelt. In unseren modernen Zeiten hat der Suchende immer die Möglichkeit des Internets und diese habe ich auch zu nutzen versucht. Die bekannte und beliebte Suchmaschine „Google" hat am 23. September 2003 auf den Suchbefehl *barzeln* innerhalb von 0,25 Sekunden zwei Treffer gemeldet. Der eine war ein Artikel der Regensburger Kollegin Maria Thurmair, der zweite Treffer eine volkskundliche Abhandlung über einige Speiseformen:

> „Neben den Kartoffeln sowie dem Weiß- und Blaukraut dienten in den Landkreisen Aichach und Schrobenhausen auch die Ackerrüben, bairisch als ‚Barzeln' oder ‚Battzeln' bezeichnet, in Fässern aufbewahrt [...]."
> (Kaltenstadler 2002, 23)

In unseren Zusammenhang passt natürlich die bayrische Spezialität auch nicht. Demgegenüber ist der Artikel von Maria Thurmair einschlägig; er trägt den Titel „Eigennamen als kulturspezifische Symbole"; unter der Überschrift „Eigennamen in appellativen Strukturen" und „Wortbildung" finden wir:

> „Dabei können die Wortbildungen, die Verben oder Adjektive von Personennamen ableiten, auf mehr oder weniger bekannte Personen und mehr oder weniger bekannte Eigenschaften referieren: Verben wie *kneippen* oder *röntgen*, die nach den ‚Erfindern'/‚Entdeckern' bestimmter Handlungen benannt sind [...], sind [...] einfacher zu interpretieren als etwa *rilken, hegeln, barzeln, heideggern* [...]. In diesem Fall muss nicht nur die Person bekannt sein, sondern auch das Spezifische des Vergleichs."
> (Thurmair 2002, 9)

Thurmair beobachtet, dass

> „diese Wortbildungsmuster auch in bestimmten Textsorten – vor allem in journalistischen Texten – mit gerade aktuellen mehr oder weniger bekannten Personen verwendet werden; die richtige Information setzt dann ein relativ aktuelles kulturspezifisches Wissen voraus, das ‚Verfallsdatum' dieser Bildungen ist kurz"
> (Thurmair 2002, 9).

Wie wichtig diese „Wissenskriterien" sind, demonstriert die Autorin ungewollt mit einem ansonsten instruktiven Beispiel aus der „Süddeutschen Zeitung" (Thurmair 2002, 10):

> „Andererseits hält man Stoiber, wenn auch außerhalb Bayerns, für einen volksnahen Bierzelt-Tribun, der im politischen Kampf Parteifreunde niederhubert und ausgoppelt."

Thurmair (2202, 10) kommentiert dieses Zitat:

---

[1] In der Diskussion nach meinem Vortrag wurde mir mitgeteilt, dass mit dem Verbum *gaucken* die Tatsache bezeichnet werde, dass jemand von der 'Gauck-Behörde' seine (politische) Vergangenheit überprüfen lasse.

„Vorausgesetztes Wissen: die Kenntnis der bayrischen Politiker Erwin Huber und Alfons Goppel und ihres spezifischen Verhaltens in politischen Auseinandersetzungen."

Allerdings spielt die „Süddeutsche Zeitung" nicht auf den früheren Ministerpräsidenten Alfons Goppel, sondern auf dessen Sohn Thomas an, der damals Generalsekretär der CSU war.

Zurück zu unserem Verb *barzeln*: Wir sind sicher nicht zusammengekommen, um uns gemeinsam wie der frühere Politiker Rainer Barzel zu verhalten, ganz gleich, was er gemacht hat. Das von mir verwendete Verbum ist keine deonymische Konversion, sondern folgt einem anderen Wortbildungsbauplan: Die Wortbildungsbasis ist ebenfalls ein Eigenname, und zwar *Barz*; mit Hilfe des Suffixes *-el-* wird ein Verb erzeugt. Wir können uns das Werden dieses Wortbildungsprodukts, also die Wort-Bildung folgendermaßen vorstellen: Zunächst wurde, vergleichbar mit *rilken, hegeln, heideggern,* mit dem Modell einer deonymischen Konversion das Verbum *barzen* abgeleitet, das mit 'sich wie (Irmhild) Barz verhalten' zu paraphrasieren ist. Diese Bildung ist ohne Zweifel systemkonform, doch wie unsere Recherchen ergeben haben, noch nicht realisiert. Um mit Eugenio Coseriu zu sprechen, die Langue, das System, würde diese Bildung ermöglichen; doch die Norm lässt sie – noch? – nicht zu. Den Grund dafür können wir aus der Tatsache erschließen, dass die Bildung *barzeln* sehr wohl statthaft zu sein scheint.

Unser Verbum *barzeln* ist eine deverbale Ableitung aus (dem noch nicht realisierten) *barzen*, wie gesagt, mit Hilfe des Suffixes *-el-*. Wir wissen, dass das Suffix *-el-* „die WB [i. e. Wortbildungsbedeutung] ‚diminutiv-iterativ'" (Fleischer/Barz 1995, 348) realisiert. Die Formulierung „diminutiv-iterativ" ist, wie Hans Wellmann deutlich gemacht hat, nicht so sehr additiv, sondern wohl mehr alternativ zu verstehen: Das Suffix liefert

„zusätzliche Inhaltsmerkmale wie ‚ein wenig', ‚etwas' o. ä. [...] oder [...] den Ausdruck der mehrfachen oder wiederholten Tätigkeit" (Wellmann 1973, 115 f.).

In unserem Zusammenhang ist die diminutive Bedeutung wichtiger und drückt aus, dass wir zu *barzen* nicht imstande sind, sondern eben nur zu *barzeln*. Diese Wortwahl entspringt unserem Weltwissen, in dem wir die Erkenntnis gefunden haben, dass wir uns, wenn wir wie Barz tätig zu sein versuchen, bescheiden müssen, selbst die diminuierende Bildung verrät unsere Hybris. Und in diesem Sinn kann ich meine Eingangsbemerkung wiederholen: *Wir sind hier in Leipzig zusammengekommen, um zu barzeln.*

Es handelt sich hier um den absoluten Textanfang, es ging also diesem Satz nichts voraus, was das Verständnis unseres Verbs erleichtern könnte. Ich habe bei der Formulierung dieses Satzes die Tatsache ausgenutzt, dass Wortbildungen Begriffe benennen, Syntagmen bzw. Paraphrasen diese nur beschreiben (vgl. Fleischer 1989, 16). Mit der Verwendung einer festen Nominationseinheit, einer Wortbildungskonstruktion bringen wir die Sache, das, was wir uns ausgedacht haben und ausdrücken wollen, kognitiv und sprachlich „auf den Punkt".

Sätze und Texte benennen nicht Begriffe, sondern Situationen (Sätze) oder gar ganze „Welten" oder Ausschnitte daraus (etwa Texte wie Romane oder komplexe Sachtexte). Sätze und Texte sind „nicht intersubjektiv verfügbare Nominationsmarken" (Fleischer 1989, 19 über „freie syntaktische Fügungen"). Die Nominationsfunktion von Sätzen und Texten kommt dadurch zustande, dass zahlreiche Nominationseinheiten als „intersubjektiv verfügbare Nominationsmarken" in bestimmte kognitive und semantische Beziehungen gebracht werden. In unserem Textanfangssatz *Wir sind hier in Leipzig zusammengekommen, um zu barzeln* ist leicht erkennbar, welche Situation benannt werden soll. Da wir zudem wissen, dass wir aus einem bestimmten Anlass zu fröhlichem sprachwissenschaftlichem Tun zusammengekommen sind, ist vielleicht die Bildung *barzeln* leichter verständlich, da wir ja – das wollen wir einmal annehmen – über das nötige Sprachwissen verfügen, die Bildung zu durchschauen, auch wenn wir sie das erste Mal gehört haben. Da wir überdies in unsrem Weltwissen gespeichert haben, dass gerade Wortbildungslehre und Nominationstheorie unserer Jubilarin sehr viel zu verdanken haben, erhöht sich die Plausibilität unserer schönen Bildung *barzeln*. Unsere Wortbildung überführt einen Eigennamen in eine appellative Struktur. Dennoch bleiben die „Wissensbestandteile" (Thurmair 2002, 25), die sich mit dem Nomen proprium verbinden, auch im appellativen Verb erhalten; sie können von Sprechern immer wieder nutzbar gemacht werden.

Fassen wir unsere Überlegungen an dieser Stelle zum ersten Mal zusammen: Wortbildungen als Nominationseinheiten dienen dazu, einen Begriff in einer komplexeren Einheit, im Satz und vor allem im Text „auf den Punkt zu bringen", also „etw. präzise zum Ausdruck [zu] bringen" (Duden 1999, 7, 3053). Keine andere sprachliche Form kann dies so präzise und gleichzeitig so ökonomisch leisten.

Diese Funktion begegnet uns besonders oft und eindrücklich in Kurztexten, also in extremen Formen der Kommunikation. Im Schaufenster eines Salzburger Geschäftes entdeckte ich im August 2003 ein merkwürdiges, weil ungewohntes Gebilde (s. Abb. 1). Es war ein langstieliger Löffel, der an seiner Spitze noch fünf Zacken hatte. Wenn man dieses Ding sieht, fragt man sich unwillkürlich, was das soll. Glücklicherweise gab ein Preisschild Aufschluss: Es handelt sich um eine *Probier Löffelgabel*. Ich nehme an, dass die meisten von uns das Wort *Probier-Löffelgabel* noch nicht gehört haben, vermutlich auch nicht die zweite Konstituente *Löffelgabel*. Dieses Wort allein ist schon ein Glücksfall, es ist wohl eines der seltenen Beispiele für ein Kopulativkompositum; der Gegenstand im Schaufenster und das Bild auf einem dabei liegenden Prospekt machen anschaulich, dass die beiden Konstituenten dieses Wortes in einem additiven Verhältnis zueinander stehen.

Überdies können wir hier beobachten, dass und wie Bild und Sprache einander unterstützen (ich gebe zu, dass ich im Augenblick anekdotisch argumentiere): Als ich, wie gesagt, das Bild sah, wusste ich nicht, was da vor mir lag; hätte ich das Kopulativkompositum *Löffelgabel* gelesen, ohne das Referenzobjekt gesehen zu haben, dann hätte ich auch nicht gewusst, was mit diesem Ausdruck bezeichnet wird.

Abb. 1: Probier-Löffelgabel

Die Ratlosigkeit geht aber noch weiter. Wenn mir durch die Kooperation zweier Zeichensysteme klar geworden ist, welcher Gegenstand durch das Wort *Löffelgabel* bezeichnet wird, dann fragt man sich, wozu braucht man so etwas. Und auch hier hilft das Preisschild weiter. Das Kopulativkompositum fungiert, wie schon gesagt, als Grundwort eines Determinativkompositums, und der Verbstamm *Probier-* als Bestimmungsglied. Als Inhaltsmuster können wir mit Anna Maria Kienpointner den „instrumentalen Strukturtyp" (1985, 85) feststellen, die Paraphrase lautet 'eine Löffelgabel, mit der man etwas probiert'. Unser Wort folgt damit einem Muster, nach dem eine Reihe von Gerätebezeichnungen gebildet worden sind: *Schreibmaschine, Rasierapparat, Rasierpinsel, Schwimmgürtel*. Das Muster ist in unserem Sprachwissen gespeichert, sodass wir auch die neue Bildung sofort verstehen. Meine Frage – ich setze die anekdotische Argumentation fort –, als ich das ungewohnte Gerät das erste Mal sah, was das nun sei, wurde durch die Wortbildung, durch die Kombination zweier Modelle, sehr schnell und eindeutig beantwortet. In dieser Form der knappen Kommunikation, die sprachlich mit einem einzigen Wort auskommt, liefert die Wortbildung wiederum die Möglichkeit, die Sache auf den Punkt, will sagen: auf den Begriff zu bringen.

Wir hören immer wieder, dass Wortbildung auch deshalb nötig sei, weil es immer wieder neue Phänomene oder neue Einschätzungen von schon bekannten Sachverhalten gebe. Das ist sicherlich richtig. Auch die *Probier-Löffelgabel* ist ein neuer

Gegenstand (zumindest war sie das für mich). Doch geht es über die Benennung eines neuen Gegenstandes darum, einen Begriff zu benennen, der dann in der Kommunikation, genauer: in Texten als präziser Ausdruck verwendet werden kann. Einheiten unseres Wissens bzw. die Begriffe, die wir uns von diesen Einheiten gebildet haben, werden so auf ökonomische Weise kommunizierbar.

Etwas anders verhält es sich mit Beispielen, wie sie oft in der Werbung zu finden sind. Ich bringe hier ein Beispiel, das ich an einem Würzburger Autogeschäft gefunden habe (s. Abb. 2). Auf einem Schaufenster klebt ein Plakat, das die Karosserie eines Autos zeigt, im unteren Teil der Karosserie ist das Wort bzw. die Wortform *RE* VOLVO *LUTION* in Versalien zu lesen. *RE* und *LUTION* sind in roter Farbe gedruckt, der weiße Bestandteil *VOLVO* hebt sich davon deutlich ab, was zudem durch Zwischenräume unterstützt wird. Es geht also darum, die „Konstituenten" einer Neubildung sichtbar – im wörtlichen Sinne – werden zu lassen. Das Ganze ist wohl als ein spielerischer Sonderfall einer Kontamination anzusehen, bei der eine Konstituente in Teile einer anderen hineingeschoben wird. Der neue Begriff, der auf diese Weise benannt wird, hat nahezu die Funktion eines Satzes: 'Volvo ist eine Revolution'. Die Reste beider Konstituenten bringen ihre Bedeutung in das neue Wort ein. Obwohl das Wort vermutlich jedem Leser unbekannt ist, ist es ad hoc verständlich, insbesondere wenn man das Bild als Kontext ansieht.

Abb. 2: Revolvolution

Die beiden letzten Beispiele stammen aus Extremformen von Texten, aus Einworttexten. In beiden Fällen dienen Bilder als Kontext, wodurch die Nomination eindeutig wird und die Aussage, wie schon mehrfach gesagt, auf den Punkt gebracht wird. Die Wortbildung ermöglicht diese Form und Weise von „Einwortvertextung". Doch auch in umfangreicheren Texten, die ja den Normalfall von Texten darstellen, begegnet diese Funktion von Wortbildung. Ich will dies an zwei Beispielen demonstrieren.

Das erste Beispiel habe ich am 9. September 2003 in der Würzburger Zeitung „Main-Post" gefunden. Es handelt sich um einen zweispaltigen Artikel (Anhang 1) mit der Überschrift „*Metrosex und e-Man lösen den Macho ab*"; darunter die Unterüberschrift „*In Männerwelt wird es unübersichtlich*". Die Hauptüberschrift ist in zwei Zeilen gesetzt, von denen die erste die beiden zentralen Begriffe *Metrosex* und *e-Man*, die das Subjekt bilden, enthält, während der Rest des Satzes in der zweiten Zeile steht. Das Subjekt ist zunächst unverständlich, zumindest mir waren beim ersten Lesen sowohl *Metrosex* als auch *e-Man* unbekannt und unverständlich. Beide Wörter sind unschwer als Wortbildungen, *e-Man*, aufgrund der Orthographie, zudem als Anglizismus zu erkennen. Die Unterüberschrift informiert nur darüber, dass es sich auf irgendeine Weise um Männer bzw. die *Männerwelt* handelt, wo es *unübersichtlich* wird; wir erfahren also, von welchem Lebensbereich der Artikel handeln dürfte und dass *der Macho*, der uns ja seit Längerem bekannt ist, von etwas Unverständlichem abgelöst wird.

Der erste, fett gedruckte Absatz, das so genannte „Lead" (das in unserem Artikel schon zum Haupttext gehört), fasst nicht die wichtigsten Informationen des nachfolgenden Haupttextes, des „Body" (vgl. dazu Lüger 1995, 95), vorwegnehmend zusammen, sondern variiert nur die beiden Überschriften in etwas ausführlicher Form. Dabei wird der Hispanismus *Macho* durch das englische Wort *Lad* ersetzt und erläutert; der Anglizismus steht zwischen Anführungszeichen, wodurch signalisiert wird, dass das Wort im Deutschen noch nicht ganz üblich ist. Wie dem auch sei, wir begegnen hier zwei Verfahren, Begriffe zu benennen, der Entlehnung und der Wortbildung. Was ein *Lad* ist, erfahren wird durch eine Sachbeschreibung: Es ist ein männliches Wesen, das aus England stammt und Bierdosen hortet. Auch nach dieser Information wissen wir noch nicht sehr viel. In einem englischen Wörterbuch finde ich das Interpretament „a boisterously macho or high spirited man" (Pearsall 2001, 793), also rauer bzw. stürmischer Macho oder ein kühner, stolzer Mann; das Wort *Macho* und das Interpretament zu *Lad* lassen uns sofort an einen Spanier bzw. das Klischee eines Spaniers denken, nur das Bierdosenhorten will nicht dazu passen. Gleichwohl, es gibt jetzt – der letzte Satz des Leads informiert darüber – einen neuen Männertyp, den *Metrosex-Mann*. Hier haben wir ein Determinativkompositum vor uns, dessen erste Konstituente das erste Substantiv in der Hauptüberschrift ist. In dieser Überschrift steht eine Eigenschaft des modernen Mannes für den Mann, wie ja das zweite Substantiv *e-Man* deutlich macht. Somit haben wir die dritte Möglichkeit der Begriffsbenennung vor uns, das Verfahren der Bedeutungsübertragung, der Metapher und der Metonymie.

Da wir allerdings die Konstituente *Metrosex* nicht verstehen, verstehen wir das Determinativkompositum auch nicht. Sowohl die Überschriften als auch das Lead haben nur die Funktion, Interesse zu wecken, einen Leseanreiz zu bieten. Dies trifft auch auf den zweiten Absatz des Haupttextes zu, in dem nun zunächst der *e-Man*, dann auch der *Ironic-Man* und der *Care-Man* vorkommen, ohne allerdings erklärt zu werden. Das Ganze schließt mit der Frage:

„*Doch was steckt hinter [...] diesen angeblich neuen Männertypen?*"

Grammatisch nicht ganz geschickt angeknüpft, kommt – endlich – die Erklärung:

„*Er cremt und pflegt sich, geht lieber in Galerien als zum Fußball – und ist nicht schwul.*"

Ein Kennzeichen für den Begriff „Metrosex-Mann" ist der Besitz bzw. das Tragen eines rosa Hemdes, und als Autorität wird dann der Sprachkulturpreisträger Harald Schmidt zitiert:

„*der Metrosex-Mann sei ein Mann, der sich wäscht*".[2]

– Der vierte Absatz des Haupttextes liefert also eine Reihe von Begriffsmerkmalen, ohne eine Definition im engeren Sinn zu bieten. Wir erfahren in der Folge noch von Werbeleuten, von *Trendforschern* und auch von einem *Zukunftsinstitut*; dies alles hilft dem Sprachwissenschaftler nur wenig, sodass er wieder, wie ein *e-Man*, der – wie unser Main-Post-Artikel verrät – „*Weltmeister beim Surfen im Internet*" ist, sich selber ins Internet begibt und dabei auf einen Artikel mit der Überschrift „Gender blending metrosexual" stößt. Und darin heißt es:

"This summer hottest marketing buzzword ‚metrosexual' defines any urban, well-educated, affluent man who is in touch with his femininity" (TIM 2003).

metrosexual ist somit ein *buzzword*, ein Schlagwort bzw. – noch präziser – „a technical word or phrase that has become fashionable" (Pearsall 2001, 191) und erst in diesem Sommer modern geworden, sodass es auch nicht verwundert, dass zumindest mir dieses Wort noch nicht geläufig war. Wir bekommen in dieser Definition folgende Begriffsmerkmale: Urban, gebildet und gut erzogen, wohlhabend und sich seiner Weiblichkeit zuwendend. Und damit kommen wir auch zur Etymologie: Wohl in Anlehnung an englische medizinische Fachtermini wie *metrorrhagia* („abnormal bleeding from the womb"; Pearsall 2001, 897) wird das Element *Metro-* als Präfix bzw. im Sinn von Fleischer/Barz (1995, 25 passim) als „Konfix" mit der Bedeutung 'sich seiner Weiblichkeit zuwendend' verwendet. Es stammt wohl, wie der ganze

---

[2] In einem Artikel in der englischen Zeitung "The Independent" vom 7. Januar 2004 charakterisiert der Journalist Terence Blacker den Metrosex-Mann als "a young man with money and a powerful concern for the way he looked". Ich danke auch hier Christian Fandrych, King's College London, für die Zusendung dieses Artikels.

medizinische Terminus, vom griechischen Wort μητρα 'Gebärmutter' (Gemoll 1965, 505) und spielt vielleicht auch noch auf *metro* im Sinn von 'metropolitan' an.

Zurück zu unserem Zeitungstext: Das Wort *Metrosex* steht, wie gesagt, als erstes Wort in der Hauptüberschrift und wird als determinierende Konstituente im Lead und dann wieder im dritten und vierten Absatz des Haupttextes verwendet. Auf diese Weise dient es zunächst der Erzeugung von Textkohäsion und als Isotopie auch der Erzeugung eines Teilthemas des ganzen Textes („Kohärenz"). In der Überschrift wird es zudem metonymisch für einen bestimmten Männertyp verwendet. Beide Formen der Begriffsbenennung helfen wiederum der Autorin des Zeitungsartikels, einen Begriff auf den Punkt zu bringen. Da die Begriffsintension zunächst unbekannt ist, erregt das Wort Neugierde und reizt zum Weiterlesen.

Nur am Rande sei noch erwähnt, dass das „Initialkompositum" (Wolf 2002, 83) *e-Man*, das orthographisch als Anglizismus, aber durch die Majuskel auch schon ein wenig eingedeutscht erscheint, zusammen mit den Bildungen *Ironic-Man* und *Care-Man* sowie dem deutschen Wort *Mann* stark Topik bildend fungiert. Insgesamt bekommen wir in der Hauptüberschrift als dem Textanfangssatz drei Wörter geliefert, die dann im nachfolgenden Text häufig wieder aufgenommen werden und auf diese Weise das Textthema konstituieren.

Unser zweites Textbeispiel ist ebenfalls einer Zeitung, der „Süddeutschen Zeitung" vom 6. März 2003, entnommen; es ist ein Gedicht von Robert Gernhardt, genauer ein „Sonett vom Gebet des George W. Bush zu seinem Gott" (Anhang 2). Auch in der Typographie ist es als Sonett mit zwei Quartetten und zwei Terzetten zu erkennen, die Reimfolge ist abba acca def fed. Sowohl die Sonettform als auch der Reim überhaupt gelten zunächst einmal als Signale der „Artistik" (Zymner 2003, 256); diese Form steht aber im Kontrast zum Inhalt und ist ein Mittel, Humor oder/ und Ironie zu erzeugen. Alle Reimwörter sind Präfixbildungen mit *ver-*, wobei *versessen* und *vergessen* lexikalisierte Bildungen, will sagen: demotiviert sind. Das Präfix *ver-* ist Topik bildend und sorgt für Textkohäsion, den ausdrucksseitigen Textzusammenhang.

Als Reimwörter erhalten diese Bildungen besonderes Gewicht; „das, was in die prominente Position eines Reims gerückt wird", erhält „möglicherweise wirkungsästhetisch eine besondere Funktion" (Michel 2001, 179). Der Reim bindet sprachliche Zeichen mit lautlichen Mitteln enger zusammen, wodurch auch die gleiche oder ähnliche Bedeutung dieser Zeichen stilistisch relevant wird: *verschrotten – vergotten* sind zudem nach demselben Inhaltsmuster gebildet: etwas zum BS [=Basissubstantiv] machen ('etwas zu Schrott/Gott machen'). Die „prominente Position" des Reims bewirkt zudem aufs Neue, dass wesentliche Begriffe auf den Punkt gebracht werden. Im dritten Vers des ersten Terzetts führt dies Gernhardt geradezu exemplarisch vor: „*Wenn ich DICH bitte, zu verbitten, ...*" Zuerst setzt der Autor das Basisverb, das syntaktisch das Präfixverb regiert. „Bitten" ist eine positive Handlung, die okkasionelle Präfigierung drückt aus, dass man bittet, etwas nicht zu tun, etwas zu verhindern. Gernhardt nutzt hier einerseits die lautliche und semantische Nähe zum reflexiven *sich verbitten* „mit Nachdruck zu unterlassen verlangen" (Duden 1999, 9, 4185) sowie zum ebenfalls lautlich und semantisch nahen Verbum *verbieten*. Mit anderen Worten, gerade an dieser Stelle entsteht eine neue Nominationseinheit aus dem unmittelbaren Kontext; wir können dem Autor bei der Wortbildung „zusehen".

Schon viel ist darüber nachgedacht worden, was die Aufgabe der Wortbildung überhaupt ist. Wir haben nun an ganz verschiedenen Beispielen aus ganz verschiedenen Texten gesehen, dass der Wortbildung und einer Reihe von Wortbildungen eine fundamentale Aufgabe zukommt: An einer prominenten Stelle benötigt ein Sprecher eine sprachliche Einheit, um einen Begriff zu benennen. Warum er diese fundamentale Möglichkeit bzw. dieses Verfahren benötigt und dann auch nutzt, hängt vom jeweiligen Kontext und von der jeweiligen Konsituation ab.

Aus diesem Grunde habe ich zu Beginn meiner Ausführungen das Verbum *barzeln* neu geprägt. Dies war notwendig, denn das Verb war in der von mir benötigten Bedeutung selbst im Internet nicht zu finden. Als ich allerdings am 4. Oktober 2003 um 10.20 Uhr als Suchwort *Barz Irmhild* in die Google-Suchmaschine eingab, fanden sich in 0,23 Sekunden 813 Treffer, in der umgekehrten Reihenfolge *Irmhild Barz* in 0,12 Sekunden gar 814 Treffer. Doch dieses Ergebnis überrascht wohl niemanden.

LITERATUR

Duden 1999: Duden. Das große Wörterbuch der deutschen Sprache in zehn Bänden. 3. Aufl. Mannheim/Leipzig/Wien/Zürich.
Erben, Johannes (2000): Einführung in die deutsche Wortbildungslehre. 4. Aufl. Berlin (Grundlagen der Germanistik 17).
Fleischer, Wolfgang (1989): Nomination und unfeste nominative Ketten. In: Beiträge zur Erforschung der deutschen Sprache 9, S. 13–27.
Fleischer, Wolfgang/Barz, Irmhild (1995): Wortbildung der deutschen Gegenwartssprache. 2. Aufl. Tübingen.
Gemoll, Wilhelm (1965): Griechisch-deutsches Schul- und Handwörterbuch. 9. Aufl. v. Karl Vretska/Heinz Kronasser. München/Wien.
Kaltenstadler, Wilhelm (2002): Nahrung und Mahlzeiten in der vorindustriellen Gesellschaft im bairisch-schwäbischen Grenzraum. http://home.pfaffenhofen.de/drkalten/nahrung2002.pdf
Kienpointner, Anna Maria (1985): Wortstrukturen mit Verbalstamm als Bestimmungsglied in der deutschen Sprache. Innsbruck (Innsbrucker Beiträge zur Kulturwissenschaft. Germanistische Reihe 26).
Lüger, Heinz-Helmut (1995): Pressesprache. 2. Aufl. Tübingen (Germanistische Arbeitshefte 29).
Michel, Georg (2001): Stilistische Textanalyse. Hg. von Karl-Heinz Siehr/Christine Keßler. Frankfurt a. M. u. a. (Sprache. System und Tätigkeit 38).
Motsch, Wolfgang (1999): Deutsche Wortbildung in Grundzügen. Berlin/New York (Schriften des Instituts für deutsche Sprache 8).
Paersall, Judy (Hg.) (2001): The Concise Oxford Dictionary. 10. Aufl. Oxford.
Thurmair, Maria (2002): Eigennamen als kulturspezifische Symbole oder: Was Sie schon immer über Eigennamen wissen wollten. http://www.uv.es/anglogermanica/2002–1/thurmair.htm. 12.09.2003.
TIM (2003): Gender blending metrosexual. http://tim.forsythia.net/blog/archives/000095.html. 03.10.2003.

Wellmann, Hans (1973): Verbbildung durch Suffixe. In: Deutsche Wortbildung. Typen und Tendenzen in der Gegenwartssprache Bd. 1. Düsseldorf (Sprache der Gegenwart 29), S. 17–140.

Wolf, Norbert Richard (2002): Wörter bilden. Grundzüge der Wortbildungslehre. In: Jürgen Dittmann/Claudia Schmidt (Hg.): Über Wörter. Grundkurs Linguistik. Freiburg i. Br., S. 59–86 (Rombach Grundkurs 5).

Zymner, Rüdiger (2003): Reim. In: Reallexikon der deutschen Literaturwissenschaft. Hg. von Jan-Dirk Müller. Bd. 3. Berlin/New York, S. 253–257.

ANHANG 1

Metrosex und e-Man lösen den Macho ab

In Männerwelt wird es unübersichtlich

Von CAROLINE BOCK

HAMBURG (DPA) In der Männerwelt wird es langsam unübersichtlich. Vor drei Jahren war noch viel vom neuen Macho, wie dem aus England stammenden, Bierdosen hortenden „Lad", die Rede. In diesem Sommer sorgte der weichgespülte „Metrosex-Mann" für Gesprächsstoff.

Daneben haben Trendforscher den „e-Man", den „Ironic-Man" und den „Care-Man" ausgemacht. Überhaupt: Männer sind mal wieder auf der Suche nach sich selbst, heißt es. Sie sind „die Problemzonen der postindustriellen Gesellschaft", wie das Zukunftsinstitut (Kelkheim) meint. Doch was steckt hinter als diesen angeblich neuen Männertypen?

Er cremt und pflegt sich, geht lieber in Galerien als zum Fußball – und ist nicht schwul: Der Metrosex-Mann war Liebling der Medien. Jeder, der ein rosa Hemd besitzt, gehöre zu dieser Gattung, schrieben die einen. Satiriker Harald Schmidt meinte schlicht, der Metrosex-Mann sei ein Mann, der sich wäscht.

Als Stil-Ikone gilt Fußballer David Beckham, der zur Maniküre geht, ständig seine Frisur wechselt und angeblich die Unterwäsche seiner Frau trägt. Aber gibt es den Metrosex-Mann wirklich? Volker Nickel vom Zentralverband der deutschen Werbewirtschaft hält ihn für ein „gesellschaftliches Randphänomen". Das Zukunftsinstitut hat im Geschlechterkampf erste Anzeichen der „Mannzipation" beobachtet: Männer werden demnach zu „taktischen Ego-Samplern, die mit Ironie, cleverer Nischenbesetzung und Lobbying um neue Spielräume kämpfen".

Comedy-Formate sind Sache des „Ironic-Man", gern auch gepaart mit Toiletten-Humor. „Schlechter Geschmack kommt an bei den männlichen Frustsingles zwischen 25 und 40 Jahren", meinen die Trendforscher. Der „e-Man" ist Weltmeister beim Surfen im Internet; und dann zählen laut einer Studie des Magazins „GQ" auch noch die „leisen Weisen" und die „galanten Gönner" zu den Leitbildern.

Gesundheit und Wellness könnten immer mehr zur Männersache werden, da sind sich Experten einig. Der „Care-Man" hat sogar die männliche Form der Wechseljahre, die „Andropause", für sich entdeckt.

Hinter all den Kategorien steckt wohl das Bedürfnis der Werbung, Lebensstilgruppen einzufangen und nicht den Mann abzubilden, den es in Wirklichkeit gibt. „Der Trend ist, dass es den Typentrend kaum noch gibt", glaubt Nickel.

Main-Post 09.09.03

Abb. 3: „Metrosex und e-Mann lösen den Macho ab", Würzburger Zeitung „Main-Post" vom 09. 09. 03

ANHANG 2

Sonett vom Gebet des George W. Busch zu seinem Gott

Von Robert Gernhardt

My Lord! DU siehst den Bastard das verschrotten,
weshalb wir ihn von DIR bestärkt verteufeln –:
Läßt DU DEIN Volk an DEINEM Rat verzweifeln,
wird alle Welt den Frieden so vergotten.

Dass nichts mehr läuft: Ganz ungenutzt verrotten
die besten unsrer Waffen. Es verstummen
die schlausten unsrer Köpfe. Sie verdummen
fortan nicht mehr. An ihrer Statt verspotten

Dreist Friedenstauben Falken, die versessen
versuchten jeden Frieden zu verhindern.
My Lord! Wenn ich DICH bitte, zu verbitten,

Dem Krieg das letzte Schlupfloch zu verkitten,
dann deshalb: Die zum Weich-Gott DICH vermindern,
soll'n nicht den Gott des Schlachtens, MICH, vergessen.

2. 3. 2003: Saddam Hussein beginnt fristgerecht damit, die beanstandeten Al-Samoud-Raketen zu zerstören.

Süddeutsche Zeitung 06. 03. 2003

Phraseologie und Text/Stil/Wörterbuch

DMITRIJ DOBROVOL'SKIJ

Zur Dynamik lexikalischer Kookkurrenzen

Studien am parallelen Corpus zu Dostoevskijs „Idiot" im AAC

1. ZIELE, HYPOTHESEN UND ARBEITSVERFAHREN

In diesem Beitrag wird ein corpuslinguistisches Herangehen an die Untersuchung bestimmter Erscheinungen der lexikalischen Semantik vorgestellt. Als empirische Basis dient das parallele Textcorpus zu F. M. Dostoevskijs Roman „Der Idiot", das im Rahmen des Projekts Austrian Academy Corpus (AAC) an der Österreichischen Akademie der Wissenschaften erstellt wurde. An diesem Beispiel wird gezeigt, wie ein Corpus paralleler Texte für lexikalisch-semantische Untersuchungen benutzt werden kann.

Den Untersuchungsgegenstand bilden lexikalische Kookkurrenzen, die das kombinatorische Profil eines Wortes bestimmen. Das Ziel besteht darin, eine Methode zu entwickeln, die es gestatten würde, ausgehend vom Textcorpus auf folgende Fragen Antwort zu geben:

1. Wie kommt die Veränderung des kombinatorischen Profils einer Lexikoneinheit zustande?
2. Wie kommt die Veränderung der semantischen Struktur einer Lexikoneinheit zustande? Warum verändern bestimmte Wörter ihre Bedeutung bzw. entwickeln eine neue auf Grund der vorhandenen? Sind die Mechanismen, die dafür verantwortlich sind, die gleichen wie bei der Veränderung des kombinatorischen Profils?
3. Wie können die entsprechenden Veränderungen diagnostiziert und festgehalten werden? Kann ein paralleles Textcorpus dabei als ein diagnostizierendes Instrument verwendet werden?
4. Haben die eventuellen Nichtparallelismen in der kombinatorischen Entwicklung lexikalische Konsequenzen oder bleiben sie auf der Ebene usueller Präferenzen? Mit anderen Worten, wenn ein L1-Wort und sein L2-Pendant (das traditionell als sein lexikalisches Äquivalent beschrieben wird) unterschiedliche kombinatorische Besonderheiten aufweisen (was an einem parallelen Textcorpus empirisch nachgewiesen werden kann), wie wirkt sich das auf den Äquivalenzstatus aus? Grundsätzlich könnte man sich vorstellen, dass semantisch identische Wörter ein unterschiedliches kombinatorisches Profil aufweisen können. Eine andere mögliche Antwort wäre die Annahme, dass das kontextuelle Verhalten eines Wortes (sein

„collocational behaviour", vgl. Butler 1985, 130) immer semantische Ursachen hat. Eine ähnliche Position vertritt konsequent Anna Wierzbicka (z. B. 1996).

In diesem Beitrag wird anhand eines Beispiels – des Intensivierers *чрезвычайно* (*črezvyčajno*) ≈ 'außerordentlich'[1] und seiner deutschen Äquivalente *außerordentlich, äußerst, höchst* u. a. – auf einige dieser Fragen kurz eingegangen. Dabei gehe ich von den folgenden Arbeitshypothesen aus: Das kombinatorische Profil einer lexikalischen Einheit ist prototypisch organisiert (im Sinne der Prototypentheorie), d. h., die Kookkurrenzregeln lassen sich am besten in Termini gradueller Oppositionen formulieren. Demzufolge hat das kombinatorische Profil sein Zentrum und seine Peripherie. Veränderungen finden an der Peripherie statt. Teile der Peripherie können im Laufe der historischen Entwicklung sowohl in das Zentrum hineingezogen als auch als normwidrig ausgeschlossen werden. Den Veränderungen der semantischen Struktur liegen (zumindest in den uns interessierenden Fällen) grundsätzlich gleiche Mechanismen zugrunde. Eine neue Bedeutung entsteht durch die Lexikalisierung einer Gebrauchsvariante, die ihrerseits durch Fokussierung bzw. Neutralisierung bestimmter Seme entsteht. Für die semantische Fokussierung bzw. Neutralisierung sind Kontextbesonderheiten zuständig, d. h., wenn ein bestimmter Kookkurrenztyp aus einer eher peripheren zu einer zentralen Erscheinung wird, kann dies (muss aber nicht) zur Umgestaltung der semantischen Struktur der betreffenden lexikalischen Einheit führen.

Übersetzungen spielen dabei oft eine diagnostizierende Rolle, indem die Verwendungen der betreffenden lexikalischen Einheit, die von der heute geltenden kombinatorischen Norm abweichen, in der Regel mit einem anderen L2-Wort übersetzt werden als die normativen Verwendungen. Diese Heuristik basiert auf der Annahme, dass die Entwicklung der betreffenden lexikalischen Einheiten in L1 und L2 eher selten völlig parallel verläuft.

Meine Vorgehensweise sieht die folgenden Schritte vor:

1) im Corpus alle Kontexte finden, in denen die zu untersuchende lexikalische Einheit (Target im Sinne von Atkins et al. 2003) vorkommt;
2) eine Typologie der lexikalischen Kookkurrenzen des Targets aufstellen; d. h. ermitteln, in Verbindung mit welchen Wortarten, semantischen Klassen das Target in diesen Kontexten erscheint etc.;
3) eine Hierarchie der lexikalischen Kookkurrenzen des Targets in Bezug auf ihre Prototypikalität aufstellen (basiert sowohl auf der Corpusanalyse – Frequenz – als auch auf introspektiven Heuristiken), d. h. die Kontexte in prototypische, weniger prototypische und nichtprototypische unterteilen;
4) Faktoren finden, die für den unterschiedlichen Prototypikalitätsgrad der Kontexte verantwortlich sind; d. h. vor allem die im Arbeitsschritt 2 ermittelten Kookkur-

---

[1] In einfachen Anführungszeichen wird die Bedeutung des betreffenden Ausdrucks angegeben, in doppelten Anführungszeichen seine wörtliche Übersetzung.

renztypen zum Prototypikalitätsgrad der entsprechenden Kontexte in Beziehung setzen;
5) das kombinatorische Profil des Targets definieren und (wenn die Corpusdaten das gestatten) es auch aus diachronischer Perspektive beschreiben;
6) das kombinatorische Profil des Targets (wenn die Corpusdaten das gestatten) auch aus kontrastiver Perspektive beschreiben; die verfügbaren Übersetzungen relevanter Kontexte des Originals auf mögliche Korrelationen zwischen der Kookkurrenzspezifik des Targets und der Wahl seines L2-Äquivalents hin überprüfen;
7) die semantische Struktur des Targets zu seinem kombinatorischen Profil in Beziehung setzen; bedeutende und häufige Abweichungen vom definierten kombinatorischen Prototypen (vom Zentrum des kombinatorischen Profils) deuten darauf hin, dass es sich um eine selbständige Lesart handelt.

2. ANALYSE RELEVANTER KOOKKURRENZEN

Besondere Aufmerksamkeit wird hier den nichtprototypischen Kookkurrenzen des Targets gewidmet. Sie stellen ein kompliziertes und bis heute in der Regel kaum beachtetes Phänomen dar, das von der kontrastiven Linguistik verlangt, traditionelle Begriffe wie zwischensprachliche Äquivalenz neu zu durchdenken. Aus der Sicht der Diachronie bilden die nichtprototypischen Kookkurrenzen das Potential semantischer und kombinatorischer Entwicklungen, wobei der prototypische Kern für die Stabilität semantischer Strukturen sorgt.

Ausgehend von der Grundannahme, dass die usuellen Normen der lexikalischen Kombinatorik ein grundsätzlich bewegliches, instabiles Phänomen darstellen und nur in ihrem Kernbereich konstant bleiben, ist zu erwarten, dass die lexikalischen Kookkurrenzen in Texten des 19. Jahrhunderts (speziell in dem zu untersuchenden Roman von Dostoevskij) subtile Unterschiede gegenüber den heute geltenden usuellen Normen aufweisen. Die Übersetzung dieser Stellen ins Deutsche wird vermutlich diese Besonderheiten reflektieren.

Gehen wir zur Analyse der lexikalischen Kookkurrenzen des Targets *чрезвычайно* über. Dieser Intensivierer (in der Terminologie von van Os 1989) ist in Dostoevskij-Texten überdurchschnittlich frequent: In „Der Idiot" kommt dieses Wort 124-mal vor. (Wird auch noch das korrespondierende Adjektiv *чрезвычайный* dazu gezählt, kommt die Gesamtzahl der Tokens auf 238.)

Kontexte, die das Target enthalten, sind syntaktisch und semantisch recht heterogen. Am häufigsten verbindet sich das Target mit Adjektiven (*чрезвычайно интересный* „außerordentlich interessant [Adj]") und Adverbien (*чрезвычайно интересно* „außerordentlich interessant [Adv]"), es kommen aber auch Kombinationen mit Verben vor (*чрезвычайно заинтересовался* „[er] interessierte sich außerordentlich"). Semantisch gesehen weisen die betreffenden Kookkurrenzen keine klare Dominante auf. Es finden sich Kombinationen mit den Bezeichnungen menschlicher Charaktereigenschaften (*чрезвычайно добрый человек* „ein außerordentlich guter Mensch"), mentaler und emotionaler Zustände (*чрезвычайно довольный* „außerordentlich zufrieden", *чрезвычайно внимательно* „außerordentlich aufmerksam", *чрезвычайно обрадовалась* „[sie] freute sich außerordentlich"), mit den Bezeichnungen von Besonderheiten des sozialen Verhaltens (*чрезвычайно любезно* „außerordentlich liebenswürdig") oder mit allgemein evaluativen Prädikaten, seien es Adjektive oder Verben (*чрезвычайно важный* „außerordentlich wichtig", *чрезвычайно нравится* „[etwas] gefällt [ihm] außerordentlich"). Ferner finden sich Kookkurrenzen mit Bezeichnungen physischer Zustände (*чрезвычайно грязная* „außerordentlich schmutzig"), physischer Handlungen (*чрезвычайно выкатывала глаза* ≈ „*riss die Augen außerordentlich auf*"), physischer Zustandsveränderungen (*чрезвычайно искажается лицо* „das Gesicht verändert sich außerordentlich") sowie mit Sprechaktverben (*чрезвычайно хвалю* „[ich] lobe außerordentlich").

Die ermittelten Kontexte sind neutral in Bezug auf Negation (sowohl explizite als auch implizite), d. h., im Skopus von *чрезвычайно* können auch Wörter mit Negation stehen; vgl. *чрезвычайно неточно* „außerordentlich ungenau", *чрезвычайно неясно* „außerordentlich unklar". Die ermittelten Belege sind neutral auch in Bezug auf die semantische Prosodie (vgl. Louw 1993; Stubbs 1996, 173; Atkins et al. 2003, 272), d. h., sie verbinden sich sowohl mit positiv als auch mit negativ wertenden Ausdrücken (vgl. *чрезвычайно добрый человек* „ein außerordentlich guter Mensch" vs. *чрезвычайно грязная* „außerordentlich schmutzig"). In Bezug auf pragmatische, darunter eigentlich stilistische Charakteristika lässt sich auch nichts Definitives sagen: Das Wort findet sich sowohl in bildungssprachlichen als auch in umgangssprachlichen Kontexten.

Wenden wir uns nunmehr der Frage des Prototypikalitätsgrades der ermittelten Kookkurrenzen des Targets *чрезвычайно* zu. Eine introspektiv basierte Beurteilung der Kontexte aus der Perspektive der heute geltenden kombinatorischen Normen sowie ein exemplarischer Vergleich mit den Corpora, die gegenwärtige Texte enthalten, ergab die folgende hierarchische Anordnung. Es zeichnen sich approximativ vier Gruppen ab – eine zentrale, zwei periphere (nichtprototypische Kookkurrenzen) und eine vom modernen Usus ausgeschlossene:

A – prototypische Kookkurrenzen, d. h. Fälle, die dem modernen Usus entsprechen;
B – „nächste Peripherie", d. h. Kookkurrenzen, die von den heute geltenden usuellen Normen leicht abweichen, in bestimmten Kontexten jedoch durchaus akzeptabel sind;
C – „entfernte Peripherie", d. h. Kookkurrenzen, die zwar immer noch denkbar sind, aber eindeutig als „seltsam" empfunden werden;
D – „normwidrige Kookkurrenzen", d. h. Fälle, die vom modernen Usus nicht (mehr) akzeptiert werden.

Im Folgenden bringe ich Belege aus dem parallelen Textcorpus: je zwei Kontexte für jede Gruppe mit ihren deutschen Übersetzungen.[2] Die uns interessierenden Kookkurrenzen werden auch quasiwörtlich übersetzt; diese Übersetzungen stehen innerhalb des russischen Kontextes in eckigen Klammern.

Gruppe A:

(1) (a) „<...> *факт, по моему убеждению, чрезвычайно важный [außerordentlich wichtig] для нашего дела* <...>." [Идиот]

 (b) „<...> *ein Faktum, das, meiner Auffassung nach, für unsere Sache von größter Wichtigkeit ist* <...>." [Geier]

 (c) „<...> *ein meiner Überzeugung nach für unsere Angelegenheit sehr wichtiger Umstand* <...>." [Herboth]

(2) (a) „<...> *как вдруг мелькнуло пред ним и другое воспоминание, чрезвычайно заинтересовавшее его [die ihn außerordentlich interessierende Erinnerung]:* <...>." [Идиот]

 (b) „<...> *als plötzlich in ihm auch noch eine andere flüchtige Erinnerung aufstieg, die ihn außerordentlich fesselte:* <...>." [Geier]

 (c) „<...> *da blitzte noch eine andere ihn bannende Erinnerung auf:* <...>." [Herboth]

In Gruppe A finden sich vor allem Adjektive und Adverbien als Kookkurrenzpartner des Targets (1), vereinzelt auch Partizipien (2), die der sich klar abzeichnenden Tendenz zur adjektivisch-adverbialen Verbindbarkeit nicht widersprechen, weil die Partizipien, morphosyntaktisch gesehen, zumindest in ihren flektierten Formen den Adjektiven näher stehen als den Verben.

Gruppe B:

(3) (a) „ *– Благодарю вас, генерал, вы поступили со мной как чрезвычайно добрый человек [ein außerordentlich guter Mensch]* <...>." [Идиот]

 (b) „*Ich danke Ihnen, General, Sie haben sich zu mir wie ein außerordentlich guter Mensch verhalten* <...>." [Geier]

 (c) „*Ich danke Ihnen, General, Sie haben sich mir gegenüber als ein außerordentlich guter Mensch gezeigt* <...>." [Herboth]

(4) (a) „*Настасья Филипповна, казалось, чрезвычайно обрадовалась [freute sich außerordentlich] появлению Ардалиона Александровича, о котором, конечно, знала понаслышке.*" [Идиот]

---

[2] Es handelt sich um zwei jüngste Übersetzungen des Romans: die von H. Herboth (1986) und die von S. Geier (1996). Im Text werden jedes Mal beide Übersetzungen angegeben (mit Vermerken *[Herboth]* bzw. *[Geier]*), auch dort, wo sie in Bezug auf die uns interessierenden lexikalischen Kookkurrenzen (fast) identisch sind. Der Grund ist, dass im Abschnitt 4 darauf Bezug genommen wird.

(b) „Nastassja Filippowna schien über das Erscheinen von Ardalion Alexandrowitsch, von dem sie natürlich schon gehört hatte, *a u ß e r o r d e n t l i c h   e r f r e u t.*" [Geier]

(c) „Nastassja Filippowna, die natürlich gerüchteweise einiges von ihm wußte, zeigte sich über sein Erscheinen *a u ß e r o r d e n t l i c h   e r f r e u t.*" [Herboth]

Gruppe B enthält auch vorwiegend Kookkurrenzen mit Adjektiven und Adverbien, die sich in Bezug auf ihre semantischen Klassen von den unter A erfassten Fällen kaum unterscheiden (3). Die Verben, die sich hier gelegentlich finden, bezeichnen mentale und emotionale Zustände (4) oder weisen allgemein evaluative Semantik auf.

Gruppe C:

(5) (a) „<...> лестница была узкая, чрезвычайно грязная [die Treppe war eng, *außerordentlich schmutzig*] и совсем неосвещенная <...>." [Идиот]

(b) „<...> das Treppenhaus war eng, *a u f f a l l e n d   s c h m u t z i g* und ohne jede Beleuchtung <...>." [Geier]

(c) „<...> er [Treppenaufgang] war eng, *ü b e r a u s   s c h m u t z i g* und ganz unbeleuchtet <...>." [Herboth]

(6) (a) „Затем есть бесчисленные свидетельства, что вас, ребенка, он полюбил чрезвычайно [dass er Sie <...> *außerordentlich lieb gewonnen hat*]." [Идиот]

(b) „Es liegen ebenfalls zahlreiche Aussagen darüber vor, daß er Sie, das Kind, *i n n i g   i n s   H e r z   g e s c h l o s s e n   h a t t e.*" [Geier]

(c) „Ich habe auch zahlreiche Belege dafür, daß er Sie in Ihrer Kindheit *s e h r   g e l i e b t   h a t.*" [Herboth]

Zu C habe ich vor allem Kontexte zusammengefasst, die die Verbindungen des Targets mit den Adjektiven enthalten, die negativ bewertete physische Eigenschaften bezeichnen (5), sowie mit bestimmten Verben (6), die sich von den Verben der Gruppe B nicht so sehr durch ihren semantischen Typ unterscheiden, sondern vielmehr durch den Typ der Graduierbarkeit des betreffenden Merkmals. Dies kann an den Beispielen (4) und (6) verdeutlicht werden. In Termini der semantischen Klassen sind sich die Verben *обрадоваться* 'sich freuen [ingressiv]' (4) und *полюбить* 'lieben [ingressiv]' bzw. 'lieb gewinnen' (6) sehr ähnlich. Sie sind auch aspektuell-aktional identisch. Was sie unterscheidet, ist vor allem ihre Verbindbarkeit mit Intensivierern allgemeinsten Charakters wie *очень* 'sehr'. So verbindet sich das Verb *обрадоваться* normativ sowohl mit *очень* 'sehr' als auch mit *очень сильно* 'sehr stark'. Das Verb *полюбить* verbindet sich dagegen eher mit *очень сильно* 'sehr stark': *очень сильно полюбить* „sehr stark lieb gewinnen" ist der Kombination ?*очень полюбить* „sehr lieb gewinnen" eindeutig vorzuziehen. Daraus kann man eine brauchbare Arbeitshypothese ableiten, nämlich dass der Intensivierer *чрезвычайно* im modernen Russisch dazu tendiert, in den Kontexten gebraucht zu werden, in denen er mit *очень* 'sehr' approximativ paraphrasiert werden kann, und nicht in den Kontexten, die eine Paraphrasierung mit *очень сильно* 'sehr stark' verlangen (vgl. den w. u. diskutierten Adverb-Partikel-Shift dieses Wortes). Diese Relation lässt sich selbstverständlich nicht umkehren: Es ist offensichtlich, dass *чрезвычайно* bei weitem nicht in allen Kontexten möglich ist, in denen *очень* vorkommt. Das Gleiche gilt für die deutschen Intensivierer *außerordentlich* und *sehr*.

Gruppe D:

(7) (a) „*В крайних случаях генеральша обыкновенно* ч р е з в ы ч а й н о *в ы к а т ы в а л а г л а з а* [riss die Augen außerordentlich auf] *и, несколько откинувшись назад корпусом, неопределенно смотрела перед собой, не говоря ни слова.*" [Идиот]

(b) „*Bei ungewöhnlichen Situationen pflegte die Generalin m i t f a s t a u s d e n H ö h l e n t r e t e n d e n A u g e n und leicht zurückgelehntem Oberkorper wortlos vor sich hin zu starren.*" [Geier]

(c) „*Bei außergewöhnlichen Anlässen pflegte die Generalin d i e A u g e n ü b e r m ä ß i g a u f z u r e i ß e n, den Oberkörper zurückzulehnen und mit einem unbestimmten Ausdruck vor sich hinzustarren, ohne ein einziges Wort zu sprechen.*" [Herboth]

(8) (a) „<...> (*я, впрочем, согласен, что не так выражаюсь), я всё это* ч р е з в ы ч а й н о х в а л ю [ich lobe das alles außerordentlich] *и глубоко уважаю* <...>." [Идиот]

(b) „<...> (*ich gebe ja zu, daß ich nicht die richtigen Worte finde); und ich e r k e n n e d a s a u ß e r o r d e n t l i c h a n und achte es hoch* <...>." [Geier]

(c) „<...> (*ich gebe übrigens zu, daß ich mich nicht gut ausdrücke); das f i n d e i c h g a n z g r o ß a r t i g v o n I h n e n, und es nötigt mir allen Respekt ab* <...>." [Herboth]

Die Kookkurrenzen, die unter D zusammengefasst sind, waren möglicherweise schon Mitte des 19. Jahrhunderts nicht (ganz) usuell. Besonders plausibel ist diese Annahme in den Fällen, in denen es sich um die Figurensprache handelt. Vergleiche z. B. Kontext (8), in dem die betreffende normwidrige Kookkurrenz in der direkten Rede von Ippolit vorkommt, der sich in einem emotionalen Grenzzustand befindet (vgl. auch Kontext (9)). Kontext (8) enthält außerdem einen direkten Hinweis darauf, dass die Ausdrucksweise des Sprechers möglicherweise auch den damals geltenden Normen nicht entsprach: „*ich gebe ja zu, daß ich nicht die richtigen Worte finde*" (8b) und „*ich gebe übrigens zu, daß ich mich nicht gut ausdrücke*" (8c).[3]

---

[3] Möglicherweise liegt hier die Normverletzung nicht in erster Linie am Intensivierer, sondern eher am Verb *хвалить*, das in diesem Kontext als ein mentales Verb mit der Bedeutung 'anerken-

Andererseits finden sich in russischen Texten des 19. Jahrhunderts genug Stellen, die darauf hinweisen, dass die Kombinierbarkeit des Intensivierers *чрезвычайно* viel freier war als heute, vgl. z. B. die in [СЯП] zitierten Belege aus Puškins Prosa. Wir können wirklich davon ausgehen, dass es sich in D nicht nur um die Besonderheiten des Individualstils von Dostoevskij handelt, sondern um den Sprachgebrauch jener Zeit. Dieses Wort hat offensichtlich sein kombinatorisches Profil verändert, und zwar wurden die kombinatorischen Restriktionen deutlich strenger.[4] Interessant wäre es, auf die Frage, warum dies geschehen ist, eine Antwort zu finden. Das scheint im Moment auf Grund der mangelnden empirischen Daten über die Sprachentwicklung der letzten 150 Jahre nicht realisierbar zu sein. Meine Aufgabe sehe ich vielmehr darin, die relevanten kombinatorischen Veränderungen rein deskriptiv anzugehen.

Formal gesehen gehören zur Gruppe D auch Kontexte wie (9).

(9) (a) „– *Про вас я уже много слышал, в этом же роде … с большою радостию … ч р е з в ы ч а й н о   н а у ч и л с я   в а с   у в а ж а т ь [lernte es außerordentlich, Sie zu respektieren], – продолжал Ипполит.*" [*Идиот*]

(b) „,*Ich habe schon viel von Ihnen gehört, alles in dieser Art … mit großer Freude … und h a b e   S i e   z u t i e f s t   s c h ä t z e n   g e l e r n t*', fuhr Ippolit fort." [*Geier*]

(c) „*Ich habe in dieser Hinsicht schon viel über Sie gehört … zu meiner großen Freude … und S i e   s e h r   s c h ä t z e n   g e l e r n t*', fuhr Ippolit fort." [*Herboth*]

Das Verb *научиться* 'lernen [ingressiv]' gehört der semantischen Klasse „Veränderung des mentalen Zustands" an und ist per definitionem nicht graduierbar. Das bedeutet, dass die Intensivierer (nicht nur *чрезвычайно*, sondern alle Gradmodifikatoren) dieses Verb grundsätzlich nicht modifizieren können. Solche Fälle konnten der Norm nie entsprechen. Vergleiche auch im Deutschen **sehr/außerordentlich/ unheimlich … lernen*. Kontexte wie (9) werden vom Autor konstruiert als (bewusste) Abweichungen von den Kookkurrenz-Normen, die in solchen Fällen semantisch mo-

---

nen, schätzen' zu interpretieren ist und nicht in seiner standardmäßigen Funktion als Verbum dicendi; vgl. auch seine Übersetzungen in (8b) und (8c). Für diesen Hinweis danke ich Holger Kuße. Diese semantische Transformation hat auf jeden Fall okkasionellen Charakter, es handelt sich hier also nicht um den historischen Wandel der Verbbedeutung.

[4] Ähnlich modifizierte sich das kombinatorische Profil des deutschen Pendants *außerordentlich*. Vgl. die folgenden mit (8a) semantisch-kombinatorisch korrelierenden Kontexte, die offensichtlich den usuellen Normen des 19. Jahrhunderts entsprachen. „*Hatte der Förster ihn nicht ganz a u ß e r o r d e n t l i c h   g e r ü h m t?*" [Ebner-Eschenbach. Das Gemeindekind]; „*Dabei verhehlte der Arzt so wenig als bei folgenden Unterredungen, daß er sich mir in Absicht auf religiöse Gesinnungen nähere, l o b t e dabei den Oheim a u ß e r o r d e n t l i c h wegen seiner Toleranz und Schätzung von allem, was den Wert und die Einheit der menschlichen Natur anzeige.*" [Goethe. Wilhelm Meisters Lehrjahre]

tiviert sind und nicht rein usuellen Charakter tragen. Die Normverletzung im Kontext (9) erfüllt eine ästhetische Aufgabe, ähnlich wie in (8), und kann als eine Überschreitung der Skopusgrenzen interpretiert werden: „*чрезвычайно научился вас уважать* [*lernte es außerordentlich, Sie zu respektieren*]", „*научился вас чрезвычайно уважать* [*lernte es, Sie außerordentlich zu respektieren*]". Diese Interpretation wird in den beiden Übersetzungen (9b) und (9c) favorisiert, d. h., die Übersetzungen „korrigieren" die Normverletzung in (9a). Dass auch die Verbindung *чрезвычайно уважать* [*außerordentlich respektieren*] aus der Perspektive des heutigen Usus nicht einwandfrei ist, ist eine andere Frage.

Für die weitere Analyse ist es wichtig festzuhalten, dass Fälle wie (9), in denen semantische Basiskriterien der Kombinierbarkeit des Targets verletzt werden, hier ausgeklammert werden, weil sie eher einer literaturwissenschaftlichen als einer linguistischen Interpretation bedürfen.

3. AUSWERTUNG DER EMPIRISCHEN DATEN

Gehen wir nun zur Frage über, welche Faktoren für den unterschiedlichen Prototypikalitätsgrad der Kontexte verantwortlich sind, die in den Gruppen A bis D vorgestellt wurden. Als erstes fällt auf, dass die Kookkurrenzen des Targets mit Verben eher als nichtprototypisch bis normwidrig erscheinen, während seine Verbindungen mit Adjektiven (darunter auch Partizipien) und Adverbien oft durchaus akzeptabel sind. Natürlich finden sich hier Ausnahmen; vgl. (10) und insbesondere (11).

(10) (a) „<...> *слух о жемчуге чрезвычайно интересовал ее* [*interessierte sie außerordentlich*]." [*Идиот*]
(b) „*Das Gerücht von den Perlen interessierte sie ungemein.*" [Geier]
(c) „*Die Sache mit den Perlen beschäftigte sie sehr.*" [Herboth]

(11) (a) „*По всему видно было, что статья ему чрезвычайно нравится* [*ihm außerordentlich gefällt*]." [*Идиот*]
(b) „*Alles ließ erkennen, daß er an dem Artikel außerordentlichen Gefallen fand.*" [Geier]
(c) „*Man sah deutlich, daß der Zeitungsartikel ihm ausnehmend gut gefiel.*" [Herboth]

Offensichtlich sind die „Verb-Restriktionen" als eine wichtige Tendenz vorhanden, wobei bestimmte (vor allem allgemein evaluative und mentale) Verben immer noch akzeptable Verbindungen mit *чрезвычайно* eingehen. Es ist nicht ausgeschlossen, dass es sich dabei um usuell fixierte individuelle Kookkurrenzen, d. h. um Kollokationen handelt.

Als zweite Tendenz ist die Bevorzugung der Lexeme mit „nichtphysischer Semantik" festzuhalten. Daraus resultiert z. B. eine nur bedingte Akzeptanz von (5) gegenüber (3) und besonders gegenüber (1). Mit anderen Worten, Kombinationen mit den

Bezeichnungen menschlicher Charaktereigenschaften, mentaler und emotionaler Zustände sowie mit allgemein evaluativen Prädikaten u. ä. tendieren zum Zentrum des kombinatorischen Profils von *чрезвычайно*, während Kookkurrenzen mit Bezeichnungen physischer Zustände u. ä. als nichtprototypisch bis normwidrig empfunden werden. Diese tendenzielle Restriktion ist besonders wirksam, wenn es sich um negativ wertende Ausdrücke, um Bezeichnungen von unerwünschten Sachverhalten handelt; d. h., die semantische Prosodie, die zur Zeit Dostoevskijs für die Verbindbarkeit von *чрезвычайно* kaum eine Rolle spielte, hat sich im Laufe der jüngeren Sprachentwicklung zu einem relevanten Parameter profiliert. Vergleiche den Kontext (12), der aus der heutigen Sicht als recht peripher eingestuft werden muss.

(12) (a) „*Сцена выходила ч р е з в ы ч а й н о б е з о б р а з н а я [außerordentlich hässlich] <...>.*" *[Идиот]*

(b) „*Die Szene wurde i m m e r h ä ß l i c h e r <...>.*" *[Geier]*

(c) „*Die Situation wurde ü b e r a u s h ä ß l i c h <...>.*" *[Herboth]*

Auch in Bezug auf pragmatische Charakteristika hat eine deutliche Profilierung dieses Wortes stattgefunden: Es wird heute als bildungssprachlich (genauer gesagt: als „nichtalltagssprachlich") empfunden. Dies hat zur Folge, dass es sich nicht gern mit den Bezeichnungen von alltäglichen Gegebenheiten verbindet; vgl. (5) und (13).

(13) (a) „*В это самое мгновение раздался ч р е з в ы ч а й н о г р о м к и й у д а р к о л о к о л ь ч и к а [ein außerordentlich lauter Schlag der Glocke] из передней.*" *[Идиот]*

(b) „*In diesem Augenblick tönte e i n a u ß e r o r d e n t l i c h h e f t i g e s L ä u t e n aus dem Vorraum.*" *[Geier]*

(c) „*In diesem Moment s c h l u g g e l l e n d d i e G l o c k e i n d e r D i e l e a n.*" *[Herboth]*

Genauer gesagt handelt es sich um eine diskursbezogene Spezifizierung, d. h., es ist kein stilistisches Kriterium im herkömmlichen Sinne. Dies lässt sich nicht in gewohnten Kategorien des Typs „gehoben", „bildungssprachlich" vs. „umgangssprachlich" fassen, und auch nicht in Kategorien der semantischen Beschaffenheit des Kookkurrenzpartners. Es geht vielmehr um den Diskurstyp. So kann man z. B. gut sagen *Это был чрезвычайно короткий доклад* „Das war ein außerordentlich kurzer Vortrag", aber kaum *У него чрезвычайно короткие волосы* „Er hat außerordentlich kurze Haare".

Dieser Parameter korreliert bis zu einem gewissen Grade mit der bereits erwähnten Tendenz zur Bevorzugung der Kookkurrenzpartner mit „nichtphysischer Semantik". Wenn der Kookkurrenzpartner gleichzeitig „physisch", negativ bewertend und alltagssprachlich ist, wird der betreffende Kontext als in starkem Maße marginal empfunden; vgl. (14).

(14) (a) „*Он стал как-то вдруг ч р е з в ы ч а й н о с а л е н и з а п а ч к а н [er wurde irgendwie plötzlich außerordentlich speckig und schmutzig],*

галстук его сбивался на сторону, а воротник сюртука был надорван." [Идиот]

(b) „*Er lief plötzlich speckig und ungepflegt herum, seine Krawatte verrutschte immer wieder, und der Rockkragen war eingerissen.*" [Geier]

(c) „*Er wirkte schmutzig und ungepflegt, seine Krawatte saß schief, der Kragen seines Gehrocks war zerrissen.*" [Herboth]

Noch deutlicher werden die kombinatorischen Normen verletzt, wenn der Kookkurrenzpartner darüber hinaus ein Verb ist; vgl. (7).

Was nun einer zusätzlichen Erklärung bedarf, ist die Frage, warum Kontexte wie (3) doch nur bedingt akzeptiert werden können. Das Adjektiv *добрый* in der Wortverbindung *чрезвычайно добрый человек* [ein *außerordentlich guter* Mensch] scheint alle bis jetzt besprochenen Bedingungen zu erfüllen: Es ist ein stilistisch neutrales (nicht umgangssprachliches) Wort und bezeichnet eine „nichtphysische" Eigenschaft, die positiv bewertet wird. Es gibt offensichtlich noch ein Kriterium, das erfüllt werden muss, damit die betreffende Kookkurrenz als prototypisch empfunden wird. Wie es scheint, hängt dieses Kriterium mit einem spezifischen Normbegriff zusammen, nämlich mit einer Vorstellung von einem „Normbereich" im Unterschied zur Norm als „Nullpunkt". Dies bedarf einer ausführlicheren Erklärung.

Offensichtlich haben alle Intensivierer einen Bezug zur Norm, denn das Intensivieren setzt per definitionem eine Modifizierung des betreffenden Merkmals in Richtung seiner stärkeren Ausprägung voraus. Eine stärkere Ausprägung ist ihrerseits mit der Abweichung von der „Norm", d. h. von einem imaginären „Nullpunkt" gleichzusetzen. In diesem Sinne basieren die Bedeutungen aller Wörter des Typs 'sehr' auf dem semantischen Merkmal 'Norm'.[5] So besagt der Ausdruck *sehr gut*, dass die Eigenschaft 'gut' intensiver ausgeprägt ist, als dies aus der Perspektive des Sprechers für die betreffende Klasse von Situationen „normal" ist, d. h., wenn sich *gut* auf eine für die gegebene Situation angenommene „Norm des Guten" bezieht, bezeichnet *sehr gut* eine Abweichung von dieser Norm in Richtung „mehr".

Der Unterschied von *чрезвычайно* (sowie auch von *außerordentlich* und *außergewöhnlich*) zu allen anderen Intensivierern besteht darin, dass *чрезвычайно* sowie auch *außerordentlich* und *außergewöhnlich* auf das „Hinausgehen aus dem Normbereich" (und nicht einfach auf das „Abweichen von einem Nullpunkt") explizit verweisen und folglich das Merkmal 'mehr als innerhalb eines für diese Situationsklasse angenommenen Normbereichs erwartet' profilieren. Vergleiche dagegen z. B. *äußerst*, das den äußeren Bereich einer Skala, und *höchst*, das den höchsten Punkt einer vertikalen Skala profiliert.

---

[5] Gemeint ist dabei die Norm, die den Vorstellungen vom Typischen (in Bezug auf die betreffende Situationsklasse) entspricht („Norm$_1$") im Unterschied von der „Norm$_2$", die an teleologischen Parametern orientiert ist, d. h. „normal" um das Ziel Z zu erreichen. Diese Differenzierung wurde in Баранов (1984) begründet.

Da ich grundsätzlich davon ausgehe, dass die innere Form bzw. „das etymologische Gedächtnis" einer lexikalischen Einheit für deren Gebrauch relevant sein kann, halte ich es hier für sinnvoll, die innere Form des Wortes *чрезвычайно* als eine mögliche Restriktionsquelle in Betracht zu ziehen. Dieses Wort hat zum einen das Morphem *чрез-* (altkirchenslawische bzw. veraltete Form von *через-*), das in einer seiner Lesarten 'über-' bedeutet, in seinem Bestand. Zum anderen weist es morphologische Bezüge zu Wörtern wie *привычный* 'gewohnt, gewöhnlich' und *чаять* 'warten, hoffen' (gehoben, veraltet) auf. Daraus ergibt sich die „ursprüngliche" Bedeutung ≈ 'über das Gewohnte, Erwartete hinausgehend'.[6] Synchron spiegelt sich das wider in einer impliziten Vorstellung von einem „Bereich des Gewohnten, des Erwarteten" (oder im deutschen *außerordentlich* von einem „Bereich des Ordentlichen"), der im Falle von *чрезвычайно* bzw. *außerordentlich* in Richtung „mehr" überschritten wird. Die „Norm" ist in diesem Fall also nicht ein imaginärer „Nullpunkt", sondern ein imaginärer „Normbereich". Bezeichnungen von Eigenschaften, für die ein solcher Normbereich auf natürliche Weise postuliert werden kann, verbinden sich leichter mit diesen Intensivierern. So impliziert z. B. *важный* „wichtig" (1a) eindeutig einen „Bereich des normalerweise Wichtigen"; vgl. Äußerungen wie *Diese Angelegenheit liegt aus meiner Sicht im Bereich des Wichtigen.* Viel problematischer ist es, für Eigenschaften wie *добрый* „gut (im moralischen, auf Menschen bezogenen Sinn)" (3a) einen solchen Normbereich zu finden; vgl. **Er liegt aus meiner Sicht im Bereich des Guten.*

Es fragt sich in diesem Zusammenhang, warum das deutsche Äquivalent einer nichtprototypischen russischen Wortverbindung *чрезвычайно добрый человек* (nämlich *ein außerordentlich guter Mensch* [(3b) und (3c)]) durchaus akzeptabel scheint und den besprochenen Einschränkungen nicht unterliegt. Dies kann an der weiten Semantik des deutschen Adjektivs *gut* liegen, das sich grundsätzlich nicht nur auf menschliche Charaktereigenschaften bezieht, sondern auch eine allgemein positive Einschätzung zum Ausdruck bringt. Isoliert betrachtet ist *gut* nicht mit dem russischen Adjektiv *добрый*, sondern mit *хороший* in Beziehung zu setzen.

Wenn wir nun einzelne bisher besprochene Parameter, nach denen sich die lexikalische Kookkurrenz des Wortes *чрезвычайно* richtet, zusammenfassen, kommen wir zu einer (zumindest approximativen) Skizze seines kombinatorischen Profils. Dieses Wort bevorzugt somit folgende Kookkurrenzpartner:

1. Adjektive und Adverbien (nicht Verben)
2. Ausdrücke mit „nichtphysischer" Semantik
3. neutral bis positiv wertende Ausdrücke
4. Bezeichnungen von „nichtalltäglichen" Gegebenheiten

---

[6] Das wird besonders deutlich bei der Hinwendung zur Semantik des korrelierenden Adjektivs *чрезвычайный* 'außerordentlich'; vgl. *чрезвычайное положение* 'Ausnahmezustand' (wörtlich „außerordentlicher Zustand", d. h. ein Zustand, der außerhalb des weit gefassten Bereichs des Normalen liegt).

5. Bezeichnungen von Eigenschaften, für die es einen natürlichen „Normbereich" gibt.

Drei Momente sind in diesem Zusammenhang hervorzuheben. Erstens handelt es sich hier (wie eigentlich fast überall in der lexikalischen Semantik) um Tendenzen, die den Prototypikalitätsgrad der jeweiligen Kookkurrenz steuern, und nicht um Regeln, die über „richtig" und „falsch" entscheiden. Für jeden Parameter, der folglich als tendenzielle Bedingung der prototypischen Kombinatorik aufzufassen ist, lassen sich Gegenbeispiele finden. Zweifellos normwidrige Kookkurrenzen treten auf, wenn mehrere Bedingungen verletzt werden; vgl. Kontexte (7), (8), (14). Es handelt sich hier also um ein in der Prototypentheorie bekanntes Phänomen: Die relevanten Parameter fungieren nicht als notwendige und hinreichende Merkmale, sondern treten in verschiedenen Konfigurationen auf, die unterschiedliche Abstufungen des Akzeptablen bewirken.

Zweitens muss die Validität der vorgeschlagenen Parameter am Material umfangreicher Corpora moderner Texte verschiedener Genres sowie weiterer Texte des 19. Jahrhunderts systematisch überprüft werden. Diese Arbeit steht uns noch bevor. Es ist durchaus möglich, dass die Darstellung des kombinatorischen Profils von *чрезвычайно* im Ergebnis einer solchen Analyse modifiziert wird.

Drittens ist es evident, dass keine regelbasierte Darstellung im Bereich der lexikalischen Kombinatorik alle Fälle der tatsächlichen Sprachverwendung erfassen und erklären kann. Über manches entscheiden die Zufälle des Usus und individuelle Präferenzen einzelner SprecherInnen. Die Macht des Usus drückt sich nicht nur darin aus, dass die Verletzung einer der aufgestellten Bedingungen nicht unbedingt zu abweichenden Kookkurrenzen führt, sondern auch darin, dass ihre Einhaltung das vom Usus lizenzierte Ergebnis nicht garantieren kann. Vergleiche den Kontext (15), in dem alle Bedingungen 1 bis 5 eingehalten zu sein scheinen, der aber trotzdem als nicht prototypisch empfunden wird. Wahrscheinlich hängt das damit zusammen, dass *порядочно* im heutigen Verständnis nicht unbedingt graduierbar ist.

(15) (a) „Настасья Филипповна, впрочем, держит себя *чрезвычайно порядочно* [Nastas'ja Filippovna benimmt sich außerordentlich anständig] <...>." [Идиот]

(b) „Nastassja Filippowna *halte übrigens ausdrücklich auf Anstand* <...>." [Geier]

(c) „Im übrigen betrage Nastassja Filippowna sich *überaus sittsam* <...>." [Herboth]

Insgesamt kann man sagen, dass sich der russische Intensivierer *чрезвычайно* von einem Adverb zu einer Partikel entwickelt hat. Während dieses Wort zur Zeit Dostoevskijs noch durchaus semantisch-syntaktische Funktionen eines Adverbs erfüllte, ist es heute vor allem als Adjektiv/Adverb-Modifikator mit einer „leeren" (wenn auch usuell stark restringierten) Semantik anzutreffen. Syntaktisch gesehen fungiert das Wort *чрезвычайно* äußerst selten als eine selbständige Konstituente. Es besteht auch in den meisten Fällen kaum den Test auf Erfragbarkeit. Das Gleiche betrifft auch den deutschen Intensivierer *außerordentlich* und viele andere Intensivierer der beiden Sprachen. Vergleiche

(a) *außerordentlich interessant:* – *?Wie/in welchem Maße interessant?* – *??Außerordentlich*;
(b) *überaus sittsam:* – *?Wie/in welchem Maße sittsam?* – *??Überaus*.

In solchen und ähnlichen Fällen liegt also ein offensichtlicher Shift Adverb → Partikel vor. Dieser kategoriale Shift ist eine Folge der Veränderung des kombinatorischen Profils der betreffenden Wörter: Die für ihr adverbiales Verhalten typischen Kookkurrenzen mit Verben werden immer stärker an die Peripherie gedrängt bzw. als normwidrig ausgeschlossen.

Das Wort *чрезвычайно* hat nicht nur in Bezug auf diesen kategorialen Shift sein kombinatorisches Profil verändert. Wie der Vergleich unserer Corpusdaten mit den heute geltenden usuellen Normen zeigt, haben sich die Kookkurrenz-Möglichkeiten dieses Wortes reduziert.

4. LEXIKALISCHE KOOKKURRENZEN AUS KONTRASTIVER SICHT

In diesem Teil wird (aus Platzgründen sehr kurz) auf die kontrastiven Aspekte dieser Problematik eingegangen. Bei der Durchsicht des Materials zeigte sich, dass ein paralleles Textcorpus zur Diagnostik relevanter Eigenschaften lexikalischer Kookkurrenzen verwendet werden kann. So weisen Kontexte wie (1)–(4) häufig standardmäßige „Wörterbuch-Äquivalente" auf. Dabei handelt es sich vor allem um das Wort *außerordentlich*, aber auch um seine näheren Synonyme wie *sehr, höchst, äußerst*. Kontexte wie (5)–(8), (12), (14) und (15) bedienen sich einer großen Vielfalt von Äquivalenten und greifen eher selten zu den Standardäquivalenten. Vergleiche dazu noch ein typisches Beispiel.

(16) (a) „*Это был молодой человек <…> с немытыми руками, с чрезвычайно угреватым лицом [mit außerordentlich pickeligem Gesicht] <…>.*" [*Идиот*]
(b) „*Dieser junge Mann <…> hatte ungewaschene Hände, ein v o n M i t e s s e r n ü b e r s ä t e s Gesicht <…>.*" [*Geier*]
(c) „*<…> junger Mensch mit <…> ungewaschenen Händen, p i c k e l ü b e r s ä t e m Gesicht <…>.*" [*Herboth*]

Natürlich handelt es sich auch hier um eine Tendenz. Ausnahmen sind immer möglich, allein schon aus dem Grund, dass die ÜbersetzerInnen ganz bewusst zu maximal wörtlichen Äquivalenten greifen können, auch wenn dabei die usuellen Normen der Zielsprache verletzt werden.

Diese Tendenz (sowie ihr relativer Charakter) wird besonders deutlich, wenn Bezeichnungen von schlecht graduierbaren Merkmalen im Originaltext mit Hilfe von *чрезвычайно* modifiziert werden.

(17) (a) „*Том вышел с бодростью, чрезвычайно утешенный [außerordentlich getröstet] и почти успокоенный.*" [Идиот]
(b) „*Dieser entfernte sich ermutigt und einigermaßen beruhigt.*" [Geier]
(c) „*Der General ging gestärkt, sehr getröstet und fast beruhigt von dannen.*" [Herboth]

Die Semantik von *утешенный* bzw. *getröstet* ist kaum graduierbar, darum ist der Gebrauch jedes Gradmodifikators in beiden Sprachen normabweichend, und dies nicht aus usuellen, sondern aus rein semantischen Gründen.[7] Dies erklärt, warum *чрезвычайно* in Kontext (17b) unübersetzt bleibt: (17b) enthält weder *außerordentlich* noch einen anderen Intensivierer. Offen bleibt die Frage, inwieweit die fast wörtliche Übersetzung in (17c) als Versuch zu verstehen ist, diese Stelle als eine bewusste ästhetische Strategie des Autors zu interpretieren.

Ein besonderes Problem stellt die so genannte induzierte Graduierbarkeit dar; vgl. (18).

(18) (a) „*Она чрезвычайно русская женщина [sie ist eine außerordentlich russische Frau] <...>.*" [Идиот]
(b) „*Sie ist eine durch und durch russische Frau <...>.*" [Geier]
(c) „*Sie ist durch und durch eine russische Frau <...>.*" [Herboth]

Das Adjektiv *русский* 'russisch' ist genuin nicht graduierbar, bekommt aber in diesem Kontext eine spezifische Interpretation, die eine Gradmodifikation zulässt. Es ist bemerkenswert, dass in den beiden Übersetzungen (18b) und (18c) der Intensivierer der absoluten Stufe *durch und durch* gebraucht wird. Im Russischen würde allerdings der Intensivierer *насквозь*, der seiner inneren Form nach dem deutschen *durch und durch* am nächsten steht, kombinatorisch auch nicht besser passen. Der Intensivierer *насквозь* wird heute vor allem mit negativ bewertenden Ausdrücken gebraucht. Dies hat offensichtlich nicht nur semantische Ursachen.

Es zeichnet sich also, wie gesagt, eine klare Tendenz ab, von (quasi) wörtlichen Übersetzungen in jenen Fällen abzugehen, in denen das Original Kookkurrenzen enthält, die vom heutigen Standpunkt aus von der usuellen, prototypischen Gebrauchsweise des betreffenden Worts stark abweichen bzw. einer speziellen semantischen Interpretation bedürfen. Tendenziell gilt also: Je größer die Vielfalt der Äquivalente

---

[7] Es ist durchaus möglich, dass die Besonderheit dieses Kontextes nicht daran liegt, dass *чрезвычайно* sein kombinatorisches Profil verändert hat, sondern an der Veränderung der Semantik von *утешенный* bzw. *getröstet*. Dass man heute *полностью утешенный* oder *vollkommen getröstet* sagen kann, sollte mit den hier diskutierten Phänomenen nicht verwechselt werden, denn der Gebrauch der Modifikatoren der absoluten Stufe (totality modifiers) richtet sich bekanntlich nach anderen Prinzipien (vgl. Paradis 2000).

ist, desto stärker sind die Abweichungen von der prototypischen Verwendungsweise des betreffenden Wortes. Dies bedeutet, dass die Übersetzung als ein relativ objektives Kriterium für die Bestimmung des Prototypikalitätsgrades lexikalischer Kookkurrenzen betrachtet werden kann. Offensichtlich ist dieses Verfahren besonders effektiv, wenn mehrere Übersetzungen des gleichen Originaltextes herangezogen werden. Eine konsequente Implementierung dieses Kriteriums wäre ein bedeutender Schritt in Richtung der Operationalisierung der Methoden der Prototypentheorie. Für die sonst meistens introspektiv begründeten Entscheidungen wäre damit im Bereich lexikalischer Kookkurrenzen ein weiteres operationales Kriterium bereitgestellt.[8]

Die kontrastive Analyse relevanter Kontexte hat gezeigt, dass die kombinatorischen Profile des Intensivierers *чрезвычайно* und seines „Wörterbuch-Äquivalents" *außerordentlich* tatsächlich ähnlich sind. Genauer gesagt stimmen sie in ihrem Kernbereich weitgehend überein. Die Frage ihrer peripheren Unterschiede bedarf einer speziellen Untersuchung. Aus kontrastiver Sicht stellt sich die Aufgabe, das kombinatorische Profil von *außerordentlich* an unabhängigem Corpusmaterial zu definieren und es mit dem kombinatorischen Profil von *чрезвычайно* zu vergleichen. Das wäre ein weiterer wichtiger Schritt in Richtung einer kontrastiven Analyse der Gradmodifikatoren, die für die Weiterentwicklung der Semantiktheorie durchaus erfolgversprechend scheint. Die real beobachtbaren Unterschiede im kombinatorischen Verhalten zwischen den quasisynonymen und quasiäquivalenten Gradmodifikatoren lassen sich mit traditionellen Metasprachen nicht erfassen.

Dass es selbst bei solchen eindeutigen Äquivalenten wie *чрезвычайно* und *außerordentlich* Unterschiede im kombinatorischen Profil (genauer: in seiner Peripherie) gibt, zeigt das Material unseres parallelen Corpus recht deutlich. Allein in den hier besprochenen Beispielen (1) bis (18) kommen neben *außerordentlich* auch *sehr*, *überaus*, *übermäßig*, *zutiefst*, *auffallend*, *ungemein*, *ausnehmend* sowie *durch und durch* als Äquivalente von *чрезвычайно* vor. Sehr frequent sind als solche auch *äußerst* und *höchst* (vgl. ferner *durchaus*, *ungewöhnlich*, *ausgesprochen*, *über die Maßen*, *aufs äußerste*, *aufs höchste*, *hoch-*, *ganz und gar [nicht]*). Die Wahl des passenden Äquivalents hängt nicht immer mit dem Prototypikalitätsgrad der betreffenden russischen Kookkurrenz zusammen und ist nicht zwangsläufig auf den Geschmack der ÜbersetzerInnen zurückzuführen. Selbst bei der Annahme, dass die subjektiven Entscheidungen der ÜbersetzerInnen dabei eine wesentliche Rolle spielen, bleibt die Tatsache unbestritten, dass in bestimmten Fällen, in denen das russische Wort *чрезвычайно* durchaus akzeptabel ist, der parallele deutsche Kontext nicht *außerordentlich*, sondern einen anderen Intensivierer bevorzugt.

Zwischen all diesen deutschen Intensivierern gibt es zweifelsohne semantische und/oder pragmatische Unterschiede, die immer noch auf ihre genaue Erfassung und theoretische Aufarbeitung warten.

---

[8] Das einzige bis jetzt bekannte Mittel, die Prototypikalitätspostulate zu operationalisieren, ist die Analyse der Vorkommensfrequenz des Targets in großen Corpora.

5. FAZIT

Untersuchungen dieser Art bestätigen das linguistische Postulat hinsichtlich der Rolle der Kombinatorik als einer relevanten Eigenschaft der lexikalischen Semantik. Das kombinatorische Profil einer Lexikoneinheit stellt einen wichtigen Bestandteil ihres Inhaltsplanes dar, selbst wenn es nicht ein Teil der Bedeutung im eigentlichen Sinn ist. Im Fall von *чрезвычайно* verlangt eine Vollständigkeit und Genauigkeit anstrebende semantische Beschreibung den Hinweis darauf, dass *чрезвычайно* (im Unterschied zu solchen Intensivierern wie *очень* 'sehr') im prototypischen Gebrauch nur bestimmte, morphosyntaktisch, semantisch und pragmatisch definierte sprachliche Ausdrücke intensiviert. Hier liegt also eine Kookkurrenzspezifizierung vor.

Derartige Untersuchungen erlauben, die kookkurrenzspezifischen Normen für konkrete Lexikoneinheiten zu formulieren. Um die Norm zu erkennen und beschreibbar zu machen, muss man bekanntlich Normabweichungen analysieren (vgl. den von L. V. Ščerba [1974] eingeführten Begriff negativer Evidenzen). Eine der wichtigsten Besonderheiten kookkurrenzspezifischer (kombinatorischer) Normen besteht darin, dass sie graduellen Charakter haben und viele „graue Zonen" aufweisen. Mit anderen Worten, zwischen „normgerecht" und „normwidrig" liegt ein weites Feld verschiedenartiger Abweichungen vom Prototypischen, die nicht in jedem Fall als normverletzend eingestuft werden können. Ausgerechnet in diesen „grauen Zonen" vollziehen sich Veränderungen des Usus, die im Extremfall zum Bedeutungswandel führen. Das heißt, dass die Kookkurrenzspezifizierung auch zur semantischen Spezifizierung führen kann.

Der theoretische Gewinn des dargelegten Herangehens besteht darin, dass es verschiedene Forschungsansätze verbindet: synchronische und diachronische Sprachbeschreibung, Corpusanalyse und Introspektion, einzelsprachbezogene und kontrastive Analyse.

***

Für anregende Impulse und konstruktive Diskussionen danke ich Svetlana Poljakova (Frankfurt am Main), Birte Lönneker (Hamburg) und Wolfgang Weitlaner (Wien) sowie den Teilnehmern des Leipziger Symposiums im Oktober 2003, auf dem ich einen ersten Entwurf dieser Studie vorgetragen habe. Ganz besonders danke ich meiner Lehrerin Irmhild Barz, die mir gezeigt hat, wie man lexikalisch-semantische Fragen stellt und beantwortet.

QUELLEN

AAC = Austrian Academy Corpus. Paralleles Textcorpus zu F. M. Dostoevskijs Roman „Der Idiot". Österreichische Akademie der Wissenschaften.

[Geier] = Dostojewskij, Fjodor (1996): Der Idiot. Aus dem Russischen von Swetlana Geier. 3. Aufl. Zürich (1. Aufl. 1996).

[Herboth] = Dostojewski, Fjodor (1994): Der Idiot. Aus dem Russischen von Hartmut Herboth. Berlin/Weimar. In: Dostojewski, Fjodor. Sämtliche Romane und Erzählungen, Bde. 1–11 (1. Aufl. 1986).

[Идиот] = Достоевский Ф. М. (1973): Идиот. In: Достоевский Ф. М. Полное собрание сочинений в тридцати томах. Том 8. Ленинград

[СЯП] = Словарь языка Пушкина. Том 1–4. 2-е изд., доп. Москва: Азбуковник, 2000 (1-е изд. 1956–1961).

LITERATUR

Atkins, Sue/Fillmore, Charles J./Johnson, Christopher R. (2003): Lexicographic relevance: selecting information from corpus evidence. In: International Journal of Lexicography 16/3, pp. 251–280.

Баранов, Анатолий Н. (1984): Наречия *едва, еле* и их семантика. In: Československá rusistika XXIX, 4, pp. 173–181.

Butler, Christopher S. (1985): Systemic linguistics: theory and application. London.

Louw, Bill (1993): Irony in the text or insincerity in the writer? The diagnostic potential of semantic prosodies. In: Baker, Mona et al. (eds.): Text and technology. In honour of John Sinclair. Philadelphia/Amsterdam, pp. 157–176.

Os, Charles van (1989): Aspekte der Intensivierung im Deutschen. Tübingen.

Paradis, Carita (2000): It's well weird. Degree modifiers of adjectives revisited: the nineties. In: Kirk, John M. (ed.): Corpora galore: analyses and techniques in describing English. Amsterdam/Atlanta, pp. 147–160.

Щерба, Л. В. (1974): О трояком аспекте языковых явлений и об эксперименте в языкознании. In: Ders.: Языковая система и речевая деятельность. Ленинград.

Stubbs, Michael (1996): Text and corpus analysis: computer-assisted studies of language and culture. Oxford.

Wierzbicka, Anna (1996): Semantics: primes and universals. Oxford/New York.

Erla Hallsteinsdóttir

Vom Wörterbuch zum Text zum Lexikon

1. COMPUTERGESTÜTZTES ISLÄNDISCH-DEUTSCHES PHRASEOLOGIEWÖRTERBUCH

Dieser Aufsatz basiert auf der Arbeit an einem Forschungsprojekt[1] an der Universität in Island. Das Ziel des Projekts ist die Aufarbeitung der vorhandenen theoretischen und praktischen Arbeiten zur Phraseographie. Auf der Grundlage dieser Arbeiten wird eine Konzeption für ein zweisprachiges deutsch-isländisches Phraseologielexikon entwickelt, das voraussichtlich im Jahr 2005 im Internet zur Verfügung gestellt wird.[2] Die drei Schwerpunkte des Projekts sind:

- Als Grundlage wird die Konzeption eines zweisprachigen computergestützten Phraseologielexikons mit der gezielten Einbindung der Möglichkeiten der Hypertext- und Datenbankform erarbeitet. Das Lexikon soll möglichst viele Funktionen erfüllen können, wobei die lexikographische Grenze zwischen aktiven und passiven Wörterbüchern bewusst überschritten wird (vgl. Bergenholtz 1997 zur Polyfunktionalität bzw. Monofunktionalität von Wörterbüchern).
- Untersuchungen zur Häufigkeit sowohl der deutschen als auch der isländischen Phraseologismen im Textkorpus dienen als Grundlage für die Auswahl von Phraseologismen für das Wörterbuch.
- Die Bestimmung von Äquivalenten zu isländischen und deutschen Phraseologismen geht von den häufigsten Phraseologismen in beiden Sprachen aus. Außerdem werden die Äquivalenzbeziehungen beschrieben.

2. FREQUENZ UND GELÄUFIGKEIT VON PHRASEOLOGISMEN

Als das wichtigste Kriterium für die Auswahl von Phraseologismen für zweisprachige Wörterbücher sieht Dimitrij Dobrovol'skij den Geläufigkeitsgrad. Das Kriterium der Geläufigkeit bezieht er sowohl auf die aufzunehmenden Idiome der Ausgangs-

---

[1] Für die Finanzierung des Projekts möchte ich mich bei „*The Icelandic Research Council*" (http://www.rannis.is) bedanken.

[2] Das einzige mir bekannte seriöse Phraseologiewörterbuch im Internet ist das einsprachige dänische Wörterbuch „Den Danske Idiomordbog" (http://www.idiomordbogen.dk).

sprache (Ausgangskorpus) als auch auf die Äquivalente in der Zielsprache, die dem Geläufigkeitsgrad des jeweiligen ausgangssprachlichen Phraseologismus entsprechen müssen (vgl. Dobrovol'skij 1997, 48). Die Geläufigkeit bestimmt er danach, welche Idiome von Muttersprachlern als geläufig empfunden werden und welche Idiome für den Nichtmuttersprachler zu empfehlen sind.

> „Die Anzahl geläufiger deutscher Idiome bewegt sich um 1000. Dies zeugt davon, daß in der Idiomatik ein intersubjektiv gültiger Kernbereich existiert, der auf empirischen Wegen ermittelt und mit verschiedenen Methoden verifiziert werden kann. Bei der entsprechenden Bearbeitung kann ein solches Korpus als Materialgrundlage für lexikographische Projekte und didaktische Werke dienen. Das setzt in erster Linie die Beantwortung der Frage voraus, ob ein Nichtmuttersprachler alle Idiome dieses Korpus braucht und für welche Zwecke." (Dobrovol'skij 1997, 50)

Für die passive Sprachkompetenz ist davon auszugehen, dass der Nichtmuttersprachler die Phraseologismen beherrschen muss, die beim Muttersprachler zum Kernbereich gehören,

> „weil alle Idiome, die die meisten Muttersprachler für geläufig halten und oft auch selbst gebrauchen, von den deutsch lernenden Nichtmuttersprachlern verstanden werden müssen"
> (Dobrovol'skij 1997, 50).

Ein Phraseologielexikon für Nichtmuttersprachler sollte also die Phraseologismen enthalten, die zum Kernbereich gehören. In Wörterbüchern, die außerdem als Hilfsmittel für die aktive Beherrschung der Phraseologie gedacht sind, muss eine Markierung entsprechend der Akzeptabilität der Verwendung von Phraseologismen durch Nichtmuttersprachler vorgenommen werden (vgl. Dobrovol'skij 1997, 50).

Methodische Überlegungen und Untersuchungen zur Geläufigkeit und zur Frequenz von Phraseologismen sind inzwischen ein wichtiger Bestandteil der Phraseologieforschung. Diese Untersuchungen basieren in der Regel auf mindestens einem der folgenden Verfahren:

(a) Informantenbefragungen sind ein wichtiges Werkzeug zur Bestimmung der Geläufigkeit und der Bedeutung einzelner Phraseologismen im Bewusstsein der Sprecher. Eine Überprüfung des gesamten Phraseologiebestandes einer Sprache auf diese Art und Weise wäre allerdings im Hinblick auf die Kosten und den Arbeitsaufwand schwer zu bewältigen (vgl. Čermák 2003).

(b) Korpusanalysen: Ergebnisse zur Häufigkeit von Phraseologismen als Angaben zur Frequenz einzelner Phraseologismen (Vorkommen per eine Million Wörter: PMW-Angaben [vgl. Colson 2003, 48]) liegen in einigen Sprachen wie Tschechisch (vgl. Čermák 2003), Französisch, Niederländisch (vgl. Colson 2003) und Englisch (vgl. Cowie 2003) bereits vor. Diese Ergebnisse wurden in der Regel dadurch gewonnen, dass spezielle Wortkombinationen ausgewählt und auf ihr Vorkommen im Korpus überprüft wurden.

(c) Die statistische Kookkurrenzanalyse ist ein Verfahren, mit dem vom Korpus ausgehend – d. h. ohne Vorgabe von Wortkombinationen – die Frequenz von idiomatischen Wortverbindungen untersucht wird. Am Institut für Deutsche

Sprache in Mannheim wird an einer statistischen Kookkurenzanalyse für die deutsche Sprache gearbeitet (vgl. Steyer 2003).

(d) Die eigene Sprachkompetenz bzw. die Intuition der Linguisten ist ein umstrittenes Kriterium in der Frequenzforschung. Sie ist ohne Frage sehr subjektiv und individuell ausgeprägt – beim Linguisten zusätzlich von Fachwissen und theoretischen Annahmen belastet. Die Sprachkompetenz ist jedoch nicht aus der Frequenzforschung zu verbannen, denn sowohl für Informantenbefragungen als auch für Korpusanalysen muss geeignetes Ausgangsmaterial gefunden und vorbereitet werden, und dazu braucht der Linguist seine Intuition. Außerdem müssen die Ergebnisse einer Korpusanalyse auf der Basis der individuellen Sprachkompetenz ausgewertet und interpretiert werden, denn bei vielen Phraseologismen kann eine freie Wortverbindung in derselben Kombination vorkommen, so dass nur eine manuelle Analyse die phraseologische und die freie Wortverbindung unterscheiden kann.

3. DIE AUSWAHL DER DEUTSCHEN PHRASEOLOGISMEN FÜR DAS DEUTSCH-ISLÄNDISCHE PHRASEOLOGIELEXIKON

Über die Kriterien für die Aufnahme von Phraseologismen in Wörterbücher für Deutsch als Fremdsprache sowie in deutschsprachige phraseologische Wörter- und Übungsbücher findet man wenig konkrete Informationen. In einzelnen Wörterbüchern wird erklärt, dass häufig verwendete und bekannte Phraseologismen aufgenommen wurden. Wie die Häufigkeit und die Bekanntheit ermittelt wurden, wird – mit Ausnahme vom „Wörter- und Übungsbuch" von Regina Hessky und Stefan Ettinger – jedoch nicht genauer erklärt. Regina Hessky und Stefan Ettinger lösen die Problematik der Häufigkeitsbestimmung durch eine Auswahl der Phraseologismen nach allgemeiner Sprecherakzeptanz.

> „Da es für Frequenzangaben bei Redensarten noch zu früh ist, sollten sich Lernsammlungen eher bemühen, je nach Umfang eine bestimmte Zahl von Redensarten zusammenzustellen, die gruppenübergreifend verstanden werden. Bei der vorliegenden Sammlung haben wir versucht, dies zu verwirklichen. Das vorliegende Wörter- und Übungsbuch enthält also nicht die ca. 1400 frequentesten Redensarten des Deutschen, sondern ca. 1400 Redewendungen, die von Sprechern des heutigen Deutsch – bis auf wenig diskutierbare Einzelfälle – als allgemein bekannt akzeptiert werden."
> (Hessky/Ettinger 1997, XXII)

Bei der Auswahl orientierten sie sich an einer 1993 von Regina Hessky veröffentlichten Sammlung deutscher Phraseologismen, „Virágnyelven. Durch die Blume". Zum Vergleich wurde „Duden Band 11" sowie die beiden einsprachigen Wörterbücher „Langenscheidts Großwörterbuch Deutsch als Fremdsprache" und „Duden Universalwörterbuch" herangezogen. Zusätzlich wurde die Aufnahme bzw. die Streichung eines Phraseologismus in einigen Fällen nach Informantenbefragungen beschlossen (vgl. Hessky/Ettinger 1997, XXI ff.).

Von Anfang an stand fest, dass die Auswahl der Phraseologismen für das deutschisländische Phraseologielexikon auf Häufigkeitsuntersuchungen basieren sollte. Bei der Auswahl des Ausgangsmaterials für Häufigkeitsbestimmungen habe ich ein ähnliches Verfahren wie oben beschrieben gewählt, d. h., die Phraseologismen[3] für das Input wurden den beiden zu diesem Zeitpunkt vorhandenen Wörterbüchern für Deutsch als Fremdsprache entnommen. Die im „Wörterbuch Deutsch als Fremdsprache von de Gruyter" (GDaF) mit einem Stern (*) markierten Phraseologismen bildeten das Ausgangsmaterial (Kempcke 2000). Zwar werden im GDaF keine genauen Kriterien für die Auswahl von Phraseologismen angegeben. „Der Weg der Materialselektion bleibt also opak, ..." (Wotjak 2001, 269) Barbara Wotjak sieht die Auswahl trotzdem als gelungen und treffend an:

> „Es wird also deutlich, dass das GDaF dem Lernenden ein sehr reichhaltiges, dabei aber durchaus geläufiges und nicht antiquiertes phraseologisches Material zur Verfügung stellt."
>
> (Wotjak 2001, 270)

Zusätzlich wurden die mit ID markierten Phraseologismen in Langenscheidts „Großwörterbuch Deutsch als Fremdsprache" (Götz u. a. 1997), die in dem Übungsbuch von Regina Hessky und Stefan Ettinger aufgeführten Phraseologismen (Hessky/Ettinger 1997), die Phraseologismen aus dem Kernbereich deutscher Idiome in Dimitrij Dobrovol'skijs Liste mit intersubjektiv geläufigen Idiomen des Deutschen (Dobrovol'skij 1997a, 263 ff.) und die Phraseologismen aus Langenscheidts Übungsbuch „1000 Deutsche Redensarten" (Griesbach u. a. 2000) in das Ausgangsmaterial für die Suche nach Belegen mit aufgenommen. Mit dieser Auswahl an deutschen Phraseologismen sollten die „häufigsten und geläufigsten" Phraseologismen der deutschen Sprache erfasst sein. Das Duden Wörterbuch „Deutsch als Fremdsprache" erschien erst 2002, so dass die darin enthaltenen Phraseologismen hier nicht berücksichtigt werden konnten.

Insgesamt ergaben die Wörterbücher etwas über 6000 unterschiedliche Phraseologismen. Zu etwas über 5000 Phraseologismen konnten mehr oder weniger eindeutige Suchformen konstruiert werden. Phraseologismen ohne eine brauchbare Suchform wurden bisher nicht weiter bearbeitet. Für die Durchführung der computergestützten Suche im Textkorpus konnte Uwe Quasthoff vom „Projekt Deutscher Wortschatz"[4] (http://www.wortschatz.uni-leipzig.de) in Leipzig gewonnen werden. Die Suche wurde im April 2002 durchgeführt.

Von den 201 Phraseologismen in der Suchliste, die in allen verwendeten Wörterbüchern vorhanden sind, befinden sich nur 24 unter den 300 häufigsten Phraseologismen. Diese sind in Tabelle 1 aufgelistet.

---

[3] Da in den Wörterbüchern keine einheitlichen Unterscheidungskriterien für Arten von Phraseologismen verwendet werden, steht der Begriff Phraseologismus hier als Oberbegriff für mehrere Arten phraseologischer Wendungen. Dies führt auch dazu, dass in dem Phraseologielexikon mehrere Arten von Phraseologismen vorkommen.

[4] Ein großer Dank geht an die Mitarbeiter von „Projekt Deutscher Wortschatz", ohne deren Hilfe die Häufigkeitsuntersuchungen in dieser Form nicht durchführbar gewesen wären.

**Tabelle 1: Die 24 von den 300 häufigsten Phraseologismen,
die in allen Wörterbüchern vorkommen**

Belege	Suchform (mit Anzahl von Belegen)	Phraseologismen zur Suchform (Nennformen aus den Wörterbüchern)
6431	*im Griff* (3032) *in den Griff* (3399)	*etwas/jemanden im Griff haben* *etwas in den Griff bekommen/kriegen*
5341	*zur Seite*	*etwas zur Seite legen/etwas auf die Seite legen* *jemandem (mit Rat und Tat) zur Seite stehen/ beistehen*
5324	*in Kauf* *mit in Kauf*	*etwas (mit) in Kauf nehmen*
4985	*in die Tasche* (2242) *tief in die Tasche* (454) *in der Tasche* (2743)	*schon in der Tasche* *jemanden in die Tasche stecken* *(für etwas) tief in die Tasche greifen (müssen)* *jemanden in der Tasche haben* *etwas (schon) in der Tasche haben*
4488	*in die Luft* *gleich in die Luft* *schnell in die Luft* *leicht in die Luft*	*(gleich/schnell/leicht) in die Luft gehen (fliegen)* *– etwas fliegt in die Luft* *etwas in die Luft jagen*
2877	*unter die Lupe* *scharf unter die Lupe*	*etwas/jemanden (scharf) unter die Lupe nehmen*
2696	*auf der Hand* *klar auf der Hand*	*etwas liegt (klar) auf der Hand*
2425	*ins Wasser*	*ins Wasser fallen* *ins Wasser gehen*
2293	*das letzte Wort* (2164) *immer das letzte Wort* *Das letzte Wort ist noch nicht gesprochen* *letztes Wort* (129)	*(immer) das letzte Wort haben (wollen/müssen)* *– meist: jemand will/muss das letzte Wort haben* *Das letzte Wort ist noch nicht gesprochen* *etwas ist jemands letztes Wort*
2166	*auf der Höhe* *ganz auf der Höhe* *nicht ganz auf der Höhe* *nicht auf der Höhe* *auf der Höhe der Zeit* *auf der Höhe der Ereignisse*	*(nicht) (ganz) auf der Höhe sein* *auf der Höhe der Zeit sein* *auf der Höhe der Ereignisse sein*
1999	*auf Eis*	*etwas auf Eis legen*
1965	*aus der Luft*	*etwas ist aus der Luft gegriffen*
1938	*im Stich*	*etwas/jemanden im Stich lassen*
1869	*auf der Stelle* *nicht von der Stelle*	*auf der Stelle* *auf der Stelle treten* *nicht von der Stelle kommen*

Tabelle 1: (Fortsetzung)

Belege	Suchform (mit Anzahl von Belegen)	Phraseologismen zur Suchform (Nennformen aus den Wörterbüchern)
1711	unter Dach und Fach	unter Dach und Fach sein etwas unter Dach und Fach bringen
1679	Grund und Boden in Grund und Boden	Grund und Boden sich in Grund und Boden schämen etwas in Grund und Boden wirtschaften
1599	aufs Spiel	etwas aufs Spiel setzen
1244	Rede und Antwort	jemandem Rede und Antwort stehen
1244	in den Schatten	jemanden/etwas in den Schatten stellen jemand/etwas stellt jemanden/etwas in den Schatten
1202	auf eigene Faust	etwas auf eigene Faust tun
1054	unter die Arme	jemandem (mit etwas) unter die Arme greifen
1049	in den Rücken	jemandem in den Rücken fallen
1048	unter einen Hut unter einen Hut bringen	zwei oder mehrere Sachen/jemanden/etwas/vieles unter einen Hut bringen
1044	über Wasser	jemanden/sich (mit etwas) über Wasser halten – meist: sich mühsam/gerade/kaum noch über Wasser halten können

Vor der Auswertung der Häufigkeitsangaben habe ich das Phraseologiekorpus auf Phraseologismen mit (mindestens) einem Substantiv als Komponente reduziert. Bei der Auswertung wurden Häufigkeitsangaben zu 4152 Phraseologismen bewertet.

Die Form des Phraseologismus wurde so strikt wie möglich als Ausgangspunkt einzelner Suchformen (Nummerierung in der Ausgangsliste) angesehen. Dies führt jedoch dazu, dass Phraseologismen mit nur geringen Abweichungen in der Form bei gleicher/ähnlicher Bedeutung (z. B. beim Wechsel der Perspektive) unter zwei oder mehr Suchformen auftauchen. In der Ergebnisliste der Suche hat jede Suchform einen eigenen Eintrag mit Häufigkeitsangabe bekommen. Die Einträge zu ein und demselben Phraseologismus erscheinen unter der gemeinsamen Nummer mit Hyperlinks zu den gefundenen Belegstellen (Tabelle 2).

Der erste Schritt der Auswertung war, die Häufigkeitsangaben zu jedem Phraseologismus zu addieren. Dabei wurden Phraseologismen mit sehr ähnlicher Form und Bedeutung als ein Ausgangsphraseologismus gebündelt (Tabelle 3).

Wenn eine Suchform zu mehreren Phraseologismen Belege liefert, werden auch diese Phraseologismen unter der Suchform zusammengefasst. Dann gilt, dass die Form Vorrang genießt, gegenüber einer Einteilung nach Bedeutung. Bei der Analyse der Belegstellen und der darauf folgenden Aufnahme in die Datenbank werden diese Phraseologismen jedoch wieder einzeln aufgeführt. Dieses bedeutet, dass die reine

Form – ungeachtet der Anzahl der dahinter stehenden Phraseologismen und/oder freien Wortverbindungen – über die Aufnahme in den Kernbereich mit den 300 häufigsten deutschen Phraseologismen entscheidet.

Tabelle 2: Auszug aus der Outputliste, Phraseologismen Nr. 3520–3525

Nr.	Suchform	Phraseologismus	Kernwort	Frequenz
3520	an einem toten Punkt	an einem toten Punkt angelangen an einem toten Punkt angelangt/angekommen sein	Punkt	10
3521	an einen toten Punkt	an einen toten Punkt gelangen	Punkt	4
3522	auf den toten Punkt	den toten Punkt überwinden auf den toten Punkt kommen	Punkt	3
3522	den toten Punkt	den toten Punkt überwinden auf den toten Punkt kommen	Punkt	16
3523	der tote Punkt	der tote Punkt (sein)	Punkt	8
3524	ein dunkler Punkt	ein dunkler Punkt	Punkt	16
3525	totem Punkt	(ein) toter Punkt	Punkt	1
3525	toten Punkt	(ein) toter Punkt	Punkt	66
3525	toter Punkt	(ein) toter Punkt	Punkt	5

Tabelle 3: Bündelung der Phraseologismen in der Outputliste, Phraseologismen Nr. 3520–3525

Nr.	Suchform	Phraseologismus	Kernwort	Frequenz
3520 3521 3522 3523 3525	an einem toten Punkt an einen toten Punkt auf den toten Punkt den toten Punkt der tote Punkt totem Punkt toten Punkt toter Punkt	an einem toten Punkt angelangen; an einem toten Punkt angelangt/angekommen sein; an einen toten Punkt gelangen den toten Punkt überwinden auf den toten Punkt kommen der tote Punkt (sein); (ein) toter Punkt	Punkt	113
3524	ein dunkler Punkt	ein dunkler Punkt	Punkt	16

4. KRITERIEN DER AUSWAHL VON PHRASEOLOGISMEN FÜR EIN DEUTSCH-ISLÄNDISCHES PHRASEOLOGIELEXIKON

Häufigkeitsuntersuchungen, wie sie in diesem Projekt vorgenommen wurden, ergeben nur eine erste Grundlage für die Auswahl von Phraseologismen, sie sollten jedoch nicht das einzige Kriterium sein. Die Gründe dafür sind vor allem die Folgenden:

– Diese Untersuchung bezieht sich auf die geschriebene Sprache und berücksichtigt nicht die gesprochene Sprache. Der Gebrauch von Phraseologismen in der geschriebenen und in der gesprochenen Sprache unterscheidet sich aber zum Teil erheblich.
– Bei der Suche wird von der Form ausgegangen und die Form allein entscheidet über die Häufigkeit. Dies bedeutet, dass bei mehrdeutigen Wortverbindungen in den Belegen nicht zwischen einer freien Wortverbindung und einem Phraseologismus unterschieden wird. Dass die freien Wortverbindungen einen Einfluss auf die Häufigkeitsangabe haben, zeigen die in Tabelle 1 aufgeführten Phraseologismen. Die Form fast aller dieser Phraseologismen kommt auch in einer freien Wortverbindung vor. Die Unterscheidung in Phraseologismus und freie Wortverbindung kann nur durch eine manuelle Auswertung erfolgen.
– Das Ausgangskorpus berücksichtigt – bedingt durch die Auswahl auf der Basis von Wörterbüchern für Deutsch als Fremdsprache – nur einen Teil der Phraseologie der deutschen Sprache.
– Es konnten nicht für alle Phraseologismen brauchbare Suchformen konstruiert werden.
– Die Suchformen wurden manuell konstruiert, d.h., sie basieren auf der Intuition eines Sprechers[5] und es könnten daher Suchformen fehlen.

Um diese Nachteile zumindest teilweise auszugleichen, müssen bei der Auswahl und Bearbeitung der Phraseologismen zusätzlich andere Verfahren eingesetzt werden.

Bei der Auswahl der deutschen Phraseologismen für das deutsch-isländische Phraseologielexikon arbeite ich mit folgenden Kriterien und Verfahren:

1) Die Bestimmung der Häufigkeit erfolgt erst nach der Gruppierung aller Formen ein und desselben Phraseologismus. Dies bedeutet, dass Formen wie z.B. *an der Spitze* und *an die Spitze* zusammengefasst werden. Dieses Verfahren ergibt etwa 300 Phraseologismen, die über 1000 Belegstellen aufweisen und das Grundkorpus bilden.

2) 100 Belegstellen zu jeder Suchform werden manuell ausgewertet. Somit wird festgestellt, welche Phraseologismen bei der jeweiligen Suchform vorkommen. Diese Phraseologismen werden in die Datenbank aufgenommen, wenn sie nicht schon im Ausgangskorpus vorhanden sind. Dies halte ich deshalb für wichtig, weil auch formale Relationen beim Verstehen von Phraseologismen eine große Rolle spielen (vgl. Hallsteinsdóttir 2001 und 2003). Es bleibt allerdings offen, wie viele Beispiele ausgewertet werden müssen, damit mit Sicherheit alle potentiellen Phraseologismen mit der betreffenden Suchform erfasst werden.

---

[5] Es könnte als weiterer Nachteil hinzugefügt werden, dass dieser Sprecher trotz aller Sprachkompetenz Deutsch nicht als Muttersprache hat.

3) Zu allen Phraseologismen aus dem Ausgangskorpus wird die absolute Häufigkeit im Leipziger Korpus von April 2002 mit angegeben, so dass der Benutzer sich ein Bild davon machen kann, ob der Phraseologismus zum Zentrum oder zur Peripherie in der deutschen Phraseologie gehört. Die Informationen zum Formenbestand und zur Häufigkeit sowie die Beispielangaben sehen in einem potentiellen Eintrag in der Datenbank wie folgt aus (Beispiel 1). Die unterstrichenen Wörter sind Hyperlinks zu weiteren Informationen.

Nennformen: *am Ende sein*
Aussageformen: *Jemand ist {mit etwas/im Bezug auf etwas} am Ende*
Verwendungsbeispiele
Links zu weiteren Phraseologismen mit der Form *am Ende*:
 am Ende, am Ende angekommen/angelangt, am Ende befinden, am Ende stehen, am Ende der Fahnenstange, am Ende der Welt, Licht am Ende des Tunnels, mit der Geduld am Ende sein, mit der Kraft/den Kräften am Ende sein, mit seiner Kunst am Ende sein, mit dem Latein am Ende sein, mit den Nerven am Ende sein, mit seiner Weisheit am Ende sein
Suchformen: *am Ende* (50320)
Frequenzangabe {keine}

Beispiel 1: Auszug aus einem Eintrag mit Angaben zu Formen und Frequenz in der Datenbank

Die Frequenz der Suchform wird angegeben und ein Hyperlink führt zu allen (nicht ausgewerteten) Belegen der Suchform *am Ende*. Der Phraseologismus selbst bekommt jedoch keine Frequenzangabe, denn er gehört nicht zum Ausgangsmaterial für die Suche im Korpus und auch nicht zum Kernbereich der 300 häufigsten Phraseologismen. Hinter dem Hyperlink *Verwendungsbeispiele* verbergen sich die der jeweiligen Aussageform zugeordneten und ausgewerteten Belege. Hier findet man Angaben zur Auswertung, zu den vorkommenden Aussageformen, zur Negation und zu Modifikationen.

4) Durch die Markierung der phraseologischen Bedeutung aller Phraseologismen im ersten Auswahlkorpus mit Bedeutungskonzepten wird eine Zuordnung von Synonymen und Antonymen zu den Phraseologismen im Ausgangskorpus möglich. Diese werden in die Datenbank mit aufgenommen und mit der Häufigkeitsangabe aus dem Leipziger Korpus markiert. Die Bedeutungskonzepte übernehme ich aus einem neuen isländischen onomasiologischen Phraseologiewörterbuch (Jónsson 2002). Dadurch kann ein onomasiologischer Zugang zum Lexikon angeboten werden. Außerdem wird dem Benutzer über die phraseologische Bedeutung der Zugang zu weiteren Phraseologismen in dem isländischen Phraseologiewörterbuch ermöglicht.

5) Durch eine semantische Gruppierung der Phraseologismen nach Sachgruppen der einzelnen Komponenten werden gleichbedeutende Phraseologismen wie *den Mund halten, die Klappe halten, die Schnauze halten, das Maul halten* zusammengefasst. Einzelne Komponenten der Phraseologismen werden ihren semantischen Feldern zugeordnet und über Hyperlinks zugänglich gemacht. Dadurch wird ein zweisprachiger Zugang zum Lexikon über die einzelnen Komponenten möglich. Ein solcher Zugang könnte wie folgt aussehen (Beispiel 2).

Beispiel 2: Lexikonzugang über die einzelnen Komponenten der Phraseologismen

6) Die isländischen Phraseologismen werden in erster Linie – so lange es keine Möglichkeit solider Häufigkeitsbestimmungen gibt – als Äquivalente vom deutschen Korpus ausgehend ausgewählt. Das so entstandene isländische Korpus wird dann mit denselben Verfahren wie im Falle der deutschen Phraseologismen bearbeitet.

7) Bei der Angabe der Äquivalente wird – soweit dies möglich ist – von deren Häufigkeit ausgegangen. Es wird Wert darauf gelegt, sowohl äquivalente (gleiche bzw. ähnliche Bedeutung) als auch kongruente (gleiche Form) Phraseologismen anzugeben, auch wenn diese in der einen Sprache weniger häufig vorkommen als in der anderen. Die Differenz wird durch die Angabe der Häufigkeit der Äquivalente verdeutlicht. Ebenso werden kongruente Phraseologismen angegeben, die nicht oder nur teilweise äquivalent sind (also nicht die gleiche Bedeutung haben). Ich halte es für sehr wichtig, alle formalen Entsprechungen anzugeben, denn die von der muttersprachlichen Sprachkompetenz ausgehende Gefahr, einen falschen Freund zu verwenden (sei es durch geringere Geläufigkeit bzw. abweichende Bedeutung), ist sehr groß.

5. ISLÄNDISCHE PHRASEOLOGISMEN

Für die isländische Sprache gibt es weder einen definierten Grundwortschatz noch spezielle Lernerwörterbücher für Isländisch als Fremdsprache. Im Bereich der Phraseologie erschien im Jahr 2002 „Orðaheimur", ein onomasiologisches Wörterbuch isländischer Phraseologismen (Jónsson 2002) mit 33 000 Phraseologismen, die 840 Bedeutungskonzepten zugeordnet werden. Für die isländische Phraseologie gibt es sonst nur einige eher historisch orientierte semasiologisch aufgebaute Phraseologiesammlungen (vgl. Friðjónsson 1993 und Halldórsson 1991). Im Isländischen fehlt also ein dem Deutschen vergleichbares Ausgangskorpus als Grundlage für die Häufigkeitsbestimmungen und es fehlt ein geeignetes Textkorpus, an dem die Untersuchungen durchgeführt werden können.

6. ZUSAMMENFASSUNG

Die Häufigkeitsuntersuchung am Leipziger Korpus wurde als Mittel zum Zweck für die Auswahl von Phraseologismen für dieses Projekt durchgeführt. Hier wurde von einem bestimmten Bereich der deutschen Phraseologie ausgegangen, nämlich den in den speziell für Deutsch als Fremdsprache konzipierten Wörterbüchern vorkommenden Phraseologismen. Auch wenn deutlich geworden ist, dass Häufigkeitsbestimmungen nicht die einzige Grundlage einer Phraseologiesammlung sein können, kann man die Ergebnisse als Verifizierung der Auswahl von Phraseologismen in diesen Wörterbüchern ansehen. In diesem Sinne verstehen sich die Phraseologismen im Kernbereich des deutsch-isländischen Phraseologielexikons als ein Vorschlag für ein phraseologisches Minimum für Deutsch als Fremdsprache. Die überarbeitete und erweiterte Auswahl der Phraseologismen kann als eine Grundlage für die Erarbeitung anderer mehrsprachiger Phraseologiesammlungen dienen. Denn das deutsch-isländische Phraseologielexikon ist in einsprachigen Modulen aufgebaut, die mit Hyperlinks verknüpft sind. Dies ermöglicht die einfache Erweiterung durch zusätzliche Sprachen, die jedoch paarweise vergleichend bearbeitet werden müssen.

LITERATUR

Bergenholtz, Henning (1997): Polyfunktionale ordbøger. In: LexicoNordica 4, S. 15–28.

Čermák, František (2003): Paremiological Minimum of Czech: The Corpus Evidence. In: Burger, Harald/Häcki Buhofer, Annelies/Gréciano, Gertrud (Hg.): Flut von Texten – Vielfalt der Kulturen. Hohengehren, S. 15–31.

Colson, Jean-Pierre (2003): Corpus Linguistics and Phraseological Statistics: a few Hypotheses and Examples. In: Burger, Harald/Häcki Buhofer, Annelies/Gréciano, Gertrud (Hg.): Flut von Texten – Vielfalt der Kulturen. Hohengehren, S. 47–59.

Cowie, Anthony P. (2003): Exploring native-speaker knowledge of phraseology: informant testing or corpus research? In: Burger, Harald/Häcki Buhofer, Annelies/Gréciano, Gertrud (Hg.): Flut von Texten – Vielfalt der Kulturen. Hohengehren, S. 73–81.

Dobrovol'skij, Dmitrij (1997): Kontrastive Idiomatik Deutsch-Russisch: zur lexikographischen Konzeption. In: Gréciano, Gertrud (Hg.): Phraseme in Kontext und Kontrast. Bochum, S. 45–60.

Dobrovol'skij, Dmitrij (1997a): Idiome im mentalen Lexikon: Ziele und Methoden der kognitivbasierten Phraseologieforschung. Trier.

Friðjónsson, Jón G. (1993): Mergur Málsins. Íslensk orðatiltæki. Uppruni, saga og notkun. Reykjavík.

Götz, Dieter/Haensch, Günther/Wellmann, Hans (Hg.) (1997): Langenscheidts Großwörterbuch Deutsch als Fremdspache. 5. Aufl. Berlin.

Griesbach, Heinz/Schulz, Dora (2000): 1000 deutsche Redensarten. Mit Erklärungen und Anwendungsbeispielen. Berlin/München/Wien/Zürich/New York.

Halldórsson, Halldór (1991): Íslenzkt Orðtakasafn. 3., überarb. Aufl. Reykjavík.

Hallsteinsdóttir, Erla (2001): Das Verstehen idiomatischer Phraseologismen in der Fremdsprache Deutsch. Hamburg.

Hallsteinsdóttir, Erla (2003): Das Verstehen idiomatischer Phraseologismen in der Fremdsprache Deutsch. In: Burger, Harald/Häcki Buhofer, Annelies/Gréciano, Gertrud (Hg.): Flut von Texten – Vielfalt der Kulturen. Hohengehren, S. 357–367.

Hessky, Regina/Ettinger, Stefan (1997): Deutsche Redewendungen. Ein Wörter- und Übungsbuch für Fortgeschrittene. Tübingen.

Jónsson, Jón Hilmar (2002): Orðaheimur. Íslensk hugtakaorðabók með orða- og orðasambandaskrá. Reykjavík.

Kempcke, Günter (unter Mitarbeit von Seelig, Barbara/Wolf, Birgit/Tellenbach, Elke et al.) (2000): Wörterbuch Deutsch als Fremdsprache. Berlin/New York.

Koller, Werner (1987): Überlegungen zu einem Phraseologie-Wörterbuch für Fremdsprachenunterricht und Übersetzungspraxis. In: Burger, Harald/Zett, Robert (Hg.): Aktuelle Probleme der Phraseologie. Bern, S. 109–120.

Steyer, Kathrin (2003): Korpus, Statistik, Kookkurrenz. Lässt sich Idiomatisches „berechnen"? In: Burger, Harald/Häcki Buhofer, Annelies/Gréciano, Gertrud (Hg.): Flut von Texten – Vielfalt der Kulturen. Hohengehren, S. 33–46.

Wermke, Matthias/Kunkel-Razum, Kathrin/Scholze-Stubenrecht, Werner (Hg.) (2002): Duden. Standardwörterbuch Deutsch als Fremdsprache. Mannheim/Leipzig/Wien/Zürich.

Wotjak, Barbara (2001): Phraseologismen im neuen Lernerwörterbuch – Aspekte der Phraseologiedarstellung im de Gruyter-Wörterbuch Deutsch als Fremdsprache. In: Häcki Buhofer, Annelies/Burger, Harald (Hg.): Phraseologiae Amor. Aspekte europäischer Phraseologie. Hohengehren, S. 263–279.

CHRISTINE PALM MEISTER

Phraseologie und Erzähltheorie in „Berlin Alexanderplatz" von Alfred Döblin

Der große Roman der deutschen Moderne, „Berlin Alexanderplatz" von Alfred Döblin, erschien 1929.

Döblin, 1878 in Stettin geboren, kam als Zehnjähriger mit seiner Mutter und seinen vier Geschwistern nach Berlin. Der Vater hatte seine Familie verlassen und diese lebte von nun an von der Unterstützung durch einen vermögenden Bruder der Mutter. Die unvergesslich traumatische Ankunft in Berlin mit seiner großen Wohnungsnot und später die vielen Jahre als Arzt im Osten der Stadt haben den Autor nachhaltig geprägt.

Döblin liebte das dynamische Berlin der Nachkriegszeit, er ist mit Ausnahme einiger Studienjahre in Freiburg ununterbrochen in Berlin ansässig und arbeitet nach dem Studium der Medizin einige Jahre als Irrenarzt, um ab 1911 als Spezialist im Berliner Arbeiterviertel zu praktizieren.

1921 tritt Alfred Döblin der SPD und der „Gruppe 25" bei, wodurch er Becher, Brecht, Bloch, Kaiser, Weiss und Mehring begegnet. 1928 wird er als Mitglied in die Sektion für Dichtkunst der Preußischen Akademie der Künste gewählt und 1929 veröffentlicht er den Roman „Berlin Alexanderplatz". 1933 wird ihm als Juden die deutsche Staatsbürgerschaft aberkannt und er emigriert nach Zürich und Paris.

Nachdem Döblin schon 1912 aus der jüdischen Gemeinde in Berlin ausgetreten war, konvertierte er 1941 zum Katholizismus. 1945 kehrte er nach Deutschland zurück und sein letzter Roman „Hamlet oder die lange Nacht nimmt ein Ende" findet keinen Verleger und erscheint 1956 in der damaligen DDR. 1957 stirbt Alfred Döblin in Emmendingen.

Der Roman „Berlin Alexanderplatz" umfasst unter dem Titel der Erstausgabe 454 Seiten und ist vor allem gerühmt worden wegen seiner als so modern empfundenen Montagetechnik. Erzähltheoretisch ist er sehr interessant und vielschichtig, da sein Fokalisierungstyp sehr häufig wechselt. Das Erzählte ist eng an die Wahrnehmung der Figur gekoppelt, wir reden von einer Mitsicht des Erzählers (Martinez/Scheffel 1999, 65) und oft genug von einem Wechsel des Fokalisierungstyps (Martinez/Scheffel 1999, 67).

Laut Martinez/Scheffel (1999, 85) ist das Zusammenspiel der Rollen des fiktiven Erzählers mit dem Leser im Rahmen der in einer fiktionalen Erzählung entworfenen Sprechsituationen noch ein Desiderat der Forschung. In der literarischen Kommunikation seien fiktive und reale Dimensionen der Sprechsituation miteinander verklammert und deshalb von besonderem Interesse:

> „..., weisen wir darauf hin, dass sich die literaturwissenschaftliche Forschung bislang meist entweder auf die Rolle des fiktiven Erzählers oder auf die des Lesers konzentriert und das Zusammenspiel beider Instanzen im Rahmen der in einer fiktionalen Erzählung entworfenen Sprechsituation vernachlässigt hat. Im Hinblick auf neuere Ansätze einer sozialhistorisch orientierten Literaturwissenschaft, welche die kommunikative Funktion von Texten in den Blickpunkt rücken, gewinnt die Frage nach einer Korrespondenz zwischen der fiktiven und der realen Dimension der Sprechsituation, die in der literarischen Kommunikation miteinander verklammert sind, jedoch an besonderem Interesse. Betrachtet man die Frage ‚Wer erzählt wem?' im Zusammenhang mit historischen Handlungsrollen von Autor und Leser, so lässt sich der primär textimmanent orientierte Zugriff unseres narratologischen Ansatzes auf fruchtbare Weise mit sozial- und kulturgeschichtlichen Fragestellungen verbinden."

Die Frage ist, ob es sich in „Berlin Alexanderplatz" in diesem Zusammenhang nicht um einen Typfall handelt.

Neben der Technik der Montage, die vor allem die den Protagonisten umgebende Großstadt Berlin, in futuristischer Weise gestaltet, darstellt, sind dem Autor Passagen und Kapitel von höchster schöpferischer Suggestivität gelungen, die durch ihre Gestaltungskraft die Frage nach einer **Technik** weit übersteigen.

Alfred Döblin hat sich im so genannten „Berliner Programm" von 1913 und im „Bau des epischen Werks" Ende der 20er Jahre eigentlich in der Form von **Poetiken** zum Schreiben in der Moderne geäußert, die im Gegensatz zu Hofmannsthals „Lord-Chandos-Brief" als solche unbeachtet geblieben sind.

1913 schreibt er zur Sprache und zur Rolle des Erzählers: Äußerste Knappheit, Sparsamkeit der Worte sei notwendig, **frische Wendungen** (Beispiele von Autorin extrahiert) seien gefragt. An allen Stellen sei höchste Exaktheit in suggestiven Wendungen zu erstreben. Die Wortkunst müsse sich negativ zeigen in dem, was sie vermeidet.

> „Das Ganze darf nicht erscheinen wie gesprochen, sondern wie **vorhanden**."
> (zit. nach Bekes 1997, 136; Hervorheb. d. Autorin)

Die Hegemonie des Autors sei bis zur Selbstverleugnung zu brechen.

> „**Die Erde muss wieder dampfen. Los vom Menschen! ... Tatsachenphantasie!**"
> (zit. nach Bekes 1997, 137; Hervorheb. d. Autorin)

Im „Bau des epischen Werks" ungefähr 15 Jahre später wird diese Poetik, die naturalistisch ist, aber, wie Döblin bemerkt, nicht im Sinne eines -ismus, mit der Vorstellung von einer Überrealität verbunden. Das Exemplarische des Vorgangs und der Figuren sei in Elementarsituationen als Bericht von etwas Wahrem darzustellen. Der wirklich Produktive müsse ganz nahe an die Realität heran und sie dann durchstoßen:

> „**Das epische Werk lehnt die Wirklichkeit ab.**"
> (zit. nach Bekes 1997, 137; Hervorheb. d. Autorin)

Das freie Fabulieren, das Spiel mit der Realität, sei ein Nietzsche'sches Überlegenheitsgelächter über die Fakten, über die Realität als solche. Hier liege eine charakteristische Umstellung der Kunst in einer materialistisch- wissenschaftlichen Zeit vor.

> „– die ü b e r r e a l e S p h ä r e, das ist die S p h ä r e e i n e r n e u e n W a h r h e i t und einer g a n z b e s o n d e r e n R e a l i t ä t." (zit. nach Bekes 1997, 18; Hervorheb. d. Autorin)

Eine wohl zufällige Übereinstimmung mit Gedankengängen Heideggers in dessen „Der Ursprung des Kunstwerkes", das jedoch erst 1950 in der Sammlung „Holzwege" der Öffentlichkeit zugänglich wurde, fällt ins Auge. Sie entspringt vermutlich philosophischen Gedanken über die Kunst der Zeit nach dem 1. Weltkrieg, die keinem direkten, nachweisbaren Einfluss zu entstammen brauchen.

Viele Formulierungen Heideggers, wie:

> „Im Kunstwerk hat sich die Wahrheit des Seienden ins Werk gesetzt." (Heidegger 1950, 34)

oder:

> „Was ist die Wahrheit selbst, dass sie sich zu Zeiten als Kunst ereignet?" (ebd.)

oder:

> „Werksein heißt, eine Welt aufstellen." (Heidegger 1950, 40)

oder schließlich:

> „Vieles am Seienden vermag der Mensch nicht zu bewältigen. Weniges nur wird erkannt. Das Bekannte bleibt ein Ungefähres, das Gemeisterte ein Unsicheres. Niemals ist das Seiende, wie es allzu leicht scheinen möchte, unser Gemächte oder gar nur unsere Vorstellung."
> (Heidegger 1950, 51)

könnten als Motto dem Roman „Berlin Alexanderplatz" vorangehen.

Der Anspruch auf Wahrheit in der Gestaltung des Existenziellen im (Da-)Sein als höchste künstlerische Ambition ist auf die Poetik des Romans „Berlin Alexanderplatz" übertragbar und zutiefst modern.

Die Schilderung des Schicksals von Franz Biberkopf im Berlin der 20er Jahre, dessen Strafe erst beginnt, als er nach vier Jahren in der Strafanstalt Tegel wieder in diese Stadt a u s g e s e t z t (vgl. „Berlin Alexanderplatz" S. 15) wird, ist die eines modernen Hiob, der nach drei Schicksalsschlägen, einer schwerer als der andere, durch die entscheidende Begegnung mit dem Tod geläutert wird.

Döblin und Heidegger gemeinsam ist die Besinnung auf die Realität, die Existenz, das Dasein.

Wie Hans-Georg Gadamer in seiner Einführung (Heidegger 1950, 93 ff.) bemerkt, ist das dichterische Kunstwerk im Gegensatz zu anderen Kunstwerken, z. B. der bildenden Kunst, an ein Vorgebahntes gebunden, an die Sprache, denn wie er auf S. 114 formuliert, sei die Sprache die ursprünglichste Dichtung des Seins.

Heidegger betont, dass das Wesen der Kunst das Dichten sei. Es sei nicht die Abbildung von zuvor schon Seiendem, was das Wesen der Kunst ausmache, sondern der Entwurf, durch den etwas Neues als Wahres hervorkommt. (S. 113 passim):

„Dass sich eine offene Stelle aufschlägt, das macht das Wesen des Wahrheitsgeschehens aus, das im Kunstwerk liegt." (Hervorheb. d. Autorin)

Offene Stellen scheinen mir nun eine wunderbar treffende Metapher zu sein für die suggestive Gestaltung eines ungeplanten Mordes an Franz Biberkopfs Geliebter namens *Mieze* durch den Unhold *Reinhold*.

Die berühmte Szene im Wald in Bad Freienwalde bei Berlin wird durch Phraseologismen aufgebaut, deren Eignung zur suggestiven Steigerung des Rede- und Antwort-Spiels im Dialog der beiden Kontrahenten Mieze und Reinhold, zwischen Opfer und Mörder als offene Stellen die Tödlichkeit der Wunde herbeiführen.

Im Folgenden soll eine zweckdienliche und extrahierte Version der Mordszene im 7. Buch des Romans das Augenmerk auf die Phraseologie im weitesten Sinne in diesem Zusammenhang zu lenken versuchen: Erzählerrede, direkte Rede und Gedankenrede von Opfer und Mörder gestalten das Geschehen, wobei die Erzählerrede die Szene unschuldig-naiv im Volksliedton eröffnet – man wird an „Ein Männlein steht im Walde" erinnert, um dann ohne Übergang das unheilverkündende Leitmotiv vom Schnitter Tod anzustimmen. Auch die intertextuellen Passagen aus dem „Prediger Salomo" davon, dass jegliches seine Zeit habe, sind eine Drohgebärde. Vor diesem Hintergrund spielt sich das Gespräch zwischen Mieze und Reinhold ab, das sich in seiner Geladenheit rasch zuspitzt und zur Tat führt. Ein Subcode defektiver Berlinismen ist konnotativ angereichert von echt Berliner Schnoddrigkeit über Schmeichelei zwecks Verführung bis zur impliziten sowie expliziten Drohung, als Reinholds Überredungskünste und Überrumpelungsversuche zuerst ratlos und dann verzweifelt zurückgewiesen werden. Miezes Widerstand, als sie Reinholds Absichten erkennt, provoziert den teuflischen Unhold derart, dass er ihr andeutungsweise verrät, dass er es war, der ihren geliebten Franz (Biberkopf) durch einen misslungenen Mordversuch zum Krüppel gemacht hat. Dass Mieze daraufhin es wagt, ihn offen einen Mörder zu nennen, macht den Mord an ihr unausweichlich. Sie wird wie ein Lamm zur Schlachtbank geführt, abgeschlachtet und verbuddelt.

Die grafische Kenntlichmachung/Unterscheidung der Redeteile:

Erzählerrede
Direkte Rede Reinhold
Direkte Rede Mieze
INNERER MONOLOG REINHOLD
INNERER MONOLOG MIEZE
Phraseologismen

Textbeispiel „Berlin Alexanderplatz". Siebentes Buch:

Hier saust der Hammer, der Hammer gegen Franz Biberkopf.

S. 345:

Im Walde aber gingen da allein Mieze und Reinhold, ... Es ist ein Schnitter, der heißt Tod, hat Gewalt vom großen Gott. Nun wetzt er das Messer, jetzt schneidet es schon besser. ...

„Ick mein bloss, wenn man so geht. Und mit einem so hübschen Fräulein."
<u>„Hübsches Fräulein,</u> **machen Sie man hallwege** ..."
„Dass Sie mit mir gehen – ... Na, ich denke mir, **an mir is doch nicht weiter viel abzusehen** ..."
EIN GOLDIGER JUNGE.

S. 346:

Reinhold hat Miezes Hand, er geht an ihrer Rechten, WAS ER FÜR EINEN STARKEN ARM HAT ...

S. 347:

WO SETZ ICH DIE SÜSSE KRUKE BLOSS HIN, **DET IS NE GANZ BESONDERE MARKE** ... VIELLEICHT SCHLEPP ICK IHR INS HOTEL UND **IN DER NACHT, IN DER NACHT, WENN DER MONDSCHEIN ERWACHT.** ...
Die Flamme in ihm, die blinde Gier, er packt ihren Kopf, presst ihn ran an seine Brust: ...
„Lassen Sie mich doch los."
Er lässt sie los.
„Hab dir doch nich, Mensch."
„Ick geh los."
SON AAS, ICH KRIEG DIR AN DEN HALS, WIE REDT DET STÜCK MIT MIR. ... DIE KRIEG ICH NOCH, DIE TUT SICH, IMMER MIT DIE RUHE, SACHTE, JUNGE. ...
„Sein Sie man nicht so, Fräulein, das war nur so ein Augenblick. Momentchen, wissen Sie, es gibt im Menschenleben manchesmal Momente."
<u>„Darum brauchen Sie mir doch nicht an den Kopp zu fassen."</u> ...
ICK FASS DIR NOCH WO ANDERS HIN.
Die wilde Hitze ist schon wieder da.
„War nicht so schlimm, Mieze, was?
Wir bellen bloß so, wir beissen nicht." ...

S. 348:

„... Mir darf keiner zu nahe kommen, Fräulein, sonst brennts gleich." ...
„... Kommt drauf an, Mieze, **gut Kirschen essen ist nicht mit uns.**" ...

ICH KRIEG KEINE LUFT. DER LÄSST NICHT LOS ... WENN DER NOCH PAARMAL SO MACHT, **BIN ICH HIN**. ...

S. 349:
Und Reinhold rutscht abwärts, und zieht Miezen über sich, schlingt sie in seine Arme und küsst ihren Mund. Er saugt sich ein, kein Gedanke bei ihm, nur Wonne, Gier, Wildheit und da ist jeder Handschlag vorgeschrieben und möge keiner kommen, hier etwas zu hindern. ...

S. 350:
„ Besserst dir aber nich, Reinhold."
„Nee, siehste ja. **Mit mir ist nischt zu machen.** *Mir muss man schon verbrauchen, wie ick bin.* **Det ist sicher wie Amen in der Kirche** *und* **daran ist nischt zu ändern**."
SCHRECKLICHER KERL DAS, SOLL MIR LOSLASSEN, **VON DEM WILL ICH NICHTS WISSEN**, ...
„... Komm her, Miezeken, bist mein süßer Schatz, **hab dir nich***."*

S. 350/51:
„**Nu mach mal een Punkt,** *und drück mir nich so, ...* **Bild dir doch keene Schwachheiten ein.** *Wo bin ick deine Mieze?"*
Raus aus der Kute ... DER WIRD MIR HAUEN, ICH RENNE. Und schon – er hat sich noch nicht aus der Kute erhoben – schreit sie, schreit Franz und rennt. ...
„Schreist du Aas, schreist schon wieder, warum schreiste denn, **tu ick dir wat,** *biste still, na? ...*
Ick vergreife mir an keenem Weib. *Solange ick lebe, hab ick det nich jemacht. Aber musst mir nicht* **in Rasche bringen**. ...
Haste dir nich mausig zu tun mit dem Franz, *du, wenn du ooch seine Hure bist."*
...
„Ick – weeß nich, **wat ick soll**."
„In die Kute gehen und **gut sein**."
Wenn man ein Kälbchen schlachten will, bindet man ihm einen Strick um den Hals, geht mit ihm an die Bank. Dann hebt man das Kälbchen hoch, legt es auf die Bank und bindet es fest. ...
„*Mach mir keinen Klamauk, du.* **Weeßte, det is noch keenem gut bekommen.** *Da kann er nu Mann oder Frau oder Kind sein, da bin ick kitzlig.* **Da kannste ja mal bei dein Lude ankloppen.** *... Und wo du dranbist, wennste mit mir anfängst. ...* **Der is mal Schmiere gestanden,** *wo wir gearbeitet haben. Und er sagt,* **er macht nicht mit,**

S. 352:
er ist ein anständiger Mensch. **Hat keene Bollen in die Strümpfe.** *... und ich denke ... du mit deim dicketun anständig sein gegen uns."* ...

Eisige Hände, eisige Füsse, DER WAR ES.
*„Jetzt legste dir hin, und **bist lieb, wie sich det gehört**."* DAS IST EIN MÖRDER.
„Du gemeiner Hund, du Schuft." ...
Er hält ihr den Mund zu.
Seine Zeit! Seine Zeit! Jegliches seine Zeit. Würgen und heilen, brechen und bauen, zerreißen und zunähen, seine Zeit. Sie wirft sich hin, um zu entweichen. ...
DAS DING WERDEN WIR SCHON DREHEN, DEINEM FRANZ WERDEN WIR MAL EINEN SPASS MACHEN, ...
„Ick will weg."
*„Da will mal weg. **Hat schon mancher mal weg gewollt**."* ...
MÖRDER SAGST DU, UND MIR LOCKST DU HER, UND WILLST **MIR VIELLEICHT AN DER NASE RUMZIEHEN, STÜCKE, DA KENNSTE REINHOLDEN GUT**. ...
DAS KIND WERDEN WIR SCHON SCHAUKELN, DA KÖNNEN HUNDE KOMMEN UND FRESSEN, WAS VON DIR ÜBRIG IST. ...

S. 352/353:
Darauf schlägt man mit der Holzkeule dem Tier in den Nacken und öffnet mit dem Messer an beiden Halsseiten die Schlagadern. Das Blut fängt man in Metallbecken auf.
Es ist acht Uhr, der Wald ist mäßig dunkel. Die Bäume schaukeln, schwanken.
WAR EINE SCHWERE ARBEIT. SAGT DIE NOCH WAT? DIE JAPST NICHT MEHR, DAS LUDER. **DAS HAT MAN DAVON,** WENN MAN MIT SON AAS EIN AUSFLUG MACHT.
GESTRÜPP RÜBERGEWORFEN, TASCHENTUCH AN DEN NÄCHSTEN BAUM, DAMIT MAN ES WIEDER FINDET, **MIT DIE BIN ICK FERTIG**, ...

Der Dialog ist durchwachsen mit Phraseologischem im weitesten Sinne, die Bandbreite reicht vom B i b e l z i t a t aus dem „Prediger Salomo" 3,1–7 (*„Ein jegliches hat seine Zeit, ... würgen und heilen, brechen und bauen, ... zerreißen und zunähen ..."*) über S p r i c h w o r t m o d i f i k a t i o n e n (*„Wir bellen bloß so, wir beißen nicht"* zu: Hunde, die bellen, beißen nicht) und S c h l a g e r z i t a t e (*„In der Nacht, in der Nacht, wenn der Mondschein erwacht ..., Es gibt im Menschenleben manchesmal Momente"*) bis zu schnodderigen bis bösen R e d e n s a r t e n a u s d e r s a l o p p - b i s d e r b - u m g a n g s s p r a c h l i c h e n S t i l s c h i c h t, einige davon als Berlinismen zu betrachten und defektiv gebraucht, (*„machen Sie man hallwege; an mir is doch nicht weiter viel abzusehen; hab dir doch nich, Mensch; die tut sich, immer mit die Ruhe; sein Sie man nicht so, mir darf keiner zu nahe kommen; gut Kirschen essen ist nicht mit uns, mit mir ist nischt zu machen, det ist sicher wie Amen in der Kirche; nu mach mal een Punkt; bild dir doch keene Schwachheiten ein; aber musst mir nicht in Rasche bringen; haste dir nicht mausig zu tun mit dem Franz; mach mir keinen Klamauk ... det is noch keenem gut bekommen; da kannste* *ja mal bei dein Lude ankloppen; hat keine Bollen in die Strümpfe; du mit deim dicketun; das Ding werden wir schon drehen; und willst mir vielleicht an der Nase rumziehen; da kennste Reinholden gut; das Kind werden wir schon schaukeln; das hat man davon, mit die bin ick fertig"*) bis zu P h r a s e o s c h a b l o n e n mit semantischen Aspekten, die sich von der Märchenvorlage über das geflügelte Wort bis zur massiven Drohung erstrecken: „*im Walde aber gingen da allein Mieze und Reinhold*" (Volkslied: „Ein Männlein steht im Walde ... Sag, wer mag das Männlein sein, das da steht im Wald allein ..."); „*hübsches Fräulein, machen Sie man hallwege*" (Allusion auf Goethes Faust: „Bin weder Fräulein, weder schön, kann ungeleit' nach Hause gehen"); „*was er für einen starken Arm hat*" (Rotkäppchen zur vermeintlichen Großmutter: „Was hast du für große Ohren", [Augen, Hände, Maul]); „*ick fass dir noch wo anders hin; hat schon mancher mal weg gewollt*".

Es ist immer dasselbe, der Phraseologismus als Superzeichen, das, wie Freud von der Psychologie sagte, zwei Reichen angehört und sich hervorragend als Gruppenlexem und Stilmarkör für die wie hier stark emotive Komponente, den Aufbau einer suggestiven Spannung, im literarischen Text eignet.

Döblins Roman enthält jedoch im Dialog des Erzählers mit dem Leser, der wohl als nicht-fiktiv bezeichnet werden muss, viele Phraseologismen einer anderen Art. Der Roman ist in neun Bücher (nicht Kapitel!) aufgeteilt, was allein schon an das Buch der Bücher, die Bibel, erinnert und ein erstes Zeichen für die mythische Überhöhung, das Erzählen aus mythischer Erinnerung im Roman ist. Die Quelle des mythischen Gedächtnisses der Stadt ist vor allem die Bibel (die Hure Babylon, Hiob), die nähere Erforschung und Behandlung dieses Aspekts muss jedoch einem kommenden Beitrag zu EUROPHRAS 2004 in Basel überlassen werden.

Aber in einem anderen Kommunikationsstrang, in der Vorrede zu jedem Buch, die als echter, nicht-fiktiver Dialog des Erzählers (Autors) mit dem Leser aufgefasst werden kann, geben die reichhaltig vorkommenden Phraseologismen Inhaltsangaben des kommenden Kapitels, aber nicht im Brecht'schen Sinne zwecks Lenkung vom Inhalt auf die pädagogische Moral, sondern im Stil der Moritat zur schaurig-lustvollen Ankündigung dessen, was da kommen soll. Auch dies ist eine Spezialität der Phraseologismen aufgrund ihrer semantischen Vagheit und emotionalen Geladenheit.

Gleichzeitig bilden diese Phraseologismen die mentale Zusammenfassung des Romaninhalts in seinem chronologischen Verlauf:

„Erstes Buch: *Er fasst in Berlin schwer wieder Fuß.*
Er tut nun den Schwur, anständig zu sein.
Drittes Buch: *Der Schlag sitzt.*
Das Leben stellt ihm hinterlistig ein Bein.
Er hat eine geraume Zeit lang solch gemeines Dasein dick.
Viertes Buch: *Was war dabei?*
Sich fast verloren geben.
Fünftes Buch: *Der erste schwere Streich.*

Er wehrt sich mit Händen und Füßen.
Sechstes Buch: *Er liegt unter den Rädern.*
Man muss sich nach der Decke strecken.
Er hebt gegen die dunkle Macht die Faust.
Und er kippte aus den Pantinen.
Das zweite Mal hat er Schmiere stehen sollen. Jetzt heißt es: Nu grade.
Er geht auf den Kriegspfad.
Achtes Buch: *Er weiß, dass er verloren ist.*
Neuntes Buch: *Er fällt der dunklen Macht in die Hände, die Tod heißt.*
Sie redet Fraktur mit ihm.
Dem der alte nicht das Wasser reicht.
Dass er seine Sache besser macht."

In dieser Erzählfunktion bildet das phraseologische Material wie gesagt eine mentale Isotopiekette und befindet sich als geschriebene, nicht dialogische Prosa meist auf einem höheren Stilniveau als im Dialog zwischen zwei fiktiven Personen in der Mordszene.

Die Kapitelüberschriften innerhalb eines jeden Buches bilden einen weiteren Strang der Erzählerrede und im Vorwort S. 11 kündigt der Erzähler das zu Erzählende wie folgt durch phraseologische Häufung an:

„Damit ist unser guter Mann, *der sich bis zuletzt stramm gehalten hat, zur Strecke gebracht. Er gibt die Partie verloren, er weiß nicht weiter* und scheint erledigt. Bevor *er aber ein radikales Ende mit sich macht, wird ihm* auf eine Weise, die ich hier nicht bezeichne, *der Star gestochen.* Es wird ihm aufs deutlichste klargemacht, *woran alles lag.*"

Das oben als Desiderat der Forschung von Martinez/Scheffel angesprochene Problem, dass die Literaturwissenschaft sich meist entweder auf die Rolle des fiktiven Erzählers oder die des fiktiven Lesers konzentriere und das Zusammenspiel beider Instanzen im Rahmen der in einer fiktionalen Erzählung entworfenen Sprechsituation vernachlässigt habe, scheint mir hier eine Ausnahme zu bilden. Die Frage ist, ob wir hier nicht ein Typbeispiel der Verklammerung von fiktiver und realer Sprechsituation, wie sie für den literarischen Text als typisch angesehen wird, vor uns haben. Die Phraseologie verbindet den fiktiven Dialog mit der Rede des Erzählers zu einer perfekten, sozialhistorisch situierten literarischen Kommunikation, wie von Martinez/Scheffel gewünscht und angeregt.

QUELLEN

Alfred Döblin (2002): Berlin Alexanderplatz. Die Geschichte vom Franz Biberkopf. 42. Aufl. Text der Erstausgabe, text- und seitenidentisch mit:
Alfred Döblin (1965): Ausgewählte Werke in Einzelbänden. Hg. v. Werner Stauffacher.
Die Bibel oder die ganze Heilige Schrift des Alten und Neuen Testaments nach der deutschen Übersetzung D. Martin Luthers. Stuttgart 1935.

LITERATUR

Bekes, Peter (1997): Alfred Döblin, Berlin Alexanderplatz: Interpretation. In: Oldenbourg Interpretationen; Bd. 74, 2. Aufl. München.
Heidegger, Martin (1960): Der Ursprung des Kunstwerkes. Reclam Universal-Bibliothek Nr. 8446.
Martinez, Matias/Scheffel, Michael (2002): Einführung in die Erzähltheorie. 3. Aufl. München.
Palm Meister, Christine (1999): Phraseologie im literarischen Text am Beispiel von Morgenstern, Kafka, Brecht, Thomas Mann und Christa Wolf. In: Fernandez Bravo, Nicole /Behr, Irmtraud/ Rozier, Claire (Hg.): Phraseme und typisierte Rede. Eurogermanistik 14. Tübingen, S. 111–120.

GEORG SCHUPPENER

„Aller guten Dinge sind drei."
Die Zahl Drei in Phraseologismen

Nihil in universo est inordinatum.
(Bonaventura)

1. GRUNDSÄTZLICHES

Das Zählen und mit ihm die Zahlen ermöglichen dem Menschen bereits seit frühesten Kulturstufen, seine Umwelt zu strukturieren und zu ordnen. Das Zählen stellt also eine sehr alte kognitive Kulturleistung des Menschen dar, die nahezu alle Bereiche des Lebens durchdringt. Auf Grund ihrer Ordnungsfunktion, mit der sekundär auch eine Qualifizierungsleistung verbunden werden kann, hat man Zahlen schon sehr früh eine besondere Bedeutung und einzelnen Zahlen spezielle Auszeichnungsfunktionen zugewiesen. Heilige Zahlen oder auch Symbolzahlen sind Ausdruck dessen. Dies gilt in besonderem Maße für die Zahl Drei, und zwar weitgehend kulturübergreifend. So wurde die Zahl Drei bereits in frühen Hochkulturen als heilig geachtet (z. B. Endres/Schimmel 1996, 72 ff.; Bischoff 1992, 193 ff.; Siebs 1969, 51 ff.). Im Christentum gilt sie als heilige Zahl, deren symbolische Bedeutung vor allem im Mittelalter vielfach reflektiert wurde (Hopper 1938, 94 f.; Endres/Schimmel 1996, 33 ff.), und auch in der germanischen Mythologie spielt die Dreizahl eine besondere Rolle (Hopper 1938, 203; Schuppener 1998, 11 ff.), Ähnliches gilt im keltischen Bereich (Botheroyd/Botheroyd 1995, 89 f.) usf.

Die kulturgeschichtliche Bedeutung der Dreiheit wurde, insbesondere mit Blick auf die griechisch-römische Antike, bereits vor längerer Zeit eingehend untersucht (Usener 1966). Der bei Usener vertretenen Ansicht, dass die Bedeutung der Zahl Drei ohne eine tatsächliche Begründung sei (Usener 1966, 347 f.), kann hier jedoch nicht gefolgt werden.

Bedingt durch die hohe Relevanz von Zahlen nicht allein im Alltag, sondern auch in speziellen Kontexten, beispielsweise im religiösen Bereich, haben Zahlen und Zahlkonzepte durchaus auch Eingang in Phraseologismen gefunden, spiegeln doch Phraseologismen die Alltagskultur, ihre Erkenntnisse, aber auch gesellschaftliche Zustände und deren Besonderheiten wider und verarbeiten sie. Im Sinne von Sprache als „kulturellem Gedächtnis" tradieren Phraseologismen häufig historische Verhältnisse, oft auch Anachronistisches.

Obgleich die kulturgeschichtliche Relevanz von Zahlen und Zählen bereits unter sehr unterschiedlichen Gesichtspunkten und Zugangsweisen untersucht wurde (Menninger 1979; Ifrah 1991; Endres/Schimmel 1996; Bischoff 1992), muss man mit Blick auf ihre Verarbeitung in Phraseologismen im Deutschen feststellen, dass hier bislang an Analysen wenig vorliegt (z. B. Kondas 1977 oder unveröffentlicht Prokešová 1983). Im Folgenden soll an Hand der Zahl Drei zumindest exemplarisch ein Teil dieses Themenfeldes bearbeitet werden.

Gerade hinsichtlich der kulturgeschichtlichen Bedeutsamkeit von Zahlen erscheint die Untersuchung der Zahl Drei besonders geeignet zu sein, schon allein wegen der Bandbreite unterschiedlicher Konzepte, die der Verwendung dieser Zahl in Phraseologismen zugrunde liegen. Aber auch die Beleglage ist zur Zahl Drei sehr günstig. So verzeichnet das Lexikon von Wander unter dem Lemma „drei" über hundert Phraseologismen, weitere unter zahlreichen Komposita (Wander 1987, 1, 690 ff. und 5, 1191 ff.) und anderen Lemmata, so allein mehrere Hundert unter dem Eintrag „Ding" (Wander 1987, 1, 605 ff. und 5, 1140 ff.). Selbst wenn man dabei berücksichtigt, dass einige der hier genannten Phraseologismen nur Varianten anderer sind, ist doch die Anzahl der Belege erheblich und größer als bei Phraseologismen mit anderen Zahlen (z. B. zur Zahl Vier Wander 1987, 4, 1639 ff. und 5, 1793).

An Hand ausgewählter Phraseologismen soll hier insbesondere untersucht und dargestellt werden, welche (bisweilen auch archaischen) Konzepte des Zählens und allgemeiner des Strukturierens und der Beschreibung menschlicher Umwelt sich erkennen lassen. Dabei kann man trotz einer im Detail inhaltlichen Diversität der Phraseologismen deutliche grundsätzliche Gemeinsamkeiten feststellen, so dass eine inhaltliche Kategorisierung möglich wird.

Einer Abhandlung über die Rezeption der Dreizahl steht es dabei gut an, diese funktional-inhaltliche Differenzierung der Verwendung in drei Kategorien zu formulieren, nämlich: 1. Zählen als Erkenntnisleistung, 2. die Einheiten konstituierende Funktion von Zahlen, 3. die Verwendung als Symbolzahl.

2. ANALYSE DER PHRASEOLOGISMEN

2.1. Zählen als Erkenntnisleistung

Einleitend wurde bereits erwähnt, dass das Zählen den Menschen in die Lage versetzt, den Wahrnehmungen von seiner Umwelt Struktur und Ordnung zu verleihen. Insofern verkörpert das Zählen eine Erkenntnisleistung, die wiederum Voraussetzung für andere Erkenntnisse darstellt. Diese grundlegende Bedeutung des Zählens und der Zahlen für das Denken und das Erkennen wird auch in Phraseologismen reflektiert.

Deutlich zeigt dies die Redewendung „*Der kann nicht bis drei zählen*". Analog zum deutschen Phraseologismus ist im Übrigen: frz. „*ne pas savoir compter jusqu'à trois*" (Röhrich 2001, 1, 335), tsch. „*Neumí počítat do tří*, niederl. *Hij kan geen drie tellen"* bzw. *"Hij kan niets eens tot drie tellen"* (Prokešová 1983, 28). Der Phraseologismus, der bereits frühneuhochdeutsch belegt ist, dient zur Bezeichnung einer geistig minderbemittelten, begriffsstutzigen Person, die selbst zu elementaren kognitiven Leistungen unfähig ist (Röhrich 2001, 1, 335), wofür hier gerade das Zählen bis drei steht. Zählen wird in diesem Phraseologismus also stellvertretend für geistige Leistungen, Erkenntnisfähigkeit und Denken allgemein genannt. Erklärungsbedürftig ist dabei, warum speziell die Zahl Drei genannt wird, sieht man davon ab, dass ebenfalls eine allerdings weniger weit verbreitete Variante *„kann nicht bis fünf zählen"* existiert (Röhrich 2001, 1, 335). Zur Erklärung des Bezugs auf die Dreizahl muss man hier etwas weiter ausholen, da sich die Lösung des Problems aus der Entwicklung des Zählens in der Menschheits- und Kognitionsgeschichte ergibt: Die Grundlage jeder Unterscheidung und damit auch der Identifizierung von Objekten als einzelnen ist zunächst die (Zwei-)Teilung, d. h. das Prinzip der Unterscheidung/Trennung des einen vom anderen. Diese ursprüngliche Wesenheit des Zählens als Teilen spiegelt sich auch in der Etymologie des Verbs *zählen* wider (Schuppener 1996, 21 ff.). Da Teilen immer eine Trennung von zwei Einheiten ergibt – denn auch das Teilen einer Einheit (z. B. eines Brotes, eines Holzstückes o. Ä.) in mehrere Teile setzt sich immer aus sukzessivem Zweiteilen zusammen – und auf diese Weise die Grundlage des Zählens gelegt wird, lässt sich das Zählen bis zwei auch als „elementares Zählen" bezeichnen (Schuppener 1996, 38 f.). Es ist belegt, dass verschiedene indigene Völker das Zählen auch von größeren Anzahlen durch das Abzählen von Paaren realisieren (Ifrah 1991, 25). Es sind ferner ethnografisch Kulturen beschrieben, in denen nur elementar, d. h. bis zwei gezählt wird, während „drei" bereits mit „vieles" gleichgesetzt wird (Schuppener 1996, 44 ff.). Höheres Zählen beginnt damit erst ab drei.

Dies ist der Schlüssel für die inhaltliche Erklärung des hier betrachteten Phraseologismus. Derjenige, der nicht bis drei zu zählen vermag, bleibt im Elementaren verhaftet und ist nicht zu höheren geistigen Leistungen fähig, für die das höhere Zählen ab drei hier stellvertretend steht.

Auch in der Redewendung *„Das kann man sich an drei Fingern abzählen"* steht das Zählen stellvertretend für den Prozess des Erkennens, wobei das Zählen an den Fingern eine frühe Entwicklungsstufe ist und das Zählen bis drei für eine leicht zu fassende Erkenntnis steht.

Ein weiterer Phraseologismus, der zwar nicht auf die Zahl Drei bezogen ist, aber gleichfalls auf die Erkenntnisrelevanz des Zählens referiert, lässt einen Zusammenhang mit dem Zählen auf den ersten Blick überhaupt nicht erkennen. Es handelt sich um die Redewendung *„sich kein/ein X für ein U machen lassen"*. Die Redewendung bedeutet „sich (nicht) täuschen/übervorteilen lassen" (Röhrich 2001, 5, 1752). Eine oberflächliche, vermeintliche Deutung läge darin, einen Bezug zu einer Verwechselung der grafisch doch recht unterschiedlichen Buchstaben X und U herzustellen. Der eigentliche Hintergrund der Redewendung ist jedoch ein mathematischer. Die Buchstaben X bzw. U stehen für Zahlen in der römischen Zahlschreibweise. Diese

Zahlensymbole, die aus der Antike stammen, wurden erst beginnend im Spätmittelalter und dann im Alltag der frühen Neuzeit allmählich durch die dezimale Stellenschreibweise von Zahlen mit den indisch-arabischen Ziffern abgelöst (Menninger 1979, 2, 227 ff.). Bis weit in die frühneuhochdeutsche Zeit hinein wurde in der Schreibung zwischen den Buchstaben U und V nicht differenziert. In der Redewendung steht also X für das römische Zahlzeichen für 10, U für dasjenige für 5. Insofern besteht die Distinktion nicht auf der Ebene der Buchstaben, sondern auf der Zahlenebene, auf der die ursprüngliche Intension des „sich (nicht) täuschen lassen" liegt, die aus der rechnerischen Differenz resultiert. Eine Täuschung auf der reinen Buchstabenebene hingegen besitzt ursprünglich de facto keine Relevanz, denn Kontexte, in denen die Verwechselung von X durch U und umgekehrt Bedeutung besitzt, gibt es höchst selten oder gar nicht. Erst unter Verlust des Wissens um den mathematischen Hintergrund wird dies heute meist so gedeutet.

Der reale Hintergrund für die Redewendung und ihre Entstehung ist darin zu sehen, dass das Zahlzeichen V durch Ergänzung leicht zu einem X gemacht werden kann.

Auch in diesem Phraseologismus wird Zählen mit einem Erkenntnisprozess in Verbindung gebracht, weil die Zahlenwerte streng voneinander unterschieden sind. In einer Variante des Phraseologismus wird der Bezug zur Erkenntnisleistung noch deutlicher: „*Er kann kein X von einem U unterscheiden*" (Röhrich 2001, 5, 1752). Die so charakterisierte Person ist dumm und zu keiner höheren Erkenntnis befähigt. Insofern ist diese Redewendung vergleichbar mit der oben betrachteten „*Er kann nicht bis drei zählen*". Auch hier ist die mangelnde Befähigung zum Zählen bzw. zum Unterscheiden von Zahlen (sekundär dann auch von Buchstaben) Kriterium für fehlende Intelligenz und Erkenntnisfähigkeit. Die Redewendung „*sich kein/ein X für ein U machen lassen*" ist in verschiedenen Varianten in der Frühneuzeit sehr häufig belegt, so auch schon Mitte des 15. Jahrhunderts (Röhrich 2001, 5, 1752). Der Grund für dieses zeitliche Auftreten liegt im typischen Verwendungskontext und damit im potenziellen Herkunftsbereich der Redewendung, nämlich im aufblühenden Kaufmannswesen sowie im Berufsstand der so genannten „Rechenmeister". Beide Bereiche entwickelten sich gerade in jener Zeit außerordentlich stark und mit ihnen verbunden auch das (schriftliche) Rechnen.

Schließlich sei noch erwähnt, dass auch in der Redewendung „*Er kann eins und eins (nicht) zusammenzählen*" das Zählen für das Erkennen steht.

Wie die genannten Phraseologismen zeigen, wird also gerade die Fähigkeit zu zählen als Indikator für die Intelligenz und Kompetenz einer Person angesehen.

2.2. Die Einheiten konstituierende Funktion von Zahlen

Zahlen fassen trennbare Objekte zu Gesamtheiten zusammen, konstituieren also aus der Vielheit heraus zugleich auch Einheiten. Einheiten bestimmter Mächtigkeit, also solchen, die eine bestimmte Zahl von Objekten enthalten, wird oftmals eine gewisse

Bedeutsamkeit zugeschrieben. Insofern ist die Einheiten konstituierende Funktion von Zahlen vielfach eng mit deren Symbolbedeutung und -funktion verknüpft. Auch dieser Aspekt von Zahlen wird in verschiedenen Phraseologismen reflektiert, von denen hier einige exemplarisch analysiert werden sollen: Ein besonders altes Beispiel dieser Kategorie ist der lateinische Phraseologismus „*Tres faciunt collegium*", in dem sich zeigt, dass eine Gesamtheit erst durch eine bestimmte Anzahl geschaffen wird, nämlich gerade wieder durch die Dreizahl. Dieser Gedanke wird im Übrigen auch in germanischen Gesetzen aufgegriffen, so bilden nach den Kenningâr drei Leute ein Dorf (Þorp) (Grimm 1989, 1, 286).

Im Deutschen gibt es ebenfalls Phraseologismen, in denen die Einheiten konstituierende Funktion von Zahlen deutlich wird: Am bekanntesten von diesen ist das Sprichwort „*Aller guten Dinge sind drei*". Das „Deutsche Wörterbuch" führt das Sprichwort in der Form „*Aller guter Ding sollen drei sein*" an (Grimm/Grimm 1991, 2, 1372). Das lateinische Pendant lautet „*Omne trinum perfectum*" (Bischoff 1992, 193). Niederländisch liegt vor „*Alle goede zaken (dingen) bestaan in drieën*", das Tschechische variiert unter Einschluss des Bösen in die Gesamtheit „*Do třetice všeho dobrého a zlého*" (Prokešová 1983, 28).

Phraseologismen, in denen die Dreizahl von Dingen thematisiert wird, sind zu Hunderten bei Wander verzeichnet (u. a. Wander 1987, 1, 605 ff., 690 ff. und 5, 1140 ff., 1191 ff.). Hierbei steht die Dreizahl fast immer für eine abgeschlossene Gruppe, für eine Einheit oder Gesamtheit. Der Typus ist immer derselbe: Zuerst wird die Dreizahl genannt, dann mit einer Aussage oder einer Eigenschaft verbunden, und schließlich werden die drei betreffenden Dinge genannt. Zur Veranschaulichung seien drei Beispiele dargestellt:

1. „*Der hat drei gut Ding vollbracht, der ehrlich geboren, christlich gelebt und ein selig Ende gemacht.*"
2. „*Drei Ding begehren die Menschen: Ehre, Reichtum und Wollust.*"
3. „*Drei Dinge reden die Wahrheit: Narren, Kinder, trunkene Leute.*"

(Wander 1987, 5, 1142 f.)

Die Dreizahl steht wie schon im vorgenannten lateinischen Sprichwort für eine vollständige, abgeschlossene Gesamtheit. Mit dieser Anzahl wird also Vollständigkeit als eine nicht nur quantitative, sondern im übertragenen Sinne auch (positive) qualitative Eigenschaft verstanden. Die Quantität geht hierbei in Qualität über; erst eine bestimmte Anzahl schafft eine neue qualitative Einheit (Kollegium, Gesamtheit der guten Dinge). Die Dreizahl fungiert somit als Gruppenzahl.

Diese Funktion rührt offenkundig nicht unwesentlich von der Rolle der Zahl Drei her, den Ausgangspunkt höheren Zählens darzustellen (s. o.). Dass einige indigene Kulturen die Dreizahl noch mit indifferent vielem, mit einer allumfassenden Gesamtheit identifizieren, indem das Zahlwort für drei die Semantik „vieles" besitzt (s. o.), zeigt noch den innigen Bezug zwischen der Zahl und ihrer Bedeutung als umfassend. Genau dies geht auch in die betrachteten Phraseologismen ein.

Man denke im Sinne der Einheitenkonstituierung auch an die christliche Trinitätslehre, in der die Dreiheit zugleich Einheit bedeutet, einhergehend mit einer positiven Wertung.

Dem lateinischen „*Tres faciunt collegium*" nahe stehen weiterhin folgende Sprichwörter: „*Unter drei und über neun soll keine Gasterei sein*" (Wander 1987, 1, 693). Auch hier wird erst durch die Anzahl von dreien eine Entität (*Gasterei*) geschaffen. Ähnliches gilt für folgendes Sprichwort: „*Dri frouwen, dri gens und dri frösch machend ein jarmerkt*" (Grimm/Grimm 1991, 2, 1372). In ironisierender Form schafft die Dreiheit, die sogar dreifach auftritt, eine neue Einheit. Die Zahl drückt dabei auf zwei Ebenen, nämlich bei den genannten Gruppen und dann bei der aus ihnen gebildeten Gesamtheit, wiederum Vollständigkeit aus. Weitere Phraseologismen zur Einheiten konstituierenden Funktion der Dreizahl finden sich im „Deutschen Wörterbuch" (Grimm/Grimm 1991, 2, 1372). Selbst in Kinderreimen bzw. Kinderliedern treten Einheiten von dreien auf, so beispielsweise im folgenden Liedanfang gleich in doppelter Weise: „*Ringel, Ringel, Reihe / Sind der Kinder dreie ...*" (Kondas 1977, 40).

Aufgegriffen wird auch die Bedeutung der Zahl Drei als „vieles": „*Was drei wissen, das erfahren (bald) hundert.*" „*Was kommt in dreier Mund, wird bald aller Welt kund*" (Wander 1987, 1, 693). Vergleichbar ist französisch „*Secret de trois, secret de tous*" (Kondas 1977, 41). Die Vielzahl, für die die Zahl Drei steht, kann auch im Ausdruck von Zeitdauern auftreten: „*Er macht ein Gesicht wie drei Tage Regenwetter.*" „*Das dauert (ja) ewig und drei Tage*" (Kondas 1977, 41 f.). Im letzten Fall dient die Dreizahl der Tage zur weiteren Steigerung der im Satz bereits vorhandenen Hyperbel.

Dass mit der Dreizahl eine vollständige Einheit erreicht wird, reflektiert auch die Wendung *etwas eins zwei drei machen*, analog niederländisch *iets een-twee-drie doen* (Prokešová 1983, 26). Der intensionale Gehalt „etwas sehr schnell, im Handumdrehen tun" motiviert allein nicht, warum hier gerade bis drei gezählt wird, denn ein schnelles, kurzes Zählen könnte auch bis zwei oder vier reichen. Ausschlaggebend ist, dass mit der Zahl Drei der Abschluss einer vollständigen Einheit gebildet und erreicht wird. Dasselbe kann man für die Redewendung *etwas in/mit drei Worten sagen* („etwas sehr knapp sagen") oder auch für *sich etwas an drei Fingern abzählen können* („etwas sehr leicht, schnell erschließen können") feststellen.

Auch bei der Drohung „*Ich zähle jetzt bis drei, und dann ...*" ist erkennbar, dass die Zahl Drei einen Abschluss markiert, nämlich für das Ende der Geduld steht.

Eine Einheit bildet die Dreizahl schließlich ebenfalls bei dem Phraseologismus „*Bleib mir drei Schritte vom Leib!*" („Halte einen angemessenen Abstand!"), analog tschechisch „*Zůstaň mi tři kroky od těla*" (Prokešová 1983, 30). Die Einheit, konkret der Abstand, wird durch die Dreizahl konstituiert und definiert.

Freilich gibt es neben der Dreizahl auch noch andere Zahlen, die für vollständige Einheiten stehen können und in Phraseologismen Eingang finden. Genannt seien hier nur kurz beispielsweise *seine Siebensachen packen* „seine gesamten (wenigen)

Habseligkeiten zusammenpacken, um mit ihnen zu verschwinden" oder auch *alle neune neigen* „ganze Sache machen" (Röhrich 2001, 4, 1474 und 3, 1093).

2.3. Die Verwendung der Zahl Drei als Symbolzahl

Wenngleich zahlreiche Phraseologismen existieren, in denen Zahlen Erkenntnisleistungen repräsentieren oder Einheiten formieren, ist doch die häufigste Form der Verwendung von Zahlen in Phraseologismen die symbolische.

Dass Zahlen als Symbolzahlen sekundäre Inhalte transportieren, die über die bloße Mengenquantifizierung hinausgehen, ist ein Phänomen, das bereits seit den frühen Hochkulturen existiert (z. B. Siebs 1969; Endres/Schimmel 1996). Im Laufe der Geschichte haben unterschiedliche Kulturen Zahlen auf Grund spezifischer Eigenschaften oder wegen naturgegebener Phänomene, wie beispielsweise der Dauer des Mondumlaufes in Tagen, ausgewählt und ihnen besondere Bedeutung zugeschrieben. Dabei sind die Zahlen, die eine Auszeichnung im Sinne einer symbolischen Verwendung erfahren, keineswegs notwendigerweise kulturübergreifend gleich. Die mesopotamische Kultur besaß andere Symbolzahlen als die germanische etc. Im Abendland fließen Einflüsse aus zahlreichen Kulturen zusammen und mit ihnen auch die Verwendungen von Symbolzahlen, die wiederum in Phraseologismen eingehen.

Die symbolische Verwendung von Zahlen ist häufig von den beiden anderen Funktionen (Erkenntnisleistung, Einheitenkonstituierung) in Phraseologismen kaum zu trennen, wie im Falle des bereits im Zusammenhang mit der Einheiten konstituierenden Funktion von Zahlen betrachteten *„Aller guten Dinge sind drei"* erkennbar ist, in dem neben der Einheiten- auch die Symbolfunktion der Dreizahl eine Rolle spielt.

Dieser Phraseologismus lässt deutlich die Symbolfunktion der Zahl Drei erkennen, die als heilige Zahl ausgezeichnet und damit positiv konnotiert ist. Dass dabei ein Zusammenhang mit dem mittelalterlichen Recht besteht, wie Röhrich angibt, ist gut möglich, aber für die Motivierung der Bedeutung des Sprichwortes keineswegs zwingend. Röhrich schreibt:

„[...] dreimal im Jahr wurde Gericht (Ding, Thing) gehalten, zu jeder Weisung waren mindestens drei Urteiler nötig, der Gerichtsplatz wurde oft durch drei Bäume gekennzeichnet [...]"
(Röhrich 2001, 1, 335).

In allen diesen Verwendungen symbolisiert die Zahl Drei Vollständigkeit; die genannten Vorkommen der Dreizahl sind also nicht die Erklärung für die Bedeutung des Sprichwortes, sondern vielmehr resultieren sie aus der Symbolbedeutung, die auch im Sprichwort intendiert ist. Dass der Zahl Drei jedoch gerade diese Symbolbedeutung zugeschrieben wird, ist wiederum Resultat ihrer Rolle als Beginn des höheren Zählens. Einheiten aus dreien gehen damit über das Elementare hinaus und erlangen so höhere Bedeutung.

Insgesamt steht die Zahl Drei für eine vollkommene und damit nicht mehr überbietbare Vielzahl (Usener 1966, 357). Die Vollkommenheit bzw. Vollständigkeit zeigt sich auch in Verwünschungen, wie beispielsweise *„in drei Teufels Namen"* (Usener 1966, 357), wobei u. a. eine Parallelisierung zur christlichen Trinität gewollt ist. Ähnliche negative Dreiheiten sind aber auch aus dem griechischen Bereich belegbar (Usener 1966, 357).

Die Vollständigkeitsbedeutung der Dreizahl impliziert, dass Handlungen, werden sie dreimal vollzogen, vollständig sind. Wenngleich dies heute im Alltag nicht mehr jene Rolle spielt, wie im Mittelalter bei Rechtsakten (z. B. Grimm 1989, 1, 286 ff.), so finden sich doch in Redewendungen noch Nachklänge dessen: Beispielsweise ist nur so die Zahl motivierbar bei *„Dreimal darfst du raten"*. Dasselbe gilt für die Redewendung *„drei Kreuze machen"*, auch tschechisch *„udělat za něčím tři křížky"* (Prokešová 1983, 30), oder auch für die dreifache Wiederholung bei *toi, toi, toi* als

„[l]autliche Begleitung oder lautlicher Ersatz für eine dreifache abergläubische Handlung"
(Kluge 1989, 731).

Auch bei der Wendung *„Dreimal abgeschnitten und immer noch zu kurz!"* als scherzhafter Ausdruck für eine Fehlleistung (Röhrich 2001, 1, 335) referiert die Dreizahl einerseits auf die quantitative Vollständigkeit des Handlungsvollzuges, dem zum Trotze – und darauf beruht der Scherz, die Ironie der Aussage – das Ergebnis dennoch nicht vollkommen ist. Andererseits steht die Dreizahl, wie leicht erschließbar ist, hier eigentlich nicht für eine konkrete Anzahl, sondern vielmehr stellvertretend für eine indifferente Vielzahl. Gerade dies ist eine Eigenschaft, die man der Zahl Drei traditionell zuschrieb (s. o.). Auch die Redewendungen *„für drei arbeiten"*, *„Hunger für drei haben"* usw. (Röhrich 2001, 1, 335) beziehen sich nicht auf die konkrete Anzahl, sondern auf die Funktion der Zahl Drei zum Ausdruck von Vielheit.

Selbst jugendsprachlich wird diese Symbolbedeutung der Zahl Drei als Ausdruck von Vielheit und Vollständigkeit phraseologistisch verarbeitet, so beispielsweise in der pejorativen Wendung *„Sie ist doof hoch drei"* im Sinne von „Sie ist unermesslich/vollständig doof" (Prokešová 1983, 38). Bezug genommen wird hier im Übrigen auch auf die mathematische Fachsprache, genauer auf die Formulierung der Bildung der dritten Potenz.

Abgeschlossenheit und Vollständigkeit werden als Vollkommenheit und damit als durchweg positive Eigenschaften verstanden. Durch den Kulturkontext ist bei der Verwendung der Dreizahl der Bezug konkret zur christlichen Dreieinigkeitslehre häufig latent beigegeben, so dass die Vollkommenheit sich nicht allein auf das Profan-Säkulare beschränkt, sondern auch das Transzendente miteinschließt. Die Zahlensymbolik in der Trinität wird in der christlichen Literatur des Abendlandes immer wieder thematisiert, so beispielsweise von Albertus Magnus oder von Thomas von Aquin (Hopper 1938, 94 f.). Aber auch in der späteren Literatur, speziell in der Volksdichtung, tritt die Zahl Drei immer wieder als Symbolzahl auf (z. B. Götze 1940, 85).

Die positive Bewertung der Dreizahl in der Symbolik schließt aber nicht aus, dass diese Bedeutung nicht auch ironisiert werden könnte. Bereits erwähnt wurde die Verwendung der Dreizahl bei der Verwünschung „*in drei Teufels Namen*". Es gibt aber auch weitere konträre Verwendungen, wie folgendes Beispiel zeigt, das Wander anführt: „*Er ist dreieinig: dumm, faul und gefräßig*" (Wander 1987, 5, 1193). Grundvoraussetzung dieser pejorativ-ironischen Verwendung ist als Gegenpol die ansonsten positive Bewertung der Dreizahl. Hier liegt im Übrigen neben der (Ironisierung der) Symbolbedeutung auch wieder eine Einheitenkonstituierung durch die Dreizahl vor, beschrieben werden nämlich die negativen Eigenschaften, die quasi als Pars pro toto für die Gesamtheit schlechter Eigenschaften gelten können.

Es darf in diesem Zusammenhang nicht unerwähnt bleiben, dass die Dreizahl also auch eine negative Gesamtheit bezeichnen kann, so gemäß der Sentenz „*Sunt tria damna domus*", die, wie Röhrich anführt, in Versen verarbeitet wird (Röhrich 2001, 1, 335):

> „*Drei Dinge sind dem Haus überlegen,*
> *der Rauch, ein böses Weib und der Regen.*"

Wie man intensional erkennen kann, liegt hier ebenfalls eine Ironisierung der an sich positiv konnotierten Dreizahl vor. Phraseologismen dieses Typs mit positiver, negativer oder ironisierender Wertung der Dreizahl sind, wie bereits anfangs erwähnt (s. o.), zu Hunderten belegbar (Wander 1987, 1, 605 ff. und 5, 1140 ff.).

Die Totalität, die allumfassende Gesamtheit, die die Dreizahl symbolisiert, wird, wenngleich karikiert, ebenfalls im rheinischen Karnevalslied „In d'r Kayjass Nummer Null" u. a. im Vers „*Dreimol null es null bliev null...*" deutlich. Die Dreizahl wird nicht nur explizit genannt, sondern sogar noch durch die dreifache Wiederholung des Wortes *null* implizit betont. Dreimal steht hier für Vielzahl und Gesamtheit, die trotzdem paradoxerweise nichts ist und bleibt.

3. ZUSAMMENFASSUNG

Fasst man die Beobachtungen zu den betrachteten drei Kategorien zusammen, so kann man bezüglich der Dreizahl gewisse gemeinsame Wurzeln der Kategorien erkennen, also eine „Dreieinigkeit" in kausaler Hinsicht, die nicht unwesentlich gerade in der Rolle der Zahl Drei in der kognitiven Entwicklungsgeschichte des Zählens begründet liegt. Aus der speziellen Position der Zahl Drei als erstem Schritt des eigentlichen (höheren) Zählens über die elementare Unterscheidung von Teil und Gegenteil, einem und anderem, also über eins und zwei hinaus, resultieren die unterschiedenen Funktionen mehr oder minder unmittelbar: Mit der Drei beginnt nicht-elementares Zählen, insofern referiert der Bezug gerade auf die Drei in Phraseologismen auf den Beginn der Erkenntnisleistung des Zählens. Indem die Zahl Drei über das Nahverhältnis von eins und zwei hinausgeht und in frühen Kulturstufen mit Vielheit identifiziert wurde, folgt daraus die Möglichkeit einer symbolischen Verwendung als heilige Zahl bzw. zur Darstellung von Allmacht, Vollständigkeit und abgeschlossener Gesamtheit, eine Verwendung, die kulturübergreifend weit verbreitet ist. Schließlich bietet das Allumfassende der Dreiheit die Konsequenz, damit eine Gesamtheit, also wiederum eine Einheit zu erfassen. So ist die Zahl Drei geradezu prädestiniert für Phraseologismen im Bereich der Religion und des Rechts. Hieraus resultiert auch, dass die Zahl Drei im Vergleich zu anderen Zahlen in Phraseologismen bei weitem am häufigsten Verwendung findet.

Auf Grund dieser engen inhaltlichen Zusammenhänge ist die Zuordnung von Phraseologismen zu genau einem Aspekt oftmals nicht möglich, vielmehr liegen häufig zwei oder sogar alle drei Teilaspekte in unterschiedlichen Gewichtungen vor.

LITERATUR

Bischoff, Erich (1992): Mystik und Magie der Zahlen. Nachdr. d. Ausg. v. 1920. Wiesbaden.
Botheroyd, Sylvia/Botheroyd, Paul F. (1995): Lexikon der keltischen Mythologie. 2. Aufl. München.
Endres, Franz Carl/Schimmel, Annemarie (1996): Das Mysterium der Zahl. Zahlensymbolik im Kulturvergleich. 9. Aufl. München (Diederichs Gelbe Reihe 52).
Götze, Alfred (Hg.) (1940): Trübners Deutsches Wörterbuch. Bd. 2. Berlin.
Grimm, Jacob (1989): Deutsche Rechtsaltertümer. 2 Bde. Nachdr. d. 4. Aufl. Leipzig 1899. Darmstadt.
Grimm, Jacob/Grimm, Wilhelm (1991): Deutsches Wörterbuch. 33 Bde. Nachdr. d. Ausg. 1854 ff. München.
Hopper, Vincent Foster (1938): Medieval Number Symbolism. Its Sources, Meaning, and Influence on Thought and Expression. New York (Columbia University Studies in English and Comparative Literature 132).
Ifrah, Georges (1991): Universalgeschichte der Zahlen. Frankfurt a. M./New York.
Kluge, Friedrich (1989): Etymologisches Wörterbuch der deutschen Sprache. 22. Aufl. Berlin/New York.
Kondas, Gerda (1977): Phraseologisches Pensum II. Zahlen in Redewendungen, geflügelten Worten, Sprichwörtern und Wortverbindungen. Tartu.
Menninger, Karl (1979): Zahlwort und Ziffer. Eine Kulturgeschichte der Zahl. 3. Aufl. Göttingen.
Prokešová, Jitka (1983): Übereinstimmungen und Abweichungen im Gebrauch der Zahlwörter zwischen dem Deutschen, Tschechischen und Niederländischen. Leipzig: Diplomarbeit maschinenschriftlich.
Röhrich, Lutz (2001): Lexikon der sprichwörtlichen Redensarten. 5 Bde. Freiburg/Basel/Wien (Herder spektrum 5200).
Schuppener, Georg (1996): Germanische Zahlwörter. Sprach- und kulturgeschichtliche Untersuchungen insbesondere zur Zahl 12. Leipzig.
Schuppener, Georg (1998): Bedeutende Zahlen in der germanischen Mythologie. In: Schuppener, Georg/Tetzner, Reiner (Hg.): Glaube und Mythos. Leipzig, S. 9–29 (Schriftenreihe des Arbeitskreises für Vergleichende Mythologie 2).
Siebs, Benno Eide (1969): Weltbild, symbolische Zahl und Verfassung. Aalen.
Usener, Hermann (1966): Dreiheit. Ein Versuch mythologischer Zahlenlehre. Nachdruck der Ausgabe Bonn 1903. Hildesheim.
Wander, Karl Friedrich Wilhelm (1987): Deutsches Sprichwörter-Lexikon. Ein Hausschatz für das deutsche Volk. 5 Bde. Nachdr. d. Ausg. Leipzig 1867. Kettwig.

Peter Porsch

Frau im Wörterbuch

Das DUDEN-Universalwörterbuch 2003 als Fortsetzung eines Trivialromans

Die Analyse eines semiotischen Meisterwerks wird uns auf die Spuren der Fortsetzung eines Trivialromans bringen, den Luise F. Pusch schon vor fast zwanzig Jahren in seiner ersten Auflage präsentierte.[1]

Abbildung: Wegweiser im Zoo

---

[1] Pusch, Luise F.: „Sie sah zu ihm auf wie zu einem Gott". Das DUDEN-Bedeutungswörterbuch als Trivialroman. In: Opitz, C. (Hg): Weiblichkeit oder Feminismus? Weingarten 1984, S. 57 ff.

Der abgebildete Wegweiser[2] ist vor allem unter dem Aspekt semiotischer Ökonomie ein Meisterwerk. Er verzichtet unter stillschweigendem Bezug auf den kulturellen Kontext auf jegliche zeichenhafte Differenzierung der Zeichenkörper. Das heißt, die „Autoren" dieses „Textes" verlassen sich auf das Kulturwissen der Rezipientinnen und Rezipienten, in dem die Unterscheidung von Mensch und Tier enthalten ist sowie die Kenntnis davon, dass (zumal im Kontext eines Zoos) Tierbenennungen auf Wegweisern den Weg zu Gehegen zeigen, während „Ladies" nur den Weg zu einer Damentoilette weisen kann.

Nun wird aber jeden Betrachter zumindest ein leises Lächeln ankommen, Betrachterinnen möglicherweise sogar Empörung, weil die Unterschiedslosigkeit in den Zeichenkörpern bei Wegdenken des kulturellen Kontextes ja die Interpretation zulässt, es gäbe in diesem Zoo auch ein Gehege, in dem Frauen zu betrachten sind. Lächeln und Empörung – so behaupte ich – verweisen darauf, dass die Kultur trotz ihrer Unterscheidung von Mensch und Tier diese Unterscheidung auch zeichenhaft angezeigt haben will, was wiederum heißt, dass dieser Wegweiser doch gegen kulturelle Regeln verstößt, auch wenn die Möglichkeit der Betrachtung von Frauen in Käfigen außerhalb des Möglichen liegt.

Welcher Art diese Regeln eventuell sein können und vor allem, wie sie in Sprache fixiert sind, dieser Frage will ich im Folgenden nachgehen. Mir scheint dafür die Benutzung eines Bedeutungswörterbuches vorwärtsbringend zu sein, weil mit großer Sicherheit anzunehmen ist, dass in den semantischen Vernetzungen von Lexemen die kulturematischen Markierungen der Denotate sichtbar werden.[3]

Dass das Duden Universalwörterbuch meinen Anspruch erfüllen kann, leite ich aus dem Vorwort zur 5. Auflage, Mannheim 2003 ab:

„... muss ein Wörterbuch heutzutage am »Puls der Zeit« bleiben und den Wandel von Welt und Sprache zeitnah abbilden.
Die 5., überarbeitete Auflage des D e u t s c h e n U n i v e r s a l w ö r t e r b u c h s stellt sich dieser Herausforderung. ... Das D e u t s c h e U n i v e r s a l w ö r t e r b u c h versteht sich vor diesem Hintergrund sowohl als Bestandsaufnahme als auch als Wegweiser. Es möchte dazu beitragen, dass die deutsche Standardsprache – heute und in Zukunft – als Trägerin der politischen, kulturellen und wissenschaftlichen Entwicklung verlässlich bleibt.
Mannheim, im Januar 2003
Die Dudenredaktion"[4]

Da sich die kulturelle Prägung von Wortbedeutungen vornehmlich im Text realisiert und die Zusammenhänge der im Wörterbuch angegebenen Verwendungsbeispiele so etwas wie einen kulturspezifischen „Architext" bilden können, werde ich also gerade diese Anwendungsbeispiele für die Überprüfung der kulturellen Interpretationsmöglichkeiten des Ausgangstextes „Wegweiser im Zoo" benutzen.

---

[2] Foto aus Freitag.
[3] Ich will dies nicht weiter aus der Theorie belegen. Der Beitrag von G. Lerchner im vorliegenden Band hat dazu das Notwendige fixiert.
[4] Duden – Deutsches Universalwörterbuch, 2003 [CD-ROM]. Im Weiteren zitiert als DUW.

„6. Anwendungsbeispiele und Phraseologie
Die Anwendungsbeispiele in diesem Wörterbuch zeigen den Gebrauch der Stichwörter im Textzusammenhang. **Damit leisten sie sowohl beim (passiven) Verstehen wie auch beim (aktiven) Verfertigen von Texten wertvolle Hilfestellung.**"
(DUW)[5]

Ganz sicher hat die Unterscheidung von Mensch und Tier neben vielen anderen Merkmalen bei aller entwicklungsgeschichtlicher Verwandtschaft nicht unwesentlich auch etwas mit der unterschiedlichen Anatomie zu tun. Nicht zuletzt deshalb zeigt man ja auch Tiere im Zoo. Beginnen wir also den Weg durch das Wörterbuch mit dem Lemma „Anatomie":

„A|na|to|mie, die; -, -n [spätlat. anatomia < griech. anatomía, zu: anatémnein = aufschneiden; sezieren] (Med.):

1. <o. Pl.> a) *Wissenschaft vom Bau des [menschlichen] Körpers u. seiner Organe:* systematische, topographische, pathologische, vergleichende A.;
   b) *Aufbau, Struktur des [menschlichen] Körpers:* **die A. des Menschen, der Frau, der Hauskatze; die weibliche Anatomie.**
2. *anatomisches Institut:* eine Leiche an die A. geben.
3. *Lehrbuch der Anatomie* (1)."
(DUW)

Semem 1., Variante b ist für uns von Bedeutung. Offensichtlich unterscheidet sich die Anatomie der Frau von der Anatomie der Hauskatze, einem Tier, und deshalb ist die Annahme, dass der Hinweis auf Frauen in einem Zoo anders interpretiert werden muss als der Hinweis auf Tiere und ihre Käfige, plausibel. Allerdings steht im Wörterbuch neben der Anatomie der Frau und der weiblichen Anatomie auch noch der Beleg „Anatomie des Menschen". Jetzt kommen natürlich Zweifel auf. Unterscheidet sich die Anatomie der Frau von der Anatomie des Menschen, so möchte man fragen, ist dann die Frau überhaupt Mensch oder ist nur sie die Sorte Mensch, die sich – anders als die männliche Variante – von der allgemeinen Anatomie des Menschen durch zusätzliche Merkmale abhebt? Wäre Letzteres der Fall, fielen anthropologisch Mensch und Mann zusammen, die Frau wäre zumindest ein besonderer Mensch.

Von den alten Griechen wissen wir, dass auch der Mensch ein „zoon" ist, allerdings ein „zoon politikon", was mich jetzt verleitet, kurz das Wörterbuch zu verlassen und die Politik bzw. einen Politiker zu befragen. Es begegnet mir die Äußerung eines Abgeordneten in einer Debatte zur Arbeitsmarktpolitik im Schweriner Landtag:

„Frauen sind doch auch Menschen, da sind wir uns doch einig." (Neues Deutschland 27. 9. 96, 2)

---

[5] Die fett gedruckten Hervorhebungen hier und in allen weiteren Zitationen des DUW stammen vom Verfasser (ausgenommen das jeweilige Lemma).

Das gibt einige Gewissheit bei der weiteren Arbeit mit dem Wörterbuch im Bereich von Lexemen mit dem Sem /+hum/ zu bleiben, noch aber nicht die letzte. Suchen wir also ein Lexem, das uns unter Umständen weiterhelfen kann:

„an|wat|scheln <sw. V.; ist> (salopp): *sich watschelnd nähern:* gemächlich watschelte er an; <meist im 2. Part. in Verbindung mit »kommen«:> e i n e E n t e , e i n e d i c k e a l t e F r a u k a m a n g e w a t s c h e l t ."   (DUW)

Die Hoffnung hat sich nicht erfüllt, denn sowohl „er" wie auch eine dicke alte Frau als auch eine Ente können angewatschelt kommen. Er allerdings „gemächlich", sie muss dafür „dick" und „alt" sein und kann in einem Atemzug mit der Ente genannt bzw. mit dieser verglichen werden. Das lässt den Gedanken aufkommen, das Wörterbuch könnte es mit der Würde der Frau nicht ganz ernst nehmen. Deshalb nachgesehen bei „Würde", ergibt sich nun folgender Befund:

„Wür|de, die; -, -n [mhd. wirde, ahd. wirdi, zu wert]:

1. <o. Pl.> a) *Achtung gebietender Wert, der einem Menschen innewohnt u. die ihm deswegen zukommende Bedeutung:* die menschliche, persönliche W.; die W. d e s M e n s c h e n , d e r F r a u ; j m d s . W. v e r l e t z e n , a n t a s t e n , a n g r e i f e n ; … "   (DUW)

Wir finden die Würde der Frau hervorgehoben neben der Würde des Menschen und sind im Grunde dort, wo wir bei der „Anatomie" waren. Der Beleg kann vermuten lassen, dass die Würde der Frau eine andere Würde sei, von der „menschlichen" unterschieden, oder aber eine zusätzliche. Nehme ich Letzteres an, so könnte doch sein, diese zusätzliche Würde würde sich z. B. in Anreden explizit ausdrücken, müsste zu unterschiedlichen kulturellen Prägungen von Bedeutung und Verwendung weiblicher und männlicher Anreden führen. Das Wörterbuch sagt uns dazu Folgendes:

„Frau, die; -, -en [mhd. vrouwe, ahd. Frouwe = Herrin, Dame, w. Form zu einem untergegangenen Subst. mit der Bed. »Herr«, vgl. asächs. frōio = Herr u. (mit anderer Bildung) ahd. frō, ↑Fron]:

4. a) titelähnliche, auch als Anrede verwendete Bezeichnung für eine erwachsene Person weiblichen Geschlechts: i c h h a b e F. M e i e r g e t r o f f e n ; F. O b e r i n ; s e h r g e e h r t e F. M ü l l e r ; s e h r g e e h r t e g n ä d i g e F. ; … "   (DUW)

Die Sache scheint noch wenig aufregend und wir fügen deshalb die Angaben zum Antonym „Herr" hinzu:

„Herr, der; -n (selten: -en), -en [mhd. hēr(re), ahd. herro, zu dem Komp. hēríro = älter, ehrwürdiger, erhabener, zu: hēr, ↑hehr; wahrsch. LÜ von mlat. senior = Herr, eigtl. = Komp. von lat. senex = alt]:

2. a) titelähnliche, auch als Anrede verwendete Bezeichnung für eine erwachsene Person männlichen Geschlechts: H. Minister/Direktor/Doktor; lieber H. Müller; nur mit -n [Professor] Müllers Einverständnis; ich erwarte den Besuch des -n [Ministers] Müller; die Rede des -n Abgeordneten Müller; H. Ober, bitte eine Tasse Kaffee; ich habe -n Maier getroffen; was wünschen Sie, mein H.?; was wünscht der H.?; aber meine -en, wozu diese Aufregung?; *meine -en! (salopp; Ausruf des Unverständnisses, einer leichten Entrüstung); ..." (DUW)

Jetzt stockt freilich der Atem. „Herren" haben neben der üblichen titelähnlichen Anrede wohl in den meisten Fällen und im Gegensatz zu Frauen noch einen weiteren Titel – Minister, Doktor, Direktor, Professor, Abgeordneter – weshalb auch die Verwendungsbeispiele mehr sind. Wenn also überhaupt eines der beiden üblichen Exemplare von Mensch eine zusätzliche Würde zu seiner menschlichen haben könnte, dann lehrt uns das Wörterbuch doch, dass dies der Herr und nicht die Frau ist.

Gerade an dieser Stelle will ich aber mit meinem Latein bzw. Deutsch nicht am Ende sein. Ich suche aus diesem Grunde ein Wort, das mit Unwürdigem zu verbinden ist, um zu eruieren, wie hier Frauen wegkommen:

„win|seln <sw. V.; hat> [mhd. winseln, Intensivbildung zu: winsen, ahd. winson, wohl lautm.]:

1. *(vom Hund) hohe, leise klagende Laute von sich geben:* der Hund winselte vor der Tür.
2. (abwertend) *in unwürdiger Weise um etw. flehen:* um Gnade w.; die Frau winselte, man solle sie zu ihrem Mann lassen." (DUW)

Wir lernen erstens, es sind Frauen, die winseln und sich also unwürdig benehmen. Sie tun dies zweitens aber nur, um zu ihrem Mann gelassen zu werden. Drittens lernen wir noch so nebenbei, dass Männer von besonderer Bedeutung für Frauen sein müssen.

Spätestens an dieser Stelle aber fällt einem nun der eingangs genannte Aufsatz von Luise F. Pusch ein: „Sie sah zu ihm auf wie zu einem Gott" (Pusch 1984). Pusch entnahm den Verwendungsbeispielen im Buchstaben „A" der damaligen 1. Auflage des Bedeutungswörterbuches unter anderem, dass Frauen sich um Kinder kümmern („Sie mußte den kleinen Jungen *abhalten*."), dies und das im Haushalt machen („Sie hat den Kühlschrank *abgetaut*."), sich um ihr Äußeres kümmern, mit wechselndem Erfolg („Sie ist immer *adrett* gekleidet."; „Sie ist ... stark *abgemagert*."), Gefühle haben, vor allem ängstliche („Sie war schon immer sehr *ängstlich*."), auch ein Wesen haben („Sie hat ein *ätherisches* Wesen."), nebenbei sonst noch dies und das machen („Ein Vertreter hat ihr die Ware *angedreht*."), mit ihrer schönsten und größten

Leistung sich aber um IHN kümmern („Sie *betet* ihren Mann *an*."; „Sie *sah* zu ihm *auf* wie zu einem Gott.").

Fast wäre man geneigt, der Duden-Redaktion ausreichende Lernfähigkeit zuzugestehen, weil unter „aufsehen" und auch unter dem Synonym „aufblicken" das von Luise F. Pusch 1984 Festgestellte nicht mehr zu finden ist:

„auf|se|hen <st. V.; hat>:

1. *aufblicken* (1): fragend, erstaunt [von der Arbeit] a.; zu jmdm., etw. a.
2. *aufblicken* (2): [ehrfürchtig] zu jmdm. a." (DUW)

„auf|bli|cken <sw. V.; hat>:

1. *den Blick nach oben, in die Höhe richten; hochschauen, aufsehen:* kurz, verwundert, freundlich a.; von seiner Arbeit, zu jmdm. a.; sie antwortete, ohne von ihrer Arbeit aufzublicken.
2. *(jmdn.) bewundernd verehren:* ehrfürchtig, in Verehrung zu jmdm. a.; er ist ein Mensch, zu dem man a. kann." (DUW)

Die Freude kommt jedoch zu früh auf, fällt einem noch das Synonym „aufschauen" ein:

„auf|schau|en <sw. V.; hat>:

1. (landsch., bes. südd., österr., schweiz.) *aufblicken; den Kopf heben u. jmdn., etw. ansehen:* verwundert [von seiner Arbeit] a.; zum Himmel a.
2. (geh.) *jmdn. verehren:* ehrfürchtig, voll Bewunderung zu jmdm. a.; s i e w ü n s c h t s i c h e i n e n M a n n , z u d e m s i e a . k a n n ." (DUW)

Da ist sie wieder, die Frau, die zu einem Mann aufschauen will, freilich nicht mehr wie zu einem Gott – ein geringer Fortschritt. Aber warum, so fragt man erneut, will sie zu ihrem Mann, so sehr, dass sie darum winselt, warum braucht sie einen Mann, zu dem sie aufschauen kann. Will sie das wirklich oder tut sie nur so? Warum, um es einmal umgangssprachlich zu formulieren, ist sie so „spitz" auf den Mann? Es steht im Trivialroman:

„spitz <Adj.> [mhd. spiz, spitze, ahd. spizzi, verw. z. B. mit lat. spica = Ähre (eigtl. = Spitze)]:

5. (ugs.) *v o m   S e x u a l t r i e b   b e h e r r s c h t ;   g e i l ;   s i n n l i c h :* d i e   F r a u   i s t   s o   w a s   v o n   s . ;   s i e   m a c h t   d i e   T y p e n   s .   u n d   l ä s s t   s i e   d a n n   n i c h t   r a n ." (DUW)

Die Sache nimmt jetzt offensichtlich eine dramatische Wendung. Es geht gar nicht gegen „sie", sondern gegen „ihn" und noch dazu durch „sie". Dass dies tatsächlich so zu sein scheint und wie die Strafe für „sie", wenn schon nicht auf dem Fuße, so doch vielleicht im Alter folgt, lehrt uns folgendes Antonymenpaar bzw. -triple:

„We i b | l e i n, das; -s, -:

1. *kleine, alte Frau:* ein verhutzeltes, altes W.
2. (ugs. scherzh., in Verbindung mit Männlein) *Frau;* vgl. Männlein (2)." (DUW)

„M ä n n | l e i n, das; -s, -:

1. *Männchen* (1).
2. (ugs. scherzh., in Verbindung mit Weiblein) *Mann:* M. und Weiblein waren zusammen in der Sauna." (DUW)

„M ä n n | c h e n, das; -s, -:

1. *kleiner [bedauernswerter] Mann:* ein altes, verhutzeltes M.
2. *männliches Tier:* *M. m a c h e n *([von Tieren] sich aufrecht auf den Hinterpfoten halten);* nicht mehr wissen, ob man M. od. Weibchen ist (ugs.; 1. *völlig durcheinander sein.* 2. *völlig erschöpft sein).*" (DUW)

Wenn schon im Alter „verhutzelt", dann ist es doch für die Frau gerecht, für das Männchen jedoch eine bedauernswerte Sache. Fragt man allerdings, warum die Frauen so sind – es gibt ja deshalb das Wort „Weib", dazu aber kein Antonym, wohl aber den „Pantoffelhelden" –, so bekommt man unter dem Lemma „träumen" die richtige Antwort, eine Antwort, die uns nun wieder darauf verweist, dass letztlich doch alle Schuld bei den Männern ist:

„t r ä u | m e n <sw. V.; hat> [mhd. tröumen, troumen, ahd. troumen, zu ↑Traum]:

1. a) *einen bestimmten Traum* (1) *haben:* schlecht, unruhig t.; s i e h a t v o n i h r e m V a t e r g e t r ä u m t; [schlaf gut und] träum süß! (fam. Gruß vor dem Schlafengehen); ..." (DUW)

Jetzt sind wir bei Freud und er gibt uns die Lösung. Der Vaterkomplex, der „sie" bis in die Träume verfolgt, macht sie zu dem, was sie ist – ein Opfer, zur Rache verurteilt. Um diese aber möglichst abzuwenden, gönnt ihr bzw. empfiehlt ihr das Wörterbuch noch einen anderen Traum:

„b) *etw. wünschen, ersehnen, erhoffen:* s i e t r ä u m t e v o n e i n e r g r o ß e n K a r r i e r e." (ebd.)

Wir befinden uns also wieder auf der Seite der Frau. Das Lemma „Beweis" beweist es uns endgültig:

„B e | w e i s, der; -es, -e [15. Jh., zu beweisen]:

2. *sichtbarer Ausdruck von etw.; Zeichen, das etw. offenbar macht:* d i e Ä u ß e r u n g i s t e i n B. i h r e r S c h w ä c h e; ..." (DUW)

„Schwachheit, dein Nam' ist Weib!" (Shakespeare, Hamlet. Zitiert nach: Geflügelte Worte 1981, 1291) und deshalb brauchen wir ein Happy End wenigstens für „sie". Zweierlei ist möglich: Entweder „sie" wird recht bald (wegen ihres *Winselns*) zu ihrem Mann gelassen bzw. *findet* „sie" einen solchen (siehe unter „Mann") frühzeitig, falls „sie" nicht ohnehin einer einfach *zur Frau nimmt* (siehe unter „Frau"), oder es kann sich der Traum von der großen Karriere erfüllen, was in unserer Kultur aber nach Hörensagen für Frauen oft auch nur über Männer – dann aber meist im Verborgenen und oft im schnellen Wechsel – möglich ist und wofür sich im Duden Bedeutungswörterbuch ein gutes Beispiel findet:

<s. + sich> (salopp) *[um ein bestimmtes Ziel zu erreichen] nacheinander mit verschiedenen Partnern koitieren*: sie hat sich durch die ganze Chefetage geschlafen.

Die Fortsetzung des Duden Bedeutungswörterbuchs als Trivialroman ist also in jedem Fall für alle Zeiten gesichert, kleine Tragödien einbezogen. Die Männer aber mögen sich wegen ihrer Rolle im Roman mit Alice Schwarzer trösten, die einst in einer Talkshow bei Johannes B. Kerner sagte: „Außerdem sind ja auch Männer Menschen." (Neues Deutschland 30.06.2001, 4) Diese Feststellung kann aber schon wieder den Stoff für eine neue Fortsetzung abgeben. Wer es nicht glaubt, überzeuge sich mit einem Vergleich der Verwendungsbeispiele von „Mann", „Herr", „Frau", „Dame", „Weib" usw. Am besten ist freilich, das ganze Buch zu lesen.

LITERATUR

Duden (2003). Deutsches Universalwörterbuch. 5. Aufl. CD-Rom. Mannheim.
Neues Deutschland. Sozialistische Tageszeitung.
Geflügelte Worte (1981). Zitate, Sentenzen und Begriffe in ihrem geschichtlichen Zusammenhang. Leipzig.
Pusch, Luise F. (1984): „Sie sah zu ihm auf wie zu einem Gott". Das DUDEN-Bedeutungswörterbuch als Trivialroman. In: Opitz, C. (Hg): Weiblichkeit oder Feminismus? Weingarten, S. 57 ff.
Freitag. Die Ost-West-Wochenzeitung.

Hans Wellmann

Wortbildung und Text

Ein germanistisches Projekt der Universitäten Chabarowsk und Augsburg

Das Forschungsprojekt, das wir 1993 beschlossen und, durch einen Kooperationsvertrag besiegelt, 1997 durch einen Partnerschaftsvertrag der Universitäten institutionell abgesichert haben, zielt auf ganz ähnliche Fragen wie heute – über 10 Jahre später – unsere Konferenz hier in Leipzig, die auf eine Initiative von Ulla Fix und Marianne Schröder zurückgeht.

Die Zusammenarbeit zwischen den Universitäten in Chabarowsk und Augsburg hatte mehrere Ziele. In der Forschung konzentrierte sie sich zunächst auf die Thematik der Wort- und Textbildung. Das verkürzende Kennwort lautete entsprechend „Wortbildung und Text". Die Themen erweiterten sich dann aber bei Einbeziehung aller möglichen konkurrierenden Ausdrucksformen der Textbildung so, dass sie zu dem Bereich „Zwischen Lexikon und Text" passen, um den es auf dieser Konferenz geht. Das ergab sich schon aus den Problemen, vor die uns die ausgewählten Texte (vom Aphorismus bis zum Roman, von der Rezension bis zum Rezept) stellten, und den Anregungen, die uns die Sekundärliteratur zu ihrer Lösung anbot. Das eine oder andere davon wurde schon vorgestellt: in Referaten auf den drei internationalen, interdisziplinären Kongressen, die wir 1997, 2000 und 2003 gemeinsam in Chabarowsk veranstaltet haben, oder eben in unseren Videokonferenzen, von denen jetzt die Rede sein soll.

Seit 1999 konnte die Zusammenarbeit der Universitäten, die immerhin 9000 km voneinander entfernt liegen, durch eine bessere technische Vernetzung intensiviert werden. Zu den bekannten, neuen Formen der elektronischen Kommunikation kam damals – durch Unterstützung des DAAD – die Möglichkeit hinzu, gemeinsame Kolloquien oder Seminare über die inzwischen installierte V i d e o - K o n f e r e n z a n l a g e zu schalten.

Dafür boten sich zwei Formen an. Zuerst haben wir Veranstaltungen nach Art eines Seminars mit Referaten und Diskussion im Chabarowsker Rechenzentrum bzw. im Augsburger Videolabor abgehalten, wo auch Tafelbilder, Folien und Poster einzusetzen sind. An ihnen konnten auf jeder Seite bis zu 25 Studenten, Dozenten u. a. teilnehmen. Die akustische Qualität der Rede- und Diskussionsbeiträge war zunächst ganz schlecht. Sie konnte aber zunehmend verbessert werden, zunächst vor allem durch ein anderes Mikrophon und durch einen Teppichboden, der Geräusche schluckt (im Raum des Rechenzentrums). Von Studioqualität konnte aber natürlich nicht die Rede sein – schon wegen der nach wie vor mangelhaften Schalldämmung und auch deshalb, weil es keine Raum- oder individuellen Mikrophone gibt. Die Diskussionsteilnehmer müssen sich auf beiden Seiten das Mikrophon (oft mit Geräuschen verbunden) weitergeben. Aber die Videokonferenz funktioniert – jedenfalls so weit, dass die Verständigung ganz gut ist, seitdem sich die telefonische Verbindung, die über Moskau hergestellt werden musste, stabilisieren lässt und die Leitung nur noch selten zusammenbricht.

Nachteile: Die Telefongebühren für eine 2-stündige Veranstaltung sind sehr hoch; deshalb lässt sich ein solches Kolloquium nur selten abhalten. Auch kostet es viel zusätzliche Arbeit – im Rechenzentrum wie im Videolabor (Kameraführung).

Bei der zweiten, jetzt erst erprobten Form kann man auf das Telefon verzichten. Sie ist deshalb billig. Alles läuft über das Internet. Aber: Der Erfassungskegel der kleinen Kameras ist klein; und die Tonqualität ist so, dass bisher höchstens die Teilnahme von 3 bis 4 Gesprächspartnern auf beiden Seiten sinnvoll war. Kolloquien mit Referaten konnten wir so nicht abhalten, aber Diskussionen im kleinsten Expertenkreis.

Die gefilmten Ausschnitte von Videokonferenzen, die ich in diesem Workshop vorgeführt habe, stammen alle aus den zuerst charakterisierten Formen der Fernseminare.

„Guten Abend in Chabarowsk" – „Guten Morgen in Augsburg" – diese Eingangsformel spiegelt ein Organisationsproblem, das sich aus einer Zeitverschiebung von immerhin 9 Stunden ergibt. Auch in der kleinen, sekundenlangen Verzögerung der Redebeiträge spürt man sie. Aber man lernt so, auf Zwischenrufe, spontane Gegenfragen oder gar Redeunterbrechungen zu verzichten – was sich keineswegs als ein Verlust erwiesen hat.

Zur Konzeption: Das Arbeitsprojekt hieß, wie gesagt, „Wortbildung und Text". Es setzte, als wir es formulierten, ein anderes voraus, das gerade abgeschlossen war: Die „Bestandsaufnahme" und Analyse des „Sprachaufbaus", die sich auf ein großes Korpus der Innsbrucker Arbeitsstelle (Leitung: J. Erben) des „Instituts für deutsche Sprache" zur Wortschatzanalyse der deutschen Gegenwartssprache stützte. Die Ergebnisse dieser Untersuchungen lagen 1993 vollständig publiziert vor („Deutsche Wortbildung" Bd. 1: 1973; Bd. 2: 1975; Bd. 3: 1978; Bd. 4: 1991; Bd. 5 1992). Es lag nahe, auf der Grundlage dieser systematischen Darstellung aller Wortschatzbereiche, die durch Wortbildung bestimmt sind, weiterzuarbeiten und daran zu gehen, die Sprache im Vollzug, die Bildung und Verwendung von Wortbildungen im Text genauer zu untersuchen, insbesondere ihre Funktionen in der „Parole", in wechselnden Kontexten, Situationen, Textarten und Handlungsformen.

Das erste, was bei dieser Betrachtung in den Blick gekommen ist, sind die Formen der (t e x t l i n g u i s t i s c h e n) Rekurrenz von Lexemen, ihrer Ab- und Umwandlung, die Regularitäten ihrer Wiederkehr, Wiederaufnahme und Weiterführung. Es handelt sich prinzipiell um Phänomene der „Langue", wie sie z. B. für Nominalisierungen und andere Produkte von Transformationellen gelten, und um Regularitäten der Abfolge von Tempora, Pronomina, Präpositionaladverbien, Partikeln, Artikelformen usw., wie sie schon lange – von R. Harweg (1968), H. Weinrich (1964), R. de Beaugrande/W. Dressler (1981) u. a. – in die „Textlinguistik" eingebracht worden sind. In diese Richtung führen auch – besonders angeregt von Aufsätzen aus Leipzig (von M. Schröder, W. Fleischer, I. Barz) – die ersten Referate unserer Videokonferenz, z. B. das von I. Snejkowa (2000) über die Wortbildung in Thomas Manns Novelle „Mario und der Zauberer" (Leipziger Symposon „Bild im Text. Text und Bild") und weiteren Erzählungen und Romanen (um die es auch in dem nachfolgenden Beitrag geht). Dabei ist es manchmal schwierig, die generellen oder „typischen", jedenfalls erwartbaren („textlinguistischen") Regularitäten der Wiederholung und Abwandlung (durch Wortbildung) von den überraschenden, okkasionellen Abfolgen oder Kombinationen zu trennen, die nicht konventionell, sondern individuell geprägt sind, auffallen und zur stilistischen Interpretation anregen.

Um eine textlinguistische Frage dieser Art geht es auch in dem Beitrag von L. Kulpina, insoweit als sie Sammelrezensionen daraufhin untersucht, wie in ihnen Textkohärenz erreicht wird und welche Mittel der Textkohäsion hier zu beobachten sind.

Das zweite waren die Textfunktionen, die als Arten und Zwecke der sprachlichen Mittel der „lingua in actu" am Kontext und Handlungszusammenhang zu erkennen sind. Sie hängen von der kommunikativen Funktion des Textes ab und stehen, wie sich herausgestellt hat, in mehrfacher Wechselwirkung mit der Textsorte, zu der ein Text gehört (und den Handlungsformen, die sie geprägt haben); ferner hängen ihre sprachlichen Funktionen stark von den Intentionen der Verfasser, Erwartungen der Leser und auch den Referenz-Bezügen, die sie bestimmen, ab.

Als weitaus wichtigste (manchmal: einzige) Textfunktion wird in der Sekundärliteratur die pragmatische herausgehoben, die Voraussetzungen, Bedingungen und (Sprechakt-)Formen eines erfolgreichen sprachlichen Handelns untersucht. Elena Kan stellt in ihrem Beitrag (s. u.) dar, wie die Wortbildung als „sprachlich-kommunikative Tätigkeit" (Th. Schippan 1992) in Textsorten wie der Gebrauchsanweisung und dem Kochrezept das Handeln mitbestimmt. Erfahrung und Wissen sind hier durch eine festgelegte Abfolge verbaler Instruktionen und nominaler Wortbildungen in das Tun eingebunden. In Rezepten sind es oft die Komposita, denen die Aufgabe zukommt, erreichte Zwischenergebnisse von Handlungen als Voraussetzungen für das Folgende zu benennen:

„Die Fischfilets in Flocken zerrupfen und die Zwiebelhälften in Scheiben schneiden. Die Gurken ... in dünne Scheiben schneiden ... die Tomaten vierteln" →
„Die Fischflocken mit den Kapern, den Tomatenvierteln, den Gurken- und Zwiebelhälften mischen ..." (Kan 2004, 46).

Das Beispiel zeigt, wie die thematische Progression, die Wiederaufnahmetechnik und der Handlungsbezug zusammenwirken.

In Chabarowsk haben literarische Texte des 20. Jahrhunderts einen hohen Stellenwert für die Vermittlung der deutschen Gegenwartssprache. Entsprechend groß ist das Interesse an den ästhetischen Funktionen der sprachlichen Mittel des Ausdrucks. Es bestimmt die Auswahl der Texte bei Dissertationen über die Rolle der Wortbildung in der lyrischen Prosa Ingeborg Bachmanns (T. Missewitsch) und in der Prosa Thomas Manns (I. Snejkova; s. o.). Neben okkasionellen Wortbildungen in Fügungen wie *Herren mit entfleischten Gesichtern* und auffälligen Anordnungen usueller Wortbildungen wie in *diabetischer General* („Tristan") sind es hier auch oft Transformationen mit Anspielung (Allusio) auf Bekanntes, die die Aufmerksamkeit des Lesers lenken: „*Wir müssen liegen, immer liegen ... Settembrini sagt immer, wir lebten horizontal, – wir seien Horizontale*" („Der Zauberberg").

Durch Beiträge des Leipziger Symposions über „Text und Bild" wurde die Dissertation von E. Golovanowa angeregt. Sie untersucht die „TV-Annotationen", diese typischen Verbindungen von Text und Bild in den kurzen „Film-Ankündigungen" der Programmzeitschriften, die sich als Kritiken ausgeben und schon mehrfach Gegenstand kulturkritischer Betrachtungen waren (z. B. bei Hachmeister 1983). Diese Texte eignen sich für eine semiotische Analyse von Mini-Texten, für die Bild-Text-Beziehungen konstitutiv sind, und auch für die Untersuchung des Einflusses der Textbedeutung auf die Wortbedeutung. Das zeigt sich z. B. in Kommentarsätzen mit Komposita, die von ihrer grammatischen Umgebung her als Gattungsbegriffe wirken, aber durch ihre Wertungen das Verhalten der Leser beeinflussen sollen (*TV-Dramolett*; *Actionthriller*) und die dazu beitragen, den Film-Inhalt auf Satzgröße zu komprimieren:

„*TV-Dramolett. Eine junge Glasgestalterin muss erleben, wie leicht das Liebesglück zerbricht*" (TV Spielfilm 6. 1. 2003).

Typisch sind bei dieser Textart die vielfältigen Bildbezüge, in diesem Falle (a) auf ein Foto mit der Protagonistin, (b) auf konventionelle Sprachbilder (z. B. das Sprichwort „Glück und Glas, wie leicht bricht das!").

Aufschlussreich sind diese Texte aber auch für eine kultursemiotische Analyse der verbalen und zeichenhaften Repräsentationsformen von Bewertungskriterien („Spaß", „Aktion", „Spannung", „Erotik", „Anspruch"; in dieser Auswahl und Reihenfolge!), nach denen sich dann die Empfehlungen für den TV-Zuschauer richten. Es bietet sich geradezu an, auf diese Begriffe und ihre Konzepte Lotmans Thesen vom Zeichencharakter einer Kultur anzuwenden.

Ein Projekt, das zwei ganz verschiedene Sprachen und Kulturen einbezieht, lädt dann natürlich auch zur Untersuchung von Fragen ein, die zur interkulturellen Kommunikation gehören. Von daher richtete sich der Blick besonders auf das Mit-Verstehen von Texten, auf die Analyse von Missverständnissen und auch auf unterschiedliche Interpretationen von Literatur, die interkulturell bedingt sind. Eine ergiebige Quelle stellen hier die Zeitungsrezensionen über neue Bücher dar, die in Übersetzung erschienen sind. Das Innsbrucker Zeitungsarchiv (M. Klein) hat uns dieses Material zur Verfügung gestellt. L. Kulpina (s. u.) untersucht z. B., wie die neue russische Literatur im deutschsprachigen Gebiet ankommt, mit besonderer Berücksichtigung der Unterschiede, die Kritiken aus der Schweiz, aus Österreich und Deutschland erkennen lassen. –

Als ein besonders aufschlussreicher Fall hat sich Grass' letzte Novelle („Krebsgang") schon von ihrer Thematik her erwiesen: V. Fedorowskaja zeigt in ihrer Dissertation (gerade abgeschlossen), wie unterschiedlich der Text in Kritiken deutscher, schweizerischer und österreichischer Rezensenten aufgefasst und verstanden wird – und wie anders dann die Kritiken russischer Zeitungen auf das Erscheinen der Übersetzungen dieser Novelle reagiert haben.

Ein letzter Aspekt, der uns bei der Analyse von Textfunktionen der Wortbildung besonders herausgefordert hat: die k o g n i t i v e , insbesondere b e g r i f f k o n s t i t u i e r e n d e und - v e r m i t t e l n d e Funktion von Wortbildungen. Auf sie ist S. Schtscherbina in einer Videokonferenz zu sprechen gekommen, deren Thema zunächst einfach die „Stilistik der Kürze" bei Aphorismen von Lichtenberg und „Schnipseln" von K. Tucholsky war. Sobald man Begriffe unter dem Aspekt der Übersetzbarkeit betrachtet, kommt die schwierige Frage ins Spiel, wie individuell einerseits, kulturspezifisch andererseits sie oft geprägt sind. Und sie unterliegen oft einem inhaltlichen Wandel. Bei Tucholskys „Schnipsel"

„Man ist in Europa ein Mal Staatsbürger und zweiundzwanzig Mal Ausländer. Wer weise ist: dreiundzwanzig Mal."

unterlegt der heutige Leser andere begriffliche Inhalte für *Ausländer* und *Europa*. Er versteht aber doch, was Tucholsky gemeint hat.

LITERATUR

Barz, Irmhild (1988): Nomination durch Wortbildung. Leipzig.
Beaugrande, Robert de/Dressler, Wolfgang U. (1981): Einführung in die Textlinguistik. Tübingen.
Deutsche Wortbildung. Typen und Tendenzen in der deutschen Gegenwartssprache. Bd. 1 Kühnhold, Ingeburg/Wellmann, Hans (1973): Das Verb. Düsseldorf. – Bd. 2 Wellmann, Hans (1975): Das Substantiv. Düsseldorf. – Bd. 3 Kühnhold, Ingeburg/Putzer, Oskar/Wellmann, Hans u. a.: Das Adjektiv. Düsseldorf. – Bd. 4 Ortner, Lorelies/Müller-Bollhagen, Elgin/Ortner, Hans/Wellmann, Hans/Pümpel-Mader, Maria/Gärtner, Hildegard (1991): Substantivkomposita. Berlin. – Bd. 5 Pümpel-Mader, Maria/Gasser-Koch, Elsbeth/Wellmann, Hans/Ortner, Lorelies (1992): Adjektivkomposita und Partizipialbildungen. Berlin.
Engel, Christine (1994): Die Rezeption russischsprachiger Literatur in der österreichischen Tagespresse (1980–1990). Innsbruck.
Fleischer, Wolfgang/Barz, Irmhild/Schröder, Marianne (1995): Wortbildung der deutschen Gegenwartssprache. Tübingen.
Gautillin, Rawil (1990): Zu den wortbildenden Textpotenzen. In: Deutsch als Fremdsprache 27, S. 240–245.
Heydebrand, Renate von/Winko, Simone (1996): Einführung in die Wertung von Literatur. Paderborn.
Golovanova, Elena (2002): Strukturelle und sprachliche Besonderheiten der Textsorte „Annotationen zu Fernsehfilmen". In: Wellmann, Hans/Kan, Elena (Hg.): Germanistik und Romanistik: Wissenschaft zwischen Ost und West. Chabarowsk, S. 306–312.

Golovanova, Elena (2004): Zur Sprache in TV-Annotationen. Manuskript.

Hachmeister, Lutz (1983): Parasiten des Fernsehens. Programmzeitschriften: Plädoyer für eine Fortsetzung der Diskussion. In: medium, H. 1/1983, S. 16–20.

Harweg, Roland. (1968): Pronomina und Textkonstitution. München.

Kan, Elena (2002): Appelltexte „für jedermann": Beipackzettel und Gebrauchsanleitung für elektrische Haushaltsgeräte. Wortbildung und Verständlichkeit. In: Wellmann, Hans/Kan, Elena (Hg.): Germanistik und Romanistik: Wissenschaft zwischen Ost und West. Chabarowsk, S. 77–109.

Kan, Elena (2004): Der dynamische Aspekt der Wortbildung. Manuskript.

Klein, Wolf Peter (2000): Die Bezeichnungen für Filmtypen im Deutschen. In: Zeitschrift für Deutsche Sprache 28, S. 289–312.

Kulpina, Larissa (2002): Der Roman „Moskau 2042" von Wladimir Woinowitsch im Spiegel der deutschsprachigen Presse. In: Wellmann, Hans/Kan, Elena (Hg.): Germanistik und Romanistik: Wissenschaft zwischen Ost und West. Chabarowsk, S. 333–342.

Lutz-Hilgarth, Dorothea (1984): Literaturkritik in Zeitungen. Dargestellt am Beispiel Gabriele Wohmann. Frankfurt a. M.

Missewitsch, Tatjana (2002): Okkasionelle Zusammensetzungen in der Lyrik Ingeborg Bachmanns. In: Wellmann, Hans/Kan, Elena (Hg.): Germanistik und Romanistik: Wissenschaft zwischen Ost und West. Chabarowsk, S. 346–351.

Sandig, Barbara (1986): Stilistik der deutschen Sprache. Berlin.

Schippan, Thea (1992): Lexikologie der deutschen Gegenwartssprache. Tübingen.

Schtscherbina, Sergej (2002): Aphorismus als Textsorte. In: Wellmann, Hans/Kan, Elena (Hg.): Germanistik und Romanistik: Wissenschaft zwischen Ost und West. Chabarowsk, S. 376–375.

Seibold, E. (1996): Fernsehprogrammzeitschriften. Facetten eines modernen Phänomens. Frankfurt a. M.

Snejkova, Irina (2000): Funktionen der Wortbildung in der Novelle „Mario und der Zauberer" von Thomas Mann. In: Fix, Ulla/Wellmann, Hans (Hg.): Bild im Text – Text und Bild. Heidelberg, S. 385–390.

Weinrich, Harald (194): Tempus: besprochene und erzählte Welt. Stuttgart.

Wellmann, Hans (Hg.) (1998): Grammatik, Wortschatz und Bauformen der Poesie in der stilistischen Analyse ausgewählter Texte. Heidelberg.

MARIANNE SCHRÖDER/BRIGITTE UHLIG

Wortbildung und Lexikologie in der Leipziger Lehre

Zum 60. Geburtstag von Irmhild Barz

Irmhild Barz hat 1966/67, schon kurz vor Ende ihres Studiums, als Assistentin den traditionsreichen Boden der Leipziger Germanistik betreten und seither in Lehre und Forschung wichtige und innovative Ergebnisse bei der Untersuchung des Wortschatzes der deutschen Gegenwartssprache vorgelegt.

Anlässlich ihres 60. Geburtstages haben wir versucht, aus den in Bibliotheken und dem Universitätsarchiv verfügbaren Vorlesungsverzeichnissen und in persönlichem Besitz befindlichen Unterlagen die Kette aufzubauen, deren letztes Glied zur Zeit die Jubilarin ist. Die so entstandene tabellarische Zusammenstellung der Lehrveranstaltungen zu Wortbildung und Lexikologie in Leipzig (s. Anhang) erfasst den Zeitraum von 1854/55 bis 2003. Dabei gab es Schwierigkeiten unterschiedlicher Art. Zum einen liegen nicht für alle Jahre Vorlesungsverzeichnisse vor. Zum anderen haben Kriegs- und Nachkriegsereignisse im 20. Jh. ihre Spuren hinterlassen. Von 1968/69 bis 1991 klafft eine Lücke in der Dokumentation, die sich u. a. daraus erklärt, dass es in diesem Zeitraum keine öffentlich zugänglichen Vorlesungsverzeichnisse gab. Wir haben versucht, die leere Stelle mit Erinnerungen ehemaliger Studenten und Kollegen zu füllen, aber die so ermittelten Daten sind unvollständig.

Unsere Aufmerksamkeit war auf die Bereiche Wortschatz und Wortbildung konzentriert, d. h., es wurden Vorlesungs- und Seminarthemen zu den Gebieten Lexikologie, Lexikographie, Phraseologie, Wortbildung, Etymologie, Namenkunde, Fach- und Sondersprachen sowie Semantik erfasst. Unser Augenmerk war auf die deutsche Gegenwartssprache gerichtet, einige zu historischen Zeiträumen oder anderen Sprachen angesetzte, aber unser Themenspektrum ins Zentrum stellende Lehrveranstaltungen kamen hinzu (u. a. O. Dittrich 1907/08, F. Neumann 1923, W. Porzig 1925 bis R. Metzler 1993/94, 1995/96, G. Schuppener 1997/98).

Wir sind uns der Problematik bewusst, die unsere Auswahlkriterien mit sich bringen. Nicht immer kann man aus dem Titel einer Lehrveranstaltung, dem einzigen Zugang für die ältere Zeit, ableiten, ob die Vorlesung/das Seminar auch Gegenstände unseres Interesses behandelt haben. So ist anzunehmen, dass F. Zarncke in seiner Grammatikvorlesung, die er von 1852/53 bis 1891 regelmäßig gehalten hat, die Wortbildung einschloss, zumal er sie in dieser langen Zeit nur einmal, nämlich im WS 1854/55, also am Anfang seiner hiesigen Tätigkeit, zum Gegenstand einer eigenen Vorlesung machte. Dasselbe gilt für alle Leipziger Grammatikvorlesungen des

19. und beginnenden 20. Jh., die von H. Paul – seine gedruckte „Deutsche Grammatik" enthält sogar einen eigenen Band „Wortbildungslehre" –, W. Braune, R. Hildebrand, K. v. Bahder, G. R. Kögel, E. Sievers und H. Hirt angeboten wurden.

Ähnliches muss gesagt werden für Lehrveranstaltungen zur Thematik „Einführung in das Studium der germanischen/der neueren Sprachen/der deutschen Sprache", wie sie seit 1876/77 gehalten wurden, abgeschwächt auch für die „Geschichte der Germanistik", die wir selbst Ende der 50er Jahre noch bei E. Karg-Gasterstädt gehört haben.

Aus der neueren Zeit müssten in diesem Zusammenhang auch die Lehrveranstaltungen „Komplexe Textinterpretation", „Entwicklungstendenzen der deutschen Gegenwartssprache" und „Fehlerlinguistik" genannt werden sowie an exponierter Stelle „Textlinguistik/Stilistik". In all diesen Disziplinen spielen Wortschatz und Wortbildung eine wesentliche Rolle, aber eben nur als Teilaspekte umfangreicherer Betrachtungen. Wir glauben sie aus diesem Grunde zu Recht aus unserer Dokumentation „Lehrveranstaltungen zu Wortbildung und Lexikologie in Leipzig" ausgeschlossen zu haben.

Wieder anders zu beurteilen ist die v. a. in den ersten Jahrzehnten dominierende Untersuchung älterer literarischer Texte im akademischen Unterricht. Dass der Wortschatz dort neben Stoff- und Motivgeschichte, Laut- und Formenlehre eine beachtliche Rolle gespielt hat, kann man mit Sicherheit annehmen. Auch in diesen Fällen haben wir von einer Aufnahme in unsere Übersicht abgesehen, wenn Wortschatz oder Wortbildung nicht im Titel der Lehrveranstaltung thematisiert wurden.

Überblickt man 150 Jahre Germanistik in Leipzig in Bezug auf die Lehrgegenstände Wortbildung und Wortschatz, stellt man fest, dass, abgesehen von F. Zarnckes Vorlesung „Lehre von der Wortbildung, Ableitung und Zusammensetzung, sowie vom Genus" 1854/55 und H. Osthoffs „Ausgewählten Capiteln aus der indogermanischen Namen- und Wortbildung" 1877, die ersten einschlägigen Bemühungen der Etymologie galten.

V. F. L. Jacobi, der auch Naturwissenschaften lehrte, hat über fast 20 Jahre eine entsprechende Vorlesung regelmäßig gehalten. Geographischen und topographischen Namen wandte er sich zuerst zu, die enge Verbindung zur Namenkunde wird deutlich. „Deutsche Etymologie" heißt die Vorlesung 1879/80 bei R. Hildebrand, der das Thema in den folgenden Jahren mit Wortforschung und Kulturgeschichte explizit verbindet. Auch H. Hirt, K. v. Bahder, W. Havers, W. Streitberg, H. Junker haben diesen Gegenstand bis in die 40er Jahre des 20. Jh. behandelt. In unseren Unterlagen taucht die Thematik erst 1992 (G. Lerchner), 1997/98 (G. Schuppener) und 2003 (H. U. Schmid) wieder auf.

Eine eigene Lehrveranstaltung zur Namenkunde, „Ueber deutsche Personennamen", bietet G. Holz 1893/94 an. Dieses Teilgebiet der Lexikologie wird 1921/22 von L. Braun mit „Deutsche Namenkunde. Ortsnamen", 1924/25 mit „Deutsche Namenkunde. Personen- und Familiennamen" erneut betrachtet und bleibt dann über die Jahre ein prägender Lehrinhalt, der auch weitere Spezifizierungen wie die Untersuchung von Namen in literarischen Texten zulässt (G. Deeters, B. Schier 1934/35, A. Hübner 1938/39, L. E. Schmitt 1952, H. Grünert 1954/55, W. Fleischer 1959 und öfter, E. Ulbricht 1962/63, in den 80er Jahren H. Kögler und M. Solluntsch, E. Eichler 1992/93 und öfter, G. Lerchner 1993).

Einem Teilbereich des Wortschatzes, den Fremdwörtern aus dem Orientalischen, widmet H. Stumme Anfang des 20. Jh. erste Vorlesungen. Dass alle Beschäftigung mit Etymologie eigentlich Wortschatzuntersuchung war und ist, belegt W. Streitbergs Vorlesung „Deutsche Etymologie: Geschichte und Zusammensetzung des deutschen Wortschatzes" von 1921/22. Der Titel verdeutlicht die diachrone Orientierung früher Betrachtungen des Wortschatzes. Einen variierten, auf kultursoziologische Forschungen bezogenen Ansatz bringt F. Neumann 1923 ein mit „Wörter und Sachen an Hand von Braunes Althochdeutschem Lesebuch". „Der deutsche Wortschatz" wird erstmals 1936/37 von A. Hübner zur Benennung einer Vorlesung verwendet. Fast 20 Jahre später greift R. Klappenbach 1954 denselben Titel auf, leicht variiert auch W. Flämig 1956/57. W. Fleischer, der verehrte Lehrer von Irmhild Barz, gibt seiner Vorlesung 1959/60 den Namen „Lexikologie". Seither wurde und wird dieses Fach von ihm und seinen Schülern als eine der Basiskomponenten germanistischer Sprachwissenschaft ununterbrochen als Lehrveranstaltung angeboten. Irmhild Barz hat die Vorlesung „Grundlagen der Lexikologie" 1974 übernommen und mit Unterbrechungen über die Jahre gehalten, seit 1989 nach einer eigenen, neuen Konzeption.

Wortbildung ist, abgesehen von den oben genannten Vorläufern, seit Anfang des 20. Jh. immer wieder Lehrgegenstand. O. Dittrich beginnt damit 1905/06 und wiederholt die Thematik in größeren, aber regelmäßigen Abständen 1909, 1913, 1920/21; F. Neumann setzt die Arbeit 1922/23 fort, J. Schwietering 1924/25. 1928 übernimmt Th. Frings für viele Jahre diese Vorlesung. Sie liegt uns in einer Mitschrift von 1959 vor und heißt „Hauptprobleme der deutschen Wortbildungslehre". Die Ausrichtung ist diachron. Schwerpunkt ist die Entwicklung der verbalen Wortbildung; exemplarisch wird an synchronen Morphemanalysen, beispielsweise zur Wortform *Vorlesungsverzeichnisse*, das semantische Verhältnis zwischen dem Ganzen und seinen Teilen erörtert. Als Literatur sind die Wortbildungslehren von F. Kluge, W. Wilmanns und W. Henzen empfohlen, wiederholt erfolgen Hinweise auf Wörterbücher (H. Paul: Deutsches Wörterbuch, Trübners Deutsches Wörterbuch) als Quellen für Wortbildungsforschung.

Mitte der 60er Jahre stellt W. Fleischer eine synchrone Wortbildungslehre mit einem Neuansatz in der morphologisch-semantischen Beschreibung vor. Dieser Lehrveranstaltung entspricht die Konzeption seiner Buchpublikation „Wortbildung der deutschen Gegenwartssprache" (1969). Das Werk hat sich bis auf den heutigen Tag in Forschung und Lehre bewährt. Deshalb ist es nahe liegend, dass I. Barz als Mitautorin der überarbeiteten Ausgabe (1992) an der Grundkonzeption festhält, als sie 1997 mit einer eigenen Vorlesung zur Wortbildung, der ersten seit Frings, beginnt, nachdem sie schon zwei Jahre vorher Seminare zur gleichen Thematik durchgeführt hatte. Sie aktualisiert die Inhalte, verstärkt pragmatisch-funktionale Aspekte, bezieht kognitive Gesichtspunkte der Sprachverarbeitung mit ein und sensibilisiert die Studenten für die Historizität des Wortbildungssystems. Schwerpunkt ist die Wortbildung des Substantivs und des Adjektivs, die des Verbs wird im Spezialseminar vermittelt.

In der jüngeren Zeit hat sich das Spektrum lexikologischer Forschung stark aufgefächert. Neue Ansätze in der Sprachwissenschaft wie Strukturalismus und kognitive Linguistik sind auch in den akademischen Unterricht übernommen worden (W. Fleischer 1965/66; W. Wolski und G. Lerchner 1991/92, J. Geilfuß-Wolfgang 1995, I. Barz und G. Öhlschläger 1995/96). Besonders nach der inhaltlichen und strukturellen Umgestaltung der Universität zu Beginn der 90er Jahre zeigte das Lehrangebot große, den neuen Anforderungen entsprechende Differenziertheit. Teilbereiche wie die Phraseologie (I. Barz 1991 bis 1998/99 mit jeweils anderen Aspekten, J. Sternkopf 1991/92, 1993) und die Fachsprachenlinguistik (I. Wiese mit unterschiedlichen Angeboten 1991/92 bis 1999) werden zu Gegenständen gesonderter Vorlesungen und Seminare. Neue und gesellschaftlich wichtige Diskurse wie Werbung (I. Barz 1991, I. Barz, H. Huth 1991/92) und Fachsprachengebrauch in der Schule (I. Wiese mehrmals im Zeitraum 1992 bis 1999/2000) finden erhöhte Aufmerksamkeit. Verstärkt werden intradisziplinäre Brücken sowohl zur Grammatik (I. Barz 1991 und öfter bis 1996/97, M. Schröder 1994, J. Geilfuß-Wolfgang 1996) wie zur Stilistik/Textlinguistik (M. Schröder 1993, I. Barz 1995 und 1996) geschlagen.

Nominationstheoretische Fragestellungen schlagen sich nieder in Lehrveranstaltungen zur Neologie (I. Barz 1995), zum Fremdwortgebrauch (I. Barz 1993, 1997/98), zur Wortbildung in der terminologischen Lexik (I. Wiese 1993), zur Bedeutungsbildung (M. Schröder 1993) sowie zur Phraseologie in kultursemiotischer Sicht (I. Barz 1998/99). Lexikographische Belange treten neben die lexikologischen und verstärken die praktische Wirksamkeit (W. Wolski 1991/92, I. Wiese seit 1992/93 bis 2003, I. Barz seit 1994 bis 2002/03, M. Schröder zwischen 1995 und 1998/99, H. Eickmans/A. Braun 1998). Die neuen Möglichkeiten korpusbasierter Untersuchungen mit Hilfe elektronischer Zugriffe werden in Vorlesungen und Seminaren zur Lexikographie angewandt. Schnittpunkte zwischen Theorie und Praxis sowie zwischen den einzelnen lexikologischen Teilbereichen strukturieren das fächerübergreifende Seminar „Praxis- und Integrationsfelder der Wortbildungsforschung" von U. Fix und I. Barz 1999.

Bei allen Neuerungen in den 90er Jahren bleibt das alte lexikologische Interesse an der ständigen Veränderung des Wortschatzes auch für die Gegenwartssprache lebendig. Eine Reihe von Lehrveranstaltungen setzen diesen Teil der Leipziger Tradition kontinuierlich fort (J. Kiesewetter 1992, I. Barz 1993, 1995 bis 1999, M. Schröder 1994 bis 1999/2000, I. Wiese 2000/01, 2001/02).

Irmhild Barz hat die Entwicklungen der letzten 30 Jahre in Wort- und Wortbildungsforschung mitgetragen und mit eigenen neuen Ansätzen weitergeführt. Die thematische Vielfalt ihrer akademischen Lehre ist ein Spiegelbild dieser verdienstvollen Leistung.

ANHANG

Lehrveranstaltungen zu Wortbildung und Lexikologie in Leipzig

1854/55   ZARNCKE, F.: Lehre von der Wortbildung, Ableitung und Zusammensetzung, sowie vom Genus

1874/75   JACOBI, V. F. L.: Logisch-etymologische Behandlung naturgeschichtlicher und vorhistorischer, sowohl geo- als topographischer Namen, mit Berücksichtigung lautlicher Gesichtspunkte
JACOBI, V. F. L.: Ausgewählte Capitel der Etymologie
(gleiche Thematik auch 1876/77 und 1877)

1876/77   HILDEBRAND, R.: Über deutsche Etymologie, zugleich zur Beleuchtung einiger wichtiger Fragen der Sprachwissenschaft

1877   OSTHOFF, H.: Ausgewählte Capitel aus der indogermanischen Namen- und Wortbildung

1877/78   JACOBI, V. F. L.: Ausgewählte Capitel der Etymologie, vorzugsweise aus dem Gebiet der vorgeschichtlichen Physiographie und Technographie

1878   JACOBI, V. F. L.: Ausgewählte Capitel der Etymologie auf Grundlage des Verhältnisses zwischen Beschreibungsanlass und Beschreibungsform

1878/79   JACOBI, V. F. L.: Erweiterte Einleitung in das Studium der Etymologie

1879   JACOBI, V. F. L.: Etymologie von Ausdrücken physiographischen Inhalts
(gleiche Thematik auch 1879/80 bis 1880/81)

1879/80   HILDEBRAND, R.: Deutsche Etymologie

1881   JACOBI, V. F. L.: Etymologie
(gleiche Thematik 1881/82 bis 1892)

1884   HILDEBRAND, R.: Deutsche Etymologie und Wortforschung
(gleiche Thematik 1886/87)

1888/89   HILDEBRAND, R.: Ueber deutsche Etymologie und Wortforschung, zugleich als Quelle für Kulturgeschichte

1893/94   HOLZ, G.: Ueber deutsche Personennamen

1894   HILDEBRAND, R.: Ueber deutsche Etymologie, Wort- und Sprachforschung

1894/95   HIRT, H.: Deutsche Etymologie (und Wortforschung)
(gleiche Thematik 1897/98, 1902, 1904, 1906, 1908, 1909, 1910 bis 1911)

1896/97   V. BAHDER, K.: Neuhochdeutsche Etymologie und Wortforschung
(gleiche Thematik 1899, 1901, 1903, 1905, 1907, 1910, 1912, 1915, 1918)

1905   STUMME, H.: Analyse orientalischer Fremdwörter des Deutschen
(gleiche Thematik 1909)

1905/06	DITTRICH, O.: Hauptformen der Wortbildung (insbesondere für Neuphilologen, Germanisten und klassische Philologen)
1906	DITTRICH, O.: Einführung in die sprachliche Bedeutungslehre
1907/08	DITTRICH, O.: Die französische Wortbildung auf psychologischer Grundlage
1909	DITTRICH, O.: Prinzipien der Wortbildungslehre (gleiche Thematik 1913, 1920/21)
1912/13	KÖSTER, A.: Die Fremdwörterfrage in historischer und künstlerischer Beleuchtung
1914	HAVERS, W.: Etymologie und Wortforschung mit besonderer Berücksichtigung der Namenkunde
1921/22	STREITBERG, W.: Deutsche Etymologie: Geschichte und Zusammensetzung des deutschen Wortschatzes (gleiche Thematik 1923/24)
	BRAUN, L.: Deutsche Namenkunde. Ortsnamen
1922/23	NEUMANN, F.: Deutsche Wortbildungslehre
1923	NEUMANN, F.: Wörter und Sachen an Hand von Braunes Althochdeutschem Lesebuch
1924/25	SCHWIETERING, J.: Deutsche Wortbildungslehre
	BRAUN, L.: Deutsche Namenkunde. Personen- und Familiennamen
1925	PORZIG, W.: Indogermanische Wortbildungs- und Bedeutungslehre
1928	FRINGS, TH.: Deutsche Wortbildungslehre
	SCHWIEBERG: Übungen zur deutschen Wortbedeutungslehre
1932	JUNKER, H.: Einführung in die deutsche Etymologie und Wortforschung (gleiche Thematik 1941/42)
	FRINGS, TH.: Hauptfragen der deutschen Elementargrammatik (Laut-, Formen-, Wortbildungslehre) mit Rücksicht auf die Bedürfnisse des deutschen Unterrichtes an den Höheren Schulen
1934	KARG, F.: Übungen zum mittelhochdeutschen Wortschatz
1934/35	DEETERS, G.: Einführung in die Namenkunde: Personennamen (mit besonderer Berücksichtigung der deutschen Familiennamen)
	SCHIER, B.: Übungen zur deutschen Namenkunde
1936/37	HÜBNER, A.: Der deutsche Wortschatz
1938/39	HÜBNER, A.: Einführung in die deutsche Namenkunde
1939	HÜBNER, A.: Die deutschen Ortsnamen (gleiche Thematik 1941/42)
1941	HÜBNER, A.: Die deutschen Personen- und Familiennamen
1951/52	FRINGS, TH.: Hauptprobleme der deutschen Wortbildungslehre (gleiche Thematik 1953/54, 1955/56, 1959) dazu Seminare im Zeitraum 1952–1962: LINKE, E. / SCHIEB, G. / FLÄMIG, W. / FLEISCHER, W. / GROSSE, R. / LERCHNER, G. / ROHDE, H. / HELLFRITZSCH, V. / HELM, D. / PREKELT, U. / BERGMANN, G. / FLECHSIG, L.

1952	SCHMITT, L. E.: Deutsche und germanische Namenforschung: Orts-, Flur- und Flußnamen
1954	KLAPPENBACH, R.: Der deutsche Wortschatz (gleiche Thematik 1955)
1954/55	GRÜNERT, H.: Probleme der deutschen Namenforschung
1956/57	FLÄMIG, W.: Deutsche Sprache der neueren Zeit (Der deutsche Wortschatz)
1959	FLEISCHER, W.: Einführung in die Namenkunde II (Ortsnamen) (gleiche Thematik 1966)
1959/60	FLEISCHER, W.: Deutsche Sprache der Gegenwart – Lexikologie (gleiche Thematik 1960 bis in die 70er Jahre) Seminare dazu seit 1964/65: FLEISCHER, W. / OTTO, E. / BEYRICH, V. / WEINTRITT, I. / KESSLER, CH. / B A R Z , I. / SCHRÖDER, M. / POETHE, H. / KÖGLER, H. u. a.
1962/63	FLEISCHER, W.: Spezialprobleme der deutschen Lexikologie (gleiche Thematik 1963/64) ULBRICHT, E.: Deutsche Namenkunde (Ortsnamen) (gleiche Thematik 1963)
1964/65	Deutsche Wortbildung Seminare seit 1964/65: FLEISCHER, W. / LERCHNER, G. / BEYRICH, V. / WEINTRITT, I. / UHLIG, B. / B A R Z , I. / SCHRÖDER, M. / POETHE, H. / PÖHLAND, K.-H. / KIESEWETTER, J. / STERNKOPF, J. / HÄMMER, K. u. a.
1965/66	FLEISCHER, W.: Probleme der strukturellen Lexikologie FLEISCHER, W.: Deutsche Namenkunde I
1966–1990	Vorlesungsverzeichnisse fehlen
1991	SCHRÖDER, M.: Grundlagen der Lexikologie Seminar dazu: SCHRÖDER, M. B A R Z , I.: G r u n d z ü g e d e r d e u t s c h e n P h r a s e o l o g i e (gleiche Thematik 1997) B A R Z , I.: Z u r I n t e r a k t i o n v o n B e n e n n u n g s b i l d u n g u n d a n d e r e n G r a m m a t i k k o m p o n e n t e n B A R Z , I.: D i e S p r a c h e d e r W e r b u n g B A R Z , I.: W o r t b i l d u n g d e s V e r b s (gleiche Thematik 1991/92, 1994, 1998) WIESE, I.: Lexikon und Wortgebrauch
1991/92	WOLSKI, W.: Semantik Seminar dazu: WOLSKI, W. WOLSKI, W.: Neuere Wörterbuchforschung LERCHNER, G.: Grundlagen der kognitiven Linguistik B A R Z , I.: G r u n d l a g e n d e r L e x i k o l o g i e (gleiche Thematik 1992/93 bis 2002/03)

Seminare dazu im Zeitraum 1991/92 bis 2002/03: Sternkopf, J. / Schröder, M. / Poethe, H. / Pöhland, K.-H. / Hämmer, K. / Barz, I. / Seiffert, A.
Werbekommunikation
   Seminare: Barz, I., Huth, H.
   Wiese, I.: Metaphorik in der Fachsprache

1992   Kiesewetter, J.: Entwicklungsprozesse in der deutschen Wortbildung
   Sternkopf, J.: Syntax und Semantik in phraseologischen Einheiten
   Lerchner, G.: Was ist und was kann Etymologie?
   Wiese, I.: Sonder- und Fachsprachen im Deutschunterricht
      (gleiche Thematik 1993/94, 1995, 1998)

1992/93   Eichler, E.: Einführung in die deutsche Namenkunde
      (gleiche Thematik 1993/94, 1994/95)
   Barz, I.: Stabilität und Variabilität in der Phraseologie
      (Fortsetzung 1993)
   Barz, I.: Wechselbeziehungen zwischen Wortbildung und Morphologie
   Wiese, I.: Semantik und Lexikographie
   Wiese, I.: Fachsprachliche Wortbildung
   Schröder, M.: Historische Lexikologie/Wortbildung

1993   Schröder, M.: Ausgewählte Probleme der Lexikologie: Bedeutungsbildung
   Sternkopf, J.: Grundzüge der Phraseologie
   Lerchner, G.: Namen in literarischen Texten des 18. Jh.
   Barz, I.: Deutsch als Mischsprache
   Barz, I.: Der deutsche Wortschatz im 20. Jh.
   Schröder, M.: Wortbildung in Zeit und Text
   Gottzmann, C.: Implizite Wortbildung in den germanischen Sprachen
   Wiese, I.: Mehrwortbenennungen in der terminologischen Lexik
   Wiese, I.: Fachsprachen und Gemeinsprache
      (gleiche Thematik 1996, 1998/99)

1993/94   **Barz, I.: Deutscher Wortschatz**
   Barz, I.: Morphologische und transformationelle Defekte in der Phraseologie
   Lerchner, G.: Das „Deutsche Wörterbuch" von Jacob und Wilhelm Grimm: sprachgeschichtliche, linguistische, lexikographische und wissenschaftsgeschichtliche Aspekte
   Metzler, R.: Die Fachsprache der Naturwissenschaften im 15. Jh.
   Wiese, I.: Synonymie im Fachwortschatz
   Wiese, I.: Wissenschaftssprache
   Wiese, I.: Sprachliche Varietäten im Deutschunterricht
      (gleiche Thematik 1995, 1998)

1994	BARZ, I.: Phraseographie
	(gleiche Thematik 1995)
	BARZ, I.: Kolloquium zur Lexikologie und Wörterbuchpraxis für Examenskandidaten
	SCHRÖDER, M.: Zwischen Lexikon und Grammatik
	(gleiche Thematik 1995)
	WIESE, I.: Lexikographie
	SCHRÖDER, M.: Diachrone Aspekte der Wortbildung im Deutschen
	(gleiche Thematik 1995 bis 1999/2000)
1994/95	STERNKOPF, J.: Grundlagen der Lexikologie
	WIESE, I.: Fachwortschatz und Allgemeinwortschatz
1995	GEILFUSS-WOLFGANG, J.: Einführung in die Semantik
	BARZ, I.: Wortschatz und Text (I)
	(Fortsetzung 1995/96, Kolloquium 1996)
	BARZ, I.: Neologie
	(gleiche Thematik 1996/97, 1999)
	SCHRÖDER, M.: Angewandte Lexikologie
	(gleiche Thematik 1995/96, 1996/97)
	WIESE, I.: Fachsprachen
1995/96	BARZ, I.: Grundlagen der Lexikologie und Wortbildung (Lehrerweiterbildung)
	BARZ, I.: Lexikalische Semantik
	ÖHLSCHLÄGER, G.: Übungen zur lexikalischen Semantik
	METZLER, R.: Der Wortschatz in Privatbriefen aus der ersten Hälfte des 16. Jh.
1996	GEILFUSS-WOLFGANG, J.: Morphologie und Wortbildung der deutschen Gegenwartssprache
	Lexikologie und Wortbildung in Schwerpunkten
	(gleiche Thematik 1996/97 bis 2000)
	Seminare: BARZ, I. / SCHRÖDER, M. / POETHE, H.
	BARZ, I.: Morphosyntaktische Aspekte der Wortbildung
	BARZ, I.: Tendenzen phraseologischer Forschung
1996/97	BARZ, I.: Die Lexik als integrative Komponente des Sprachsystems
1997	BARZ, I.: Wortbildung der deutschen Gegenwartssprache
	(gleiche Thematik 1998 bis 2003)
	Seminare dazu: BARZ, I. / HÄMMER, K. / POETHE, H. / SCHRÖDER, M. / NEUDECK, A.
1997/98	BARZ, I.: Das Fremdwort im Deutschen
	SCHRÖDER, M.: Wörterbücher
	(gleiche Thematik 1998/99)

	GOTTZMANN, C.: Semasiologische Kernprobleme der germanischen Sprachen
	SCHUPPENER, G.: Rotwelsch
	SCHUPPENER, G.: Jiddische Etymologie
1998	BARZ, I.: Wortartwechsel
	(gleiche Thematik 1999)
	METZLER, R.: Der meißnische Wortschatz
	EICKMANS, H./BRAUN, A.: Von *Kramer* bis *Van Dale*: Theorie und Praxis der zweisprachigen Lexikographie Deutsch-Niederländisch
1998/99	BARZ, I.: Das Substantiv
	(gleiche Thematik 1999/2000)
	BARZ, I.: Phraseologie in kognitiver und kultursemiotischer Sicht
1999	FIX, U./BARZ, I.: Praxis- und Integrationsfelder der Wortbildungsforschung
	SCHUPPENER, G.: Semantische Probleme im jiddischen Wortschatz
	WIESE, I.: Fach- und Wissenschaftssprachen des Deutschen
	(gleiche Thematik 2001/02, 2002/03)
1999/2000	BARZ, I./LERCHNER, G.: Gegenwartssprachliche und historische Lexikographie
	WIESE, I.: Fachsprachen in der Schule
2000	BARZ, I.: Das Kompositum in Lexikon, Text und Wörterbuch
	LERCHNER, G.: Antike und Christentum an der Wiege der deutschen Sprache
2000/01	WIESE, I.: „100 Wörter des Jahrhunderts"
	(gleiche Thematik 2001/02)
	WIESE, I.: Terminologie und Terminographie
2001	BARZ, I.: Ausgewählte Aspekte der Wortbildung in der aktuellen Diskussion
	GOTTZMANN, C.: Lexikologische Probleme des Althochdeutschen
2001/02	BARZ, I.: Lexikologie und Lexikographie
	GOTTZMANN, C.: Lexikologische Probleme des Mittelhochdeutschen
2002	BARZ, I.: Grenzgänger in der deutschen Wortbildung
	GOTTZMANN, C.: Präfigierungen in den germanischen Sprachen
2002/03	BARZ, I.: Wörterbücher und ihre Benutzung
2003	BARZ, I.: Produktive Wortbildungsmodelle
	BARZ, I.: Phraseologismen als Nominationseinheiten
	WIESE, I.: Fachwort und Fachwörterbuch
	SCHMID, H. U.: Wortgeschichte
	SCHMID, H. U.: Historische deutsche Wörterbücher